献给北京大学知识产权学院成立二十周年

知識產權學院
Peking University Intellectual Property School

# 北大知识产权评论

## Peking University Intellectual Property Review

## （2013）

张平◎主编

北京大学出版社
PEKING UNIVERSITY PRESS

**图书在版编目(CIP)数据**

北大知识产权评论.2013/张平主编.—北京:北京大学出版社,2013.5
ISBN 978-7-301-22430-4

Ⅰ.①北… Ⅱ.①张… Ⅲ.①知识产权-研究-文集 Ⅳ.①D913.04-53

中国版本图书馆CIP数据核字(2013)第081351号

**书　　名:北大知识产权评论(2013)**
著作责任者:张　平　主编
责 任 编 辑:孙战营
标 准 书 号:ISBN 978-7-301-22430-4/D·3321
出 版 发 行:北京大学出版社
地　　址:北京市海淀区成府路205号　100871
网　　址:http://www.pup.cn
新 浪 微 博:@北京大学出版社
电 子 信 箱:law@pup.pku.edu.cn
电　　话:邮购部62752015　发行部62750672　编辑部62752027
出版部62754962
印　刷　者:北京鑫海金澳胶印有限公司
经　销　者:新华书店
730毫米×980毫米　16开本　29.75印张　588千字
2013年5月第1版　2013年5月第1次印刷
定　　价:60.00元

---

# 主编语

北京大学知识产权学院已经走过了二十载岁月。

1993年，中国社会对知识产权的认识还处在懵懂阶段，香港实业界的有识之士黄金富先生以及时任北京大学副校长罗豪才教授富有远见的在北大成立了中国第一所知识产权学院，从此，这一新兴的学科有了专业发展平台，社会急需的知识产权人才也有了专业培养途径。

二十年，对于一个专业学院来说还太过年轻，不足以承载历史，但知识产权学科实在是时代的"速生品"，短短二十年中，中国的大学成立知识产权学院已有十几家了，知识产权的教学研究机构更是如雨后春笋一般迅速增加。中国的知识产权教育与中国知识产权制度同生同长，共同见证了全球化时代的国际竞争。这二十年，也是中国知识产权制度成熟的二十年，是波澜壮阔、迅猛发展的二十年。北大知识产权学院以国家发展需求为本，以全球化视野为准，致力于知识产权师资人才、理论研究人才及高级实用型人才的培养，从二学位的招生到法律硕士、法学硕士和博士，一批批优秀学子从这里走向社会，投身到中国的知识产权事业之中，成为各行各业知识产权岗位上的栋梁。在科研方面，北大知识产权学院承担了国家智库的角色，国家知识产权战略实施研究基地、国家数字版权研究基地、最高法院知识产权理论研究基地在这里诞生，知识产权教学研究中心、知识产权国际研究中心、科技法律中心、互联网法律中心等科研机构为知识产权法制贡献着学术智慧。可以说，北大知识产权学院的二十年已经完成了成人礼。

二十岁桃李年华，为了纪念，学院组织了一系列学术活动，其中包括这本文集，借此展示北大知识产权学院现有师生和校友的部分学术研究成果，也特别邀请了吴汉东教授赐稿为北大加油。在文集稿件交付出版社即将印刷之际，作为主编的我还没有为这本文集准备好说明，还没有找到一个视角来观察我们的学院，匆忙中我放下写了一半的文字登上去武汉的飞机参加中德研讨会。万米高空中，信手翻来机上杂志，一篇短文的标题吸引了我,“Small is Beautiful”,这是英格兰最古老的私人储蓄银行第十一代接班人亚历山大·豪尔(Alexander S. Hoarel)的一句话。在追求规模效应的时代,大而全是成功的标志,以此标准看北大知识产权学院建院二十年绝没有这样的效果。屈指算来,从成立至今,来来往往,每年在校专职教师不过4~5位,每年毕业的学生不超过50人,这真是一个迷你的学院!但是,“驱驰时代前沿,帷幄探讨中西”始终是北大知识产权学院的责任。承担国家的科研重任,保持活跃的国际交流,辛勤培育专业人才,北大一路走来,不辱使命。

舷窗之外,蓝天白云,没有PM2.5,阳光格外清澈,我拿出笔记本电脑,写完了主编语,也送给北大知识产权学院这句贺语:

小,也是一种美丽。

张　平

2013年4月18日

于北京至武汉的飞机上

# 目 录

## 总 论



## 分 论

## 译 著

# CONTENTS

## General Part



## Pecific Part

## Translation

# 总　论

# 国际变革大势与中国发展大局中的知识产权制度

吴汉东*

## 导言

知识产权是当今国际社会关注的焦点问题，也是知识经济时代的主要制度基础。在国际上，随着各国间交往在经济、科技、文化领域的广泛展开，知识产权保护成为一个具有普遍约束力的游戏规则。世界贸易组织（WTO）《知识产权协定》（TRIPs）的生效，使得知识产权从智力创造领域直接融入国际经贸领域，并标志着知识产权制度进入统一标准的新阶段。尽管《知识产权协定》已经通过并实施，且被认为是“20世纪最重要的知识产权协定”，但它同时也是“最受争议的国际公约”。① 进入后TRIPs时代的东西方国家，基于各自的立场，对于知识产权利益的协调与分享提出了新的要求；而当代“知识革命”的出现，使得法律领域发生重要变化，其中影响最深、冲击最烈，首推知识产权法。“新的国家创造的财产权是智力的而不是物质的”，新技术、新知识引发了知识产权扩张的“第二次圈地运动”。② 对此，各国立法者不得不“修纲变法”，以回应“知识革命”对知识产权的新的挑战；与此同时，伴随着第二次民事立法浪潮，知识产权体系化、法典化活动也初见端倪。知识产权作为一种新问题、新关系、新制度受到立

---

* 吴汉东，中南财经政法大学知识产权研究中心教授。本文系作者主持的教育部人文社会科学重大攻关项目（04JZD0016）“知识产权制度变革与发展研究”之最终成果的导言。该项成果的四卷本，即《知识产权制度国际化问题研究》、《知识产权制度现代化问题研究》、《知识产权制度战略化问题研究》、《知识产权制度法典化问题研究》，已于2009年在北京大学出版社出版。本文原载于《法学研究》2009年第2期。

① Peter Drahos and John Braithwaite, *Economics, Politics, Law and Health: Intellectual Property, Corporate Strategy, Globalisation: TRIPs in Context*, 20 Wis. Int'l L. J. 452.

② Jame boyle, *The Public Domain: The Second Enclosure Movement and Construction of the Public Domain*, 66 Law & Contemp. Prob. 38.

法者的高度重视,一些国家或编入民法典,或编撰专门法典,试图在知识产权法律体系化方面作出新的努力;面对上述经济、技术、法律的新发展,自20世纪末以来,发达国家以及新型的工业化国家在其知识产权政策中,竞相确定了符合本国实际和服务国家利益的战略目标。在国家层面上,知识产权既是授予私人的"经济特权",更是实现"更大的公共利益"这一政策目标的手段。[③] 有鉴于此,一些国家致力于运用知识产权制度,以维护其技术优势,保持其国际核心竞争力,在发展战略中进行了新的政策抉择。

笔者认为,以一种全局性、战略性、前瞻性的思维方法,解读知识产权制度国际化趋势中的重大问题,分析知识产权制度现代化进程中的立法设计,探讨本国知识产权制度战略化的政策选择和知识产权体系化的法典模式,从而把握知识产权法发展变革的规律和趋势,对于作为传统的发展中国家和正在建设创新型国家以及世界贸易组织成员的中国而言,具有重要的现实意义。

## 一、全球趋势:知识产权制度的国际化

经济全球化的出现和新的国际贸易体制的形成,是20世纪下半叶世界经济发展的重要潮流。这一潮流深刻地影响到21世纪的格局。[④] 在推动经济全球化进程方面,关贸总协定及其后继组织——世界贸易组织扮演着重要角色。与以往国际组织与国际公约不同,世界贸易组织及其《知识产权协定》将知识产权保护纳入国际贸易体制之中,知识产权制度一体化、国际化呈现出新的发展趋势。

知识产权法的国际化,寓意着知识产权保护的基本原则与标准范围的普适性。这一现象虽非始自今日,但当代知识产权制度的国际化有着自己的显著特征:(1) 以国际贸易体制为框架,推行高水平的知识产权保护。国际公约所规定的"最低保护标准"原则,其实质意义在于保证各缔约方关于知识产权保护标准的一致性,与知识产权保护水平的高低并无关联性。与知识产权国际保护制度的草创阶段不同,以《知识产权协定》为核心的当代国际公约所确定的"最低保护标准",体现了权利的高度扩张和权利的高水平保护,更多地顾及和参照了发达国家的要求和做法。质言之,现今的最低保护标准即立法一致性标准,绝不是低水平,它在很多方面超越了发展中国家的科技、经济和社会发展的阶段。应该看到,由于知识产权保护制度与国际经贸体制的一体化,国际上已经形成一种有效防止保护领域和保护程度下降的"棘齿机制"。[⑤] 在这种情况下,发展中国家必须以承认高水平的知识产权保护规则为代价,来换取世界贸易

③ 英国知识产权委员会:《知识产权与发展政策委员会关于知识产权的报告》,http://www.iprcommission.org/graphic/ chinese_intro.htm,页6。

④ 许明主编:《当代中国亟待解决的27个问题》,今日中国出版社1997年版,页11。

⑤ 参见蒙启红:"论知识产权国际保护的棘齿机制",载《经济理论研究》2007年第1期。

组织提供的最惠国待遇。(2)以执行机制与争端解决机制为后盾,推行高效率的知识产权保护。以往国际公约较少涉及知识产权保护程序的规定,尤其缺乏必要的执法措施和争端解决机制,以至于一些国际公约成为没有足够法律约束力的"软法"。⑥《知识产权协定》改变了以往注重协调的传统,首次将原本属于国内立法的知识产权保护的程序措施,转化为公约规定的国际规则,从而使它与实体规范一起成为各缔约方必须严格遵守的国际义务。这一变化,使得以往难以实施的国际知识产权规则具备相当约束力的可操作性,有学者形象地称《知识产权协定》为知识产权保护"安上了 WTO 争端解决机制的牙齿"。⑦

自从 1994 年世界贸易组织取代关贸总协定,《知识产权协定》正式生效以来,知识产权国际保护制度进入后 TRIPs 时代。《知识产权协定》在各缔约方普遍实施而引起的利益失衡,协定在实施过程中与国际人权的对抗冲突,传统资源保护引发知识产权制度的变革发展,是这一时期存在的主要问题。

问题一:《知识产权协定》的制度缺陷及实施效果。该协定作为世界贸易组织的基本法律文件,对知识产权国际保护作了新的制度安排,是迄今为止知识产权保护范围最广、保护标准最高的国际公约,堪称"知识产权保护的法典"。⑧ 但是《知识产权协定》作为当代知识产权国际保护的核心法律制度,在其制定及推行过程中显见种种不足,争议的焦点即是《知识产权协定》的合理性和适当性问题。其一,一揽子协议立法模式,没有解决东西方利益失衡问题。按照多边谈判方式的说法,一揽子协议立法模式为发达国家和发展中国家提供了一种各取所需、交换利益的场所与机会。在这种利益交换模式下,发展中国家因知识产权保护标准提高而导致进口知识产权的利益损失,可以被他们在世界贸易组织其他协议所获取的利益所弥补。但是,在世界贸易组织协商中,拥有较大市场份额的国家享有对决策的重要影响,实质上他们可被称为决策制定者,而那些市场份额较小的国家只是决策接受者。⑨ 因此,在《知识产权协定》的谈判及签署中,发达国家的绝对主导地位是非常明显的,而由此形成的规则显然不是平等的。正如有学者所指出的那样,《知识产权协定》是一种明显向发达国家倾斜的国际知识产权体制,其结果是发展中世界的智力产品搁在了公共领域,而发达世界的智力产品被紧紧地掌握在私人公司手中。⑩ 其二,《知识产权协定》的实体规则明显偏

⑥ 参见孙皓琛:"WTO 与 WIPO:TRIPs 协议框架中的冲突性因素与合作契机之探讨",载《比较法研究》2002 年第 2 期。

⑦ Tuan N Samahon, *TRIPs Copyright Dispute Settlement After the Transition and Moratorium: Nonviolation and Situation Complaints Against Developing Countries*, 31 Law & Pol'y Int'l Bus. 1055.

⑧ 曹建明等:《世界贸易组织》,法律出版社 1999 年版,页 312。

⑨ 参见〔英〕戴维·赫尔德、安东尼·麦克格鲁:《治理全球化:权力、权威与全球治理》,曹荣湘等译,社会科学文献出版社 2004 年版,页 12。

⑩ Anupam Chander, *Madhavi Sunder*, *The Romance of the Public Domain*, 92, Calif. L. Rev. 1348—53.

祖知识产权大国(发达国家),发展中国家对实施协定存在诸多困难。2002年,总部设在英国的知识产权委员会发布的研究报告,对协定不考虑不同国家经济环境和发展水平的差异而一概要求所有缔约方采用相同的知识产权保护标准提出了尖锐的批评。报告指出,适合于发达国家的知识产权保护标准可能给发展中国家带来的成本大大超过可能获得的利益,因为这些国家严重依赖含有其他国家知识产权的技术、知识产品来满足自身基本需求和发展需要。[⑪] 2003年,联合国发展计划委员会发布关于世界贸易体制的报告,对《知识产权协定》的适当性提出怀疑,呼吁发展中国家就替代性知识产权规则取代《知识产权协定》开始对话,在新条约出现之前,各国可修改有关协定的解释和执行方法。我们承认,国际知识产权秩序是国际政治经济力量博弈的结果,尽管不能否认《知识产权协定》经国际立法程序而制定的合法性,但是我们没有理由将其神圣化,而应该理性地进行规范分析,努力地推动制度完善。

问题二:《知识产权协定》与国际人权的冲突。自进入后TRIPs时代以来,国际社会十分关注知识产权与基本人权的关系问题,从多哈会议通过的关于《知识产权协定与公共健康的宣言》,到坎昆会议前夕达成的关于该宣言第6段的实施决定,表明《知识产权协定》的法律框架在不断发展和完善,其推动力主要是知识产权与人权的冲突及其平衡。对《知识产权协定》实施过程中人权问题的关注,首先来自于国际人权组织。2000年,联合国人权促进小组委员会发表了《知识产权与人权的协议》,审查了《知识产权协定》对国际人权带来的影响,宣称:“由于《知识产权协定》的履行没有充分反映所有人权的基本性质和整体性,包括人人享有获得科学进步及其产生利益的权利,享受卫生保健的权利、享受食物的权利和自我决策的权利,所以《知识产权协定》中的知识产权制度作为一方与另一方的国际人权法之间存在着明显的冲突。”[⑫]同样,联合国经社理事会促进和保护人权大会作出专题报告,指出知识产权与人权之间有着“现实存在的或可能存在的冲突”,“TRIPs所包含的知识产权措施与国际人权是冲突的。”[⑬]依照国际人权标准,知识产权国际保护制度有以下明显或潜在的冲突,表现自由与严格规制知识产权限制的冲突,隐私权与信息数据库权利扩张的冲突,等等。[⑭] 以健康问题为焦点,相关国际组织开始了针对《知识产权协定》的“软法”造法活动。世界卫生组织及诸多非政府组织积极参与了公共健康的维权活动,它们敦促国际社会关

⑪ 参见刘笋:“知识产权国际造法新趋势”,载《法学研究》2006年第3期。

⑫ UN Commission in Human Rights: Intellectual property and Human Rights, 2000, E/CN1.4/Sub.2/2000/7.

⑬ Sub-Commission on the Promotion and Protection of Human Right: Intellectual Property Rights, Fifty-Second Session, agenda item4. E/CN.4/Sub.2/2000.7.

⑭ 参见吴汉东:“知识产权 vs. 人权:冲突、交叉与协调”,载台湾《法令期刊》2003年8月号。

注《知识产权协定》的消极影响,重视健康和药品获取权[15];鼓励各国尽可能利用《知识产权协定》的弹性条款和开放性条款,在协定的"总轮廓之内型塑权利和权力的结构","以满足缔约方政治的、社会的、经济的和其他改革目标"。[16] 应该看到,国际人权组织以及其他国家组织,对公共健康等人权问题的关注,尽管是一种批评与警示,或是一种"软法"造法活动,但是它对后 TRIPs 时代国际知识产权制度的改革将会产生深远的影响。

问题三:传统知识与知识产权制度变革。传统知识、遗传资源等新型财产权制度的出现,对国际知识产权制度的发展产生了巨大的推动作用。这一情形使得知识产权保护范围从智力成果的本身发展到对智力成果的源泉,使得发展中国家在知识产权资源的国际竞争中改变劣势地位成为可能。2000 年,世界知识产权组织成立了"知识产权与遗传资源、传统知识和民间文学艺术"的政府间专门委员会,着手探索有利于现代知识产权制度的传统知识保护问题。对于这一问题,世界贸易组织也给予了高度重视。2001 年多哈会议的部长声明第 18—19 条已将传统知识问题列为下一次多边谈判考虑的议题。除此之外,在有关人权、文化、贸易、粮农、土著权利、劳工标准、可持续发展、土地、环境等问题的国际论坛上,诸如联合国教科文组织、联合国环境计划署、联合国粮农组织、联合国贸易与发展会议、联合国开发计划署、世界卫生组织、世界粮食计划署等国际机构对传统知识、遗传资源的保护问题也进行了广泛的讨论。[17] 更为重要的是,国际社会对传统知识保护的制度安排进行了有益的探讨,发动了超越世界贸易组织体制的"软法"造法活动。其中,2001 年联合国粮农组织的"粮食和农业植物遗传资源委员会"大会通过的《粮食和农业植物遗传资源国际条约》与 2005 年联合国教科文组织大会通过的《保护和促进文化表现形式多样化公约》,即是针对《知识产权协定》的不足与缺憾而缔结的两个重要国际公约。对传统知识、遗传资源的保护,国际社会正在酝酿一种与"传统"信息及信息材料相关联并和文化与生物多样性目标相一致的,但与"现代"知识产权相区别的"传统资源权制度"。传统资源权是一种保护"传统知识"(即智力创造源泉)的"新制度"。这种财产权与现有的知识产权有关但又有区别,可采取专门管理(公法)与权利保护(私法)相结合的法律模式。[18] 对传统知识的保护,既涉及一国自身利益的考量,又事关国际协调机制的运作,它不仅反映一种新的利益格局的形成,同时也昭示后 TRIPs 时代知识产权国际保护制度的发展方向。

上述问题在知识产权制度一体化进程中并没有得到解决,相反,这些问题的化解

---

⑮ Ellen't Hoen, *TRIPs, Pharmaceutical Patents, and Access to Essential Medicines: Along Way from Seattle to Doha*, 3 Chi. J. Int'l L 27.

⑯ Shubba Ghosh, *Reflections on the Traditional knowledge Debate*, 11 Cardozo J. Intl and Comp. L. 501—02.

⑰ 参见朱雪忠:"传统知识的法律保护初探",载《华中师范大学学报》(社科版)2004 年第 3 期。

⑱ 参见龙文:"论传统知识产权的实现形式",载《专利法研究》(2004),知识产权出版社 2004 年版。

方式与结果决定着知识产权制度国际化的未来走向。从中国立场出发,应变国际知识产权制度变革大势,有如下几个问题值得关注:

一是知识产权制度国际化的必然性与偶然性。言其必然,即是知识产权国际立法是经济全球化和知识经济发展的内在要求,"国际贸易的知识化"与知识产权的国际化相联系而存在。言其偶然,是指由于知识产权客体的不确定性特点,导致其规则的制定较之其他法律而言易于受到操纵,因此其产生的具体时间和具体结果并不是某种唯一性的因果关系。从相互关系而言,这种偶然性大大高于必然性。Drahose 教授认为,知识产权的风险来自于市民社会(私人)对它的利用,一旦其经济利益得到认识,市民社会将迫使政府建立更加完善的知识产权制度,并将其在全球范围内推广。[19] 正如斯言,知识产权制度的国际化一直在发达国家利益集团干预下演进,其过程及结果具有很大的偶然性。发展中国家在经济相对落后和科技水平不高的情况下,接受知识产权国际保护体系,究竟是被动接受的无奈之举,还是战略筹谋的合作博弈,对此有相当的弹性空间。在经济全球化的潮流中,发展中国家势必进入国际贸易体系和知识产权国际保护体制,这是必然性使然;但是在国际立法谈判中,发展中国家如何利用知识产权国际协调机制,谋求自身利益最大化,则存在偶然性变数。

二是知识产权国际立法机制的主导性与多元化。应该承认,发达国家在当今国际政治经济领域具有主导性地位,为其控制的世界贸易组织和世界知识产权组织在知识产权国际立法中将继续发挥主导作用,两大国际组织之间的分工合作机制[20]在当今乃至未来知识产权国际规则制定方面扮演着最重要的角色。作为这种主导体制的补充,其他诸多国际组织和国际立法机构也十分关注知识产权问题,由此产生了一个多元的立法机制。这即是知识产权国际立法的"两个中心,多种渠道,南北对弈,趋向平衡"的格局。[21] 同样应该承认,这种格局是健康的、有益的,它能够多方面、多角度地反映各主权国家、各非国家实体、知识产权所有人以及社会大众在知识产权领域的不同立场、观点和利益诉求,防止国际知识产权制度进程偏袒某些发达国家及其知识产权所有人的利益,忽视知识产权保护对公权力、社会公共利益、国际人权等方面产生的消极影响。对于发展中国家而言,既要在世界贸易组织、世界知识产权组织这些主导机制中谋求话语权,也要在多元立法机制和场所中掌握主动权。

三是国际知识产权保护适用领域的唯一性与多样性。《知识产权协定》不同于传统的国际公约,其本身即是当代国际贸易体制的重要组成部分,并以推进经济全球化和立法一体化为目标。正是在这个意义上,该协定被称之为"与贸易有关的知识产权

---

[19] Peter Drahose, A Philosopy of Intellctual Property, 91 (Dartmouth Publishing Company Limited, 1996).

[20] 1995 年世界贸易组织与世界知识产权组织,就知识产权问题的一系列合作事宜达成共识,并形成协议。

[21] 参见刘笋:"知识产权国际造法新趋势",载《法学研究》2006 年第 3 期。

协定”。在这一体制下,知识产权保护既是发展中国家平等地参与国际贸易的先决条件,更是发达国家维护其贸易优势的法律工具。进入后 TRIPs 时代以来,知识产权国际立法不再仅仅局限于贸易领域,而是在生物多样性、文化多样性、粮食和农业植物、遗传资源、公共健康以及国际人权等多个领域齐头并进。例如,在食品和农业基因资源的国际论坛上,在联合国人权委员会的重要专家议题中,知识产权在逐渐成为其中的核心问题。[22] 因此,发展中国家应该争取在上述领域的国际立法中赢得主动乃至优势,以扭转其在知识产权制度国际化过程中的不利局面。在多样性领域谋求知识产权立法,可以导致新公约的制定、现行协议的重新解释以及新的非约束性宣言的产生,从而以“软法”规则弥补《知识产权协定》等“硬法”规则的不足。

**二、时代诉求:知识产权制度的现代化**

人类社会已经进入知识经济时代。知识经济以知识劳动为源泉,以知识创新为动力,这即是“以知识为基础的经济”(Knowledge-Based Economy)。[23] 发端于 20 世纪 80 年代直至现在席卷全球的“知识革命”是新技术革命的继续和发展,其中最具代表、最具影响力的时代技术当数网络技术和基因技术。新技术不但改变了人类的生存方式,而且对现行知识产权法律带来了挑战。知识产权制度是科技、经济和法律相结合的产物,它在实质上解决“知识”作为资源的归属问题,是一种激励和调节的利益机制。在这个意义上说,新的世纪是知识经济的时代,也是知识产权的时代。知识革命呼唤着知识产权制度的现代化。

知识产权制度的现代化特征,表现出这一制度与时俱进的时代性。知识产权作为“制度文明的典范”[24],对于激发人类的发明创造的潜力,推动科学技术和文化繁荣具有重要作用。在创新体系中,技术创新和制度创新是两个有机组成部分,其中制度创新居于基础和保障地位。科技创新立足于科技、经济一体化目标,是一种为促进经济发展而进行的新技术应用与商业化的活动,它离不开相应制度的保障、规范和约束。[25] 知识产权是私权法律制度创新与变迁的结果,同时也是直接保护科技创新活动的法律工具。知识产权从其兴起到现在只有三四百年的时间,但历经从工业革命到知识革命的不同时期,可以说是基于科技革命而生,由于科技革命而变,其制度史本身就是一个

---

[22] Laurence R. Helfer, *Regime Shifting: The TRIPs Agreement and New Dynamics of International Intellectual Property Lawmaking*, 29 Yale J. Int'l L 27—52.

[23] 参见联合国经济合作与发展组织(OECD):《1996 年科学、技术和产业展望》。

[24] 刘春田主编:《知识产权法》,高等教育出版社 2000 年版,页 19。

[25] 在发展理论中,经济增长与科技进步、法制保障是一个相互作用、相互促进的协调机制。在科技、经济、法律的协调发展机制中,经济处于中轴地位,科技与法律为之进行曲线偏向摆动。其中,科技进步是经济增长的动力机制,法制建设则是经济增长的保障机制。参见吴汉东:“科技、经济、法律协调机制中的知识产权法”,载《法学研究》2001 年第 6 期。

法律制度创新与科技创新相互作用、相互促进的过程。在当代,知识产权已经成为各国高新技术发展的制度基础和政策依托。对于具有创新能力和产业基础的国家而言,知识产权制度必须保持其时代先进性,即通过法律制度的现代化去推动科学技术的现代化,换言之,就是通过知识产权制度创新去促进知识、技术创新。

知识革命的出现,不仅创造了新的知识产品,而且提供了知识产品新的利用方式。这一情况,极大地丰富了知识产权法的内容,同时也给知识产权法带来诸多的新问题。问题一:新的知识形式对传统知识产权客体的挑战。这主要表现为知识产品形式的变化和知识产权客体范围的扩大。著作权客体经历了传统的"印刷作品"到现代"模拟作品"、"电子作品"再到当代的"数字作品"与"网络作品"的不断演进;专利权客体从以往的微生物、动植物品种发展到今天的基因技术;域名作为数字化经营标记,则成为商业标记领域最新保护对象。问题二:新的知识财产对传统知识产权范围的突破。这既表现在原来权项内容的拓展,如著作权领域出现的信息网络传播权、数据库作者权;也表现在新的财产权利的增加,如介乎著作权与工业产权之间的集成电路布图设计权,具有准专利性质的植物新品种权。问题三:新的知识利用方式对传统知识产权规则的改变。新技术不仅带来知识产品利用的新途径,同时也要求法律制定相应的新规则。在网络版权领域,对保密技术措施的正当性、合理性考量,对网络作品传播者、消费者的责任界定,无一不是法律难题。而在网络商标领域,法律则面临商标权地域性与因特网国际性的冲突,商标分类保护与网上商标权排他效力的矛盾。问题四:新的知识权利观念对传统知识产权制度的动摇。生物技术的出现,使发现与发明的界限变得模糊,"专利只能授予发明而不能授予发现"的传统理论遭到了质疑。[26]"传统资源权"概念的出现,使得人们在关注现有智力成果权利的同时,也要考虑传统智力资源的保护。

上述诸多问题,主要表现在数字版权、网络商标、基因专利等方面,这些都对知识产权传统观念、传统制度带来了巨大冲击。为此,世界各国特别是发达国家围绕着高新技术进行了大规模的修法活动。在著作权领域,美国先后推出了《数字千禧年著作权法案》(1998年)、《家庭娱乐与著作权法案》(2005年)等,欧盟则出台了《数据库法律保护指令》(1996年)、《关于协调信息社会著作权和邻接权某些方面的指令》(2001年);在专利权领域,欧盟通过《1998年生物技术保护指令》,推动了《欧洲专利公约》及欧盟成员国专利法的修订工作。[27]美国则启动了《2005年专利改革法案》,对专利权取

㉖ Joseph M. Reisman, *Physicians and Surgeons as Inrentors: Reconciling Medical Process Patent and Medical Ethics*, Berkeyley Technology Law, California University.

㉗ 参见吴汉东等:《走向知识经济时代的知识产权法》,法律出版社2002年版,页60—62。

得方式、专利侵权制裁、专利侵权异议程序等作出了重大修改。[28] 在商标权领域,根据世界知识产权组织成员国大会通过的《关于在因特网上保护商标权以及各种标志的其他工业产权的规定的联合建议》(2001 年),一些国家或通过立法活动(如美国 1999 年《制止网上占地消费者保护法》),或在司法实践中(如欧洲法院以及欧盟各成员国法院的判例),对网络商标权保护问题作出回应。[29] 知识产权制度的现代化的过程,实质上是科学技术成果受到法律保护的过程,其制度变革与创新主要涉及以下几个方面:(1) 计算机软件的知识产权保护。计算机软件具有复杂的两面性特征,即文本特征和功能特征。基于前者,各国普遍使用软件版权保护;基于后者,一些国家尝试采取专利保护。无论如何,确定最新的软件产权模式,或是修改目前的软件保护模式,都将是软件知识产权面临的重大问题。[30] (2) 集成电路的知识产权保护。集成电路是一种综合性技术成果,包括布图设计和工艺技术。集成电路布图设计在国外有"功能作品"之称,既不同于专利法所保护的外观设计,也不属于著作权意义上的图形作品,各国主要采取"工业版权"即布图设计专有权的保护模式。(3) 生物技术的知识产权保护。现代生物技术又称为基因技术,主要是技术发明,也涉及科学发现。生物技术的知识产权保护涵盖专利权、商业秘密权以及新植物品种权,其中生物技术专利是最重要的一种知识产权保护模式。(4) 技术标准与知识产权保护。技术标准是特定技术领域发展的规则和基本依据,本应属于智力成果的公共领域,供相关行业及其企业参照执行,以求得产品规格或功能的统一性。近年来,发达国家以知识产权保护为手段,强化技术标准的专利垄断,力图形成技术性贸易壁垒,达到阻止发展中国家的产品进入其市场的战略目的。[31] (5) 网络环境下的知识产权保护。这主要涉及网络著作权、网络商标权、网络域名权以及网络不正当竞争等问题。

知识产权制度现代化,是一国的政策安排和战略选择,其基础是国情。从历史上看,知识产权制度的产生与出现,正是近代科学技术和商品经济发展的产物;而知识产权制度的发展与完善,也是现代科技强国和经济大国推动的结果。根据国家不同发展阶段的不同发展需求对知识产权保护作出有选择性的制度安排,是西方国家的普遍做法。早期美国 1790 年版权法,奉行的是低水平保护政策,游离于伯尔尼公约长达 102 年之久,其后随着美国文化创新能力的不断提高而逐步强化其版权保护水平。[32] 日本

[28] Christopher L. Logan, *Patent Reform 2005: HP2795 and the Road to Post-Grant Opposition*, UMKC Law Review (2006).

[29] 参见杨红军:"商标国际保护的现状和发展趋势",载吴汉东主编:《知识产权国际保护制度研究》,知识产权出版社 2007 年版,页 316—345。

[30] 参见唐昭红:"美国软件专利保护法律制度研究",中南财经政法大学知识产权研究中心 2007 届博士论文。

[31] 李顺德:《知识产权概论》,知识产权出版社 2004 年版,页 126。

[32] 参见吴汉东:"知识产权制度运作:他国经验分析与中国路径探索",载《中国版权》2007 年第 2 期。

在明治维新后于1885年公布了专利法,但长期排除药品及化学物质专利,直到1975年修正案中才得以改变。[33] 这说明,发达国家在知识产权保护方面都有一个从"选择保护"到"全面保护",从"弱保护"到"强保护"的渐进发展过程。因此,知识产权制度的现代化,并不能一蹴而就,立法者必须从本国国情出发,对这一进程的速度、力度作出审慎的考虑。

中国知识产权立法始终关注现代科学技术的发展,逐步加快其制度现代化的进程。就整个立法活动而言,始于20世纪80年代,完善于20世纪90年代,变革于21世纪初年。在短短20年的时间内,经过几次修订,基本上实现了符合现代化要求的制度创新。时至今日,我国已经基本构建起了较为完整的知识产权法律制度。为应对现代科学技术的挑战,立法机构通过修改基本法律、制定专门法规、规章,司法部门采取司法解释等方式解决了新技术条件下的知识产权保护问题,使我国知识产权制度对于高新技术的反应能力得到充分体现。现在,我国基本形成了以《著作权法》、《专利法》、《商标法》、《反不正当竞争法》、《反垄断法》等基本法律为主导,以《计算机软件保护条例》、《植物新品种保护条例》、《集成电路布图设计保护条例》、《信息网络传播权保护条例》等行政法规为主体,以司法解释和政府规章为补充,以网络、基因等新技术为保护对象的知识产权制度体系。目前,国际社会对于新技术条件下的知识产权保护问题非常关注,正在尝试进行这方面的国际立法,我国应积极主动地参与这些活动,并作为发展中国家的代表力争在制定规则时拥有更多的主动权。必须看到,知识产权虽然是一种保护私人知识财产利益的产权制度,但同时也是当今国际经贸领域通行的法律准则,其规则所代表的不仅是私人权利主体的利益,更与国家利益、社会群体利益有关。关于新技术知识产权保护水平及其制度实施,对发展中国家经济与社会发展可能带来一些影响:一方面,技术标准与知识产权制度相结合,会形成以合法形式存在的技术垄断和市场垄断,从而影响发展中国家相关产业发展以及国家经济安全;另一方面,发达国家通过加强智力创新成果的知识产权保护,利用知识产权维护其技术优势和市场竞争力,因而置发展中国家于不利地位。因此,我们在推动知识产权制度现代化建设时,既要从微观上考虑新技术的知识产权保护,也要从宏观上考虑其对本国经济与社会发展的影响;既要保护私人技术创新,又要谋求国家整体利益,这样才能形成科学、合理的现代化知识产权制度。

中国知识产权制度现代化的政策安排和战略选择,是以基本国情为基础、以国家利益为立场的。首先,知识产权保护水平应与本国的经济社会发展水平相适应。根据2005年联合国报告所援引的千年项目专家意见,在遵守国际公约最低保护标准的基础上,发展中国家可以根据自己的不同阶段,选择不同保护水平的知识产权制度。[34] 笔者

---

[33] 参见张韬略:"英美和东亚专利制度历史及其启示",载《科技与法律》2003年第1期。

[34] 转引自《世界高等教育:改革与发展趋势》(第三辑),国家教育行政学院2006年印刷。

认为,高水平的知识产权保护并不利于那些发展水平较低的国家,因为在这种制度框架下,他们难以获得所需要的知识、技术。但是,发展中国家"有不同社会、经济环境和科技能力",不能一概而论。[35] 因此,对于进入到工业化阶段的发展中国家来说,加强知识产权保护,对于激励科技创新,促进文化繁荣,实现经济发展是有益的;同时,知识产权保护水平应有助于实现本国经济社会发展的总目标。知识产权制度的合理性,并不在于为私权保护而保护,而在于实现知识创新、社会进步的政策目标。对此,英国知识产权委员会认为:"从长远的观点来看,在发展中国家,如果能使文化产业成果的其他条件得到满足,更强的私权保护将有助于当地的文化产业。"[36]这说明,传统的发展中国家要走上新兴的工业化、现代化发展道路,应该通过知识产权保护为本国经济、社会发展提供持久动力,在国际竞争中争取主动。在我国,加强知识产权保护,有效利用知识产权制度,是实现跨越式发展的战略抉择,是实现创新型国家建设目标的战略支撑。

### 三、发展决策:知识产权制度的战略化

知识产权制度是政府公共政策的重要组成部分。在近代社会,知识产权制度是欧美国家促进经济发展,推动科技进步,繁荣文化和教育的政策工具;在当代社会,知识产权制度则成为创新型国家维系技术优势,保护贸易利益,提高国际竞争力的战略决策。知识产权具有多重属性。从私人层面看,知识产权是知识财产私有的权利形式。世界贸易组织《知识产权协定》在其序言中宣示"知识产权为私权",即以私权名义强调了知识财产私有的法律性质;而从国家层面看,知识产权是政府公共政策的制度选择。是否保护知识产权,对哪些知识赋予私人产权,采取什么水准保护知识产权,是一个国家根据现实发展状况和未来发展需要而作出的公共政策选择和安排。关于知识产权两种属性的关系,英国知识产权委员会认为,无论怎样称呼知识产权,我们最好将它视作公共政策的一种手段,授予个人或机构一些经济特权,以实现更大的公共利益,而这些特权只是一种目标实现手段,其本身并非目标。[37] 在政策科学领域里,知识产权制度亦是一项知识产权政策,即政府以国家的名义,通过制度配置和政策安排对于私人知识资源的创造、归属、利用以及管理进行指导和规制,"通常表现为一系列的法令、条例、规章、规划、计划、措施、项目等"。[38] 这就是说,知识产权是实现公共政策的一种手段。因此,知识产权不仅是一种私权,它更与一国的公共政策密切相关。

---

㉟ 英国知识产权委员会:《知识产权与发展政策委员会关于知识产权的报告》,http://www.iprcommission.org/graphic/ chinese_intro.htm,页1。

㊱ 英国知识产权委员会:《知识产权与发展政策的整合》,国家知识产权局条法司编译,页109。

㊲ 英国知识产权委员会:《知识产权与发展政策委员会关于知识产权的报告》,http://www.iprcommission.org/graphic/ chinese_intro.htm,页6。

㊳ 吴鸣:《公共政策的经济学分析》,湖南人民出版社2004年版,页4。

知识产权战略,是知识产权制度作为政府公共政策工具的具体体现。知识产权制度的战略化,即是主体通过规划、执行、评估等战略举措,谋求战略目标实现而采取的全局性、整体性的谋略和行动安排。由此可见,知识产权战略是一个具有活性的动态系统,它包括战略规划、战略执行、战略评估;同时它也是一个服务特定战略目标,发挥知识产权制度正效应的公共政策体系。较之其他私权而言,国家之所以提出知识产权战略而不是"物权战略"、"债权战略",关键在于知识产权具有某种超越私人本位的公共政策属性。关于知识产权制度、政策、战略三者的关系,我们可以得出以下结论:第一,知识产权制度是有关知识产权公共政策的重要组成部分。美国学者伍得罗·威尔迅认为:"公共政策是由政治家,即具有立法权者制定的,而由行政人员执行的法律和法规。"[39]在公共政策体系中,知识产权制度只是一种政策工具,与知识产权制度相关的公共政策还有文化教育政策、产业经济政策、科学技术政策、对外贸易政策等。作为政策主体的政府,其任务是发挥知识产权的政策导向作用,建立促进知识创新与利用的政策体系。第二,知识产权政策是国家为实现社会发展目标而制定的知识产权行动准则。威廉·詹姆斯认为:"由政治主体或行动主体、团体在特定的情境中制定的一组相关的决策,包括目标选择、实现目标的手段。"[40]知识产权政策表现了国家一定历史时期对待知识产权事务的基本态度,通过制定法律、法规,提供实施条件与手段,建立相应政策体系等政策活动,以实现有关社会发展的总政策目标。第三,知识产权战略是推行知识产权政策,实施知识产权制度的基本纲领。这种战略应是一国处理知识产权事务的基本出发点,是促进知识产权事业健康发展的思想灵魂。知识产权战略是关于知识产权问题的整体性谋略和全局性安排,它是关于战略目标、战略任务、战略措施的政策制度体系。说到底,知识产权战略实施的状况是我们考量知识产权政策目标实现与法律适用成效的最终尺度。

各国对知识产权制度的选择与考量,表现了强烈的国家利益本位和政策立场。一般认为,国家利益是受客观规律制约,满足或能够满足国家赖以生存和发展的各项客观需要,是整体上对国家这一主体生存和发展的有益需要。对于内国法的知识产权制度而言,国家利益包含了国家系统内存在的产业利益、企业利益、个体利益。国家既强调对特定主体的利益保护,又注重对不同主体的利益平衡,这种法律价值追求,反映了私人产权制度中的国家利益立场;同时,国家利益也是与社会公共利益相联系的。所谓"公共利益这种良好的愿望本身包含着这样一种含义,多数人的利益高于个人的利益。"[41]社会进步与发展,是国家赖以存在和发展的基本需求,而体现这一诉求的公共

---

[39] 转引自伍启元:《公共政策》(上册),台湾商务印书馆1985年版,页4。

[40] 转引自〔美〕迈克尔·豪利特、M.拉米尔著:《公共政策研究:政策循环与政策子系统》,庞诗等译,三联书店2006年版,页8。

[41] 〔美〕杰利思·达维斯:"权利集体管理中公共利益",载《版权参考资料》1990年第2期。

利益则是国家利益的应有构成。总之,国家利益以公共政策为表现方式,在知识产权制度构建和实施中发挥着重要作用。对于国际法的知识产权制度而言,国家利益在国际化的知识产权体系中分化为多样化的本国利益。具言之,即在知识产权制度一体化的过程中,实用主义的国家利益始终是各国政策立场的客观依归。当代国际知识产权冲突,主要表现为发展中国家与发达国家在知识产权的享有与利用方面的利益冲突。发展中国家希望通过知识产权制度融入到国际社会的经济、法律秩序之中,并充分享受由于世界文明和科技发展带来的收益。但发达国家基于对其优势地位的维护,更多是利用知识产权的现有规则体系,控制知识产权资源,限制和排除发展中国家的利益诉求。在经济全球化的今天,各国势必融入国际贸易体制之中,我们拥有一个大一统的国际知识产权制度体系,但不可能有一个各国共同奉行的知识产权政策立场。

对于当代世界各国而言,知识产权战略既是对知识经济时代发展趋势的回应,也是解决社会重大发展问题的举措,其目的无一不是通过知识产权制度来提升知识创新能力,形成核心竞争力,实现社会经济跨越式发展。对此,世界知识产权总干事 Kamil Idris 认为,知识产权是经济发展的强有力的武器。[42] 自 20 世纪末以来,发达国家以及新型工业化国家在其知识产权政策中竞相确定了符合本国实际和服务国家利益的战略目标。美国作为世界上的"科技领先型国家",强调知识产权是美国知识创新政策的基石。[43] 通过实施美国专利商标局的"21 世纪战略纲要",建立了体系完善的知识产权制度;同时强调知识产权制度与相关政策联动,扶持"芯片、计算机、通信、生物制药"等朝阳产业,发展"软件、唱片、电影"等文化产业,使美国在国际上形成专利大国、品牌大国、版权大国的知识产权优势。在"技术赶超型国家"中,日本于 2002 年率先制定了"知识产权战略大纲",出台了《知识产权基本法》,确立了"推进实施创造、保护、利用知识产权的政策措施、振兴科学技术、强化国际竞争力"的战略推进目标。[44] 韩国是"引进创新型国家"的典型代表,2004 年即在内阁成立了"知识产权保护政策协议会",负责协调所有的知识产权国家政策,致力于推进韩国知识产权制度的现代化和经济、科技、文化的快速发展。韩国知识产权组织(KIPO)在 2004 年制定的"知识产权行政展望与目标"中强调,"韩国资源缺乏,目前内需不足,只有学习发达国家,通过技术创新来提高产品的附加值和优化产业结构,才能迈入发达国家行列;将知识产权作为韩

---

[42] Kamil Idris:"知识产权——经济增长的强有力武器",http://www.wipo.int。

[43] 2004 年美国政府报告宣称:"从美国立国基础来看,保护知识产权始终是一项创新的支柱。"转引自《世界高等教育:改革与发展趋势》(第三辑),国家教育行政学院 2006 年印刷。

[44] 日本政府第三期科学技术基本计划(2006—2010 年)(第三章)。转引自《世界高等教育:改革与发展趋势》(第三辑),国家教育行政学院 2006 年印刷。

国的发展战略是提高韩国核心竞争力的必然选择。”㊺谓为“金砖四国”㊻之一的印度，属于“发展调整型”的国家，于2000年提出建设“知识大国”的主张，并颁布了“知识大国的社会转型战略”，其知识产权政策包括对软件、生物技术、医药等优势产业的“发展战略”，对文化自治、文化多样性的“生存战略”以及对生物多样性、传统知识的“进攻性战略”。

在我国，国家知识产权战略纲要已于2008年6月正式公布实施，这是中国知识产权法制建设30年来最后也是最为重要的成就。以此为标志，中国知识产权事业步入一个新的重要历史时期，中国知识产权战略制定，借鉴了上述有关国家战略发展的有益经验，但更多是基于自己社会经济发展需要而作出战略考量。世界银行用以衡量各国经济发展水平的基本指标(以GNI为基本指标，以人均GNP或GDP平均增长率为参考指标)表明，中国经济发展水平尚低，经济结构较为落后；瑞士洛桑国际管理开发研究院2002年发布的《国际竞争力年度报告》显示，我国科技水平总体较低，科技竞争力在国际上基本处于中等地位；根据联合国开发计划署公布的《2004年人文发展报告》，可以看出中国人文发展指数(由预期寿命指数、教育指数和GDP指数构成)达到了世界中等人文发展水平。㊼ 上述资料告诉我们，中国仍属于发展中国家，基本达到世界中等或中等偏下的发展水平。但是，在经济、科技和社会发展的某些领域、某些方面，中国已经取得明显进步，有些甚至达到世界先进水平。社会发展情况说明，我国对知识产权制度已有较大需求，对知识产权保护也具备一定调适能力。这是制定知识产权战略的国情基础。同时，中国进行知识产权的战略调整，最终是由建设创新型国家的总政策目标决定的。我国要实现可持续发展的战略目标，有一个发展模式选择问题。国际发展大势和自身基本国情告诉我们：一是不能走资源耗费型的发展道路。中国资源有限，人均淡水、耕地只有世界平均水平的25%、33%，石油、天然气这两类最重要能源的占有量只有世界平均水平的18%和13%，此外有50种主要矿产资源分别占到世界平均水平的40—50%。㊽ 因此我们不能靠牺牲环境、耗费资源、提供廉价劳动力来参加国际分工与协作。二是不可能走技术依赖型发展道路。中国对外技术依存度达到50%以上，不管是考虑西方国家维护其技术优势、限制高技术转让的基本立场，还是考虑自身经济安全、文化主权和科技发展的需要，中国都只能走提高知识创新能力、建设

㊺ 有关韩国知识产权战略的新发展，可参见马先征等编著：《知识产权战略研究》，知识产权出版社2008年版，页356—394。

㊻ 美国高盛公司全球首席经济学家吉姆·奥尼尔于2001年首次提出“金砖四国”的概念。巴西(Brazil)、俄罗斯(Russia)、印度(India)、中国(China)四国的英文首写字母为“BRICK”(砖头)。奥尼尔对“金砖四国”在21世纪的发展潜力给予了高度评价。

㊼ 有关资料参见任建民：“中国科技追上世界脚步”，载《中国科技奖励》2002年第3期；尹雪梅：“我国人文发展指数居世界中等发展水平”，http://www.sts.org.cn/nwdt/gwdt/document/007.htm。

㊽ 参见梅永红：“自主创新与国家利益”，载《求是》2006年第10期。

创新型国家的发展道路。这是实施知识产权战略的政策目标取向。

中国知识产权战略的制定与实施,是一个系统工程。从战略的主体角度来看,战略体系可包括国家知识产权战略、地区知识产权战略、行业知识产权战略、企业知识产权战略四个方面。关于四者的关系,要做到国家的宏观战略与企业的微观战略相结合,行业间的战略与地区间的战略相协调;国家战略是对地区战略、行业战略和企业战略制定和实施的指导方略,企业战略是对国家战略、地区战略、行业战略最终落实的基础,而行业、地区战略则是联系或指导其他战略的桥梁和纽带。对于国家战略而言,国家在知识产权领域虽不能成为市场的参与者,但应是政策的制定者、市场的监督者和全局的指挥者。因为知识产权不仅是一项私权,其更与一国的公共政策密切相关。特别是进入新经济时代后,国家早已不由不作为的"守夜人"转变为积极的干预者;从战略的内容角度来讲,知识产权战略应该包括创造战略、保护战略、管理战略与运用战略这四大方面。知识产权战略应是一种以创造、运用、保护和管理为重要内容的整体战略,这不仅仅是法律问题,而更多的是与国家的科技政策、产业政策、文化政策、教育政策等公共政策相关联。在创造战略方面,主要是建立起以激励和保障自主创新的法律和政策机制,引导和支持企业通过各种技术创新活动形成自主知识产权,实现经济发展方式的根本转变;在保护战略方面,要坚决打击"盗版"、"假冒"等各种侵权行为,建立和完善有关权益保障的维权机制、预警应急机制和争端解决机制等。这是支持社会主义市场经济健康运行的必要条件,也是改善投资环境、维护良好的市场经济秩序的重要保障;在管理战略方面,要加强知识产权行政管理,建立健全管理体制,提高知识产权公共服务水平。同时,也要注重知识产权企业管理,完善管理制度,规范管理行为,提升知识产权管理的效益。最后,在运用战略方面,应大力促进自主创新成果的知识产权化、商品化、产业化,引导企业采取转让、许可、质押等方式充分实现知识产权的市场价值。㊾

当前,中国知识产权战略的实施出现了一个更为复杂的国际背景。在这种特殊环境下,我们要充分认识传统发展模式之"危",更要清醒看到科学发展方式之"机"。在化"危机"为"胜机"的过程中,要特别强调知识产权战略实施的质量和效益。中国现在是专利申请大国和商标申请大国,但远远不是专利强国,更不是品牌强国。因此,我们要特别强调知识产权战略实施的政策目标,更多地在自主知识产权的质量上下工夫,而不能片面在知识产权的数量上做文章:(1) 提高专利技术的转化率和产业化率。目前我国企业对专利技术的产业化重视不够,应用水平不高。不少行业和企业存在着有技术无专利、有专利无应用、有应用无产业的现象。据资料表明,我国技术成果的市

㊾ 有关知识产权创造、运用、保护和管理,在国家知识产权战略纲要的"战略目标、战略重点"中已有明确的阐述。参见《国家知识产权战略纲要》,知识产权出版社 2008 年版。

场转化率仅为10—15%,远低于发达国家相关指标70—80%的水平。[50] (2) 提高国际知名品牌的创建率。与驰名商标这一法律概念不同,国际知名品牌是一个经济概念,它要求具备相应的条件和标准:① 商标价值达到10亿美金以上;② 使用商标的商品的海外销售要占总销售量的20%以上,该商品的海外市场取得的利润是总利润的30%以上;③ 商标在同类商品中具有号召力和影响力。中国现在的商标申请量逐年飙升,但是真正称得上国际知名品牌的商标依然很少。在世界品牌实验室评选出的2008年世界品牌500强中,美国有243个,法国42个,日本42个,英国38个,而中国仅占15席,且主要是中国移动、中央电视台、中国工商银行、中国石化这些"国字"号品牌。[51] 三是提高版权产业对经济发展的贡献率。发展文化创意产业,提高文化产品在国际市场的竞争力,不仅是一个经济上必须考量的问题,而且事关我们的文化主权和文化安全,涉及国家的软实力问题。中国是工业品的出口大国,2007年有172种产品产量位居全球第一。而在文化领域却出现"版权贸易逆差",2004年以前版权贸易进出口比例高达10∶1,2005年虽下降到6.5∶1,但依然是文化产品的进口大国。中国的电影票房收入较多依赖进口大片,动漫产品近90%来自海外,网络游戏产值的15%要支付外国公司的版税。[52] 2006年,包括软件、音像、图书、报刊在内的核心版权业产值仅占当年国民生产总值的3.2%,低于发达国家的一般水平。[53]

我国知识产权战略刚刚实施,知识产权制度运行总体来说是健康的,但其对经济与社会发展的贡献率还有待提高,知识产权有效运用的能力仍需进一步增强。应该看到,知识产权战略是我国21世纪为推动经济和社会发展而作出的重大战略决策,也是协调、配合科教兴国战略、人才强国战略和可持续发展战略而作出的重要战略安排。知识产权战略制定和实施的成功与否将决定21世纪的中国社会发展的最终走向。

## 四、立法前瞻:知识产权制度的法典化

体系化、法典化是立法者对知识财产进行法律构造的基本任务。作为一种动态的立法过程,它既是以往制度变迁的历史活动,也是当代法律发展的未来举措。体系化,是指知识产权向有机联系的整体转化和进化的制度构建过程。知识产权体系表现了私的知识产权制度的内部结构,无论其外部形式多么零乱、繁杂,都是分成不同部分而又相互联系的一个统一的系统和整体。必须看到,非物质性的财产利益属性,决定了

---

[50] 参见吴辛望:《专利经济学》,社会科学文献出版社2005年版,页175。

[51] 相关数据参见世界品牌实验室网站:http://brand.icxo.com/summit/2008world500/brand.htm。

[52] 相关数据参见国家知识产权局:《中国知识产权保护状况》(2004—2007);吴汉东主编:《中国知识产权蓝皮书》(2005—2006),北京大学出版社2007年版;张晓明等主编:《2007年:中国文化产业发展报告》,社会科学文献出版社2007年版。

[53] 相关数据参见《经济参考报》2008年10月30日。

各种知识产权的共同指向[54],它既是不同知识产权之间联系的纽带,也是知识产权制度一体化构建的基础。将一切来自知识活动领域的权利概称为"知识产权",最早只是见之于近代一些学者的著述之中。至20世纪下半叶,特别是《成立世界知识产权组织公约》缔结以后,知识产权学说得以在国际上广泛传播,以知识产权名义实现知识财产制度体系化的做法得到各国立法者的认同。立法者有目的、有意识地将制度价值相似、权利类型相关、发展脉络相连的知识产权类型进行系统的整合,从而形成现代知识产权制度相对稳定的部门法特色。应对知识产权体系化的法律变革,知识产权制度模式经历了从单行立法、编入民法典到专门编纂法典的过程。[55]

法典化是大陆法系的传统理念。大陆法系最显著的特征可以归纳为法律规范的成文法典化、高度抽象化和概括化。[56] 知识产权法典化是一个复杂而重要的系统工程,从立法任务来看,它是对现有知识产权规范进行抽象化和系统化的过程;从法治目标来看,它是对现有知识产权规范进行价值判断、内部整合、重组执法体系、重构理论体系,实现法律体系现代化和法律制度权威性的过程。自20世纪以来,知识产权制度有了长足的发展:基本规范不断完善,保护范围不断扩大,一体化、现代化趋势日益明显。与此同时,大陆法系的一些国家尝试将知识产权制度编入本国的民法典。法国在法典化的道路上更是独树一帜,率先制定了第一部知识产权法典。对于前者,我国有的学者将其称为民法典编纂的巨大进步,弥补了近代范式民法典的一大缺憾。[57] 对于后者,有的专家作出预测,法国知识产权法典"有可能成为21世纪知识产权法与民法普遍分立之典型"。[58] 这一情形,表现了知识产权制度法典化的发展趋势。

知识产权法典化追随近现代民事立法浪潮而产生。从17世纪中叶到19世纪,是近代知识产权制度兴起的时期,专利法、著作权、商标法在西方国家陆续产生。上述法律尚未以知识产权的名义实现体系化,都是以单行法的形式出现,既没有统一知识产

---

[54] 笔者认为,知识产品财产化是罗马法以来私权领域中的一场深刻的制度创新与法律变革。正如有的学者所言,知识财产是一种新的财产,它不是以往对物进行绝对支配的财产,而是"非物质化的和受到限制的财产",参见〔美〕肯尼斯·万德威尔德:"19世纪的新财产:现代财产权概念的发展",载《社会经济体制比较研究》1995年第1期。

[55] 从世界范围看,知识产权立法有三种体例:一是单行立法。多数国家采此立法例。这一体例在英美法系国家是以专门法律制度的形式出现,在大陆法系国家则是民事基本法之下的民事特别法。二是编入民法典。这一体例或是将知识产权相关规则全部纳入民法典,或是就各类知识产权的共同规则和若干制度等规定在民法典。代表性的民法典有1942年意大利民法典、1994年俄罗斯民法典、1995年越南民法典。三是编纂专门法典。这一体例将各类知识产权法律、法规进行整合,作为民法典之下的专门法典。代表性的立法例有法国1992年知识产权法典、斯里兰卡1979年知识产权法典、菲律宾1997年知识产权法典、埃及2002年知识产权法典、越南2005年知识产权法典等。

[56] 靳宝兰:《比较民法》,中国人民公安大学出版社1995年版,页24—33。

[57] 参见徐国栋主编:《绿色民法典草案》,社会科学文献出版社2004年版。

[58] 参见郑成思为法国知识产权法典中译本所作的"序",转引自《法国知识产权法典》(法律部分),黄晖译,商务印书馆1999年版。

权法典,也没有将各个法律进行整合而编入民法典。例如,作为近代范式民法典的法国民法典和德国民法典,其编纂活动分别完成于19世纪初叶与末期。上述国家的知识产权立法早在民法典编纂之前大体就绪,且这些新兴的财产权制度又多为英国的"舶来品",因此,近代欧洲大陆民法典未能将知识产权纳入其体系之中。伴随着近现代民法法典化的浪潮,知识产权制度的法典化运动开始兴起。在以法国、德国民法典为代表的第一次法典化高潮中,一些国家尝试推行的是工业产权制度的法典化。例如,葡萄牙于1867年颁布第一部民法典后于1926年制定了工业产权法典。巴西于1912年颁布第一部民法典后于1971年制定了第一部工业产权法典,而在以荷兰、俄罗斯民法典为代表的第二次法典化运动中,一些国家着力编纂的是知识产权法典,如法国1992年知识产权法典、菲律宾1997年知识产权法典、越南2005年知识产权法典等。

知识产权法典化有着复杂的社会动因和国际背景,从上述国家编纂知识产权法典的过程来看,个中原因有以下几点:(1)追求统一的知识产权法律体系。在制定知识产权法典之前,各国都曾经深受知识产权法律体系凌乱之苦,这种凌乱主要表现在立法层次不统一、法律之间相互冲突时有发生。《法国知识产权法典》颁布之前,在法国一共存在着二十多部与知识产权有关的单行法律法规,而且法院许多判例也在发挥效力。[59] 1995年《越南民法典》虽然将以往制定的知识产权法律统统废除,但由于其本身对于知识产权的规定又过于笼统不便于操作,所以此后越南的国会、政府、相关各部和其他法定机关又陆续颁布了许多与知识产权有关的法律文件。到2005年止,越南保护知识产权的法律包括《民法典》、《刑法典》、《海关法》在内一共有四十多部,这些法律之间存在着诸多交叉重叠、法律漏洞和不协调。菲律宾1947年《专利法》和《商标、服务商标和商号法》是由菲律宾议会制定,以共和国法案的形式出现;而调整著作权关系的1972年《知识产权令》却是以总统令的形式出现的,菲律宾此后的知识产权法律也包括了共和国法案、总统令、执行令和部门管理条例等形式,数量也达数十部之多。[60] 这种凌乱的法律体系严重影响到了法律的权威性和可操作性。有鉴于此,各国都以制定知识产权法典为契机,宣布废除此前的各知识产权法律,宣示了知识产权的重要性;与此同时也统一了知识产权法律体系,消除了法律冲突和法律漏洞,从而增强了法律的可操作性,树立了知识产权法律的权威性。(2)强化知识产权管理与保护。在制定知识产权法典之前,各国关于知识产权管理的规定大都分散于各单行法律之中,专利权、商标权、著作权等管理部门多处于各自为政的局面。这种知识产权管理体制分散的局面也直接导致了知识产权保护不力,因而各国在制定知识产权法典时,都将强化知识产权管理作为立法重点。《斯里兰卡知识产权法典》的第一编为"管理",规定斯

---

[59] 参见黄晖为法国知识产权法典中译本"译者序"。转引自《法国知识产权法典》(法律部分),黄晖译,商务印书馆1999年版。

[60] 参见何华:"知识产权法典化研究",中南财经政法大学知识产权研究中心2008届博士论文。

里兰卡国家知识产权局为斯里兰卡商业贸易部的下属机构,是斯里兰卡唯一有权受理工业设计、专利、商标或其他事务的注册及知识产权管理的机构,并对规定知识产权局局长任命、权力及职责等内容进行了详细的规定;《菲律宾知识产权法典》的第一编为“知识产权局”,规定知识产权局为菲律宾唯一的知识产权行政管理部门,然后用长达15条的篇幅对菲律宾知识产权局的职能、组织机构、下属各部门、经费、人员组成等内容进行了详细的规定。越南和法国虽然没有设立统一的知识产权管理部门而是保留了以往那种总体分散、适当集中的知识产权管理体系,但它们分别在知识产权法典中就各行政管理部门的职责范围进行了明确的规定与划分,相比于单行法的分散规定而言,这种做法也具有一定的比较优势。(3) 为应对来自发达国家的压力。发展中国家知识产权法典的制定,或多或少受到发达国家的影响。美国和菲律宾于1993年4月达成了《美国——菲律宾知识产权保护备忘录》;美国与斯里兰卡于1991年9月签订了《美国——斯里兰卡知识产权双边保护协定》;美国与越南于2001年7月签署了《美国——越南双边贸易协定》,协定第2部分即为“知识产权”。这三部双边协定都为签字国在知识产权保护方面设定了较高的国家义务。在美国贸易代表每年发布的“特别301报告”中,美国多次敦促菲律宾与越南加强知识产权保护,否则会给予经济制裁。由此可见,上述国家知识产权法典的制定,在一定程度上也是为了应对外来的压力。

中国经过近三十年时间的努力,建立了较为完善的知识产权法律制度体系。法律制度完善的判断有两个基本标准:一是知识产权法律制度的合理化(前述知识产权保护水平问题,即涉及制度合理化);二是知识产权法律制度的体系化(知识产权法律形式和外在表现,是制度体系化重要内容)。前者是制度完善的实质条件,是为法的实质理性;后者是制度完善的形式条件,是为法的形式理性。法的形式理性,属于法的外在的技术品质,主要“表现为经由诸如程序公正、法律推理、法律论证以及各种具体部门法的一系列智性制度安排和种种法律技术”。[61] 就法律规则的具体形式而言,“法典是法的形式的最高阶段”,因为比之其他法的形式和制度形式,法典历来是固化和记录一定的统治秩序、社会秩序和社会改革成果的更有效形式。[62] 知识产权法律体系化、法典化的过程,应表现为理性的制度安排和科学的立法技术运用。只有这样,知识产权制度在法的形式上才可以称之为“制度文明的典范”。

关于中国知识产权法律的体系化,主要涉及两个问题:一是现行单行法律、法规是否具备系统性、完备性的体系化要求?二是未来民法典是否接纳知识产权,采取最高形式理性的法典化?现阶段,我国知识产权法律框架基本形成,但体系化程度有待提高。其主要问题是:(1) 一些知识产权法律规定比较分散,尚无统一的法律规范。关

[61] 许章润:“法律的实质理性——兼论法律从业者的职业伦理”,载《中国社会科学》2003年第1期。

[62] 周旺生:“法典在制度文明中的位置——《法典编纂论》序”,载封丽霞主编:《法典编纂论》,清华大学出版社2002年版,页26。

于商业秘密的保护,散见于《民法通则》、《合同法》、《反不正当竞争法》和《刑法》中,尚无《商业秘密保护法》;关于商号权的保护,分别规定在《民法通则》、《企业名称登记管理规定》、《公司登记管理条例》、《产品质量法》以及《反不正当竞争法》,目前没有制定《商号法》;关于地理标志的保护,或作为证明商标、集体商标,规定在《商标法》,或作为专门产品标志,见之于《地理标志产品保护规定》,其法律冲突显而易见。(2)一些知识产权法律、法规相互冲突、抵触,亟待加以整理和协调。我国单行立法,有的是全国人大常委会通过的法律,如《著作权法》、《专利法》、《商标法》等;有些则是国务院颁布的法规,如《植物新品种保护条例》、《集成电路布图设计保护条例》等。各单行法律、法规,由立法者依职权而制定,彼此间本应具有相对的一致性和协调性;但是,由于法律文件的起草者不同以及制定的时间不同,其调整的法律关系又具有相对独立性,因此某些规定存在着不合时宜、不相协调的问题。

中国知识产权法典化问题,是由于20世纪90年代末启动的民法典起草工作而引起的。对于知识产权"入典",无论是立法者还是多数学者并无异议。这是因为:(1)知识产权是私权,其基本属性与财产所有权无异,将该类权利规定于民法典之中,有助于形成完整、系统的财产权利体系;(2)知识产权是受民法保护的权利,知识产权法虽含有若干公法、程序法规定,但依然是以实体法为基础的私法制度,隶属于民法部门;(3)知识产权已在我国民事基本法即《民法通则》中作出原则规定,此先例可以援引。对于知识产权如何"入典",则意见纷呈。有学者将其归纳为四种模式:(1)分离式。即知识产权法典与民法典相分离(如1992年法国民法典)。(2)纳入式。即知识产权在民法典中独立成编(如1995年越南民法典)。(3)链接式。即民法典对知识产权仅作原则性规定,然后单独制定知识产权法(如1994年俄罗斯民法典)。(4)糅合式。即将知识产权与所有权合成一体,规定在民法典中(如1995年蒙古民法典)。[63] 笔者认为,将知识产权法整体移植或整合移植于民法典都是不可取的。在2002年10月全国人大法制工作委员会召开的专家讨论会上,本人的基本意见是:凡是"范式"民法典都没有规定知识产权编,凡是编入知识产权的民法典都不是"范式"。同年年底在上海举行的知识产权论坛上,来自WIPO的专家声称:WIPO并不赞成在民法典中详细规定知识产权问题,但对其作出一般规定是可以的,也是有益的。[64]

从我国知识产权制度的发展趋势分析,我国知识产权制度的法典化可以分两步走:第一步,民法典仅对知识产权作一般规定,但单行法依然保留。如此立法样式,在适用法律方面较为方便,也不破坏民法典的审美要求。此外也有利于知识产权法律体系的系统化,减少其内部矛盾。第二步,在民法典之下编纂知识产权法典。其中,民法典中关于知识产权的一般性规定,涉及知识产权的性质、范围、效力、利用、保护,与其

[63] 参见曹新明:"知识产权与民法典连接模式之选择",载《法商研究》2005年第1期。

[64] 参见吴汉东:"知识产权立法体例与民法典编纂",载《中国法学》2003年第1期。

他法关系等原则性条款,可作为知识产权法典的总则;此外,可整合、汇集各知识产权单行法规,将上述具体制度作为知识产权法典的各个专章。总之,知识产权制度的法典化,不仅是法律传统的偏好,更是法制建设的需要,它还会受制于一定社会、政治、经济、科技等因素的影响,基于各国立法例的历史考察与现状分析,可以认为,无论何时采取何种途径,法典化将是中国知识产权立法的必由之路。

**结语**

国际化、现代化、战略化、法典化,是对当代知识产权制度发展与变革状况的概括与描述。就世界范围而言,知识产权制度的现代化与国际化紧密相连,即应对新技术的知识产权制度创新,往往通过国际公约的运作而成为普世规则;而战略化当是各国应对上述发展变革而采取的知识产权政策抉择,法典化则是为实现战略目标而对知识产权法律模式的理性追求。总之,知识产权制度发展与变革的各种态势并不是孤立和隔绝的,而是相互联系、相互作用在国际大势与中国大局之中。目前,中国知识产权事业正处于一个新的重要历史时期。就知识产权制度建设而言,中国进入了一个战略主动期。我们应"统筹国内国际两个大局",从本国经济与社会发展的需要出发,加强立法工作,将知识产权法律作为建设创新型国家的制度支撑;而就知识产权制度运作而言,中国进入了一个关键发展期。知识产权法作为公共政策的组成部分,能否充分发挥其促进知识创新,推动社会发展的功能,不仅取决于立法的完善,更决定于用"法"的成效。我们有理由相信,中国知识产权制度应立足于本土当前和未来需要,顺应国际变化和时代潮流,步入国际化、现代化、战略化与法典化的发展道路。

# 美国域外知识产权扩张中的论坛选择政策研究

## ——历史、策略与哲学

刘银良[*]

美国《宪法》赋予国会立法权,“保证作者和发明者在一定时间内就其作品和发现分别享有独占权,以促进科学和实用技术的进步”。① 此即美国专利法和版权法的宪法依据,被称为“知识产权条款”。1790 年美国分别通过第一部联邦专利法和版权法,开始知识产权制度构建。迄今约 220 年间,美国知识产权制度绵延不绝,逐渐成为强国之本。伴随国内知识产权制度建设,美国也逐渐重视域外知识产权保护。自 1880 年代后期美国开始参与专利国际保护体系,但它参与版权国际保护体系则基本始于 1950 年代。自 1980 年代初它又把知识产权保护与国际贸易相联系,积极推进国际贸易中的知识产权保护,并于 1990 年代促成世界贸易组织(WTO)建立和《与贸易相关的知识产权协议》(TRIPs)等签署。伴随其域外知识产权扩张,美国的知识产权强国地位得以奠定,率先完成从工业经济到知识经济的转变。2008—2012 年,美国又成功推动《反假冒贸易协议》(ACTA)谈判和签署。

在美国寻求域外知识产权保护的过程中,尤其自 1950 年代以降的快速扩张时代,有很多历史事件值得回顾,也有很多现象值得探究。本文将通过梳理美国的相关国际论坛选择行为,揭示它所惯用的域外知识产权扩张策略及其背后的哲学支撑。回顾性的历史研究或可帮助人们认识美国推动知识产权国际保护的目的和策略,进而厘清知识产权全球化的合理性与内在问题。本文第一至第三部分将主要按照历史顺序,梳理

---

* 刘银良,北京大学法学院副教授。本文是教育部人文社会科学研究规划基金项目(10YJA820068)的阶段性成果,原载于《环球法律评论》2012 年第 2 期。

① U.S. Const, art. I, §8, Cl. 8.

美国在域外知识产权扩张过程中的国际论坛选择行为，然后阐述它所实施的论坛操纵政策及其背后起支撑作用的国家行为哲学。

## 一、从 UNESCO 到 WIPO：论坛的选择与转移

美国专利法自1861年就开始为外国人在美国申请专利和保护专利权提供国民待遇，此举吸引了众多外国发明家到美国从事发明创造，促进了美国科技发展。[②] 1873年维也纳举办国际博览会，当时奥匈帝国专利法规定外国人要在奥国获得专利，需在本地生产其产品，美国认为此规定“极为荒唐”，并且美国的发明人由于担心其发明在展会期间得不到保护而不愿参会。[③] 奥国为此通过特别法，对参加展会的发明和商标等提供临时保护。1883年《保护工业产权巴黎公约》（下称“巴黎公约”）签署，在该公约生效三年后即1887年，美国选择加入该公约，开始参与专利国际保护事务。

与专利保护快速国际化相反，美国对于外国人的版权（著作权）保护一直持保守做法。美国1790年版权法规定，该法不禁止在美国重印外国人在国外写作、印制或出版的任何地图或书籍作品等。[④] 该情形持续约一个世纪，直到美国于1891年通过“国际版权法”，才对外国人的作品提供有条件的保护，条件包括该外国也为美国人的作品提供对等保护，且作品需在美国出版和印刷，并于出版日前向国会图书馆提供印制样书等。[⑤] 外国人的作品需在美国印制才可享有版权的规定被称为“印制条款”。它作为美国版权法的一个特色，是专为维护美国印刷业利益而设，持续近百年，直到1986年美国决定加入《保护文学艺术作品伯尔尼公约》（下称“伯尔尼公约”）才被废止。[⑥] 在此漫长历史时期，美国可能已经忘记它对奥匈帝国专利法关于本地制造规定的“极为荒唐”的评价。即使美国版权局注册官员也曾认为，在版权国际保护方面，美国的做法体现了“智力上的短视、政治上的孤立主义和狭隘的自我经济利益”。[⑦] 当然它也体现出一种虚伪主义。[⑧]

在1790—1891年期间，美国大肆盗印英、法、德等国的作者创作的作品，其中尤以

---

② 参见郑成思：《知识产权法》（第二版），法律出版社2003年版，页248。

③ See Peter Drahos and John Braithwaite, Information Feudalism, 33—34 (Earthscan Publications Ltd. 2002)（中译本为：彼得·达沃豪斯/约翰·布雷斯韦特：《信息封建主义》，刘雪涛译，知识产权出版社2005年版。本文以下仅注英文版页码）。

④ See US Copyright Act of 1790, Section 5.

⑤ See The International Copyright Act—Amendments to the 1870 Copyright Act (1891), Sections 3, 13.

⑥ See Susan K. Sell, Private Power, Public Law—The Globalization of Intellectual Property Rights, Cambridge: Cambridge University Press, 2003, pp. 61—62.（中译本为：〔美〕苏珊·塞尔：《私权、公法——知识产权的全球化》，董刚、周超译，王传丽审校，中国人民大学出版社2008年版。本文以下仅注英文版页码）。

⑦ Barbara Ringer, *The Role of the United States in International Copyright—Past, Present, and Future*, 56 Georgetown Law Journal 1050, 1051 (1968). 转引自 Peter Drahos, *Information Feudalism*, pp. 129—130.

⑧ See Peter Drahos, *Information Feudalism*, p. 130.

英国人的作品受盗版侵犯最为严重。英国著名作家查理·狄更斯因不堪作品在美国被广泛盗印,曾于1837年游说美国要求其尊重外国作者的权利,呼吁美国国会立法制止盗版行为,最后却失望而归。[9] 而1891年后,由于印制条款、对等保护和及时报送样书等苛刻要求,外国人的作品事实上也难以在美国获得保护。尽管美国存在广泛的盗版行为,欧洲一些国家曾拒绝采取对等报复措施。如英国版权委员会认为,不管其他国家如何,英国版权法需坚持正确的原则,故不考虑报复美国的盗版行为。[10] 法国走得更远,拿破仑三世曾于1852年发布命令,规定不论作者国籍和作品首次出版地为何,法国都对所有外国人的作品提供保护,相应的盗版行为在法国可构成犯罪。[11] 这些做法与1984后美国动辄使用“特别301条款”制裁它认为不能充分保护美国知识产权的国家的行为,形成鲜明对比。

伯尔尼公约于1886年签署,于次年生效。依据该公约,版权属自动产生,其享有不附任何前提条件。[12] 由于其版权法对于外国作品的特别规定等,美国长期游离在伯尔尼公约之外。“二战”后,美国快速崛起,成为世界科技、工业、文学和艺术中心。由于认识到长期脱离国际版权保护环境可能为美国带来负面影响,降低其国际影响力,因此为维护它在国际贸易中的版权利益,美国也希望融入国际版权保护体系。但当时它还不能加入伯尔尼公约,因此从1940年代后期开始,美国选择支持联合国教科文组织(UNESCO),以推动《世界版权公约》制订。该公约基本属伯尔尼公约和《泛美版权公约》或美国版权法的折衷,为作者提供弱于伯尔尼公约的保护,恰是美国为争取国际地位、维护其版权利益所需要的。[13] 在UNESCO主持下,世界版权公约于1952年签署,于1955年生效,UNESCO遂成为美国直接参与版权国际事务的论坛。可把美国支持UNESCO以达成世界版权公约视为其实施国际论坛选择的起点。[14]

美国对于UNESCO的热情并未持续太久。伴随“二战”后风起云涌的殖民地国家独立运动,发展中国家开始关注版权事务,但其出发点主要是为更好地维护本国国民受教育的权利,使其更容易地获取有益信息和图书资料。发展中国家把UNSECO作为平台,发起“新世界信息秩序”运动,向主要由发达国家主导的版权保护体系提出挑战,要求修改公约规定。为方便图书进口等目的,伯尔尼公约的部分成员国也试图脱离该公约而加入世界版权公约。美国虽然不是伯尔尼公约成员国,但对此种行为感到不

---

⑨ See Peter Drahos, *Information Feudalism*, pp. 32—33.

⑩ See Peter Drahos, *Information Feudalism*, p. 33.

⑪ See Christopher May, The Pre-History and Establishment of the WIPO, 1 *The WIPO Journal* 17 (2009).

⑫ See Berne Convention, Art. 5(2).

⑬ See Susan K. Sell, *Private Power, Public Law—The Globalization of Intellectual Property Rights*, p. 62, footnote 1.

⑭ See John Braithwaite and Peter Drahos, *Global Business Regulation*, Cambridge: Cambridge University Press, 2000, Chapter 24. 转引自 Peter Drahos, *Information Feudalism*, p. 112.

满，担心它会影响美国的版权利益。1980年代初，在综合评估多方面的因素后，美国认为UNESCO已属于具有“严重政治化问题”的国际论坛，[15]它将难以继续在该组织有效维护其版权利益，遂于1984年底退出该组织，也不再向它提供资金支持。[16]

虽然主动退出某国际机构的做法并未为国际法或国际惯例所禁止，但美国作为联合国主要成员，它主动退出联合国主要机构之一的做法仍属较为少见的行为。美国敢为天下先，为本国知识产权利益最大化，对UNESCO先恭后弃，其行为可被视为该国在知识产权域外保护领域实施的第一个回合国际论坛选择。其后，美国认为世界知识产权组织（WIPO）或可成为维护其知识产权利益的国际论坛，逐渐把活动重心转移至此。

WIPO的历史可上溯至1880年代初。巴黎公约和伯尔尼公约各自的国际局于1893年合并为“保护知识产权联合国际局”。在发展中国家不断崛起的历史大背景下，经过公约成员国长期磋商，《建立世界知识产权组织公约》于1967年签署，于1970年生效，WIPO依约成立，并于1974年成为专门负责知识产权事务的联合国机构。[17] 在涉及知识产权保护的国际论坛中，它起源既早，又是联合国机构，具有国际法人资格和正统的国际法地位，管理着众多知识产权国际公约，还依据《专利合作条约》（PCT）和《马德里协定》（及后来的《马德里议定书》）等管理着专利国际申请体系和商标国际注册体系，因此在1970年代中、后期逐渐成为知识产权领域的主导性国际论坛。

在成为联合国机构前，WIPO及其前身基本由欧洲国家控制。美国只加入巴黎公约而未加入伯尔尼公约，在1980年代前并未成为WIPO的主导力量。在退出UNESCO前后，美国认识到为保证其国际贸易中的版权利益，伯尔尼公约应是主要舞台，就开始积极参与WIPO进程。WIPO也认识到美国的参与和支持对于维护其地位的重要性，也积极配合美国的要求，尽力使其发展项目与美国利益相一致，还为之提供辅助性研究项目。双方投桃报李，美国在WIPO的地位迅速提高，已在较大程度上主导着WIPO的发展动向和活动。[18]

然而，若从美国知识产权利益最大化角度看，WIPO的优势也同时孕育着不足。WIPO属联合国机构，除贯彻本机构宗旨以实现本机构目标外，还需遵守联合国的相关目标及管理规定，如通过促进技术转移帮助发展中国家提高工业化以及文化、科技和

---

⑮ See Peri A. Hoffer, Upheaval in the United Nations System: United States' Withdrawal from UNESCO, 12 *Brooklyn Journal of International Law* 161, 162, footnote 6 (1986). 转引自 Peter Drahos, *Information Feudalism*, p. 85.

⑯ See Peter Drahos, *Information Feudalism*, p. 112. 美国于1984年退出UNESCO，后于2003年重新加入。See UNESCO, Member States, at http://www.unesco.org/new/en/member-states/countries/，最后访问时间为2012年1月31日（本文的电子文献的最后访问日期都是此日期，以下不再逐一注明）。

⑰ WIPO至今已有185个成员，管理着约24个知识产权国际公约（条约）。See WIPO, Member States, at http://www.wipo.int/members/en/.

⑱ See Peter Drahos, *Information Feudalism*, pp. 112—113.

商业领域的发展能力。这些目标或项目可能绵延很长时间,如 WIPO 于 2007 年通过的“发展议程”即可视为其发展目标的延续。[19] 与此相关,在 WIPO 成员国中发展中国家占据多数,而每个国家拥有同样的投票权,因此在决议过程中发展中国家占据优势,这与联合国多数机构(如世界卫生组织)基本一致。并且和在 UNESCO 一样,随着发展中国家权利意识的觉醒,它们也逐渐联合起来,积极主张发展、减贫、公共健康等基本人权议题,以对抗发达国家的知识产权诉求。这些因素相结合,就可能有效阻遏美国推进知识产权国际保护议程,甚至使之变得实质不能。因此,WIPO 的知识产权保护议程常陷入两大集团的无尽争论中,也因而难以满足美国对于高水平知识产权国际保护的需求。[20] 更为重要的是,WIPO 虽然管理着二十多个国际公约,但它们却没有强制性条款,也缺乏相应的争端解决机制,因而公约没有足够的可执行性,WIPO 也缺乏相应的强制性争端解决权威。针对相关争议,WIPO 更倾向于组织专家组进行审查,然而如此处理却可能导致冲突被掩盖,因为它们并没有得到根本解决。美国跨国公司代表曾明确表示,没有执行力的条约毫无用处。[21]

由此可知,美国对于 WIPO 的关注,开始就注定具有过渡性质。它在 WIPO 找不到可依赖的国际法机制以保障其知识产权利益,也没有可能集结足够的成员国以构成多数,但它却要面对联合国机构需要坚持的原则(如在发达国家和发展中国家之间维系平衡),而这些原则对于美国而言可在关键时刻成为掣肘。例如,虽然 WIPO 曾长期执行亲美政策,但当其时任总干事为谋求连任时就不得不在美国、其他发达国家和发展中国家之间寻求平衡。高水平的知识产权保护和有效的争端解决机制是美国希望的,但大多数发展中国家却不赞成,其他发达国家也没有足够热心,解决方案被搁置,美国也逐渐发现自己处境尴尬,像独行客,在 WIPO 几乎处于“被隔离”状态。[22] 对于 WIPO 的这些特点,美国在选择它作为倚重的知识产权国际保护论坛时就应当认识到。随着时光推移,美国逐渐对 WIPO 失去信心,认为在维护其需要的高水平知识产权方面,它不再是可信赖论坛。[23]

综上,美国在退出 UNESCO 后,先是选择 WIPO 作为域外知识产权扩张的国际阵地,但由于看不到成功的机会,就逐渐远离它。美国这次并没有退出 WIPO,是源于它认为 WIPO 仍有用途(见第二部分)。与美国再次实施阵地转移相对应,WIPO 也从知识产权领域唯一重要的国际论坛看到权力旁落。其时任总干事为此表示不满,认为美

⑲ See Christopher May, The Pre-History and Establishment of the WIPO, pp. 16—26.

⑳ See Laurence R. Helfer, Regime Shifting: The TRIPs Agreement and New Dynamics of International Intellectual Property Lawmaking, 29 *Yale J. Int'l L.* 1 (2004).

㉑ See Peter Drahos, *Information Feudalism*, p. 111.

㉒ See Hans Peter Kunz-Hallstein, The United States Proposal for a GATT Agreement on Intellectual Property and the Paris Convention for the Protection of Industrial Property, 22 *Vand. J. Transnat'l L.* 265, 266 (1989).

㉓ See Peter Drahos, *Information Feudalism*, pp. 111—114.

国新选择的舞台即关税与贸易总协定(GATT)并非合适的国际组织。美国谈判代表反唇相讥,说总干事看到确立知识产权标准的权力被一个非国际组织拿走,这可能让他感到屈辱。㉔

## 二、从 GATT 铸造 WTO:知识产权全球化论坛的构建

早在 1970 年代末或 1980 年代初,美国就开始在 WIPO 之外寻求构建新的知识产权国际论坛的可行性。这次它把目光放到了 GATT,希望在其框架下签署涵盖知识产权的多边贸易协定,从而使 GATT 成为容易控制的知识产权论坛。GATT 原本是为关税与国际贸易议题而设置,在最初五轮谈判中仅涉及关税减让,但随着国际社会发展,它也开始关注其他相关议题,如反倾销和非关税壁垒等。各回合的议题多是由美国提出并实质推动。㉕

然而,在 GATT 是否应纳入知识产权议题方面,在美国、其他发达国家和发展中国家之间存在不同观点。美国极力主张在下轮谈判即乌拉圭回合中纳入知识产权内容。之所以如此急切,是因为美国在退出 UNESCO 和发现 WIPO 难以操纵后,意识到可选择的知识产权国际论坛已经不多,GATT 无疑是一个优选。这有组织结构和运作机制方面的理由。㉖ GATT 非属联合国系统,不受联合国政策和规则制约,并且为美国等发达国家所实质控制。如果发达国家达成一致,就基本可使一项议题获得通过——知识产权更是如此,因为此时发展中国家尚未真正了解知识产权的本质和相关法律后果。㉗美国主张,知识产权与国际贸易有一定关系,不尊重知识产权可能损及国际贸易,因此需把知识产权纳入谈判议程。在该认识的形成和推广过程中,美国的跨国公司起到了举足轻重的决定作用。㉘

该提议受到发展中国家成员的强烈质疑和反对。印度和巴西认为,GATT 的基本目标在于通过关税减让等措施促进贸易自由化,知识产权作为垄断性的产权制度,宗旨恰与贸易自由化原则相悖,它如何能够纳入该体系?它们主张知识产权问题应留给 WIPO 解决,而知识产权与贸易的关系问题则属于联合国贸易与发展会议的职责范畴。这种反对理由难以反驳。美国意识到仅凭自己的力量,难以逆转发展中国家的对抗,遂采取联合欧洲和日本等主要发达国家、分化和击破反对派等策略,最终使谈判按照其设定方向演进。㉙

---

㉔ See Peter Drahos, *Information Feudalism*, p.108.

㉕ 郑成思,见前注②,页 91—92。

㉖ See Laurence R. Helfer, Regime Shifting: The TRIPs Agreement and New Dynamics of International Intellectual Property Lawmaking, pp.20—23.

㉗ See Peter Drahos, *Information Feudalism*, p.185.

㉘ See Peter Drahos, *Information Feudalism*, pp.90—91.

㉙ See Peter Drahos, *Information Feudalism*, p.114.

美国首先说服欧洲、日本和加拿大等赞成其主张,其中欧洲最为重要,一旦它赞成,日本基本持跟随态度。但当时欧洲和日本对此议题并不热心,它们更多地偏重于中间道路。为避免美国在谈判中再次陷入孤立,根据美国贸易代表办公室(USTR)的建议,美国的跨国公司团体通过其欧洲和日本同行分别向其政府发起游说活动,呼吁支持美国的动议。幕后活动全部由美国的跨国公司团体负责完成,包括由其组成的行业协会或专门机构,它们涉及的产业与专利、版权等知识产权事务密切相关。其中,行业协会包括由美国版权产业组成的"国际知识产权联盟"(IIPA)㉚,而全程参与支持乌拉圭回合谈判的专门机构则是于1986年成立的"知识产权委员会"(IPC)。作为专门的知识产权游说机构,IPC负责推动知识产权谈判事务,为USTR提供一切必要的技术和法律文本支持。㉛

在说服欧洲和日本同行参与行动要求其政府支持美国动议方面,IPC短期内就取得成功。它利用未来经济目标的宏大叙事绘制了一幅绚丽的知识产权贸易发展画卷,要求欧洲和日本同行联合起来,一起控制来自新兴经济体的竞争。它们都接受了劝告,分别要求其政府(欧洲为欧共体)支持在谈判中加入知识产权议题,尽管此时日本企业正处于其美国同行的知识产权阻击战中。㉜ 美、欧、日的商业公司联盟还发布联合声明,为谈判中的知识产权议题确定基本框架,该框架及其原则后来成为TRIPs的基础。㉝ 因此有评论认为,为知识产权全球化奠定基础规则的TRIPs,实质是由美国的12个跨国公司推动产生。㉞

为什么欧共体和日本的商界肯接受IPC劝告,积极游说其政府支持美国呢?有研究者认为,它们也许认为在知识产权利益分享方面它们虽然不能与美国平分秋色,但至少可以保护自己的利益。㉟ 至于其他发达国家,如当时被称为"知识产权之友"的一些国家,包括澳大利亚、瑞士和北欧诸国,可能有多种考虑。如澳大利亚曾倾向认为,经过发展它将成为"聪明国家",从而成为知识产权出口国,而非一直停留在知识产权

---

㉚ IIPA(International Intellectual Property Alliance)于1984年成立,代表美国版权产业利益,成员包括8个版权产业联合体,如商业软件联盟(BSA)、美国电影协会(MPAA)、美国唱片业协会(RIAA)等。这些联合体共代表约1500家美国公司,1990年其收入约占美国GDP的3%,被称为代表着"世界高科技、娱乐业和出版业的前锋"。See Peter Drahos, *Information Feudalism*, pp. 91—92.

㉛ IPC(Intellectual Property Commission)成立的宗旨是"奉献于GATT本轮多边贸易谈判中的综合知识产权协议谈判"。它共有13个成员,都是美国知名的跨国公司,包括辉瑞、杜邦、IBM、通用电气、通用汽车、惠普、强生、默克、孟山都、百时美(施贵宝)、华纳、罗克韦尔国际和FMC公司。See Peter Drahos, *Information Feudalism*, p. 118.

㉜ See Peter Drahos, *Information Feudalism*, pp. 118—119, 128—129.

㉝ See Peter Drahos, *Information Feudalism*, p. 123.

㉞ See Susan K. Sell, *Private Power, Public Law—The Globalization of Intellectual Property Rights*, pp. 1—7.

㉟ See Peter Drahos, *Information Feudalism*, p. 119.

进口国阶段；并且，政府也乐意相信产业界提供的夸大的侵权数据，从而认为发展中国家对其知识产权的侵犯已经对其经济带来较大损失。这些原因综合在一起，乃使澳大利亚等成为美国方案的跟随者。[36] 然而其后的发展却证明，在美国主导制定的规则下，对于其他国家而言，无论是发达国家还是发展中国家，此种想象中的超越发展机会并不当然存在。例如TRIPs实施已逾15年，澳大利亚是否已成为知识产权净出口国？显然现有数据并不支持肯定的结论。[37]

此外还有一个重要原因，即很多参与GATT谈判的国家，无论是发达国家还是发展中国家，都曾经因其国内知识产权保护措施不力而饱受美国贸易制裁之苦。美国1984年贸易法实施后的第一起"特别301"行动，实施对象就是日本。加拿大、欧盟等也曾有类似经历。发展中国家同样是美国强权贸易制裁措施的受害者，如巴西、阿根廷、印度、泰国以及当时的新加坡和韩国。[38] 当美国提议在GATT框架下把知识产权议题纳入多边贸易协议时，其他国家可能设想这意味着以后知识产权争端将在多边环境下解决，并且情愿认为这或许比在双边环境下直接面对美国的贸易制裁更好承受，也可能有更多回旋余地。对于此种单方面的理解，美国予以鼓励。但其后历史又证明这些国家的想法多么幼稚，因为美国从未打算要放弃单边制裁措施：取而代之，美国更希望通过交互使用单边、双边和多边措施的形式，使其知识产权利益最大化。因此无论在乌拉圭回合谈判中，还是在TRIPs实施后，美国都未曾放弃把"301条款"作为单边贸易制裁的工具。[39] 例如，直到2010年USTR仍在发布"特别301"调查报告，对很多国家的知识产权状况甚至科技促进政策作出妄自评价。[40]

针对拒绝知识产权议题的发展中国家，尤其是巴西和印度等领头者，美国采取分而击之的策略，在瓦解由它们领导的发展中国家同盟后，充分运用单边贸易措施，使各国分别就范。在前期，美国应用较多的单边措施为"关税普惠制"，在后期则主要是"301条款"（包括"特别301"），二者的有效结合充分体现了美国近30年来惯用的"胡

---

[36] See Peter Drahos, *Information Feudalism*, p. 192.

[37] 据WIPO统计，就PCT申请（专利的国际申请）而言，来自澳大利亚的申请在国际上的排名，1995年为第9名，2009年降为第14名。在2009年PCT申请的全球50强公司中，没有来自澳大利亚的公司。在2009年依据马德里体系提交的商标国际注册的全球50强公司中，也没有来自澳大利亚的公司。See WIPO, *World Intellectual Property Indicators*, 2010 Edition, WIPO Publication No. 941, 2010; WIPO, *Statistics on the PCT System—Historical data (1985—1999)*, http://www.wipo.int/ipstats/en/statistics/pct/.

[38] See Peter Drahos, *Information Feudalism*, pp. 88—107.

[39] See Peter Drahos, p. 194. 有研究者把"特别301条款"称为"双边措施"，似有不妥。因为是否把他国列入观察名单并采取特别301行动仅由美国政府决定，而它在决定前并不需要与该措施的被施加方磋商以达成一致，尽管在实践中美国政府通常会发起此类磋商以避免贸易战。See Peter Drahos, *Information Feudalism*, pp. 86—90.

[40] 例如，该报告对于中国的"自主创新"政策作出负面评价，认为它"可能不公平地让美国的权利人处于不利地位"。See USTR, *2010 Special 301 Report*, April 30, 2010, pp. 19—23.

萝卜加大棒”的对外贸易政策。[41] 在1985—1994年期间,美国共对巴西发起3次“特别301”行动,通过实施单边贸易惩罚措施迫使巴西就范,既按照美国要求修订其专利法,又不再反对加入知识产权议题。随后印度也不得不被动跟随。[42] 因此在乌拉圭回合谈判中,面临以美国为首的发达国家咄咄逼人的态势,发展中国家已位居劣势,难以扭转被动局面。

美国和欧、日、加拿大组成“四国小组”,成为谈判中坚。通过分解并各个击破策略,美国基本瓦解和清除反对知识产权议题的障碍,虽然部分发展中国家如印度依然反对纳入知识产权议题,但已难成大碍。在长达7年之久的乌拉圭回合谈判(1986—1993)中,针对知识产权议题的争论尤为激烈。在IPC全程支持下,美国基本主导着谈判进程。它以本国为中心,把参与谈判的国家分为不同组别,充分运用各种谈判技巧和策略,一方面尽力避免各方(尤其在发达国家之间)在细枝末节上争论,从而把重点放在原则性框架的设置上,另一方面又通过精明的条款安排,把关注的内容纳入协议文本中。[43]

GATT秘书处密切配合谈判进程,甚至WIPO也积极配合,为谈判提供相关资料。美国原打算在完全抛开WIPO的基础上制定全新的知识产权协议,但时任TRIPs谈判小组主席认为这样做可能会让众多具有敌意的发展中国家聚集在WIPO,从而不利于知识产权事务开展。在美国改变看法后,WIPO得以观察员身份参与GATT相关会议,而在每次会议后该小组主席都与WIPO时任总干事讨论相关问题。表面上的尊重显然有助于化解怨气,总干事此时看起来已经对GATT攫取其知识产权议事权不再耿耿于怀,也似乎已忘记他对GATT属非合适的国际组织的评论。[44]

乌拉圭回合谈判时间长,成果也非常丰富,其中包括建立WTO、更新争端解决机制和通过TRIPs。该协议设置了知识产权全球化的基本框架,涉及范畴广泛,除包括传统的知识产权外,还包括植物新品种和集成电路布图设计等新兴知识产权形式(其权利多为发达国家拥有)。它以最低标准的形式要求WTO成员完善知识产权制度,并且可利用有效的争端解决机制维护该框架标准。这种全面的国际知识产权保护制度,已是美国跨国公司此前所难以想象的突破性成就,因为知识产权毕竟属于垄断,而多边贸易协议主要关注贸易自由化,二者可有深层次的冲突。使它们在WTO框架内至少在形式上得以“协调”,的确需要高超的国际谈判技巧和坚实的单边或双边贸易制裁力量。[45] 这两者美国都具有。因此从美国利益角度看,尽管其商界对于TRIPs赋予发展

---

[41] See Peter Drahos, *Information Feudalism*, pp. 85—90.

[42] See Peter Drahos, *Information Feudalism*, pp. 88—107.

[43] 关于乌拉圭回合谈判的叙述,see Peter Drahos, *Information Feudalism*, pp. 108—149; Peter K. Yu, The Objectives and Principles of the TRIPs Agreement, 46 *Hous. L. Rev.* 979, 982—992 (2009).

[44] See Peter Drahos, *Information Feudalism*, pp. 141—142.

[45] See Peter Drahos, *Information Feudalism*, pp. 195—196.

中国家和最不发达国家以过渡期耿耿于怀,对协议文本的缺陷也批评不讳,但无论如何该回合谈判的完成都是美国了不起的成就。[46]

借由WTO/TRIPs的力量,一个新的知识产权全球化时代得以来临。美国的知识产权立法标准被实质地延伸至域外以至于世界各地,从而使美国的知识产权制度通过贸易(以及贸易制裁)全球化的载体,全面冲击既存国际贸易秩序和经济格局,使利益得以重新配置。可认为,随着GATT脱胎换骨地成为WTO,一个全新且权威的知识产权国际论坛得以构建,美国的域外知识产权保护也由此飞跃至全球化阶段。

## 三、ACTA谈判:知识产权实施论坛的构建

自1980年代以来,就其域外知识产权利益保护而言,美国的跨国公司(及其行业协会)似乎没有满意过,探索知识产权保护新疆界的努力也从未停止。在其要求和推动下,美国政府作为其代理人,交替运用多种贸易措施,要求其他国家为其知识产权提供满意的保护。可以理解,美国的国内知识产权制度是其域外知识产权保护的基础,国内知识产权制度的扩张也因而成为域外知识产权扩张的理由和基础,TRIPs文本的形成充分说明了这点。然而从跨国公司的视角看,TRIPs尚有缺陷,因此它们在TRIPs生效后继续寻求如何在其基础上加强知识产权国际保护,此即"TRIPs+"或称"超TRIPs"保护的动力。

1995年后,在知识产权国际保护领域,人们把注意力更多地放在WTO。这与它具有高效的争端解决机制有关,也与美国咄咄逼人的多方位出击有关。在继续积极运用单边措施如"特别301"调查和双边措施如自由贸易协议的同时,美国也在WTO通过争端解决机制向多个成员提起诉讼。据统计,从1996年至2010年间,在WTO就违反TRIPs而诉诸争端解决机制的案件共有29件,其中美国作为起诉人的就占17件,被诉成员不仅包括发展中国家如印度、阿根廷、巴西和中国,也包括在乌拉圭回合中紧随其后的传统贸易盟友如日本、加拿大和欧共体或其成员国。[47] 在美国多种贸易措施压制下,WTO成员分别通过修改法律等形式,实质地提高了知识产权保护水平,使之至少与TRIPs规定的最低标准一致,从而为美国域外知识产权扩张提供了广泛的制度基础。然而随着时间推移,在TRIPs实施10年后,美国逐渐感觉到WTO这个曾有效维持其知识产权利益的全球化论坛,已变得难以控制。

这是因为,在美国多样化的谈判策略诱导下,虽然成员最终通过TRIPs文本,但原有分歧并未就此消除。在WTO,一方面是美国大肆运用争端解决机制要求其他成员达

---

[46] 例如美国医药产业和电影产业等都对TRIPs文本表示不满,认为它具有严重缺陷。IPC和IIPA也提出批评。See Peter Drahos, *Information Feudalism*, pp. 147—148.

[47] 在WTO涉及TRIPs的争端中,第一起案件就是美国诉日本(WT/DS28)。See WTO, Dispute settlement, at http://www.wto.org/english/tratop_e/dispu_e/dispu_e.htm.

到 TRIPs 或 TRIPs + 要求,另一方面是广大发展中国家也越来越多地主张本国利益,其中涉及发展、减贫和公共健康等方面。发展中国家(及最不发达国家)在以本国的发展利益为代价给予付出后,本希望看到 WTO 作为相对公平的世界贸易舞台为其发展和公共利益服务,但却发现它远不如预期,因为美国等发达国家就知识产权等议题实施的压制措施更为积极。在印度和巴西等引领下,发展中国家为共同的利益诉求逐渐联合起来,发出符合发展中国家利益的声音,其最为显著的成果就是于 2001 年通过的《关于 TRIPs 协议和公共健康的多哈宣言》。[48]

另一方面,美国等主要发达国家对于发展中国家的知识产权实施状况越发不满,认为它没能满足 TRIPs 要求。然而当它们提议 TRIPs 理事会评估成员知识产权实施情形时,却遭到发展中国家集体反对。不仅如此,秘鲁等发展中国家还提议加入生物多样性保护和防止“生物海盗”等议题,以维护遗传资源较为丰富的发展中国家的利益。但发达国家对此却不感兴趣。2006 年的 TRIPs 会议明确体现了 WTO 成员在知识产权实施等议题上的广泛分歧。[49] 争议和利益分歧堆积在一起,与之相关的涉及程序或实质问题的争论持续激烈,相关日程变得缓慢。在美国眼里,WTO 可能看起来越来越像 WIPO。看到其历经曲折构筑而成的 WTO 论坛逐渐为发展中国家占据要津,反而不如其前身 GATT 可操控,美国或产生“被围城”和权力旁落的危机感。依照其惯有策略,美国开始探寻新的国际论坛的可能性。

依然活跃在美国国会山和 WTO 等国际论坛周围的跨国公司或其游说顾问,对于发展中国家的表现以及 WTO 的现状,表现出同样甚至更大的不满。它们本来就对 TRIPs 心存芥蒂,现在看到即使此框架也难以得到贯彻执行,就开始考虑如何构建新的阵地。这与 20 年前它们开始关注 GATT 时基本一致,只不过当时是试图改造 GATT,而现在是希冀筹划新论坛。在它们的积极要求、推动和支持下,新一轮知识产权国际保护论坛构建得以实施,此即持续数年谈判而成的《反假冒贸易协议》(ACTA)。

由此观之,ACTA 其实是 TRIPs 的延续。在跨国公司眼里,TRIPs 所未竟的任务仍然需要完成,这自然成为 ACTA 的使命。更为重要的是,它们认为,TRIPs 规定的实施措施并不足以保证知识产权得以充分实施,这也应是 ACTA 应予特别关注的问题。历史经常在重演,尤其是受同样的利益集团驱使,并被同样的谈判发起者所主导的谈判进程。所不同的是,在吸取 TRIPs 谈判漫长而曲折的教训后,美国决定采取不同的论坛构筑策略,即不再把可能反对基本谈判文本的发展中国家作为谈判伙伴,而是把游

---

[48] See *Declaration on the TRIPs Agreement and Public Health*, WT/MIN(01)/DEC/2, 20 November 2001.

[49] See ICTSD, *TRIPs Council Discussions Fall Apart Over Enforcement Issue*, 2006, at http://ictsd.org/i/publications/7435/.

戏规则的制定主要限定在发达国家之间。[50]

日本和美国曾于2005、2006年分别提出签署反对假冒和盗版的多边协议设想。[51]日本原打算以经济合作与发展组织(OECD)为平台谈判该协议,但美国倾向构建新的论坛,它告诫日本利用现有国际论坛并非好事。显然在与国际论坛交往中,美国有更多的经验,其中包括它先后在UNESCO、WIPO和WTO的遭遇。其后欧盟、加拿大和瑞士参与磋商。ACTA谈判于2008年正式开始。在较长时期内,谈判文本都未对公众公开。人们对它可能不当限制公众自由获取信息以及可能侵犯隐私权等提出批评。美国"电子前沿基金会"曾为此提起诉讼,要求公布谈判文本。美国部分国会议员也要求政府公布相关文本。欧洲议会曾于2009年3月通过决议,要求代表欧盟参与谈判的欧盟委员会公布谈判文本。[52] 谈判方共进行了11轮谈判,于2010年10月在东京达成最终协议文本,该文本其后公布供公众评论和谈判方签署。[53]

与TRIPs谈判相比,除谈判文本保密外,ACTA谈判还有自己的鲜明特点,这主要体现在谈判主导方对于谈判参与方的高度选择方面。谈判发起者包括美国和日本,主要参与者包括属发达国家集团的欧盟(同时代表成员国)、瑞士、加拿大、澳大利亚和新西兰。阿联酋和约旦参与了开始阶段的谈判,其后退出。韩国、新加坡、墨西哥和摩洛哥于后期加入。这些国家多与美国签有双边自由贸易协议,在知识产权保护方面受美国制约,在谈判中难有实质独立诉求,主要是跟随者角色。[54] 因此虽然看起来ACTA谈判有发展中国家参与,但它们并未有代表意义,或说只有点缀作用,让ACTA被批评为发达国家俱乐部时有所遮挡。巴西曾表示有兴趣加入谈判,但却一直没有得到积极回应。[55] 德国曾建议欧盟委员会邀请中国、印度和俄罗斯等国参与,但建议被否决。[56] 这意味着ACTA的谈判圈子此时并不欢迎真正的发展中国家代表加入,因为它们可能会扰乱既定谈判进程。

---

[50] 在TRIPs谈判前夕,发展中国家曾担心被排除在谈判过程之外,这种担心在ACTA谈判中得以成真。See Peter K. Yu, The Objectives and Principles of the TRIPs Agreement, pp. 989—990.

[51] See Margot Kaminski, The Origins and Potential Impact of the Anti-Counterfeiting Trade Agreement (ACTA), 34 *Yale J. Int'l L.* 247, 250—251 (2009).

[52] See *European Parliament resolution of 10 March 2010 on the transparency and state of play of the ACTA negotiations*, P7_TA(2010)0058, paras. 1—5.

[53] 对于ACTA谈判历史的描述,可参见Emily Ayoob, Recent Development: The Anti-Counterfeiting Trade Agreement, 28 *Cardozo Arts & Ent. L. J.* 175, 176—182 (2010).

[54] 美国迄今已与14个国家签署该类协议,它们在TRIPs或ACTA谈判中多跟随或支持美国。See US International Trade Administration, *Free Trade Agreements*, at http://trade.gov/fta/.

[55] See Michael Geist, *ACTA Update: New Meetings, New Partners, New Issues*, June 30, 2009, http://www.michaelgeist.ca/content/view/4092/125/.

[56] See European Parliament—Policy Department External Policies, *Impact of Counterfeiting on International Trade: Comments on Anti-Counterfeiting Trade Agreement (ACTA)*, EXPO/B/INTA/2008/13, May 2008, pp. 30—31.

这些现象显示美国充分吸收了 TRIPs 谈判的教训,避免在协议文本形成过程中出现太多争论,从而既影响谈判效率,又会使发达国家出于各种原因(如希望早日达成协议)对发展中国家作出太多让步。国际知识产权联盟(IIPA)领导人曾声明,ACTA 的目标就是针对知识产权侵权问题达成一个野心勃勃的协议,此目标“不能因增加缔约国或者为匆忙结束谈判而有所牺牲”。[57] 尽管发达国家之间就知识产权制度存在多方面的分歧(如是否应涉及地理标志),但在提高知识产权保护和实施水平等方面,却有基本一致的诉求。在共同需求指引下,达成协议文本的机会以及各方为此付出的对价,可能要比在有发展中国家参与的情形下要少得多。由此即可理解为什么 ACTA 谈判始终在回避有代表性的发展中国家参与。

但另一方面,ACTA 的有效实施却离不开发展中国家参与。与谈判阶段极力避免发展中国家参与相反,在协议实施后,ACTA 会鼓励甚至要求发展中国家参与进来。例如,促成中国、巴西和印度等新兴经济体加入就是 ACTA 的目标之一。[58] 毫无疑问,发展中国家要加入 ACTA,前提一定是它们的知识产权保护和实施能够满足其规定。因此 ACTA 谈判实质上就是以美国为首的发达国家为发展中国家制定知识产权实施标准的过程:作为贸易的或称政治的圈套,一旦它制作完成并实施,发达国家就会运用必要的单边、双边或多边手段,驱使发展中国家进入圈套。正是认识到 ACTA 的潜在威胁[59],发展中国家对 ACTA 谈判一直持有戒心,中国和印度在 WTO 分别就该谈判另行开辟论坛表达关注与批评,得到广大发展中国家支持。[60]

2011 年 10 月 ACTA 在东京开始签署,至 2012 年 1 月底,绝大多数谈判方(包括美、日、欧盟及其多数成员国)完成签署。依照 ACTA 规定,该协议将在得到 6 个缔约方批准后一个月生效。如果它将于不远的未来生效实施,则一个新的知识产权国际论坛在短期内就被建成。在 WIPO 于 1990 年代中期大权旁落之后,WTO 于 2010 年代初期似乎也看到了自己相似的命运。针对美国舍近求远谈判 ACTA 的游击策略,欧洲议会曾通过决议从两方面加以谴责:第一,对谈判成员的算计性选择;第二,试图构建新的国际论坛,而非选择构建良好且能够为公众提供信息和咨询的国际组织,如 WIPO

---

[57] Eric H. Smith (IIPA), *Letter to USTR: Anti-Counterfeiting Trade Agreement: Request for Public Comments*, March 21, 2008, http://www.iipa.com/pdf/IIPAACTAlettertoUSTRfinal03212008.pdf.

[58] See European Parliament—Policy Department External Policies, *Impact of Counterfeiting on International Trade: Comments on Anti-Counterfeiting Trade Agreement (ACTA)*, p.25.

[59] 例如,有研究者把 ACTA 称为是 TRIPs + + 的保护水平,即在 TRIPs + 的基础上又有所提高。See Susan K. Sell, *The Global IP Upward Ratchet, Anti-Counterfeiting and Piracy Enforcement Efforts: The State of Play*, June 9, 2008. 转引自 Margot Kaminski, The Origins and Potential Impact of the Anti-Counterfeiting Trade Agreement (ACTA), pp.249—250.

[60] See WTO, *Council debates anti-counterfeiting talks, patents on life*, 8 and 9 June 2010, http://www.wto.org/english/news_e/news10_e/trip_08jun10_e.htm.

和WTO。[61]

如同WTO/TRIPs谈判一样,在背后推动和支持美国政府发起ACTA谈判的力量,依然是美国的跨国公司及其行业协会组织,如美国录音产业协会(RIAA)和美国医药研究与制造商协会(PhRMA)等曾通过给USTR等机构发布公开信的形式支持该谈判,并提出激进的知识产权保护措施建议。[62] 美国政府在要求严格保密的前提下也让其代表得知谈判文本。可以理解,ACTA实质上仍然是美国知识产权制度在国际范围内的延伸,因此美国的域外知识产权保护在步入全球化15年后,又将开辟新的历史阶段。

**四、美国域外知识产权扩张中的论坛选择策略分析**

在本文语境下,论坛选择(forum selection)是指在知识产权国际保护事务中,一国为优化或最大化其知识产权利益,选择性地加入、退出、规避、构建或转移相关知识产权国际论坛的策略或行为。论坛加入或退出(forum participation or withdrawn)是指选择加入或退出某国际论坛。论坛规避(forum evasion)是指在相关国际法框架下,一国虽有义务承担相应国际责任,但却基于本国利益考虑,拒绝加入相关国际论坛并承担国际责任。论坛构建(forum construction)是指另行构建新的国际论坛。[63] 论坛转移(forum shifting)是指,一国认为某国际论坛已不能保证其利益最大化,乃把重点转移至其他论坛,其中包括在不退出某国际论坛的情形下把重点转移至其他论坛。[64] 这些不同的论坛选择过程可交叉发生,如在某国际论坛的退出或转移,可同时伴随加入或构建另一论坛。所有这些操纵或运用知识产权国际论坛的策略,都可视为论坛选择政策的运用。

知识产权保护的国际论坛在前期主要是WIPO的前身即"保护知识产权联合国际局"和UNESCO(主要涉及版权),当今主要是WIPO和WTO,将来也可能包括ACTA。通过对美国域外知识产权扩张历史的考察,可知在此前一个多世纪,尤其在此前六十余年间,美国的论坛选择政策若隐若现,绵延至今。在1880年代美国选择加入巴黎公

[61] See *European Parliament resolution of 10 March 2010 on the transparency and state of play of the ACTA negotiations*, P7_TA(2010)0058, para. 6.

[62] See James Love, *RIAA Suggestions for content of ACTA*, 26 June 2008, at http://keionline.org/content/view/190/1; James Love, *PhRMA comments to USTR on ACTA*, 9 July 2008, at http://keionline.org/content/view/193/1.

[63] 与论坛构建相关的概念还有论坛增殖(forum proliferation)。它是指在现有论坛的框架中增设知识产权议题,从而使涉及知识产权议题的国际论坛增加。例如,《生物多样性公约》(CBD)等国际公约和世界卫生组织(WHO)等国际机构对于知识产权议题的涉及,就实质增加了当今的知识产权国际论坛。See Peter K. Yu, A Tale of Two Development Agenda, 35 *Ohio N. U. L. Rev.* 465 (2009).

[64] 也有研究者把论坛转移等称为"体制转移"(regime shifting)。See Laurence R. Helfer, Regime Shifting: The TRIPs Agreement and New Dynamics of International Intellectual Property Lawmaking, pp. 13—18.

约而长期规避伯尔尼公约(直到1989年才加入)[65];它于1950年代初选择支持UNESCO,推动世界版权公约签署,后又于1984年退出;从1970年代后期至1990年代中期,美国主要依托WIPO推进域外知识产权保护,1995年后又把重点转向WTO;进入21世纪,它又引领发达国家成功构建新的知识产权国际论坛ACTA。[66]

美国在知识产权国际论坛间的频繁选择,毫无疑问是为知识产权利益最大化。它在逾一个世纪的时间内选择不加入伯尔尼公约,是为方便本国出版商复制他国作品,并维护本国印刷商的利益。它之所以选择加入UNESCO,是为在国际版权论坛享有话语权,进而维护国际贸易中的版权利益。进入1980年代,美国的信息技术和生物技术获得空前发展,域外知识产权保护愈发重要,它借助WIPO平台开始知识产权国际化阶段。为使知识产权保护延伸至商业秘密、集成电路布图设计等新形式,提升发展中国家的知识产权保护水平,促进知识产权有效实施,维护国际贸易中的美国利益,它推动在乌拉圭回合中加入知识产权议题,促成TRIPs签署,使WTO成为最重要的知识产权国际论坛。为完善网络环境下的知识产权保护,加强海关监管,严格知识产权刑事责任,美国继续推动ACTA的谈判与签署。透过现象,可知在美国绵延的国际知识产权论坛选择背后,蕴含的皆是知识产权利益:它作为驱动力,持续推动美国的域外知识产权扩张,维系着其国际论坛选择政策。

在美国运作知识产权国际论坛的行为中,既有对论坛的主动选择和创新性构建,也有主动退出和转移论坛的情形,并且它退出或转移相关国际论坛的行为多是不得已而为之。如第一部分所述,随着发展中国家权利意识的觉醒,它们不再对发达国家言听计从,而更为关注本国公民受教育和自由获取信息等权利,UNESCO也因而成为多数国家维护其文化和教育权益的舞台,至今已在保护世界文化遗产(包括非物质文化遗产)等领域成绩斐然。在发展中国家包围下,美国难以追求其知识产权利益最大化,认为该组织已有严重政治倾向,遂决定撤出该论坛。它在WIPO的遭遇与此基本相似:构成多数的发展中国家认识到团结一致的力量,它们支持WIPO的发展议程,逐渐成为美国扩张域外知识产权利益的掣肘,使其不可随欲而为。其他发达国家的策略各有侧重,美国难以获得其全力支持,最后在无奈中开始考虑新的国际论坛。

与对待UNESCO的做法不同,美国并没有退出WIPO,而只是构筑新的国际论坛加以倚重。事实上它也不可能退出WIPO,因为它是专门负责知识产权事务的联合国机构,在其平台上聚集着众多发展中国家,完全抛开它可能激怒发展中国家,使之成为反

---

[65] 在生物多样性和环境保护领域,美国的论坛规避行为体现地更为明显。例如,美国至今选择不加入CBD和《联合国气候变化框架公约之京都议定书》,以避免承担相应的国际责任。在文化领域,美国也不是《保护非物质文化遗产公约》的成员国。

[66] 有研究者认为,发展中国家也在积极运用论坛选择策略,如在CBD、WHO和人权组织等讨论知识产权议题,以制约TRIPs的影响等。See Laurence R. Helfer, Regime Shifting: The TRIPs Agreement and New Dynamics of International Intellectual Property Lawmaking, pp. 53—63.

对美国知识产权议题的根据地,因而不利于美国域外知识产权保护。[67] WIPO还管理着二十多个知识产权国际公约,其中一些公约为TRIPs直接引用,说明它们仍有助于维护美国的域外知识产权利益。并且在构筑WTO过程中,WIPO曾提供多方面帮助,包括提供法律文件和咨询意见等。然而,在美国全力统筹、历经辛苦谈判而成的WTO,随着发展中国家力量汇合,人权、发展和公共健康等议题渐上日程,美国越发感受到它们成为其知识产权利益最大化的制约,并且该制约无可消除。美国不得不再次考虑阵地转移,构筑没有发展中国家实质参与的国际论坛ACTA——但美国仍会继续把WTO作为重要论坛使用,ACTA也或可被视为其框架下的一项诸边协议。

历史似乎经常重复,美国的知识产权国际论坛选择策略是如此,其论坛转换的原因和每次转换后的结果也是如此。这指示着,一方面美国(及其他主要发达国家)总是在积极追求知识产权利益最大化,寻求最适宜的知识产权国际论坛;而另一方面,发展中国家也总会随后联合起来,以有效维护本国利益。伴随着双方力量此消彼长,就表现为虽然美国的论坛选择策略绵延不绝,时常使用,但在一定时期后它都需要做战略性撤退或转移。

在美国积极的论坛选择政策背后,是跨国公司的全力推动和支持。这在TRIPs谈判中体现得尤为明显。从谈判目标的提出,到谈判盟友的动员与协调,再到谈判资料的准备和谈判框架文本的拟定,都有跨国公司全面参与。在乌拉圭回合中,美国的知识产权委员会(IPC)曾起到举足轻重的作用,以12个跨国公司的力量,为知识产权全球化奠定基本规则框架,影响力足令所有国家或国际组织侧目。有研究者为此揶揄,在由它提出的基础框架文件和TRIPs谈判文本之间具有如此高的相似性,以至于人们会问它们是否出自同一支笔。[68] 由此观之,美国的跨国公司不仅在很大程度上左右着美国国内的知识产权立法活动,也可以通过美国政府,在很大程度上支配着知识产权国际保护规则的制定。在美国的国际知识产权论坛选择中,美国政府其实是其跨国公司的国际代言人。这体现了资本的力量,也可由此解释在其他国家较为少见,但在美国却较为普遍的"旋转门政府"机制,即直接联结跨国公司高管与美国政府高官的人事跨越制度。[69]

由此即可理解,由美国发起和主导的知识产权全球化运动,其实是美国国内立法的实质延伸。有研究者认为,ACTA实质是美国试图在WIPO和WTO之外扩张其知识产权利益的多边立法行为。[70] 从美国《优化知识产权资源和组织法》(Prioritizing Re-

---

[67] See Peter Drahos, *Information Feudalism*, pp. 141—142.

[68] See Peter Drahos, *Information Feudalism*, p. 125.

[69] 参见〔美〕威廉·恩道尔:《粮食危机:运用粮食武器获取世界霸权》,赵刚等译,知识产权出版社2008年版,页20—21。

[70] See Margot Kaminski, The Origins and Potential Impact of the Anti-Counterfeiting Trade Agreement (ACTA), p. 250.

sources and Organization for Intellectual Property Act)和ACTA交叉的立法和谈判历史也可推知这点。达成ACTA对于美国国内的知识产权立法具有“政策清洗”(policy laundering)的意义,即ACTA反过来可以漂白该法,使备受批评的美国国内知识产权立法正当化。[71]

也有看似例外的情形。在1990年代中期WIPO成员国磋商数字版权条约过程中,虽然美国及其跨国公司也深度参与,但最后达成的《WIPO版权条约》和《WIPO表演和录音制品条约》却并没有为数字环境下的版权和邻接权提供更高水平的保护。据分析,原因之一是美国的网景和太阳微系统等公司结成联盟,以维护公共利益之名,援引合理使用条款,努力阻止为数字版权设置更高的保护标准。[72] 这也从反面证明美国的跨国公司影响国际立法的力量。

美国近年来的域外知识产权保护及贸易制裁史表明,它在运用多种贸易措施维护域外知识产权利益方面得心应手,其中包括交叉使用各种措施。如第二部分所述,为推动TRIPs谈判,它利用特别301条款迫使巴西就范,从而扫清一个主要的发展中国家障碍。反过来,美国也经常利用多边措施促使对手在双边对峙中屈服,如利用WTO争端解决机制促使日本就录音制品版权问题进行磋商。这表明,为保证域外知识产权利益最大化,美国从不考虑对方是否其传统的贸易或政治盟友。不能有效维护美国知识产权利益者必被起诉或制裁,似乎是美国域外知识产权保护的基本判断之一。

## 五、美国域外知识产权扩张的哲学

美国的实用主义哲学(Pragmatism)以行为的可行与实用以及结果的有效等作为价值判断和行为取舍标准。它于1870年代兴起,在美国持续繁荣逾半个世纪,后虽于20世纪30、40年代因欧洲分析哲学传入而有所衰减,但又于80、90年代以新实用主义之名得以复兴,表明它在美国文化中的强大生命力。[73] 作为美国的本土哲学,实用主义与其说是一种纯粹的理论,不如说是对美国社会实践方法加以归纳和系统阐释的理论,

---

[71] See Margot Kaminski, The Origins and Potential Impact of the Anti-Counterfeiting Trade Agreement (ACTA), pp. 247—256. 其实ACTA对于欧盟及其成员国也有类似意义。欧盟关于知识产权实施的刑事措施立法(Directive of the European Parliament and of the Council on criminal measures aimed at ensuring the enforcement of intellectual property rights, COM(2006) 168 final)自2006年以来一直处于停顿状态,那么通过ACTA或可绕过阻挠重重的欧洲议会,在更大范围内为欧盟各国设置国际法责任。

[72] Susan K. Sell, *Private Power, Public Law—The Globalization of Intellectual Property Rights*, pp. 180—181.

[73] See David A. Hollinger, The Problem of Pragmatism in American History, 67 *The Journal of American History* (1) 88—107 (1980); 王元明:“美国实用主义哲学新析”,载《南开学报》1994年第5期;盛宁:“传统与现状:对美国实用主义的再审视”,载《美国研究》1995年第4期;陈亚军:“新实用主义:美国哲学的新希望?”,载《哲学动态》1995年第4期;钱满素:“作为美国民族精神的实用主义”,载《社会科学论坛》1999年第9—10期。

在美国具有广泛的社会基础,被誉为贯穿美国文化传统、体现美国精神的特征。[74]

实用主义哲学在理论得以繁荣的同时,也能够与美国社会实践互为促进,持续影响美国社会的政治和管理等多个方面,成为美国政府管理国家事务和对外交往的圭臬。有美国研究者认为,实用主义自然地源于美国的社会实践,成为美国社会生活的中心主题,并且在20世纪“几乎是美国的官方哲学”。[75] 也有中国研究者认为,实用主义是支撑美国对外交往战略的哲学理念,全面体现在美国的国际危机事务处理中。[76]

在美国知识产权制度建设方面,实用主义哲学也有充分体现。宪法之所以赋予智力成果创造者以一定时期的垄断权,目的是为促进科学和技术进步。其中的因果联系指示着支撑美国专利法和版权法的工具主义理性,揭示知识产权制度的实用主义基础。这意味着,美国宪法的知识产权条款就是实用主义指引下的立法结果;尽管当时“实用主义”的概念及哲学理论尚未诞生。林肯曾说,专利制度改变了此前发明者无所倚的状态,能够为发明的天才之火添加利益的薪柴[77],也体现了工具主义的理性逻辑。在联邦法院的司法实践中,工具主义理性也成为论证和判决知识产权案件的理由。[78]

美国知识产权制度的域外延伸也充分体现了实用主义哲学。1880年代中后期,当实用主义哲学在美国悄然兴起之时,恰逢美国拓展域外专利保护之机。此后一个多世纪,在与多个知识产权国际论坛的交往中,无论是先支持UNESCO然后退出,还是从WIPO过渡至WTO,或者从头构建ACTA,美国的论坛选择都充分体现出实用主义的价值判断,最终目的都是为最大限度地维护知识产权利益。若考虑到,无论是国内知识产权制度的超越发展,还是域外知识产权保护的扩张,皆由跨国公司所推动和主导,就更能对其实用主义哲学有清晰理解,从而知晓资本操纵法律或规则的力量,无论国内与国际皆然。

然而,知识产权国际规则的构建并不遵循与国内知识产权制度建设相同的法理和逻辑。就美国知识产权制度建设而言,在宪法知识产权条款的工具主义理性指引下,一方面其专利法和版权法等可以不断提高保护水平,而另一方面,成熟的联邦司法机制也能够在一定程度上维护公共利益,制约知识产权过度扩张。在当前国际形势下,

---

[74] 参见盛宁文,前注[73];钱满素文,前注[73]。

[75] Henry S. Commager, *The American Mind: An Interpretation of American Thought and Character since the 1880's* (New Haven, 1950), pp. 97, 443. 转引自 David A. Hollinger, The Problem of Pragmatism in American History, p. 88.

[76] 参见许一多:“实用主义:美国外交战略的哲学理念”,载《国际论坛》2002年第3期;冯海沧:“论美国国际危机管理中的实用主义原则”,载《红旗文摘》2004年第21期。

[77] See Abraham Lincoln, Second Lecture on Discoveries and Inventions, in 3 *The Collected Works of Abraham Lincoln* 356, 363 (R. P. Basler ed. 1953). 转引自 Justin Hughes, The Philosophy of Intellectual Property, 77 *Geo. L. J.* 287, 304 (1988).

[78] See Mazer v. Stein, 347 U. S. 201, 219 (1954). See also Justin Hughes, The Philosophy of Intellectual Property, pp. 303—306.

知识产权国际保护却难以遵循相同的逻辑,因为以美国为代表的发达国家主导着知识产权国际规则的制定和实施,而本国知识产权利益最大化是其追求目标。例如有研究者认为,ACTA 体现了美国的知识产权最大化主义,剥夺了发展中国家选择适合本国国情的知识产权保护水平的机会。[79] 事实上,在现行知识产权国际法体系中,并没有充足的、可依赖的知识产权扩张制衡机制,可援引的条约内容仅包括 TRIPs 的"目标"与"原则"两个软性条款以及其他条约的相关规定。[80]

经济学家诺斯曾论证民主的社会环境更有利于产权效率。[81] 知识产权法研究者德霍斯评论认为,产权效率最大化需满足三个条件:(1) 代表,即所有相关利益均需在谈判中得以代表;(2) 知情,即所有谈判参与方需知晓关于各种解决方案的后果的所有信息;(3) 非支配,即任何谈判方均不得以各种手段压制他方。[82] 这三个条件可分别称为民主参与、充分知情和平等磋商。然而正如研究者所揭示,在 TRIPs 谈判中这三个条件都不能得到保证。[83] 显然在 ACTA 谈判中它们更得不到满足。虽然 ACTA 的设计者即美国等主要发达国家清楚地认识到,未来该协议的有效执行离不开发展中国家的参与,但在谈判阶段它们却一直刻意避免发展中国家的有效参加。 些参与 ACTA 谈判的中间型国家多基于双边贸易协议而跟随美国,基本处于被支配地位。所以无论是 TRIPs 还是 ACTA,都不可能是公平的、能够有效规制产权配置和应用的国际知识产权规则。

阿克顿曾言,权力导致腐败,绝对权力绝对导致腐败。国际知识产权规则的制定也是如此:如果没有必要的力量能够制约规则的制定方,则由其制定的规则多是权力滥用的结果。TRIPs 谈判主要由美国的跨国公司推动,并由其国际代言人即美国政府主导,相关制约力量已被它分解和各个击破。而在制衡机制缺失的前提下,由跨国公司所推动制定的知识产权规则,就缺乏为人们普遍认可的合理性,因此它不仅受到发展中国家的普遍批评,也受到发达国家的消费者团体的质疑与批评。[84] 只是美国交替运用多种贸易制裁措施,才得以压制来自发展中国家(和部分发达国家)的不满。

在实用主义官方哲学指引下,每当美国在国际论坛遇到阻力而致知识产权利益最

---

[79] See Margot Kaminski, The Origins and Potential Impact of the Anti-Counterfeiting Trade Agreement (ACTA), pp. 247—256.

[80] See TRIPs, Articles 7, 8.

[81] See Douglass C. North, *Institutions, Institutional Change And Economic Performance*, Cambridge: Cambridge University Press, 1990. 转引自 Peter Drahos, *Information Feudalism*, pp. 189—190.

[82] See Peter Drahos, *Information Feudalism*, pp. 189—190.

[83] See Peter Drahos, *Information Feudalism*, pp. 189—190. 也可参见本文第二部分。

[84] See Peter Drahos, *Information Feudalism*, pp. 208—209; Laurence R. Helfer, Regime Shifting: The TRIPs Agreement and New Dynamics of International Intellectual Property Lawmaking, pp. 1—83.

大化目标不能实现,它就可能开始寻求其他可行的国际论坛。伴随其国际论坛选择政策的持续实施,美国的域外知识产权保护也得以扩张至全球范围:然而在此过程中,其知识产权国际论坛的选择策略也逐渐超越实用主义的合理性,步入机会主义的范畴。这与美国在其他国际关系事务中经常采取的原则相一致。[85] 有评论认为:“无论承认与否,在美国的外交政策中,一直都存在着实用主义倾向,而这种实用主义倾向,从某种意义上说,又带有比较强烈的机会主义色彩。”[86]

更进一步,美国在世界范围内强行推进知识产权高标准的行为,属于知识产权全球化中的强权主义。按照国际法一般原则,国际间事务应属各国平等协商的事项,然而在 TRIPs 和 ACTA 谈判中,美国并非诉诸平等的协商,而是先依照自己的意志提出规则,并与其他发达国家先达成协议框架,然后通过“由上而下”的规则制作模式,促使发展中国家接受,并在必要时运用贸易措施迫使其接受。这显然背离了国际法基本原则,也将损及知识产权国际保护制度的法理基础,并不利于国际社会的可持续发展。

## 六、结语

综上,在美国大力推动的知识产权全球化过程中,美国主导的单极趋势较为明显。从 TRIPs 到 ACTA,美国的域外知识产权扩张行为已实质地突破了以平等为基础、以对话为机制的国际规则构建机制。为掩盖其单极趋势,且保证措施的可行,美国多引导欧盟和日本等主要发达国家一起行动,以对抗来自发展中国家的力量,但相关规则的制定和程序的设定实质上仍属美国主导。在这种模式下,发展中国家所受利益侵害较为严重。美国引导发达国家先行一步,事先设置好游戏规则,发展中国家作为后来者并无制订规则的话语权,只能亦步亦趋,甚至顾不上计算本国知识产权制度的成本与收益。相应地无论在发达国家还是发展中国家,都已出现质疑知识产权过高保护的声音,即使在美国也是如此,它们已成为制约知识产权过度扩张的力量。[87]

发达国家的发展速度在放慢,如同它们在 2008 年金融危机后的表现。因此从长远来看,它们的知识产权创新及产业未必能够持续拥有比较优势。而另一方面,发展中国家尽管还有不少制度建设方面的问题,但总体上却处于不断发展中。美国等发达国家当今所极力主张的知识产权高水平保护,或许在经过一段历史时期后就成为发展

---

[85] 参见冯海沧:《美国国际危机管理》,军事谊文出版社 2010 年版,页 31—34 页;施晓慧、任毓骏、王如君:“美国:单边主义 + 实用主义”,载《人民日报》2001 年 12 月 24 日第 7 版。美国也有研究者认为,美国反托拉斯法的域外效力,或可导致国家行为中的机会主义。See Paul B. Stephan, Choice of Law and Its Consequences: Constitutions for International Transactions, 26 *Brooklyn J. Int'l L.* 211, 211—216 (2000).

[86] 星岛环球网评论员:“互联网自由:希拉里式的单边主义”2011 年 3 月 13 日,资料来源:星岛环球网:http://news.stnn.cc/singtao_ed/201103/t20110313_1525949.html.

[87] See Peter K. Yu, A Tale of Two Development Agenda, pp. 560—561; Margot Kaminski, The Origins and Potential Impact of the Anti-Counterfeiting Trade Agreement (ACTA), pp. 247—256.

中国家所拥护的事情。因此对于发展中国家如中国而言,重要的是如何更好地开展科技和产业创新,在完善知识产权制度的同时也增强知识产权创新的比较优势,并且在涉及知识产权的对外交往中,通过吸收他国的经验与教训,采取更有针对性和前瞻性的应对之策。

# 中国法制进行时中的一个案例
## ——“指导性案例”制度反思

韦　之[*]

中国的社会进步一直在摸索中前行,法制建设也莫能外。在这个宏伟的过程中,出现一些波折,付出一些学费,实属正常现象。

近年来兴起的“案例指导工作”到底对我们的法制发展将起到一种什么样的作用,值得深入反省。

### 一、判决效力

判决作为一种特定文本对社会发生多重影响,例如,任何阅读者都可能自觉不自觉地受其内容的感动,从而在后来的行为中有所顾忌。笔者在这里所谓效力,特指一判决对案件纠纷处理的约束力。

由于判决乃法院依法审判具体案件的结果,其对本案当事人起到直接的约束作用。这种效力来自法律和宪法,是神圣的,是法律维护国家秩序,规范社会生活的直接体现。

除了对本案,判决对他案也有一定的效力,即在规范本案当事人利益关系的同时所具有的影响到另案结论的效力。当然,由于中国是成文法国家,判决本身不是法律,这种效力的存在与否,若存在其强弱都值得研究,而且注定会有意见上的分歧。

在笔者看来,这种案外效力(或者说影响力)是客观存在的。缘由大体有二:

其一,虽然每一个审案的法官都是独立的,故至少在理论上他无需关心之前或者同期处理了(着)同类案件的同行的审案思路和结论。但是,借鉴同行的智慧的愿望、

---

* 韦之,法学博士,广西师范大学副教授。本文系在中国法学会比较法学研究会年会(2012 年 10 月 14 日,桂林)上即席发言的基础上整理而成的。周红阳博士读过本文初稿,并提出了有益的意见。

趋同的心理诉求、以及提高工作效率的需要等因素使得他实际上会参考陈案。因此,在没有明显相反理由的情况下,后面办案的法官自然倾向于认为,走在前面的同行正确地理解了法律。

其二,若既有判决是更高一级法院作出的,则对上级法官的尊重还起到了突出的作用。这种尊重既出自对上级法官业务品质的认同,也显然是由于其当然的权威性,毕竟在存在上诉机会的情况下,案件的最后定夺者是上级法院的法官。

在这里,我们似乎必须下一个结论,即上级法院的判决具备更强的效力。但是,为了避免误会,以下补充仍然十分必要:在对本案的效力上并无这样的位阶之别。对本案当事人而言,所有判决一经生效都将经由国家强制力来保证其执行,因而在效果上是一致的。在相关的各种审判途径都穷尽以后,即便是最高法院也无权对基层法院有效判决处理过的案件进行再次审判,更不用说更改它。

从现实的角度而言,大多数判决迟早会为尘埃所覆盖,只有极少数经过时间的检验,逐渐崛起成为里程碑式的经典案例。这后一现象之所以可能,乃在于它们无不在法律的灰色地带精准地标示了航向。当然,它们是那些杰出的法官表达自己的理性思辨能力的证据。说透了,这种影响力,正是知识的力量。这种力量具有恒久性,甚至还能够跨越国界。①

应该注意的是,一个判决书是否具备这样的品格,在它诞生的那一刻就尘埃落定了。现行的法律并没有、也无须提供一种一般的筛选程序来升华或者削弱判决的效力水平。

## 二、指导性案例的效力依据

正是在这一点上,指导性案例制度存在着致命伤②,事实上它无异于一座在建的、华丽的大厦,却因为没有建设许可证而成了"违法建筑"。

最高法院通过其2010年末发布的《关于案例指导工作的规定》(以下简称《规定》),对指导性案例的相关问题进行规范。其中,颁发"指导性案例"桂冠的核心程序是该院审判委员会讨论通过。其结果是,这些"幸运的"判决被赋予了某种额外的效力——鉴于无论是在学界还是司法界对此效力都存在大量的不同看法,我们甚至不妨说,这些屈指可数的案例其实只获得了它的设计师臆想的那种效力。

问题的症结还在于,《规定》本身缺乏足够的权威性。照理,最高法院作为最高裁判机构,它对社会生活的调节作用应该通过它的"作业"——判决书来实现。当然,传统地来看,它其实还通过大量抽象的"司法解释"来部分地行使了立法权,直接指引社

① 如今各国法官互相交流经验,彼此借鉴审判成果已经相当普遍。

② 本文仅以人民法院系统的指导性案例制度为例展开讨论。

会关系。[③] 无论如何,《规定》连备受诟病的司法解释都算不上,因为在这个问题上没有法律可供其解释。既然如此,它的性质大致只相当于最高审判机关的工作指南或者办法。当然,若深究下去,它可能还会被认为是与《宪法》、《立法法》精神有所出入的规范。

可见,试图在生效判决之间人为地制造新的"效力阶梯",用抬举极少数判决的方法来削弱所有其余判决的法律效力,只能是徒劳的。

尽管如此,由于体制的原因,最高法院目前的做法却的确在制造效力乱局。笔者有理由相信,独立性还相当有限的中国法官们中的绝大多数也许还没有意识到,他们已经被装进了一个逻辑陷阱——指导性案例与其他判决的效力僵局。

以某一个中级法院判决的、后来被"升格"的指导性案例(甲)为例,它的效力优于这个中级法院的上诉法院(省高院)的判决(乙)的效力吗?它甚至也优于最高法院的判决(丙)吗?

再让我们设想一下,某中级法院的法官在审理案件时,找到上述三个与本案相关的有效判决,而它们的判决思路各有千秋,那么他应该接受哪一个案例的指导呢?

在这里,笔者只想提醒这位(可怜的)法官,丙案是最高司法机关有效的司法解释[④],乙案是他的上级司法机关的司法解释,而甲案其实是他的同级司法机关的司法解释。

## 三、德国的实践

作为大陆法系的典范,德国在发挥既有判决影响力方面的实践堪称典范。[⑤] 概括而论,就是法学界与司法界的密切合作。

德国虽然是成文法而非判例法国家,但其对案例的重视远远超乎我们的想象。其大致的工作流程是:判决书一经作出,就会立即被法学家捕捉到,经过消化,若发现哪怕有一丁点新意,就会被点缀到既有的法学理论体系中去,而学术的成果又会立即影响随后办案的律师和法官,其中的一些重要思想还会在适当的时候被吸收到制定法中去……这样一个专业知识输送链条的持续循环[⑥],就造就了一个博大精深、生生不息的法律学生态体系。

这当然是一个久远的、庞大的、聚沙成塔的壮丽工程。每一个法律人都只能尽自己的本职,为它奉献绵薄之力。这也正是中国法制建设中最缺乏的景象。

---

③ 这种实践已经面临越来越多的质疑。

④ 判决书中体现的法律精神应该被理解为具体的司法解释,与上述抽象的司法解释相对应。

⑤ 鉴于近年来国内学术圈对德国法的介绍已经做了许多工作,这里仅作简短的归纳。

⑥ 所以,一个世纪前帝国法院的判决思想出现在今年新版的法典评注或者法学教科书中,就一点也不奇怪了。

在这个成功的欧罗巴参照系下,“指导性案例制度”不过是一次急于求成、舍本逐末的尝试。它的本质是试图通过一个新设的机构加上一个已经不堪重负的委员会来完成本应该属于整个法学界的工作。它表明,传统思维仍旧多么牢固地控制着我们的大脑。当然司法机关如此越俎代庖也是出于无奈,因为中国的法学家们离法律实践太遥远了,他们基本上还没有注意到更不用说有意识地去系统地学习、研究和加工审判结果。⑦

## 四、结束语

所有的生效判决都对以后的司法实践具有“指导性”的意义,都是中国法制建设的宝贵财富,其中所凝结的智慧不可能为极少数判决所准确、完整地代表着。

一项工程,不会因为其初衷良好、声势浩大、资源吸附极多就自然地享有了正确性,真正在后面起到关键作用的是事物的客观规律。自然界的规则固然不可抗拒,社会发展的趋势也同样无法规避。法制自有法制的逻辑,无论我们如何地忽视它,它都会顽强地发生作用。

指导性案例制度虽然有最高司法机关的倾力投入,有学术界的高调附和,但是它先天的缺陷决定了它只能是一座建立在沙滩上的大厦,并终将成为后世回顾21世纪初叶中国法制建设史时绕不过的一个消极的大案例。

⑦ 中国学者在学习德国等外国法的基础上也尝试着作了一些案例梳理工作,但远未成气候。参阅拙著《著作权法原理》(北京大学1998年4月版)对案例的引用;近年更突出的一个成果见谢晓尧:《在经验与制度之间:不正当竞争司法案例类型化研究》(法律出版社2010年7月版)。

# 为知识产权立法的政治智慧

徐　瑄*

对知识产权本质及知识产权制度本质的认识,从来就是法哲学、哲学诠释学的任务。认识知识产权本质是为了更好的安排知识产权制度实践。只有超越知识产权法才能看清知识产权及其制度本质,认识知识产权本质的困难在于法律专业的分工导致法律思维的专业限制。

我们把知识产权制度作为"一个整体"图示进行分析研究,运用法哲学思维、辩证逻辑的方法分析知识产权制度,通过挖掘不同性质的制度结构及相互关系,才能发现知识产权制度本质是一个均衡对价的制度安排。知识产权法哲学的职责是对其知识产权制度安排进行科学诠释,解释其均衡对价的科学、理性和人文性。为知识产权规则体系提供"正当理由",为主权国家知识产权制度安排提供理论论证,使人们心悦诚服地按照知识产权规则从事生产和生活。

## 一、图示现行知识产权制度(形态)是"一个整体"

我们可以把对知识产权本质的追问,放在知识产权制度整体中进行考察,并勾勒

* 徐瑄,暨南大学法学院、知识产权学院教授、博士生导师。本文是国家社会科学基金特别委托项目"贯彻科学发展观实施知识产权战略研究"(08@ zh003)的阶段性成果。本文是作者刊登在《中国社会科学》2011 年第 5 期《视阈融合下的知识产权诠释》一文的初稿。发表时论文主题和内容应编辑的要求做了部分修改。

出关于知识产权制度形态的素描图。见附图①:

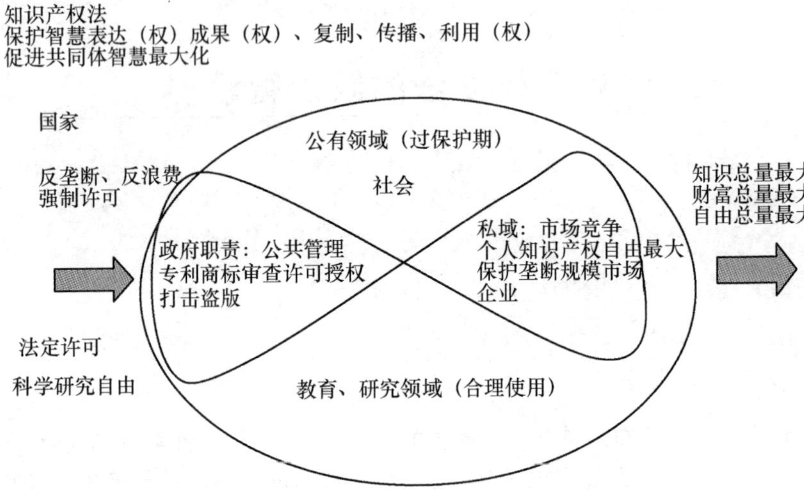


**附图:知识产权制度是一个均衡对价的制度安排**

椭圆指的是一个国家共同体。从图中可以看出,知识产权制度在一个共同体内是由共有制度、公有制度、私有制度三种性质不同的制度组成的一个完整的制度形态。它们在法域空间布局上分为共域、公域和私域。在制度最前端的是私域或市场竞争领域,内设有专利权法律、商标权法律、版权法律、公平竞争法律、反不正当竞争等知识产权保护制度,制度目标是趋向个人知识产权最大化;公域或社会领域在私域的另一端,内设有教育研究和合理使用制度、知识公域制度、过保护期公有制度等。围绕公私法域最外端的线条之外的区域称为“共域”,是共有领域、不能私有的共享领域或还没有纳入制度安排进行产权分配的政治利益。在知识产权制度中,行政机关作为宪法授权行政机关,承担性质不同的三种职责:公共供给、打击盗版和知识产权审查、许可、授权等,并有相应的立法权限。知识产权整个制度的核心是私域的知识产权制度,它暗合市场领域的公平竞争制度,带动整个体制和机制的运行。私有领域中的“个人”是社会

① 本图示喻为“均衡对价图”,是作者研究知识产权多年为说明知识产权制度结构及交互变动关系而突发灵感勾勒出来的。受道家阴阳太极图启发。它表征不同性质的共同体形态,不仅是一种智慧表达方法,还提供了一种对价法律思维方式和一种法律制度的认知模式。由于法律专业分工和思维能力限制及视阈隔阂,不同法域人们“对话不能”是社会生活的本质特征。只有用图示才能更直观地阐释这种无奈和正义的诉求。图示知识产权均衡对价图仅仅是分析知识产权制度的运用。理解图示更能认清知识产权制度本质。图示知识产权均衡对价,也尝试架构或唤醒人们心中整体与个别之间真理的直观和对信仰的尊重。“隐喻会使一个人用一种新鲜的、或许更有启示的方式看待某个东西,因此他会从自己先前的参照系中惊醒过来,在这里,隐喻扮演了一种很有用的认知角色。”〔英〕阿兰·沃森:“法律移植论”,载《比较法研究》1989 年第 1 辑。或者,该图示也能让某些知识产权学者甚至法学学者受到启示从一方当事人的参照系中惊醒过来。

关系的核心,国家、社会、市场、政府、企业都围绕“个人”组织和联合起来。“共有制度”作为政治制度确定了共同体最终目标或共同愿景,它提供了制度产生的理由;“公有制度”和“私有制度”是共同体为解决资源冲突配置的供给制度和激励制度,通过两种性质不同制度的公共选择博弈运动产生的创造力,使共同体向着共同的制度目标——知识总量最大化、财富总量最大化、个人自由总量最大化方向发展,而最终为达成政治目标——共享智慧最大化。

可以说,知识产权制度是一个为共同体智慧最大化而均衡对价的制度安排及其产权分配再分配对价平衡的博弈机制。它由上述三个性质不同的制度组成。其基本的公平条件是“只有充分供给才能激励创造”;基本的价值共识是“共享智慧、保护知识产权”;智慧资源共同所有、每个人仅就其智慧表达(权)享有财产权。资源共有确立了反垄断、反浪费、反盗用,保护创造性权利是天赋人权等根本原则;共同体对政治目标达成价值共识后,才能在具体制度安排上进行制度配置。基本制度框架是供给制度和激励制度,满足布局科学、结构合理、比例适当、分配公平、分工明确的责任分配,而博弈机制是在体制运行过程的动力机制,它要求产权保护根据创造性发展水平而不断提供保护,不断对价平衡。整个知识产权体制形成了产权激励机制和供给制度之间的协调运行,并由产权激励制度引领博弈机制、按照政治理想确定的路线,不断地博弈、促进竞争、发展和进步。宪法的制度目标是落实政治愿景,并通过法律运行使国家、社会、市场、企业、个人都能各居各位、各司其职、各安其位、各得其乐,形成和谐政治秩序。类似火车和路轨之间的关系。一个国家共同体是火车头,引领着长长车厢组成的列车按照路轨铺设的道路去寻找共同幸福家园的探索过程。三个逻辑层次构成一个制度安排如是,它们之间的法律关系也如是。这就是知识产权制度均衡对价制度安排的全貌。

学界对上述图示的制度位置摆放并没有达成共识。知识产权制度被理解成一种知识产权保护制度,其他制度都被理解成对知识产权的“限制”。至今对为什么要限制、限制对个人权利发展最终目的的意义是什么?没有达成共识。三种法域之间“对话不能”:各自法域有自己本法域“视阈的限制”(伽达默尔语);各个法域中的人们如果选择了位置就选择了归属、决定了立场、视野和观点并形成自己利益之争。除非有制度安排使各法域之间产生“视阈融合”,否则不同法域中的人不能对话、无法达成共识,无法实现共同目标。这些是研究知识产权制度均衡和利益平衡要解决的关键问题。同时,对知识产权制度中三个法域不同的位置和顺序也没有达成共识。强制许可制度和反垄断法都被理解成私域的法律制度,没有上升到共域(政治层面)靠宪法最强威慑力发挥功能的宪法性制度。更重要的问题是:如果知识产权是“一个制度安排”,那么,是谁安排了我们的生活?没有经过我们同意,它足以让我们服从吗?除非它合情、合理,合心、合意,使国家、社会、市场、政府、企业、个人凝聚在一个制度安排内,否则,人们并不能自愿服从知识产权法律。不能天真地认为,保护知识产权的法律就一定是善法。

## 二、知识产权促进共享智慧最大化之所以可能?

学界一直没有达成对知识产权本质的共识。② 知识形式说、无形财产权、信息产权、智慧财产权说③等,都是经验材料的整理抽象出的类型化特征都没有抽象出更本质的属性和特征。澳大利亚学者彼得·德莱豪斯从法哲学层面提出"抽象物"概念,但"抽象物"怎样成为法律上的"财产权"或知识产权?④ 他没有进一步解释。法学是具体活动的经验知识。法学承担了通过"格物致知"寻找法律真理的任务。它要求"物"具有起码的可见性而不能完全抽象否则无法以财产权保护。

从法哲学视角看,知识产权本质是智慧表达(权)、智慧表达成果(权)及复制权、传播权、利用权最大化权。它们是几种性质不同的权利。知识产权法对三种性质不同的权利赋予的许可权和排他性、个人控制责任分配也不同。智慧表达(to express)在神学解释学那里有发布(announcing)"从神那里带来幸运的消息"并极力使人们确信的意思。⑤ 智慧表达(权)属于人的自然权利。智慧表达(权)是把努力得到的 idea 极力去 to express。idea 是追求智慧获得的思想、想法和行动计划、主意,具有实践诉求的想法、创意等。智慧表达有思想和表达二层含义。思想不可专属控制,而表达是具有实践诉求的计划、规划等知识形态才是"创造性(权)",它进一步要求在实践中或"物化

② 吴汉东:"利弊之间:知识产权制度的政策科学分析",载《法商研究》2006 年第 5 期。一般来说,用普通法理解释学的方法,无法完全分析出各种公共政策的利弊。只有从制度整体角度,用均衡对价制度分析的方法,才能看清知识产权法律和政策的分野、分析不同性质公共政策的利弊。避免知识产权政策制定的盲目性,治标不治本,更要防止为了治标毁了本。

③ 李扬:"智慧财产法中的几个基本理论问题",载《科技与法律》2008 年第 2 期。"智慧财产,是以智慧形式表现的财产。相对以具有长宽高等实体形态表现的物质财产,智慧财产没有具体的物质形态,只能通过抽象的理性思维才能加以把握。"作者把把握智慧的方式理解为"抽象的理性方式"遗漏了人类感性、艺术直观才是把握智慧的方法,才是更常见掌握智慧的方式并更具有权利的普遍性。参阅〔德〕汉斯一格奥尔格加达默尔:《真理与方法——哲学诠释学的基本特征》(上、下),洪汉鼎译,上海译文出版社 1999 年版。

④ Peter Drahos, A philosophy of Intellectual Property, Dartmouuth Publishing Company limited, 1996.

⑤ 严平:《走向诠释学的真理——伽达默尔哲学评术》,东方出版社 1998 年版,页 273。

劳动”中实现其诉求。[6] 因此智慧表达(权)不仅指思想(权),还要把好思想变成行动计划、可以实践的行动方案并在物化劳动中实现其传播、利用价值(权)等。智慧表达成果(权)(对应英文是 intellectual property)及复制、传播、利用最大化权,是在智慧表达(权)基础上指那些能用语言、文字、数字、图形、符号等表达工具而表达出来、具有实践价值的物化知识形态(智力成果),借助市场竞争机制或资本机制实现最大化的权利。法律赋予权利人有期限绝对排他性像物权一样的特权。思想(权)并不能当然地成为知识产品(权),言论的版权受言论自由的限制也不能成为个人任意处分的财产权。在现行知识产权法中,承诺保护一切智慧表达的智慧信息(权),一切有意义、有价值的表达(权)都受到法律的尊重,但对不同形态的智慧表达法律保护强度不同。只有能够“物化”为知识产品的智力成果(权)才能成为真正意义上的“知识产权”,才能进入市场竞争机制借助资本的魔力而发生效率、快速流转,实现知识产品效用最大化。[7] 因此,知识产权本质是智慧表达(权)及智慧成果(权)及复制、传播、利用最大化权三种性质权利的区分,表明了知识产权法律的态度:保护知识产权是为了促进传播最大化增加共享智慧。

图示知识产权制度是动态、均衡对价的博弈机制。如图示所示,知识产权制度本质是一个均衡对价的制度安排。不仅不同法域的位置、结构和比例安排的结构合理、比例适当,而且政治利益、经济利益、文化利益、法律利益作为不同性质的规则也分配在不同法域发生均衡对价的交互关系。英文 law,被翻译成法律,英文本意是“规则”、“规律”、法律。暗含了按照自然规律、自然法则来宣告法律、法律就是规则的意思。政治规则、经济规则、文化规则与法律规则之区分是不同性质利益的区分,它们之间科学合理的制度安排形成稳定社会结构和社会生活,意味着政治、经济、法律、文化都是人们社会生活的组成部分,政治、经济、法律、文化协调运行均衡对价是人类社会有机体

⑥ 国内学者把劳伦斯·莱斯格的著作《THE FUTURE OF IDEAS》翻译成《思想的未来》。该书本意讲的是人类智慧表达(权)的未来。劳伦斯·莱斯格呼吁人类探索表达智慧的行为会因为知识产权保护过度而停止不前。他的另外一部著作《代码和网络空间的其他法律》中的“代码”(code),讲的是人类智慧表达的 ideas 在网络世界中呈现面临的困境。“代码就是法律”,说的是代码就是网络世界的《自然法典》。他用了莫来里《自然法典》中同一个词(code),本意是代码就是“自然(法)”(参见〔法〕摩莱里:《自然法典——或自然法律的一直被忽视或被否认的真实精神》,黄建华、姜亚洲译,商务印书馆 2006 年版, 见该书目次后《自然法典》第一版的里封)。劳伦斯·莱斯格吸收了自由软件思想家软件是自由的思想,强调智慧表达本性是自由的。只有按照它本性立法才能发展它。劳伦斯·莱斯格整个思想都在警示人们,关注人类智慧表达活动在过度知识产权保护下面临的困境。他因此被盛誉为网络时代的警世喻言家,他的书也因此成为当代网络世界的“警世喻言”。见〔美〕劳伦斯·莱斯格:《代码和网络空间的其他法律》,李旭等译,袁泳审校,中信出版社 2004 年版,页 202;《思想的未来——网络时代公共知识领域的警世喻言》,李旭译,袁泳审校, 中信出版社 2004 年版,或,See Lawrence Lessig, THE FUTURE OF IDEAS (2001).

⑦ 知识产权法的研究尚没有关注哪些科学产品不能进入资本市场或那些创新产品准入资本市场必须受到严格限制。这是现代知识产权法发展面临的重大课题。

的理想状态。知识产权制度安排下的博弈机制,给个人生活留下了巨大的规则自由选择空间,为个人生命自由发展和繁荣提供了多元、多样的平等机会。个体生活也呈现出多样性、差异性。人们在实践中选择不同的方法成就不同的生活道路。知识产权法用它特有的立法智慧引导人们用科学辩证法指导人们实践智慧。智慧辩证法中的理性、控制力和分辨力又是财富本身成为人们追求的财产目标。而人与人之间的真正的竞争尺度,不仅仅是个人财产权一个指标,而是个人知识水平、智慧水平和个人财富自由能力和多个尺度。从这个意义上说,知识产权均衡对价内含了"资源效率最大化"、个人繁荣发展的玄机。传统财产法就是"资源效率最大化"法律机理在有体物产权分配中的运用,实现了"地尽其利、物尽其用、货畅其流"的法律价值。而知识产权追求智慧表达最大化,是在地、物、货三个财产对象基础上进行发明创造,穷尽智慧以实现"人尽其才"。最终实现共同制度目标:知识总量、财富总量、自由总量的增长——共同智慧最大化——"每个个人自由而全面的发展"的共同愿景。

知识产权作为"财产权(property)"本身就是不仅是对自然权利(property)的承认,还是制度设计者和立法者的智慧和创造。严格意义上的"知识产权"专指激烈竞争领域的绝对排他性权利。它是经过自然权利和法律权利之间对价而交互允诺的垄断性特权。如专利权、商标权、版权等工业产权等。智慧表达成果(权)是因公开、公示智慧成果而许诺的象物权一样绝对对抗性但有期限的权利。之所以在智慧表达成果(权)上设立有期限、绝对排他的权利,是基于智慧表达(成果)借助资本进入市场竞争领域,法律要解决智慧表达(权)、智慧表达成果(权)拥有者与利用者、和传播者及公众之间的利益冲突。严格一样上的法律就是解决不同规则利益"纠结"时,对冲突利益纠结状况所做的均衡对价(帕雷托)制度安排,[⑧]其正当性是自然权利和法律权利之间支付了对价,使权利起码无害。从这个意义上说,所谓"法律"(包括知识产权法律)都不过是使利益冲突纠结各方必须服从的"命令"。而必须服从"命令"的理由,是制度安排满足了均衡对价。立法按照平等对价原则,把不同性质自由冲突达成共同同意的方案,均衡对价的固定在确定的位置、顺序程序上,以保障各方利益都能实现起码不少。所以,法律尤其是知识产权法律本身就是一种"智慧创造"——解决不同利益、规则之自由冲突时创造出以尊重自由、不损害自由、不减少自由为前提的解决办法或"创意"。知识产权立法过程本身就是智慧创造的过程。近代知识产权法在发展过程中,不断随着人类创造性水平的发展而不断发展出新的法律原则,一方面通过立法智慧提高增长了人类智慧,另一方面也促进了人类智慧表达自由(权)最大化和科技繁荣。

---

⑧ 徐瑄:"知识产权对价论的理论框架——知识产权为人类共同激励活动提供激励条件",载《南京大学法律评论》(2009年春季卷)。对知识产权立法要求智慧表达(权)不能受损设立"法律权利",立法技巧满足了帕雷托最优因此实现了帕雷托效率。立法智慧要求同时支付等同对价,并解决顺序和程序使"命令"成为冲突各方必须服从的"法律"。

## 三、知识产权多元规则之均衡对价所以成为现实?

图示知识产权制度作为“一个整体”具有完整性,是科学性、理性和人文性的有机统一体。知识产权制度与制度之间的内在约束条件是均衡对价,基于正义和平等责任的落实。那么,怎样的制度安排才是均衡对价?简单的答案是,只有把人类全部智慧生活都合理的作一个公平的制度安排,使该制度安排均衡对价尊重了每个人对不同性质规则的选择自由,法律像天平一样公平,人们机会均等的自由选择和公平竞争,就基本是正义的并促进智慧表达和创造。可以推断,知识产权制度是经过了立法者精心设计而做的制度安排.

知识产权制度安排健全了人类的理性。通过均衡对价的理性设计,健全了人类理性。均衡对价是理性实体,理性核计才对价。“所有权所以合乎理性不在于满足需要,而在于扬弃人格的纯粹主观性。人唯有在所有权中才是作为理性而存在的。”⑨规则本身就是利益,制度安排在不同生活领域区和生产区域分安排了经济利益、法律利益、政治利益和文化利益等。理性人在制度安排下的交往活动中选择规则同时也就选择了不同性质的利益。人们把制度安排中不同法域分配的不同规则利益,作为自己选择利益得失的尺度,并不断平衡自己选择的代价和负担。知识产权制度区分了这些不同的规则并将它们做一个均衡对价制度安排供人们自由选择,也通过立法技术提供了尽可能稳定的、准确的、确定的量化标准:经济规则作为经济活动中的利益,满足了理性人对价的量化标准,使知识产品交易和贸易激励了人们创造财富的动机是财产(权)利益;文化规则作为软规则或文化规则之所以支持知识生产和再生产的知识产权,以其人文关怀、心灵认可的评价机制理解法律,“尊重劳动(创造)权”的共同价值基本就能得到认可;政治规则作为个人最大利益则通过分权制衡机制把最大利益分配在阳光下,通过“共同同意”认可了均衡对价的权力制衡机制,保证规则系统向着“个人自由、劳动、创造(权)”、追求真善美新的价值目标不断运行。这些规则分布在不同的法域中,呈现出法律价值的多元性。“制度安排”平等的提供了个人公平选择不同规则的机会。法律宣布了创造性权利的标准并平等的强制保护每个个人创造性劳动成果(权)不受侵犯,违反必受罚,宪法以其最强威慑力强制允诺捍卫法律,并立刻供给、迅速供给知识,支撑了人类行为在科学、理性、人文框架下,向效率最大化目标持续进行——个人繁荣目标的实现仅在保护每个个人的“合理预期”和不断保证“下一个预期”科学合理并持续提供保护。知识产权制度在政治对价、法律对价、经济理性对价、文化对价的合意下,把保护和激励个人创造性表达(权)保护和再保护其财产权的目标当成真理,使知识产权激励最大化的行为遍布社会生活的各个领域尤其是以企业为主体的市

⑨ 〔德〕黑格尔:《法哲学原理》,范扬、张企泰译,商务印书馆1961年版,页50。

场竞争领域,激励出庞大的以创新企业为主体的创新队伍。企业和企业管理及经济管理对智慧表达行为增加了人类的实践智慧也增加了巨大的财富积累,使知识产权效率最大化成为现实生产中的竞争力,并不断趋向通过每个人智慧表达最大化而共享智慧——知识总量最大化、财富最大化、自由最大化的意义世界。

知识产权制度为人类正当生活提供了指引。人类共同知识活动是追求真理的活动,目的是为了寻找真理。法律不过是通过财产权保护为人类知识活动提供激励和再激励,使人类智慧能不断接近认真性认识。财产权在人类追求真理的过程中,承担了工具性和目的性双重属性。而所谓正义制度就是按照智慧本性进行均衡对价制度安排引导人类追求智慧而已。近代以来的知识产权法承担了这个命运。科学技术、文学艺术、文化产业等所有人类智慧生活形式,都是知识产权制度涉足的领域、都保护了其中的知识产权,并在知识产权发展中促进了人类"整体的生命"的发展。[10] 逻辑和历史一致性,本体论、认识论、实践论的统一性使个人通过智慧生活和实践达成个人和整体生命的一致成为现实。[11] 在近三百年知识产权法律发展过程中,知识产权法对智慧表达(权)的各种知识形态用审查、许可、授权,在区分严格意义上的知识产权权利时,也确认了智慧表达的科学标准。公平就激励,专利制度提供的公平机会,引导了人们争先恐后按照审查标准表达、追逐符合审查标准的知识进行复制、传播和利用权的自由交易和交换,促使知识效用最大化。从欧洲专利局成立至今,专利局审查标准下的专利知识,表征了整个大工业时代技术进步的脚步。一方面是专利制度带来了公平效率,另一方面也记录了专利技术发展的阶梯,创造出一种智慧实体的新形式——"技术世界"。版权、商标及其他知识产权都促进了本法律标准下的知识发展。三百年来知识产权制度促进人类"智慧表达"已经形成了一个知识产权审查标准下的"知识本体"——智慧实体不再是中世纪人们追求的"心领神会",而是有科学标准、有技术标准、有准确的新颖性、创造性、实用性的"知识"。知识产权制度设立三百年来,以个人智慧表达(权)及智慧成果(权)最大化发展的形式促进了人类智慧总量增长,实现了人类智慧在科学标准下创造性智慧大释放的奇迹。

知识产权和个体生命人格发展具有内在本质一致性。知识产权法始终坚持"人格权不可以转让"又激励和促进人格财产权发展,表明了财产权是个人成就人格的工具又是人格发展的尺度的双重价值。生命作为智慧人格可以创造、表达成各种知识产权(包括其他财产权都是人格意志存在的方式)并通过智慧人格外化为财产权而成就人格本身智慧积累,并随着智慧表达外化财产权的增长而实现人格意志的增长。在知识产权制度中从事智慧活动的人们在认识智慧、实践智慧的同时,也把自己生命的体验

---

⑩ 〔德〕黑格尔:《精神现象学》(上卷),页2。

⑪ 蔡崇国:"本体论、认识论、逻辑学、辩证法的同一与黑格尔逻辑学的开端",载《理论学习月刊》1989年第8期。

溶入了智慧活动参与成就了它也成就了自己完美的人格。

知识产权制度安排了不在一个视阈中的各方当事人“出场”,致力在争论和辩论中表达诉求,在交往和交流中发现和发展真理,在生产实践和科学实践中证明真理,在生产和市场交换中实现财富价值,并最终溶入共享智慧愿景。均衡对价制度安排并没有把“绝对排他的财产权拥有”作为唯一正当生活。对个人生活来说,财产权也扮演了目的和手段双重角色。人们生活感受是在沟通和交流中得到鼓励的;政治共识是在充分的对话磋商中达成的。哈贝马斯认为,只有较为出色的辩论力量才能对真理予以说明。[12] 尼采也说:“一己之见总是有失误,而两个人聚首始有真理,四只眼睛所见自然会多于两只。”格物致知、对话磋商、共同合意、对话对价,都是均衡对价不同侧面的生活场景,都需要制度安排在时空中布局和分工。对价生活的所有场景最后达成个体生命对创造性财产权尊重的起码共识:知识产权法的核心价值是“个人”——尊重和保护每个个人生命劳动创造价值。人格标示下的财产权活动成果因此成为个体生命现实空间生命意义存在的证明尺度。从事劳动创造活动的“个人”是对价均衡体的“内在创造者”,而其他生活空间和生活的个人则成了“外在参与者”。“外在参与者在产权真理面前没有最终发言权”,强调的是人类追求真理过程中,个体实践对人类真理的意义和必须保护个人劳动创造权利的真理性诉求。

总之,知识产权法从诞生那天起就参与了人类追求真理、实践真理的过程。并在个体生活实践和生产实践的产权保护的不断发展中。通过智慧创造发现了促进知识效用最大化的方法而实现了近代以来科学技术的繁荣。知识产权发展历史实现了个体的人格与共同体共同人格真善美一致性。知识产权促进个人繁荣的同时也满足了智慧最大化制度正义的目标。对话对价、交换对价、交往对价、合意对价——智慧最大化的知识产权制度使建立“对话(而非对抗)共和国和具有妥协正义的‘法律帝国’”成为现实。知识产权超越了知识产权本身而把法律真理作为自己的责任。通过激励个人而实现共同体最大化,均衡对价制度安排的方法是理性、科学的——并且是人文的。

## 四、知识产权制度安排之“共同合意”可能吗?

知识产权制度安排均衡对价要求共同体高度的“合意性”。合情又合理,合心又合意,体现了心理认可和意志同意的双重合意。图示也是共同体的一颗心。从合意理论角度说,均衡对价要满足政治对价、经济对价、法律对价、文化对价才能合心合意共意;正义性要求国家和个人对价、市场和政府对价、企业和社会对价,富人和穷人对价——

[12] 〔美〕德沃金:《法律帝国》,李常青译,中国大百科全书出版社1996年版。

除非满意,否则不正义。[13]

但正义之路布满陷阱。均衡对价作为法本体是一个价值多面体,多元价值兼容与一体并不断进行多元交互对价,仿佛一只随时都有翻船危险的船,航行在人类历史的大海上。[14] "从哈贝马斯以来(不只是他),真理的'合意理论'有了发展,'合意性'几乎成了一个神秘的魔笛,人们以为用这支魔笛便可以把握真理和正义的答案。"[15]近代以来,人类正是用均衡对价这只"魔笛"不断对价与平衡引导人们通过知识产权寻找法律真理的答案。可庆幸的是,知识产权法找到了达成法律真理的具体道路。法律真理不是神秘的。在知识产权法中,均衡对价的真理性就是以人格标示下财产权为核心内容的个体法律实践性。法律保护并不断保护人们在物化劳动中的智慧表达成果(权)或复制、传播、利用最大化权。智慧是这么的不可把捉,人类只能就可以把捉的财产权进行交换。知识产权作为财产权要求"起码的物性"或"阳光下可见性"。"保护一切阳光下可见创造物(权)"的财产权原则,把智慧表达思想(权)与智慧表达成果(权)区别开来,也是知识产权作为"财产权"保护的"定海神针"。[16] 失去了它,知识产权也会在漫无边际的智慧对价中失去正确的方向,知识产权法甚至会掉进变动不居、不可把捉、鬼魅重生的世界。

当然,从国际条约角度看,知识产权制度安排也并不是一项主权国家可以任意行使、处分的"权利"。它虽然是一个国家的主权自由,但加入 WTO 签署了 TRIPs 协定,主权国家就没有多少可以任意行使知识产权制度安排的主权自由。除非知识产权制度安排是为满足共同体均衡对价,否则就会受到成员国乃至国际社会的制裁和谴责。

理论上说,TRIPs 协定下均衡对价制度安排之全面对价就是正义的理想状态或马克思所描绘的共产主义社会。[17] 从制度实践角度看,完全对价是理想,但只要人们对理想达成真、善、美、新的价值共识,并在基本政治框架公平的前提下,坚持不破坏、不损害、不减少、不浪费,在结构和比例上不断的对价与平衡,就会不断的趋向人类共同理想。起码不会使仇恨更多、起码不会使现状更坏。在一个国家和全球都如此甚至任何一个共同体都要求如此。

---

[13] 通过均衡对价体制分析,可以顺带解决制度均衡的贫富差距问题:谁关心穷人?贫穷是怎么来的?都是个人不勤奋吗?还是制度安排的必要的疏漏?分配专门负责人了吗?给每个人公平机会了吗?谁为最后的正义负责?从均衡对价角度看,它首先是宪政体制的制度安排的责任,其次是政党存在的理由。一个均衡对价体应该为各方利益代言人"出场"提供平台。

[14] 人类历史就是在不断地重复这个"故事"。

[15] 〔德〕阿图尔·考夫曼:《后现代法哲学——告别演讲》,米健译,法律出版社 2000 年版。

[16] 参见沈致和:"法学现代化和中国知识产权法研究",载《法学家》2008 年第 1 期"我们应注重对知识产权价值在相关产业链中增值、实现和分配的问题,知识产权的财产价值是通过人们对其对象的利用而表现出来的,这是一条贯穿于知识产权法律制度的定海神针。"页 74。

[17] 徐瑄:"财产权及其交互性——马克思和科斯发现了什么",载《暨南大学法律评论》(第一卷),法律出版社 2008 年版,该文较为详细论证了马克思财产权交互性均衡对价思想是他伟大发现。

“政治对价”要求一个“共同同意”的制度安排方案——“通过个人智慧表达(权)最大化而实现共同体共同目标最大化,共享智慧保护知识产权”理论上没有理由不“共同同意”。这是政治上的“共同合意”。为这个共同愿景人们按照自然本性自然会接受一个均衡对价的制度安排;在利益格局分配中,要求制度安排承认人人平等前提、相互尊重、互不侵害创造和自由的前提下,将不同性质的规则协调妥协而做一个先后顺序、程序并且先后之间有补偿的和谐机制,使其均衡布局、结构合理、比例适当、分工明确、分配公平,这样的制度理性人也会“愿意接受”;国家允诺,强制性保证共同合意配备权力机构监督实施,财产法律提供创造性产权保护标准,司法机关灵活快速的解决产权纠纷,使个人创造性权和公共知识之间的边界清晰、并不断清晰,为个人知识产权保护提供免受侵权的救济,那么,服从知识产权规则可以让个人拥有财富、自由、知识和心智的增长,人们为什么不乐意?只要完成上述制度安排分工,按照经济规律安排生产模式,充分供给、激励创造并及时提供制度供给,使人们既有激烈竞争又有共享文化、既有勤奋耕耘又能分享幸福,共同体每个成员都联合和组织起来,为了共同的愿景和共同的目标而分工合作、互利共赢,就实现了柏拉图“人各适其天性、各安其位、不非分越位”的理想国,也实现了马克思的共产主义理想。共产主义不是理想,而是不断改造现实的运动过程(马克思语)。

当今国际社会知识产权制度出现的问题是,知识产权创造的财富在个别国家的制度框架内超重,快把传统的天平压垮了,导致穷国更穷、富国更富。制度安排需要重新思考正义的框架和匹配之间的均衡布局博弈对价平衡问题。人类需要一架承载财富足够多的新天平让人类公平竞争。知识产权制度安排能恰好承载这个使命。知识产权制度安排始终把公平作为自己的制度目标,各国对知识产权的制度安排因此成为一个国家竞争力的“主权权力”。

如何利用法律改善不同发展程度国家的知识产权发展状况?如前所述,其基本公平条件是“充分供给、激励创造”。供给制度与激励制度在法域的布局、结构、比例、分工,不同性质制度安排的顺序、地位、位置、程序对制度目标的实现非常重要。尤其是知识产权规则生效前,需要政治家落实共有制度的充分供给责任。(西方经济体启动前,经历了几百年启蒙运动,落实了智慧、知识的充分供给,成为近代严格知识产权法律产生的前提)。公共供给责任落实问题解答了现行知识产权制度是怎样失衡的。发展中国家引进知识产权制度时,有为智慧表达最大化而做均衡对价的制度安排吗?保护知识产权规则生效前供给责任落实了吗?如果不落实供给责任,高保护知识产权对共同体整体智慧水平产生怎样的影响?另一方面,在全球通行的TRIPs协议“知识产权是私权”的要求下,供给责任落实又不会侵害知识产权,需要怎样的政治智慧?找到上述问题的答案,就能纠正正义,完善一国制度安排的缺失。

值得注意的是,教育和科学研究的供给制度和强制许可制度在纠正正义中的重要性。教育科学研究合理使用是知识产权保护的例外。强制许可制度也是一个主权国家的特权,是各国发展知识产权制度可以合理使用的纠正正义制度。把教育和科学研究制度作为共域制度,用政治制度加以落实,保障知识产权的充分供给,那么,整个共同体的创新成本就会巨大减少,创新能力就会大幅度提高。这是 TRIPs 授权可以利用的制度。TRIPs 协定也同时授权各国在知识产权制度运行中,供给制度和激励制度有权根据一国经济社会发展速度和进度,适时提供和调整。这需要明确知识产权法律性和政策性的边界并不能损害知识产权法保护下的知识产权。"'充分供给'一定能'激励创造'"。(中国古语说:"读书破万卷,下笔才有神")。供给责任不落实,社会成本不减少,创新供给和激励不足,创新能力必然弱。政府首先要落实公共供给然后才是保护私权责任,两手都要抓都要硬。后发展国家知识产权的供给责任落实 与否对均衡对价制度安排的正义性,非常重要。波斯纳在其名著《知识产权法的经济结构》中提出了"知识产权法的政治经济学"概念:"我们论及知识产权法的政治经济学;换言之,我们探讨那些决定知识产权法演变以及目前范围的政治力量,强调利益集团与自由市场的意识形态这两者近几十年来在知识产权扩张中的作用"。[18] 而发展中国家尤其是中国学者则要关注政治经济学和自由经济学之间均衡对价的关系原则——任何政治经济行为不能破坏自由经济已有的成就才是真理。这需要更高的为知识产权立法的政治智慧。

## 结语

从国际竞争角度看,知识产权竞争力是一个民族整体智慧生命的表达方式和水平。一个民族整体智慧表达方式集中表现在知识产权制度安排的水平和能力上。当一国知识产权制度满足均衡对价条件的时候,就能实现该主权国家设立知识产权制度通过个人智慧最大化实现共同体智慧最大化目标。反之,当一个国家基本制度框架不支持知识产权制度的时候,就会使知识产权制度在一国发展无序甚至造成一国知识产权分配和再分配的不公平。这和 2002 年英国知识产权委员会《知识产权与发展相整合》得出的结论是一致的。而发展中国家面临的问题是,在西方发达国家共同体对价的制度,推行到人类共同体,其均衡对价的主动权又掌握在少数发达国家手中,发展中国家怎样改变这种不公平的状况?透过知识产权保护的神秘面纱,找到其制度安排均衡对价的妙法和玄机,就可以给不同发展程度的国家提供一个平等争做"人类领头羊"的公平竞争机会。

TRIPs 协议作为各国立法指导给各个国家主权保留了均衡对价制度安排的机会。各个国家运行不好,实在是因为对知识产权制度本质的认识有限,没有均衡对价制度

---

⑱ 〔美〕威廉 · M. 兰德斯,理查德 · A. 波斯纳:《知识产权法的经济结构》,金海军译,北京大学出版社 2005 年版。

安排的政治智慧所致。TRIPs 协议第一条承认"知识产权是私权"有其真理性。强调"知识产权是私权",确立了全球各国知识产权立法的核心价值,客观上为人类共同智慧生产再生产的均衡对价制度安排内置了一个"引擎",但这个引擎是需要一个供给充分的公共基础设施做基础。好火车头好动力机需要铺设坚实的路轨支持才能持续发展向前.根据本国家智慧发展水平而制定一个均衡对价的制度安排,并适时供给知识产权保护,维护知识产权均衡对价的科学性、理性、人文性,制度配置结构合理比例适当,就能够构造一个创新国家的体制和机制。

今天,在 TRIPs 协议下,任何一个主权国家都有责任对知识产权制度做均衡对价的配置和安排,引领人类进步。人类需要更多国家与国家公平竞争的机会,使人类共同走在科学、理性、人文关怀的健康大道上,让人类历史不断向前进、再向前,起码不倒退。

哲学家带着浓浓的乡愁,为人类寻找最后的家园。知识产权承载了这个命运。

# 论知识产权的观念

## ——以一则案例讨论知识产权类型化及法律适用

易继明*

### 一、问题提出:由一则案例引发的思考

20世纪80年代以来,在我国法学和经济学领域频繁出现了一个词汇:知识产权。西方学者也发出了这样的疑问:财产权到底怎么啦?① 这表明,知识产权问题在法律和经济两大领域产生了巨大的影响。而就法学而言,由知识产权法学所引发的一些问题,使得法学特别是财产法的研究内容、方法、乃至学科的结构和性质,都在发生深刻的变化。那么,究竟发生了什么问题呢?本人认为,这首先涉及知识产权观念问题,特别是在缺乏权利文化的司法语境中所应当具有的知识产权观念。

我们先从一则案例说起。

(一)案情

武汉大学测绘学院工程师叶晓明、武汉大学测绘学院工程师刘国建、湖北省地震局高级工程师凌模(以下简称"叶晓明等")诉日本索佳公司、上海索佳公司(以下简称"索佳公司")技术成果权侵权纠纷一案(以下简称"叶晓明等诉索佳公司技术成果侵

---

* 易继明,北京大学国际知识产权研究中心主任、法学院研究员,《私法》主编、《科技与法律》执行主编。

本文案例的运用,感谢湖北省高级人民法院民三庭原法官蔡晖先生。他不仅为我提供了案件的相关资料,而且我们之间还进行了不少有益的交流。文章曾以"知识产权的观念:类型化及法律适用"为题,刊发在《法学研究》2005年第3期。这里,恢复了文章原貌。

① See Thomas W. Merrill & Henry E. Smith, *What Happened to Property in Law and Economics?*, in *Yale Law Journal*, November, 2001. 这些讨论,虽然直接导源于财产权中物权概念的衰退,而并不都直接因为知识产权概念的提出,但间接地涉及包括知识产权在内的财产权"权利束"问题。

权案”)，经湖北省武汉市中级人民法院(以下简称“一审法院”)和湖北省高级人民法院(以下简称“二审法院”)两审终审结案。[②] 本案案情是：

2000年1月13日，叶晓明等利用新的检测方法，发现索佳公司在中国生产与销售的产品SOKKIA100系列中的全站仪存在着错误的“弓”字形补偿规律，即仪器在天顶距269°41′00″至269°59′40″区域及270°00′20″至270°19′00″区域，水平角被加入较大偏差，且偏差值刚好和视准轴改正常数队相等而符号相反，最大值可达±20″，低于仪器本身标称精度(最大值不超过±2″)。这种缺陷属于产品内在的设计错误。1月18日上午，叶晓明、刘国建给日本索佳公司上海代表处发出一份电传。主要内容是：我们在检测仪器时，发现你们生产的全站仪存在先天设计问题，这一问题足以认定该系列仪器为劣质不合格仪器。请你们尽快：(1) 与我们直接联系，掌握事实真相；(2) 停止仪器在我国市场销售，返厂处理后再销售；(3) 向我方支付合理的咨询费；(4) 调查出现错误的事实真相。当日下午，日本索佳公司上海代表处负责人鸭志田裕通率有关技术人员一行6人来到叶晓明等处测量仪器馆检修室，了解和协商电传情况。但在双方并未签订技术咨询合同情况下，叶晓明等利用新的检测方法进行了演示，告知了SOKKIA100系列全站仪存在的设计错误，并提出了改进方案。这样，索佳公司便在谈判中了解到新检测方法，并发现了其产品确实存在内在缺陷与改进方案。2月11日，叶晓明等就我国从日本进口的由日本索佳公司生产的SOKKIA100系列全站仪存在的设计错误，向国家质量技术监督局举报。国家质量技术监督局核实了叶晓明等的检测结果，并停止了索佳公司SOKKIA100系列全站仪的进口许可。在国家质量技术监督局的监督之下，索佳公司根据从叶晓明等建议进行了技术改进，召回原产品，为用户免费更换新版ROM芯片，并于4月22日在《中国测绘报》刊登关于全站仪更换ROM的通知载明：经查明，旧版机种的测角部分软件，在天顶距269°41′00″至270°19′00″区域的范围(除去270 ±20″范围)时，未采用设定的改正数补偿值，索佳公司希望用户尽快拥有新版软件。嗣后，索佳公司重新获得在中国的进口与销售许可。2000年4月14日，日本索佳公司社长平野元次郎给叶晓明、刘国建的一份函中载明：“今年1月18日，本公司上海代表处收到两位先生的传真，我相信传真中汇集了两位先生表达的真意，也就是说指出了本公司SOKKIA100系列全站仪软件中存在的问题，同时还向我们提出了善意的改正意见”、“对像100系列全站仪存在两位指出的问题，如果没有两位先生的指正，我们还不会认识到问题之所在”、“想必两位先生已经听到目前我公司已在着手对软件进行修改”。但是，索佳公司没有就叶晓明等表达的要求支付咨询费的事项进行明确回答，也没有支付任何费用。这样，2001年9月1日，叶晓明等以索佳公司侵害其技术成果权为由提起诉讼，主要请求事项为：(1) 判令索佳公司停止侵权，并赔礼

② 一审判决参见湖北省武汉市中级人民法院民事判决书(2001)武知初字第37号；二审判决参见湖北省高级人民法院民事判决书(2002)鄂民三终字第6号。

道歉;(2) 判令索佳公司赔偿其经济损失1000万元人民币。

那么,什么是技术成果权?它是知识产权的一种权利形态吗?叶晓明等对自己发现这个设计缺陷到底享有什么样的权利,又如何进行保护呢?

(二) 本案涉及何种知识产权?

关于“技术成果权”,在专门的知识产权立法中没有明确规范。1993年《科学技术进步法》第60条规定,“剽窃、篡改、假冒或者以其他方式侵害他人著作权、专利权、发现权、发明权和其他科学技术成果权的,非法窃取技术秘密的,依照有关法律的规定处理。”按照文义理解,这里的“其他科学技术成果权”,自然包括“技术成果权”。[③] 不过,这一条款并没有对承担什么样的具体法律责任进行规范,而是笼统地规定“依照有关法律的规定处理”。在其他“有关法律”中,1986年《民法通则》第97条第2款规定,“公民对自己的发明或者其他科技成果,有权申请领取荣誉证书、奖金或者其他奖励。”该条前款确立的是公民的发现权,并有获得相应证书和奖励的规定。正是在这个意义上,一般的看法是,“其他科技成果权与发现权、发明权一样,实际上是一种公民有权获得精神奖励和物质奖励的权利”[④]。可见,关于“其他科技成果权”问题,虽然规定在《民法通则》第5章“民事权利”之第三节“知识产权”中,但这是一个计划经济体制下行政色彩浓厚的规范,很难在本案中适用。[⑤] 而且,从上述法律条文上下文分析,所谓“科学技术成果权”(或“科技成果”),也应该是专利权、著作权、商标权、发现权、发明权等智慧财产权利形态的上位概念。另外,从“科学技术”与“技术”两个概念的联系与区别看,“技术成果权”只是更加侧重实用技术成果而已。因此,本案中,原告叶晓明等笼统的“技术成果权”主张,受到了来自法律文本规范不足的限制。

那么,我们看看法院是如何看待这种权利的。

1. 一审法院的观点

一审法院认为,原告叶晓明等发现的设计缺陷不构成法律意义上的知识产权,即所谓原告“不享有法律保护的技术成果权”。

---

③ 同时,该条文也具有不科学性。前面两个假设条件中,第一个“剽窃、篡改、假冒或者以其他方式侵害他人著作权、专利权、发现权、发明权和其他科学技术成果权的”情形,本身就涵盖了第二个“非法窃取技术秘密的”情形,因为后者“非法窃取”至少可以包含在前者“以其他方式侵害”的手段中,后者“技术秘密”也包括在“其他科学技术成果权”中。而且本人认为,即使考虑到这部法律是于1993年7月2日第八届全国人大常委会第二次会议通过,早于同年9月2日同届全国人大常委会第三次会议通过的《中华人民共和国反不正当竞争法》(该法规定了有关“商业秘密”条款),这种不科学性也是需要检讨的。

④ 本文在这里姑且不去评价1986年《民法通则》在知识产权规范中进行这种规定的是非问题,也不去评价相关的法律解释,只是强调指出,也正因如此,学者们认为,“其他科技成果权制度是由发现、发明以外的其他科技奖励制度组成的。”参见刘春茂(主编):《中国民法学·知识产权》,中国人民公安大学出版社1997年版,页885。

⑤ 下文将论及,“科技成果”或“科技成果权”概念来自前苏联,本身就带有计划经济体制和意识形态意义,并非是一个建立在突出个人主义哲学和私有权观念之上的概念。

一审法院认为,叶晓明等的发现可视为一项技术信息。在此之前,其他人未曾作出过仪器存在设计错误的断言。可见,发现 SOKKIA100 系列全站仪的该项缺陷,无疑需要具备一定的科学技术知识、信息和经验。但原告叶晓明等拥有的技术信息的实用性受到索佳公司产品的限制。它依附于 SOKKIA100 系列全站仪产品本身,不能脱离该产品而单独使用这项技术信息并产生价值。根据 1993 年《反不正当竞争法》第 10 条的规定,一项技术秘密必须同时具备独创性、实用性和秘密性三个条件。原告叶晓明等要使这一技术信息具有商业价值,须以 SOKKIA100 系列全站仪产品用户或者索佳公司需要原告叶晓明等提供与这一技术信息有关的技术服务为前提。该技术信息尽管存在着在此前提下,可为原告带来经济利益的机会,但要使其成为技术秘密,还应采取保密措施并不得对外披露该信息,即应以技术秘密的方式进行自我保护。事实上,原告叶晓明等在 2000 年 1 月 18 日下午与索佳公司的接触中,在无任何约定的情况下,将这一技术信息主动告知索佳公司,使索佳公司注意到仪器存在错误的所在。可见,原告叶晓明等未将这一技术信息以技术秘密来对待。这一技术信息不具备构成技术秘密的法定条件。因此,原告叶晓明等对该项技术信息不享有法律保护的技术成果权。所以,也不存在索佳公司的行为侵犯了原告叶晓明等的技术成果权的问题。一审法院据此判决:驳回原告的诉讼请求。

可见,一审法院是将叶晓明等的知识产权界定为一种技术信息,即纳入商业秘密进行保护。

2. 二审法官的困惑

一审法院判决后,原告叶晓明等不服,提起上诉。上诉人认为,"原判将上诉人的专有技术成果定性为技术信息是错误的,上诉人的专有技术是全站仪致命缺陷的完整技术解决方案,属于法律保护的知识产权。从被上诉人法定代表人在 2000 年 4 月 14 日给上诉人的信函可以看出,被上诉人对此专有技术的完整性是给予了充分肯定的,并且承其获取了上诉人的专有技术的完整性,然而一审法院没有认定。至于上诉人专有技术成果的应用受到被上诉人产品限制的问题,这正是改进型技术成果的特点。"但是,叶晓明等在否定一审法院对其进行的"技术信息"定性之后,只是强调了其技术的完整性和改进技术(后续改进技术)本身所具有的受到原技术或技术产品限制的问题,同时将"技术成果权"表述为"知识产权",除此之外,叶晓明等也没有(或者是回避了)将这种利用新的检测方法进行的发现确定为哪一种类型的知识产权,更没有说明需要通过哪一部法律进行保护。

这里,我们姑且先将一审法院具体适用法律所存在的问题搁置下来,思考一下二审法院同样存在以下困惑:第一,上诉人即原审原告叶晓明等的权利客体是否为商业秘密中的技术信息?第二,这种权利是否应该得到保护?第三,如何保护?

3. 问题所在

二审法院的困惑涉及更为根本性的问题,即:在现有的知识产权法律框架中,是否存在知识产权权利类型化不足问题?如果存在的话,那么我们是否可以在现有的法律框架之内分析出制度设计的基础理论——即保护知识产权的依据,继而借助于这些基础理论,在知识产权制度之外,寻找保护知识产权的其他法律方式?这就是知识产权类型化及其基础问题。通俗地说就是:对这种由知识、技术或智慧活动所产生的权利,为什么要进行保护?这些智慧活动所产生的权利究竟有哪些种类?我们现有的法律框架是否能够将它们均予以涵盖?如果没有予以涵盖的话,那么是否应该得到保护和应该怎样进行保护呢?总的说来,这涉及知识产权的观念问题。

对于这一问题的思考,我们以苹果为例,先从财产的分类与变迁说起。

## 二、苹果的故事:财产的分类与变迁

对财产的分析,随着“物”、“物权”、“债权”、“无形财产权”和“知识产权”等抽象概念的引入,其理论变得越来越复杂,也难以为普通大众所理解。因此,这里以苹果为例,对财产的历史变迁进行一下简要地考察。

### (一)苹果的历史

1. 野生状态的苹果

在野生状态下,人们对苹果的所有权取得方式是:先占→所有权,即按照一种先占取得的方式获得所有权的。中国古语有言:“逐兔先得”,说的就是这种取得方式。

民法学一般将所有权权利的取得分为原始取得和继受取得(或称传来取得)两种。[⑥] 先占属于原始取得的一种方式。例如,《瑞士民法典》第718条、《日本民法典》第239条和《澳门民法典》第1243条的规定,就明确规定了这种所有权取得形式。[⑦]

2. 农耕时期的苹果

农耕时期,我们对苹果的所有权取得方式又发生了一点变化,即需要通过自己种植,然后再收获,最后才能取得所有权,即:种植→收获→所有权。

---

⑥ 参见〔德〕卡尔·拉伦茨:《德国民法通论》,王晓晔、邵建东、程建英、徐国建、谢怀栻译,谢怀栻校,法律出版社2003年版,页312—315。

⑦ 《瑞士民法典》第718条规定,“以成为某动产的所有人为目的,先占有无主动产的人,取得其所有权。”《日本民法典》第239条第1项规定,“以所有的意思占有无主动产者,因占有取得其所有权。”《澳门民法典》第1243条规定,“动物及其他动产,如从来无物主或已被其所有人抛弃、遗失或隐藏者,均可透过先占而取得,但因以下各条所规定之限制而不可取得者除外。”参见《瑞士民法典》,殷生根、王燕译,中国政法大学出版社1999年版;又参见《日本民法典》,王书江译,中国人民公安大学出版社1999年版;又参见《澳门民法典》,中国人民大学出版社1999年版。

这种取得形式，也是属于原始取得的一种方式。德国民法中的"附合"(《德国法典》第946条)、"物的出产物和其他组成部分的取得"(《德国民法典》第953—957条)，均涉及这种情形。[⑧]

3. 知识经济时代的苹果

在知识经济时代(我们姑且将工业文明的诞生作为其前奏，将它看成是今天已然存在并将继续进行下去的概念)，我们获得苹果的所有权的方式又发生了新的变化。我们往往需要对苹果的种子、栽培技术和生长环境如土壤、水分或温度等条件进行改进，然后再进行种植，从而获得经过改良以后的苹果新品种，最后才对这个新型的苹果享有所有权，即：技术改进→种植→苹果新品种→所有权。

当然，对培育出来的新型苹果本身这一具体的"物"的所有权之取得，与农耕时期对苹果所有权的取得形式一样，属于原始取得的一种方式。但是，令人遗憾的是，按照我们过去对所有权强调具体"物"，特别是有些侧重"有体物"的理论，我们现有的所有权仅仅只是对新型苹果这个具体物的所有权，它并不包括其中所进行的"技术改进"。

一般来说，大部分的这种"技术改进"，是可以独立于这种新型产品本身而存在的，而且容易被他人所获得和使用。显然，人们为了完成这种技术改进，往往要投入大量的人力、物力和财力，如果得不到有效的法律保护，就会挫伤这种技术创造活动的积极性。

那么问题是，"技术改进"这一智慧劳动创造者是否享有"改进技术"本身的所有权呢？如果可以享有的话，那么按照现行法律规定的又是一种什么样的权利？可以通过何种法律得到保护？

4. 对这种"技术改进"进行保护的现有形式

是否享有改进技术本身的所有权问题，也就是知识产权产生的依据问题。这一点，在后文中会加以论述。这里，假定对这种改进技术享有法律保护的财产权利，那么到底构成何种权利？分别受到现行哪些法律的保护？也就是说，按照现行法律，如果对这种技术改进进行保护或者说人们对这种智慧创造享有所有权的话，那么，这种可能的财产权权利形态包括哪些呢？

根据我国现行法律，对苹果进行技术改进可能包含的权利及其法律直接确认的方式，主要有如下几种：(1) 植物新品种权(1997年《植物新品种保护条例》)；(2) 植物新品种非生物学生产方法专利权(2000年《专利法》第25条第2款)；(3) 商标专用权(2001年《商标法》第4条)；(4) 著作权(2001年《著作权法》第3条之第1项、第2项

⑧ 法国民法称之为"对物之所生物的添附权"，如《法国民法典》第547条、第548条和第552—555条等。日本民法主要接受了德国民法上的规定，如《日本民法典》第242条关于"不动产的附合"的规定。《澳门民法典》第1249条以下关于"添附"的规定，也属于这种情形。

和第7项);(5) 商业秘密(1993年《反不正当竞争法》第10条);(6) 其他,如发现权、发明权和其他科技成果权(1986年《民法通则》第97条第1款、第2款)等。

也许,初看起来,现行法律对这种技术改进可能得到的法律确认与保护方式较多,也自然会令人满意。因为在知识产权领域,权利本身的交叉问题和法律双重(乃至多重)保护,是"比较容易解决"的问题,而且权利人方便(或可以)进行选择。[9] 但是,实际上,众多保护恰好是问题的不幸之所在。因为法律保护方式众多,看似法网恢恢,但实际表明两点:第一,传统财产权制度出现了问题;第二,我们还不能把握住新型的财产权权利形态。

那么,到底传统财产及其权利制度出现了哪些问题呢?让我们看看财产分类的历史发展。

(二) 财产分类的历史发展

与"苹果的故事"相一致,财产及其财产观念也是随着社会发展而不断演化的。从古至今,我们可以将这种演化分为几个阶段,即:宗教意义→家族意义→物理意义→意识形态意义。

1. 宗教意义

宗教意义上对财产的划分分为神物和人物两大类。例如,古罗马查士丁尼大帝在《法学总论》第2卷第1篇"物的分类"中,区别了神法上的物(如神圣物、宗教物和神护物等)与可以属于人法上的物。[10] 古印度《摩奴法典》所载的种姓制度,以宗教形式承认了人们享有财产权利的不平等,甚至有些条文否认首陀罗的财产权。[11]

2. 家族意义

家族意义上的财产观念,是在宗教意义上的财产观念淡化之后产生的。这种划分主要分为两大类:家庭财产和个人财产。在整个家族意义财产观念盛行时期,家庭财产与个人财产两者是处于此消彼长的发展过程:前者由强到弱;后者由弱到强。总的说来,无论是在财产法意义上还是在人身权法意义上,从古代法到近代法的运动中,实际上是作为个体的人如何冲破氏族、家庭的束缚,自主地获得完整的财产权和独立的人格权的过程。

3. 物理意义

物理意义上的财产观念出现,则又是在家族意义上的财产观念淡化以后。这种意义上的财产观念分为两个时期,即近代社会和现代社会。近代社会中,财产主要以动

---

⑨ 参见郑成思:《知识产权论》,法律出版社2003年版,页368—371。

⑩ 〔罗马〕查士丁尼:《法学总论——法学阶梯》,张企泰译,商务印书馆1989年版,页48—59。

⑪ 参见《摩奴法典》,〔法〕迭朗善法译,马雪香转译,商务印书馆1982年版。

产和不动产两种类型进行划分[12];现代社会中,财产则主要分为有形财产和无形财产(以“智慧财产”或“知识”、“知识产品”为主)[13]两种类型。虽然以动产和不动产这两种类型来对“物”进行划分的方式来自于古老的罗马法,但是,将这种分类形式作为一种财产、甚至是财产法的基本分类形式,仍然是近代社会才真正确立起来的。因为真正建立起个人所有权观念的,是近代民法,特别是《拿破仑法典》。“《拿破仑法典》把所有权规定为排他的对物支配的权利,在对物的支配本身中排除领主——农民的人的关系,是与他人无关的各个人对于所有物支配的人与物的关系。”[14]

4. 意识形态意义

意识形态意义上财产观念,是在20世纪社会主义运动兴起以后产生的。这种意义上的财产被分为生产资料和生活资料两大类型。这种划分,是建立在社会主义生产资料公有制形态之下。以此为基础,生产资料只能为国家或集体所有,而只有少部分的生活资料才能为私人所有。[15] 这种对财产的分类、组织和分配形式,是一种计划经济体制的产物,不适应市场经济体制的发展。因此,在20世纪末叶开始的社会主义国家改革和转型过程中,这种意识形态意义的财产观念及其划分方式,已经发生了很大的

---

[12] 这是从大陆法角度进行的观察。英美法、特别是英国法中的财产法受封建社会财产法的影响甚大,并由普通法、衡平法和成文法三重构筑而成。在英美法系中,财产仅分为人的财产和物的财产两种,而不分动产和不动产。动产固然属于“人的财产”,而不动产则又分为“物的权利”和“人的权利”。物的财产权受到传统封建法律支配,而人的财产权则受到罗马法市民社会法理的影响。就普通法(common law)而言,与大陆法不动产、动产划分大致相当的是“Real Property”和“Personal Property”。但是,“Personal Property”中含有相当于不动产租赁权的“Leashehold”之意;同时为了强调不动产租赁权的重要性,往往又视为“Chattle Real”(不动产的动产),以此与纯粹的“动产”相区别。正是从这个角度,我国台湾学者刘得宽先生说,英美法上之对物的权利与人的权利之总称为财产法,大致可说相当于大陆法之物权法,但欠缺不动产法与动产法之共通性。参见刘得宽:《大陆法与英美法》,载《政大法律评论》第1、2期合订本。

[13] 从无形财产的概念起源上讲,并不是以“智慧财产”、“知识”或“知识产品”为主。但是,目前尚无更加妥帖的用语来说明一切用智慧、脑力开发的成果,同时考虑到与“有形财产”的对偶性,权且以“无形财产”来说明。我国早期学者有从广义物权概念出发,理解此类有别于普通民法上以有体物为主的物权为“无形物权”。参见何孝元(主编):《云五社会科学大辞典(第六册)·法律学》“有形物权”词条,台湾商务印书馆股份有限公司1999年版,第326页。

[14] 〔日〕稻本洋之助:“近代所有权的成立过程”,载〔日〕甲斐道太郎(编著):《所有权思想的历史》,有斐阁1979年日文版,页107。

[15] 德国著名比较法学者K. 茨威格特和H. 克茨两位教授专门以苏联为主分析了社会主义法系的所有权问题:“不同类型的所有制——国家、集体、个人——可以拥有不同类型的财产。对生产至关重要的财产只属于国家,而公民只能拥有相对次要的财产。”实际上,“依照苏联的观点,社会主义制度下的公民不能在生产资料方面享有私人所有权。”这种意识形态意义上的财产分类及其不同保护模式,就是在1986年《中华人民共和国民法通则》中也有体现。该通则第73、74和75条分别规定了国家、集体和个人财产,一些主要生产资料不属于“个人财产”范围。第75条第1款规定,“公民的个人财产,包括公民的合法收入、房屋、储蓄、生活用品、文物、图书资料、林木、牲畜和法律允许公民所有的生产资料以及其他合法财产。”而且,第73条第2款意在强调“国家财产神圣不可侵犯”。关于茨威格特教授和克茨教授的论述,参见〔德〕K. 茨威格特、H. 克茨:《比较法总论》,潘汉典、米健、高鸿钧、贺卫方译,潘汉典校订,法律出版社2003年版,页474—486。

变化,并逐步转向了近代以来物理意义上的财产观念及其分类形式。

在早期社会主义国家公有制观念下,带有个人主义色彩的财产权没有存在的空间,相应地,科技成果一般以公有制下的生产资料为基础,自然不可能“个人化”、“私有化”。由此产生的“科技成果权”,也只是存在于相应的荣誉证书、光荣称号、奖金等奖励制度之中,并不具有“产权”意义。

5. 现代社会凸显无形财产的重要性

从意识形态意义上进行财产的分类回到物理意义上,现代社会财产主要以有形财产和无形财产进行区分。在财产的分类与变迁中,反映出现代社会中无形财产越来越重要。这种重要性突出表现在以下几个方面:(1) 人们摆脱物质世界束缚的精神需要;(2) 它是一国经济、特别是高新技术产业发展的重要基础和生命线[16];(3) 直接影响到一国的经济安全(例如,对经济发展中核心技术的知识产权的掌控,使得“头脑国家”与“躯干国家”日益区分开来);(4) 对一国的国家安全(如信息安全、生物安全等)、政治稳定、文化传承等也有着重要的影响。

(三) 财产变迁历史流程

通过以上论述,我们可以将财产分类的历史变迁用以下图表进行说明:

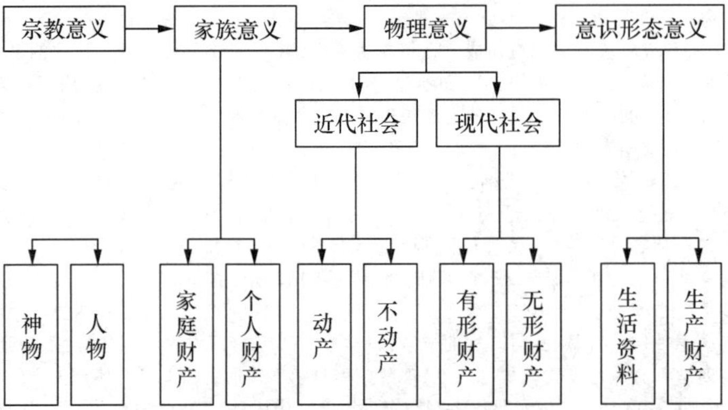


**图示 财产分类的历史流程**

[16] 大约10年前,OECD提出“知识经济”概念时,其主要成员国经济已经主要依赖于知识的生产、扩散和应用。“在过去10年中,OECD成员国的高技术产品在制造业产品中的份额和出口中的份额翻了一番多,达到20%—25%。知识密集型服务部门,如教育、通信、信息等的发展则更为迅速。据统计,OECD主要成员国国内生产总值(GDP)的50%以上现在已是以知识为基础的。”参见经济合作与发展组织(OECD):《以知识为基础的经济》(The Knowledge-Based Economy),杨宏进、薛澜译,机械出版社1997年修订版,页10。

财产制度演进的历史反映了社会进步的历史，财产的分类体系也是顺应社会历史发展的结果。而这，正如梅因爵士所作的精辟论述："所有进步社会的运动，到此处为止，是一个'从身份到契约'的运动。"[17]因为从神祇、家族和意识形态的束缚中解放出来的财产，其实只是一个客观的物理存在，而这些客观存在于社会经济生活中的重要性以及科技进步水平本身，就会对这种物理特性的财产进行归纳和整理。到目前为止，日益凸现的知识社会财产的分类即有形财产与无形财产的划分，不仅代表了我们社会积累的知识或智慧财富已经达到了一定的程度（并依赖这种智慧财产），而且也表明了一个新的财产及其分配形式将持续地影响我们未来的生活。这意味着两种倾向将持续下去：一方面表明知识产权为代表的无形财产是传统财产的某种延续；另一方面表明，知识产权在现代社会（特别是称为知识社会形态的出现）将进一步扩张，出现多样化趋势。

#### （四）小结

苹果的故事只是引发了我们如何对待诸如种质资源、基因技术等新技术"产权"问题的思考，而财产变迁的历史则将现代社会所处的新的物理空间——无形财产生活空间呈现在我们面前，并告诉我们，知识产权将越来越成为我们生活的主宰。这对于一个以有形财产为主设计的传统财产权制度来说，是猝不及防的。不过，物理意义的财产观念、特别是对财产所有权价值的认识，则为我们解决财产权利类型化不足问题提供了价值基础和依据。

### 三、法定主义：知识产权的类型化问题

既然在现代社会中，以知识产权为主的无形财产越来越重要，而且呈现多样化趋势，那么在现行知识产权立法中，我们对于知识产权的分类（即包括哪些种类）是否详尽而又准确呢？在叶晓明等诉索佳公司技术成果权侵害案中，一审法院对叶晓明等宽泛的"技术成果权"之归类是否适合？带着这个问题，我们首先对知识产权法定主义以及由此产生的类型化不足问题进行分析，然后再从法律（含国际条约）和学理两个层面进行考察，并分析叶晓明等诉索佳公司技术成果权侵害案中一审法院所进行的权利归纳。

#### （一）知识产权法定主义

尽管知识产权立法是近二十年来最为活跃的，但由于其权利法定主义——任何人不得在法律之外创设知识产权，因此在司法实践中，知识产权案件的法律适用往往还存在着不少所谓的"立法空白地带"。知识产权权利类型化不足问题，实际上

---

[17] 〔英〕梅因：《古代法》，沈景一译，商务印书馆1959年版，页97。

是权利法定主义导致的结果,因为立法总是不可能赶上科技进步和社会经济发展的步伐的。当然,从某种角度看,类型化不足问题也是知识产权法定主义产生的重要原因。因为权利类型化学理研究和准备不足制约相关立法,而在权利类型化研究中缺乏对知识产权权利产生基础、根本属性的研究[18],缺乏与民事权利进行整合性研究[19],缺乏对科技成果社会学、经济学分析[20]等,也在不同程度上影响了知识产权立法的完善。

坚持权利法定主义的学者认为,对于某些似乎是应该给予法律保护的客体,如未构成作品的数据库、传统知识等,因如何构建这个法律制度一时尚认识不清或未走完立法程序,则其特定的知识产权也就不存在。与其冒着授予本不应该设立的私权的错误,不如将其暂放在公有领域之中。[21] 这种看法,过分注重了知识和信息的公共性,没有从权利(私权)为出发点进行思考。这一点,下面将会论及。不过,克服法定主义局限性的方法,除了对知识产权法进行不断修改、增加一些授权立法和弹性条款之外,将知识产权纳入整个民事权利体系和制度框架,强化知识产权权利观念,通过财产权理论、合同法理论和侵权法理论等弥补法定主义缺陷,从而在司法救济中获得衡平,也是一种重要的方法。

(二)国际公约和国内法上的分类

目前,在国际上影响最大的主要是联合国世界知识产权组织(WIPO)与世界贸易组织(WTO)管理的知识产权领域的世界性多边公约。世界知识产权组织管理的国际

---

⑱ 这就制约了知识产权的权利基础研究,不利于在该权利领域进行理论抽象,以寻求共同基础、完善的权利体系,从而去"察漏补缺"。当然,这一方面是因为相关权利共性较少(如专利与著作权),另一方面也是知识产权制度中存在学科背景(特别是理工科)本身的限制。不过,近年来关于知识产权合理性、哲学基础等方面理论研究在加强,是值得欣慰。

⑲ 知识产权学者们往往一头雾水地钻在具体制度与权利之中,而不去考察这一具体制度与权利处于法律体系(特别是民法法律体系)中的何种地位。对于知识产权学者和传统民法学者来说,这是需要各打五十大板的事情,知识产权学者在强调自己研究领域的"独立性"与"独立地位"的时候,往往过分地夸大了知识产权法与传统民法的区别,而传统民法学者不是表现出不屑,就是在一些带有技术性、具有行政审查色彩或国际规则的知识产权面前"知难而退",也就更谈不上能够深入研究下去了。

⑳ 按照法定主义,权利依法设立,其后方能对此应用进行社会学和经济学调查。但是,要进行相关立法,首先也可以进行缺乏某项权利的实证分析,加强没有某方面权利状况的调查研究,提供是否需要设立相关权利的立法建议,本身就是一种促进知识产权立法的方法。

㉑ 参见郑胜利:"论知识产权法定主义",载《中国高校知识产权研究会第11届年会暨高新技术知识产权保护与大学技术转移国际论坛论文集》(上),上海2003年10月,页3—18。

公约有下列26个。[22] 这些国际公约上的分类,也主要是采取一种列举式的方法。

1967年7月14日斯德哥尔摩《成立世界知识产权组织公约》第2条第9项规定,知识产权主要包括以下权利:(1) 文学、艺术和科学作品有关的权利;(2) 表演艺术家、录音和广播节目有关的权利;(3) 在人类一切活动领域中的发明有关的权利;(4) 科学发现有关的权利;(5) 工业品外观设计有关的权利;(6) 商标、服务标记及商号名称和标志有关的权利;(7) 反不正当竞争;(8) 在工业、科学、文学或艺术领域由于智力活动而产生的一切其他权利。这里的定义就比较宽泛,特别是最后第(8)项具有"兜底条款"的特点,几乎将一切智慧财产包括在其中。

1994年《与贸易有关的知识产权协议》(即TRIPs协议)中,知识产权主要包括以下权利:(1) 著作权及其相关权利(即邻接权);(2) 商标权;(3) 地理标记权;(4) 工业品外观设计权;(5) 专利权;(6) 集成电路布图设计权;(7) 未公开的信息(商业秘密);(8) 对许可合同中限制竞争行为的控制。这种列举,较为明确,主要是侧重与贸

[22] 它们包括:(1) 1883年于巴黎缔结《保护工业产权巴黎公约》(简称"巴黎公约"),1967年于斯德哥尔摩最后修订,1979年又进行了个别修正;(2) 1886年于伯尔尼缔结《保护文学艺术作品伯尔尼公约》(简称"伯尔尼公约"),1971年于巴黎最后修订,1979年又进行了个别修正;(3) 1891年于马德里缔结《制裁商品来源的虚假或欺骗性标志协定》,1958年在里斯本最后修订,1967年进行补充;(4) 1891年于马德里缔结《商标国际注册马德里协定》(简称"马德里协定"),1967年于斯德哥尔摩最后修订,1979年又进行了个别修正,1989年又增加了议定书;(5) 1925年于海牙缔结《工业品外观设计国际备案协定》,1967年于斯德哥尔摩最后修订,1975年又增加了议定书,1979年进行了个别修正;(6) 1957年缔结《为商标注册目的而使用的商品与服务的国际分类协定》(简称"尼斯协定"),1977年于日内瓦最后修订,1979年又进行了个别修正;(7) 1958年于里斯本缔结《保护原产地名称及其国际注册协定》(简称"里斯本协定"),1967年于斯德哥尔摩最后修订,1979年又进行了个别修正;(8) 1961年缔结《保护植物新品种国际公约》(简称"UPOV"),1978年于日内瓦修订(目前生效文本),1991年于日内瓦最后修订(但此文本尚未生效);(9) 1961年于罗马缔结《保护表演者、录音制品制作者与广播组织公约》(简称"罗马公约");(10) 1968年于洛迦诺缔结《工业品外观设计国际分类协定》(简称"洛迦诺协定"),1979年进行了个别修正;(11) 1970年于华盛顿缔结《专利合作条约》(简称"PCT"),1979年和1984年分别进行了个别修正;(12) 1971年在斯德拉斯堡缔结《专利国际分类协定》,1979年进行了个别修正;(13) 1971年于日内瓦缔结《保护录音制品制作者防止未经许可复制其制品公约》(简称"录音制品公约"或"唱片公约");(14) 1973年于维也纳缔结《商标图形国际分类协定》(简称"维也纳协定"),1985年生效,并进行了修订;(15) 1973年于维也纳缔结《印刷字体的保护及其国际保存协定》,1996年生效;(16) 1974年于布鲁塞尔缔结《关于播送由人造卫星传播的载有节目信号公约》(简称"布鲁塞尔卫星公约");(17) 1977年于布达佩斯缔结《为专利申请程序的微生物备案取得国际承认条约》(简称"布达佩斯条约"),1980年进行了个别修正;(18) 1978年于日内瓦缔结《科学发现的国际登记条约》,至今尚未生效;(19) 1979年于马德里缔结《避免对版权使用费收入重复征税多边公约》,至今尚未生效;(20) 1980年于维也纳缔结《商标注册条约》;(21) 1981年于内罗毕缔结《保护奥林匹克会徽条约》;(22) 1989年于华盛顿缔结《集成电路知识产权条约》;(23) 1989年于日内瓦缔结《视听作品国际登记条约》;(24) 1994年于日内瓦缔结《商标法条约》,1996年生效;(25) 1996年于日内瓦缔结《世界知识产权组织版权条约》,尚未生效;(26) 1996年缔结《世界知识产权组织表演与录音制品条约》(简称"WPPT"),尚未生效。又可以参见郑成思教授的归纳与整理,载罗豪才、孙琬钟(主编):《与时俱进的中国法学》,中国法制出版社2001年版,页339—341。

易相关的部分。

我国通过《民法通则》设立专节对知识产权进行列举和颁布单行法的双重立法模式,对主要类型的知识产权进行了规定。它们包括:(1) 专利权;(2) 著作权(包括计算机软件);(3) 商标权与厂商名称权、产品标记或原产地名称权;(4) 集成电路布图设计权;(5) 植物新品种权;(6) 发现权;(7) 发明权;(8) 反不正当竞争中的法益(包括商业秘密);(9) 其他科技成果权。

当然,也出现了一些新型知识产权权利类型。而且,新型权利形态随着科技发展和社会对智力成果认同的不断深化而层出不穷,例如:商品化权㉓;信息网络传播权㉔;基因与转基因专利权;传统知识保护权㉕;创意权㉖等。

(三) 学理上的分类

学理上的划分,经过了一个历史的演变过程。早期出现的所谓知识产权,我们可以统称之为"特许权"或"垄断权"。尽管这种含义至今还存在,但这种分类已经没有什么意义了。

真正开始对知识产权权利类型进行内部划分的,是近代开始的两种主要区分方法,即分为工业产权和著作权。这两种划分,源于1883年缔结的《保护工业产权巴黎公约》和1886年缔结的《保护文学艺术作品伯尔尼公约》,由此也形成了保护工业产权和保护著作权两大知识产权保护体系。这样,工业产权又可以分为三类:(1) 发明、实用新型、工业品外观设计;(2) 商标、服务标记、商号、产地标记等;(3) 反不正当竞争。著作权又可以分为两类:著作权及其邻接权。

但是,随着科学技术、文学艺术与工商业活动的交叉和渗透,这种分类已经不合时宜了。因此,在著作权领域,有的学者提出了"文艺著作权"和"工业著作权"的区分㉗。这样,便可以将知识产权权利类型分为文艺著作权、工业著作权和工业产权。显然,这

---

㉓ 参见杜颖:"论商品化权",载梁慧星(主编):《民商法论丛》(第13卷),法律出版社2000年版,页1—31。

㉔ 薛虹博士分析了国际条约和各国在这方面的立法,认为目前主要有三种模式:一是"隐含式",即用版权人现有的发行权、公开表演权和公开展示权覆盖作品的网络传播,典型的是美国;二是"重组式",即对版权人的各类作品传播权进行重组,把除了复制发行权之外的其他传播方式(包括网络传播在内)统一为一种综合性的传播权,澳大利亚对此进行了尝试;三是"新增式",即在不改变现有版权权利配置的前提下,赋予版权人控制作品网络传播的新权利,欧盟1998年"关于信息社会的版权及有关权利指令的建议草案"便建议用一种向"公众传播权"(communication to the public right)。我国9届全国人大常委会第24次会议于2001年10月27日通过的《关于修改〈中华人民共和国著作权法〉的决定》,在著作权法第10条第十二项中规定了"信息网络传播权",属于"新增式"立法模式。关于薛虹博士的论述,参见薛虹:《网络时代的知识产权法》,法律出版社2000年版,页9—19。

㉕ "传统知识"的概念较为宽泛,关于它的定义目前主要来自于WIPO的工作报告和英国知识产权委员会的报告。参见杜瑞芳:《传统医药的知识产权保护》,人民法院出版社2004年版,页8—9。

㉖ 参见彭霞:《创意的法律保护》,华中科技大学2003年硕士学位论文。

㉗ 参见郑成思:《版权法》,中国人民大学出版社1997年第2版,页62以下。

种划分尽管在名称上比较好理解，但实际生活中我们很难区分文艺著作权和工业著作权，也很难对此提出不同的保护标准或形式。

于是，近年来便出现了新的划分方法。比较有代表性的是台湾地区学者以法律之“规范目的”为标准的划分方法。这种划分方法以法律规范目的为标准，将知识产权区分为三大类：一是与保护“文化创作”有关的权利，包括著作权及其邻接权、工业品外观设计等；二是与保护“技术创新”有关的权利，包括发明、实用新型等；三是与保障“正当交易秩序”有关的权利，包括商标、服务标示、商号名称、产地标记、反不正当竞争等。[28] 日本学者也有类似的分类方法。[29] 德国学者则依保护标的不同对知识产权提出了不同的划分。[30] 这些划分方式，不仅可以使我们更加明确地认识到各种知识产权法的性质和目的，而且可以让我们准确地掌握法律赋予相应知识产权权利的属性、内容和范围，进而提高法律适用的正确性。

当然，大多数的学者还是通过几种主要的知识产权权利形态的列举来把握知识产权。例如，英国学者柯尼斯（W. R. Cornish）教授将知识产权主要分为：专利、著作权、商标及商号、以及“其他类型”。在其中的“其他类型”之中，他又列举了以下权利：外观设计、商业秘密及其他未公开信息、以及其他诸如动植物新品种、“邻接权和对娱乐构思的保护”、软件、数据库和“一些结合产品的权利保护要求，如版面、民歌及其他土著文化；产品及外观的类似制品；角色商品化；运动、展览、节日、大学及电影场地的商品化；人物特征的商品化（姓名、声音、肖像）”。[31]

（四）一审法院的归纳、推理及疑虑

在叶晓明等诉索佳公司技术成果权侵害案中，一审法院以“技术信息”归类进行推理，具体逻辑如下：

大前提：商业秘密是指不为公众所知悉、能为权利人带来经济利益、具有实用性并经权利人采取保密措施的技术信息和经营信息（《反不正当竞争法》第10条第3款），——即一审认为的独创性、实用性和秘密性三性；

---

[28] 参见谢铭洋：《智慧财产权之基础理论》，翰芦图书出版有限公司2001年第3版，页16—19。

[29] 例如，日本学者土肥一史教授将知识产权法划分为：(1)产业的创作保护法，主要包括专利法、实用新型法、外观设计法、半导体集成电路配置保护法、种苗法；(2)市场秩序维持法，主要包括商标法、不正当竞争防止法、商法（有关商号的规定）；(3)文化的创作保护法，主要指著作权法。参见〔日〕土肥一史：《知的财产法入门》，中央经济社2003年第6版，页2。

[30] 按照德国学者艾森曼（Eisenmann）和胡布曼（Hubmann）的观点，专利权和实用新型权的标的为技术成果或发明成果；外观设计权的标的为美术一工商业成果；著作权的标的为个人智力创作；商标权的标的为广告成果；反不正当竞争的标的为企法成果。vgl. Eisenmann, Grundriss gewerblicher Rechtsschutz und Urheberrecht, Heidelberg: C. F. Mueller, 1985, S.3.; Hubmann, Gewerblicher Rechtsschutz, Muechen: C. H. Beck, 2002, 7 Aufage. S.49—61.

[31] See W. R. Cornish, Intellectual Property: Patents, Copyright, Trade Marks and Allied Rights, Third Edition, London: Sweet & Maxwell, 1996, pp.5—10.

小前提:原告叶晓明等的技术信息的商业价值受到被告索佳公司的产品与需求的限制,且原告叶晓明等主动告知,不具备“秘密性”;

结论:原告叶晓明等之技术信息不具有法律意义,“不享有法律保护的技术成果权”。

在我们现有的知识产权法律保护的制度框架之下,一审法院对叶晓明等享有知识产权的这种归纳(技术信息),并没有什么不妥之处。不过,在适用法律进行推理的过程中,有两个明显错误:一是认为原告叶晓明等拥有的技术信息的实用性受到被告索佳公司的SOKKIA100系列全站仪这一产品的限制,依附于产品本身,不能脱离该产品而单独使用这项技术信息并产生价值,据此认为缺乏“一项技术秘密必须同时具备独创性、实用性和秘密性三个条件”之实用性;二是认为原告叶晓明等在2000年1月18日下午与索佳公司的接触中,在无任何约定的情况下将这一技术信息主动告知索佳公司,使索佳公司注意到SOKKIA100系列全站仪存在错误的所在,据此认为,原告叶晓明等本人“未将这一技术信息以技术秘密来对待”,从而认为“这一技术信息不具备构成技术秘密的法定条件”(——因为要使其成为技术秘密,还应采取保密措施并不得对外披露该信息,即应以技术秘密的方式进行自我保护)。之所以认为这是明显的错误,就是:关于第一点,将某项技术对某一产品的依赖看成是缺乏实用性的观点本身就是一个认识错误,而且一审法院对技术秘密必须具备“独创性、实用性和秘密性”三个条件的要求,是提高了法律保护的标准。[32] 关于第二点,在双方进行技术咨询服务合同的谈判中透露商业秘密,并不是一种公开,也不表明原告自己不将此作为技术秘密看待——反之,如果原告叶晓明等本身不这样看待,就根本不需要与被告索佳公司就技术咨询服务进行洽谈了,而且被告索佳公司如果本身就知悉这个技术秘密,也就不会

---

[32] 1993年《反不正当竞争法》第10条第3款规定:“本条所称商业秘密,是指不为公众所知悉、能为权利人带来经济利益、具有实用性并经权利人采取保密措施的技术信息和经营信息。”这种技术信息和经营信息,并不都具有“独创性”;同时其所称“具有实用性”的条件,也并未要求独立于某特定产品之外。一审中级法院的这种认识,实际上是提高了法律保护的标准,也不符合立法精神。学者们对此进行的法律解释,也没有支持一审法院的这种理解。例如,张玉瑞教授认为,在我国要构成商业秘密必须同时满足三个要件:(1)秘密性;(2)实用性和价值性;(3)管理性。这种解释,将“不为公众所知悉”作为秘密性理解,并未要求具有独创性,也不存在实用性必须独立于某种产品的问题。郭寿康教授从“新颖性”、“相对秘密”和“不能从公开(公共)渠道直接获取(获得)”三个方面来理解“不为公众所知悉”;同时将“能为权利人带来经济利益”作为“价值性”,将“具有实用性”作为“实用性”看待(——这种理解,不同于国家工商行政管理局《关于禁止侵犯商业秘密行为的若干规定》第2条第3款将两者作为一个要件的看法)。学者们不同于一审法院的理解而对此进行的解释还有很多,可以分别参见以下文献:张玉瑞:《商业秘密法学》,中国法制出版社1999年版,页149—150;郭寿康(主编):《知识产权法》,中共中央党校出版社2002年版,页323—331;吴汉东(主编):《知识产权法》,中国政法大学出版社2002年修订版,页305—306;刘春茂(主编):《中国民法学·知识产权》,中国人民公安大学出版社1997年版,页755—760;刘春田(主编):《知识产权法》,中国人民大学出版社2000年版,页334—336;金勇军:《知识产权法原理》,中国政法大学出版社2002年版,页419—421;王利明:《合同法》(第一卷),中国人民大学出版社2002年版,页327—328。

赶赴原告叶晓明等处进行磋商了[33]——它只是涉及谈判技巧与技术合同(特别是技术咨询服务合同)的特点而已。即使是在谈判过程中由于叶晓明等缺乏技巧或“犯错误”地泄漏了自己的技术秘密,美国侵权法重述第757节之(d)所规定的应当“对他人负有法律责任”的情形,即“行为人获得该秘密时注意到这一事实,即其为秘密且向行为人的披露出于错误”。

不过,尽管一审法院存在的这两个明显错误,但这并不表明法律保护框架或模式中就一定应该适用技术信息(技术秘密)的规定。我们不妨假设一下,如果叶晓明等对其技术信息(技术秘密)享有专有权,那么是否意味着索佳公司每更换一台新版ROM芯片,就必须向叶晓明等支付一次费用呢?即使是SOKKIA100系列全站仪产品用户和国家质量技术监督局,它们在得知该产品存在的设计错误时,也必须在向叶晓明等支付适当的费用情况下才能进行产品的后续改进?比方说,我告诉了你,你穿在身上的夹克背后有个洞(很遗憾,这一点你自己不容易发现),但同时却又告诉你,你夹克背后的这个洞是我发现的,因此你要缝补这个洞的时候,就必须向我支付费用,而且这一费用是以你能够重新穿上这件夹克的“收益”为基础进行计算的。这种类比虽然简单了一些,但却反映出了一个问题:在这个问题上,法官们似乎处于某种两难境地。

那么,一审法院的这种归类及其推理是否与我们保护知识产权的理念相一致呢?让我们再看看我们法律制度设计的基础以及知识产权概念提出的意义何在。从中,我们也许能够发掘出一些有益的价值判断。

## 四、法律的难题:自然权利、知识强权与利益平衡

### (一)难题之所在

如上述对知识产权权利类型的归纳,随着新型权利形态的不断涌现,已经出现了各种“权利爆炸”的现象。这种“权利爆炸”,在知识社会引发了一些法律的难题:

第一,传统财产权制度设计是以有形财产即有体物为主,对少量的无体物也大多数是采取拟制动产的方式进行,但现今社会又如何对大量出现的无形财产“拟制”动产呢?

第二,层出不穷的科技成果权益如何进行抽象与归类,以利于人们思维习惯和条理化?

第三,权利爆炸产生权利滥用问题会妨碍他人的权利,法律如何实现利益平衡和社会公平?

### (二)知识产权首先是一种自然权利

“权利”(拉丁文为jus;法文为droit;德文为Recht;英文为right)一语,本质为“正当

---

[33] 法律上对于保密措施的要求并不是严格的,只需有权利人依法控制商业秘密的主观意愿,这种得到证明的主观意愿,就是合理的保密措施。参见张玉瑞:《商业秘密法学》,中国法制出版社1999年版,页144。

性”和“合理性”问题,含有“正义取直”之意。那么,知识产权作为一种权利,其正当性或合理性依据何在呢?

英国思想家洛克有一段关于财产权自然权利理论(或劳动学说)[34]的经典论述:“土地和一切低等动物为一切人所共有,但是每人对他自己的人身享有一种所有权,除他之外任何人都没有这种权利。他的身体所从事的劳动和他的双手所进行的工作,我们可以说,是正当地属于他的。所以只要他使任何东西脱离自然所提供的和那个东西所处的状态,他就已经掺进他的劳动,在这上面参加他自己所有的某些东西,因而使它成为他的财产。……因为,既然劳动是劳动者的无可争议的所有物,那么对于这一有所增益的东西,除他之外就没有人能够享有权利,至少在还留有足够的同样好的东西给其他人所共有的情况下,事情就是如此。”[35]

分析以上洛克的论述,可以将他的理论概括为“四个一”:一个前提,一种观念,一个判断,一项条件。它们分别是:(1) 一个前提:存在某种自然状态(天赋人权学说);(2) 一种观念:人们对自己的身体→对身体从事的劳动→对劳动的创造物(延展、递进关系),均享有所有权;(3) 一个判断:“劳动”的标准,就是使某物摆脱自然状态;[36] (4) 一项条件:在还有足够的、同样好的东西留给他人的情况下。

当然,对这种财产权观念最大的批判来自于洛克所假定的“自然状态”(即所谓“前政治状态”)。但无论洛克理论的前提、条件和判断如何,他为我们社会提供了一个基本的信念:每个人的劳动成果都应该得到尊重。以此类推:智慧或脑力劳动成果也是劳动成果,当然也应该得到应有的尊重。那么,对法律而言,就是如何保护他人的智慧劳动成果即知识产权的问题;而在本案中,原告 A 工程师的技术成果权利同样需要得到尊重。

### (三) 知识产权中隐含着知识强权

当然,将知识产权作为一种自然权利看待,只是我们生活观念的一个基础。但如果承认这种“自然权利”,并对此进行过分强烈的保护,问题便会随之而来:

第一,结合前面论及的案例,既然叶晓明等工程师科技成果权应得到保护,但索佳公司发现自己的产品有缺陷以后是否可以进行更正呢?对索佳公司、消费者及社会进步来说,承认原告叶晓明等的科技成果权(自然权利)意味着什么?如上面提到的,这

---

[34] 关于洛克的财产权劳动学说或自然权利理论,参见易继明:“评财产权劳动学说”,载《法学研究》2000 年第 3 期。

[35] 〔英〕洛克:《政府论》(下篇),叶启芳、瞿菊农译,商务印书馆 1964 年版,页 19。

[36] 与上述关于“苹果的故事”相适应,各个不同时期(如野生状态、农垦时期和工业化以来),人们对“劳动”一词的理解存在较大差异,这也反映了社会条件的不同,映射出社会变迁和发展程度。例如,摆脱自然、共有状态的“劳动”标准,在物质极大丰富、存在大量“无主物”、人口稀少等状况下,是可以的(例如先占);但人口爆炸、资源稀缺和财产权权利“界碑林立”的情况下,人们对“摆脱自然状态”的理解就应该发生变化了。

是一个问题!

第二,问题还不止于此:知识精英、话语霸权、经济强权、国家安全等等词汇,一直存在、并也反映着一种"知识产权危险论"。

这种危险具体表现在以下几个方面:(1)一个人的自然权利及其行使,往往也会出现妨碍他人的自然权利的情况;(2)权利人往往存在反市场、反竞争的倾向:知识产权人实施的所谓"偿还战略"(pay-off strategies)和"遏制战略"(preventive strategies)[37],将会妨碍市场的有效竞争;(3)由于科技对社会的掌控能力提高,使得技术及其产品对社会或个人的伤害出现无形性和规模化的趋势;(4)由于科技及其权利的界定,使得我们经济交往中许多生活的平台往往存在被他人控制的危险,出现所谓的"经济安全"问题;(5)与经济安全相同,同样出现了国家安全、政治安全、甚至文化传承(也有称为"文化安全")也面临诸多问题等。因此,知识产权虽然作为一种自然权利可以得到基本保障,但由此相伴的"知识强权"问题也令人忧虑。这样,在个人利益、他人利益与社会利益之间,就需要进行利益平衡。

自然权利与知识强权代表了两种不同的财产权观念。前者认为个人财产权的目的在于划清公私界限,从而能够在私权领域不受公权力的随心所欲;后者认为财产权在于为个人提供基本经济保障的同时,应该从属于一个更高的社会目标,即一个体现公平正义观的社会秩序。杰斐逊在《独立宣言》中将洛克的"生命—自由—财产"的说法改为"生命—自由—对幸福的追求"就反映了后者的社会目标;而在麦迪逊起草和推动的美国宪法第5修正案之"充公条款"(taking clause)则反映了对此进行的修正。美国宪法中的财产权观念,反映了"共和主义"与"自由主义"财产观的冲突与妥协。[38] 其实,关于财产权的宪法与其他法律中,各国基本上都是采取了对这两种财产权观念的调和与平衡。例如,《拿破仑法典》往往被认为是所有权绝对观的代表,认为它规定了所有权是"以完全绝对的方式享有与处分物的权利",但却忽略了这一条款后面的部分:"但法律或条例禁止的使用除外"(第544条);而在第4编役权与地役权的规定中,公共利益的负担与权利人之间的平衡随处可见,即以"公共利益、市镇行政区利益,或者个人利益为目的"(第649条)。

### (四)在知识产权制度安排中需要进行利益平衡

那么,在知识产权制度安排中,权利人与他人和社会之间如何进行衡量,并如何最大限度地利用科技成果来为人类谋福利呢?这就是一个如何进行利益平衡问题。在知识产权立法中的公共利益取向,人们经常会引用美国宪法的规定来进行说明。宪法

---

[37] See Peter Drahos, A philosophy of Intellectual Property, Aldershort, Brookfield, USA, Singapore & Sydney: Dartmouth Publishing Company Limited, 1996, p. 135.

[38] 参见崔之元:"财产权与宪法",载《读书》2003年第4期。

授权国会为了促进文艺和科技进步,可以制定给予著作人和发明人有排他权利的法规。[39] 这也是美国1790年著作权法的立法依据。美国最高法院曾表示,在宪法条款背后的经济哲学中,确信以个人收益鼓励个人之努力,是促进公共福祉的最佳途径。这实际上是将个人权益作为了一个次要的目的,而最终目的是为了促进文艺与科技进步,以增进公共福祉。但同样,我们可以找到将知识产权作为一种带有"自然权利"性质的基本人权的立法理由。1948年《世界人权宣言》宣示,每一个作者都有基本的权利来维护其作品的精神和物质上的利益。[40] 这又是从基本人权的角度来阐述知识产权的合理性的。

其实,在洛克财产权劳动学说的分析框架中,本身就存在权利人与他人和社会利益之间的平衡,只是人们忽视了他的理论存在的一个重要条件,即"在还留有足够的同样好的东西给其他人所共有的情况下"。近代以来关于财产权合理性基础的许多理论,"修正"了近代自然权利理论。[41] 近年来,许多学者还专门论述了知识产权的理论。[42] 但归纳而言,它们同样没有超越出近代以来的几种主要理论:(1) 人格理论(黑格尔);(2) 激励理论(边沁);(3) 经济分析理论(科斯和波斯纳);(4) 社会利益理论(庞德);(5) 社会正义理论(罗尔斯);(6) 其他理论(如契约说等)。这些理论,体现了法律规范财产权(包括知识产权)所包含的多元化价值目标,同时说明我们在理解知识产权的时候,需要进行理论方面的统合,以实现社会价值的整体平衡。在本人看来,这种分析是在确认作为基本自然权利的财产权的前提下,讨论设置这种权利存在的"外部性"[43](externalities)问题——尽管这种外部性的考虑涉及伦理、效率、社会利益和公平等因素,但并不影响权利存在的"劳动"基础。

正是基于上述理论,在知识产权设计中,除了尊重知识产权作为自然权利这一基

---

[39] The U. S. Constitution Art. 1. sec. 8. cl. 8.: The Congress should have the power to promote the progress of science and useful arts, by securing for limited times to authors and inventors the exclusive right to their respective writings and discoveries.

[40] Universal Declaration of Human Right(1948), Art. 27. para. (2): Everyone has the right to the protection of the moral and material interests resulting from any scientific, literary or artistic production of which he is the author; para. (1): Everyone has the right freely to participate in the cultural life of the community, to enjoy the arts and to share in scientific advancement and its benefit.

[41] 关于财产权的近代理论,请参见易继明、李辉凤:"财产权及其哲学基础",载《政法论坛》2000年第3期。

[42] 例如,澳大利亚学者彼得·达沃豪斯(Peter Drahos)对知识产权哲学的考察,美国学者威廉·费歇尔(William Fisher)对知识产权理论的分析。See Peter Drahos, A Philosophy of Intellectual Property, Aldershort, Brookfield, USA, Singapore & Sydney: Dartmouth Publishing Company Limited, 1996. 又参见〔美〕威廉·费歇尔:《知识产权的理论》,黄海峰译,载刘春田主编:《中国知识产权评论》,商务印书馆2002年版,页1—43。

[43] "外部性"是一个有些含糊不清的概念。在这里,它既可以是权利设置以后外部道德、伦理的承受力问题,也可以是外部成本(external cost)与外部效益(external benefit)之间的分析,还包含人们对社会公平与正义的理解和感受程度。

本信念以外，对知识产权权利人、权利设置以及行使，都需要进行一些限制。这种限制设计包括：(1) 为权利设置一定的期限，例如，发明专利 20 年、实用新型专利 10 年等；(2) 为权利设置一些的“阻却事由”，例如 2000 年《专利法》第 63 条规定的不视为侵犯专利权的情形、2001 年《著作权法》第 4 节“权利的限制”(第 22 条和第 23 条)等；(3) 制定权利的强制许可制度，例如 2000 年《专利法》第 6 章“专利实施的强制许可”(第 48—55 条)、2003 年国家知识产权局《专利实施强制许可办法》[44]中的规定等；(4) 是否能够享有权利本身的界限问题，例如我国 2000 年《专利法》不授予专利权的内容。[45]

事实上，只是在这种利益平衡的法律框架中，财产权设计才能发挥社会交往的意义，因为权利设置的目的是为了人们进行相互交往的需要。“在鲁宾逊漂流的荒岛上，财产权是根本不重要的。财产权的设置作为一种社会机制，其重要性在于使得社会成员之间进行互动的时候，能够合理地期望他人的行为。”[46]无论任何社会，都必须有一种制度承认人们的劳动(包括创造性智慧活动)产生的基本权利，使之得以安全和利用，并于此之下相互交往而互不构成妨碍或侵犯，以发挥劳动与创造活动的社会功效。正是在这种意义上，美国上诉法院第二巡回法庭华克法官认为，著作权的立法宗旨是为了建立这种“微妙的平衡点”：一方面需要保障著作权人的权益，以维持其创作诱因；另一方面也必须限制保护的范围，以避免因独占造成经济停滞。因此，法院在援引联邦法规审理新的案件的时候，必须牢记法律的这种“调和目的”。[47]

在本案中，原告叶晓明等发现被告索佳公司生产的 SOKKIA100 系列全站仪有设计缺陷，这种“技术信息”是一项智慧劳动成果。叶晓明等电传并邀请索佳公司前来接受技术咨询是为了使得他的劳动成果发挥使用价值，也实现自己的权利利益。但是，现行知识产权法中权利类型化及其利用不足可能妨碍了他的权益实现。二审法院是否可以在现有的法律制度和框架中找到进行一种“利益平衡”的“切入点”呢？一句话，在工程师叶晓明等和索佳公司之间，在自然权利、知识强权与公共利益之间，法官们应该如何进行利益平衡？

---

[44] 在 2003 年春天 SARS 病毒袭击之前，国家知识产权局已经着手制定有关专利强制许可的具体规定，而 SARS 突然来临，促使了相关政策出台。2003 年 6 月 15 日国家知识产权局以局长令的方式颁布了《专利强制许可办法》，并于同年 7 月 15 日施行。

[45] 我国 2000 年《专利法》第 25 条第 1 款规定不授予专利权的主要包括：第一，科学发现；第二，智力活动的规则和方法；第三，疾病的诊断和治疗方法；第四，动物和植物品种；第五，用原子核变换方法活动的物质。

[46] Harold Demsetz, 57 AM. ECON. REV. PAPERS & PROCEEDINGS, 347(1967).

[47] See Computer Associate International. Inc. v. Altai, Inc. Nos. 91—7893, 91—7935 (1992).

## 五、知识产权与权利实现的司法路径

以上论述表明:知识产权的概念提出,本身就是为了保护智慧劳动创造者的权利;但是由于公共利益、社会效益及制度设计本身等方面的因素,在进行法律保护的过程中,这种权利又受到了一定的限制。不过,总的说来,为某种创造性智慧活动或科技活动提供法律保护,这是一个基本点。

联系叶晓明等诉索佳公司技术成果权侵害案,法官们如何保护工程师叶晓明等的权利而又不失"社会正义"呢?这里,首先要说明一种司法原则:司法方法只是实现法律目的的某种手段,通过法律理解生活本身就存在着多种途径。这一点,在知识产权法领域尤其如此。这样,理解当事人之间的"交往行为"及法律关系,在现有法律框架之内选择一条合适的(而不是所谓"唯一正确的")司法途径,才是法官们的任务。这里,笔者可以提供四种裁判思路:第一,技术信息(侵权责任);第二,缔约过失责任(先契约义务);第三,技术咨询合同;第四,不当得利之债。

### (一)侵权责任

关于侵权法理论和合同法理论在商业秘密法律保护中的适用,学者们有过较多的论述。[48] 第一种裁判思路,以确定叶晓明等的"技术信息"是一种无形财产(权)为基础,而以一种侵权责任为落脚点。这种思路,首先需要对叶晓明等的发现是否属于商业秘密进行认定。如果叶晓明等的技术信息是属于1993年《反不正当竞争法》第10条所保护的商业秘密,那么索佳公司利用谈判过程中获取(没有善意地支付对价,至少符合"其他不正当手段"情形)的权利人的商业秘密,用于自己的生产经营,自然构成侵害。

如果这项技术发现与改进方案构成商业秘密中的技术信息,如上部分进行的价值分析,那么司法过程中就需要重新考量和平衡叶晓明等、索佳公司、SOKKIA100系列全站仪产品用户以及公共利益(技术安全)之间的关系。当然,知识产权理论并不完全依赖具有排他性的独占的财产权理论,并不排斥他人可以合法地获得商业秘密(技术信息),它只是针对违反民事行为所必须遵循的诚实信用原则(善意义务)而产生的对权利人的损害。但是,诸如知识产权"权利穷竭"(exhaustion)问题[49]、"将西红柿酱扔进大海是否就享有整个公海"问题[50]等,会依然困扰着司法实践。

---

[48] 例如,张玉瑞教授对商业秘密的几种保护理论进行了较为集中而又全面的论述。参见张玉瑞:《商业秘密法学》,中国法制出版社1999年版,页237以下,特别是第9、10章。

[49] 也许,就本案涉及技术特点,这种问题并不突出。因为商业秘密被世界贸易组织称为"未曾披露的信息",而索佳公司通过《中国测绘报》等媒体向其用户告知产品缺陷,并向其用户更换叶晓明等技术方案内容的新版ROM,已经不再属于"未曾披露的信息"了。

[50] 这是哲学家罗伯特·诺齐克(Robert Nozick)对洛克财产权理论评价时所提出的问题。参见〔美〕罗伯特·诺齐克:《无政府、国家与乌托邦》,何怀宏等译,中国社会科学出版社1991年版,页179。

（二）缔约过失责任

第二种裁判思路以先合同义务（先契约义务）为基础，确定法律关系当事人之间具有保密关系（confidential relationship），赋予合同双方当事人之间（即使合同尚未签订和生效）对商业秘密、保密信息以默示合同义务。“缔约上的过失”（culpa in contrahendo）理论是德国法学硕儒耶林“法学上的发现”（Dölle 教授语），经立法、判例和学说发展得以确立，其在实体法上的责任基础通说为德国民法第 242 条所确立的诚实信用原则。[51]在大陆法上，这是一项独立的债权请求权。英美法上以“信赖利益”为基础，作为一项合同理论加以运用；近来也有学者直接论及合同法中的“保密利益”（secrecy interest）[52]。《国际商事合同通则》第 2.16 条关于“保密义务”规定：“在谈判过程中，一方当事人以保密性质提供的信息，无论此后是否达成合同，另一方当事人有义务不予泄露，也不得为自己的目的不适当地使用这些信息。在适当的情况下，违反该义务的救济可以包括根据另一方当事人泄露该信息所获得之利益予以赔偿。”

1999 年我国《合同法》接受了上述理论，在第 42 条和第 43 条规定中加以规范。第 42 条规定了合同订立过程中的损害赔偿责任的三种情形：假借订立合同，恶意进行磋商；故意隐瞒与订立合同有关的重要事实或者提供虚假情况；有其他违背诚实信用原则的行为。这是一项诚实信用原则的一般条款。第 43 条则规定了涉及商业秘密内容的损害赔偿责任，即：当事人在订立合同过程中知悉的商业秘密，无论合同是否有效，不得泄露或者不正当使用。

（三）合同义务

以“合同义务”来理解，是一种更为简便、明了的方法。通观整个案情，叶晓明等发出邀请，索佳公司应邀前来洽谈，而双方进行谈判和磋商的目的就是为了提供与接受技术咨询服务。技术咨询主要是就特定技术项目提供可行性论证、技术预测、专题技术调查、分析评价报告等。在磋商中，双方虽并未签订技术咨询合同，但叶晓明等利用新的检测方法进行了演示，告知了 SOKKIA100 系列全站仪存在的设计错误，并提出了改进方案，实际上已经提供了技术咨询报告和解答了相关技术问题，只是索佳公司一方没有“支付报酬”而已。这样，就技术咨询合同可以适用《合同法》第 357 条和 358 条，而有关“价款或者报酬”没有明确规定的情形，可以适用《合同法》第 61 条和第 62 条的规定。这种按照合同履行义务进行法律适用，也符合技术咨询和技术服务合同的性质和特点。

---

[51] 参见王泽鉴：“缔约上之过失”，载王泽鉴：《民法学说与判例研究》（第一册），三民书局 1994 年版，页 77—92。

[52] See Omri Ben-shahar & Lisa Bernstein, *The Secrecy Interest in Contract Law*, in *Yale Law Journal*, Vol. 8, 2000.

(四)不当得利

在美国普通法上,不公平竞争(common law unfair competition)具有特定的含义,是指竞争者误导产品来源的行为。美国联邦最高法院在美联社诉国际新闻案(Associated Press v. International News Service.)中,确立了不当获利原则(the misappropriation doctrine),即任何人不得未耕种而收获,以此扩张了不公平竞争法的体系。[53] 我国 1993 年《反不正当竞争法》没有确立此项法律原则,但大陆法债的关系理论中的不当得利制度为我们提供了类似的依据。罗马法中不得损人利己的法律格言,就是一种衡平思想,体现了公平理论,成为各国不当得利制度的精神核心。[54]

“没有合法根据,使他人受损失而自己获得的利益,就是不当得利。正因为不当得利没有合法根据,虽属既成事实也不能受到法律保护,因此,不当得利应该返还给受损失之人。”[55]以不当得利之债加以适用,索佳公司无合法根据获得了利益,这是没有问题的。但是,它还需要说明叶晓明等受到了损失,以及这种损失与索佳公司获利之间存在因果关系。叶晓明等受有损失情况,包括两个方面:一是对此进行检测、查询和分析等直接损失;二是该项技术问题发现与改进方案在其他方面的运用可能带来的收益(间接损失)。前者,自属有损失部分,但这种直接的“物质损失”应该不多;后者,存在一审法院所认定的技术信息对索佳公司产品所具有的“依赖性”或“依附性”问题。当然,关涉技术问题,如果仅仅考虑直接物质消耗和损失,自然有悖知识的价值。那么,如果要以此进行裁判,就需要对后者技术特点进行分析,并考察间接损失情况。这也是这种司法路径的难点。

(五)二审判决

我们再看看二审法院判决的情况。二审法院认为,在本案中,从上诉人叶晓明等与被上诉人索佳公司磋商谈判的一系列的行为看,上诉人与被上诉人形成事实上的技术咨询合同关系。由于双方对技术咨询费既没有约定,也未能就此达成补充协议,并且本案涉及的技术秘密价值很难确定,因此本院只能根据本案的具体情节进行酌定。同时,上诉人要求认定本案所涉信息为技术秘密的上诉主张成立。但本案技术咨询合同的内容涉及技术秘密,作为咨询人的被上诉人本应负有保守秘密的合同义务,但由于上诉人在将本案所涉的技术秘密作为技术咨询合同的内容告知被上诉人,并在被上诉人向其客户公开后的合理的期限内仅要求被上诉人支付咨询费,而未提出异议,故

---

[53] 关于美联社诉国际新闻一案的情况,请分别参见美国联邦地方法院、联邦上诉法院和联邦最高法院判决:Associated Press v. International News Service., March 29, 1917., District Court, S. D. New York., No. 263, 240F. 983.; Associated Press v. International News Service., June 21, 1917., Circuit Court of Appeals, Second Circuit., No. 270, 245F. 244.; International News Service v. Associated Press., No. 221, Argued May 2 and 3, 1918., Decided Dec. 23, 1918., 248 U.S. 215, 39 S. Ct. 68.

[54] 参见张广兴:《债法总论》,法律出版社 1997 年版,页 87。

[55] 王家福主编:《中国民法学 · 民法债权》,法律出版社 1991 年版,页 569。

应视为该公开行为得到上诉人同意。并且此后上诉人也自行将该技术秘密予以公开。因此,本案所涉的技术秘密已为公众所知悉,不能、也无法再作为技术秘密予以保护。故此,判决要旨如下:第一,撤销湖北省武汉市中级人民法院〔2001〕武知初字第37号民事判决;第二,改判由被上诉人索佳公司赔偿上诉人叶晓明等50万元;第三,驳回上诉人叶晓明等其他诉讼请求。

这样,二审法院运用了合同义务(技术咨询合同)进行判决,回避了其他几种裁判思路中的问题。对这个判决,或许有人会提出异议,认为诉讼案由本为“技术成果权侵害案”,为何以合同纠纷裁判,是否应该“另案”处理?这也涉及,在知识产权司法路径选择方面,法官居于何种地位(是否只是属于当事人?)和司法成本问题。这一问题,涉及程序法问题,这里只用德国最高法院法官在BGHZ21,319一案中的判词回答:“原告系基于不当得利及不法行为主张支付请求权,但此并不妨碍法院从其他法律观点审查请求权的基础。”[56]不过,就裁判技巧而言,对于技术信息(技术秘密)所进行的评判,则实属“画蛇添足”。

## 六、结论:司法语境下的知识产权观念

至此,也许有人会认为,本文以叶晓明等诉索佳公司技术成果权侵害案为切入点,去梳理财产的分类与变迁这样宏大的历史脉络,试图分析一个较为宽泛的知识产权观念的主题,不免显得“头重脚轻”。但是,本文的目的就在于,在司法语境下讨论有关学术思想的命题,在超越法律文本之后再回到文本,以发现司法过程在寻找法律真谛中的意义。

在叶晓明等诉索佳公司技术成果权侵害案中,二审法院承认了上诉人叶晓明等的科技成果权利,并确定为“技术秘密”。案件完全可以按照这一思路进行司法裁判。但是,二审法院考虑到财产权设计本身所具有的社会公平价值目标,并考虑到双方,特别是上诉人叶晓明等与被上诉人索佳公司进行谈判本身是为了提供一种技术咨询服务,实际上适用了民法、特别是合同法的相关理论(诚实信用原则和公平原则)和法律条款进行判决,是对全案的一种综合把握。它也表明了知识产权制度设计本身的价值所在:即使现行法律很难为某种类型的智慧成果提供保护,但财产权法律框架本身就是为了尊重这种智慧劳动的权利的!换一句话说,即使在知识产权权利类型中无法找到一种恰当的保护途径,也可以在知识产权法之外寻求一种法律保护方式,以实现知识产权制度设计的要旨。——实际上,这就是提出“知识产权”这一概念本身所包含的应有的财产权观念,甚至在某种程度上具有人格意义。

---

[56] 这是德国最高法院1956年7月14日著名的“停车费案件”,该案最后以事实上的契约关系理论判决。参见王泽鉴:“事实上之契约关系”,载王泽鉴:《民法学说与判例研究》(第一册),三民书局1994年版,页93—110。

更进一步地,我们可以由此再一次强调知识产权所具有的私权根本属性,说明它本身就是一项民事权利,是整个民事权利体系中的一部分。那么,相应的,民事制度中的相关学说、理论与规则,可以克服知识产权法定主义与类型化之不足的局限,对完善知识产权法律救济体系起到重要的补充作用。当然,这也可能成为支持将知识产权法纳入民法典制定的重要理由之一。

# 论知识产权制度的“产业政策论”

张 平*

私权论成为知识产权保护的基本理论，是因为私人财产权的界定为权利人获得利益提供了法律基础。但是产业发展是知识产权立法的目标追求，知识产权制度是创新产业发展的法律保障。没有产业利益的考虑，知识产权制度就不会实现其社会功能。本文认为，在立法层面，知识产权制度的法律规范表达了一国产业政策的目的，反映了一定时期产业界的利益诉求；在司法和行政执法层面，知识产权制度的运用则落实了产业政策目标，形成与产业发展的互动。从这些角度看，产业政策的灵活性体现在知识产权立法和执法之中，也就无法回避“产业政策论”的讨论。

## 一、知识产权的法律属性及制度设计动因讨论

知识产权作为一类已经形成的权利类型的总称，对其法律属性进行界定存在一定的困难。自 TRIPs 协议在其序言中承认“知识产权为私权”始，学者普遍认为这已是知识产权制度中最基本的共识，但另有观点提出，在 TRIPs 协议的缔结过程中，发达国家主导以财产权形式推行对知识产权的强保护，而发展中国家却极力淡化知识产权的私权性，同时又规定了知识产权制度的公共政策目标对其进行限制。① 其实跳出“公权”和“私权”之争的视域，对知识产权制度进行回溯性考察，不难发现在这些协议文本、法律文件中凝结着立法者的主观意图和客观政策取向，这也决定了不能孤立地理解知识

* 张平，北京大学法学院教授，博士生导师。本文原载于《北京大学学报》(社科版)2012 年第 49 卷第 3 期。

① 参见 WTO/TRIPs 协定第 7 条。英文原文“The protection and enforcement of intellectual property rights should contribute to the promotion of technological innovation and to the transfer and dissemination of technology, to the mutual advantage of producers and users of technological knowledge and in a manner conducive to social and economic welfare, and to a balance of rights and obligations.” http://www.wto.org/english/docs_e/legal_e/27-trips_01_e.htm.

产权制度的存在,并且其所发挥的促进创新的效用依赖于社会经济基础和其他制度环境。

知识产权制度是近代科学技术与商品经济发展的产物,是国家经济发展的工具,具有强烈的产业政策性。世界知识产权组织也曾表明:"必须牢牢记一点,专利最初是作为技术转让和建立新工业的工具而出现的,这对于我们研究专利制度的演变问题十分有益。"[②]在工业经济时代,它是近代科学技术与商品经济的产物,为资产者提供了取得财产的新方式;在知识经济时代,它是现代科学技术进步与市场经济发展的推动器,成为"资本家"获取知识财产的保护神。[③] 17、18 世纪英国的重商主义政策导向诞生了第一部《垄断法规》,通过赋予新技术和发明的创造者暂时的垄断权以实现技术进步和产业发展;第一部版权法《安娜法》也是出于商业贸易的考虑,将印刷特权变身为资本主义的财产权。现代美国更是将知识产权政策的运作发挥到了极致。美国早期的知识产权制度就深入贯彻了以市场利益为直接驱动的商业激励机制,对内保护私人的知识产权;为了扭转当时的文化产品贸易逆差对外则不保护外国人的作品,放任盗版。进入 20 世纪,美国继续以服务于市场经济为取向,陆续放开对计算机软件、商业方法、功能基因保护的专利大门,在著作权领域则一再延长著作权保护期,进一步证实了美国知识产权立法中的产业政策的维度。

从政策的角度解析知识产权法律制度的体系设计,就是要建立起服务于国家文化产业政策导向下的鼓励创作和作品交易的著作权制度,鼓励创新并将创新成果最大程度独占化的专利权制度,保护凝结于商标中的无形价值和保护消费者的商标权制度以及维护竞争秩序的市场规制法律制度。2002 年美国专利商标局在《二十一世纪战略计划》中提到:USPTO 一定会发展成一个以质量为核心,生产效率极高,对市场反应灵敏的组织,以支持市场驱动型知识产权制度。[④]

诞生于欧洲的早期知识产权立法是市场经济孕育的产物,发展于美国的现代知识产权制度仍然是市场利益的直接驱动。但中国和其他的发展中国家知识产权制度不是基于这样的市场经济规律而诞生的,而是在贸易全球化的驱使下,被动接受了全球适用的知识产权规则。我们曾经当然地认为有了知识产权制度就会促进国家的科技和经济的发展,而忽视了知识产权制度中的产业政策性。笔者在研究知识产权制度与国家经济发展的关系时,曾经对国内主要产业进行了调研,发现知识产权制度对创新的有效促进作用依赖于社会经济基础和其他制度环境。相同的知识产权保护水平对

② 世界知识产权组织编:《知识产权纵横谈》,张寅虎等译,世界知识产权出版社 1992 年版,页 21。

③ 吴汉东:"科技、经济、法律协调机制中的知识产权法",载《法学研究》2000 年第 6 期。

④ 参见国家知识产权局朱瑾翻译,王强校对的《美国专利商标局二十一世纪发展战略》。http://www.sipo.gov.cn/sipo/zcll/dtqs/gwdt/200210110021.htm,访问日期 2003 年 6 月。

不同国家的社会经济发展的作用不同。⑤ 也就是说,虽然各国在制度上对知识产权的保护水平是相同的,但是因各国不同社会经济基础,知识产权制度所发挥的作用并不相同。

1997 年,经济学家 Ginarte 和 Park 的研究表明,专利保护水平存在临界效应,专利保护只是间接的促进经济发展。⑥ 之后 Keith E. Maskus 提出,专利保护强度和实际人均国民收入之间存在着 U 型曲线的关系,即在人均国民收入达到临界点之前,专利保护需求减弱;在人均国民收入达到中等发达水平后,市场自身的需求以及政府逐渐加强专利保护。随着收入水平越高,保护强度增强越快。⑦ 2004 年,Rod Falvey, Neil Foster 和 David Greenaway⑧ 等发现专利保护对中等收入国家经济增长作用不显著,从而对 U 形曲线提供了较好的解释。U 型曲线表明:最不发达国家几乎没有创新能力,不存在知识产权保护的问题;当收入和技术能力达到中等水平以后,国家才倾向于采用弱保护政策,但其主要精力仍旧在于模仿和学习;当收入和技术能力达到发达水平后,才开始重视知识产权的保护。⑨ 这一理论揭示了知识产权制度与市场经济发展的规律。纵观发达国家的知识产权制度都是建立在市场经济比较发达的基础上,是社会发展的自然需求。而中国的知识产权制度并不是社会内在市场需要的驱动下建立的,中国在计划经济时不需要知识产权制度,1978 年改革开放之后,开始走市场经济道路,要开放国内市场、参与国际贸易,就必须按国际规则行事,于是开始接受知识产权制度。这表明,中国知识产权制度的改革主要目的是服务于经济开放的整体政策。立法的动力不是来自于国内经济发展的知识产权保护需求,而是国际社会对中国加入国际贸易的外在压力。这和发达国家知识产权制度的诞生相比,显然是不同的制度需求,发达国家的知识产权立法是市场经济发展的自然需求,中国市场经济是在计划经济下转化而来,目前来说中国还不是一个完全的市场经济国家,但却要实施一套和市场经济密切相关的知识产权制度,显然,实施这一制度的社会基础远远不足。

此外,经济合作与发展组织(Organization for Economic Co-operation and Development, OECD)的研究也认为,专利保护在特定的情况下可能阻碍创新。OECD 在 2004

⑤ 参见笔者主持的 WIPO 研究项目:“Impact of the Intellectual Property System on Economic Growth (Country Report—China)”,发表在 2010 年 WIPO 研究报告。

⑥ Ginarte J. C.; Park W. G. Determinants of Patent Rights: A Cross-National, http://www.sciencedirect.com/science/article/B6V77—3SX216B-2/2/b9420f04f58cd371c0324765bc85639e.

⑦ Keith E. Maskus, *Intellectual Property Rights and Economic Development*, Western Reserve Journal of International Law, 32 Case W. Res. J. Int'l L. 471, 478.

⑧ Rod Falvey, Neil Foster, David Greenaway, Intellectual Property Rights and Economic Growth. www1.american.edu/cas/econ/.../park%20ginarte%20cep.pdf.

⑨ Organisation for Economic Co-operation and Development Patent and Innovation: Trends and Policy Challenges, OECD 2004, http://www.oecd.org/dataoecd/48/12/24508541.pdf. http://www.oecd.org/dataoecd/48/12/24508541.pdf.

年的《专利与创新:趋势和政策的挑战》的年度报告中提到:“从创新政策的角度去看,专利通过允许发明人利用自己的发明获利来鼓励私营经济的创新。长期以来,人们一直关注专利对于创新的正面作用,即激励机制”。“然而,最近科学技术、专利政策的发展以及对专利的经济分析的进步和这种观点有些差别,专利在特定情形之下可能会阻碍创新”,“特别是在信息技术和生物技术领域中近年来过度膨胀的专利申请已经显现出对国家发展的负面影响。”⑩

英国知识产权委员会的《知识产权与发展政策相结合》报告中也指出,“发展中国家处于一种两难境地。一方面,建立包括竞争政策在内的有效管理体制是实施更有力的知识产权保护措施的重要补充步骤;另一方面,对于许多国家而言,这可能与建立一个知识产权体制一样都是复杂和困难的任务。”该报告得出结论,“发展中国家应该更加重视加强竞争政策,并建议那些协助发展中国家建立知识产权法律制度的发达国家和国际机构应同时协助这些国家建立适当的竞争法律及执行体系。”⑪

## 二、知识产权制度的理论基础

知识产权如何从封建的垄断特权嬗变为资本主义的财产权?用来说明或论证这一问题合理性的理论很多,如劳动论、人格权论、激励论、契约论、工具论等。直到今天依然有不同的流派在各自倡导的理论基础上企图矫正知识产权的制度设计。事实上,从知识产权制度规范和运作实施效果来看,其实是由多种理论共同支撑的。

### (一)自然权利论(又称劳动论)

这一理论的基本思想认为:人的创造性活动是一种劳动,智力劳动者对其经过辛苦劳动取得的发明成果、创造性作品,按照自然法的理论,在道德上对其智力劳动的成果就享有某种独占的权利。进而认为知识产权是道德权利,而不仅仅是法律权利,即它的存在不取决于国家的承认,它独立地存在,权利的授予只不过是履行国家权力认可程序而已。基于这一理论建立起来的知识产权制度,其宗旨是保护创造者的利益,鼓励创新,维护个人的自主、独立与利益。该理论在证明知识产权合理性的早期历史中占据了主流地位。发展到当代,劳动论面临着反知识产权的险境。最突出的表现就是劳动论导致创造者权利的无原则扩张。特别是在各大产业集团为代表的权利主体的游说下,更多的信息产品进入了受知识产权保护的客体范围,权利的类型不断扩张,保护期限不断延长。倡导信息民主自由的学者认为劳动理论基础上的知识产权已成为限制思想自由传播的绊脚石,在现实中造成垄断,妨碍了对思考能力加以行使的自

⑩ Organisation for Economic Co-operation and Development Patent and Innovation: Trends and Policy Challenges, OECD 2004, http://www.oecd.org/dataoecd/48/12/24508541.pdf.

⑪ 英国知识产权委员会:《知识产权与发展政策相结合》,页148—149, http://www.iprcommission.org/graphic/Chinese_Intro.htm.

由和对现有思想进行改进的自由,影响了社会的进步。

自然权利论在解释知识产权制度设计上也有许多不足,专利权、商标权取得的先申请原则足以说明“有劳动不当然产生权利”,而近年来出现的“专利蟑螂(patent troll”)现象更不能用此理论赋予其合理性。

(二) 人格论(又称为非物质财产论)

该学说认为知识产权作为精神产品,是一种非物质性的无形财产。一个发明人创造出的发明或完成的作品,就好像将自己的生命的一部分投入了这项产品,知识产品上凝结了创造者的个人意志。非物质财产理论更强调劳动成果的思想性质和权利人的本质特征,从而区别了智力成果的创作人权利和成果所有人的权利,即将知识产权的财产权利和人身权利清楚地划分。财产权可以转移而人身权则与人不可分割,永远属于他本人所有、不能转移的权利。人格论反对知识产权的计划许可和强制许可,主张知识产权无价论,其侵权损失无法用经济赔偿来弥补。

人格论在著作权保护上更为突出,“文如其人”,作品在很大程度上表现的是作者的思想和个人特征,精神权利在某些情况下胜于财产权利。

人格论更强调智力成果创作人的精神权利,这必然导致在知识产权保护上追求绝对“权利”,如“秋菊”一样,为了要一个说法,不惜付出巨大代价。这不符合知识产权保护的现实情况,商人(经济人)通常持有知识产权,他们更注重财产(property)和利益(profit)的保护而不是权利(rights)的保护。

(三) 契约论

契约理论认为,知识产权是其所有人与社会公众之间所签订的一种社会契约。社会通过国家赋予知识产权,使其权利人获得精神与物质利益;与之相应,社会公众则能通过有偿使用知识产权获得其中利益,而知识产权超过了法律所规定的保护期便进入公共领域,就成为人类的共同财富,任何人都可以自由使用。对发明人来讲,公开技术获得垄断权,可以补偿发明创造活动中支出的劳动和费用,还可以获得更大利益回报。对社会而言,它增加了新的科技知识和信息,而新增的知识将为科技进步准备良好的条件。专利权期限结束后,发明便成为社会的公共财富,公众可自由使用。契约论鼓励一切有创造天赋的人去进行困难而充满风险的创新,鼓励创新成果的公开。契约理论在现代各国专利法和版权法中都有所体现。

契约论可以灵活地解释一切知识产权制度设计的规则,可谓给立法者以足够的空间。

(四) 产业政策论

产业政策论是从国家产业的发展而不是个人权利的角度出发来阐释知识产权。保护权利人,赋予其排他性独占权,目的在于鼓励优势产业的垄断地位,促进新兴产业的发展。产业政策论将知识产权视为促进技术和经济进步的制度手段,强调国家经济利益和社会综合效果。“私权”制度的设计成为产业发展的政策目标的重要途径,但它不是简单的保护“私权”,更重要的是在维护“私权”的同时促进产业发展和谋取国家利益。

如前所述,现代知识产权制度的诞生与技术和经济有着特殊的关系。重商主义的产业贸易政策孕育出了现代专利制度和版权制度。而知识产权的保护范围和保护水平也总是随着不同历史阶段在变化,这种根据市场需求和产业发展水平制定法律的做法,实际上是对产业政策的贯彻和制度化。比如:各国早期都不授予生物技术专利权,在1980年至1996年期间,美国的专利法对计算机软件的专利保护也处于摇摆不定的状态。我国1985年专利法不保护化学物质和药品。几乎所有国家的专利法都排除了对原子变换产生的核物质的保护。在专利保护的排除技术领域的选择上,体现的是国家在该技术领域的技术水平和产业状况。

在专利领域,产业政策论将专利权视为促进技术和经济进步的制度手段,强调专利权的首要目的不是保护发明人的私有财产。它最主要的观点是:(1)专利保护不仅能刺激发明人从事发明创造的积极性,更重要的是鼓励企业在技术开发和实施发明方面踊跃投资,通过鼓励垄断来刺激创新,从而推动社会的技术和经济进步;(2)专利制度促使发明人将其最新技术公诸于世,使社会尽快了解新技术、新知识,有利于技术情报的交流与传播,进而促进产业发展;(3)如果对某些关系国计民生的领域授予专利权会造成“权利壁垒”或桎梏本国工业的发展,可以暂时排除对这些领域的发明给予专利保护,待这些领域的科技水平提高后再放宽保护范围。产业政策论从国家整体利益出发,把发明人的个人利益降低到次要地位。从专利法的诞生初衷看,专利制度就是一种产业发展的工具,它与其他民事权利的保护制度有本质的不同。它不是简单的保护“私权”创造者,更重要的是通过维护拥有“私权”的市场主体利益,调整国家的产业方向。因此,每一个国家都会根据国家产业的发展水平,对不同技术领域给予适当的专利保护力度,在专利保护的对象、专利保护期限的设立、权利要求的解释等方面都有不同的制度规定。

在版权领域,“私权”的保护则更是一边倒的偏向版权产业者。以美国的版权法为例,首先,法律对于作品的版权归属倾向于版权产业者,影视、音像、图书等雇佣作品,原则上版权都归于雇主,这就减少了许可交易的成本,也降低了版权侵权的诉讼风险。版权产业者在取得作品版权之后,对于作品的任何演绎行为,都不需要创作者的许可,也不需要向其支付报酬,从而保证其能够自由的、最大限度的利用作品赚取利润。此外,围绕着版权产业核心,对有商业价值的形象的保护还扩大到了商标、专利领域。其次,美国法院以司法判例的形式扩大对版权产业者的利益保护,不断延长版权保护期限。1998年,《松尼·波诺版权期限延长法案》通过,让原本于2003年寿终正寝的“米老鼠”,再获20年的新生。这一法案让公众免费使用或模仿米老鼠等卡通形象的希望在瞬间化为泡影,但却为大型传媒娱乐公司赢得了一次集体胜利,使这些公司避免因版权到期在版税收入方面蒙受的巨额损失。有文章分析,“如果美国最高法院不同意延长保护期,带给迪斯尼的影响将是颠覆性的”。[12] 国会也正是考虑了这笔“经济账”而通过了该法案。除了保护期限之外,版权法对版权保护对象的条件的规定也体现了不同时期的产业政策。在版权制度建立的早期,为了刺激本国的印刷产业和保证本国居民以较低价格获得教育材料,美国版权法不保护外国人的版权,对盗版行为也持放任的态度。随着计算机技术的发展,各国陆续在版权权法的修订中增加了对数据库作品的保护,以期实现对信息产业发展的保护。可见,离开对一国特定历史时期产业发展的分析,就很难理解知识产权制度缘何演进的逻辑。

上述诸多种知识产权保护理论实际上并不完全互相排斥,纵观各国知识产权法,上述理论都有体现,只是在法律的实施上,每一种理论对应不同的价值取向,这让执法者有一个在基本原则之上的自由心证的空间,也为各国在知识产权保护领域提供了更多灵活性。无论如何,各国的知识产权政策调整也还受制于该国在国际贸易中的地位,普遍应用的知识产权保护理论只能在法学理论层面上加以讨论。

## 三、竞争法对知识产权保护的规制

纵观各国知识产权保护的历史始终伴随着《反垄断法》的规制,这进一步说明知识产权制度的主体是市场主体,要在公平竞争的环境下加以规制,同时知识产权保护也要考虑到社会公共利益,在竞争法层面下的知识产权保护规制更多的是公共政策问题。

《与贸易有关的知识产权协议》第 7 条规定了该协议的宗旨:“知识产权的保护与权利行使,目的应在于促进技术的革新、技术的转让与技术的传播,以有利于社会福利的方式去促进技术知识的生产者与使用者互利,并促进权利与义务的平衡。”知识产权制度无疑是以权利保护为核心的,只有充分和有效的保护才能使知识产权鼓励创新的激励机制发挥作用。知识产权保护首先要考虑社会福利。但问题是,知识产权保护可能增加也可能减少社会福利,因而保护水平有一个合理与适度的界限。这个合理适度的界限通过知识产权权利限制制度予以明确化。知识产权的限制,通常是指对知识产权人的专有权利行使的限制,其功能在于通对适当限制,平衡权利人与其他竞争者、社会公众之间的利益。

### (一)知识产权制度内的限制

知识产权制度的设计贯穿了权利限制和衡平的理念。首先知识产权法为知识产权的取得规定了很严格的门槛条件,进入之后,又规定了知识产权使用的限制制度(如

---

[12] 张凤杰:“版权经营促成的迪斯尼跨越式发展及启示”,http://www.cnci.gov.cn/content/2007924/news_16791_p5.shtml,2013 年 3 月 20 日最后访问。

著作权法中的合理使用制度、专利法上的实验例外、商业秘密保护中的反向工程等)。其次,当知识产品进入流通领域之后,为避免权利人控制整个销售体系,解决知识产权与商品自由流通之间的冲突,规定了权利穷竭的原则,当权利人于首次将产品交易流通后,即失去对该产品的营销控制权,第三人则可通过真品平行输入的方式取得产品。⑬ 此外,还通过强制许可制度的弹性运用,消减知识产权独占的效力。知识产权中的强制授权和权利穷尽等制度的弹性运用,取得了适度减弱排他性的法律效果,在保障商业利益和增进知识进步间取得平衡。

(二) 竞争法与反垄断法对知识产权的规制

发达国家的知识产权法,与其他促进竞争的法律是同步发展起来的,当出现知识产权法不适当地限制竞争的情形时,反不正当竞争法和反垄断法可以提供制度性保障。在经济全球化背景下,世界各国围绕知识产权所展开的市场竞争更加激烈,各种不正当、不合法的竞争行为对知识产权人的合法权益构成极大威胁;同时,具有独占性质的知识产权往往会使其拥有某一特定市场而形成垄断或支配地位,从而限制了该市场的竞争。

为弥补知识产权类型法定主义的缺陷,反不正当竞争法通过惩罚所有的商业混淆行为予以保护一切智力劳动成果,如企业名称、经营模式、有特色的商标包装和广告语等。⑭ 反不正当竞争法通过扩大知识产品的保护范围实现对知识的私有价值的扩大保护,同时维护了公共利益和市场秩序。与知识产权制度的内部制约一样,反不正当竞争的规制也是以私法的制约为出发点和依归。但以"权利制约权利"和"权利不得滥用"的民法基本规则不能充分有效的调整知识产权的私有性和社会性直接的矛盾。个体的维权成本过高,民事侵权的补偿性赔偿也不足以增加威慑,难以实现对知识产权滥用行为的有效控制。

由于知识产权被视为合法的垄断权,在20世纪反垄断法兴起时,对知识产权无一例外地适用除外的规定。然而建立在市场驱动机制基础上的知识产权制度带来的知识产权保护的异化,对创新和公平竞争带来了巨大阻碍作用。利用知识产权进行限制竞争的行为越来越普遍,各国反垄断法对知识产权的规制态度开始发生转变,从绝对豁免转向相对豁免。陆续在反垄断法中确立知识产权滥用行为的规制标准和前提。反垄断法对知识产权滥用的规制在于维护有效竞争,使得社会个体的知识产权行使行为不致损害了社会整体利益。⑮ 反垄断法的限制主要运用公权力介入的方式,通过政府的干预实现对宏观利益的维护。

---

⑬ 王冠玺:"我国知识产权法律与国家发展政策整合",载《法学研究》2005年第6期。

⑭ 江帆:"竞争法对知识产权的保护与限制",载《现代法学》2007年第3期。

⑮ 王先林主编:《知识产权滥用及其法律规制》,中国法制出版社2008年版,页77。

## 四、万花筒般的判例——以产业利益为核心

在知识产权法诞生的两三百年间，变动之巨，修法之频繁，在所有法律部门中堪称之最。这从一个侧面反映了根据宪法享有的国家立法权的立法者的有限认识理性，同时也为法官在司法程序中发挥作用留下了的空间。"法官不得以法无明文规定为由拒绝审判"的原则更是将法官推向面对立法空白的前台。[16] 这些司法判决隐藏着一国在特定历史背景条件下的知识产权政策，有助于从法律实践中推导出立法者的真正目的。

### （一）国际知识产权贸易领域中的产业政策考虑——以平行进口为例

知识产权制度以独占权的赋予所带来的经济利益为诱因，达成促进技术进步和社会发展的终极目标。以医疗、生化、信息、影视、音乐等为代表的产业者是知识产权制度的既得利益者，他们极力将其垄断权延伸至整条产业链上，而以市场经济为基础的知识产权贸易竞争突出地表现为价格的竞争。平行进口的问题就是价格竞争在国际知识产权贸易领域的体现。从经济学上来解释，产生平行进口的最直接最主要的动因，是同种商品在不同国家存在较大的价格差，价格差可能是劳动力成本和原材料价格高低不一。[17] 伴随全球贸易的发展，平行进口不可避免。而各国对平行进口的立场分歧十分严重，而且对不同知识产权形式的平行进口态度也不一，就连 TRIPs 协议也将平行进口作为例外由成员国自行规定。平行进口在立法中应如何对待，实为政策上的重大问题，必须综合考察平行进口可能产生的各种影响作出抉择。[18]

在专利领域，发达国家基本上对平行进口持否定态度。由于发达国家的产品价格普遍高于发展中国家，为保证在产品出口和技术输出中获得最大经济利益，许多发达国家反对平行进口。只是发生在日本 BBS 铝制车轮案，承认了平行进口的合法性。[19] 在判决书中法院指出，专利权人在德国向日本公司出售其专利产品时，应当预见到出售后的产品可能会进口到日本，而专利权人出售时并没有作出限制，进而推定给购买者提供了可以在日本自由处置该专利产品的默认许可。在该案中，日本对平行进口的问题没有依据权利穷竭的原则，而是采用了"默示许可"的理论。[20] 从该案看出，日本

---

[16] 肖志远：《知识产权权利属性研究——一个政策维度的分析》，北京大学出版社 2009 年版，页 81。

[17] 储敏："平行进口的法律性质分析"，载《现代法学》2001 年第 6 期。

[18] 谭启平："论平行进口中的知识产权法律问题"，载《现代法学》2007 年第 4 期。

[19] 该案原告德国的 BBS 公司，是一德国汽车部件制造商，就一项有关铝制车轮的技术在德国和日本申请了专利。该案的被告是一家日本公司，在德国市场从 BBS 公司以及其合法受让人处购买了该专利车轮，然后将该制品进口至日本。BBS 公司认为被告向日本进口的行为侵犯了其在日本的专利权，遂向日本东京地方法院起诉。一审判决认定专利产品的平行进口构成侵权。二审法院东京高等法院撤销了一审判决，认为侵权不成立，BBS 公司败诉。

[20] 尹新天：《专利权的保护》，知识产权出版社 2005 年版，页 120—121。

在专利领域对平行进口发生了从"国内穷竭主义"到"修正的国际穷竭主义"的转变。[21]反对专利平行进口并不是绝对,受各国产业政策的影响,当专利平行进口有利于本国产品发展的情况下,附限制条件的平行进口是被允许的。本案中,专利产品在德国和日本市场的价格相差不大,基于推进贸易自由化的进程,这一态度对于国内产业冲击也不明显。日本对专利平行进口的态度之所以暧昧,其出发点主要还是考虑本国利益。

在版权领域,发生在美国的 Quality King v. L'Anza 案[22]同样体现了从"国内穷竭主义"到"修正的国际穷竭主义"的转变。该案中联邦最高法院适用《版权法》第 109 条(a)规定的"首次销售原则"判决 Quality King 的平行进口行为合法,并不构成版权侵权。事实上,美国对此问题在立法政策上也是颇费思量,平行进口的问题并非仅涉及对版权人权利保护问题,更多地会影响到书籍等生活消费商品市场的发展及相关行业的市场就业问题。虽然美国一再强调市场分区对著作权人权益至关重要,也重申禁止平行进口有助于本地产业抗抵抗盗版等不公平竞争行为,不过在立法政策上,究竟是以使消费者可以买到低价产品,还是以不影响企业的海外销售以及国内就业机会的大量减少为目标,真是难以抉择。

(二)专利法保护客体上的"扩张"与"限缩"

各国的专利法大多直接或间接地将促进产业发展作为立法目标[23],表现出了专利法服务于产业政策的目的。但如何使制度的设计达到这一目的,更多地为本国的利益或产业政策服务,各国的实现方式和方法有所不同。

一般来说,一项申请要取得专利权,需要跨过两道门槛。第一道门槛是入门资格,即所谓的专利适格性,或者说是否属于专利保护的客体;第二道门槛是条件资格,即所申请的标的是否符合专利法规定的其他具体条件,如新颖性、创造性、实用性等。第一道门槛把在本质上不具有可专利性的申请排除在外,第二道门槛则把创新程度较低的技术排除在外。第一道门槛必须坚守传统专利法的基础——技术性。从美日欧的实践来看,对于产业发展的考虑更多的是从专利审查标准的宽严来体现的。

---

[21] 杨光明:"后 WTO 时代国际贸易中的知识产权保护法律制度",载《现代法学》2007 年第 3 期。

[22] 在 Quality King Distrib. Inc. v. L Anza Research Int'l 案中,原告 L'anza 为加州一家专门从事制造、贩卖洗发精、润湿精及其他护发产品的公司,其产品上均贴有受著作权法保护之图案。原告在美国境内采取划区域销售的策略,除限制其特定销售区域外,且要求其产品仅得卖给发廊、美发工作室或美发专业学校。并且在销售点或专业杂志上亦大做广告,进行促销活动。原告外销到国外市场销售的产品因为宣传费用的节省,所以在价格上比国内低 35% 至 40%。原告将在美国境内制造的一批产品外销英国并经原告同意转销至马耳,被被告 Quality King Distributors 公司购买后买得后再将其回销美国,转售给其他的零售商。原告因此提出诉讼,控告马耳他的经销商、加州的零售商及被告 Quality King Distributors 公司侵害其著作权。

[23] 如我国《专利法》第 1 条规定:"为了保护专利权人的合法权益,鼓励发明创造,推动发明创造的应用,提高创新能力,促进科学技术进步和经济社会发展,制定本法。"日本《专利法》第 1 条规定"本法目的在于通过保护和利用发明,以资奖励发明,进而促进工业之发展。"

1. 软件专利授权中的开放与闭锁

20世纪60年代,随着计算机软件的发展,美国国内开始讨论究竟给计算机软件予何种保护的问题。在1978年之前,美国司法界在利用专利法保护软件的观念上总体处于拒绝保护的状态。此后,美国对计算机软件经历了弱保护时期、反复不定时期和开放保护时期的历史演变。[24] 1996年美国专利局实施《与计算机有关的发明的审查基准》之后,美国开始大幅度的开放与计算机软件有关的专利保护范围,对软件的可专利性判断已经以实用性(practical utility)取代技术性(useful arts)作为一项软件发明是否具有专利性的判断依据。互联网的发展带来了与金融领域的互联互通,产生了以软件形式设计的商业方法,通过计算机的运行带来了新的商业模式。20世纪90年代末,商业方法软件专利的申请大潮引起全世界关注。在State Street Bank[25]一案,法院对于商业方法的可专利性的判断彻底否定了“商业方法除外原则”。对于计算机软件的专利判断,也彻底废止了以前确立的Freeman-Walter-Abele测试分析法,认为该测试法只能用于判断申请中是否只包含了数学方法,而不能判断该发明是否具有实用性。如果一项发明通过执行某种数学演绎法则,产生如投资比例、损益、资产等各项具体而有用的信息时,可视为产生了有用的(useful),具体(concrete)的与有形的结果(tangible result),即认为具有实用性,因而可以认定此发明中的软件操作系统是可以作为专利标的的。在AT&T Corp. Vs. Excel Communications. Inc[26]一案中,法院再次确认“实用性”(practical utility)法则,

以上两个判决宣告了专利审查的重点从技术性转向了实用性。从而意味着有关计算机软件的专利申请已不限于工程性的机器、装置或方法,而可以将公司的经营策略、管理方针、投资模式等原本属于“抽象的概念”或“智力活动的规则”等以“与机器结合”的方式表现出来,进而可受到专利保护。尽管对此在美国也有许多反对之声。美国专利商标局已经对网络商业方法的专利化敞开了大门。美国专利局授予了大量软件专利,美国企业已经在软件专利和商业方法专利上占据了绝对优势。正当其他国家也开始在软件专利保护上行动时,2010年6月美国最高法院在备受关注的Bilski案中给出了对软件专利说“不”的信号。在美国2011年专利法修正案中,对软件专利的审查标准进一步地提高。可见,美国对待计算机软件和商业方法专利的保护上最为明显地体现了其产业政策。

2. 基因专利保护命运叵测

如同软件的专利保护一样,在利益的驱动下,基因专利保护也紧随其后成为美国专利局开放的又一领域。

---

㉔ 张平、卢海鹰:“门户大开——纵论计算机软件的专利保护”,载《中外法学》2001年第2期。

㉕ See AT&T v EXCEL COMMUNICATIONS, http://laws.findlaw.com/fed/981338v2.html.

㉖ *Id.*

对基因是否给予专利保护的争论更为激烈,就在技术专家和法律专家讨论其可能性和可行性时,企业已经迫不及待地提出了大量的专利申请,欧美专利局也已经对这些专利申请给予了授权。而当后发国家还在考虑如何给予基因专利保护定位的时候,发达国家又改变了多年开放基因专利授权的立场。2009 年,美国公共专利基金会和美国公民自由联盟对美国专利商标局(USPTO)和 Myriad Genetics 与美国犹他大学研究基金会提起了一起有关 BRCA1 和 BRCA2 基因突变进行检测的专利诉讼,质疑了基因专利的整个概念。法官认为:"我们希望在法庭上证明,人类基因专利本来就不应该首先获得专利。"原告认为"公司不应该获得人类基因组的权利。特定的测试或药物可以申请专利,但不是基因本身"。而原告律师认为"我们希望,这一挑战是结束基因专利的开始","没有人应该对人类身体一部分获得专利权。"通过此案在此案中,至少美国法院已经给出了这样的信号:在对基因专利开放 20 年之后,美国要对基因专利刹车。但是,如果美欧改变了对基因专利的态度,那些成千上万已经授权的基因专利怎么处理?它们还是有独占权的专利吗?还必须要经过授权才能使用吗?还是要通过诉讼来解决专利的有效性吗?那么对于后发企业一方面面对基因专利申请的严格把关,而在基因技术的应用上依然处于被动的竞争地位。主导基因专利保护左右摇摆的因素究竟为何?看似学术之争的专利审查标准实际上还是产业利益决定基因专利的最终命运。

### (三)微软——在"维权"与"侵权"之间

微软向来在在知识产权领域拥有得天独厚的优势,其在反盗版上的策略已备受"放水养鱼"的指责,知识产权的维权战略成为微软巩固其垄断优势及获取垄断利润的重要途径之一。不过发生在 i4i 与微软之间的专利诉讼却演绎了一个弱者战胜强者的故事。i4i 公司的发明是将文件内容和元代码进行了分离,允许对其进行编辑,该发明于 1998 年取得美国专利。之后将该项发明运用到新产品中。该产品允许用户使用微软 word 作为 XML 文件的编辑器。一度微软公司与 i4i 成为亲密伙伴。但在 word 发布前,微软终止了同 i4i 的合作关系。此前微软已经将 i4i 的发明纳入 word。i4i 公司在 2007 年起诉微软侵犯其专利权。初审法院下达禁制令,禁止微软销售含侵权的定制 XML 功能的产品,依据微软将 i4i 纳入 word 之后的销量,并判付向 i4i 赔偿金额高达 2.9 亿美元。上诉法院维持了初审法院的判决。微软已请求最高法院提审,要求重新审议 i4i 专利的有效性。微软这次请求最高法院降低无效门槛,请求最高法院把无效的举证责任变成 preponderance evidence。[27] 这一举动受到了众多大公司和协会的支持,

---

[27] 在美国,民事诉讼的举证责任可以大致分三种:(1) prima facie case, preponderance evidence clear and convincing evidence。这三种举证责任按顺序依次提高。第一种举证责任很低,是案件进入陪审团审查的门槛。传统来讲,专利权人证明侵权的举证责任是第二种,即专利权人应该提出侵权的 preponderance evidence。而被告侵权人证明专利无效或不具有执行力的举证责任较高,是第三种。即被告必须提出专利无效的 clear and convincing evidence。这在美国可以说是由来已久的惯例了。

他们有 Google、Facebook、Intel、Yahoo 等等。这些公司都向最高法院提出了“法院之友”(amicus curiae)的建议。因此可以看出一个趋势,在这些公司饱受专利诉讼之累后,希望提高专利审查标准,减低专利无效门槛。[28] 这一专利保护上的诉求实际上不但符合了美国自 2010 年开始的对计算机软件专利保护严格的趋势,而且反映出像微软这样的知识产权“巨人”们也要寻求知识产权“弱保护”的诉求了,由此看出,决定这种左右摇摆立场的根本原因还是产业利益。

知识产权及其制度设计,一直被寄予崇高的目标,比如激励知识创新、维护公平竞争、促进科技进步、推动经济发展等。但是,如果观察一些企业,尤其是跨国公司在知识产权保护上的商业策略,会令人惊讶地发现,知识产权所承载的那些神圣使命,可能已被抛之脑后。一些企业热心于占有和保护知识产权的目的,已经背离知识产权法的立法初衷,而蜕变为掌握从事竞争,甚至是遏制他人竞争的商业工具,有时还可能是某个公司一个纯粹的商业阴谋。这种制度的运作带来的问题,使原本受益于该体系的那些跨国公司也深受其害。范围太广、质量低下的专利的存在导致大公司也必须花费相当可观的时间和金钱,以确定是否在不侵犯他公司专利的前提下进行本公司的研发工作和市场开拓,否则将面临巨大的诉讼风险。微软与 i4i 的专利诉讼正是这一现状的真实反映。微软这些大公司在专利“强保护”的体制下,也难逃出被专利“绑架”的窘境。

## 五、技术创新与国家知识产权战略

在“知识经济化、经济全球化和贸易规则国际化”的背景下,知识产权对一国经济增长的贡献越来越显著,国家、区域的繁荣和产业竞争优势比以往任何时候都更加依赖创造、管理、运用和保护知识的能力及效率。[29] 我国在 2008 年 6 月发布的《国家知识产权战略纲要》中提出:到 2020 年,要把中国建设成为知识产权创造、运用、保护和管理水平较高的国家。《纲要》除强调完善知识产权制度外,特别提出要“运用财政、金融、投资、政府采购政策和产业、能源、环境保护政策,引导和支持市场主体创造和运用知识产权。”“逐步提高知识产权密集型商品出口比例,促进贸易增长方式的根本转变和贸易结构的优化升级。”可以说,国家知识产权战略纲要反映了中国政府对知识产权制度与中国当前经济发展关系的认识,即知识产权仅仅是作为激励创新、促进社会福利的一种政策工具。它对中国国民经济的作用具有复杂的双重性。在发达国家中被验证的知识产权制度对经济发展的促进作用不是必然的和当然的适用于作为发展中国家的中国,知识产权制度对国民经济的作用依赖于一定的经济、科技和社会基础。

---

[28] Challenging the Clear and Convincing Standard of Proof for Invalidating Patents in Court, http://www.patentlyo.com/patent/2010/09/challenging-the-clear-and-convincing-standard-of-proof-for-invalidating-patents-in-court.html.

[29] 郭民生:“论知识产权经济理论的基本架构”,载《经济经纬》2007 年第 3 期。

国家需要结合国民经济发展水平和其他政策手段,在遵守国际公约义务的前提下,灵活运用知识产权制度,才可能真正使知识产权制度为国民经济的发展和社会福利之增长服务。

作为一个发展中国家,如何通过技术创新来推动经济的发展,一直存有争议。林毅夫在《技术创新、发展阶段与战略选择》一文中指出:经济学中的技术创新是指一个生产者在下一期生产中所采用的技术比这一期生产的技术好,效率高,这个"新"不必是最新的发明。发展中国家的技术创新可以通过自主研发来取得,也可以通过技术引进的方式,包括购买专利、技术模仿等取得。通过引进最有商业价值的技术,成本会远远低于发达国家自己发明的成本。[30] 在中国的语境下,"自主技术创新"的内涵就包括了"原始创新"、"集成创新"、"引进吸收再创新"。坚持技术创新,绝不是排除技术引进和借鉴他人的先进技术。中国的现实发展情况就是,社会的进步主要依赖技术的扩散,国民经济承担创新的风险和成本的能力较低。从法律层面来讲,知识产权特别是专利权和版权都是在前人的基础之上完成的,在一个产品或产品中的关键技术环节全部拥有自主技术是理想状态,即使那些已经形成垄断地位的大公司也很难在某一领域完全处于控制地位,所以才有"专利联营"的产生。在这个层面上看,能够在技术环节上拥有一定的知识产权就具有了与其他企业共同参与市场规则制定的话语权。

但是中国也应当注意到市场驱动型的知识产权制度带来的知识产权保护的"异化",对创新和公平竞争具有巨大的阻碍作用。中国企业缺乏自主创新的意识,缺乏将创新成果及时形成知识产权的战略,更缺乏对知识产权制度的运用能力。中国目前技术发展阶段正处于从引进跟踪技术阶段向引进技术和自主创新相结合转变。创新仍多为跟踪研究和消化吸收基础上的改进型创新,而非原始创新。即使有一些原始创新的成果,由于资金的劣势,市场扩展能力欠缺,加上跨国公司在高新技术领域中的垄断地位的形成,妨碍这些新技术产品的市场化,比如计算机操作系统软件和办公软件,就受到严重制约,而由于跨国公司越来越重视知识产权保护中的政府攻关策略,国内企业更受到了限制竞争的威胁。应当清醒地认识到,"知识产权是富国的养料和穷国的毒药这一现状已经为时太久。"[31]

经济学家通常是批判地看待知识产权,他们更多的是考虑"交易成本"。而许多著名的法学家对"专利制度促进发展"也曾提出过置疑:

Edith Penrose 1951 年在 *The Economics of the International Patent System*(《国际专利制度经济学》p. 116—117)中讲道:"任何国家,如果它在国内市场授予垄断特权,但却

---

[30] 林毅夫:"技术创新、发展阶段与战略选择",http://aisixiang.com/data/detail.php? id=926,2013 年 3 月 15 日最后访问。

[31] 英国知识产权委员会:《知识产权与发展政策相结合》总结报告,页 7,http://www.iprcommission.org/graphic/Chinese_Intro.htm.

既不能提高供应商品质量,也不能降低供应商品的价格,还不能发展本国的生产能力或者至少在其他市场得到对等的权利的话,则在‘国际专利制度’下,它必定是失败者。再多的‘世界经济一体化’的废话,都不能隐藏以下事实:如果一个国家仅有很少工业产品出口贸易,创新产品销售很少或没有,除了在其他方面可以避免不愉快的外国报复之外,自身不能获得任何好处。这类国家包括农业国,以及努力工业化却仍主要出口原材料的国家……无论专利制度对这些国家而言存在任何好处的论证多么迷人……都不包括与授予或获得发明专利权相关的经济利益。”这是20世纪50年代的观点,今天依然能够从现实中感受得到。

法学家劳伦斯·莱西格(Larry Lessig)1999年在《工业标准》中撰文“专利带来的问题”(The Problem with Patents),论及美国的专利制度时指出:“无疑,我们拥有专利制度比没有它要好些。如果没有政府的保护,许多研究和发明就不会发生。然而,即使一定程度的保护具有良好的效果,也并不一定意味着更多的保护会产生更好的效果……‘专利’这种国家赋予的垄断权是否有助于诸如互联网这样快速发展的市场,学者们的怀疑越来越多……经济学学者现在正置疑扩大的专利保护是否会产生积极的社会福利。当然,专利制度会使一些人变得非常富有,但这并不等同于促进整个市场经济……就我们的传统而言,它并不是要授予没有限制的知识产权,相反,它重视‘平衡’,强调知识产权保护过强必然导致危害。现在,知识产权保护的似乎已经超过了‘平衡’限度,取而代之的是一种不断增强的疯狂——这不仅发生在专利制度领域,而是在整个知识产权领域……”

“专利世界正在悄然经历着一场巨变。在短短几年间,一些公司已经积累了空前规模的巨大专利组合。为了说明这场变化的剧烈程度,我们的研究显示,仅仅五年多一点的时间,其中规模最大的公司已经在世界范围内积累了3万到6万个专利,这个数量在美国本土公司中的居于前5名,全世界范围内居于前15名。”

知识产权制度诞生于市场经济,发展于市场经济,服务于市场经济。知识产权制度以市场经济为服务对象,其本质作用是鼓励垄断,通过获得垄断权激励市场主体进行创新。远离市场的创新与竞争活动,知识产权制度无法发挥作用;市场经济不完善的领域知识产权制度的作用有限。中国目前的市场经济还相当不完善,还属于发展中国家,知识产权的创造和应用能力都很薄弱。在引入一个更加有力的知识产权保护体系之后,短期内可能看不到知识产权对国际经济发展的直接贡献,这是因为强有力的保护体系所带来的收益可能需要较长时间才能体现出来。成本和收益在这方面的矛盾更难动员未来的受益者进入到当下的投入之中,特别是对于国有企业来说,在管理模式和企业经营模式上,在资本运用方式上,都没有实现从对以传统资本运营向以知识产权为核心的资本运营的转型。在市场营销环节,对一些操作性极强的因市场区分策略产生的专利许可、专利联营引起的知识产权竞争问题明显应对不足。所以,要实现创新型国家的目标,依然任重道远。而在实施国家知识产权战略上,制定出即符合国际惯例又符合国情的产业政策更具有重要意义。

## 六、结语

产业政策对知识产权制度设计的影响有实践上的效果,但是在理论层面上的认识还有许多争议。在讨论知识产权产业政策影响的时候,对“产业政策”本身含义就有多种理解。“功能性产业政策”和“选择性产业政策”都有其利弊。前者是者指政府通过提供人力资源培训和研发投入提高产业部门竞争力,这种产业政策建立在市场失灵的理论基础上;而“选择性产业政策”则是指自20世纪60年代始在日本等东亚诸国采取的产业政策,表现为主动扶持战略产业和新兴产业,缩短产业结构演进过程,以实现经济赶超目标。这种产业政策更强调政府在资源配置中的作用。[32] 不过这种产业政策的后遗症在亚洲金融危机中显露出来。究其原因,是以政府主导的产业政策忽视了竞争政策在市场资源配置中的作用。

即使在改革开放之后,中国在经济领域上的产业政策依然沿袭了计划经济的浓厚色彩,在制定和实施过程中表现出强烈的直接干预市场、以政府选择替代市场机制与限制竞争的管制性特征。但在知识产权保护上却采用了最为市场经济的制度设计,在司法与行政上的保护也少有产业利益的执法效果。可以说在80年代之后的中国知识产权保护中更多考虑的是招商引资的法律环境而不是本国的创新和产业发展。

笔者在本文中所提到的知识产权制度中的“产业政策论”不等同于政府主导的计划指令,而是强调在知识产权制度在立法、执法、学术研究中应当以市场主体为对象,以产业利益为主导,以产业政策为法律规范的补充。但是,产业政策太过灵活,运用得当,可维护公平的市场竞争,稍有不慎也会带来市场竞争的混乱。

亚洲发展银行研究部的John Weiss反思20世纪60年代以来亚洲诸国在促进出口上所采取的产业政策,认为现在的国际贸易格局已经发生变化,产业政策应该从原先建立在比较优势基础上的产业政策向支持新型技术产业发展的方向转变。[33] 中国在实施国家知识产权战略以及创新战略时应当意识到这些产业政策的转变。

---

[32] 参见冯晓琦、万军:“从产业政策到竞争政策:东亚地区政府干预方式的转型及对中国的启示”,载《南开经济研究》2005年第5期。

[33] John Weiss, Export Growth and Industrial Policy: Lessons from the East Asian Miracle Experience. ADB Institute Discussion Paper No. 26.

# 分　论

# 计算机字体及字库的法律保护

程　艳　张　平*

在印刷字体产生、应用的几百年间,印刷字体的保护却一直未上升到法律的层面,其原因主要是因为印刷字体市场准入门槛较高,非法复制和盗版成本较大,搭便车行为在字体行业并不普遍。从20世纪90年代开始,伴随着个人电脑大规模普及、市场接受互联网浪潮的数次洗礼,免费成为了网络繁荣背后的真正王道,整个字库行业发展遭遇冷冰。知识产权保护的诉求迫在眉睫,同时字库行业作为文化产业的重要构成,加强保护力度也成为政府部门工作的重点目标之一。①

近年来有关中文字体侵权的案件已发生数起,特别是在2011年方正诉宝洁公司倩体字侵权案判决之后,知识产权司法、实务和理论界引发了对计算机字体、单字、字库以及字库软件法律属性的大讨论。对于此类客体的法律保护问题不论在学术界还是司法实践中都有较大分歧,这种分歧已经给字库产业的生存和发展带来了很大的不确定性。

## 一、我国相关案例及观点评述

### (一)典型案例介绍

从2003年我国第一例字库著作权纠纷出现后,法院对字体及字库法律属性的认识也呈现不同的认识。在方正诉潍坊文星一审中,法院认为:"字库中的字形是方正公

---

* 程艳,北京大学法学院2009级博士研究生;张平,北京大学法学院教授,博士研究生导师。本文感谢陶鑫良老师的宝贵意见,感谢陈际、顾昕提供文献资料。文责全归作者。

① 关于计算机字体、字库的法律保护一度引起各界广泛关注。2012年两会期间,全国人大代表,原北大校长许智宏提出议案,数字化中文字体、字库知识产权保护。全国政协委员黄书元、于永湛、石峰、聂震宁等,也联合提交关于数字化中文字体、字库知识产权保护提案。"北大校长:数字化中文字体需要知识产权保护",http://www.china.com.cn/news/2012lianghui/2012-03/14/content_24888799.htm,2013年2月3日最后访问。

司独立创作完成的文字的数字化表现形式，是由线条构成的具有审美意义的平面造型艺术作品，属于我国著作权法规定的美术作品；同时由各个文字的坐标数据和指令构成的字库可以被计算机执行，属于我国《计算机软件保护条例》规定的计算机软件，受该条例保护。"②而在二审中，法院认为"字库中对数据坐标和函数算法的描述并非计算机程序所指的指令，并且字库只能通过特定软件对其进行调用，本身并不能运行并产生某种结果，因此，字库不属于《计算机软件保护条例》所规定的程序，也不是程序文档。"③在方正诉宝洁案中，一审法院认定：方正公司倩体字库投入了智力创作，使具有审美意义的字体集合具有一定的独创性，符合我国著作权法规定的美术作品的特征，应受到著作权法保护。方正公司对倩体字库字体内容享有著作权……对于字库字体，受到约束的使用方式应当是整体性的使用和相同的数据描述，其中的单字无法上升到美术作品的高度。④ 而在二审判决中，法院并未对字库中的单字是否构成侵权作品表明态度。从主审法官的观点来看是认可单字的著作权保护的。对于字库中的单字而言，如果其足以体现作者的个性化、创作的差异性，应认定其属于独创性的智力成果。对本案中涉案的"飘"、"柔"二字与已有作品相比，无显著不同因此不构成作品。⑤ 在方正宝洁案后，江苏省南京市中级人民法院在审理"笑巴哈"字体侵权案中，作出了与北京法院不同的判决。该案中法院认为，涉案秀英体字库中具有独创性的单字构成受著作权法保护的美术作品。根据上述论证，本案中涉及的"笑"、"巴"、"喜三个汉字，其中'笑"、"喜"二字基本体现了原告创作该字体的笔画特征……单独一个"巴"字不能独立构成美术作品。在此之后，国内字体研发机构造字工房称电影《失恋 33 天》未经允许使用自己公司开发的计算机字体"悦黑体"，由此引发了关于影视作品使用字体是否需要支付费用的争论。⑥

2012 年在最高人民法院审结的方正诉暴雪侵权案的二审判决中，法院在字体侵权判定上似乎走向了更加模糊和复杂化之路。方正诉暴雪字库侵权诉讼案的基本事实是：暴雪公司在其开发的网络游戏《魔兽世界》客户端中，各种游戏界面的中文文字分别使用了北大方正公司开发的方正兰亭字库中的方正北魏楷书、方正剪纸等 5 款方正字体。方正公司认为暴雪公司等四被告未经北大方正公司许可，在网络游戏《魔兽世界》运行的过程中，擅自复制、安装了方正公司享有著作权的 5 款方正字体，侵犯了其软件著作权和前述 5 款字体中每个汉字的美术作品著作权。一审法院认为字库中对

---

② 参见北京市第一中级人民法院(2003)一中民初字第 04414 号民事判决书。

③ 参见北京市高级人民法院(2005)高民终字第 00443 号民事判决书。

④ 参见北京市海淀区人民法(2008)海民初字第 27047 号民事判决书。

⑤ 参见芮松艳："计算机字库中单字的著作权保护——兼评方正宝洁案"，载《知识产权》2011 年第 10 期。

⑥ "《失恋 33 天》字体涉嫌侵权"，http://news.cntv.cn/20120404/106151.shtml，2013 年 2 月 3 日最后访问。

坐标数据和函数算法的描述并非计算机程序所指的指令,并且字库只能通过特定软件对其进行调用,本身并不能运行并产生某种结果,因此,字库不属于《计算机软件保护条例》所规定的程序,也不是程序文档。即便字库是计算机程序,但是,其运行结果即产生的字形,其与相应的字形是一一对应的,是同一客体的两种表达,在著作权法上应作为一个作品给予保护。同时认为,字库中的每款字体的制作体现作者的独创性,涉案兰亭字库的每款字体的字形是由线条构成的具有一定审美意义的书法艺术,符合著作权法规定的美术作品的条件。法院判决暴雪公司等四被告赔偿方正公司经济损失140万元及诉讼合理支出5万元。[⑦] 方正公司向最高人民法院提起上诉。二审中,法院在认定兰亭字库是否是著作权法意义上的作品时并未采纳一审法院的观点。二审法院认为[⑧]:方正兰亭字库属于计算机软件。二审法院认为兰亭字库中的字体文件是为了得到可在计算机及相关电子设备的输出装置中显示相关字体字形而制作的由计算机执行的代码化指令序列,属于计算机程序。方正兰亭字库不属于美术作品。二审法院认定方正兰亭字库不属于美术作品,依据如下:(1) 兰亭字库中每款字体(字库)均由相应的控制指令及相关数据构成,并非由线条、色彩或其他方式构成的有审美意义的平面或者立体的造型艺术作品。(2) 根据诉争相关字体(字库)的制作过程,字库制作过程中的印刷字库与经编码完成的计算机字库及该字库经相关计算机软件调用运行后产生的字体属于不同的客体,且由于汉字本身构造及其表现形式受到一定限制等特点,经相关计算机软件调用运行后产生的字体是否具有著作权法意义上的独创性,需要进行具体分析后尚能判定。

从这些诉争案件诉由看,有关字体、字库侵权争议主要发生在对字体的商业利用领域,如将涉案字体用作商业标识、影视作品、游戏软件等,鲜见对个人使用者提起侵权诉讼。从相关判决来看,焦点集中在以下几个方面:一是字体、字库是否同时受计算机软件著作权保护和美术作品双重保护;二是字体字库与单字字体的独立保护问题;三是二次收费是否合理。以上问题实则是对字体、字库的法律属性和法律地位的界定,对此作出法律上的澄清,赋予字体权利人一定程度的法律预见性,对于保护我国法律体系的完整性和协调性,对于节约司法成本,意义重大。

### (二) 学界观点评述

在方正诉宝洁倩体字侵权案发生后,有关字库、字体、单字的法律保护成为理论和司法实践的热点和难点问题。抛开个案中的事实因素,就笔者所参加的围绕该主题的专家研讨会情况,由该案引发的上述问题,学界展开过深度的大讨论。时隔近两年,再来审视这一问题,学界所持的观点大多数是一种权宜之研究,往往是在法院受理了具体个案之后,提出如何解决该案的不同主张,而不同观点在不同法院的判决中亦有

---

⑦ 参见北京市高级人民法院(2007)高民初字第1108号民事判决书。

⑧ 参见最高人民法院(2010)民三终字第6号民事判决书。

体现。

在学界大致形成了三种不同的观点。第一种观点认为字体、字库不是作品。持该观点的学者从劳动和创造行为的区分来解释字体和字库是否属于著作权法保护的客体。认为知识产权制度的正当性在于创造。创造成果依法获得知识产权,劳动成果则无法获得知识产权。方正字异于书法作品,方正字库和与字库互为规定的单个字形,其生成过程从始至终,都是劳动,没有创造行为,无法获得著作权法保护。[⑨] 从另一个角度分析,有学者认为对于字体字形,如果仅从独创性角度考虑,字体字形具备构成作品的独创性要件。但是从作品的构成要件看,作品必须是文学、艺术、科学领域的智力成果,因此在判断字体字形设计是否是著作权保护的作品时,其关键可能不在独创性和可复制性,而是在其是否是文学、艺术和可续领域的作品,特别是是否是艺术作品。在艺术作品和工业产品之间,字体字形设计显然更属于后者。尽管字体字形设计也能表现一定的美学思想,但并不影响其工业产品的属性。[⑩] 第二种观点否定单字字形具有独创性,却支持字库字形整体(成套字体)具有著作权法上的独创性。"就其中(汉字)单字来讲,很难说有著作权法上的独创性高度。但是制成字体,会使整套汉字具有同一性,会产生显著性和识别力,达到著作权法上的独创性高度。"[⑪]第三种观点认为,单个字、由单字组成的字库、表现字体或者字库的计算机程序都可以构成著作权法保护的客体并应该受到著作权法的保护。[⑫] 进一步分析,也有学者认为,判断电脑字库中单字字形是否具有独创性,应当区别对待不同类型的电脑字库和同一电脑字库中的不同单字。如果电脑字库中的单字为书法家极具个性的书法作品的数字化复制,其并没有融入太多的实用性的考虑,完全否定此类字库中单字字形的独创性,会直接导致不同法院之间的判决相互冲突。[⑬]

## 二、域外字体法律地位及保护模式的考察

### (一) 日本《著作权法》的规定及相关案例

日本《著作权法》第 2 条规定"著作是指思想或感情之创作表现,而属于文艺、学术、美术或音乐之范畴者",而"美术著作",包含美术工艺品,但是对于工艺美术作品是否只限于一种制作的产品,或者美术作品是否应包括工艺美术品以外的实用美术品

---

⑨ 刘春田:"论方正'倩体字'的非艺术性",载《知识产权》2011 年第 5 期。

⑩ 许超:"字体字形的知识产权保护",载《知识产权》2011 年第 5 期。

⑪ 张玉瑞:"论计算机字体的著作权保护",载《科技与法律》2011 年第 1 期。相同的观点也体现在北京市海淀区人民法(2008)海民初字第 27047 号判决中。

⑫ 吴伟光:"中文字体著作权保护问题研究问题研究——国际公约、产业政策与公共利益之间的影响与选择",载《清华法学》2011 年第 5 期。

⑬ 崔国斌:"单字字体和字库软件可能受著作权法保护",载《法学》2011 年第 7 期。

等这样的问题法律都没有明文规定,因此在解释上有分歧。[14] 日本著作权法对于字体是否享有著作权法保护并没有作出明文规定,但在相关案例中法院有作出认定。[15]

1. "写植機用文字書体事件"大阪地判平成元 3.8 判决中,法院认为日本一般常用的明朝体和哥特体这两种字体不具有著作物性。

2. "ヤギ・ボールド事件"一审东京地判昭和 54 年 3 月 9 日无体集 11 卷 1 号 114 页・判时 934 号 74 頁,二审东京高判昭和 58 年 4 月 26 日无体集 15 卷 1 号 340 页・判时 1074 号 25 页,以及"Asahi vs AsaX 事件"东京高判平成 8.1.25 判决中,法院认为,与普通英文字母不同,具有一定装饰作用的 26 个英文字母的字体,也不具有著作物性。

3. "動書Ⅰ事件"东京地判昭和 60.10.30 判决中,法院认为,把字体当做标题使用时,字体可以作为书法作品获得著作权保护。该判决将字体视为书法作品时,构成著作物,但是权利范围限定严格,即如果被告的字体和原告字体不是完全相同,仅仅是相类似的情况下,被告并不构成对原告著作权的侵犯。

4. "ゴナ字体事件"日本最高法院平成 12 年 9 月 7 日平成 10 年(受)第 332 号判决中,法院承认字体的著作权保护,并提出了非常著名的认定标准:必须具有显著的独创性,以及非常杰出的具有美的特征的字体才有可能受到著作权法的保护。日本法院承认对单字字体的著作权保护,但认定独创性的标准比较严格。

此外,在日本,字体可能通过侵权法或反不正当竞争法加以保护。[16]

(二) 我国台湾地区保护字体的专门化法律规范

我国台湾地区 1992 年修正公布的"著作权法"第 5 条第 1 项明列作品即"著作"的类别但其具体内容则授权著作权主管机关制定各类著作之例示加以明确。1992 年我国台湾地区内著字第 8184002 号公告"'著作权法'第 5 条第 1 项各款著作内容例示",将第 2 项第 4 款"美术作品"阐明为:"包括绘画、版画、漫画、连环图(卡通)、素描、法

---

[14] 在日本学界对于批量生产的制品也可以是作品,对此看法大致一致;而在在判断是否属于文学、学术、美术或者音乐范围的作品时,经常适用的是是否被视为纯粹的美术作品这一标准。对于作为批量产品的保护,应是外观设计法上的内容。但是,由于最初作为美术作品的利用可以产生著作权,之后如果随着利用样态的变化而使著作权消灭,这一问题会产生难以分清《外观设计法》和《著作权法》的适用范围的问题。有学者主张在一定程度上就必须承认两者(《著作权法》与《外观设计法》)之间存在某种程度的重合。参见〔日〕田村善之:《日本知识产权法》(第 4 版),周超、李雨峰、李希同译,张玉敏审校,知识产出版社 2011 年版,页 421—425。

[15] 陈际:"计算机字库产业的发展和保护",载《电子知识产权》2011 年第 4 期。

[16] 日本大阪地方法院在审判"NGA 字体案(一审)"和"照相排字机用字体案"时就表明了这样的观点:如果不能获得著作权法保护的字体系独立创作且与以前的字体相比具有独特性,可以根据《日本民法》第 709 条关于侵权之规定,对他人仿造、制作、销售字体的行为,请求损害赔偿。《日本民法》第 709 条可以保护法律明文规定的权利之外的利益。在"森泽印刷字体不正当竞争临时处分案"中,日本东京高等法院认定,能够进行独立交易的无体物在反不正当竞争法中属于"商品"的范畴。防止、制作、发售作为无体物字体的行为属于不正当竞争行为。参见黄武双等:《计算机字体与字库的法律保护:原理与判例》,法律出版社 2011 年版,页 37—38。

书、字形绘画、雕塑、美术工艺品及其他之美术著作。”在中文字体的保护上,台湾地区“著作权法”将字体称为“字形绘画”,纳入美术作品保护范畴。所谓字形绘画是指“就中国常用字整体文字之字群作一致性之绘画设计,如具有美学上之鉴赏价值,则属美术作品之范围,常使用为电脑字形或印刷、印刻之特别字形。”“至于一般性之活字字体(type face),如仿宋等,欠缺思想、感情之原创性,未具美学上之鉴赏价值,应不认为美术著作。”⑰

另外,台湾地区著作权主管机关曾作出“内政部”著作权委员会1985年5月16日台(85)内着会发字第8508305号函释,就由电脑产生的字形成果,认定不能成为“字形绘画”,但之后由于业界反对声音过高,又于1997年发布“内政部”著作权委员会1986年11月14日台(86)内着字第8616210号函释,认为著作权法关于“著作”之定义并未限定著作人所使用之创作工具及其著作完成时所附着之媒体,创作者凭其经验与灵感,利用电脑绘图系统程序,表达思想或感情,仍可为创作行为。

(三) 德国《字体法》

德国在1986年的《字体法》中规定:“对于独创性的字体,可由著作权法依图案和外观设计法按照模型进行法律保护;印刷字体的保护期间为10年,可以续期5年、10年、15年,累计不超过25年。”此后德国法院对很多印刷字体设计给予了法律保护。例如“未来字体”的设计者之一Paul Bauer的继承人成功地指控了铸造未经授权使用“未来字体”的侵权行为。⑱

(四) 英国及我国香港地区以著作权和外观设计双重保护印刷字体及单字

1986年英国发布白皮书认为:“虽然个别字体可以根据现行著作权法获得保护,或作为一种外观设计予以注册,但整套字体的设计并不能根据《1949年注册外观设计法令》进行注册,甚至可能不符合获取著作权保护的资格。”英国1988年通过的《著作权、工业设计和专利法》规定个别字群或个别字母可以获得著作权保护。该法第178条实际上将印刷字体的个别字群或个别字母归类于“印刷时使用的装饰性图案。”该法第55条规定,印刷字体的著作权保护有效期为25年。该法第54条又明确规定:“对于附有印刷字体设计的艺术作品,下列情况下不属于侵犯著作权行为。(a) 在通常打字、制作文档、排版或打印的过程中使用该字体;(b) 为该种目的的使用而拥有物品;或者(c) 对该种使用所产生的材料从事任何行为,尽管所使用的某物品属于侵犯该艺术作品的著作权的复制品,使用该物品亦不属于侵犯该艺术作品的著作权。”⑲

香港《著作权条例》(2007)因循英国1988年《著作权、工业设计和专利法》,一方面认为其涵盖汉字字体及单字,另一方面也沿用了该法第54条“视为不侵权”的例外

---

⑰ 参见罗明通:《著作权法论》(第七版),台北台英商务法律2009年版,页206。

⑱ 参见德国1986年《字体法》。

⑲ 参见英国1988年《著作权、外观设计和专利法案》。

规范。[20]

（五）美国对字库软件及字体的法律保护

美国对于字体或印刷字体及其单字、字库的法律保护，主要反映在对相关字体软件字库的计算机软件保护和对字体能否作为“绘画、图形与雕塑作品”保护两个方面。

1988 年著作权局认为字体的数字化表现形式没有构成原创性的创作，既不是原创性的程序也不是原创性的数据，因此拒绝对生成字体的软件的注册。不过到了 1990 年，著作权局却决定给予 Adobe 公司“能生成特定字体的软件的著作权注册”。[21] 1991 年众议院 Richard Gephardt 提交了设计创新与技术法案（Design Innovation and Technology Act of 1991），该法案旨在应对美国字库产业面临的出口销售下滑以及从业者人数锐减的困境，主张保护用于工业设计的字体。在法案中提出可受保护的字库字体要满足显著（Distinct）和原创性（Original）的要件。对于字体能否作为“绘画、图形与雕塑作品”加以保护，情况较为复杂。美国 1976 年著作权法将字体设计排除在“绘画、图形、雕塑作品”外，也是考虑到设计因素很难从字体的物理元素中分离出来，因此认定字体设计不能以独立、可分割的艺术作品的形式存在。因此在 201.1 规定了字体不受著作权保护。但在美国，字体的名称可以专利设计法案获得保护。在近期的两则案例中，美国法院开始对具有独特风格的字体（中文字体）是否可受著作权法保护进行了判断。一则是 Yu Zhang v. Heineken N. V. et al[22] 案，虽然最终法院驳回了张先生请求，其判决的主要原因是张先生的作品是对中国文字的简单变形，不具有显著识别性，未能符合原创性要求。另外一起案件是 Sadhu Singh Hamdad Trust v, Ajit Newspaper Advertising, Marketing and Communications, Inc. , et al. [23]法院认为，原告的 Ajit 的标识使用了印度旁遮普字体，在对字体进行拉伸或压扁后，在标识的编排上体现了原创性，包括背景色的选择、字体大小以及空间布局的安排等，可以看出法院是通过分析该文字的颜色和文字风格来判断原创性是否被满足的，独特风格已经使其获得显著识别性，最终支

[20] 参见香港《著作权条例》（2007）。

[21] See Snyder, P. W. *Typeface Design After the Desktop Revolution: A New Case For Legal Protection.* http://frominktopixel. wordpress. com/from-ink-to-pixel-the-legal-aspects-of-digital-typography/digital-typeface-copyright/，2013 年 2 月 3 日最后访问。

[22] See 2010 U. S. Dist. Lexis 121084. 在该案中，书法家张先生向美国著作权局提出四幅汉字作品的著作权注册，但被驳回。美国著作权局驳回的理由是，美国著作权法不保护相似的符号或设计、基本的几何形状、单词或简短的短语，如姓名，标题，口号等，或仅仅是对印刷设计、书写、或颜色的改变。2008 年张先生就多个被告提起诉讼，要求法院认定其视觉艺术作品具有可著作权性并准予颁发注册。虽然在该案中，法庭由于作品缺乏原创性的原因而判断其不受著作权法保护，但是法庭将原告的作品称为中国传统绘画（Traditional Chinese Painting），而不是以功能原则来分割其艺术元素。

[23] See 503 F. Supp. 2d 577. 在该案中，原告是印度 Ajit Daily 日报的出版商，并就报头的 Ajit Daily 标识（Logo）在印度注册。被告是美国 Ajit Weekly 的出版商，原告认为被告使用与原告 logo 相同的 Ajit 字样构成著作权侵权。但被告认为美国著作权法排除对名称、短语的保护，因此 Ajit 标示不受著作权法保护。

持了原告的请求。可见美国法院在对具有独特风格的字体的保护上已经逐渐摒弃功能原则,转而从“原创性”本身来看待字体的可著作权性问题。

(六)《印刷字体及其国际保护协定》

《印刷字体及其国际保护协定》第3条规定成员国应该就著作权法或外观设计保护印刷字体,或另行制定各专门的注册法。

## 三、字体、单字与字库法律地位之认定

### (一)从知识产权的政策属性看字体保护保护要解决的三个问题

字体的知识法律保护要解决三个层面的问题,一是保护的必要性;二是保护的法律模式选择;三是产业保护与公共政策的平衡问题。无论从企业自身诉求还是国家利益诉求来看,保护的必要性无须赘述。

从国家层面而言,“知识产权制度是一个社会政策的工具”,是否保护知识产权,对哪些知识赋予知识产权,以何种水平保护知识产权,是一个国家根据现实发展状况和未来发展需要而作出的公共政策选择和安排。[24] 政策科学理论认为,实施任何政策都会面临“谁是政策受益者,谁是政策的受损者”的问题。因此,公共政策常常需要在各种利益冲突之间保持某种平衡,以保证公共政策的顺利实施和社会的稳定发展。[25] 知识产权制度关系到知识财富的分配和相关利益的调整。作为“利益相关者”,涉及知识产品的创造者、传播者、利用者之间的权利义务关系;作为“利益分享者”,则要考虑创造者专有权利与社会公共利益之间的平衡。知识产权制度通过权利保护、权利限制、权利利用的制度设计来调整权利主体与义务主体之间,个人与社会之间的利益关系。同样在字体相关问题的法律保护上,同样要考虑到字体设计者、传播者(字库产业)、字体利用者(一般公众及其他第三方利用者)之间的利益均衡。

字体产业与其他产业、普通公众的利益如何平衡问题,这也是各国反对字体强保护的重要原因之一。在美国反对者认为字体设计作为一种创新产品,与已经进入公共领域的字体的差别微小,如果进行保护会导致整个体系的不可控,公有领域被限缩,势必妨碍宪法第一修正案所保护的言论自由的实现。从竞争秩序来看,出于利益的追逐大产业集团透由知识产权权利行使,不可避免最终损害小公司利益,导致市场上竞争者数量减少,用户产品价格的上升,损害公共利益。对此本文持不同观点。本文认为知识产权制度具有产业政策的属性,作为促进国家技术和经济进步的手段,需要从国家产业的发展而不仅仅是个人权利出发来阐释知识产权。保护权利人,赋予其排他性独占权,目的在于鼓励优势产业的垄断地位,促进新兴产业的发展。产业政策论将知识产权视为促进技术和经济进步的制度手段,强调国家经济利益和社会综合效果。

---

[24] 吴汉东:“利弊之间——知识产权制度的政策科学分析”,载《法商研究》2006年第5期。

[25] 吴鸣:《公共政策的经济学分析》,湖南人民出版社2004年版,页3。

“私权”制度的设计成为产业发展的政策目标的重要途径，但它不是简单的保护“私权”，更重要的是在维护“私权”的同时促进产业发展和谋取国家利益。对于可能的垄断和公共利益侵蚀的问题，其实知识产权制度本身已经蕴涵了规制竞争秩序的政策考量。知识产权保护不能绝对化，而必须有一个合理与适度的界限，这一思想贯彻了知识产权制度设计的始终。合理适度的界限通过知识产权权利限制制度予以明确化，借由知识产权人的专有权利获得和行使的限制，达成权利人与其他竞争者、社会公众之间的利益平衡之目标。

关于保护的模式，从各国及国际公约的法律实践可以看到字体保护是多元化的法律保护模式。对字体是否可以采取著作权法的保护模式一直是争论的焦点。本文认为，著作权制度的设计和安排本身是一个经过政策选择后的结果，也主张对字体的著作权保护模式。著作权制度内设的规则已经可以解决反对者对字体予以保护的忧虑。首先，著作权制度规定了严格的门槛条件，如思想/表达二分法、独创性标准；其次，进入著作权客体范围后，权利行使要受许多限制条款的约束，如合理使用制度、法定许可制度；第三，很多国家著作权法明确列举了不受保护的作品类型，壮大公共领域的作品数量；第四，在保护期限、侵权判定方法上，也体现了权益平衡的理念。而不同国家在不同历史时期对制度的实施，则反映了这一时期产业政策和公共政策为私权所划定的权利边界。对字体的著作权保护应该说是著作权制度发展的历史选择，也是现实选择，通过著作权制度的弹性运用，可以解决各方主体之间的利益平衡的问题。

从近些年字体侵权诉讼的特点来看，主要围绕有关字体未获授权而进行商业利益的侵权，基于个人目的的使用基本无涉。以方正字库知识产权用户许可协议中为例，当中有这样的表述“……可以按照如下用途使用本字库软件，安装使用，屏幕显示或输出，备份，如果使用的需求超出了本协议的使用许可范围，出于商业目的而为他人而复制、发行、或者展览了本协议中的知识产权，获取方正字库知识产权的相应授权”。从市场角度看，这种商业模式只不过是字库行业在不同发展阶段的一个营销策略，并不是一个法律上的问题。

### （二）字体单字与字体字库法律属性之认定

#### 1. 独创性是判断字体单字与字体字库作品属性的唯一标准

在书法和印刷领域，字体是指文字的风格样式。汉字字型，是指用同一方法、同一风格制作的汉字造型的集合。同一字体的所有字符的造型数据称为字库。如果仅仅就个别少数文字进行设计，在符合原创性标准下，可能作为一般美术作品予以保护。字体在我国不是一类独立的作品形式。对字体侵权纠纷，我国司法实践领域多是以美术作品加以讨论的。在相关字体侵权案的审理中，很多法院在判定字体、字库的作品属性时，却走进了一个误区，即人为地为字体的可著作权性创设过高的门槛，混淆了著作权法上独创性与艺术领域审美意义、审美功能等定义的理解，进而以“审美意义”或

“独立的审美功能”等来代替独创性的判断标准。诚然,美术品不同于一般的文字作品,对一般的文字作品而言,文字本身作为客观化的表达可以成为著作权保护的客体,而对于美术、图形、影视、音乐作品等非文字成分表达的创作性判断,应该更强调其整体观感(Total concept and feel),当此种观感已经明显不同于现有字形(字体),即使其无法达到艺术范畴的审美高度和价值,亦不影响其原创性。我国司法解释曾明确指出,“独创性”包括“独立完成”和“创作性”两项要求。最高人民法院《关于审理著作权民事纠纷案件适用法律若干问题的解释》第 15 条规定:“由不同作者就同一题材创作的作品,作品的表达系‘独立完成’,并且具有‘创作性’的,应当认定作者各自享有独立著作权。”独立完成强调作品必须是作者本人独立创作而非抄袭他人的,其意义更多体现在原告对被告的抗辩理由,而不是诉争作品享有著作权的实质性条件。“独立完成”强调创作的过程。从字库制作过程来看,“独立完成”也体现在字体字库开发者的实质性投资上。“创作性”体现为与现有领域的字体设计相比,该款字体的独特风格已使其具有显著的“可识别性”。

2. 单字与印刷字库、软件字库的关系

我国《著作权法》第 5 条规定几种不受法律保护的作品,包括立法、行政和司法性质的文件、时事新闻、历法、通用数表、通用表格、公式等。著作权法对字体单字并没有明确排除在法律保护范围之外,因此单字有没有著作权,就成为交由法院判定的问题。在上文中提及不同法院在具体个案中的不同观点。反对对单字进行保护的观点认为,对单字设计保护会独占字体原型。字体原型作为字体设计的基础,独占了字体原型会限制字体设计进而阻碍文化的繁荣与发展。同时,法院又认为“对于字库字体,受到约束的使用方式应当是整体性使用和相同的数据描述,其中的单字无法上升到美术作品的高度”㉖。笔者对法院判决的理由持有疑问:首先,法院判决忽视了字体原型与有独创性字体的区别。有观点认为计算机字体所使用的字体原型属于公共领域,是公共财富,因此不具有独创性。虽然字体库整体可受著作权法保护,但不能及于单字设计保护。认为对单字设计保护会独占字体原型。字体原型作为字体设计的基础,独占了字体原型会限制字体设计进而阻碍文化的繁荣与发展。其实更确切些讲,字体不能独占的意义是字体的原型不能独占。这与对西文字体的保护会不会侵占字母是同样的道理。字体的原型是指字母、数字符号本身,对于同一原型,可以设计许多字体,也不能得出对字体的保护会导致对字母本身的独占。著作权保护的是字体设计中的独创性,而字母、符号等当然属于公有领域。也有法院认为“由于汉字本身构造及其表现形式受到一定限制等特点,经相关计算机软件调用运行后产生的字体是否具有著作权法意义上的独创性,需要进行具体分析后尚能判定”㉗。在具体判定上,要取决于单字的生

㉖ 参见北京市海淀区人民法院(2008)海民初字第 27047 号民事判决书。

㉗ 参见最高人民法院(2010)民三终字第 6 号民事判决书。

成方式，是否系作者独立完成而定。无论是手写完成的字稿创作，还是借助于计算机辅助设备，只要在设计过程中设计师发挥了主导作用，创作出的作品就可以获得著作权保护。如果技术完全替代了创作行为的场合，则不能获得保护，比如由模块化的横、竖、点经由指令形成的单字。在这一过程中，创作行为是否存在对决定原创性的有无意义重大，因此仍是一个个案认定的问题。

对于字体集合、印刷字体的法律地位的认识。印刷字体字库则是指同一字体的所有单字及其字符按照国家标准、行业标准等形成的规模化集合，此种集合既有机械性集合，也包括了数字化数据的集合，数字化集合即字体软件字库。[28] 字库是计算机字形的集合，一套集合能否获得著作权的保护呢？在方正诉宝洁一审判决中，法院认为当单字的集合作为字库整体使用时，整套汉字风格协调统一，其显著性和识别性可与其他字库字体产生较大区别，较易达到著作权法意义上的独创性高度。对于此种字库作品，他人针对字库字体整体性复制使用，尤其是与软件的复制或嵌入相配合的使用行为，可以认定侵权成立。[29] 此处的司法认定偏离了著作权之基本法理，也带来诸多难以解释的逻辑问题。这里需要说明一下作品的分类，某些"作品、片段、数据、材料"之集合构成一作品形态，该作品可能是汇编作品或数据库形式。在我国，数据库不受法律保护。如何理解法院判决中"具有审美意义的字体集合具有一定的独创性"，而"字体（单字）"不具有独创性。可以解释的理由之一是，法院认为字体集合是汇编作品。而著作权法第 14 条规定，"汇编若干作品、作品的片段或者不构成作品的数据或者其他材料，对其内容的选择或者编排体现独创性的作品，为汇编作品。"汇编作品的独创性体现对材料的选择和编排上。而字体集合（字库）的编排在我国是有国家标准的，字库生成中字体设计者不能对单字进行选择和编排。可见字库并不符合汇编作品的要件。既然构成字体集合的单字不具有独创性，字体集合的编排也不具有独创性，"字体集合的独创性"便成为无源之水，无本之木。在方正诉暴雪案中，法院意识到了字体、印刷字库及经软件调试后显示字体的差异性，在游戏软件运行过程中兰亭字库的使用及存在样态较之方正宝洁案在物质实体上使用单字字体行为更为复杂，进而作出"经相关计算机软件调用运行后产生的字体是否具有著作权法意义上的独创性，需要进行具体分析后尚能判定"是可以理解的。但如此结果，对字体产业者和字体使用者而言，不确定性及潜在法律风险却未得到解决。

## 四、代结论

在目前的司法审判中，字体侵权案的相异判决极有可能会带来两方面的负面效果。首先，字体、字库的法律保护应避免因司法不确定性引发"示范效应"。如上文分

[28] 陶鑫良："印刷字体单字与字库软件的著作权辨析"，载《知识产权》2011 年第 5 期。

[29] 参见北京市海淀区人民法院（2008）海民初字第 27047 号民事判决书。

析,如果字库中的单字均是由设计师单独设计修改而成,那么单字可作为著作权客体获得保护。在方正方诉宝洁案二审中,方正公司的上讼请求非常明确,限定在"飘"、"柔"二字的著作权上。该案若不是从默示许可的角度予以解决,法院应当认可"飘"、"柔"二字的著作权。在"哈巴喜"案件中,汉仪公司也是要求被告昆山笑巴喜公司、上海笑巴喜公司停止原告享有著作权的秀英体"哈巴喜"注册商标的使用。在方正诉暴雪案中,方正公司上诉主张兰亭字库的程序和字体均构成著作权法意义上的作品,是就字库整体主张著作权。二审判决的认定("经相关计算机软件调用运行后产生的字体是否具有著作权法意义上的独创性,需要进行具体分析后尚能判定"),是否因为方正公司的权利主张不甚清晰而导致败诉呢?这可能会对业界带来某种示范效应,即主张字体单字的著作权与主张字库著作权可能会有不同的审理结果。其次,侵权认定会因字库单字、印刷字库、软件字库使用方式不同而有差异性。无论是单字还是字组或字库,如果脱离软件载体直接体现在物质实体上,如雕刻字、商品包装、装潢等,此时权利人是无法主张软件侵权的,只能主张绝对权保护,法院也必须对单字及字库的作品属性进行认定。如使用以数据程序、指令形态呈现的单字或字库,寻求计算机软件的保护比较容易满足。不难得出,人为地割裂单字、印刷字库、软件字库内在一致性,在制作、应用等环节过分复杂化单字、字库的属性,不只模糊了法律的基本概念,也增加了司法适用的不确定性。

本文认为,字体的知识法律保护要解决三个层面的问题,一是保护的必要性;二是保护的法律模式选择;三是产业保护与公共政策的平衡问题。关于保护模式,各国、地区出于本国法律体系完整性和协调性考虑对字体采纳不同的法律加以保护,对权利人带来的影响会有以下几几点:第一,字体纳入不同法律范畴的准入条件是不同的,如果是著作权保护,要满足独创性要件;若采外观设计保护法,则需要满足新颖性要件;第二,不同的保护体现为不同的适用范围,赋予了当事人不同的请求权基础。如果是著作权或外观设计保护,权利人的请求权基础是绝对权;如果是合同法保护,请求权则是相对权。在字体竞争业者之间还可能适用反不正当竞争法,涉讼权利人需要证明经营行为和竞争关系的存在。各种保护模式之间并不是相互排斥的,也不能互相取代,双重或多重的保护很大程度上应取决于一国在特定时期对该行业发展的政策考虑。综合各方面因素,笔者认为借鉴台湾地区著作权法,将字体纳为一类独立的作品形式是比较恰当的。成为独立作品形式的字体一般指整套常用字整体性的设计,强调字体的统一设计理念及其整体性,而不在于保护单个文字本身的造型。换言之,单个字的造型即便区别于通常字形,具有一定的美感和艺术性,也不属于字体,而是一般美术作品;而只有当整体字群的绘画设计具有独创性时,才属于著作权保护的字体作品,归入美术作品。这对于节约司法成本,赋予字体权利人一定程度的法律预见性不失为权宜之计。

在对字体独创性的认定上,不宜采用过高的艺术范畴的审美标准。笔者认为字体设计只需达到可识别性即满足了原创性要件。可识别性是指将作品与现有作品或进入公有领域作品相比较,是否具有明显的变化。在我国司法和理论界有观点认为,计算机字体所使用的字体原型属于公共领域,是公共财富,因此不具有独创性,字体原型作为字体设计的基础,独占了字体原型会限制字体设计进而阻碍文化的繁荣与发展,而且字体作为汉字的展现形式,主要还是以传情达意为其首要功能,美感只是附属功能。这种观点有失偏颇,字体不能独占的意义是字体的原型不能独占,著作权保护的是字体设计中的原创性,而偏旁部首、字母、符号等当然属于公有领域。字体设计离不开对字体原型(包括进入公有领域的独特风格的字体)的参照,字体设计源于字体原型,新字体或为原创作品,或为演绎作品。在"原创性"有无判断上,可识别性是更具客观性的规则。

# 等同侵权原则可以等同多远？
## ——中美等同侵权原则的对比和分析

党晓林*

### 一、等同侵权原则的介绍

等同侵权原则是涉及发明或实用新型专利[①]的专利侵权判定中的一个重要原则。

在专利侵权判定中，若被控侵权物落入了涉案专利的权利要求的保护范围[②]，则构成侵权，反之，不构成侵权。在判断被控侵权物是否落入涉案专利的权利要求的保护范围的过程中，需要针对专利权人所声明的被侵权的某权利要求中[③]的全部技术特征与被控侵权物进行对比，即全面对比原则。[④] 若该权利要求中的全部技术特征在被控侵权物中均得到体现，则构成字面侵权或相同侵权；若该权利要求中的一个或多个技术特征与被控侵权物中的对应特征不同，但是被控侵权物中的相应特征构成该权利要求中的对应技术特征的等同特征，则构成等同侵权；相反，若针对一个或以上的技术特

---

* 党晓林，北京三友知识产权代理有限公司专利代理人，美国法学硕士（国际知识产权专业）。

① 由于在专利保护类型上，各国有所不同。在中国、德国以及日本等国，除发明专利外，还存在实用新型专利，然而在其他一些国家，例如美国，没有实用新型专利，与发明相对应的专利类型是实用专利（utility patent）。

② 参见中国《专利法》(2008)第59条中的规定“发明或者实用新型专利权的保护范围以其权利要求的内容为准”。

③ 该权利要求可以为独立权利要求，也可以为从属权利要求，以专利权人的主张为准。参见《最高人民法院关于对当事人能否选择从属权利要求确定专利权保护范围的请示的答复》(2007)民三他字第10号：“当事人放弃独立权利要求，自愿选择从属权利要求确定专利权保护范围的，人民法院应当允许。”

④ 参见《最高人民法院关于审理侵犯专利权纠纷案件应用法律若干问题的解释》(2010)第7条：“人民法院判定被诉侵权技术方案是否落入专利权的保护范围，应当审查权利人主张的权利要求所记载的全部技术特征。”

征，被控侵权物中的相应特征并不构成权利要求中的该对应技术特征的等同特征，或者被控侵权物中完全缺少与权利要求中的该对应技术特征相对应的技术特征，则不构成侵权。[⑤] 字面侵权和等同侵权均构成专利侵权。

在判断中，相对来说，字面侵权容易判断，等同侵权的判断则比较复杂。

## 二、等同侵权原则的发展和现状

### （一）中国等同侵权原则的发展过程

1. 具有法律依据之前的司法实践

在中国，等同侵权原则是一个舶来品。虽然中国原则上属于大陆法系国家，但是法院在应用等同侵权原则进行审判专利侵权案件的司法实践活动要早于等同侵权原则作为法律依据出现于专利法律文本的时间，即在等同侵权原则出现于专利相关法律法规以及司法解释之前，中国法院的法官已经开始应用等同侵权原则来认定专利侵权。[⑥]

2. 等同侵权原则的法律地位的确立——2001 司法解释

专利等同侵权原则首次出现在 2001 年 6 月 19 日最高人民法院通过的司法解释《最高人民法院关于审理专利纠纷案件适用法律问题的若干规定》(2001 司法解释)。在该 2001 司法解释中，第 17 条的规定确立了在确定专利保护范围时需要考虑等同侵权原则的基本规则，即“专利权的保护范围应当以权利要求书中明确记载的必要技术特征所确定的范围为准，也包括与该必要技术特征相等同的特征所确定的范围”。[⑦]换句话说，专利侵权分为相同侵权(也称为字面侵权)和等同侵权。进一步，2001 司法解释还确定了等同原则在具体判定上的标准：“等同特征是指与所记载的技术特征以基本相同的手段，实现基本相同的功能，达到基本相同的效果，并且本领域的普通技术人员无需经过创造性劳动就能够联想到的特征”。[⑧]

最高人民法院民事审判第三庭发布的《如何理解最高人民法院关于专利法(2001)法释字第 21 号司法解释(17)？》[⑨]中对等同侵权原则的立法背景进行了说

⑤ 参见《最高人民法院关于审理侵犯专利权纠纷案件应用法律若干问题的解释》(2010)第 7 条：“被诉侵权技术方案包含与权利要求记载的全部技术特征相同或者等同的技术特征的，人民法院应当认定其落入专利权的保护范围；被诉侵权技术方案的技术特征与权利要求记载的全部技术特征相比，缺少权利要求记载的一个以上的技术特征，或者有一个以上技术特征不相同也不等同的，人民法院应当认定其没有落入专利权的保护范围。”

⑥ 参见江苏省高级人民法院 (2000)苏知终字第 82 号“邹德威诉无锡市向阳医疗器械厂专利侵权案”。在该案中，江苏高院依据等同侵权原则，认为被控侵权物中的“长腰形孔”特征构成涉案专利权利要求 1 中的“圆孔”的等同特征，终审认定被上诉人侵犯了上诉人(专利权人)的专利权。

⑦ 《最高人民法院关于审理专利纠纷案件适用法律问题的若干规定》第 17 条。

⑧ 同上。

⑨ http://chinaiprlaw.com/html/wangyouluntan/20041201/4597.html，2010 年 8 月 17 日最后访问。

明:“参照世界主要国家对等同原则的通常理解及WIPO组织各国专家制定的专利协调协定的有关规定,结合我国多年来的审判实践,本条第2款对等同特征的含义作了解释。”

同时,最高人民法院民三庭对等同特征的适用也进行明确阐述:“等同特征必须同时具备两个条件:(1)客观标准,即等同特征与权利要求书中明确记载的技术特征必须在手段、功能和效果三个方面都没有实质性区别,而是简单的替换或者变换。(2)主观标准,即本领域的普通技术人员无需经过创造性劳动就能够联想到,或者说对本领域的普通技术人员是显而易见的。[⑩]”

在审判实践中,各地法院对等同侵权原则进行了进一步的发展,在诸多方面形成了普遍接受的共识,同时在部分方面也存在一定的差异。以北京市高级人民法院于2001年9月29日制定的《专利侵权判定若干问题的意见(试行)》为代表,在等同侵权的理解与适用方面,进一步明确了对适用等同侵权原则的限制,例如公知技术[⑪]、禁止反悔[⑫]等,这些原则已经基本上被法院接受。同时,不同法院在某些观点上仍有不同意见,例如,对于变劣发明是否适用等同原则,部分法院认为应该适用[⑬],而有的法院认为不应该适用[⑭]。

3. 等同侵权原则的进一步发展——2010新司法解释

最高人民法院于2009年12月28日公布了关于专利侵权审理的新司法解释,该新司法解释于2010年1月1日施行(称为2010司法解释)。2010司法解释重申了在专利侵权判定中的全部技术特征原则[⑮],同时明确了两种等同例外的情形:(1)在说明书

---

⑩ 同注⑨。

⑪ 《北京市高级人民法院专利侵权判定若干问题的意见(试行)》第42条。

⑫ 《北京市高级人民法院专利侵权判定若干问题的意见(试行)》第43条。

⑬ 《北京市高级人民法院专利侵权判定若干问题的意见(试行)》第41条:“对于故意省略专利权利要求中个别必要技术特征,使其技术方案成为在性能和效果上均不如专利技术方案优越的变劣技术方案,而且这一变劣技术方案明显是由于省略该必要技术特征造成的,应当适用等同原则,认定构成侵犯专利权”。另,参见青岛市中级人民法院(2001)青知初字第92号“薛连钦诉被告青岛青联股份有限公司专利侵权纠纷案”:“本院认为……被告除有意回避的腌制步骤外,其余四个步骤均与原告技术方案以基本相同的手段,实现基本相同的功能,达到基本相同的效果,且二者形式上的差异是无需经过创造性劳动就能够联想到,应当认定被告的生产方法落入了原告专利权利要求2的保护范围”。

⑭ 上海市高级人民法院(2004)沪高民三(知)终字第90号“许茨工厂公司诉上海山海包装容器有限公司专利侵权纠纷案”。二审法院认为“……许茨公司主张缺少必要技术特征的所谓变劣的技术方案也构成侵权的主张并无法律依据。”

⑮ 《最高人民法院关于审理侵犯专利权纠纷案件应用法律若干问题的解释》第7条:“人民法院判定被诉侵权技术方案是否落入专利权的保护范围,应当审查权利人主张的权利要求所记载的全部技术特征”。

中描述而未记载于权利要求书中的技术方案,不适用等同原则[16];(2)禁止反悔原则[17]。其中,对于第(2)种情形"禁止反悔原则",在此次司法解释发布之前的司法实践中已经广泛地被各地法院所采用;而对于第(1)种情形,在之前的司法实践中各地法院并没有得出统一认识。有的观点和2010司法解释中的规定一致[18],但是,也有不同观点或理解,即:若某技术方案在说明书中描述而没有记载在权利要求书中,此事实应该作为证明上述主观标准的因素被考虑,即,由于该技术方案已经被描述了,该被描述但并未被记载的技术方案对于本领域的普通技术人员来说,无需经过创造性劳动就能够联想到,或者说对本领域的普通技术人员是显而易见的。2010司法解释可以看成是对上述观点的明确回答。

但是,2010司法解释没有对等同原则的判定标准进行修改,仍然适用2001司法解释中第17条的规定。

(二)美国等同侵权原则的由来和发展

在美国专利法律的发展史上,等同侵权原则是由法官创立的,并且到现在为止,仍然仅存在于判例法中,而不在成文法中。等同侵权原则是从众多判例中一点一滴地逐渐发展来的,主要是基于"遵循先例(stare decisis)"的原则,这也是普通法(common Law)的一个特点。

被认为最早蕴含等同侵权原则思想的雏形的判例是1814年的Odiorne v. Winkley[19]案。判决该案的法官Story指出:"关键问题不在于是否采用了相同的运动元素或相同的组成部件,而在于是否在两机器中由相同的操作模式和相同的动力组合实质上产生了给定效果。仅仅是看似的区别,或者微小的差别,不能撼动原始发明人的权利。"[20]该判例提出了等同侵权原则的思想:仅仅有差别,并不能否认专利侵权。同时,该判例还尝试了如何判断是否构成等同:关键不在于是否技术要素相同,而是是否实

---

⑯ 《最高人民法院关于审理侵犯专利权纠纷案件应用法律若干问题的解释》第5条:"对于仅在说明书或者附图中描述而在权利要求中未记载的技术方案,权利人在侵犯专利权纠纷案件中将其纳入专利权保护范围的,人民法院不予支持。"

⑰ 《最高人民法院关于审理侵犯专利权纠纷案件应用法律若干问题的解释》第6条:"专利申请人、专利权人在专利授权或者无效宣告程序中,通过对权利要求、说明书的修改或者意见陈述而放弃的技术方案,权利人在侵犯专利权纠纷案件中又将其纳入专利权保护范围的,人民法院不予支持"。

⑱ 北京高级人民法院《专利侵权判定若干问题的意见(试行)》第15条:"仅记载在专利说明书及附图中,而未反映在专利权利要求书中的技术方案,不能纳入专利权保护范围。即不能以说明书及附图为依据,确定专利权的保护范围。"

⑲ Odiorne v. Winkley 18 F. CAS. 581 (C. C. D. Mass 1814).

⑳ 同上,页582:"The material question, therefore, is not whether the same elements of motion, or the same component parts are used, but whether the given effect is produced substantially by the same mode of operation, and the same combination of powers, in both machines. Mere colorable differences, or slight improvements, cannot shake the right of the original inventor."

质上产生了相应的技术效果。

被认为正式提出等同侵权原则的判例是 Graver Tank & Mfg. Co. v. Linde Air Products Co.[21]案。Graver Tank 案在援引先前判例的基础上,对等同侵权原则的法理依据和判断标准进行了归纳,比较明确地提出了著名的"功能—方式—效果(function-way-result)"判断法(也称为"三要素判断法(triple identity test)"),即被控侵权物是否以实质上相同的方式实现实质上相同的功能,从而获得相同的效果。[22]

作为等同侵权原则的另一个判断方法,"非实质区别"判断法(insubstantial difference test)也在实际审判中被美国法院所考虑。"非实质区别"判断法主要按照字面意思来理解,是指被控侵权物与发明之间没有实质上的区别,但是这个判断法并没有给出如何判断"非实质"的进一步的法则。

在具体应用过程中,"是否构成等同"属于事实问题,是由陪审团来决定的。因此,对于带有较强主观判断色彩的"实质上相同"判定和"非实质区别"判定来讲,这种陪审团判断模式相对于法官个人主观判断来讲,更加接近真实公正并且更容易让当事人接受。

不过,对于这两种判断方法,美国最高法院在 Warner-Jenkinson Co. v. Hilton Davis Chem. Co. 一案[23]中指出,任何一种都不完美。对于"功能—方式—效果"判断法来说,可能在分析机械类产品时是适合的,但是在分析其他产品和方法时经常只能提供拙劣的判断构架。而对于"非实质区别"判断法来说,对于是什么造成了所确定的区别是非实质性的问题,并没有给出什么额外指引。[24]

作为等同侵权原则的一个里程碑式的发展,美国最高法院在 Warner-Jenkinson Co. v. Hilton Davis Chem. Co. 一案中还确立了在等同侵权原则应用中适用"特征等同"的原则,即专利权利要求中的每一个特征都被视为对限定该授权专利的保护范围来讲是实质性的,因此等同侵权原则必须针对权利要求的单独特征进行应用,而不是针对该发明整体进行应用。[25]

在适用等同侵权原则时,还需要考虑一些限制因素,例如禁止反悔原则,现有技术

---

[21] Graver Tank & Mfg. Co. v. Linde Air Products Co., 339 U.S. 605 (1950).

[22] *Id.* at 608. "if it performs substantially the same function in substantially the same way to obtain the same result."

[23] Warner-Jenkinson Co., v. Hilton-Davis Chemical Co., 117 S. Ct. 1040 (1997).

[24] *Id.* at 1054. "There seems to be substantial agreement that, while the triple identity test may be suitable for analyzing mechanical devices, it often provides a poor framework for analyzing other products or processes. On the other hand, the insubstantial differences test offers little additional guidance as to what might render any given difference 'insubstantial'."

[25] *Id.* at 1049. "Each element contained in a patent claim is deemed material to defining the scope of the patented invention, and thus the doctrine of equivalents must be applied to individual elements of the claim, not to the invention as a whole."

避让原则,公开但未要求保护原则(也称为捐献原则)[26],以及特征损害原则(vitiation)[27]等。

禁止反悔原则是指专利权人不能通过等同侵权原则重新获得在专利局审查过程中已经放弃的保护范围。其中,禁止反悔原则包括基于针对权利要求修改的禁止反悔[28],基于针对说明书修改的禁止反悔[29]以及基于审查过程中的意见陈述的禁止反悔。

现有技术避让原则是指若适用等同侵权原则会将现有技术涵盖在内,则等同侵权原则不能适用,应该避开现有技术。

公开但未要求保护原则是指,要求被纳入构成等同侵权的保护范围的技术方案在说明书中被公开但是在权利要求中没有要求保护,从而这样的公开但未要求保护的技术方案被视为贡献给公众了,因此也称为捐献原则。例如,在 Johnson & Johnston Associates Inc. v. R. E. Service Co., Inc. 一案[30]中,权利要求 1 中限定了片材的材料为铝,但是在说明书中强调了,该片材的材料除了铝之外,还可以为不锈钢材料。而被控侵权物与权利要求 1 之间的区别仅仅在于片材的材料不同,并且被控侵权物恰恰就是采用了仅在涉案专利说明书中描述的不锈钢材料。CAFC(美国联邦巡回上诉法院)认为,Johnston 的专利明确地确认了其预见到了其他金属也能够用于该片材,但是该专利并没有要求保护除了铝之外的任何材料。可预见性阻碍了 Johnston 以等同为由来重新获得公开但是未要求保护的主题。在明显有机会获得较大保护范围而没有这样做的 Johnston 和一般公众之间,应该由 Johnston 来承担其疏于寻求此可预见的保护的后果。[31]

特征损害原则是指等同侵权原则的适用会造成对该具体特征的损害,因而不能适用等同侵权原则。虽然在很多判例中讨论或应用了特征损害原则,但是特征损害原则并没有明确的定义或者具体的判断法则。特征损害原则类似于等同侵权原则应用的反例,虽然按照正向思维进行分析,应用等同侵权原则(例如"功能—方式—效果"三要素判断法)后会认为构成了等同,但是从一个反面来分析,这种分析严重地或完全损害了在权利要求中限定的相应技术特征,因此不能适用等同侵权原则。例如,在 Moore

[26] Johnson & Johnston Associates Inc. v. R. E. Service Co., Inc., 285 F. 3d 1046 (Fed. Cir. 2002).

[27] Moore v. Standard Register, 229 F. 3d 1091 (Fed. Cir. 2000).

[28] Festo Corp. v. Shoketsu Kinzoku Kogyo Kabushiki Co., 535 U. S. 722 (2002).

[29] SciMed Life Sys. v. Advanced Cardiovascular Sys., 242 F. 3d 1337 (Fed. Cir. 2001).

[30] Johnson & Johnston Associates Inc. v. R. E. Service Co., Inc., 285 F. 3d 1046 (Fed. Cir. 2002).

[31] *Id.* at 1059. Johnston's patent disclosure expressly admits that it foresaw other metals serving as substrates. Yet the patent did not claim anything beyond aluminum. Foreseeability bars Johnston from recapturing as an equivalent subject matter not claimed but disclosed. In *Sage* terms, "as between [Johnston] who had a clear opportunity to negotiate broader claims but did not do so, and the public at large, it is [Johnston] who must bear the cost of its failure to seek protection for this foreseeable alteration of its claimed structure."

v. Standard Register一案[32]中,涉案专利的权利要求中限定了"第一和第二纵向粘性条带……在所述纵向边际部分的长度的多一半上延伸"[33],而被控侵权物中的延伸程度为47.8%,不是该长度的大部分或多一半而是属于该长度的少一半的范围。虽然47.8%非常接近"多一半"和"少一半"的界限,但是法院排除了等同侵权,因为:这样(即,认为构成等同)会造成权利要求中的该"多一半"限定完全没有必要,而且会造成违反逻辑而得出"少一半"——"多一半"的对立面——与权利要求的限定中所要求的"多一半"之间没有实质差别[34],即若适用等同侵权原则,会造成对该特征("多一半"限定)的损害。

## 三、等同侵权原则的理论基础的分析

专利权并不是与生俱来的自然权利(如自由、生命等权利),也不是传统意义上的财产权(物权),而是以国家主权作为后盾的人为设定的权利。专利的自然属性是垄断工具,其具有在一定时期内阻碍科技的运用和发展的性质。然而在整个专利体系中,以专利作为基本工具,围绕该基本工具设置了相应的程序、权利和限制,反而构造了以促进科技进步为宗旨的专利体系。

虽然专利权是为了促进科技进步而人为设定的权利,其仅仅是一种调整工具,但是等同侵权原则并不是人为设定的规则,而是在建立了专利体系情况下随着专利权的应用和发展基于公平原则和实际情况逐步发展出来的。因此,等同侵权原则并不是基于人为设定(例如立法或司法解释),而是基于公平原则。[35]

从最早蕴含等同侵权原则思想的雏形的判例Odiorne v. Winkley案[36]来看,Story法

---

[32] Moore U. S. A., Inc. v. Standard Register Company, 229 F.3d 1091 (Fed. Cir. 2000).

[33] 涉案专利中的原文为:"first and second longitudinal strips of adhesive ... extend the majority of the lengths of said longitudinal marginal portions"。

[34] Moore U. S. A. v. Standard Register Company, 229 F. 3d 1091, 1106 (Fed. Cir. 2000). at 1106. In this case, we hold that the applicant's use of the term "majority" is not entitled to a scope of equivalents covering a minority for at least two reasons. First, to allow what is undisputedly a minority (i. e., 47.8%) to be equivalent to a majority would vitiate the requirement that the "first and second longitudinal strips of adhesive ... extend the majority of the lengths of said longitudinal marginal portions." '464 patent, col. 10, ll. 56—60. If a minority could be equivalent to a majority, this limitation would hardly be necessary, since the immediately preceding requirement of a "first and second longitudinal strips of adhesive disposed in said first and second longitudinal marginal portions, respectively, of said first face" would suffice. Second, it would defy logic to conclude that a minority—the very antithesis of a majority—could be insubstantially different from a claim limitation requiring a majority, and no reasonable juror could find otherwise.

[35] 虽然在中国等同侵权原则从无到有是舶来品,但是若追溯到等同侵权原则的起源,会非常清楚:等同侵权原则并不是基于人为设定规则,而是基于公平原则一点一滴发展来的。

[36] Odiorne v. Winkley, 18 F. CAS. 581 (C. C. D. Mass. 1814).

官指出：仅仅是看似的区别，或者微小的差别，不能撼动原始发明人的权利。[37] 虽然在该案的时代，还没有专利保护范围以权利要求书为准的基本原则，甚至专利文件自身也并未要求有权利要求书，但是基本思想并没有改变，即专利的保护是依据专利文件的描述。在该案中，Story 法官指出，一个机器的仅仅看似的改变并不足以保护被告。[38] 该案的判决建立在公平原则的基础上：虽然被告的机器与专利权人的机器并不相同，但是被告在模仿中仅仅做了看似的改变，在这种情况下，为了体现公平，应该对专利权人进行保护。

在专利体系的初期，特别是专利权的保护范围的界定并不明确的情况下，基于公平原则，针对模仿专利权人的发明而做了些许改变的被控侵权物适用等同侵权原则，对专利权人进行一定的扩大保护是可以理解的，例如，Story 法官甚至提出了"关键不在于是否技术要素相同，而是是否实质上产生了相应的技术效果"的判断方法，这种判断方法（即重视技术效果而忽视技术要素）按照现在的司法实践会被认为过度地扩大了对专利权人的保护。

需要特别说明的是，Odiorne v. Winkley 案发生于 1814 年，在该案的年代，专利体系远远没有目前的体系完善，例如，对专利文件内容的要求以及专利文件的各部分的作用等并没有明确规定。相比之下，目前的专利体系已经发展到了一定的阶段，对于专利权的保护范围的界定已经有了明确的要求，即权利要求书。并且，对于权利要求书的文书要求和范围解释也有了比较明确的规定。因此，需要根据公平原则重新对等同侵权原则进行审视。

在目前的专利体系中，一些基本原则已经被确立，例如：权利要求的保护范围限定作用[39]，专利文件的授权公示作用等，这些原则使得专利保护范围的判定界限非常明确：专利权自身就是调节专利权人和公众之间的权利义务关系的工具，而针对公众来讲，专利文件的授权公示视为针对所有公众，并且权利要求书明确记载了专利权人要求保护的范围，因此，随着专利授权文件的出版公示，公众能够得知专利权的存在，并且能够基于权利要求书所描述的内容来探知专利权人的保护范围。

1. 权利要求限定专利保护范围的原则 vs. 等同侵权原则

严格来说，等同侵权原则在实质上是与权利要求限定专利保护范围的原则相对立的对立物，两者之间是不可协调的，因为等同侵权原则从根本破坏了权利要求限定专利保护范围的原则的基础，即专利保护范围不是由权利要求限定的，而是由权利要求

[37] *Id.* at 582.

[38] *Id.* Mere colorable alterations of a machine are not sufficient to protect the defendant.

[39] 《专利法》第 59 条第 1 款："发明或者实用新型专利权的保护范围以其权利要求的内容为准，说明书及附图可以用于解释权利要求的内容。"《美国专利法》第 112 条第 2 款："The specification shall conclude with one or more claims particularly pointing out and distinctly claiming the subject matter which the applicant regards as his invention.

中的各个特征及其等同特征的各种可能组合来限定的。[40] 叠加了等同侵权原则后,权利要求限定专利保护范围的原则在实质上已经被大大削弱,甚至面目全非了。

2. 专利的授权公示作用 vs. 等同侵权原则

专利的授权公示作用是面向一般公众的,因为专利审查程序是单方面程序,一般公众只能从专利授权公告中获知专利内容。公众在看到授权公告的专利文件时,能够感知专利的存在,从而也能够基于专利的授权公示来约束自己今后的行为,以避免侵犯他人的专利权。而等同侵权原则也是对专利的授权公示作用的侵蚀,因为,即使公众看到专利授权公告,仍然无法确定某些行为是否会构成侵权,即专利授权公告看似划出了专利权人的权利范围,但是该权利范围在等同侵权原则下仍然具有很大的不确定性。

3. 利益平衡:专利权人 vs. 一般公众

专利制度的宗旨是鼓励发明创造,具体手段是以专利权为工具在专利权人和一般公众之间进行利益平衡的调节。对此,专利权不是仅仅用于保护专利权人的工具,同时也是用于保护一般公众的工具。一旦专利权的范围能够明确界定,则专利权人能够清楚自己的权利范围,一般公众也能够就此安心了,只要不侵入专利权的范围,即可自由地实施自己的制造、销售等行为。

等同侵权原则似乎在专利权利要求的字面表述范围的基础上又向外扩展了一部分,但是扩展的边界是不明确的。这种边界的不确定性对一般公众的影响要远远大于对专利权人的影响,因为对于扩展部分,被控侵权物肯定与专利权人的技术方案有差别。若等同侵权不成立,对专利权人有一定影响,但毕竟被控侵权物与专利权人要求保护的技术方案不同;而若侵权成立,则被控侵权人的责任与侵入了专利权的字面范围的责任完全相同,而被控侵权物与专利权人要求保护的技术方案并不相同。

根据这些分析,等同侵权原则显然是在利益天平上偏向了专利权人一方。相应地,为了制约其中利益倾斜,也需要设置对等同侵权原则适用尺度进行约束的机制。

4. 在权利性质上,基于等同侵权的保护不同于基于相同侵权的保护

在专利保护范围以权利要求书为准的主导原则下,依据公平原则,针对特定情况,在权利要求书的文字基础上,仍然需要对专利权人进行扩大保护,即等同侵权原则仍

---

[40] 由于等同侵权原则在适用时没有关于等同特征数量的限制,即可以针对多少特征来判断被控侵权物中的对应特征是否属于等同特征,因此,原则上,可能出现这样的情况:权利要求中的大量的特征并没有出现在被控侵权物中,从侵权物自身来看,与专利没有多少相同之处,但是依据等同侵权原则,被控侵权物中的相应特征为这些特征的等同特征,那么侵权仍然会成立。例如,北京市第二中级人民法院(2004)二中民初字第6666号"北京康体休闲设备开发中心诉北京鹰搏蓝天科技有限公司等侵犯专利权纠纷案":"该案中权利要求1中共有8个特征,其中,被控侵权物中仅具备涉案专利的2、4、6、8四个技术特征,不具有涉案专利的1、3、5、7四个技术特征,但是法院仍然认为被控侵权物中的对应特征为1、3、5、7四个技术特征的等同技术特征,构成侵权。"

然具有存在的必要性。但是,需要明确的是,这种扩大保护不应该被理解为扩大了涉案专利的权利范围(虽然扩大了保护范围),即这种扩大的保护并不是专利权人依据权利要求书而获得的当然权利,而是仅仅基于特殊情况,基于公平原则而给予专利权人的保护。若没有特殊情况的出现,则不应进行扩大保护,即不应适用等同侵权原则。

专利权是一种无形财产权,虽然是无形的,但是在权利属性以及权利范围方面仍然具有与其他财产权的可比性。作为相对于物权的比喻,可以将权利要求书视为土地证书的四至范围,即权利要求书限定了土地的四周界限,在该界限之内的范围属于专利的权利范围,而在该界限之外的范围,并不是该专利的权利范围。但是,若权利人对于限定的界限之外的任何行为均不能主张权利,对于特定情况,显然有失公平,例如他人在该界限的外侧边缘上挖坑、植树等。而根据物权中的相邻权,权利人可以主张权利,即,针对某些特定情况,可以对权利人进行其所有物范围以外的保护。但是,该保护并不是扩大了权利人的物权(权利范围),即该界限外侧边缘区域并不属于权利人的当然权利范围,而仅仅是针对特定情形的扩大保护。

在权利性质上,基于相同侵权的保护类似于基于土地财产权的物权保护,而基于等同侵权的保护则类似于基于相邻权的保护。

专利保护范围以权利要求书为准的主导原则与对权利人进行扩大保护的等同侵权原则之间肯定存在冲突。在冲突面前,很显然,专利保护范围以权利要求书为准的主导原则是基本原则,优于等同侵权原则;而等同侵权原则仅仅是在主导原则的基础上针对不公平情况的特例适用。对于等同侵权原则的适用,必须根植于特例情况,而不能当做一般原则来适用,即在适用等同侵权原则时,必须先探查是否存在特例情况,若没有特例情况,则不应适用。

## 四、等同侵权原则的适用尺度

虽然在美国的司法审判中,三要素判断法并不是唯一的判断方法,并且美国最高法院也认为该判断方法并不是完美的,特别是针对机械类产品以外的产品和方法,但是三要素判断法是在各种理论和判断方法中适用最广泛,并且最具有操作性的判断方法。

根据中国的司法实践,特别是最高法院颁布的关于专利侵权审判的上述 2 个司法解释,在中国,等同侵权原则的适用是以上述三要素判断法作为基础的(虽然还增加了主观标准)。

因此,本文将以三要素判断法作为等同侵权原则适用的基础并围绕该三要素判断法来讨论。

### (一)三要素判断法中的各要素的分析:各要素缺一不可,各要素的地位相同

在美国的理论中,三要素判断法中的三个要素分别为:功能、方式和效果。根据中

国最高人民法院的司法解释,这三个要素分别为:手段、功能和效果。其中,“方式”和“手段”的含义是相同的。在此,以“手段”、“功能”和“效果”的术语来讨论,但是这种讨论实际上将这两种不同表述的判断方法均涵盖在内。

在权利要求的特征限定中,通常是以手段进行限定的(例如形状、位置关系、运动关系,步骤等),在一些情况下,也会在手段的基础上会加入功能描述以及效果描述,以对要求保护的发明进行进一步限定。若在权利要求中没有描述与限定的手段相关的功能或效果,这些功能或效果一般可以从说明书和附图中所示的技术内容中探知或者由本领域技术人员根据其技术知识来理解。虽然手段、功能和效果的基本含义并不相同,但是这三者之间并没有非常绝对的界限,特别是在某些特定情况下,三者之间的界限会很模糊。本文的讨论中是按照这三个要求的基本含义展开的。

在应用三要素判断法时,各要素缺一不可,每个要素均需要单独判断;并且,各要素的地位相同,任何一个要素不成立,均可导致不构成等同特征的结论。特别是,在依据等同侵权原则的保护并不属于专利权人的当然权利范围的基础上,针对三要素的判断的适用尺度应该严格掌握。

1. 手段

在应用三要素判断法时,最容易被忽略的要素是手段,因为适用等同侵权原则的前提是已经得出涉案专利的权利要求与被控侵权物之间存在差别,而该差别往往是两者的手段不同,在手段不同的基础上来判断两种不同手段是否基本相同或实质上相同,除了已经熟知的在先判例或惯用技术手段替换的举例,往往需要借助其他因素来判断,因此,特别容易依靠功能和效果的判断结果来反向确定手段是否基本上相同。

但是,在判断中,必须针对手段是否基本相同进行单独判断,并且这种判断不应依赖功能和效果方面的判断结论,否则将不是针对手段是否基本相同的判断。若依赖功能和效果方面的判断结论,必然会造成针对手段是否基本相同的判断被依据功能和效果的判断结果所取代,这样做会变相地将手段是否基本相同的判断架空了。

若以功能和效果的判断结论来取代针对手段是否基本上相同的判断,则三要素判断法就被改造成两个技术特征只要在功能和效果方面构成基本上相同即构成等同,这种判断实质上将权利要求中的各个具体特征均扩大为功能性特征,即虽然权利要求中记载的且授权公示的是各个具体特征,但是按照这种判断方法,针对权利要求的保护被扩大到能够实现各个具体特征的功能和效果的各种没有描述也没有进行审查的特征所构成的范围。这种判断方法显然是不公平的。

若不依赖功能和效果的判断结论对手段是否基本相同进行判断,需要考虑借助其他因素来判断,因为对手段是否基本相同的判断并不是凭空想象就能得出结论的。这些可借助的因素需要着力于手段自身,例如手段的可替换性、手段的性质(物理手段还是化学手段)、手段的工作/操作方式等。

在此可以参考 *Chiuminatta Concrete Concepts, Inc. v. Cardinal Indus.* 案[41]对手段是否基本相同的判断进行理解和分析。在此案中,专利权人 Chiuminatta 拥有美国 5,056,499 号专利,该专利的权利要求 11 要求保护一种用于切割混凝土的锯,该权利要求包括一个功能性限定特征(means plus function feature):"连接到锯的用于支撑混凝土的表面的装置,混凝土邻近切割刀片的引导刃以防止在切割期间混凝土表面产生碎屑、发生散裂或产生裂纹。"[42]根据《美国专利法》第 112 条第 6 款[43]的规定,该特征的保护范围由说明书中的具体实施方式及其等同物[44]确定。在说明书中唯一支持该特征的实施例如图 1 所示,其中部件 12 是基板(base plate),部件 24 是滑板(skid plate),部件 34 是从槽口伸出的锯片。被控侵权物与权利要求 11 的区别特征该功能性限定特征,其结构如图 2 所示,其中该锯也采用了旋转锯片 12,但是该锯采用了 2 个小轮子 14,将它们安装成邻近锯片 12 的引导刃,从而支撑混凝土表面,以防止在切割期间混凝土表面产生碎屑、发生散裂或产生裂纹。从功能(支撑混凝土表面)和效果(能够防止混凝土表面产生碎屑、发生散裂或产生裂纹)上比较,两者应该是相同的,不过此案中是否构成等同的关键在于两者的手段是否基本上相同。

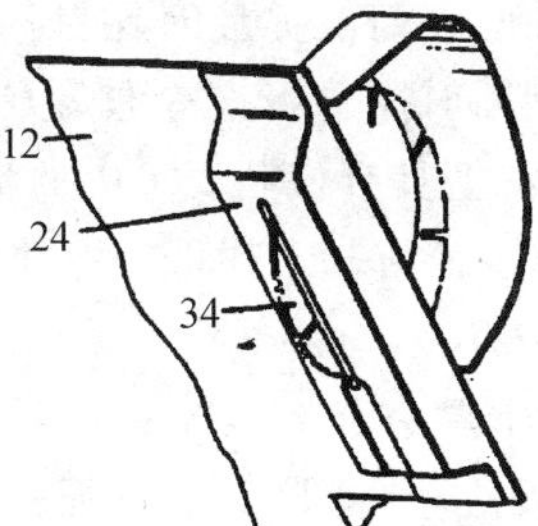


图 1

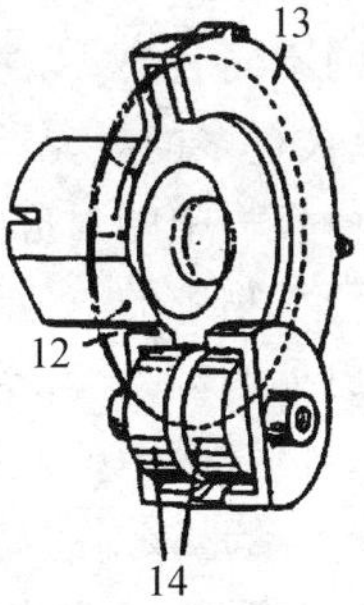


图 2

该案中,CAFC 推翻了地方法院的判决,认为两者的手段在实质上不同,不构成等

---

[41] Chiuminatta Concrete Concepts, Inc. v. Cardinal Indus., 145 F.3d 1303 (Fed. Cir. 1998).

[42] *Id.* at 1306. "means connected to the saw for supporting the surface of the concrete adjacent the leading edge of the cutting blade to inhibit chipping, spalling, or cracking of the concrete surface during cutting."

[43] 35 U.S.C 112, paragraph 6. "An element in a claim for a combination may be expressed as a means or step for performing a specified function without the recital of structure, material, or acts in support thereof, and such claim shall be construed to cover the corresponding structure, material, or acts described in the specification and equivalents thereof."

[44] 此处的等同是法定等同(statutory equivalent),不是等同侵权原则中的司法等同(judicial equivalent)。法定等同的范围是权利要求自身的保护范围,属于相同侵权中的判断内容,属于法律问题,通常由法官确定;而司法等同是本文中讨论的等同,是在不构成相同侵权的情况下适用等同侵权原则时所判断的等同,属于事实问题,通常由陪审团来确定。

同。CAFC 的理由是:轮子和滑板之间的区别并不是非实质性的。前者通过在混凝土上滚动来支撑混凝土表面,而后者是通过滑动进行的。前者是柔软的、可压缩的和圆形的,而后者是硬的并且非常平坦(虽然在具有圆边以防止在混凝土上刨削)。此外,与滑动相反,轮子在锯移动通过混凝土时进行滚动,从而在混凝土上产生不同的影响。由于轮子和滑板实质上不同,它们不可能构成等同[45],讲道理的陪审团不会作出这样的认定。[46] 最终,CAFC 认为两者的手段即不构成相同侵权中针对功能性限定特征的等同(没有落入字面保护范围),也不构成等同侵权中的等同。

从上面的案例可以看出,虽然权利要求中的特征和被控侵权物中的对应特征两者之间在功能和效果上相同,但是若两者在手段上不属于基本相同,仍然会构成两者不等同的结论,即不能以针对功能和效果的判断来关闭或取代针对手段的判断。另外,针对手段的判断,需要考虑该手段自身的因素,例如手段的结构和性质、手段的工作/操作方式等。

2. 功能

对于功能来说,某一特征可以有多方面的功能,而且,从不同方面入手,该特征的功能的表象是不同的。为了判断功能是否基本相同,需要全面考虑某一特征的多个不同功能或功能的不同表象,以避免遗漏;但是,同时还需要抓住对比目标以及该特征的功能本质,避免被过多的表象所误导,因此,在判断时需要着重考虑两方面:

(1) 被控侵权物中的对应特征是否能够基本上具有权利要求中的特征的功能;

(2) 被控侵权物中的对应特征的上述功能是否为基本功能或基本功能之一还是作为基本功能以外的额外功能。

在得出被控侵权物中的对应特征能够基本上具有权利要求中的特征的功能的基础上,若该功能并不是该对应特征的基本功能或之一,即该对应特征被构置于被控侵权物中的目的并不是为了实现权利要求中的特征的功能,而是该功能以外的其他功能,则不应认定两者的功能基本上相同。因为"基本上"相同不仅仅是在功能的程度上的近似,还应考虑在功能的性质上的近似。

3. 效果

效果和功能是不同的,但是在分析时容易将功能和效果进行混淆。功能是某一特征所起到的作用,而效果是某一特征所造成的结果。有可能不同特征的功能相同,但

---

[45] 此处的等同是指法定等同。

[46] 145 F. 3d at 1309. "The assertedly equivalent structures are wheels, and the differences between the wheels and the skid plate are not insubstantial. The former support the surface of the concrete by rolling over the concrete while the latter skids. The former are soft, compressible, and round; the latter is hard and predominantly flat (albeit with rounded edges to prevent gouging of the concrete). Additionally, the wheels rotate as opposed to skid as the saw moves across the concrete and thus have a different impact on the concrete. Since the wheels and the skid plate are substantially different from each other, they cannot be equivalent, and no reasonable jury could so find."

是效果不同。例如，齿轮传动和螺纹螺杆传动均能够起到传动的功能，但是两者的效果却并不相同。因此，也需要针对功能和效果进行分别对比。

（二）如何划分权利要求的技术特征

技术特征是构成权利要求的要素，但是目前尚没有关于对权利要求如何划分技术特征的规定。由于等同侵权原则是基于技术特征层面的判断，因此，技术特征的划分程度不同，有可能导致是否构成等同特征的判断结果的不同。

例如，权利要求1由特征A、B和C构成，但是特征A又可以进一步细分为a1，a2和a3。若站在特征a1的层面上，针对被控侵权物中的对应特征是否构成等同特征是以特征a1的手段、功能和效果为目标进行判断的。但是，若在划分特征时，没有进一步细化特征A，则以特征A为对象进行判断，那么被控侵权物中的对应特征是否构成等同特征是以特征A的手段、功能和效果为目标进行判断的，很有可能得出的判断结果与针对特征a1进行的判断结果不同。因此，不同的特征划分，很可能会造成不同的判断结果。

一般情况下，权利要求中的技术特征划分得越细，被认为不构成等同特征的可能性越高；相反，权利要求中的技术特征划分得越粗，被认为构成等同特征的可能性越高。这是因为，若技术划分得越粗，则该特征的手段、功能和效果的层面越概括，而对于类似产品或方法，在粗化的或概括的层面上，对比双方的手段、功能和效果很容易被认定为是相同的或基本上相同。

进一步，按照极端的例子来理解，权利要求中技术特征的最粗的划分就是将权利要求划分成只有1个技术特征，那么三要素判断法的对比层面就是技术方案自身（基于这种划分进行的等同对比显然是错误的[47]），而类似的技术方案整体在功能和效果上往往是相同的，而手段方面的区别只是手段整体（整个技术方案作为手段）的局部区别，这种局部区别会被淹没在手段整体中。

但是，从权利要求、被控侵权物以及三要素判断法三者来看，比较对象和比较原则没有变化，那么，即使技术特征的划分不同，比较结果也不应该变化。相比之下，粗化划分相比细化划分更可能出现划分错误。

基于特征划分的异同会导致判断结果的不同的情况，首先需要确定的划分原则应该是：特征划分的异同不应改变等同侵权原则使用的结果，即若不同的划分造成不同的判断结果，则这种不同划分中的粗化划分是不正确的，应该采用细化划分。但是，这种划分也不是越细越好，因为最细的划分有可能造成权利要求被拆分成无数碎片，每个碎片的手段、功能和效果都无法探知。为了能够应用三要素判断法，技术特征划分的程度应该能够保证每一个特征均能够探知其手段、功能和效果，即每个特征为权利

[47] 《北京市高级人民法院专利侵权判定若干问题的意见（试行）》第35条："等同物应当是具体技术特征之间的彼此替换，而不是完整技术方案之间的彼此替换。"

要求中的最小单元特征或最基础特征。

因此,在技术特征划分时,需要满足的两个原则是:

(1)技术特征划分的异同不应改变等同侵权原则使用的结果;

(2)技术特征划分应该立足于能够探知其手段、功能和效果的权利要求中的最小单元特征。

若根据上述划分原则进行技术特征的划分,则能够在一定程度上避免将针对某一具体特征的不同淹没在以更高层级的特征群为整体的对比中,能够直接针对对比双方之间的不同进行判断,防止变相绕过特征之间的具体差异进行等同判断。

(三)等同侵权原则适用的限制

上述两方面是从正面对等同侵权原则的适用尺度进行分析,下述几个方面是从反面对等同侵权原则的适用尺度进行分析。

1. 技术特征损害原则(vitiation)——等同适用不能损害权利要求中的特征

技术特征损害原则是美国专利判例法中的一个原则,没有具体定义。由于在我国尚没有技术特征损害原则的实践,在此借鉴美国的部分判例来阐述该原则。

技术特征损害原则的本质是写入权利要求中的任何一个特征(甚至文字)都有其自身作用,不能忽略任何一个特征(文字),即使是适用等同侵权原则,也不允许借用等同侵权原则在实质上忽略或去除任何一个特征[48],即不能借用等同侵权原则来损害该特征。

在一些判例中,比较的双方在性质或逻辑上相反,虽然两者之间的量差不大,但是属于不同的性质,类似于较小的量变造成了质变的情形,这些情形非常容易理解。例如,在上面介绍的 Moore v. Standard Register 一案[49]中的"多一半"与"少一半"的比较。在例如,在 Eastman Kodak Co. v. Goodyear Tire & Rubber Co. 案[50]中,CAFC 认为,权利要求中的"惰性气体环境(inert gas atmosphere)"特征与被控侵权物中的"加热的空气 heated air"之间不构成等同,因为权利要求中的用语已经从权利要求的范围中具体地排除了反应气体,例如"加热的空气",因此不构成等同。[51] 在该案中,CAFC 引用 Warner-Jenkinson Co., Inc. v. Hilton Davis Chemical Co. 案强调了"等同侵权原则并不是用

[48] Warner-Jenkinson Co., Inc. v. Hilton Davis Chemical Co. 117 S. CT 1040 (U. S. 1997) 页 1045:"A focus on individual elements and a special vigilance against allowing the concept of equivalence to eliminate completely any such elements should reduce considerably the imprecision of whatever language is used." 页 1049:"It is important to ensure that the application of the doctrine, even as to an individual element, is not allowed such broad play as to effectively eliminate that element in its entirety."

[49] Moore U. S. A., Inc. v. Standard Register Company, 229 F. 3d 1091 (Fed. Cir. 2000).

[50] Eastman Kodak Co. v. Goodyear Tire & Rubber Co., 114 F. 3d 1547 (Fed. Cir. 1997).

[51] *Id.* at 1560.

来忽略权利要求中的限定的许可证。”[52]

在其他一些判例中，比较的双方均为结构上存在区别，在性质或逻辑上没有明显的差别，此时需要针对具体情况来判断是否对权利要求中的特征造成损害。例如，在Tronzo v. Biomet, Inc 案[53]中，在涉案专利US4,681,589中仅公开和限定了圆锥形杯(conical shaped cups)，如图3所示；而在被控侵权产品中，采用的特征是半球形杯(hemispherical cup)，如图4所示。

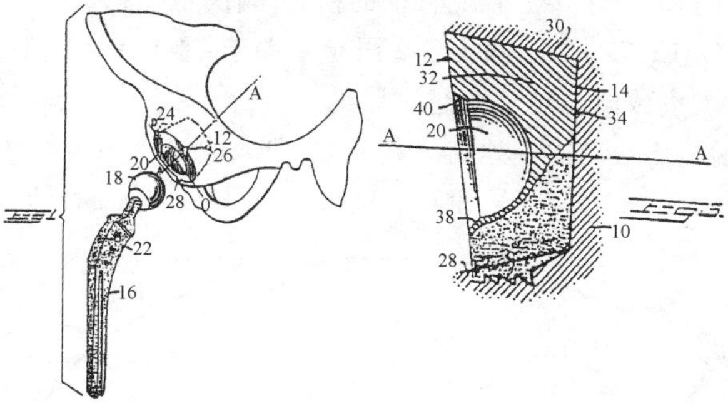


**图 3**

**图 4**

在此案中，CAFC认为如果等同理论会损害权利要求中的限定特征，那么作为法律问题就可以确定在等同侵权原则下没有侵权。[54] 在该案审理中，专利权人的专家证人作证说：“当半球形杯或梯形杯（截锥形杯）或其他任何形状的杯杯成功地植入人体

[52] *Id.*

[53] Tronzo v. Biomet Inc., 156 F.3d 1154 (Fed. Cir. 1998).

[54] *Id.* at 1160. “If a theory of equivalence would vitiate a claim limitation, however, then there can be no infringement under the doctrine of equivalents as a matter of law.”

时,该杯几乎是以完全相同的方式发挥功能。”[55]对此,CAFC 认为,如按照专利权人的专家证人讲述的那样,杯的形状与要实现的期望结果无关,则在成功植入后任何形状均可以基本上相同的方式发挥功能[56],则任何形状均构成权利要求 2 和 10 中的圆锥形限定特征的等同特征。这样做就会把“圆锥形杯”特征写到了权利要求之外。因此,被控的半球形杯没有在等同侵权原则下侵犯权利要求 2 和 10。[57]

在 Primos, Inc. v. Hunter's Specialties, Inc. 案[58],法官根据该案事实认定适用等同侵权原则不构成对权利要求中的相应特征的损害,判决认定构成了等同侵权。在该案中,涉案专利 US 5,415,578 的权利要求 2 限定了关于“板(plate)”的特征:“具有一长度的板,该板从框架大致向上延伸并越过膜的一部分,该板在沿着板的长度的各个位置处在膜的该部分的上方有差别地与之相间隔”[59],如图 5 所示,其中部件 15 表示板,部件 18 表示框架,部件 22 表示膜;而被控侵权物中采用的特征为圆顶(dome)。

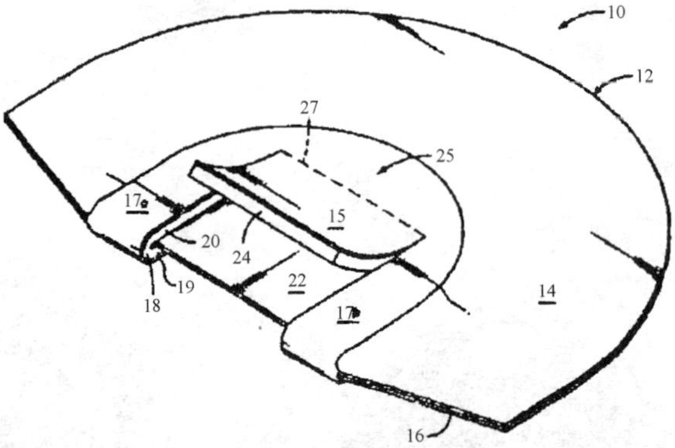


图 5

[55] *Id.* “when either a hemispherical cup or trapezoidal cup *or any other shape* cup is successfully implanted into the body, it functions almost exactly the same way.”

[56] *Id.* “While the evidence tended to demonstrate that the shape of the cup was irrelevant to achieving the desired result and that after successful implantation any shape would function essentially the same way, it also indicated that various shapes could produce ‘forces that might be different.’”

[57] *Id.* According to the expert testimony, any shape would be equivalent to the conical limitation of claims 2 and 10. Such a result is impermissible under the all-elements rule of *Warner-Jenkinson* because it would write the “generally conical outer surface” limitation out of the claims. See117 S. Ct. at 1053 n. 8. Accordingly, the accused cup cannot infringe claims 2 and 10 under the doctrine of equivalents as a matter of law.

[58] Prismos, Inc. v. Hunter's Specialties Inc., 451 F.3d 841 (Fed. Cir. 2006).

[59] *Id.* at 844. “a plate having a length, the plate extending generally upward from the frame and over a portion of the membrane, the plate being differentially spaced above the portion of the membrane at various locations along the length of the plate”。

在该案中,地方法院在一审中对"板"的理解是:术语"板"为具有相对均匀厚度和平坦的并可以带有适度的曲率的具体结构[60],CAFC在上诉审理中认为,特征"板"并没有传递出确定的几何形状或结构,而被控侵权物中的圆顶结构被认定为"板"的等同特征,不会对特征"板"造成损害。另外,若按照被告的构成对特征"板"的损害的意见,则对于该特征"板"将不存在等同特征。[61]

在上述Tronzoan案中,虽然从手段—功能—效果三要素分析,有可能满足三要素判断法而认为构成等同侵权。但是,从另一个角度分析,在适用三要素判断法时,必须尊重权利要求中所表述的特征,不能通过等同侵权原则来抹杀权利要求的特征。而在上述Primos案中,虽然特征"板"和特征"圆顶"不同,但是法院根据该案事实进行分析,将特征"圆顶"认定为等同不会对特征"板"构成损害,最终认定可以适用等同侵权原则。

技术特征损害原则体现了一定的公平性,具有其存在的道理,该原则在一定程度上从一个方面对等同侵权原则的适用进行了限制,使得等同侵权不能等同过远。

2. 禁止反悔原则

禁止反悔原则[62]也是一个基本原则,是指专利权人不能通过等同侵权原则重新获得在专利局审查过程中或者无效程序中已经放弃的保护范围。其中,基于审查过程中或无效过程中的具体行为,禁止反悔原则包括基于修改的禁止反悔,基于意见陈述的禁止反悔,以及基于说明书中的特定陈述的禁止反悔。

在等同侵权原则和禁止反悔原则在适用上发生冲突时,应当优先适用禁止反悔原则。[63] 因此,禁止反悔原则是从另一方面对等同侵权原则的限制,防止不适当地扩张保护范围。[64]

在我国的司法实践中产生了依据禁止反悔原则的很多判例,例如解文武诉青岛海

---

⑥⓪ *Id.* at 845. In its decision, the court construed the term "plate" in claim 2 of the '578 patent to mean "a structural element of relatively uniform thickness and flatness which may also have some moderate curvature to it."

⑥① *Id.* at 850. "As the district court recognized, Hunter's Specialties is essentially contending that there can be no equivalent to the claimed 'plate'."

⑥② 《最高人民法院关于审理侵犯专利权纠纷案件应用法律若干问题的解释》第6条:"专利申请人、专利权人在专利授权或者无效宣告程序中,通过对权利要求、说明书的修改或者意见陈述而放弃的技术方案,权利人在侵犯专利权纠纷案件中又将其纳入专利权保护范围的,人民法院不予支持。"

⑥③ 《北京市高级人民法院专利侵权判定若干问题的意见(试行)》第44条。

⑥④ 最高人民法院印发的《关于当前经济形势下知识产权审判服务大局若干问题的意见》中明确指出:"对于权利人在专利授权确权程序中所做的实质性的放弃或者限制,在侵权诉讼中应当禁止反悔,不能将有关技术内容再纳入保护范围。严格等同侵权的适用条件,探索完善等同侵权的适用规则,防止不适当地扩张保护范围。"

尔通信有限公司专利侵权案[65],“优化五笔字型”专利侵权案[66]等。

3. 现有技术避让原则

现有技术避让原则(或公知技术抗辩,或已有技术抗辩)是指在适用等同侵权原则时[67],必须避开现有技术,不能将现有技术涵盖在等同侵权的范围之内。

(1) 现有技术的范围以及现有技术避让的标准:新颖性标准 vs. 创造性标准。

在我国的司法实践和法律规定中,在侵权抗辩中所说的现有技术是指一项现有技术,采用的标准是类似于新颖性的标准。

在司法实践的历史上,通常的观点是指现有技术为一项已有技术。[68] 在法律依据方面,依据现有技术进行侵权抗辩的规定被写入2008年颁布的《专利法》第62条中,虽然在专利法中没有对现有技术进行说明,但是在2010新司法解释的第14条中明确规定了:“被诉落入专利权保护范围的全部技术特征,与一项现有技术方案中的相应技术特征相同或者无实质性差异的,人民法院应当认定被诉侵权人实施的技术属于专利法第62条规定的现有技术”。其中的“与一项现有技术方案中的相应技术特征相同或者无实质性差异的”表明了判断标准为“相同或无实质差异”,类似于新颖性标准。[69]

作为参考,美国在适用现有技术避让原则时采用的是创造性标准,可以组合多项现有技术。例如在 Depuy Spine, Inc. v. Medtronic Sofamor Danek, Inc. 案[70]中,涉案专利 US 5,207,678 的权利要求中描述了特征“形成为球形(spherically-shaped)”,而被控侵权物中的对应特征为“形成为圆锥形(conically-shaped)”。在审理中,被控侵权人以两份现有技术文件(对比文件 US5,474,555 和对比文件 US 2,346,346)作为依据提出现有技术抗辩,认为不构成侵权。CAFC 在判决中指出,进行判断的第一步是构造一个假设的权利要求,该权利要求覆盖了被控侵权物,即采用被控侵权物中的特征“形成为

---

[65] 北京市第一中级人民法院(2005)一中民初字第3254号民事判决书。

[66] 北京市高级人民法院(1994)高经知终字第30号民事判决书。

[67] 公知技术抗辩在适用范围上曾存在一定的争论,早先的观点认为仅适用于等同侵权,不能适用于相同侵权,例如《北京市高级人民法院专利侵权判定若干问题的意见(试行)》第102条:“已有技术抗辩仅适用于等同专利侵权,不适用于相同专利侵权的情况”;后来的观点是在适用上不区分是等同侵权还是相同侵权,例如最高人民法院民事审判第三庭《关于王川与合肥继初贸易有限责任公司等专利侵权纠纷案的函》中的观点,首先对比被控侵权物和公知技术,得到否定结论后再对比被控侵权物和专利权利要求。2008年新颁布的《专利法》第62条明确了利用现有技术抗辩不区分相同侵权还是等同侵权。本文中不涉及适用范围上的讨论,故采用“现有技术避让原则”的表述,仅讨论现有技术与等同侵权之间的关系。

[68] 《北京市高级人民法院专利侵权判定若干问题的意见(试行)》第100条“已有技术抗辩,是指在专利侵权诉讼中,被控侵权物(产品或方法)与专利权利要求所记载的专利技术方案等同的情况下,如果被告答辩并提供相应证据,证明被控侵权物(产品或方法)与一项已有技术等同,则被告的行为不构成侵犯原告的专利权”。

[69] 参见《专利审查指南》2010版 第二部分第三章3.2节“审查基准”,新颖性的标准包括了涉案技术方案中的特征被现有技术完全公开和仅仅存在依据惯用手段的直接置换造成的区别。

[70] Depuy Spine, Inc. v. Medtronic Sofamor Danek, Inc., 567 F.3d 1314 (Fed. Cir. 2009).

圆锥形”来取代涉案专利的权利要求中的特征“形成为球形”而构成,[71]第二步是判断构造出的假设权利要求相对于两份现有技术文件是否具有可专利性,即是否具有创造性[72]。最终,如果该构造出的假设权利要求相对于现有技术不具有创造性(专利性),则专利权人的保护过分扩张了,被控侵权物不构成侵权。

(2) 针对我国采用的新颖性标准的分析。

在我国,由于采用了专利权有效性审查和侵权审理两者职权分开的原则,专利权有效性审查属于专利行政部门(专利复审委员会)的权力[73],法院在侵权审理时无权对专利权有效性进行判断,而只能对是否构成侵权进行判断。

在遵循有效性审查和侵权审理职权分开原则的情况下,对于现有技术原则中采用的新颖性判断标准,仍然可能存在程序上的问题和实体上的遗漏。

① 从程序上看,即使实体上没有遗漏,但是可能产生程序上的浪费。

参见下述例 1 来分析:

涉案专利中的权利要求包括特征 A,B,C 和 D;

现有技术:

对比文件 D1 的技术方案中公开了特征 A,B 和 C,

对比文件 D2 的技术方案中公开了特征 C 和 D′;

被控侵权无物中的技术方案包括特征 A,B,C 和 D′。

若采用新颖性的标准,则 D1 和 D2 不能组合作为现有技术抗辩的证据被采用,并且任何一篇都没有公开被控侵权物的技术方案,因此在侵权审理中依据现有技术进行抗辩不能成立。这样,若被控侵权人提出无效宣告请求,法院有可能会中止侵权审理等待无效结论,然后再进行侵权审理;但是法院也有可能不中止侵权审理,侵权诉讼和无效程序并行进行。一般情况下,侵权诉讼通常早于无效程序得出结论。例如,法院在侵权审理中认为特征 D′构成特征 D 的等同特征,并且由特征 A,B,C 和 D′构成技术方案在新颖性标准下不属于《专利法》第 62 条规定的现有技术,则构成等同侵权,侵权成立,但是若在判决后作出的无效决定中专利被宣告无效(权利要求相对于 D1 和 D2

---

[71] 同上,页 1321:Medtronic argued that the combination of U. S. Patent No. 5,474,555 (“Puno”) and U. S. Patent No. 2,346,346 (“Anderson”) would have rendered obvious a “hypothetical” version of claim 1 of the ’678 patent, in which the phrase “conically-shaped” is substituted for the actual claim term “spherically-shaped”;以及页 1324:“A helpful first step in an ensnarement analysis is to construct a hypothetical claim that literally covers the accused device.”

[72] 同上,页 1325:Next, the district court must assess the prior art introduced by the accused infringer and determine whether the patentee has carried its burden of persuading the court that the hypothetical claim is patentable over the prior art 以及 Ultimately, [i]f such a claim would be unpatentable under 35 U. S. C. § § 102 or 103, then the patentee has overreached, and the accused device is noninfringing as a matter of law。

[73] 虽然针对专利复审委员会的无效审查决定相法院提出行政诉讼,但是该诉讼由指定的法院——北京市第一中级人民法院审理,与侵权诉讼有哪个法院审理无关。

不具有创造性),则造成侵权审理的程序浪费。特别是,针对无效决定败诉一方可以向法院提出无效行政诉讼,由此引发一审和二审程序,造成专利权有效性的结果迟迟不能确定,无论是侵权审理被中止还是不中止,都会造成程序延迟或浪费。

② 从实体上分析,存在在任何程序中均不能审查的遗漏。

即使程序上有拖延或浪费,但是不论是在无效程序中还是侵权审理的诉讼程序中,只要被控侵权人有完全的抗辩机会,其仍然能够得到救济。但是若在实体上有遗漏,无论在何种程序中,被控侵权人就完全丧失了这方面救济的可能。

参见下述例2来分析:

专利中的权利要求的方案1:A,B,C和D。

现有技术:

对比文件D1:A,B和C;

对比文件D2:C和D′。

D1和D2可以结合,组合D1和D2后得到的假设方案2(D1+D2):A,B,C和D′。

被控侵权专利的方案3:A,B,C和D″。

假设:方案1(权利要求)相对于方案2(D1+D2)有创造性,而方案3(被控侵权物)相对于方案2(D1+D2)没有创造性,即方案3属于本领域技术人员依据现有技术容易想到的技术方案。

在无效程序中,由于不考虑被控侵权物的方案,即不对方案3进行判断,只比较方案1和方案2,结论为:方案1有专利性;

在侵权审理中,由于采用新颖性标准,仅单独比较方案3和D1以及单独比较方案3和D2,而方案2(D1+D2)不属于《专利法》第62条规定的现有技术范畴,不对方案2进行判断,从而无法比较方案2和方案3的关系,从而得出的结论是方案3不属于现有技术,不适用现有技术抗辩。若法院认为特征D″构成特征D的等同特征,则构成等同侵权,侵权成立。

通过上述例子的分析,虽然被控侵权物的技术方案3属于本领域技术人员依据现有技术容易想到的技术方案,无论是无效程序中还是侵权审理中,均不会考虑被控侵权物的技术方案3相对于现有技术(D1+D2)是否是容易想到的(创造性要求),而仅仅考虑了被控侵权物的技术方案3是否被某一现有技术(D1或D2)公开(新颖性要求),这就造成了相对现有技术(D1+D2)不具有创造性的技术方案不属于公众自由使用的公共财产,而是在现有技术之后申请的专利的保护范围,这显然是不公平的。

③ 针对等同侵权判定中现有技术避让原则(现有技术抗辩)的建议。

为了弥补在实体上的审查漏洞,建议在等同侵权判定中,针对现有技术避让原则(现有技术抗辩)采用创造性标准。在适用中,仅仅判断被控侵权物是否属于公众可以自由使用的公共财产,即被控侵权物对于本领域技术人员来讲相对于现有技术是否是容易想到的,但是不对专利中的权利要求相对于现有技术是否具有新颖性和创造性进行判断,即不对专利有效性进行审查。

采用创造性标准,不会对专利有效性审查和侵权审理职权分开原则产生影响,换句话说,即使有一定影响(例如变相规避但实质架空了专利有效性审查),这种影响也仅仅是在目前采用的新颖性标准所产生的影响的限度之内。

进一步,这种影响并没有影响专利权的保护范围,对于专利权利要求的字面保护范围不会产生任何影响,同时使基于等同侵权原则而扩张的保护范围更加趋于公平合理的限度之内。换句话说,本领域技术人员基于各种现有技术而容易想到的各种技术方案均应该属于公有领域的公共财产,任何专利的权利要求的保护范围,无论是基于字面侵权的权利范围还是基于等同侵权原则扩张的保护范围,均不应侵入共有领域的公共财产的范围。从这个方面看,等同侵权在向外扩张的外延上受到属于公共财产的各种现有技术的限制,不能向外过度扩张。

## 五、结语

通过上述分析,在权利性质上,基于等同侵权的保护并不应该视为专利权利要求的当然权利范围,而仅仅是基于公平原则针对特定情况对专利的扩大保护,并不是将权利要求的权利范围向外进行了扩张。因此,在适用等同侵权原则时应该严格掌握适用尺度,不能对权利要求中的技术特征造成损害,不能重新获得已经放弃的保护范围,不能侵入属于公有领域的现有技术的范围等等,即等同侵权原则不能等同过远。

# 开放平台提供者的间接侵权责任

何怀文*

“开放平台”(Open Platform)是一种新型的网络服务,实行云时代“平台即服务”(Platform as a Service,PaaS)①的商业模式。经过 Web1.0 和 Web2.0②,网络经济已经进入了以“应用”(Application)为中心的 Web3.0 时代。为满足网络用户个性化和多元化的需求,越来越多的网络商开放自建平台的接口,让第三方开发者可以运用和组装平台接口,不断地开发出新的应用,并在其平台上运营。③

这是一种双赢的开放式创新。对于第三方开发者而言,既可借助平台的市场影响力,又无需介入平台的维护和管理,从而可以高效地开发和推广新应用,实现自身价值。对开放平台提供者而言,既可以借助平台上不断推出的新产品让平台的价值不断增长,又可以通过向第三方开发者收取费用或要求分享收益而获得丰厚的回报。为此,开放平台在很短的时间就成为一种主流的经营模式。无论是国外的 Facebook、Twitter、谷歌 Android Market,苹果 AppStore,还是国内的腾讯、百度、新浪、淘宝等等,都视开放平台为新宠。

然而,开放平台提供者却可能因为提供平台服务而卷入侵权纠纷之中。在开放平

---

* 何怀文,浙江大学光华法学院知识产权法硕士导师,北京大学法学院法学博士。本文感谢浙江大学光华法学院 985 项目经费支持。

① 根据美国国家标准和技术研究院(National Institute of Standards and Technology, NIST)权威研究,所谓“平台即服务”(Platform as a Service,PaaS)是指用户可以利用云服务提供者提供的平台,使用云服务提供者支持的语言和工具,开发应用程序,并将其部署到云服务提供者的云基础设施之上。用户不管理或控制此应运用软件的底层基础设施,包括网络、服务器、操作系统或者存储,但是,用户可以控制所部署的软件以及软件运行的配置。这种服务模式专门面向应用程序的开发人员、测试人员、部署人员和管理员。

② Web1.0 以信息为中心,用户被动接受单向传播的信息,典型的应用是“门户网站”;Web2.0 以人为中心,用户主动参与和分享,典型的应用是视屏分享、用户生成内容。

③ 参见腾讯公司:《2012 中国开放平台白皮书》,页 12。

台的经营模式下，私人合法权益时受侵害，或是因为第三方开发之应用本身，抑或是因为网络用户使用该应用的不当行为。虽然开放平台提供者没有直接从事侵权行为，但是，由于其提供的平台服务，第三方得以开发该应用，网络用户得以使用该应用，他有可能构成帮助侵权或引诱侵权（以下简称“间接侵权”）。

尽管认定帮助侵权和引诱侵权的规则早已有之，但是，开放平台提供者的间接侵权责任仍是一个亟须解决的新法律难题。一方面，它肇始于新兴的网络服务模式，涉及开放平台提供者、第三方开发者、网络用户和权利人等四方主体之间的复杂关系，具有独特的“事实构成”（fact pattern）；另一方面，它又牵涉诸多复杂的法律规范，不仅包括《侵权责任法》的一般规定和特别规定（即第36条“互联网专条”），还包括司法解释和《信息网络传播权保护条例》（以下简称《条例》）等专门规定。而且，针对网络活动的特殊规定大多形成于 Web 1.0 时代，那时还未有开放平台服务。不奇怪，对于开放平台提供者的间接侵权责任，目前少有典型判例，罕有针对性的学术探讨。

本文以代表性的《腾讯开放平台开发者协议》[④]（以下简称《开放平台协议》）为契机，结合我国和美国有关的新近司法实践，对开放平台提供者间接侵权责任的特征性方面，进行开创性的讨论，抛砖以引玉，求教同仁。

## 一、开放平台提供者和第三方开发者之间的法律关联

开放平台提供者的间接侵权责任，如下文将讨论的，在相当程度上受到开放平台提供者和第三方开放者之间关系的影响。它们二者虽然是独立的民事主体，但是，通常签有复杂的协议，规范二者之间的关系。在协议中，开放平台提供者通常主张自己是“中立”的网络服务提供商[⑤]，不应当承担任何法律责任。例如，腾讯在《开放平台协议》中强调自己是“中立的平台服务提供者”，“因用户使用应用产生的任何问题、责任等，由开发者单独向用户负责并承担一切责任，与腾讯无关”[⑥]；开发者的应用程序，或者由用户使用应用服务产生的内容，如果违反法律法规，损害他人权益，“引起的纠纷、赔偿责任等一概由开发者自行承担”。[⑦] 除此之外，为控制法律风险，腾讯还设立了“通知—删除程序”[⑧]，希望借此享受法律责任的限制。

---

④ 参见 http://wiki.open.qq.com/wiki/腾讯社区开放平台开发者协议，2013年3月23日最后访问。

⑤ 腾讯之所以在《开放平台协议》中如此规定，或许是希望借助“技术中立原则”免于侵权责任。我国学者大多将“技术中立原则”溯源于1984年美国联邦最高院的索尼案，认为如果被告的商品或服务同时具有合法和非法用途，具有“实质性非侵权用途”，则可以免于侵权责任（参见，张今：“版权法上的‘技术中立’反思和评析”，载《知识产权》2008年第8期）。但是，技术中立原则在我国是否可以适用，值得商榷。我国《侵权责任法》规定“过错责任原则”，而“实质性非侵权用途”并不能表明被告不存在主观过错。

⑥ 《开放平台协议》第2.6条。

⑦ 《开放平台协议》第2.7.2条和第2.7.3条。

⑧ 《开放平台协议》之“腾讯通知程序”和“腾讯开放平台侵权投诉反通知指引”。

然而,对第三方开发之应用,开放平台提供者常进行技术和法律两方面的审查,还实质性地参与其推广,分享其运营收益。根据《开放平台协议》,开发者在应用发布前,需要向腾讯提交能够证明自己对应用享有版权或同等权利的证明材料和经营资质证明。[9] 而且,在发布应用、相关信息、内容及对其进行编辑、修改和更新之前,开发者都必须经过腾讯的"确认"。[10] 如果发现违法行为或侵权行为,腾讯可以根据自己的判断,随时单方面地删除任何有关信息和内容,甚至于终止提供平台服务,并可以惩处第三方开发者。[11]

除这些审查和控制外,腾讯还直接推广第三方开发之应用,并从其运营之中要求实质性的经济回报。实际上,《开放平台协议》直接将推广规定为开放平台服务的组成部分。腾讯提供有所谓的"广点通服务",通过"QQ空间"、"朋友"(pengyou.com)等推广资源平台,向网络用户推荐第三方开发之应用。[12] 作为开放平台服务的回报,第三方开发者需要向腾讯支付平台服务费。确切的来说,腾讯对其平台上运营之应用的收益享受分成。具体来说,如果第三方开发者应用运营月收入10万以下,腾讯不参与分成;月收入10—100万之间,腾讯享受30%;月收入100—1000万之间,腾讯享受50%。[13] 而腾讯开放平台又已经形成规模。据称,2011年11月起,腾讯开放平台应用安装量开始以200%的速度增长,总安装超过38亿人次,日均安装超1000万人次。[14] 可想而知,腾讯开放平台的直接经济回报非常之高。

## 二、开放平台提供者的过错责任

尽管开放平台不是专为侵权活动提供服务,其也不能借"技术中立"而免除所有责任。相反,其应该根据过错原则,承担共同侵权责任。2011年12月16日印发的《最高人民法院关于充分发挥知识产权审判职能作用,推动社会主义文化大发展大繁荣和促进经济自主协调发展若干问题的意见》(法发[2011]18号)指出,具有实质性非侵权商业用途的技术,不能推定技术提供者应知具体的直接侵权行为的存在,但在具备其他帮助或者教唆行为的条件下,应该与直接侵权人承担连带责任。

值得讨论的是,开放平台提供者是否需要承担"替代责任"。在满足以下两个条件下,当事人应当承担的美国法所谓的"替代责任"(vicarious liability):第一,对侵权行为人有监督和控制的权利和能力(the right and ability to supervise and control the infringing

⑨ 《开放平台协议》第5.2条。

⑩ 《开放平台协议》第2.7.1条。

⑪ 《开放平台协议》第2.7.2条。

⑫ 《开放平台协议》第4条。

⑬ 热腾网:"腾讯正式宣布提高开放平台分成,超十万开发者获益"(2012年1月8日),http://reteng.qq.com/info/15046.html,2013年3月23日最后访问。

⑭ 参见腾讯公司:《2012中国互联网开放平台白皮书》。

conduct);第二,从侵权行为中获得直接经济利益(direct financial interest in the infringing activity)。对于第一个条件而言,美国判例认为,当事人有权从网页上删除侵权材料,即可以具有"监督和控制的权利和能力"。[15] 显然,腾讯根据《开放平台协议》所享受的审查、监督和控制第三方应用的权利,远不止于"删除侵权材料"。而且,腾讯也具有监督和控制的能力。对于第二条件而言,美国判例认为,如果当事人从销售佣金中提成[16],或以侵权行为招徕顾客[17],或者侵权活动为当事人吸引了顾客[18],都可以认定当事人从侵权活动直接获得经济利益。腾讯不仅直接从第三方之应用的运营取得收益分成,而且还直接推广第三方开发之应用。此外,第三方应用还为腾讯吸引来了更多的网络访问。为此,无论是第三方开发之应用本身侵害他人权利,还是网络用户使用其应用不当而侵害他人权利,只要第三方开发者构成侵权,如《开放平台协议》所界定之开放平台提供者就有替代责任之虞。

然而,我国法律并没有一般性地规定替代责任。根据我国《侵权责任法》,除非法律特别规定,行为人只有当过错地侵害他人民事权益时,才应当承担侵权责任。而替代责任是一种严格责任,不以过错为要件。《侵权责任法》只对几种特殊情况规定了替代责任[19],开放平台服务并不在列。所以,只能根据过错原则来讨论开放平台提供者的间接侵权责任。开放平台提供者是否对第三方开发者的监督和控制权,是否从第三方开发之应用获得的直接收益,也就只能作为其是否具有主观过错的参考因素,而非决定性因素。《最高人民法院关于审理侵害信息网络传播权民事纠纷案件适用法律若干问题的规定》第11条即规定:"网络服务提供者从网络用户提供的作品、表演、录音录像制品中直接获得经济利益的,人民法院应当认定其对该网络用户侵害信息网络传播权的行为负有较高的注意义务。"

总之,开放平台提供者是否需要承担侵权责任,争点常是其是否具有主观过错。为此,需要区分两种不同的事实构成,分别考察其是否尽到"注意义务":其一,第三方开发之应用本身侵害他人权益(特别是知识产权),第三方开发者是直接侵权人;其二,网络用户使用其应用不当而侵害他人权益,第三方开发者构成帮助侵权或引诱侵权,是间接侵权人。以下对上述两种情况分别讨论。

[15] See Religious Tech. Ctr. v. Netcom On-Line Commc'n. Servs., 907 F. Supp. 1361, 1376 (N.D. Cal. 1995).

[16] See Shapiro, Bernstein & Co. v. H.L. Green Co., 316 F.2d 304, 304 (2d Cir. 1963).

[17] See Fonovisa, Inc. v. Cherr y Auction, Inc., 76 F.3d 259, 263 (9th Cir. 1996).

[18] See Perfect 10, Inc. v. Cybernet Ventures, Inc., 213 F. Supp. 2d 1146, 1173 (C.D. Cal. 2002).

[19] 我国《侵权责任法》特别规定的替代责任只有第32条("监护责任")、第34条和第35条("用工责任")。

## 三、开放平台提供者的过错责任:第三方开发者的直接侵权行为

首先,需要明确的是,当第三方开发之应用本身侵害他人权益时,不可适用《侵权责任法》第36条[20],因为第三开发者不应属于"网络用户"。第三方开发者虽然使用了开放平台服务,但并不因此而成为网络用户。第三方开发者实际上是利用所开发的应用,通过开放平台而向公众提供服务。所以,第三方开发者是和开放平台提供者共同向公众提供网络服务,应该算作"网络服务提供者",而不是"网络用户"。

法院目前倾向如此认定。例如,在"视信世纪科技(北京)有限公司与乐视网信息技术(北京)股份有限公司、视信可观科技(北京)有限公司侵害信息网络传播权纠纷案"中[21],"华语影院"是可以安装到苹果牌系列产品 iPod Touch、iPone、iPad 上安装的客户端软件,其本质就是第三方应用软件,运行于苹果公司提供的开放平台之上。法院认定,被告未经许可在其经营的"华语影院"软件中使用乐视网公司享有权利的电视剧《潜伏》,使公众在其个人选择的时间和地点可以获得该作品,故侵犯了原告享有的信息网络传播权。可见,法院认为"华语影院"的运行者是"网络服务提供者"。

如果开放平台提供者对第三方开发之应用及其运营,既有监督和控制的权利和能力,又从其运营之中直接得利,则应当尽到相应的注意义务。然而,开放平台提供者并不是"保险公司",法律不应当责备求全,其所应尽到的注意义务应该限于"合理"的范围之内。

当开放平台提供者审查第三方开发之应用时,甚至不应要求他尽到审查自己开发之应用的同等注意义务。相比于开放平台提供者,第三方作为应用程序的开发人,对开发过程和相关权利信息更为了解,对其开发的应用是否侵害他人权益的判断更为正确,成本更低。如果强制性的要求开放平台提供者进行独立调查,评判第三方开发之应用是否侵害不特定的第三人的权益,其收集和确认信息的成本很可能过高,超过由此可得的社会收益。为此,笔者认为,开放平台提供者根据第三方开发者提供的资料进行审查,并要求第三方保证尽到合理注意义务,确保所开发的应用本身不侵犯他人权益,这应该算作尽到了合理的注意义务。

当然,如果权利人在发现第三方开发之应用侵犯自己的权益之后,把其侵权事实具体地通知开放平台提供者,并要求其采取必要的措施,则应当认为开放平台提供者可以从通知得知侵权事实。在又有权利又有能力制止侵权的情况下,如果怠于采取必

---

[20] 《侵权责任法》第36条:"网络用户、网络服务提供者利用网络侵害他人民事权益的,应当承担侵权责任。网络用户利用网络服务实施侵权行为的,被侵权人有权通知网络服务提供者采取删除、屏蔽、断开链接等必要措施。网络服务提供者接到通知后未及时采取必要措施的,对损害的扩大部分与该网络用户承担连带责任。网络服务提供者知道网络用户利用其网络服务侵害他人民事权益,未采取必要措施的,与该网络用户承担连带责任。"

[21] 北京市第二中级人民法院民事判决书(2011)二中民终字第18319号。

要措施，开放平台提供者应认定为存在主观过错，除非存在充分的理由。

这有相当的判例支持。开放平台提供者和第三方应用之运行者之间的关系近似于网络交易平台提供者和网络店铺经营者的关系。在“浙江淘宝网络有限公司诉知钱公司、王超著作权纠纷”案中[22]，法院指出，淘宝网的盈利客观上间接地与淘宝网上的交易存在某种联系，如无交易，其盈利将会受损或灭失。淘宝公司可以控制淘宝网上的信息，甚至采取删除措施，而不仅限于屏蔽链接。因此，即使淘宝公司对于网络交易对象不负有事先审查义务，只能在事后根据权利人之通知仅对特定的链接采取删除措施，其也应当在接到权利人多次通知之后，及时删除相关的侵权信息。基于此，法院认定，淘宝对怠于控制侵权行为所致扩大损失承担责任。

## 四、开放平台提供者的过错责任：第三方开发者的间接侵权行为

第三方开发者因为网络用户不当使用其开发和运营的应用而构成间接侵权时，开放平台提供者也需要承担过错责任。特别的，《侵权责任法》第 36 条第 3 款规定：“网络服务提供者知道网络用户利用其网络服务侵害他人民事权益，未采取必要措施的，与该网络用户承担连带责任。”网络用户利用开放平台提供者和第三方开发者联合提供的服务——即开放平台上运行的应用——侵害他人民事权益，受害人应该可以起诉他们。在第三方开发者构成以上间接侵权时，开放平台提供者如果“知道”侵权行为而不采取必要措施，应承担连带责任。

通说认为，第 36 条第 3 款所谓“知道”包括“明知”，也包括“应当知道”。[23] 这即是要求网络服务提供者应当尽到合理注意义务。而且，当开放平台提供者有权并有能力监督和控制第三方开发应用的运营，并从中取得直接经济利益，法律要求其尽到合理注意义务更具有充分的正当性。

合理注意义务应该根据客观标准予以确定，且应当考虑不同的人群的具体情况。[24] 在如上事实构成下，开放平台提供者的合理注意义务既包括对不特定网络用户通过第三方开发之应用侵害不特定人权益的注意义务（以下简称“一般注意义务”），也包括对特定网络用户通过该应用侵害特定人权益的注意义务（以下简称“特别注意义务”）。以下分别进行讨论。

### （一）一般注意义务

首先，司法实践中，“除主要用于侵犯著作权外不具有其他实质性商业用途的技

---

[22] 北京市中级人民法院民事判决书（2011）一中民终字第 2223 号。

[23] 参见全国人民代表大会常务委员会法制工作委员会编：《中华人民共和国侵权责任法释义》，法律出版社 2010 年版，页 194—195；奚晓明：《能动司法，服务大局努力实现知识产权审判工作新发展——最高人民法院副院长奚晓明在全国法院知识产权审判工作座谈会上的讲话》，载《知识产权审判指导》2010 年第 1 辑，人民法院出版社 2010 年版。

[24] 参见王利明：《侵权责任法研究》，中国人民大学出版社 2011 年版，页 349。

术,可以推定技术提供者应知具体的直接侵权行为的存在,其应与直接侵权人承担连带责任”。[25] 所以,如果第三方开发之应用专门用于侵权,而开放平台提供者仍旧准予其在开放平台上运行,其对由此造成的侵权肯定存在过错,可以成立“重过失”。故最低限度,开放平台提供者应该保证第三方开发之应用具有“实质性非侵权商业用途”。

然而,这一注意义务水平有过低之嫌。如前所述,开放平台提供者往往从第三方开发和运营的应用获得直接的经济利益,又对第三方开发之应用又有权利和能力进行监督和控制。这一方面意味着开放平台提供者可因网络用户的侵权行为而获利,另一方面又意味着开放平台提供者所处之地位,可以有效地控制侵权风险。可见,审查“实质性非侵权商业用途”的法律要求过低,不利于在网络环境中合理地维护私人权益,有必要增加开放平台提供者的事前注意义务。

第三方开发之应用“侵权”,本质上是一种“设计缺陷”,故可以比照产品质量责任制度对“设计缺陷”的规制方法。应用的设计不同,网络用户使用其侵犯他人权益的可能性高低也常常因此不同。在开发应用软件时,第三方对网络用户在多大程度上可以利用其应用侵害他人权益,具有相当的预见能力。在“原告派博在线(北京)科技有限责任公司有诉被告北京迈思奇科技有限公司 侵犯著作权纠纷”中,“中华报刊”就是第三方开发并运营于苹果开放平台的软件。法院指出,被告作为涉案软件的开发者及运营管理者,有能力对软件进行任何修改,并且修改后的软件在运行过程中,可以不进行深度链接,避免侵犯原告“新京报”的权益。

开放平台提供者因为开发和使用相似性或竞争性的应用,或者审查多个开发者提供的相似或竞争性应用[26],通常也具有相当的预见能力。所以,开放平台提供者有能力审查并要求开发者采用侵权可能性相对低的设计方案,从而降低网络用户不正当使用相关应用侵害他人权益的可能性,减轻危害程度,缩小损害规模。如果存在非侵权或侵权程度低的替代方案,其在技术上和商业上又同等可行的话,开放平台提供者应当监督并责成第三方开发者采用该替代方案。否则,应该认定开放平台提供者未尽到合理的注意义务,至少可以成立“轻过失”。

### (二)特别注意义务

相对于一般注意义务而言,开放平台提供者的特别注意义务应该较低。具有“实质性非侵权商业用途”的第三方应用,一旦开放给社会公众使用,监控网络用户的网上行为并追查侵权活动,不仅可能侵犯隐私权,而且,成本常常高昂,超过因此而得的社

[25] 《最高人民法院关于充分发挥知识产权审判职能作用,推动社会主义文化大发展大繁荣和促进经济自主协调发展若干问题的意见》(法发[2011]18 号)。

[26] 《开放平台协议》第 3.1 条规定:“腾讯公司有权开发使用与开发者应用功能相似或相竞争的应用,同时腾讯公司也不保证期开放平台不会出现其他开发者提供的、与开发者应用功能形似或相竞争的应用。”实际上,如果腾讯公司作出与上述立场相反的承诺,则可能违反《反垄断法》,构成限制竞争的垄断协议。

会福利。换言之,开放平台提供者的处境和传统网络服务提供者的处境,在不少方面相当相近似。

为此,可以参考《信息网络传播权保护条例》和《美国千禧年版权法》(Digital Millennium Copyright Act, DMCA)(以下简称"DMCA")对网络服务提供商的一般要求,确定开放平台提供者的注意义务。具体来说,网络服务提供者不应负有事前主动审查、监控网络著作权侵权活动的义务,也不应负担追查侵权事实的义务。[27] 然而,如果网络服务提供者"实际知道"(actual knowledge)特定的侵权行为,则应当制止该特定侵权。如果有明显的事实或情况表明,网络用户正在从事特定侵权活动,他也应当采取必要措施(此即所谓的"红旗标准"(red flag knowledge))。无论是红旗标准型的知道,还是实际知道,都要求知道特定的侵权活动,只是前者是根据客观标准而知道,而后者是根据主观标准而知道。[28] 简而言之,如果网络服务提供者知道"特定的"侵权行为,并且采取"简单的措施"(即经济而有针对性的措施[29])就能够防止进一步侵权损害而拒绝采用时,其未采取,则可以构成帮助侵权。[30] 如果制止措施会对第三人正当利益的造成不当的损害,网络服务提供商即使拒绝采用,也不属于有过错。[31] 当开放平台提供者对于网络用户的侵权行为的境况,如同传统网络服务提供者时,这些具有共识性质的规则,应该可以比照适用于认定开放平台提供者是否违反特别注意义务。

### 五、开放平台提供者过错责任与"通知—删除程序"

网络用户使用第三方开发和运营的应用而侵犯他人权益时,权利人也可以采用通知程序,要求开放平台提供者采取必要措施。《侵权责任法》第 36 条第 2 款规定:"网络用户利用网络服务实施侵权行为的,被侵权人有权通知网络服务提供者采取删除、屏蔽、断开链接等必要措施。网络服务提供者接到通知后未及时采取必要措施的,对损害的扩大部分与该网络用户承担连带责任。"事实上,开放平台提供者为控制法律风

[27] See H. R. Conf. Rep. No. 105—796; S. Rep. No. 105—190. 同时参见,北京市高级人民法院 2010 年颁布实施的《关于审理涉及网络环境下著作权纠纷案件若干问题的指导意见(一)(试行)》(京高法发[2010]166 号)第 17 条。

[28] See Viacom Intern., Inc. v. YouTube, Inc., 676 F. 3d 19, 31(2d Cir. 2012) ("The difference between actual and red flag knowledge is not between specific and generalized knowledge, but instead between a subjective and an objective standard").

[29] *Id.*

[30] See A & M Records, Inc. v. Napster, Inc., 239 F. 3d 1004, 1022 (9th Cir. 2001); Religious Tech. Ctr. v. Netcom On-Line Commc'n Servs., Inc., 907 F. Supp. 1361, 1375 (N. D. Cal. 1995); Perfect 10, Inc. v. Amazon. com, Inc., 508 F. 3d 1146 (9th Cir. 2007); Perfect 10, Inc. v. Google, Inc., Case No. CV 04-9484, at p. 11 (C. D. Cal. July 30, 2010).

[31] 参见北京市高级人民法院民事判决书(2007)高民终字第 118 号"浙江泛亚电子商务有限公司诉北京百度网讯科技有限公司等侵犯著作权纠纷上诉案"。

险,往往设立"通知—删除程序",即设置专门的系统,接受和处理权利人的投诉通知,例如腾讯的《开放平台协议》。

那么,开放平台提供者在接到通知之后,及时采取删除等措施制止侵权,是否一定可以因此而免除赔偿责任呢?尽管《条例》第22条和第23条明文规定,信息存储和信息定位的服务提供者在满足特定条件下,接到通知之后,如果及时删除侵权内容,即可以免除赔偿责任(以下简称"避风港保护");但是,《侵权责任法》第36条第2款只明文规定了"损害的扩大部分"的赔偿责任免除,对于网络服务提供者在未接到通知前已经发生之侵权损害的赔偿责任,却只字未提。下文对此进行详细讨论。囿于篇幅,笔者集中讨论三大主要问题。

(一)知道或应当知道侵权行为

如果开放平台提供者知道或者应当知道网络用户的侵权活动,是否可以因为接到通知而删除侵权内容而免除赔偿责任呢?从《侵权责任法》第36条第2款和第3款的关系来看,如果网络服务提供者已经"知道"或"应当知道"侵权活动,则应当及时采取措施制止,而不必等待权利人的通知。是否提出通知是权利人的权利,而不是义务;而网络服务提供者必须"清白无辜"(innocent),才应有资格要求避风港保护。[32] 所以,只有当第3款不适用,即网络服务提供者已经尽到注意义务,仍不知道、也不应当知道侵权活动时,其才可能要求对已经发生之侵权不承担赔偿责任。对于开放平台服务提供者而言,只有当尽到一般注意义务和特别注意义务时,才可以如是要求。

特别的,开放平台提供者必须有效制止重复侵权行为人,才可以算作尽到特别注意义务。如果同一网络用户重复侵权,而权利人已经多次发出有效通知,网络服务提供者要免除赔偿责任,就不能再简单地删除侵权材料,而必须采取进一步的措施,预防该用户进行更多的侵权活动。否则,他既不能算作不知道(也不应当知道)侵权活动,也不能算作在接到通知后已经"及时采取必要措施"。例如,在"衣念(上海)时装贸易有限公司诉浙江淘宝网络有限公司、杜国发侵害商标权纠纷案"中[33],原告因为杜国发侵权,多次向淘宝公司发送投诉通知。淘宝审核通知后,每次都只是删除了被告杜国发所发布的侵权商品信息,但没有采取进一步的措施。法院认为,在接到多次有效通知后,淘宝公司应当知道杜国发利用其网络交易平台销售侵权商品,其不仅应当删除侵权商业信息,还应当对其采取限制发布商品信息、扣分、直至冻结账户等处罚措施。由于淘宝公司怠于采取上述措施,依然对杜国发提供网络服务,这是放任和纵容侵权行为,具有主观过错,构成帮助侵权。

实际上,作为"通知—删除程序"发源的DMCA对此制裁重复侵权人早有明确的规定。根据DMCA,网络服务提供者如果希望享受"通知—删除程序"提供的避风港保

[32] See ALS Scan, Inc. v. RemarQ Communities, Inc., 239 F.3d 619, 625 (4th Cir. 2001).

[33] 上海市第一中级人民法院(2011)沪一中民五(知)终字第40号民事判决书。

护,豁免于赔偿责任,则必须"合理的实施DMCA要求的措施",即"在适当的情况下,对于重复侵权的网络服务征订者或账户持有人,网络服务提供者应终止对他们提供服务"。[34] 美国法院通常认为,网络服务提供者在收到两到三份合格通知书后,就属于"适当情况",即应当采取上述封杀账户的措施。[35]

简而言之,只有当开放平台提供者对网络用户侵害他人权益的行为不存在过错时,其才可以根据"通知—删除程序"要求免除赔偿责任。

(二)监督和控制的权利和能力以及获取直接经济利益

如果开放平台提供者对第三方用其平台开发和运营的应用具有监督、控制的权利和能力,并从中获得直接的经济利益,其是否因此而不能要求避风港保护呢?对信息存储服务提供者和信息定位服务提供者,DMCA的确有这样的明文规定。[36] 而《条例》第23条(四)也规定,不得从"服务对象提供作品、表演、录音录像制品中直接获得经济利益"。所以,至少当第三方开发者从网络用户侵犯他人信息网络传播权的活动中直接获得经济利益,而开放平台提供者又从第三方开发之应用的运营中直接获得经济利益时,《条例》第23条不应该适用,该平台提供者不得因为接到通知后删除侵权材料而免除赔偿责任。

然而,根据我国法律体系,对上述问题的答案应该是否定的。首先,开放平台提供者对"第三方"开发和运营之应用具有监督和控制的权利和能力,并从其应用之中获得直接的经济利益,不等于其对"网络用户"也具有监督和控制的权利和能力,也不等于它从网络用户的侵权行为之中获得直接经济利益。其次,DMCA之所以对避风港保护有如上的限制条件,原因在于,美国法一般性地承认替代责任。[37] 然而,如前所述,我国法律却没有这样的规则。为此,开放平台提供者对第三方开发者是否有监督、控制的权利和能力,是否获得直接经济利益,应该在认定其对网络用户侵权行为是否有过错时,作为辅助因素予以考虑,而不应视为决定性因素,用于否定给予开放平台提供者避风港保护。

(三)第三方开发并在开放平台上运营的应用类型

第三方开发并在开放平台上运营的应用,日新月异,种类繁多。开放平台提供者是否可以就任何类型的上述应用享受避风港保护呢?

就传统避风港保护而言,其适用限定于特定的网络服务。作为避风港的先声,

---

[34] See 17 U.S.C. §512 (i)(1)(A).

[35] 例如,Google公司提供的博客服务遵循以下的著作权政策:当收到三份符合DMCA规定的侵权通知时,Google将终止对相应的博客账户提供博客网络服务。在Perfect 10, Inc. v. Google, Inc.案中,美国联邦加州中部地区法院作出裁决,认为Google公司的这一著作权政策符合DMCA的要求。See Perfect 10, Inc. v. Google, Inc., Case No. CV 04-9484 (C.D. Cal. July 26, 2010). 同时参见宋廷徽:"'三振出局'法案全球化路径之探讨",载《知识产权》2010年第2期。

[36] See 17 U.S.C. §512 (c)(1)(B), (d)(2).

[37] 参见王迁:"《信息网络传播权保护条例》中'避风港'规则的效力",载《法学》2010年第6期。

DMCA只对四类网络服务规定有赔偿责任免除,并分别规定了具体的适用条件。[38]《欧盟电子商务指令》也采取类似的做法。[39] 而《条例》第20—23条只适用自动接入、自动传输、系统缓存、信息存储空间、搜索和链接服务的网络服务提供者。其他服务,例如,P2P应用程序[40],一般不应适用避风港规则。

随着技术的发展,司法实践采取类比推理的方式,有条中地扩张避风港规则适用的服务类型。例如,在 *Viacom Intern. Inc. v. YouTube, Inc.*, 原告主张,被告网站的软件不仅有存储视频的功能,还有传输和播放视频的功能;而DMCA只对前者提供避风港保护,对后两种服务不提供。但是,美国第二巡回上诉法院认为,被告网站的传输和播放功能与存储功能相关而符合DMCA规定,可以适用避风港规则。[41] 所以,对于第三方利用开放平台所开发和运营的应用,如果其提供的网络服务和传统避风港所适用的网络服务相类似,或者与其紧密相关,则应可以类推适用现有的避风港保护。

除此之外,不应该简单地套用避风港规则。DMCA所规定的避风港规则无一不是根据特定网络服务的具体性质而设立具体的适用条件(不限于主观过错),并未抽象出统一的适用前提。美国国会关于DMCA的立法报告指出,DMCA的目的"不是对网络环境下各种版权侵权规则进行全方位的澄清","国会选择让法院继续发展判例规则,同时又对网络服务提供者的特定共通行为创设具体的避风港规则"。[42] 在DMCA之后,发达国家和我国的立法及司法实践的发展,都未曾突破上述限制。为此,第三方利用开放平台开发和运营的特定类型的应用,需要满足哪些具体条件(包括但不限于主观过错),开放平台提供者才可以获得"通知—删除程序"的避风港保护,在可预见的未来会是一个开放性的法律问题。

---

[38] See 17 U.S.C. §512.

[39] See Art. 12—14 of Directive 2000/31/EC of the European Parliament and of the Council of 8 June 2000 on certain legal aspects of information society services, in particular electronic commerce, in the internal market, OJ 2000 L 178.

[40] 在"迪志文化出版有限公司等与北京百度网讯科技有限公司侵犯计算机软件著作权纠纷上诉案"中,北京市高级人民法院明确指出,P2P技术不同于"链接"服务,尽管二者存在诸多相似之处。参见北京市高级人民法院民事判决书(2006)高民终字第1483号。又《关于审理涉及网络环境下著作权纠纷案件若干问题的指导意见(一)(试行)》(京高法发[2010]166号)第21条规定:"提供P2P(点对点)服务的网络服务提供者通过P2P(点对点)服务参与、教唆、帮助他人实施侵权行为从而构成侵权的,应当适用《民法通则》第一百三十条规定和最高人民法院2006年12月修正的《关于审理涉及计算机网络著作权纠纷案件适用法律若干问题的解释》第三条的规定"。

[41] See Viacom Intern., Inc. v. YouTube, Inc., 676 F.3d 19, 39(2d Cir. 2012).

[42] See S. Rep. No. 105—190 at 2 (1998) ("Rather than embarking upon a wholesale clarification" of various copyright doctrines, Congress elected "to leave current law in its evolving state and, instead, to create a series of 'safe harbors[ ]' for certain common activities of service providers"). See also Viacom Intern., Inc. v. YouTube, Inc., 676 F.3d at 27.

# 驳商标被动使用保护论

黄　汇　谢申文*

## 一、问题的提出

近年来,我国出现了一些因注册商标俗称被抢注而引发的知识产权案件,引起了人们的广泛关注。代表性的案件有"索爱"、"路虎"、"伟哥"等案件。① 以索爱案为例,2003年刘建佳抢先向商标局申请注册"索爱"商标,次年获准在第9类影碟机、扩音器、扬声器音箱、电话机等电子产品上注册使用该商标。索尼爱立信移动通信产品(中国)公司(以下简称索爱公司)从2005年开始先后以各种事由向商标评审委员会和人民法院请求撤销该商标,几经反复之后,2009年3月北京市高级人民法院作出了终审判决,维持"索爱"商标的注册。此案虽暂时告一段落,但争议远未结束。焦点之一就在于如何理解《商标法》第31条"申请商标注册……也不得以不正当手段抢先注册他人已经使用并有一定影响的商标"中的"他人在先使用",即未经商标权人首肯的广大媒体和社会公众的使用——也即通常所说的"被动使用"——是否构成这里的"在先使用",得以为在先注册人成就一个有影响的在先商标?按通常理解,"在先使用商标"的主体应该是经营者本人,也就是说"被抢注的商标应当由被抢注人自己在商业活动中进行了商业使用行为",但该案"多家网站上出现的对不同型号索爱手机以及其他电子产品的报道、评论","均非索尼爱立信(中国)公司所为",而且"时至2007年10月左右,索尼爱立信(中国)公司并不认同'索爱'是其公司简称或是其手机或电子产品的简称",因此,索爱公司实际上并"未对'索爱'字样进行商标法意义上的使用"。②

---

* 黄汇,西南政法大学民商法学院和知识产权学院副教授,法学博士,博士后;谢申文,西南政法大学民商法学院和知识产权学院研究生。

① 参见李琛:"对'商标俗称'恶意注册案的程序法思考",载《知识产权》2010年第5期。

② 北京市高级人民法院(2008)高行终字第717号行政判决书。

但如果法院据此维持"索爱"商标的注册又未免有纵容抢注之嫌,从法律衡平正义角度视之,着实难言公平。

一时间,为了对此类案件提供解决之道,在先商标"被动使用保护论"开始粉墨登场。有学者指出,在立法层面,"除德国、日本等少数国家外,大多数国家的相关法律都没有涉及对商标使用行为的'主体'的明确规定或要求"③,"在先使用"传统上之所以认为有主体限定,乃是由于此前一直假定商标的所有者与使用者不会分离所致,一旦二者如本案中这样分离开来,则原有理解需重新厘定。事实上,从功能主义的视角看,"商标法关注的不是经营者在商标使用和广告宣传方面的努力,而是这些行为在改变该标记于消费者心目中含义的效果"。④ 既然"'索爱'这一简称被中国相关公众、媒体采用并广泛使用,且这种称谓已被广大消费者感知并一致认同,成为'索尼爱立信'公认的简称,与之形成了唯一的对应关系"。那么,"'索爱'……具有了区分不同商品来源、标志产品质量的作用,这些实际使用效果、影响自然及于索爱公司,其实质即等同于他们的使用"。⑤

为了在理论上进一步证成该观点,有学者明确主张引入"商标被动使用"的概念⑥,认为传统上对商标使用的理解是"行为主义"的,但实际上应该采"结果主义",即只要事实上发挥了商标的指示和识别功能即可认定为商标使用,至于这种使用是不是体现了在先注册人的内心真意,是其主动而为还是被动而为则在所不问。更有甚者认为,被动使用才是商标使用的核心。⑦ 在先商标"被动使用保护论"为应对"索爱"、"伟哥"、"路虎"等案件而提出,其目标直指商标法领域机械照搬法条的形式主义法治,并以着力恢复商标法的实质正义为己任。但在先商标"被动使用保护论"毕竟是未经充分检验的理论。在商标法有足够的救济资源对此类案件提供解决之道的情况下,启动"被动保护使用论"不但多余,而且,该理论本身也面临着诸多法理上难以逾越的障碍。因此,从法理上对该理论重新展开一番检视和质评殊为必要。

---

③ 董慧娟:"澳大利亚 Barefoot 案对商标'使用'含义的突破及引发的思考",载《电子知识产权》2011年第5期。

④ Aloe Creme Laboratories Inc. v. Milsan Inc., 423 F.2d 845(5th Cir.1970).

⑤ 北京市第一中级人民法院(2008)一中行初字第196号行政判决书。

⑥ 参见杨敏:"'HYSTERIC'商标行政纠纷案引发的《商标法》第三十一条适用的再思考",载《电子知识产权》2010年第11期;王东勇,仪军:"抢注未注册商标之'在先使用'的司法认定——评'索爱'商标案",载《电子知识产权》2011第7期;邓宏光:"为商标被动使用正名",载《知识产权》2011年第7期;董慧娟:"澳大利亚 Barefoot 案对商标'使用'含义的突破及引发的思考",载《电子知识产权》2011年第5期等。

⑦ 邓宏光,同上注,作者认为将商标权人的商标使用行为称为商标(主动)使用行为,将公众对商标的使用称为商标被动使用行为。但从严格的意义上讲,我们认为,单单是主体的不同并不能区分使用的主被动,而顶多是自己使用和他人使用的区别。主被动使用的界限应该是"是否违背权利人的意志",商标权人以外其他主体的使用,只要不违反权利人的使用真意是不能作为被动使用来对待的,而不过是假他人之手使用而已。因此,本文所进行的批判是在后者意义上所言的"被动使用"理论。

## 二、被动使用保护论面临的理论困境和法理障碍

我们认为，从一般的法理上看，在先商标“被动使用保护论”所以不可取是因为它至少面临以下几方面的理论困境和法理障碍：

（一）被动使用保护论有违商标权的财产权属性

在先商标“被动使用保护论”首先面临的重要的理论障碍，就在于它严重违背了商标权的财产权属性。考察商标的发展历程，我们不难发现有一条清晰的线索贯穿整个商标史——商标财产化。[⑧] 简言之，商标经历了一个不被视为财产，到被认为是半独立的财产，再到现代以来被视为“一种纯粹的财产权利”[⑨]的历史进程。关于财产权，从古罗马时代开始人们便确立起了“一个人通过自己的劳动和努力所创造的东西属于他自己”的观念[⑩]，晚近的洛克更是为财产权提供了一个有关“劳动所有”的理论范式。在洛克看来，上帝将整个地球赐予了人类享用，但所有权的取得需满足两个最基本的前提条件：首先是权利人对处于自然状态的土地或地上物施加了个别的劳动，使其有所增值从而改变了其自然状态，那么他就可以把该物从共有的公共领域中“划拨私有”，当然，这种划拨需以满足自身需求和不浪费为限，同时还应给他人留有“足够多和足够好”的剩余。[⑪] 洛克的劳动财产学说初衷在于解释有形财产，但其对包括商标权在内的无形财产也有很强的说服力。著者认为“商标的被动使用”之所以不能成就《商标法》第31条所言的在先商标的财产价值[⑫]，理由在于该理论在以下方面严重违背了洛克劳动所有权的基本论点：

（1）它有违洛克范式下劳动的主体规定性。因为，在洛克看来，能够成就财产所有权的劳动，必须是财产权人自己“身体所从事的劳动和双手所进行的工作”[⑬]成果，否则，它就有违所有权取得的自然正当之前提。结合到前面的“索爱”等商标案件来看，因“索爱”、“路虎”、“伟哥”等俗称从其创设到使用之过程都属于媒体和社会公众完成之结果，如果说他们的使用也能赋予这些标识以一定影响或者说商誉的话，这些

---

⑧ 参见余俊：“商标保护模式进化论”，载《法学杂志》2011年第9期；魏占杰：“论商标法的理论变迁——财产观念的增强”，载《商业研究》2002年第9期等。

⑨ 吴汉东：“商标·商号·产地标志——工业标志专用权散论”，载《中南政法学院学报》1989年第1期。

⑩ 郭修申：“以‘实际使用’为核心构建商标保护制度”，载《中华商标》2009年第10期。

⑪ 〔英〕洛克：《政府论（下篇）》，叶启芳、瞿菊农译，商务印书馆2010年版，页17—32。

⑫ 这里需要说明的一点就是，虽然我们承认《商标法》31条意在保护的是“他人在先通过使用产生一定影响的商标”，也即该条主要保护的是未注册，而且在我国未注册商标不同于注册商标，不能享有完整的所有权。但即便如此，未注册商标在一定意义上也已然成为了所有人的一种“准财产”，因为，其下一步就可以通过注册行为转化为商标权之客体。更何况，在今天认为“注册不过是对使用建立起来的实质意义的商标权以一种形式正当化”之观点日益甚嚣尘上，所以，认为未注册商标为所有人的一种财产也已然不为过。

⑬ 〔英〕洛克：《政府论（下篇）》，叶启芳、瞿菊农译，商务印书馆2010年版，页17。

影响或商誉的成就也系由他人的劳动努力所致,而非在先商标权人成就之产物。此时,如果将这些“被使用出来”的所谓的商标商誉或者说影响力转借于商标权人之手,使之可以成就在先商标权人的一个商标的话,则显然违背了自罗马法时代以来就倡导的任何人“得其所得”的正义观念,也和洛克范式下劳动者“自己所有”的理念背道而驰。商标法如果按照这种逻辑发展的话,其不但无以维持基本的“所有正义”,还可能带来霍布斯在《利维坦》中所言的“弱肉强食”状态⑭,从而表现为权利人对他人知识财产的强取豪夺。总之,在先商标“被动使用保护论”首先难以回答的一个核心问题是:何以他人使用建立起来的商标却由另外的主体享有权益?

(2) 有违洛克范式下劳动的对象规定性。根据洛克的劳动财产权理论,一个对象只有经过所有人的劳动使其脱离了原始的自然状态时,才能将其从“公有领域”划归“私人所有”。结合到商标权的取得来看,就必须是商标权人通过自己建立商标声誉的劳动,使该标志脱离了原始状态并使其演变成具有社会属性和价值构成的符号时,才能就该对象享有商标权。结合到前面的案例来看,无论是“索爱”、“路虎”还是“伟哥”案,相关当事人所意欲赋予的具有“符号”意义的对象都均非这些标识本身,而恰是商标权人最初意欲使用的“索尼爱立信”、“万艾可”、“陆华”等标识。我们姑且不论这些由公众使用起来的俗称要使用到何种程度——比如说是多大比例的公众开始使用该俗称,50%、60%还是80%以上——才能成就这些俗称的商标属性,使其得以转归商标权人所有?即便这一认定没有问题,依然违背了洛克范式下劳动所有权的客体规定性,犯了指鹿为马的错误。

因为,商标权人所意在建立商誉并使其和消费者之间建立思想关联的对象压根儿就不是这些俗称,其也没有在这些俗称上附加劳动,当然也没通过自身的劳动努力使该俗称脱离原始的自然状态,因而可以使其从“公共领域”转归为私人所有的对象。再说,我们认为如果商标注册后允许公众或媒体任意地缩略或修改既有商标,并且就该俗称商标的使用成就的商誉或者说影响力还应赋予在先注册人,它可能恰好违背了洛克劳动所有权“不得使他人的处境变得更坏”的理论前提。因为,暂且不论公众或媒体的缩略性使用可能带来的对注册商标使用秩序的紊乱,从而可能使部分消费者——即不知道俗称的消费者可能视“索爱”为另一个商品的商标,并认为其由不同的或与索尼爱立信公司有关联的其他公司提供——所带来的商标间接混淆问题。即便没有混淆,如果认为这种使用成就的商誉应当归属于商标权人,使其可以将其作为《商标法》第31条所认定的注册人的一个“在先商标”来看待,那么这是否意味着在手机、随身听、CD等产品上同时可以使用“索尼爱立信”和“索爱”两个注册商标了?从理论上而言完全成立,因为,《商标法》第31条所界定的在先使用商标所有人除了可以禁止第三人

⑭ 〔英〕霍布斯:《利维坦》,黎思复、黎廷弼译,商务印书馆1997年版,页92—97。

的注册和使用外，自己也可以注册该商标。如此，在前述商品上不就同时出现了两个注册商标，试问消费者究竟以何者为准？他们能不被混淆吗？

（3）被动使用保护论还有违洛克范式下劳动财产权质的规定性。依据洛克的劳动所有权理论，所有人一旦通过自己的劳动使对象脱离了原始的自然状态并确定地获得所有权后，该种财产权就具有积极行使和消极禁止两方面的权能，即权利人既能自己“占有、使用、收益和处分”该对象，又能禁止第三人未经许可以竞争性为目的行使上述权能，而且权利人积极行使权能才是最重要的。但显然，在上述“索爱”等商标案件中，索爱公司等商标权人所享有的也仅是禁止他人以营利为目的来使用“索爱”、“路虎”或“伟哥”等俗称，商标权人并没有获得对这些俗称商标的积极权利，即权利人既无权以收取对价的方式将该俗称转让给第三人，也无权许可给第三人使用，该种仅具有消极权能而不具有积极权能的权利，能称得上是洛克范式意义上的“所有权”吗？

俱言之，我们认为在先商标“被动使用保护论”的根本错误在于它误置了商标权保护的逻辑。众所周知，商标法的一个基本法理就是商标“禁用权”的范围要大于“专用权”的范围，而这些案件也都部分可以运用该理论来加以解决，商标法之所以要构造这样一个制度：其意在避免的是“消费者的混淆误认，从而以维护公众认牌购物的认购秩序”——这也是为了符合洛克劳动理论基本逻辑前提的需要——那就是在你获得商标权的同时，不能使其他人的处境因此变得更坏。但我们不能就此就认为，商标权人就据此获得了对那些禁止使用对象的“财产权”了，因为，即便是注册联合商标的情形——如“娃哈哈”商标所有人同时注册了“娃娃哈”、“哈哈娃”、“哈娃哈”——此时，商标权人也仅是对指定实际使用的“正商标”——“娃娃哈”享有排他性的专有权利，而不能对其他仅具有防卫功能的联合商标也享有商标权。

再说，如果说不在权利人意志支配下的第三人的“被动使用”也能成就商标权人的财产价值的话，那么是不是说第三人“仿冒”使用他人的注册商标为公众认识并广泛使用后——这也属于违背了商标权人意志的被动使用行为——商标权人也开始享有了对这些“仿冒”的近似商标的商标权了？答案显然是否定性的。总之，我们认为，第三人抢注“索爱”、“路虎”或“伟哥”等俗称之所以应当被禁止，并不是说公众或媒体的使用成就了这些俗称以商誉，使其应当作为商标权人应享有的《商标法》第31条的“在先使用产生了一定影响的商标”来对待，而恰是注册人之前在商业中使用的“索尼爱立信”、“万艾可”、“陆华”等商标的商誉业已覆盖到这些俗称上，为了避免消费者的混淆误认而必须要求这些俗称不被注册和禁止使用。

在先商标“被动使用保护论者”意欲创设一种理论来附和类似案件的解决，殊不知，这一做法不仅仅逆《商标法》保护逻辑而动，和商标权取得自然正当的逻辑前提也完全背道而驰，同时它和洛克范式下所有权的取得不能使他人的处境变得更坏的理论前提也完全不符，因此无论如何在先商标“被动使用保护论”都不足可取。

(二)被动使用保护论有违商标权的私权属性

在先商标“被动使用保护论”所以不合理,另一个关键的原因是它不符合商标权的私权性质。虽然长期以来,商标法被认为属于规制商业关系不受外部干涉的反不正当竞争法,但随着商标的日益财产化,商标法也逐渐地从竞争法中独立出来。虽然仍具有竞争法、秩序法的若干性格,但商标法的着眼点已放在正面确权上了。[⑮] 商标权已然成为了私权[⑯],TRIPs 协定就开宗明义地指出了这一点。[⑰] 既然如此,作为私法奉行的基本原则:私法自治也就适用于商标领域。所谓的私法自治,即法律须尊重当事人的主体地位和意思自治,为民事主体预留其决定自身事物的空间。[⑱] 在此范围内“私人享有权利、设定义务,实施一切民事行为均取决于当事人自己的意思,不受国家和他人的干预”。[⑲] 具体到商标权的成就上,就是商标财产价值的形成以及商标所有人通过使用试图和社会公众建立法律关系的行动需充分关照经营者的自主意思和意志确认。

但在“先商标被动使用保护论”者却认为只要消费者将某个标识和某个具体的经营者联系起来了,则不管经营者的意志如何,该标识都成了后者的一个商标,后者不得拒绝。正如前面的“索爱”案,只要发生了某种认知事实——如消费者认为“索爱”俗称和索爱公司发生了联系时,便径自产生了某种法律后果——索爱公司必须毫无选择地去拥有“索爱”商标的商标权,而不管使用人索爱公司的主观意志怎样。该做法本质上是从结果主义的立场出发,把商标使用行为作为了一种经营者别无选择的事实行为。即只要消费者有认知某一商标的事实发生,则不管经营者的内心法效意思怎样,其都必须咽下由消费者一手种植出来的成果,哪怕它是一粒“苦果”。否则就将构成对消费者的极大叛逆和不忠,因为消费者是商标显著性建立的唯一评判者,他们绝对地主宰着商标的命运,就像被动使用保护论者所说的那样,“以消费者为代表的社会公众是商标的决定者、评判者和缔造者”。[⑳]

然而,实际情况果真如此?商标的使用行为真是一种事实行为?我们认为,答案显然是否定的。理由在于,在整个私法领域,法律行为是原则,事实行不过为例外。作为例外的事实行为……是利益权衡和政策考量的结果。[㉑] 以民法上重要的事实行为无因管理为例,未受委任又无法定义务而管理他人事务者,本属侵权,但鉴于“危难相助、

---

⑮ 李雨峰:“重塑侵害商标权的认定标准”,载《现代法学》2010 年第 6 期。

⑯ 吴汉东:“知识产权的私权与人权属性——以《知识产权协议》与《世界人权公约》为对象”,载《法学研究》2003 年第 3 期。

⑰ TRIPs 协定引言原文是“Recognizing that intellectual property are private right”。

⑱ 龙卫球:《民法总论》,中国政法大学出版社 2007 年版,页 421、427。

⑲ 吴汉东:《知识产权基本问题研究(总论)》,中国人民大学出版社 2009 年版,页 13。

⑳ 邓宏光,见前注⑥。

㉑ 参见汪渊智:“论民法上的事实行为”,载《山西大学学报(哲学社会科学版)》2003 年第 3 期。

见义勇为，不但为道德所赞许，且为人类社会共同生活之要求”[22]，故而法律把无因管理从侵权行为中析出，作为一种法律认可的适法行为加以规定。其他的事实行为，如添附、拾得遗失物等也莫不如此。也就是说，作为一种校正性和衡平性的法律设计，事实行为乃法律基于公平、正义、秩序等价值考量的结果，其适用须有充足之理由，并应在法律上做严格的限定。但反观商标的使用，有什么特别的事由非得排除经营者的主观意志而仅凭消费者的认知事实就能决定商标的成就与否呢？消费者是商标法上的唯一主体？他们对商标的认知是商标使用效果的唯一决定因素？

结论显然是否定性的，在著者看来，商标的使用行为不管是未注册在先商标的使用还是注册后的商标使用，都应是一种法律行为，都应强调商标使用人的自由意志和内心真意。对此，就像有学者所言的那样，商标在本质上为一种符号[23]，所谓的符号不过是在主体间达成的关于“甲代表乙”的公共约定。[24] 既然商标是商标权人和公众之间的约定，那么在商标符号意义的形成、发展、变化和消亡的过程中就应离不开商标权人自主意思的参与和自由意志的确认。具体来说就是：一方面，需由经营者自主地选定，而且后者可以根据市场的需要随时对商标进行变更，消费者倒是无权过问；另一方面，通过自己的商业活动和广告宣传，经营者倒是牢牢控制着商标的所指，消费者也往往只能在经营者所营造之商业环境的耳濡目染和企业营销的狂轰滥炸下，形成经营者所期望的认知。

总之，正是商标权人的经营活动在不断塑造和改变着消费者对于商标所指和能指的理解，一旦消费者的认知偏离了其预期时，商标权人不但可以要求禁止，甚至可以努力校正，使其回到其意欲发生的理解立场上来。这在商标的反淡化保护中表现得尤为明显，以微软的“Windows”商标为例，且不说在编纂词典时，微软公司可以要求禁止将“Windows”商标解释为操作系统的代名词，以进行反淡化的偏差纠正。即便商标退化为商品通用名称后，法律也并不禁止经营者使其“复活”的意志努力，现实生活中这方面的判例比比皆是。比如说，1896 年，“胜嘉”商标已经退化为缝纫机的通用名称，由于经营者的坚持使用，半个世纪后该商标又重获新生，成为了商标权人所有的对象；1888 年，当美国法院判决“固特异”商标沦为了橡胶轮胎的普通名称后，通过百年来经营者的重新努力，其指示和区分来源的功能重获市场认可，并起死回生再次成为商标法的保护对象。[25] 由此可见，商标权从取得到灭失再到失而复得的全过程，实际上都是处于经营者自由意思和自主意志的射程控制范围之内的。

---

[22] 王泽鉴：《民法学说与判例研究(二)》，中国政法大学出版社 1998 版，页 73。

[23] Michael Spence. Intellectual Property, Oxford University Press, 2007:248.

[24] 参见王太平：“商标本质的结构功能分析”，载刘春田主编：《中国知识产权评论(第三卷)》，商务印书馆 2008 年版，页 317。

[25] 彭学龙：《商标法的符号学分析》，法律出版社 2007 年版，页 150—151。

但在先商标“被动使用保护论者”却认为,只要有消费者接受某一商标的事实,作为商标的所有人就应别无选择地去拥有该商标,这显然有违商标权的私法属性和契约本质,犯了“己所不欲,硬施于人”的错误。因为,虽然我们也承认商标的成就离不开消费者的使用和理解,但不能因此就否认经营者的重要性。因为,商标权既不是经营者单方面成就,也不是消费者恣意赋予,而是二者共同确定的。“商标是生产者与消费者之间的契约”[26],商标权的成就需要二者就标识与产品信息之间的联系达成合意。但前述无论是“索爱”、“路虎”案还是“伟哥”案,都只是消费者单方面地将这些俗称和利害关系人的产品联系了起来,从契约论的角度看,其不过是消费者向商标权人发出的单方要约,但并未得到经营者的承诺,“索爱”商标所有人甚至事先直接拒绝了这个要约,因此,关于将这些俗称作为商标的契约并未达成,单单消费者的使用,哪怕构成商标法意义上的使用,也并不能成就它们以商标权。因为,要成就商标既离不开消费者的被动使用,更少不了经营者的主动使用,它是商标权人和消费者约定的结果。

在先商标“被动使用保护论”的错误就在于,其动辄以“消费者是商标法中万能的尺度”[27]为由来否认商标权的契约本质,并将消费者对商标的认知作为商标权成就的唯一评价条件。但我们都知道《商标法》并不是《消费者权益保护法》,商标法的根本宗旨是维护公平竞争的市场秩序[28],这固然需要保护消费者的利益,但同时也离不开对商标权人利益的关注。这也即是说,虽然我们也承认,商标法的原理大都是建立在“消费者观念”的基础之上的,但消费者不过是商标法中的一种参照物和分析工具罢了,正如学者所言的那样,商标法之所以关注消费者是因为“导致消费者混淆是抢占他人生意的特别有效的方式”。[29] 因此,消费者就永远只能是商标法的线索而非主题,是商标法关注的载体性身份而非主体性身份。因为,试想如果说商标的使用行为为一种事实行为,商标法全凭消费者之意志来宰制的话,那么联想集团在2003年的时候还能理直气壮地将“Legend”商标更换为“Lenovo”商标吗?三鹿集团还能自由拍卖已被公众唾弃的“三鹿”商标?商标权人还能自主地转让和放弃一个业为消费者耳熟能知的驰名商标吗?[30] 如果一切唯消费者马首是瞻,商标权不得自由地实施、许可、转让、处分,那么所谓的商标权还是私权吗?难道所有的经营者都应匍匐在消费者脚下,任由其喜怒

---

[26] 徐扬:“商标:契约与符号”,载《首届中国高校美术与设计论坛论文集(下)》,中国美术出版社2010年版,页794—798。

[27] 王太平:“论商标法上消费者的地位”,载《知识产权》2011年第5期。

[28] 张玉敏:“维护公平竞争是商标法的根本宗旨——以《商标法》修改为视角”,载《法学论坛》2008年第2期。

[29] 转引自李雨峰,见前注⑮。

[30] 按照“消费者中心主义”的理论,一个为消费者忠实和喜爱的驰名商标,无论基于什么样的理由,哪怕是作为商标所有人的经营陷入了破产之境地也是无权放弃该商标的,因为这将破坏消费者对该商标业已建立起来的消费信赖和声誉依赖,这显然是荒谬至极的。

无常地发号施令才是商标法的应有愿景？

总之，我们认为"消费者并非商标法的主人，商标权人也绝不是其奴仆"。如果一定要说"消费者的被动使用"对商标权的成就有重要价值的话，那也必须是商标权人和消费者就某个商标的所指和能指达成一致理解的情况下才成立。否则，商标法如果按照任何一方的理解来行事的话，其要么带来的是作为少数者的商标权人对作为多数人的消费者的专断；要么带来的是作为多数人的消费者对作为少数者的商标权人的暴政，而"在先商标被动使用论"者认为必须让经营者在《商标法》第31条的框架下去接受其不欲接纳的诸如"索爱"、"路虎"、"伟哥"等为消费者广为使用的商标俗称之做法，就属于支持作为多数人之消费者的暴政行径！[31] 但我们必须认识到，一部现代意义的商标法是必须奠定在民主的基石之上的，"商标权的私权性质，决定了它得以栖身的法律家园只能是民法"[32]并按私法的性质行事，商标法既不能让商标权人挟商标之天子以令消费者诸侯，也不能让消费者将商标权人绑架在自己的战车之上，否则，无论走向二者之中的任何一极，都将是现代《商标法》误入歧途的开始！

（三）被动使用保护论有违"商标使用"的属性界定

最后，我们认为启动在先商标"被动使用保护论"来解决上述案件所以不妥，还在于消费者使用他人商标俗称的行为根本就不属于商标法意义上能成就商标权的"商标使用"行为，既然消费者的使用不属于能成就商标权的使用，其又何来为他人使用出一个《商标法》31条背景下的"在先商标"来了呢？对于该理由的具体论证如下：

第一，由于商标是商品经济发展的产物[33]，因此，能够成就商标权的使用就必然是基于商业环境下的使用行为。对此，就像有学者界定的那样，"商标使用通常被理解为带有商标的商品的销售"或者"是指将符号用于商业活动中并起到区分商品来源的作用"[34]的使用，成就商标权的使用必须和"商业环境"相关联，不但在学理上能够获得证明，而且从各国的立法规定中也能窥见一斑。比如说我国台湾地区"商标法"第6条就明确规定："商标之使用，指为营销之目的，将商标用于商品、服务或其有关之物件、或利用平面图像、数位影音、电子媒体或其他媒介足以使相关消费者认识其为商标。"美国《兰哈姆法》也规定，实际使用是指该商标的产品（或服务）已经在美国市场上销售或者在媒体上进行宣传广告[35]，我国《商标法实施条例》第3条也规定："商标法和本条例所称商标的使用，包括将商标用于商品、商品包装或者容器以及交易文书上，或者将

[31] 实际上，驰名商标反淡化行为同样属于反对多数人"人云亦云"稀释商标价值的暴政行为。

[32] 刘春田："民法原则与商标立法"，载《知识产权》2010年第1期。

[33] 郑其斌：《论商标权的本质》，人民法院出版社2009年版，页1。

[34] 文学：《商标使用与商标保护研究》，法律出版社2008年版，页19。

[35] 王石杰：《商标使用定义之研究》，清华大学2008年硕士论文，页11。

商标用于广告宣传、展览以及其他商业活动。”[36]另外，日本和欧盟也采类似立场。[37] 成就商标权的使用之所以必须和商业经营活动相关联，是因为“商标所承载的商誉，系通过商标的使用而获得，某一具体的商标，只有在与特定产品或者服务联系在一起并且提供给市场上的消费者的时候，才有可能获得消费者的积极评价，从而积累和增加与之相关的商誉”。[38]

但在先商标“被动使用保护论”所提及之场合，不管是新闻媒体的宣传报道还是消费者对“索爱”、“伟哥”、“路虎”等口口相传的称谓评论，他们主观上都没有利用该商标来营销商品的目的，消费者作为商标的使用者，其使用他人商标之俗称的行为，既没有建立商标权的目的，也没有在商业环境中再利用该商标向他人贩售商品或服务之目标，试问：这种脱离了经营目的，不具有营销色彩的使用，它属于能成就商标权的使用吗？如果不是，该种使用又何来为他人成就出一个有财产价值的在先商标来了呢？

第二，从使用目的上看，能够成就商标权的使用行为必须是为了使商标发挥功能的行为。而依通说，商标最基础的功能莫过于指示功能。商标必须“标示和区别”其对象。

因此，“只有将标记、对象、出处三者有机地联系起来，才能构成商标”[39]，但“指示”云者，由“指”和“示”构成，前者是“指出”，后者乃“表明”，合起来就是“指出并表明”，从语义学角度来分析的话，指示是有受众的，是涉他的，是必须为预设的第三方而为的。因此，商标的指示功能就是指，通过商标指出并表明产品来源，以便他人知晓。正是基于此，有理论认为商标不过是市场中的路标，而使用商标行为的目的是建造路标，建造路标的动机是充当商标法视野中的行人：消费者的向导，使其按图索骥购买自己需要的商品。然而，消费者利用他人商标俗称的行为则完全不同了，其主观目的完全是出于自身的需求，根本没有涉他性，该种使用与经营者的使用大相径庭，消费者使用他人的商标的行为并非为建造路标之目的，而只是在利用路标，是商标使用的结果而非创设商标权的使用本身。

正如上述“被动使用保护论者”所提到的案件，公众使用“索爱”指称索爱公司生

---

[36] 对此相关司法实践中又有所进一步的补充，《北京市高级人们法院关于审理商标民事纠纷案件若干问题的解答》(京高法发[2006]68号)第2条规定：“在商业活动中，使用商标标识标明商品的来源，使相关公众能够区分提供商品的不同市场主体的方式，均为商标的使用方式。除商标法实施条例第三条所列举的商标使用方式，在音像、电子媒体、网络等平面或立体媒介上使用商标标识，使相关公众对商标、商标所标示的商品及商品提供者有所认识的，都是商标的使用。”

[37] 参见《欧共体商标条例》第15条，《日本商标法》第2条。

[38] 李明德：“商誉、商标和制止不正当竞争”，载中国社会科学院知识产权中心等编：《〈商标法〉修订中的若干问题》，知识产权出版社2011年版，页115。

[39] 刘书琼：“如何认定〈商标法〉第31条中的商标‘使用’——兼评‘陆虎’商标纠纷案”，载《中华商标》2011年第8期。

产的电子数码产品,其实质不过是在有目的地利用了他人的在先路标。俗称"索爱"不过是对他人在先"Sony Ericsson"商标的复制与模仿,试想,如果没有商标权人的在先路标——如"Sony Ericsson"商标权、"索尼爱立信"企业名称权,公众能联想到"索爱"并使用它吗?

第三,如果非要对消费者使用他人在先商标俗称来指代他人的商品或服务的行为做一准确之定性的话,我们认为,该行为在本质上倒是更接近于消费者基于言论自由之需要,对他人商标的一种模仿和复制,该种使用更多体现的是商标语言经济学的需要——比如说使用"索爱"更简洁,使用"路虎"更形象,使用"伟哥"更爽快。但如果认为对他人在先商标的模仿使用也能创设商标权的话,那是不是意味着人们对他人商标任何口述俚语化的表达性使用(expressive use)或者说对他人商标的戏仿性使用都能为商标权人使用出一个有别于原商标的商标来了?

比如说,如果在公众的理解来看,其可能觉得用"猛哥"来指代"伟哥"产品更形象,也更符合自己的口语化习惯,那是不是意味着当普遍的消费者都乐于用更贴近生活的"猛哥"来指代"伟哥"产品时,一直使用"伟哥"商标的商标权人也开始拥有了对人们的口头语"猛哥"的商标专有权了呢?又比如说,人们总是觉得"可体可乐"比"可口可乐"更能表现喝完"Coca Cola"饮料后全身心放松自如的感觉,并且在生活中广大消费者都在习而惯之地使用它,难道又要为Coca Cola公司使用出一个新的"可体可乐"商标来?

总之,我们认为商标作为人们公共话语的一部分,商标财产权与公众表达自由之间是应保持一个适当的平衡的。[40] 否则,如果说人们在超越商标来源指示功能的意义上对他人的商标为语言经济的需要所进行的任何模仿性使用或表达性使用都将成为商标权人创设私权之开始的话,那我们必将进入的是一个包括商标权在内的知识产权被滥设的时代!

## 三、现实的出路

一言以蔽之,尽管在先商标"被动使用保护论"以防止他人商标抢注为己任,其引入是为了追求商标法制的实质正义。但通过上文的分析,我们可以发现"被动使用保护论"确实存在诸多难以逾越的法理困境,这种理论上的冒进也许可以暂时让我们渡过司法危机,但却可能为将来类似案件的处理带来更大的隐患。一句话,如果说现实迫切需要我们作出突破的话,某种程度的理论妥协是可以接受的,但实际情况却是事情远没有糟糕到需要我们牺牲法理的境地。事实上,在商标俗称被抢注之场合,大多数的经营者对自己拥有商标俗称并不感兴趣(他们更多的是希望消费者可以规范地使

---

[40] 参见宋慧献:"商标保护与艺术表达自由——评'Barbie(芭比)'玩具商标侵权纠纷案",载《中华商标》2007年第3期。

用其商标),他们关心的只是该俗称不被竞争对手恶意利用,从而避免消费者误认混淆。而欲达此目的,现有的法律资源足够胜任。至少,从我们的思考来看以下几种路径就不失为很好的选择:

(一)在先注册商标的保护路径

根据我国《商标法》第52条的规定:"有下列行为之一的,均属侵犯注册商标专用权:(一)未经商标注册人的许可,在同一种商品或者类似商品上使用与其注册商标相同或者近似的商标的……"第28条规定:"申请注册的商标,凡不符合本法有关规定或者同他人在同一种商品或者类似商品上已经注册的或者初步审定的商标相同或者近似的由商标局驳回申请,不予公告。"在抢注商标俗称的场合,经营者通常都有在先注册的商标,即俗称商标的元商标,如索爱公司的"Sony Ericsson",按照判断商标近似的相关法律规定[41],"索尼爱立信"与"Sony Ericsson"音、义相近,构成近似;考虑到汉语的缩略习惯,"索爱"又与"索尼爱立信"形、义近似,因此不难认定"索爱"与"Sony Ericsson"构成商标近似,易造成消费者混淆,索爱公司当然可以据此禁止刘建佳注册"索爱"。在先注册商标保护路径回避了《商标法》31条背景下的"他人在先使用"的事实认定,成本最小,风险最小,救济力度又很充分,因此,"……商标别称的保护法条选择,如果是注册商标的别称,可以适用于商标法第28条规定……"[42]它可谓针对他人抢注商标俗称最稳妥的救济方式之一。

(二)驰名商标保护的模式供应

这是保护商标俗称不被注册的又一方式,因为,根据我国《商标法》第13条的规定"就相同或者类似商品申请注册商标是复制、摹仿或者翻译他人未在中国注册的驰名商标,容易导致混淆的,不予注册并禁止使用。就不相同或者不相类似商品申请注册的商标是复制、摹仿或者翻译他人已经在中国注册的驰名商标误导公众,致使该驰名商标注册人的利益可能受到损害的,不予注册并禁止使用。"另外,根据《商标审查与审理标准》的规定,"模仿"是指抄袭他人,沿袭其显著部分或者显著特征,"翻译"是指将他人驰名商标以不同的语言文字予以表达,且该语言文字已与驰名商标建立对应关系,并为相关公众广为知晓或者习惯使用。[43] 显然,"索爱"、"伟哥"、"路虎"等俗称是对元商标的模仿、翻译或复制性利用,因此,通过该种方式来对类似案件进行处理,也不失为权利人的有效选择。但该保护的一个重要前提是权利人须依据我国《商标法》第14条的规定来证明其元商标是驰名商标。这对权利人而言有相当的举证义务,难度不小,成本也较大,而且还存在着保护的不确定性。但一旦认定为驰名商标,就可以

---

[41] 参见《最高人民法院关于审理商标民事纠纷案件适用法律若干问题的解释》([2002]32号)第9条第2款。

[42] 汪泽:"商标别称的利益归属与保护",载《中国知识产权报》2010年9月19日。

[43] 参见《商标审查与审理标准》之"复制、模仿或者翻译他人驰名商标审理标准"部分第4条。

进行跨类保护，这对于元商标非常知名而需要强保护的场合是极为有利的。

（三）绝对禁止作为商标使用条款的保护

根据我国《商标法》第10条的规定“有下列标志不得作为商标使用…（八）有害于社会主义道德风尚或者有其他不良影响的……”第41条规定：“已经注册的商标，违反本法第10条、第11条、第12条规定的，或者是以欺骗手段或者其他不正当竞争手段取得注册的，由商标局撤销该注册商标；其他单位或者个人可以请求商标评审委员会裁定撤销该注册商标。”因此，经营者还可以“索爱”、“伟哥”、“路虎”等俗称“有不良影响”而不得作为商标使用。当然，对此处的“有害于社会主义道德风尚或者有其他不良影响”有不同的理解，有人认为，这里涉及的是撤销商标注册的绝对事由[44]，即主要是指“商标的文字、图形或者其他构成要素对人们共同生活及其行为的准则、规范，对在一定时期内社会上流行的良好的风气和习惯或者对我国政治、经济、文化、宗教、民族等社会公共利益和公共秩序产生消极、负面的影响”。[45] 据此认为该条款不适用于此类案件。但需指出的是，该法条的表述十分具有弹性，也留有很多的解释空间，即使在执法机关内部，也是存在不少争议的。如“索爱”一案中，公司在一审中就曾指出，商评委对该条款的解释与商标局和商评委此前的适用标准就不一致，因此也不排除有适用该条款来进行救济的余地。

（四）在先企业名称权保护模式

这是解决抢注俗称案件的又一模式，因为根据我国《商标法》第31条的规定“申请商标注册不得损害他人现有的在先权利……”其中的“在先权利”主要指在先的企业名称（核心为商号）权、著作权、外观设计专利权、姓名权、肖像权等。[46] 企业名称权是指商业主体对其注册取得的商业名称依法享有的专有使用权。不过，依据我国《企业名称登记管理规定》第7条第1款的规定，企业名称必须表现为法律所要求的特定形式，即“字号＋特点＋组织形式”这一完整的形式，并且有严格的地域限制。因此，要通过该模式来禁止相关抢注行为，要求企业名称的字号在行业内具有较高的知名度，且两者也属于同一或相近行业，抢注商标有“擅自使用他人的企业名称或者姓名，引人误认为是他人的商品”之虞[47]时才成立。上述“索爱”案，索爱公司完全可以主张“索爱”与其作为企业名称核心的商号“索尼爱立信”构成近似，侵犯了其企业名称权。不过，鉴于企业名称权保护条件的苛刻，因此，这一保护模式实践中也有被法院拒绝者，如“广本”案中原告即向商评委主张“广本”侵犯了广州本田的商号权，但未被采纳。[48] 尽

---

[44] 参见最高人民法院（2006）行监字第118-1号驳回再审申请通知书。

[45] 商标评审委员会商评字（2010）第4751号裁定书。

[46] 参见《商标审查与审理标准》之“损害他人在先权利审理标准”部分第1条。

[47] 陈子龙：“知识产权权利冲突及司法裁量”，载《人民司法》2000年第2期。

[48] 商标评审委员会商评字（2010）第16974号裁定书。

管如此,在商标与商号相同或足够近似的情形下,此路径仍不失为保护的手法之一。

(五)反不正当竞争法保护的路径

最后是反不正当竞争法保护,商标法脱胎于反不正当竞争法,二者关系紧密,前者是后者的特别法[49],后者是对前者的附加保护。[50] 因此,当从商标法寻求正面保护不力时,通过竞争法对商标权进行迂回保护也未尝不可。根据我国《反不正当竞争法》第2条的规定:“经营者在市场交易中,应当遵循自愿、平等公平、诚实信用的原则,遵守公认的商业道德。本法所称的不正当竞争,是指经营者违反本法规定,损害其他经营者的合法权益,扰乱社会经济秩序的行为。”实际上《商标法》第41条对此也有规定,“……以欺骗手段或者其他不正当竞争手段取得注册的,由商标局撤销该注册商标;其他单位或者个人可以请求商标评审委员会裁定撤销该注册商标。”通过该方法来禁止商标俗称的抢注,经营者主要是须证明行为人有通过抢注来侵害其他经营者合法利益达到不正当竞争的目的。这在很多具体的案件中也是比较容易证明的。因为凡是具有俗称的商标一般都是广为人知,甚至是驰名商标,他人将之抢注,其排斥竞争对手的主观意图不言而喻。[51] 如“索爱”案中,经查明抢注人刘某从事电子行业生产长达十几年历史,而“索尼”公司与“爱立信”公司作为电子行业颇有影响的大型集团公司,二者于2001年即合并组成“索尼爱立信集团”的信息,刘某作为相关领域的专业人员理应知晓;更何况,刘某在抢注商标后随即刊登广告欲高价拍卖该商标[52],其侵害其他经营者合法利益的主观动机不言自明,因此,通过反不正当竞争法来遏制这一行为同样不失为保护权利人的良方。

## 四、结论与启示

总之,针对“索爱”、“伟哥”、“路虎”等商标俗称被抢注案,真实的情况是经营者自己根本就无意于去占有俗称,而只是反对他人注册该俗称,因此问题的解决之道是法律的消极保护,即经营者有权禁止他人对商标俗称的抢注,同时自己也不得注册,主张使用的积极权利。要达到这个目的,如前所述,我们现有的法律是有足够的救济途径可供选择的。但“被动使用保护论”者眼不及此,他们认定被公众使用出来的商标俗称本身就是独立的商标,由此而生成的商标权处于非此即彼的境地,不是判给注册人,就得判给抢注人。[53] 为了让前者获得法理上的支持,他们匆忙引入了在先商标的“被动使用保护”论,主张被动使用也有独立的地位,但这种匆忙导入的学说本身却处处充满

---

[49] 韦之:“论不正当竞争法与知识产权法的关系”,载《北京大学学报》1999年第6期。

[50] 郑成思:“反不正当竞争——知识产权的附加保护”,载《知识产权》2003年第5期。

[51] 王坤:“‘商标俗称’注册行为的实体法思考——以‘巴黎之花’商标侵权纠纷案为分析对象”,载《法学论坛》2011年第5期。

[52] 参见慧聪商情广告,2004年10月1日。

[53] 李静冰:“外文商标的中译或简称被抢注的法律困境”,载《中华商标》2010年第1期。

了硬伤,在解决问题的时候自然显得力不从心。因此,在现有法律资源应付裕如的情况下,脱离经营者的真实诉求和不顾商标权获得的正当性前提而追求所谓的理论创新,无异于在我们面前还有不少康庄大道可行时,选择湮没无迹的羊肠小道,既无现实必要,也缺乏理论支持。所以,在我们注重理论创新的同时一定不要忘了理论的生命力,更不要忘了它对当下回应的可能性,否则这种所谓的理论创新不过是昙花一现,于事于理都无所助益。

# 海外收购知识产权法律风险评估方法研究

黄清华*

作为一种可变现、融资和投资的财产权，知识产权（Intellectual Property，缩写 IP）正日益成为中国企业海外收购的核心目标，相关交易在跨国并购中的比重越来越大，对于商业目标的实现也越来越具有战略意义。

在联想收购 IBM 全球个人电脑（PC）业务这一案例中，“IBM 公司把 PC 业务部门所持有的品牌和相关技术一次性变卖而实现了它的价值，融得了巨额资金，同时又甩掉了亏损的包袱，可以说是一箭三雕”。① 这在一定程度上得益于风险评估技术应用于 IP 技术风险管理和法律风险管理，实现了两者完好的结合。本文讨论 IP 法律风险评估相关问题。

对于 IP 依赖型企业而言，在考虑任何进入市场或扩充业务的决定时，IP 法律风险评估应是重要的一步。评估的方法，国内法律界和知识产权界通常认为 IP 法律风险评估就是搞好相关的审慎性调查（又称尽职调查）。② 这种观点有许多可取之处，但是，总的来说，对于如何评估 IP 法律风险，在思维方式、策略、方法和工具方面，仍存有诸多可改进之处。下文从介绍海外 IP 收购的法律背景与任务入手，明确 IP 法律风险评估的目的、对象、种类和基本方法，并从风险分析工具的层面讨论 IP 法律风险定性分析与尽职调查的关系，从理论上总结海外收购 IP 法律风险评估方法，为进一步制定有效的风险控制策略提供科学根据。

---

* 黄清华，留英博士（风险与法律方向），中国综合开发研究院（中国脑库）特聘研究员，首都医科大学管理学院讲座教授，法学系学科带头人。

① 聂莹：“兼并收购 vs 知识产权——从联想购并 IBM PC 业务看知识产权兼并与收购”，载《知识产权报》2007 年 2 月 22 日，第 2 版。

② 刘丽、陈彬：“中国企业海外并购中的知识产权审慎性调查问题研究”，载《科技与法律》2011 年 1 期。

## 一、法律背景与任务

一般来说,各国法律,尤其是英美法系多数国家的法律,要求收购过程遵循收购方(buyer)责任自负原则,收购者有义务仔细了解拟收购的目标企业或标的物的价值与状况,因未尽此项义务造成的损失由并购方自己承担。[3] 在跨国 IP 收购中,这就需要评估所涉 IP 的法律风险。

IP 收购在法律上必然导致 IP 资产权属的转移。作为无形资产,IP 的转移涉及的问题和主体较之传统实物资产的转移更为复杂,比如,权利的合法性和稳定性、在先权利的审核、权利价值确认、转移的程序性管理,等等,在交易前后存在着诸多的不确定性和纠纷隐患。[4] 这些法律风险问题在国际收购中更为突出。

IP 国际收购中,法律风险来源于标的 IP 的技术、经济和法律上的价值、状况和相互关系,以及法律差异和对这种差异的认知。例如,在品牌(驰名商标)收购中,以尽职调查为基本手段的 IP 法律风险评估,就要确定该品牌已在哪些国家注册,在哪些国家存在商标异议,未来是否有代价高昂的国际诉讼的可能性,是否存在侵权或假冒货物的生产;否则,收购就可能会导致惨重损失甚至彻底失败。同样,国际专利收购,就要调查该项专利技术的 IP 国际保护状况,如果其产品缺乏专利保护,相应的生产工艺、制作方法缺乏商业秘密的保护,可能会导致广泛的复制,致使该专利技术经济价值的稀释[5];而对计算机软件的收购,如果该软件未得到有效的版权保护措施,其战略价值和经济价值都可能会丢失。应当说,IP 法律风险评估,应当是围绕查明这些情况,在风险管理理论指导下运用风险分析方法和工具的审慎性调查。

具体来说,IP 法律风险评估,应当是在系统识别 IP 法律风险的基础上进行的;它通过关键点分析、系统分析、原因分析、效果分析,结合定性分析和(或)定量分析方法,从 IP 的技术、经济和法律及其相互关系的角度,掌握各种 IP 法律风险与相关风险因素的合理性(reasonableness)、可控性(controllability)和可防性(preventability),为制定 IP 法律风险防控方案提供科学根据。

有鉴于此,IP 法律风险评估的任务,主要是通过对识别的 IP 法律风险与相关风险因素,从不同角度进行定性和(或)定量分析,进而回答:

1. 识别的 IP 法律风险是何性质?性状如何?有何特征、标志?各种 IP 法律风险之间有何关系?

2. 什么是某一特定 IP 法律风险(特有)的风险因素?这些风险因素之间有何关

---

[3] Dale A. Oesterle, Mergers and Acquisitions, 22 (Law Press. 2005).

[4] 王海波:"专利收购策略分析",载《中国知识产权杂志》2012 年第 10 期。

[5] Joseph Siino:"Dealing with IP Risk in the U. S. : Who Can be Trusted?"载《财新传媒杂志》2010 年第 5 期。

系？比例关系如何？

3. 这些风险因素是合理的还是不合理的？何种情况下这些风险因素才是合理的或不合理的，为什么？

4. 这些风险因素是可避免的还是不可避免的？多大程度上这些风险因素是可避免的或不可避免的，为什么？

5. 这些风险因素是可预防的还是不可预防的？多大程度上这些风险因素是可预防的或不可预防的，为什么？

6. 如果这些风险因素可避免和可预防，应采取哪些技术、经济、法律和管理措施？到多大的程度上值得采取这些措施？

对海外IP收购法律风险的评估，如能得到有关上述问题的清晰回答，就有可能能制定出最佳的IP法律风险控制方案，从而实现对外投资安全。这些可归纳为海外收购IP法律风险评估思维方式。这是IP法律风险评估方法不同于传统尽职调查的一个显著特点。

## 二、评估的目的和对象

IP法律风险及其相关风险因素的合理性、可控性和可防性的判断标准，包括法律上的标准和经济-技术上的标准。法律上的标准，以特定并购项目法定或约定适用的法律为判断依据；在适用的法律不明确或法律没有明确规定的情况下，以商业或行业惯例为判断依据；没有商业或行业惯例的，以同一行业一般理性之人有权期待的那样一种情况为判断依据。经济-技术上的标准意味着，除了法律上的考量外，还应当从经济-技术上评估IP法律风险及其相关风险因素是否合理、可控和可防。例如，专利的稳定性分析，“很多专利因为在申请前文献检索手段受限等原因，并没有根据其拟保护的范畴，进行充分的现有技术检索，而给后期的法律程序带来非常大的障碍”⑥，就涉及经济-技术上的标准问题。这就需要综合考量并购的战略目标或商业目标、经济-技术政策和目标、风险管理的目标等，并运用风险与风险因素分析的某些工具和方法，进行准确的IP法律风险评估。

具体地说，应从目标企业IP可能适用的法律的角度，结合收购方（中国企业）的战略目标或商业目标，适用一定的方法，如国际公认的或双方约定的标准，确定目标企业IP资产的种类、质量、数量、所有权归属、拥有人的实际控制权，侵犯这些IP的潜在责任，目标企业侵犯他人IP的可能性，以及标的IP的稳定性、战略价值和经济价值，等等。

IP的战略价值，通常取决于拟收购的IP是否能很好地适合并购方业务目标，是否

⑥ 王海波，见前注④。

能够有效地实施。在海外收购中,符合或有助于实现收购战略目标的那部分 IP 资产,为有战略价值的 IP。评估 IP 的战略价值,应首先获得该项 IP 的特征、范围、有效性、可实施性和局限性等信息。可见,对 IP 战略价值的评估,离不开对其法律风险的评估。

IP 的经济价值,则是从投入产出、保值增值的角度对并购标的 IP 所作的评估。IP 的经济价值不仅取决于其产品、服务的市场价值与前景,同样取决于 IP 的类型及其范围,包括 IP 的稳定性、有效期的长短和、受保护的地域范围、是否受到其他协议如排他性使用协议的限制等,也即质量限制、时间限制、地理限制或者潜在协议限制。[⑦] 因此,对 IP 的经济价值的评估,同样离不开对其法律风险的评估。

以上说明,海外收购 IP 法律风险的评估具有基础性,是 IP 战略价值和经济价值评估的重要组成部分;或者说是 IP 战略价值和经济价值评估的前提,其核心是 IP 的法律价值问题。这是海外收购 IP 风险评估与 IP 法律风险评估的联系和区别。IP 风险评估除了 IP 法律风险(含稳定性)外,还包括 IP 技术风险。后者超出了本文的讨论范围。

## 三、评估的种类

IP 法律风险评估,就是要对 IP 权属瑕疵风险、地域性风险、时间性风险和诉讼或争议风险,从外国法(东道国法)、国际法(含双边或多边国际条约、协定)和冲突法的角度,进行分析、评估。

### (一) 评估 IP 所有权权属瑕疵风险

收购 IP 首先要审查的是该智慧财产的权属,如果权属存在瑕疵将直接导致收购失败。对企业拥有的 IP,权属状况应如何界定,许多国家的法律都有明确规定,但又存在一定的差异,这就潜藏着法律冲突风险。例如,按中国的专利法,凡是利用所在单位的物质条件完成的发明创造,都是职务发明,专利(申请)权归单位所有。我国的职务发明定义接近德国,但德国的职务发明专利的原始权归发明人,雇主拥有实施选择权。[⑧] 类似这样的法律冲突,在中国企业海外并购中,就暗藏着 IP 法律风险。

一般来说,目标企业使用的 IP 可能存在三种所有权形式:企业所有的 IP、与他人共享的 IP,以及第三方(雇员、独立合同方和其他第三方)所有的 IP。以专利权为例,《英国专利法》(Patent Act 1977)明确规定,雇员在雇佣工作过程中获得的发明一般归雇主所有,美国专利法也有类似规定或做法。但在下列情况下,目标企业所使用的专利权并不为其所有,应予特别关注:

1. 雇员享有专利权

如果雇佣合同明确规定专利发明归雇员所有,企业就不能享有该项专利的所有权。因此,必须仔细审查目标企业相关劳动合同(Employment Contract)中的发明创造

⑦ 参见黄忠全:"知识产权战略与企业知识产权价值评估",载《江苏科技信息》2008 年第 5 期。

⑧ 刘丽、陈彬,见前注②。

权利归属条款,以确定专利权的权属状况,查明是否需要补偿、以及如何补偿相关的雇员发明人。

2. 独立合同方所享有的权利

一些目标企业所使用的专利技术有可能是独立合同方(independent contractor)在帮助企业设计与研发产品过程中作出的。这类发明按不同国家的法律可有不同的归属。在英国,如独立合同(independent contract)无专门约定,独立合同方所作出的发明归发明方所有。因而确定专利所有权时,必须仔细审查相关的独立合同,如委托开发合同。

3. 其他第三方所享有的权利

如果目标企业所使用的专利来自于第三方,那么,必须认真审查相关的使用许可合同(permission contract),必须查明许可的种类,以及合同中是否存在被许可人可以对许可技术进行修改的约定,许可协议中是否存在控制权变更条款。

4. 共同所有权

在某些情况下,共同所有的专利可能不需要其他方的同意就可以转移。因而,需要仔细审查共同所有权的内容:例如,各方的许可权限,专利转移的条件,对专利有效性的维持,以及侵权时谁负责救济、遭遇侵权时谁负责请求救济等规定或约定。

以上可知,IP 权属瑕疵风险的风险因素主要来自于相关国家 IP 法律冲突(差异)和相关合同风险。因此,为了评估 IP 权属瑕疵风险,应审查、评估该项 IP 的性质,注意所有权与使用权的区别,弄清楚目标企业所主张的权属是所有权还是使用权。为此,要仔细审查母国与投资地国法律关于 IP 权属规定的差异,以及与目标 IP 权属有关的合同。这些问题不搞清楚,轻则显著增加交易费用,重则整个交易程序根本无法往下进行。

(二) 评估 IP 地域性风险

IP 具有严格的地域性,因此是海外收购 IP 法律风险的一个重要风险源。地域性意味着,按照一个国家或者地区的法律产生的 IP,只在该国家或地区范围内有效,超出该地域范围,该项 IP 即不复存在。与此相对应的是,同一项技术可以在很多国家取得专利,同一个商标也可以在很多国家获得注册。因此,大型跨国公司一般都会在很多国家申请专利,此所谓“专利圈地”;其产品也会销售到很多国家,在其产品销售国一般都会注册商标。这项专利技术或产品商标因为地域性问题分别在若干个国家申请专利或者注册商标,就成了若干个国别专利权或注册商标专有权。同理,收购目标企业在某一个国家获得的技术专利或产品(服务)商标,并不意味着当然获得该企业在其他国家就同一技术或产品的专利权或商标专有权。有鉴于此,评估 IP 地域性风险一定要与收购企业的海外发展目标(战略目标和商业目标)联系起来。

每个企业海外并购 IP 的目的并不是一样的,有的只想购买一个或者几个国家专利或商标专有权,有的则是全部收购。而购买在一个国家申请、注册的专利权或商标与购买在多个国家申请、注册的专利、商标,其价格的差异非常大。如果中国企业的战略目标是某专利或商标的全球注册,就必须审查该项 IP 在哪些国家或地区申请权属并获准了,不能遗漏。这是 IP 地域性风险评估最重要的内容。评估 IP 地域性风险,要求了解母国与投资地国所涉 IP 法律的差异,还要审查收购者是否有明晰的海外专利战略和商标战略,例如,在专利收购中,弄清楚收购意图是从属性收购、经营性收购,还是对抗性收购或战略性收购。

需要说明的是,就商标国际注册而言,只要向欧盟商标注册局(the Community Trade Marks Registry)递交一份单一申请就可能在所有成员国拥有一个注册商标。同样,只要向位于日内瓦(Geneva)的世界知识产权组织(the World Intellectual Property Organisation, WIPO)递交一份单一申请就可能获得世界范围的商标注册。这取决于申请人的选择、需要和付费能力。同理,就申请专利国际申请而言,专利合作条约(Patent Cooperation Treaty, PCT)实现了一国申请,多国有效。按照 PCT,在任何一个 PCT 成员国提出的一项专利申请,可以视为在指定的其他成员国同时提出了申请。因此,外国专利的获得,同样取决于申请人的发展选择、战略需要和付费能力。明乎此理,就能更准确地评估 IP 地域性风险。

(三) 评估 IP 时间性风险

一般来说,IP 资产有着严格的时间界限。如发明专利,多数国家规定了二十年的保护期,具体的则取决于各国法律的规定。超过这一时间界限,法律对于相应的 IP 资产不再给予垄断性保护。而且,在专利法规定的保护期内,专利权人还须向专利机关(patent office)交纳规定的专利年费(maintenance fee),以维持专利的有效性。因此,通过审查这些方面的情况,确定所要收购的 IP 资产是否在法律保护的有效期限内,以及有效期限的长短,直接决定了该项 IP 保护的范围和强度,最终对收购价格的形成产生影响。这对于保证交易安全十分重要。

由于对 IP 时间性风险认识不足,中国企业海外并购中因此而失利的案例不在少数。上海易初通用机器公司收购国外某公司的压缩机技术时,尽管收购方是国内领先的汽车空调压缩机生产企业,但外方利用中方信息不对称,不了解该专利的具体情况,刻意夸大该专利的含金量。外方声称其压缩机技术中包含 24 件专利,其实有 21 件并未得到授权,真正享有完全知识产权的专利技术只有 3 件。而中方在该技术即将到期、所有专利和商标将被停止使用之际才发现这一问题,致使投入巨资收购的专利技术,战略价值和经济价值均显著低于并购预期。[9]

此案说明,海外 IP 资产收购,一定要关注每项 IP 的法律保护期限。对于期限快要

---

⑨ 宇文:“对国外‘知识产权陷阱’的规避”,载《大经贸》2008 年第 6 期。

届满的核心 IP,一定要弄清所适用的法律,是否可以续展、如何续展、是否存在障碍和续展的费用等。例如,对于商标,特别要注意商标有效期,以及是否在期限届满前申请续展并获得批准。

(四) 评估 IP 诉讼或无效争议风险

收购方需要评估目标公司近 5 年内作为原告或被告参与的、已结案或正在审理的诉讼案件情况,包括调查案件性质、诉讼法律关系和(可能的)结案情况,并透过这些情况了解目标公司 IP 经营管理的状况和基础。这对于整合阶段顺利营运收购的 IP,实现 IP 的价值转移十分重要。

如果第三方对目标公司 IP 所有权或(和)有效性提出法律质疑,收购方更要分析、权衡这种诉讼纠纷或 IP 稳定性争议是否有可能在收购之前结案、诉讼或争议的焦点和结局,尤其是目标公司可能要承担的责任损失的大小、对目标公司 IP 稳定性的影响,以及对收购方购买、营运这些 IP 资产会造成何种影响。

对于未结案或即将来临的国际专利诉讼,还应关注原告的具体目的和被告的应对之策。这对于成长中的国际化中国企业来说,不仅是收购阶段 IP 法律风险评估的需要,也是整合阶段形成并实施新专利战略、控制国际专利诉讼风险的需要。

一般来说,国际专利诉讼,原告为的是[10]:(1) 防止被告的侵权行为;(2) 通过专利诉讼确定权利的最终范围;(3) 迫使被告与原告商谈相关专利许可(Patent License)事宜;(4) 促使被告与原告商谈双方专利的交叉许可(Cross License)或组成专利策略联盟事宜;(5) 通过专利诉讼获得高额的惩罚性赔偿;(6) 通过昂贵的专利诉讼费用拖垮对手;(7) 通过专利诉讼诋毁对手商誉,使被告的客户转而与之交易。弄清楚原告提起国际专利诉讼的目的,有利于准确把握国际专利风险控制策略。通过分析原告提起诉讼的目的,进一步评估并购专利收购中遭遇到的法律风险的大小、强弱,并找到化解办法。

此外,收购方还要调查、评估目标公司正在申请、审查过程中的 IP 状况,例如,发明专利的申请与审查情况、驰名商标的申请与认定情况,了解官方审查意见、目标公司的答复意见和利益相关人的质疑意见,查明可能存在的 IP 争议风险。

以上说明,IP 法律风险涉及权属风险、地域性风险、时间性风险和诉讼或争议风险等方面,必须全面、通盘分析。其风险因素主要来源于法律差异和有关 IP 的经营管理行为,通常为可防可控的风险。因此,海外收购 IP 的法律风险评估,重点应就如何防控以及可能的成本提供评估意见。

## 四、IP 尽职调查:风险评估的基本方法

IP 法律风险评估主要是通过 IP 尽职调查(IP Due Diligence Investigation)来完成

---

[10] 黄清华:"国际专利诉讼风险控制实战分析",载《投资北京》2011 年第 11 期。

的，其结果将会直接影响交易的价格，有时可能会导致交易结构的重新评估或改变，甚至决定收购的成败。

IP尽职调查的发起人，既可以是投资企业本身，也可以是收购者委托的独立中介机构，如律师事务所和会计师事务所。在某些国家，涉及行业安全和国家产业战略布局时，行业协会或者国家知识产权管理有关部门则可能是IP尽职调查的发起人。值得注意的是，随着专业化的发展，由专门的IP管理咨询公司承接这类业务，可以确保调查研究方法的适当性和结论的准确性，在关键市场取得市场调查信息，获取目前或潜在的假冒和相关问题的证据，协调国际注册和诉讼评价。

IP尽职调查的一般步骤为[11]：第一步：（参与）选择目标企业的目标IP；第二步：确定交易方式，明确是资产收购还是股权收购；第三步：确定交易中有实质意义的IP，弄清是品牌收购还是技术收购；第四步：审查IP资产相关的材料；第五步：确定并购价格，基于审慎性调查结果制定最终并购方案。具体地说，这种专门调查一般应包括如下方面：

首先，掌握收购目的。根据企业自身的规模、实力和发展战略来选择交易对象。例如，专利战略性收购一般是基于整个公司的战略考量所进行的综合部署，既有保持和强化已有技术优势和专利优势的考量、弥补弱势技术点的考量，又有全球运营商活动所需的区域性专利部署考量、上下游资源的专利控制考量、目标专利资产竞争的考量，等等。[12] 作为收购方的IP专家应了解投资方在IP方面要达到的商业目的和未来的商业计划，必须清楚地了解投资方的期望，明确从此次交易中拟获得何种资产，如何使用这些资产，以及要实现怎样的战略目标、技术目标和经济目标。

其次，确认收购的交易结构。只有在确认了交易结构后，才能根据不同的交易结构设计不同的审查重点。股权收购中的IP问题相对简单，交易成本较低。因为在股权收购中，目标公司所拥有的所有IP资产将自动转移给买方。但即使如此，仍然需要审查：目标公司是否真的拥有或者有权利使用那些实现收购目标必不可少的IP。

资产收购中的IP问题相对复杂。不但要审查目标公司对每一专利、商标、版权、域名等IP资产是否拥有所有权或使用权，还必须弄清楚其是否有权转让或许可他人使用，这些转让和许可是否要受限于某些条件；同时，在交易过程中还需要针对目标公司每一项IP，准备单独的转让或许可协议，必须考虑不同国家对这些协议的条款和生效有不同的要求，如要求相应的知识产权当局批准或备案等。

再次，审查IP的有效性。于专利而言，必须审查专利文件，而不能仅看专利（权）证书。不少专利由于专利（申请）文件中有关“技术特征”等核心内容写得太差，使该专利的权利要求很容易被绕过，或者真正核心的部分不被保护，该“专利”实际处于不

---

⑪ 刘丽、陈彬，见前注②。

⑫ 王海波，见前注④。

被保护的状态。这样的权属瑕疵案件国内外都有,国内更为频繁。对所涉专利问题,还要注意审查目标企业是否按时交纳专利年费以维持其专利的有效性,必要时可通过查询专利登记簿来确定拟收购的专利的法律状态,审查其是否被认定无效,或因其他原因失去专利权。⑬

IP 权属瑕疵更多地表现在 IP 对外许可使用上。如果 IP 对外设有使用许可,可视为权属上的瑕疵。因此,必须要审查是否有许可使用。方法上,可到备案登记机构查询。从备案登记机构无论能否查实目标 IP 的使用许可情况,都应要求目标企业作出必要的相应承诺。⑭

第四,分析 IP 的真正权利人。以专利为例,需要查明是否合作开发或委托开发的专利技术。为此,应当审查发明人与目标公司的关系,弄清楚发明人是不是目标公司的职员,谁是该专利技术的真正的权利人,避免表面上的专利权人并不真正拥有该专利带来的风险。对于员工发明而以目标公司作为申请人申请的专利,需要审查劳动合同中有关专利权属的约定:如果有约定,应根据劳动合同中的约定来确定谁拥有该项专利;如果没有约定,就应该根据所适用的专利法的相关规定,来看其是否属于职务发明并确定其归属。

对于合作开发或委托开发的专利技术,应先审查双方是否有约定;有约定的从约定,无约定的委托开发其专利权属于受托方,无约定的合作开发其专利权属于合作各方共有。对于共有专利的情况,一定要审查双方的合作合同,审查相互之间的权利义务,尤其是对专利转让是否有限制性的规定。

第五,熟悉与目标企业 IP 相关的法规政策。就收购方而言,对所涉 IP 进行尽职调查时,对目标企业所在国的各种 IP 法律法规、国家安全政策、技术出口限制政策和反垄断等法律制度进行全面了解非常必要,尤其是熟悉、甚至掌握跨国 IP 并购协议可能适用的法律。⑮ 对东道国这些法律、政策的充分了解,既可防止目标企业利用中国企业不熟悉所涉法律、政策对并购合同文本作不合理的修改,也可避免中国企业因错误预测侵权后果遭受损失。

最后,考察目标公司是否存在侵害他人 IP 的情形。避免因疏忽失察成为 IP 侵权的“买单”方,是在海外收购中需要特别注意的。在了解相关情况后,再评估已有的诉讼对目标公司运营的影响,以及潜在纠纷的可能结果等。如果目标企业有侵犯他人 IP 的情形,就需要权衡并购目的和侵权后果的轻重。

总之,IP 尽职调查是一项非常复杂的工作,视具体情况和需要包括但应不限于以

---

⑬ 刘丽、陈彬,见前注②。

⑭ 聂莹,见前注①。

⑮ Michael Fricklas, *Strategic Issues in Intellectual Property Risk Management*, ACC'S CLO THINKTANK SERIES 2007, p. 13.

上几个方面。这样才能形成所涉IP法律风险评估的准确判断,为确定收购策略、价格和收购后实现IP价值提供客观依据。

**五、IP法律风险分析工具与尽职调查**

在IP法律风险评估中,如何将风险管理中常用的风险与风险因素分析工具和方法,应用于IP所有权权属瑕疵风险、IP地域性风险、IP时间性风险、IP侵权诉讼或(和)IP稳定性风险的评估,是IP法律风险评估区别于传统的尽职调查的突出特点,值得中国IP学界、法律学界和风险管理学界的关注。这些方法和工具包括但不限于:(1) HACCP (Hazards analysis and critical control point,危险分析和关键控制点),(2) FMEA (Failure mode and effects analysis,故障模型和效果分析),(3) FIA (Full Investigation and Analysis)充分地调查和分析,(4) RI (Risk Index) 风险指数,(5) RCA (Root Cause Analysis)根本原因分析,(6) SCA (System Cause Analysis)系统原因分析,(7) FTA(Fault tree analysis)事故树形图分析。⑯

举例来说,HACCP技术可用于定位不同企业IP(法律)风险管理的关键控制环节,例如,就如何应对来自境外或第三方的专利侵权诉讼风险而言,对于研发型企业来讲,其关键控制点应是重点做好产品开发期间的专利检索和专利文献分析;对于实力雄厚、资金充沛又严重依赖对方专利技术的公司来讲,关键控制环节很可能就是通过参股、收购原告公司来化解诉讼风险。

RI技术用于IP法律风险程度的评估,根据数据库积累的信息,国际上一般按照相关风险因素的强弱,将风险指数分为很高(extreme high)、高(high)、中(moderate)、低(low)和很低(extreme low)五类。这种五分法较之国内"高、中、低"或者"核心风险、重要风险和一般风险"⑰三分法的划分,对风险与风险因素判断更准确,更利于投资决策者采取应对措施。

如果一个高度依赖IP的企业,其IP(风险)管理系统出现严重故障,那么进行FMEA、RCA和SCA分析就是必须的。

以FMEA为例,作为风险管理通用分析工具,故障模式和效果分析(FMEA)运用系统的方法,按照故障类型、相应的效果或严重程度及其对系统的影响,进行分类,用以分析和处理一个系统内潜在的故障模式及其相关原因。在这款工具中,故障(失败)的原因可能是设计、物件或项目(管理)过程中任何错误或缺陷,特别是那些潜在的或实际的影响客户或者经营目的的错误(缺陷)。这款工具最初被广泛应用于制造业产品

⑯ 黄清华:"中国律师应参与海外并购法律风险管理",载(新加坡)《亚洲保险》2011年第3期。

⑰ 辛红:"国务院国资委专题研究海外投资法律风险防控 央企海外投资急需建立监督制度",载《法制日报》2011年7月3日,海外版。

的生命周期各个阶段的分析,现在被越来越多地用于(咨询)服务行业。[18] 作为一个系统的和积极的方法,FMEA 可用于评估一项业务进程或程序,以确定它在何处以及如何可能会失败,评估失败的相关影响,并确定这一进程或程序中最需要改变的那部分。

使用该工具时,"故障原因"是指在设计、工艺、质量或(部分)应用程序上的缺陷,这是故障或发起一个程序从而导致失败的根本原因。效果(影响)的分析,是指研究那些故障(失败)的后果。"严重性"是指一个故障模式的后果。"严重性"问题要考虑失败的最严重的潜在后果,确定财产损害或系统损坏最终可能发生的损伤程度。

FMEA 分析的一般步骤是[19]:(1) 理清程序中的每个步骤(The steps in the process);(2) 建立故障模型(Failure modes),弄清什么东西可能变糟;(3) 分析故障原因(Failure causes),查明某个故障为什么会发生;(4) 预测故障后果(Failure effects)。具体到(海外)收购 IP(法律)风险分析,建议采取八个步骤[20]:

(1) 仔细地检查一个(核心)IP(丛)[21]的收购过程(程序),并且概括出其中的每一个步骤;

(2) 识别该收购过程中可能出错的环节,建立相应的故障模型;

(3) 预测、确立每一个故障模型的后果;

(4) 认定造成后果可能的基础原因或(重大)归因因素;

(5) 根据后果发生的可能性、严重性的频度,评估故障模型及其每一个归因因素(之间)的等级、级别;

(6) 识别任何现存的预防、避免、监督和减轻这些风险的控制因素;

(7) 使用这种等级级别区别 IP 法律风险(因素) 的优先次序,决定哪些因素是要重点考虑的、哪些是可接受的、哪些是要去处理的;

(8) 设计一个行动计划,即制定明晰的 IP 法律风险控制策略和方案。

通过以上工作程序,这款工具可从定性和(或)定量分析的角度,建立不同类型的故障与相应效果的关系,以应用于 IP 法律风险与相关风险因素的预测和评估,帮助制定收购 IP 的法律风险控制策略和方案。[22]

---

[18] "Failure mode and effects analysis", http://en.wikipedia.org/wiki/FMEA,2013 年 3 月 20 日最后访问。

[19] 黄清华,见前注⑯。

[20] 参见英国皇家妇产科学会设计的卫生服务故障模型和效果分析 Healthcare Failure Mode and Effect Analysis (HFMEA®) RCOG (Royal College of Obstetrician and Gynecology)。

[21] IP 丛的概念源于 IP 保护的多样性。以某一拥有核心发明专利的信息技术为例,它的产品可以专利(patent)保护,产品的软件部分(software)和销售文献(sales literature)可通过著作权(copyright)予以保护;产品外形和构造(shape and configuration)则可通过工业设计权(design right)予以保护;产品的(商业)名称可通过商标权(trade mark)予以保护。

[22] Institute for Health Care Improvement, 'Use the FMEA Tool', 20 December 2007 found at www.ihi.org/ihi/workspace/tools/.

IP 法律风险定性分析(Qualitative analysis)可应用于 IP 尽职调查,以评估特定 IP 法律风险与被观察的风险因素的关系,描述它们的含义、特征、标志和性状。这种分析方法可用于探讨和理解 IP 法律关系当事人之间有关 IP 法律风险的信念、经验、态度和行为等,也可用于揭示特定 IP 法律风险和相关风险因素的合理性、可控性和可防性,为制定 IP 法律风险控制策略、确定不同种类的 IP 风险控制好的做法甚至最佳做法,提供科学根据。

IP 法律风险定性分析程序通常包含四个步骤:设计、样本和环境、过程、(结果)的合成与分析。定性分析一般通过四种方式收集数据[23]:(1) 系统的文献回顾;(2) 直接观察和对环境的参与;(3) 对重点人群个人的深度访谈;和(4) 对相关材料和文件进行定性分析时所采取的探讨性和描述性设计。

IP 法律风险定性分析用于海外收购中 IP 尽职调查时,既可用于战略层面的评估,例如,对目标公司市场开发、长期投资、合营合作等战略措施的评估,评估目标公司战略的强弱和目标公司与收购方战略配合的情况[24];也可用于评估 IP 预防性的法律事务(proactive legal affairs),如目标公司 IP 所有权和其他财产权利的评估、反不正当竞争监督、IP 权属管理监督、IP 相关交易合同签订与履行监督等。

通过 IP 法律风险评估,对目标企业中的"或有事项",如有关 IP 的未决诉讼、仲裁或索赔,行政处罚,有无违反 IP 相关法律、法规的规定或国家利益、社会公共利益的情形,形成是否合理、可控、可防,如何防控以及防控成本的评估意见,为制定收购项目 IP 法律风险控制策略提供客观依据。

## 六、结语:IP 法律风险评估报告

IP 法律风险评估的一般目的是,掌握各种 IP 法律风险与相关风险因素的合理性(reasonableness)、可控性(controllability)和可防性(preventability),为制定风险防控方案提供科学根据。为此,IP 风险评估的任务,主要是通过对识别的 IP 法律风险与相关风险因素,运用风险分析工具从不同角度进行定性和(或)定量分析,形成有关 IP 风险的性质、程度、对 IP 价值的影响和控制策略的专业意见,为下一步制定最佳的 IP 法律风险控制方案,实现对外投资安全,奠定科学、法律与良好管理的基础。

为此,建议 IP 法律风险评估按可接受风险、可避免风险、可减低风险和可转移风险的分类方法进行报告:

1. 可接受风险:如果风险必然面临,而且且风险中固有的风险因素是合理的、不能避免的和不能控制的,这类 IP 风险为可接受风险。如果避免或控制风险的措施耗费甚巨,视为不可接受风险。

---

㉓ Qualitative analysis, From Wikipedia, the free encyclopedia.

㉔ 宾建成:"我国企业海外并购的障碍因素与克服对策",载《工业技术经济》2009 年第 1 期。

2. 可避免风险:如果IP风险中固有的风险因素是不合理的,并且达到专业上的注意标准即可控制,这类风险为可避免风险。

3. 可减低风险:如果IP风险既难于接受又难于避免,评估报告应当指出减低风险的技术方法和管理方法。

4. 可转移风险:如果经风险—效益分析值得采取转移风险措施,可建议收购方投保专门保险如“并购保证赔偿保险”、“国际专利诉讼保险”。

总之,IP法律风险评估报告一定要就IP法律风险(因素)的合理性、可控性和可防性,以及在何种情况下、多大程度上,这些IP法律风险(因素)是合理的、可控的和可防的,诸如此类的问题,作出分析,以便制定相应的IP风险控制策略。

# 数字时代著作权的延伸性集体许可
## ——北欧制度的创新化移植

李宗辉*

### 一、数字时代著作权许可的困境

信息技术革命的发展造就了一个全新的数字时代,在这个时代里,作品的创作、传播、利用和保护都呈现出与传统出版时代迥然不同的特点,也对著作权法律制度提出了若干新的挑战和难题。从不同主体利益平衡和文化产业实践发展的角度来看,核心的问题就在于著作权许可的困境。

首先,数字时代作品的创作比传统出版时代更加体现出"演绎性"、"融合性"和"群体性"的特点。所谓"演绎性"是指随着互联网的应用和普及,每一个作者进行创作时可以利用的外部信息大量增加,每一部新的作品都在不同程度上是对许多既有作品的"演绎",而它一旦被创作出来,很快又将被其他作品所"演绎"。这种无时无刻不在发生的承前启后的演绎创作之所以可行,跟数字时代作品创作的"融合性"又息息相关,"信息数字化使信息的表现形式产生了同一性",所有的信息无论其呈现给读者的直观形态是文字、声音、图像、动画、立体构造还是其他,都可以以同样的方法对其数字形式而进行复制、修改和重组,即所谓的"一切信息的无边界融化"。① 这种作品创作的"融合性"和"演绎性"使得一部作品中作者与许多原作作者的共存成为普遍的现象,而在互联网这个新兴的平台上,"创作已经不再是'雅士'们闲情逸致的表达,也不再是学者们深思熟虑的见解,而越来越多地表现为一部分社会公众赚取费用的劳

* 李宗辉,北京大学法学院2009级博士研究生。

① 〔日〕中山信弘:《多媒体与著作权》,张玉瑞译,专利文献出版社1997年版,页62。

作”[②],各种计算机创作工具的使用进一步加剧了参与创作主体的集体化和流动性,换言之,数字化作品的作者越来越成为分散的难以确定所有创作者身份的“群体”。由此可见,数字创作的“演绎性”决定了新的创作需要获得原作作者的许可,“融合性”表明这种创作需要获得不同类型作品作者的许可,而“群体性”使新创作需要征得众多分散的以虚拟身份出现的原作作者的许可。

其次,数字时代作品复制和传播的特点给著作权许可带来了新的挑战。以FTP、BT和迅雷等为代表的丰富的交互式软件的存在使大量的网络用户选择回避成本高昂、缺乏效率甚至根本无法获取的著作权许可而去搜寻免费的侵权作品。BBS、博客和播客以及网络空间等信息发布和传播的方式本身就昭示着作者对于网络用户在一定范围内使用和“转载”其发布作品的默认和许可。[③] 数字出版也不只是简单地将纸质图书转变为电子图书的过程,而是呈现出实时交互编辑、多媒体化、信息海量存储、随机检索和即时传播等复杂特点。[④] 除此之外,在典型的数字形式作品如软件的市场交易中,虽然软件著作权人与最终用户之间不存在直接的“买卖合同”,但他们之间存在实质上的有关著作权的“拆封许可合同”。但随着交易方式本身的数字化,这种附着于有形载体买卖的著作权许可模式也不再可行,创造新的数字著作权许可模式成为迫切的需要。[⑤]

再次,数字时代作品使用方式的复杂性和多样性使传统的以著作权权能为基础的许可失去意义。在数字条件下,除了基本的浏览和阅读以外,读者可以对作品进行“检索、引用、展示、比较、链接、统计、分析、信息挖掘、批注、整合内容”[⑥]等各种复合性使用,而随着技术发展对市场消费需求的不断回应,新的作品利用方式如网络广播和电视、数字远程录像[⑦]已经并继续在不断涌现。这种作品利用方式的多样性和动态发展性决定了著作权许可无法通过事先约定被许可权利范围的方式来加以实现,而更适合采取一揽子许可或者根据实际使用的情况事后支付许可费的模式。

最后,数字时代著作权保护形势的变化也使得著作权许可方式需要随之作出新的调整。由于数字时代作品复制和传播的成本几乎为零,而传播速度之快、范围之广却又是前所未有,因此作品著作权的保护呈现出两种趋势:一种是数字化作品或传统作

---

② 唐广良:“数字技术对著作权保护的影响”,载沈仁干主编:《数字技术与著作权——观念、规范与实例》,法律出版社2004年版,页8。

③ 梅术文:“信息网络传播权默示许可制度的不足与完善”,载《法学》2009年第6期。

④ 吕志军:“数字出版对传统出版业务流程的影响”,载《网络电子出版》2007年第2期。

⑤ See David Nimmer, Elliot Brown, & Gary N. Frischling, *The Metamorphosis of Contract into Expand*, California Law Review, January, 1999.

⑥ 谷龙:“数字版权纠纷的产业意义——7专家状告书生公司的背后”,载《知识经济》2004年第12期。

⑦ See Cartoon Network LP, LLLP v. CSC Holdings, Inc, F. 3d 121 (2nd Cir. 2008), cert. denied. 557 U. S. _ (2009).

品被他人数字化编辑以后遭遇大量侵权行为;另一种则是著作权人不断开发和采用新的技术保护措施对其作品进行“严防死守”以减少未经许可的作品网络传播所造成的利益损失。随着文化产业的不断发展和著作权人作品市场化推广意识的提高,后一种著作权保护的趋势逐渐得到加强。然而,过于严密的技术保护措施在堵截侵权行为的同时也关闭了一般公众“接触”作品的大门,传统出版时代的合理使用不再可能⑧,看似自由开放的网络空间成为互相隔断的信息孤岛,著作权人与社会公众之间利益平衡无法维系。打开这一“死结”的根本方法固然有赖于著作权人对著作权意义的正确认识和社会公众著作权保护意识的提高,就实践层面而言,一种对双方来说更加便捷、友好以及可接受的著作权许可模式是具有直接效果的解决方案。

综上所述,数字时代作品创作、传播、使用和保护的若干新特点深刻牵引着著作权许可模式的变化,传统的“一对一”著作权许可模式因其搜寻著作权人的成本高昂、耗时太长、必须事先确定特定的许可范围等诸多缺陷已经难以实行,即便是著作权集体管理的机制也无法解决所有作品使用的授权问题,因此,我们迫切需要开拓新的著作权许可路径来推动数字时代的著作权应用和信息共享。

## 二、延伸性集体许可制度的历史和现状

为了应对上述数字时代版权许可、作品传播和文化学习的新挑战,我国学术界和立法机构进行了积极的理论探索,提出了多种建议方案和制度构想,借鉴和移植“延伸性集体许可”制度就是其中的一种。“延伸性集体许可”是冰岛、挪威、瑞典、丹麦和芬兰这五个塑造了斯堪的纳维亚法律传统的北欧国家于20世纪60—70年代所共同创设的独特著作权法制度。该制度规定,如果某一集体管理组织代表和管理了某一特定类型作品相当数量的或实质性部分的著作权,并可授权使用这些作品,那么使用者可以在未获授权的情况下使用同一类型的其他作品,只要他支付同样的使用费,并符合该机构授权使用作品的其他条件。不仅如此,这些国家的著作权法还通过专门的法律条文将集体管理协议延伸到非会员作者,让实质上代表同一类型多数作品的集体管理组织有权许可他人使用非会员作者的相同类型作品。当然,相对于会员作者而言,非会员作者可以保留以个人名义要求报酬的权利,并可以书面通知集体管理组织禁止使用其作品。⑨

“延伸性集体许可”规则最早出现在1960年12月30日的《瑞典著作权法》中,起初仅仅来用来处理广播对作品的使用问题,其后逐渐拓展到学校和商业企业的静电复

⑧ See John R. Therien, *Exorcising the Specter of a “Pay-Per-Use” Society: Toward Preserving Fair Use and the Public Domain in the Digital Age*, Berkeley Technology Law Journal, summer, 2001.

⑨ 〔西班牙〕德利亚·利普希克:《著作权和邻接权(上册)》,联合国教科文组织中译本,中国对外翻译出版公司2000年版,页345—346。

印领域。1974年北欧联合著作权委员会的成立标志着北欧各国开始统筹协调“延伸性集体许可”制度并以之作为各国著作权法整合的一部分。[10] 从整合的结果来看,北欧各国的著作权立法都具体列举规定了延伸性集体许可制度的适用情形。2006年6月30日生效的最新《冰岛著作权法》列举了机构、企业和组织的内部使用、为教育目的的使用、图书馆和档案馆的使用以及广播组织的使用等四种“延伸性集体许可”情形。2006年12月22日修正以后的最新《挪威著作权法》规定的“延伸性集体许可”包括为教育目的的使用,机构和商业企业的使用,档案馆、图书馆和博物馆的使用,为残疾人的复制和使用,广播公司和其他广播组织的使用以及广播组织剧集中作品的使用。2009年4月1日修订后的最新《瑞典著作权法》则规定了教育活动使用、档案馆和图书馆使用以及广播电视组织传播和重播使用这三种可适用“延伸性集体许可”的情形。2010年2月27日的最新《丹麦著作权法》详细列举了八种“延伸性集体许可”适用情形:教育性复制;机构、组织或商业企业的内部使用;图书馆数字复制;服务听觉或视觉障碍人群的使用;已公开艺术作品的复制;丹麦广播电台和丹麦电视二台对已发表作品的广播;丹麦广播电台和丹麦电视二台对其广播的作品及其复制件重复以及根据公众个人选择的时间和地点所进行的传播;转播和重播,将在广播或电视上无线广播的作品不加改变地同时经由有线系统进行转播和以相同的方式通过广播系统向公众重播。2010年5月1日最新修正的《芬兰著作权法》所规定的“延伸性集体许可”情形则包括静电复印、报刊作品使用、教育科研使用、档案馆、图书馆和博物馆使用、艺术展品使用和广播组织使用等。以列举规定最为广泛的《丹麦著作权法》为例,我们可以发现“延伸性集体许可”具体适用的若干特点。首先是存在特定而明确的目的,而且这些目的通常都带有公共利益的色彩,例如教育和残疾人服务事业等。其次是对许可客体类型的限定,例如关于教育使用的“延伸性集体许可”明确排除了电影和软件作品,内部使用的许可则限定于描述性的作品及类似的作品部分,丹麦广播电台和丹麦电视二台可以通过“延伸性集体许可”广播的已发表作品也不包括戏剧或电影作品以及以卫星广播电视方式公开发表的作品,除非该作品同时在一个地球网络中广播。第三是对被许可人主体身份的限定,例如在图书馆数字复制许可中对图书馆公共性的要求,为听觉或视觉障碍人士使用的被许可人必须是政府、市政机构或非营利机构,以及有关的广播电视许可使用限于丹麦广播电台和丹麦电视二台等。第四是被许可人使用“延伸性集体许可”作品的方式也必须是特定的,一方面有些使用必须依社会公众的请求或选择而为之,例如图书馆对文章或书籍的数字复制以及丹麦广播电台和丹麦电视二台“向公众传播”其广播的作品;另一方面,复制或使用作品的方法也必须符合法律的规定,例如为方便听觉或视觉障碍人士使用而进行的复制只能是录音或录像,广播电视

---

⑩ See Thomas Riis and Jens Schovsbo, *Extended Collective Licenses and the Nordic Experience: It's a Hybrid but is it a Volvo or a Lemon?* The Columbia Journal of Law & the Arts, summer, 2010.

作品的转播和重播不能对作品加以改变,并且必须通过同样的广播或有线系统进行转播或重播。

在列举性规定之外,北欧各国的立法通常会用统一的条款对所有“延伸性集体许可”的共同要件作出规定,主要包括:(1) 集体管理组织在某一类型作品领域的充分代表性;(2)“延伸性集体许可”的使用应当同集体管理组织所许可的其他使用在同一领域、属于同一类型并以同一方式为之;(3)“延伸性集体许可”使用到的非会员作品作者应当与会员作者享有同等的获酬权;(4) 非集体管理组织会员的作者以书面形式否定其作品适用“延伸性集体许可”的权利;(5) 关于“延伸性集体许可”报酬和协议解释等可以适用的调解和仲裁程序。

鉴于北欧国家的著作权法并未采纳“合理使用”和“法定许可”的概念,而在立法体例上“延伸性集体许可”经常被置于“著作权权利限制”的章节之下或者与之并列,结合上述对“延伸性集体许可”具体类型共性特点的考察,我们可以得出这样的结论:“延伸性集体许可”制度是从权利限制的视角出发,以集体管理、自由订约的方式来实现作品满足特定公共利益的使用。从被许可人需向著作权人支付报酬的角度来看,它类似于其他国家著作权法上的“法定许可”制度;从对该种许可使用的诸多限制来看,它接近于“合理使用”制度;而从“延伸性集体许可”这一概念术语本身来看,它又带有集体管理乃至一般著作权许可的色彩。这种融著作权的许可、管理和限制于一体的著作权应用模式从一开始就着眼于权利人与社会公众之间利益的平衡,而就技术层面而言,其自动将集体管理组织之许可对象“延伸”至非会员权利人作品的做法恰好在很大程度上解决了数字时代几乎无法寻求作者逐一授权的难题。然而,从上述北欧各国的列举性规定来看,立法者显然尚未充分意识到“延伸性集体许可”制度应用于数字环境的巨大潜力和产业效率,因而迫切需要对该制度进行一般化和数字化改革的创新努力。

## 三、“延伸性集体许可”的一般化和数字化

《丹麦著作权法》第50条第(2)款率先开启了“延伸性集体许可”一般化的尝试,该款指出,“在某一具体领域,作品使用者在与代表某一特定类型作品实质性数量作者的组织签订了有关实施作品协议的情况下,可以援引延伸性集体许可。但是,如果作者签发禁止令明确反对合同方使用其作品的,则延伸性集体许可不适用”。这里的“具体领域”主要是对作品使用方式的限制,即使用者在援引“延伸性集体许可”时,必须在与集体管理组织签订的许可合同中将作品的使用方式具体化和特定化,而不能是只是宽泛地约定作品的“使用”。而作者的禁止令必须以单个有针对性的方式签发,那种一般性地声称其作品不得在特定的联系中被使用或将这种声明印于书籍之中的做法不能被视为法律上有效的禁止令。至于作者签发禁止令的期限,丹麦著作权委员会曾

经建议规定一个6个月的宽限期以保证个人作者可以阻止延伸性集体许可下大规模和高花费的复制,但丹麦文化部拒绝了这一提议[11],因此作者签发禁止令的时间可能须依个案来合理确定,但必然是较为短暂的,这样才不至于影响"延伸性集体许可"所意图实现的对作品更加便利的使用。

结合《丹麦著作权法》其他条款的规定,我们可以发现,一般"延伸性集体许可"的适用还有以下一些条件:第一,作品使用者必须以与集体管理组织签订的许可协议中约定的方式和条款来使用非会员作者的作品。第二,集体管理组织在特定的领域签订这样的延伸性集体许可协议必须获得丹麦文化部的批准。而且丹麦文化部有权决定,经批准在特定领域签订延伸性集体许可协议的组织可以是包含多个代表了不同类型作品实质性部分著作权的集体管理机构的联合组织。第三,在其作品被"延伸性集体许可"的情况下,非会员作者可以请求一个不同于会员作者的报酬,该请求必须直接向作出"延伸性集体许可"的组织提出,如果在报酬数量上无法达成一致,任意一方有权向著作权许可审理委员会提出申诉。第四,在作品使用者与集体管理组织就"延伸性集体许可"的谈判无法形成结果以订立协议时,任意一方可以要求调解。调解的请求须送达丹麦文化部,条件是一方断绝谈判或拒绝了一个谈判请求或者是谈判没有达成任何结果的迹象。调解由文化部任命的调解员主持,以当事人双方的任何关于解决方案的建议为基础。调解员可以向当事人双方建议以仲裁的方式解决争议并可以参与仲裁员的任命。调解员可以提出解决争议的建议并要求该建议在调解员确定的时限内提交给当事人双方的负责部门。调解员须通知文化部调解的结果。另外,调解员可以决定已经到期或者在谈判过程中即将到期的合同仍然有效,但在双方当事人就一个最终的调解建议或诉诸仲裁的建议作出决定,或者在调解员通知他们已经不存在作出这类建议基础的情况下,合同效力的延长不得超过两星期。除此之外,调解员不得披露或利用其作为调解员所获得的信息,其所发生费用的偿付规则由文化部具体制定。

由上可知,《丹麦著作权法》围绕着一般化的"延伸性集体许可"制度设计了一系列的实体和程序规则,构建了一个较为完整的许可模式和管理制度,既方便了作品的利用,也在一定程度上兼顾了非会员作者个人的意思表示。事实上,上述一般"延伸性集体许可"适用的条件和程序规则是总结具体"延伸性集体许可"经验的结果,因而具有相当的合理性。例如,2009年1月,丹麦所有从事交互式服务的有线广播电视运营商与足以代表广播电视相关作品的几大集体管理机构的联合组织达成了"延伸性集体许可"协议,约定有线广播电视运营商可以向终端用户提供"重新观看"(start over)的服务和"根据用户要求"(on-demand)播放丹麦广播集团各频道的节目。该许可在整体上类似于重播的"延伸性集体许可"。具体而言,"重新观看"的价格开始较低,随着每

[11] See Terese Foged, *Licensing Schemes in an On-Demand World*, European Intellectual Property Review, issue 1, 2010.

五年的固定期限而增长,主要是考虑到若干方面的因素如终端用户应用的时间、市场上足以经营此服务的数据包数量以及协议所涵盖的家庭的数量等等。"根据用户要求"播放的报酬则依照现有的数字重播价格表予以计算。丹麦文化部已经于2009年6月批准了这一"延伸性集体许可"协议。简单来说,丹麦这一具体的"延伸性集体许可"范例给"网络广播电视"这种在现实生活中有广泛需求的信息服务提供了持续经营的法律框架,同时也预示了"延伸性集体许可"制度在数字时代所拥有的广阔前景。而从丹麦文化部对著作权政策的解答⑫中我们也可以看到,《丹麦著作权法》在修正中设置一般化"延伸性集体许可"制度的主要目的之一就是解决数字环境下某些作品如孤儿作品和绝版作品管理和使用的难题。除此之外,法律所明确规定可以依读者请求而实施"延伸性集体许可"的"图书馆数字复制"也较好地实现了数字图书馆背景下权利人与社会公众的利益平衡。⑬ 可以由多个不同类型作品集体管理组织联合签发"延伸性集体许可"的模式更是有效破解了数字时代因作品表达方式多样融合而导致传统的单一性集体管理组织无法廓清所有著作权许可的困境。因而可以说,"延伸性集体许可"制度是丹麦"围绕着积极利益解决信息社会复杂著作权问题的主要手段"⑭,是一种数字化的著作权管理和许可模式,其制度经验有很多值得借鉴的地方。

## 四、延伸性集体许可制度的正当性考量

虽然从技术和实践的视角观之,北欧尤其是丹麦的"延伸性集体许可"制度是数字时代最具效率的著作权许可模式之一,但若要大规模推广这种著作权许可模式以实现数字时代文化产业的繁荣与发展,我们必须证明这一制度所具有的正当性以及与著作权保护基本要求的契合性。

对"延伸性集体许可"制度最主要且最有力的质疑在于它可能不当否定了著作权的私权属性,以"公共性"制度安排取代了非集体管理组织会员作者的"私人性"商业实践。众所周知,TRIPs协议在其序言部分明确宣示了"知识产权是私权",著作权作为该协议第二部分所具体列举的一种知识产权,其私权属性毋庸置疑。而纵观《伯尔尼公约》、《世界知识产权组织著作权条约》和《世界知识产权组织表演和录音制品条约》等专门性著作权国际公约,我们也可以发现著作权是一种由作者或其他依法享有著作权的人"控制"作品使用的专有性和排他性权利。权利人的这种"控制"既包括阻止他人未经许可而使用其作品,也包括自己实施或许可他人实施其著作权。也就是

⑫ http://www.minervaeurope.org/publications/globalreport/globalrepdf07/Denmark.pdf, 2012年11月6日最后访问。

⑬ See Martin von Haller Grønbæk, *Legal Aspects of Online Access and Digital Archives*, http://www.deflink.dk/upload/doc_filer/doc_alle/1023_MHG.doc,2012年11月6日最后访问。

⑭ Thomas Riis and Jens Schovsbo,见前注⑩。

说,著作权不仅仅是一种"消极"的排除侵害的权利,也应当是一种"积极"的自我实践的权利。我国有学者也指出,作为私权之知识产权的权能包括控制权、使用权、处分权和收益权。[15] 在此意义上,有一种理解认为"延伸性集体许可"制度似乎仅仅顾及了著作权人的"消极性"权利,而不当干涉了其"积极性"权利,代替他们行使了"使用权"和"收益权"。然而,透过这些表面现象我们可以看到,"延伸性集体许可"其实并没有真正削减或影响著作权人对其著作权的积极行使,著作权人仍然可以正常地使用或许可他人使用自己的作品并获得收益,其权利的绝对性和完整性丝毫没有受到损害。"延伸性集体许可"是在作品使用者无法与所有著作权人直接达成单个协议情况下的一种替代选择[16],许可费仍然是支付给著作权人的,因此它是在"帮助"而非"强迫"著作权人行使和实现其权利。

对"延伸性集体许可"制度的第二方面质疑主要在于它可能违反了意思自治和合同自由的原则。按照合同自由原则,是否订立合同、何时、何地、与谁订立合同以及订立怎样的合同都是应当由民事主体自主决定的事务。"延伸性集体许可"制度是由集体管理组织"代表"非会员作者与作品使用者签订了合同,看似具有强制缔约的意思,其实不然。首先,"延伸性集体许可"的基本哲学在于,经代表同类作品的集体管理组织谈判并接受的合同商业条款必须是可以被非会员权利人初步接受的(prima facie acceptable)。[17] 进一步而言,集体管理组织或其联合组织订立的"延伸性集体许可"合同仍然是权利人与作品使用人双方合意的结果,双方对具体许可条件无法达成一致的,任意一方有权向文化部提出调解请求。对于报酬数额有异议的,权利人也可以单独就此向著作权许可委员会提出申诉。由此可见,就整个合同的内容而言,权利人的意志始终占据着主导地位。其次,法律明确赋予了权利人阻止订立"延伸性集体许可"合同的权利,如果权利人怠于作出这种意思表示,则是以其"默示行为"认可了合同的订立。所谓默示行为,是指可以根据逻辑思维和实际生活的习惯间接推知其意思表示的行为。[18] 在"延伸性集体许可"的情形,作品使用者由于无法与权利人取得直接的联系,因而向代表这一类作品实质性数量著作权的集体管理组织发出公开要约,集体管理组织从权利人的角度出发决定承诺或提出反要约,经谈判后达成初步的协议并向文化部申请批准,在此过程中,权利人有足够的时间和机会了解有关要约或反要约的内容并可以予以否认,其如果不作为,则显然是默认了集体管理组织代表他所作的承诺和订

---

[15] 张玉敏:"谈谈知识产权的法律特征",载《中国发明与专利》2008 年第 4 期。

[16] Henry Olsson, "The Extended Collective License As Applied in Nordic Countries", http://international.kopinor.no/opphavsrett/artikler_og_foredrag/kopinor_25_ar/kopinor_25th_anniversary_international_symposium/the_extended_collective_license_as_applied_in_the_nordic_countries,2012 年 11 月 7 日最后访问。

[17] Terese Foged,见前注⑪。

[18] 周作斌、白呈明:"民事默示法律行为探略",载《法律科学》1991 年第 4 期。

立的合同。从这个意义上讲,“延伸性集体许可”并没有违背合同自由的原则。[19]

对“延伸性集体许可”制度的第三方面质疑在于其可能突破了权利限制的边界,是一种不合法的“强制许可”,甚至在某种程度上损害了公民的结社自由权。[20] 这里首先需要澄清的是,著作权集体管理组织是不带有任何政治目的的社团,其吸引著作权人加入的方式是高效的权利管理和报酬分配机制,因此即便“延伸性集体许可”制度设立的初衷确有促使更多著作权人加入集体管理组织的目的,其也不构成对结社自由的侵害。回头检视著作权的权利限制本身,在国际层面,它主要体现在《伯尔尼公约》第9条和TRIPs协议第13条的规定。理论上一般将这两条所规定的著作权限制及其判断归纳为“三步测试法”,即第一步:限制和例外应限于“特定的特殊情形”,第二步:不与作品的正常使用相冲突,第三步:“没有不合理地损害权利人的正当利益”。[21] 如前所述,《丹麦著作权法》所规定的一般“延伸性集体许可”制度首先限于“具体领域”,这正是对延伸性集体许可下作品使用方式的具体化和特定化要求,并且“延伸性集体许可”主要适用于作品使用者无法找到著作权人并与之达成单个许可协议的情形,因此“延伸性集体许可”属于“特定的特殊情形”,可以通过第一步的测试;就第二步的测试而言,没有任何迹象表明“延伸性集体许可”会妨碍著作权人对其诸多著作权权能中任意一种的行使,因而该步测试也可以通过;最后,“延伸性集体许可”要求作为被许可人的作品使用人向著作权人支付报酬,并允许非会员权利人主张一个单独的报酬,所以是充分考虑了对权利人利益的保护,不存在“不合理的损害”。由此可见,“延伸性集体许可”完全符合《伯尔尼公约》和TRIPs协议关于著作权限制和例外的“三步测试法”,是一种正当化的内国法法律制度。

除此之外,在欧盟的法律框架之下,“延伸性集体许可”制度还可以找到更多的正当性基础。例如《欧盟信息社会著作权指令》在其序言的第18条指出:“本指令不妨碍成员国有关权利管理的安排,例如延伸性集体许可。”这是因为鉴于其国内多年“延伸性集体许可”的良好实践,北欧国家的代表在该指令的谈判过程就十分迫切地希望“延伸性集体许可”制度可以得到承认,最终结果也确如他们所愿。[22] 而就本文所举的一般“延伸性集体许可”范例而言,1993年9月27日欧共体理事会《关于协调适用于卫星广播和有线转播的著作权和与著作权相关权利的某些规则的第93/83/EEC号指

[19] http://christianengstrom. files. wordpress. com/2009/12/avtalslicens-nordiskt-papper-final. pdf, 2012年11月7日最后访问。

[20] See Laurence R. Helfer, *Collective Management of Copyrights and Human Rights: An Uneasy Alliance Revisited*, http://scholarship. law. duke. educgiviewcontent. cgiarticle = 1009&context = working_papers. pdf, p. 26, 2012年11月8日最后访问。

[21] 朱理:“后TRIPs时代版权限制和例外的国际标准——WTO专家组首例版权争端裁决之下的三步测试法及其未来”,载《知识产权》2006年第1期。

[22] http://www.eblida.org/uploads/eblida/1/1215770997.pdf,2012年11月9日最后访问。

令》可以在北欧各国的国内立法以外提供欧洲层面的直接法律依据。依据该指令第9条的规定,成员国可以要求有线转播的著作权和邻接权许可必须经由集体管理组织行使,权利人未将其权利管理转移给集体组织的,管理同一类型作品的集体组织可视为获得了管理该权利人相关著作权的强制授权;当某一权利人在一成员国境内初始许可其作品或其他受保护客体时,他即被视为同意不以个人许可而以该指令规定的集体许可为基础实施其有线转播的权利。与此同时,该指令说明部分第28条重申,为保证有线转播合同安排的流畅运转不至于因外部(非集体组织会员)权利人的个人干涉而受影响,成员国必须制定相应的法律条款,通过给权利人设定诉诸集体管理组织的义务,来实现在某种程度上是由有线转播的特殊特点所要求的著作权独占性集体许可。"延伸性集体许可"恰恰就是这样一种能够满足该指令要求的特别法律制度。

## 五、"延伸性集体许可"的创新化移植构想

在确定"延伸性集体许可"制度符合《伯尔尼公约》和TRIPs协议等知识产权国际保护公约的要求以及不妨碍私权行使的意思自治原则以后,着眼于实践中的著作权许可需求,我们可以开始考虑对这一制度的立法移植。在近期国家版权局发布的《著作权法》修改草案第二稿中,我们已经看到了关于"延伸性集体许可"的规定。该草案第60条规定:"著作权集体管理组织取得权利人授权并能在全国范围内代表权利人利益的,可以就下列使用方式代表全体权利人行使著作权或者相关权,权利人书面声明不得集体管理的除外:(一)广播电台、电视台播放已经发表的文字、音乐、美术或者摄影作品;(二)自助点歌经营者通过自助点歌系统向公众传播已经发表的音乐或者视听作品。著作权集体管理组织在转付相关使用费时,应当平等对待所有权利人。"这一规定是在将"法定许可"制度限缩为教材法定许可和报刊转载法定许可,取消录音制作和广播组织播放法定许可的背景下起草的,同时考虑到当下经济生活中KTV等经营机构向广大消费者提供全面优质服务的需要,因而具有较强的现实意义。然而,从另一方面讲,这样一种对"延伸性集体许可"制度的移植适用范围过窄,缺乏足够的前瞻性。或许起草者认为,为避免引起权利人的抵触情绪和过激反应,作为新增加的著作权权利限制制度,"延伸性集体许可"的适用范围应当严格加以限制。但是,真正能够实现利益平衡的制度设计方法不是限制规则的适用范围,因为那样反而使其无法发挥其原本可以解决更多领域内版权许可和作品使用问题的功能,立法者需要做的是对制度的适用要件作出合理、明确和详细的规定,而这一点又因为目前草案有关"延伸性集体许可"的条文过于单薄而未能实现。不仅如此,第60条规定本身在用语上也存在着模糊不清、引入误解的地方。"全体权利人"容易被理解成作为集体管理组织会员的全体著作权人,因此条文还是应当明确指出著作权集体管理组织可以延伸代表"非会员权利人"行使著作权或相关权。这也可以和草案第70条在表述上保持一致,第70条明确

使用了“非会员权利人”这一术语，就他们在其作品遭受“延伸性集体许可”情形下的救济和反对对其作品进行“延伸性集体许可”的权利作出了规定。㉓

结合北欧的经验和上述草案的条文来思考“延伸性集体许可”制度的移植，我们认为应当注意以下几个方面，以保证该制度的系统性、周延性和适应中国国情。首先，鉴于我国已经有较为完善的合理使用制度并保留了教材法定许可，法律所列举的“延伸性集体许可”就不必覆盖这些可以依法未经许可使用作品的情形，而应当将重点集中于机构、组织和企业的内部使用、广播组织的卫星转播和重播以及自助点歌经营使用上。其次，法律应当参照《丹麦著作权法》的规定，根据“延伸性集体许可”的具体情形限定使用的作品类型或排除对特定类型作品的使用。再次，法律应当规定一般化的“延伸性集体许可”，即在某一具体领域内，与代表某一特定类型作品实质性数量作者的集体管理组织就作品使用达成协议的使用者可以主张依据该协议的“延伸性集体许可”。第四，法律应当规定，使用者可以与代表某一特定类型作品实质性数量作者的集体管理组织就已发表的孤儿作品达成“延伸性集体许可”协议，目前的《著作权法》修改草案第二稿将孤儿作品的使用交由国务院著作权行政管理部门指定的机构而没有明确赋予有充分代表性的集体管理组织，属于增加行政负担的不合理制度设计。第五，法律应当允许“延伸性集体许可”协议约定对作品的数字化复制和使用，以非数字形式发表之作品的作者事先明确表示反对的除外。最后，法律需要规定所有“延伸性集体许可”适用的共同要件，包括集体管理组织的充分代表性，与会员作者作品在使用上的相同性，非会员作者的书面否决权和平等获酬权，协议解释和争议解决的调解和仲裁程序等。㉔

显而易见，某一法律制度的成功移植不能只靠纸面规则的制定，还必须有足够的外部条件支撑和良好的社会环境配合。从这个意义上讲，当下中国的相关各方主体还有很多针对性的工作要做。著作权集体管理组织应当多渠道寻求授权和发展会员，力争使自己能够代表本类型作品领域的“实质性部分”作者㉕，使集体许可的“延伸”成为偶尔的需要而非经常的应用；集体管理组织同时还应当探索、研究和总结权利人个人进行版权许可的市场规律，兼听权利人和使用者的意见，与后者订立公平合理的集体

㉓ 第70条全文如下：“使用者使用权利人难以行使和难以控制的权利，依照与著作权集体管理组织签订的合同向其支付报酬后，非会员权利人就同一权利和同一使用方式提起诉讼的，使用者应当停止使用，并按照相应的著作权集体管理使用费标准赔偿损失。下列情形不适用前款规定：

（一）使用者知道非会员权利人作出不得以集体管理方式行使其权利的声明，仍然使用其作品的；

（二）非会员权利人通知使用者不得使用其作品，使用者仍然使用的；

（三）使用者履行非会员诉讼裁决停止使用后，再次使用的。”

㉔ 梁志文：“著作权延伸性集体许可制度的移植与创制”，载《法学》2012年第8期。

㉕ See Jia Wang, *Should China Adopt an Extended Licensing System to Facilitate Collective Copyright Administration: Preliminary Thoughts*, Asian Institute of Law Conference, 2009, Hong Kong.

许可协议,然后再将其“延伸”至非会员权利人的作品,这样能够在一定程度上保障缺席合同谈判的非会员权利人的意思也能够在延伸性集体许可协议中得到体现。著作权行政管理部门需要学习和借鉴北欧国家有关“延伸性集体许可”调解和仲裁的程序和规则,并设立专门的机构负责具体的调解和仲裁。著作权人应当意识到“延伸性集体许可”制度对自己作品传播和市场收益的积极作用,在有特殊考虑而不愿自己的作品适用该制度时及早行使书面否决权。作品使用者则应当尽到寻求权利人本人授权或集体管理组织代表其会员授权的谨慎勤勉义务,在穷尽所有办法之后仍然无法获得授权时才申请适用“延伸性集体许可”。

## 六、结语

数字时代的技术革新引发了作品创作、传播、使用和保护方式的全方位变化,在新的环境下要想避免过多的著作权侵权行为,同时保持信息分享渠道的畅通,促进文化产业的繁荣与发展,仅仅依靠静态的禁止性法律规定远远不够,必须着眼于连接多方相关利益主体的动态著作权许可模式进行大胆的制度创新。严格来讲,“延伸性集体许可”并不能算是这样一种制度创新,毕竟它在北欧已经拥有50多年的历史,但《丹麦著作权法》突破传统的单纯列举式规定而将其一般化的尝试以及其国内产业实践对该制度在数字环境下的应用却是向前迈出的飞跃性一步。而将“延伸性集体许可”制度置于知识产权国际保护的法律框架下予以考察,其正当性同样可以得到良好的阐释。因此,从某种意义上讲,这种融著作权许可、集体管理和权利限制于一体的混合性制度给我们提供了应对数字时代著作权危机的一种方案。我国对于“延伸性集体许可”制度的移植应当放眼其对孤儿作品使用和作品的数字化利用等信息网络环境下的巨大潜力,不应对其适用情形做封闭式的限定,只需要严格设定其共同的适用要件以防止对著作权的过度限制,同时创造有利于该制度实施的配套机制和社会条件,这样就能在不影响著作权法整体利益平衡设计的情况下发挥该制度的最大效率。

# 专利池运作机制比较研究与制度构建

刘晓春*

## 一、专利池概述

专利池(patent pool),是指多个专利权人将各自的专利集合起来,目的在于既向该专利池的成员许可该专利集合,也向第三方许可该专利集合。专利池可以是少数几个成员之间的简单协议,也可以建立起一个机构,委托由该机构颁发上述专利集合的许可。技术标准制定完成之后,标准所包含必要专利的专利权人常常会形成专利池,统一对外进行必要专利的许可。当然,除非这些专利权人在标准化过程中作出了加入某个专利池的明确承诺,否则,专利权人并没有加入某个特定专利池的义务。他们可以组成多个各自独立的专利池,也可以不参加任何专利池,作为单独的许可人而存在。

专利池通过将多个专利"打包"许可,使得被许可人不再需要与单个专利权人进行多次的许可谈判,而是可以实现"一站式"购买专利许可的方式,因此,具有十分明显的节约交易成本的重要功能,是市场与产业自发形成的解决专利丛林难题的一种行之有效的对策。另一方面,专利池成员之间通过协调彼此的许可费用,充分考虑市场的情况,有可能形成一个符合市场条件的相对"合理"的总许可费用,这就能够解决许可费用累积过高的问题,也为经营者实施技术标准、进入相关市场提供了条件,消除了市场进入障碍过高的问题。专利池这些促进效率和竞争的特点,使得它越来越成为产业界的关注重点,受到各个技术领域的重视和欢迎。

在我国的标准化实践中,近年来十分重视包括专利在内的知识产权问题的研究和解决,而与标准化相关的专利池发展也日益受到重视,出现了构建和运作专利池的众

* 刘晓春,中国青年政治学院法律系讲师,法学博士。

多实践努力。而专利池作为国家标准战略和知识产权战略实施中的重要支持性机制，其顺利的组建和良性的运作有利于推动开发自主知识产权、提高自主创新能力、增强相关产业的国际竞争力。我国目前的专利池运作实践中，一方面出现了以 AVS 为代表的比较完善、成熟的案例，但是另一方面，从整体上看，专利池实践还是处于起步和摸索阶段，需要学习国外的先进模式和结合本国国情总结具体经验。本文从专利池运作中涉及的利益关系和约束条件出发，分析国外典型的专利池运作模式，并观察国内部分专利池运作的现状，在比较研究的基础上总结出关于我国专利池组建和运作模式的建议方案。

## 二、专利池运作中的利益关系与约束条件

专利池的形成和运作过程，是各个利益主体不断博弈和合作的过程，专利池内部组织和对外关系，一方面是这种博弈过程的妥协结果，另一方面也体现了各方利益关系的格局。理清专利池运作中各个利益主体及其主要诉求，并明确专利池运作的外部约束条件，是理解和设计专利池运作机制的前提。

### （一）利益主体及其相互关系

专利池运作中所涉及的最主要的主体有三种：专利池成员、专利池管理机构以及专利池外的专利使用人。这三种主体在专利池的不同运作模式中都是必然存在的，只是具体的组织结构方式会有不同。

在专利池的构建和运作过程中，相关利益主体之间的四组利益关系可能会产生主要的影响：专利池成员间的利益关系、专利池和专利池成员间的利益关系、专利池和被许可人间的利益关系、专利池成员与被许可人间的利益关系。[①]

1．专利池成员之间的关系

专利池成员大多在相同的领域内从事生产和研发活动，因此往往存在横向竞争关系，如某一电子产品的不同生产厂商；也有可能是同一产业链的上下游企业，如手机的芯片供应商和手机厂商，因此也可能存在纵向的合作关系。在专利池成员组建专利池的过程中，则需要各方之间进行合作协商，找到最大的共同利益，并通过协议或者专利池的组织章程性质的文件，来将合作关系和利益分配固定为法律上的权利义务关系。在专利池内部，各方的利益冲突具体化为专利许可费分配方面的冲突。

2．专利池和成员之间的关系

专利池管理机构和成员之间从本质上看是委托关系，成员委托专利池管理机构对自己的专利进行统一管理。对于某些成员而言，专利许可费只是其利润中的一个较小的部分，充分利用其专利进行生产并通过专利权获得市场垄断利润才是其利益的主要

① 参见赵湜、刘介明："专利联盟运作中的利益关系与约束条件研究"，载《科技创业月刊》2009 年第 3 期。

部分。因此他们会希望保留自己价值较高的专利权，以最少的专利权换取专利池的使用权，而专利池则需要成员将尽可能全面的专利权给予专利池统一管理，以增强专利池的竞争力、提高专利池的价值。

3. 专利池和被许可人之间的关系

专利池和被许可人间存在专利许可和被许可的关系，主要的利益冲突体现在许可费用的高低以及许可条件的内容上，实践中通常是适用专利池制定的格式条款。约束这种利益冲突，实践中主要依靠市场定价的方式来取得平衡。但是，如果存在专利池拥有市场支配地位的情形，比如在专利池与技术标准相结合的情况下，法律需要对于专利池的行为进行审查，确保其没有产生限制竞争的效果。

4. 专利池成员与被许可人之间的关系

专利池成员与被许可人往往处于同一生产、研究领域，因此它们之间既存在专利许可和被许可的关系，同时也可能存在横向竞争关系。专利池成员有可能会通过专利许可的歧视性定价或拒绝许可专利权等手段打压被许可人，甚至试图将其挤出市场。不过，由于专利池成员与被许可人之间由专利池作为中介产生关系，因此，如何防止专利池成员从事阻碍竞争行为的问题，就转化为了如何防止专利池成员不当利用专利池排挤竞争对手，这需要专利池内部规则和外部的法律规定来进行共同约束。

（二）外部约束

对于专利池运作的外部约束，首先是竞争法上的规定，典型的如《反垄断法》与《反不正当竞争法》，其中都对专利池提出了要求，不得滥用市场支配地位从事限制竞争行为，或者从事违反诚实信用原则的行为。有些国家的竞争主管部门会对具有一定规模和影响力的专利池进行审查，以判断是否构成对正常竞争秩序的威胁。这是第一层外部约束，也是所有专利池类型在运作时都面临的外部约束。

与技术标准结合的专利池，还需要处理与标准制定组织的关系。由于技术标准中所涉专利问题越来越突出，标准制定组织越来越注意在标准制定过程中就要求专利权人对于许可条件作出事先承诺，因此，标准制定组织的知识产权政策以及专利权人以RAND或FRAND为典型代表的许可承诺，就伴随着必要专利权人进入到专利池，以对专利权人的权利进行限制的方式发挥作用，约束专利池的运作。有些标准制定组织还会对专利池的组建和许可条件作出指导性的建议，对专利池的组建和运作作出更全面具体的约束，我国AVS专利池即为此例。

在某些由政府推进设立的专利池，或者涉及重要公共利益的专利池，专利池的管理和决策机构中可能存在非专利权人的代表，目的是对专利权人的权利进行一定的限制，产生体现更广泛主体立场的许可条件。这体现了涉及公共利益场合，公权力对于私权利一定程度的介入。

专利池的外部约束问题,是一个涉及法律制度、标准制定组织运作以及政府监管等多个层面的庞大问题。不过,本文主要关注的是,这些外部约束如何在专利池组建和运作机制中得以内化,专利池如何通过内部的机构设置和运作,符合外部约束的要求,避免法律和政策风险。

(三)小结:专利池的主要职能

从专利池运作中涉及的不同利益主体及彼此之间的关系,以及专利池面临的多个外部约束条件,可以梳理出专利池在组建和运作中需要处理的多个层次的关系,厘清专利池对内和对外分别要实现的各方面职能。

这些职能主要包括:(1) 确定专利池成员;(2) 确定入池专利;(3) 确定专利池成员之间的权利义务和利益分配方案;(4) 确定许可条件,对外发放许可;(5) 许可费的收取和分配;(6) 侵权等内部和外部的争议解决。

专利池的组织机构和运作机制,根据专利池的不同技术领域、规模、发展阶段,可以采用不同的模式,职能中的有些内容可能得到简化处理,另一些则可能进行重点扩充,但是万变不离其宗,都应当围绕这些职能来展开。接下来将从国内外具体的专利池实践出发,区分不同的类型进行研究,以典型的专利池为例,讨论不同模式下的专利池是如何来实现其相应的职能的。

## 三、国内外专利池实践比较研究

(一)现有专利池的分类

从专利池的不同特征出发,可以对国内外现有的专利池作出不同的分类。本部分对不同分类方式作出简单介绍,并作为下文对于典型专利池具体分析的参照。

1. 封闭型专利池和开放型专利池

以专利池是否对外发放许可为标准,可以划分为封闭型专利池和开放型专利池。开放式专利池成员间以各自专利相互交叉授权,对外则由专利池统一进行许可。封闭性专利池只在专利池内部成员间交叉许可,不统一对外许可。开放式专利池是现代专利池的主流,其对外许可方式通常为一站式打包许可,即将所有的必要专利捆绑在一起对外许可,并且一般采用统一的许可费标准,许可费收入按照各成员所持必要专利的数量比例进行分配。出于反垄断法上的考虑,与技术标准有关的专利池一般都以开放型建构,否则容易招来滥用市场支配地位拒绝许可的嫌疑。②

2. 独任管理、合资机构管理和独立第三方模式

以专利池成员与管理主体的分离程度为标准,可分为独任管理模式、合资机构管理模式和独立第三方模式。独任管理模式,是指参与联营的专利权人并没有组建一个

② 詹映、朱雪忠:"标准和专利战的主角——专利池解析",载《研究与发展管理》2007年第1期。

独立的实体,而是把自己的专利权共同授予其中的某一家企业,由该企业对外从事一揽子许可,并负责分配许可收益。合资机构管理专利池是指由专利权人建立一个公司,专利权人将专利授权给公司,作为公司股东专利权人本身不参与专利池的运作。公司作为一个实体具有其自己的经营决策权,专利权人不可干预公司运作,而是约定由公司负责专利的一揽子许可业务。第三方管理专利池是指把专利池的管理事务托付给一家与专利权人没有人事和资本关联的独立第三方。

3. 统一协议式和代理集合式

以专利池成员入池商谈方式为标准,可分为统一协议式和代理集合式。统一协议式专利池是比较常见的形式,专利池管理机构与不同专利权人签署的入池协议都是相同的,其中设定了如何进行专利评估、如何进行许可费分配、如何进行诉讼决策等一系列条款,这些条款对不同专利权人都是透明的。管理机构对外许可适用的费率,是由各专利权人一起讨论决定的。代理集合式专利池中,不同专利权人与管理机构签署的协议并不相同,且这些条款对其他专利权人保密。这种模式下的专利池更像是一个简单的"代理集合",即管理机构分别从不同专利权人处获得标准专利的许可代理权,然后统一对外许可。此模式下,对外许可费无需经专利权人集体讨论,只需简单地将各权利人要求的费率相加即可。从整个产业发展的角度看,这样的专利池只是专利权人的收费工具而已,并不会为产业发展带来太多的好处。③

接下来,将选取国外和国内专利池中的典型案例,分别分析其特征,并进行比较和评论。

(二) 国外典型专利池分析

1. GSM-Motorola 专利池

20 世纪 80 年代,作为拥有 GSM 标准必要专利最多的专利权人,为解决 GSM 标准的专利许可问题,摩托罗拉公司决定组建以其为主的专利池。它于 1993 年联合诺基亚、阿尔卡特、爱立信和西门子共同组建了一个基于专利交叉许可的专利池。摩托罗拉对专利池内的其他成员进行限制地域且排他的交叉许可,即摩托罗拉可以分别与专利池内的其他公司共享 GSM 标准必要专利以及所需要的其他相关专利技术,但这种许可起初仅限于欧洲地区,而摩托罗拉也不对池外的企业进行许可。之后,随着 GSM 标准商业化的不断发展,Motorola 公司才将许可的地域限制取消。④

从 GSM-Motorola 专利池的组建过程和运作机制来看,它是属于比较典型的封闭型、独任管理型专利池(参见图 1)。封闭式的管理方式,使得这个专利池主要成为其成员打击竞争对手、获取竞争对手的策略性工具。而摩托罗拉作为专利池的主要管理和运营者,使得专利池成为主要为这一家公司的利益服务的工具。此种模式,与 GSM

③ 张晓:"国际专利池的结构及运作机理浅析",载《中国发明与专利》2012 年第 6 期。

④ 陈欣:"国外企业利用专利联盟运作技术标准的实践及其启示",载《科研管理》2007 年第 4 期。

这一技术标准相结合,在排挤竞争对手方面的威力不可谓不大。从现行反垄断法规则的角度来看,模式的合法性很可能是值得质疑的。

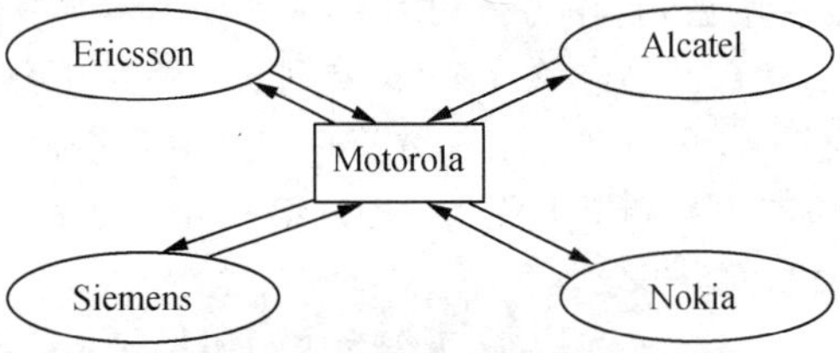


**图1　GSM-Motorola 专利池运作模式**

另一方面,我们也可以看到,封闭、独任管理的专利池模式,是离简单的专利交叉许可最为接近的模式,涉及的专利权人数量较少,实力基本相当,因而结构也较为简单,从运作成本和管理效率上来说,比较适合成员结构简单、存在一家核心企业的情形,或者作为专利池初始组建阶段的临时组织形式。

2. MPEG-2 专利池

MPEG 是国际标准化组织和国际电工委员会第一联合技术组(ISO/IEC JTC1)1988 年成立的运动图像专家组(Moving Picture Expert Group)的简称,MPEG-2 是针对视音频信号进行数字压缩的标准,其制定工作始于 1990 年、完成于 1994 年。

与 GSM-Motorola 专利池相比,MPEG-2 专利池的运作模式较为复杂(图 2),其主要特点是:

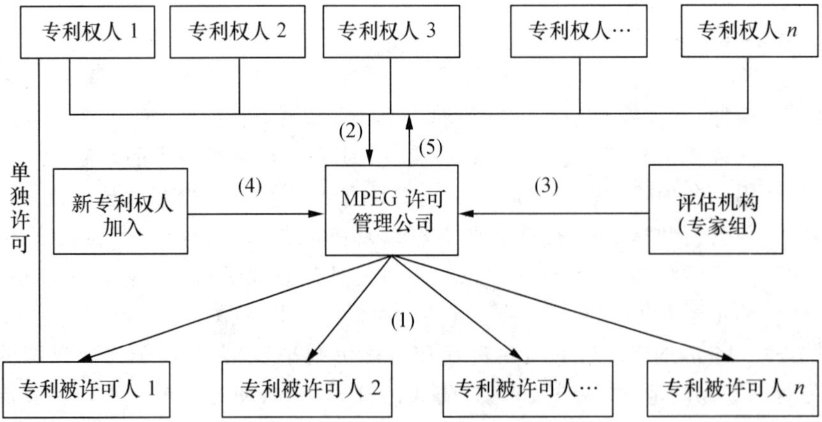


**图2　MPEG-2 专利池运作模式**

**(1)"一站式"许可程序,(2)组织框架,(3)评估程序,(4)新专利加入谈判机制,(5)纠纷解决机制**

第一,有一个独立、统一的管理机构。MPEG-2 专利池的管理机构是 1996 年成立于美国的 MPEG LA(MPEG Licensing Administrator)公司,是一家专门进行专利授权代理的公司。该公司的职责是对专利池内的专利进行管理,向被许可人收取专利许可费,并依据各专利池成员贡献的专利数量在池内进行分配。

第二,由第三方专家进行专利评估,只纳入标准的必要专利。MPEG-2 专利池规定,任何专利权人都可以申请加入 MPEG-2 专利池,但只有 MPEG-2 标准的必要专利才能被纳入,而且所有必要专利人都会以同样的条款加入专利池。目前,超过 90% 的 MPEG-2 标准的必要专利都已被纳入 MPEG-2 专利池,而专利的汇集也使专利池的对外许可可以覆盖多个 MPEG-2 标准的关键技术领域,其中以美国专利和日本专利为主。

第三,向所有申请许可的企业统一提供打包许可。MPEG-2 专利池成员对 MPEG LA 公司进行非排他许可,再由该公司根据统一的许可费率对外提供“打包”许可。MPEG-2 专利池将其收费对象确定为使用 MPEG-2 标准的终端产品制造商,而被许可人向 MPEG LA 公司缴纳许可费的依据是对使用了 MPEG-2 标准的每件产品支付固定许可费率。为吸引更多的被许可人,专利池承诺不会因专利池内专利数量的增加而提高专利许可费率。为防止被许可人在报告产量方面作假,MPEG-2 专利池在其对外许可协议中规定,MPEG LA 公司有权对任何一个被许可人的年度报表进行审查,而 MPEG LA 公司也会对市场进行监控以确定是否存在被许可人没有如实报告产量的情况。

3. DVD-6C 专利池

1999 年,东芝、三菱、日立、松下、JVC 和时代华纳六家公司共同组成 DVDs(Digital Versatile Discs)专利池,被称为 DVD-6C。六家公司达成一致,委托东芝公司集中管理专利许可事务。这种安排由一系列协议来保证执行。首先,专利权人与东芝签订关于管理专利许可的授权协议;其次,签订专家协议,专利许可人与专家组成员签订选择和评估被许可专利的协议,授权专家进行评估;第三,东芝公司将其集中管理的专利许可给 DVD 产品制造者;最后,专利权人通过签订许可费分配的协议,来明确分配许可费用的合理规则。这种模式被有的学者称为“基于合同的治理结构”,主要适用于规模比较小或专利权人比较少的专利池,如图 3 所示。⑤

⑤ 袁晓东、李晓桃:“专利池的治理结构分析”,载《科学学与科学技术管理》2009 年第 8 期。

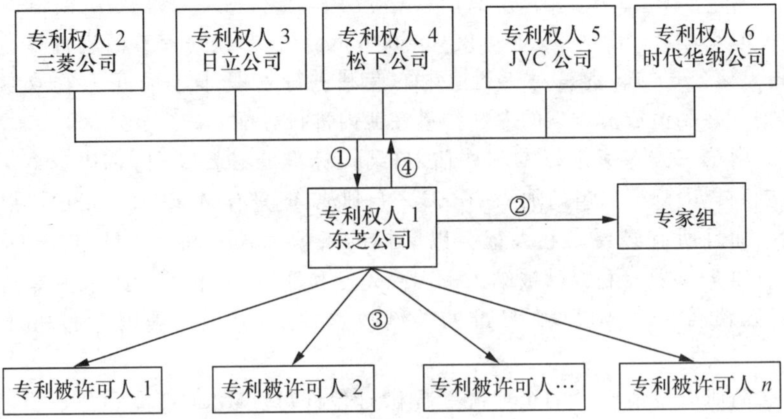


**图 3　DVD-6C 专利池运作模式**

**① 为授权合同,② 为专家评估合同,③ 为专利许可合同,④ 为专利许可费分配合同**

4. 小结

GSM-Motorola 专利池、MPEG-2 专利池和 DVD-6C 专利池的组织构造和运作机制都具有典型的代表意义,代表了专利池的不同发展阶段。

GSM-Motorola 专利池是一个典型的封闭、独任管理的模式,其主要体现形式是在专利池成员之间形成了相互的交叉许可,使得其产品生产成为可能,向外发放许可并非专利池的兴趣所在。因此,这种类型的专利池的主要目的并非在于“许可”,而是在于“生产”,其职能比较简单、有限,不涉及许可相关的事务,管理结构也呈现封闭性、简单化,可以认为是专利池发展的初级阶段。

DVD-6C 专利池与 GSM-Motorola 专利池的共同点是都采用了独任管理的模式,即由专利池成员之一接受其他成员的委托,对专利池的事务进行管理和运作。不过,DVD-6C 专利池相对于 GSM-Motorola 专利池的最大特点是,它是开放型的专利池模式,最重要的职能不是为池内成员提供许可,而是对外发放许可,并促进 DVD 技术标准的传播。相应的,DVD-6C 专利池通过多层次合同体系而建立的管理和运行机制,必然要包括发放许可、许可费收取和分配等重要的内容。DVD-6C 专利池这种开放、独任管理模式在涉及专利权人主体数量较少的情况下,可以低成本、高效率地展开运作。但是,这种以多层次合同体系作为组织构造的模式,合同的数量和层次会随着主体数量的增加而呈几何倍数的放大,因此,这种模式比较适合涉及专利权人数量较少、专利池规模较小的情形,可以认为是专利池发展的成长阶段。

MPEG-2 专利池最大的特征是形成了专门的专利池管理公司对专利池进行管理,也就是说,完成了从“基于合同的治理结构”向“基于企业的治理结构”的转换。这种形式节省了 DVD-6C 模式中可能产生的多个主体之间交叉的缔约成本,而且独立的专利管理公司使得专利池的运作能够摆脱单个核心企业的影响,其内部完整、规范的组织结构有能力完成专利池运作中的全面职能，专业、规范、高效地处理高度复杂的事务。这样的模式所对应的较高的成本，适合涉及主体较多、结构复杂、规模较大的专利池，可以认为是专利池发展的成熟阶段。⑥

（三）国内主要专利池分析

1. AVS 专利池

2002 年 6 月，我国国家信息产业部科学技术司批准成立数字音视频编解码技术标准化工作组（简称 AVS 工作组），负责制订数字音视频的压缩、解压缩、处理和表示等共性技术标准。AVS（Audio Video coding Standard）是 AVS 工作组牵头制定的《信息技术先进音视频编码》系列标准（简称 AVS 标准），是我国具备自主知识产权的第二代信源编码标准。2006 年 2 月 AVS 视频部分正式成为国家标准，并于 2007 年 5 月 7—11 日，被国际电信联合会（ITU-T）确认为国际标准。2004 年 9 月 AVS 成立专利池管理委员会，2005 年 8 月专利池管理机构启动运作，具体执行机构是 AVS 专利池管理中心，其法人登记名称是“北京市海淀区数字音视频标准推广中心”，聘请了专家作为 AVS 专利池独立评估人，为专利的申请人提供专利评估服务。⑦

AVS 构建了专利池管理机构（见图 4），包括专利池管理委员会和专利池管理中心。AVS 专利池管理委员会由政府专家、采用标准的企业、专利权人代表、AVS 工作组组长和 AVS 专利池管理中心主任组成。AVS 专利池管理中心是在中国注册的非营利组织，其职能是把实施 AVS 标准所需的必要专利组织成 AVS 专利池，并进行“一站式”许可。AVS 专利池管理中心的指导与决策机构是 AVS 专利池管理委员会。

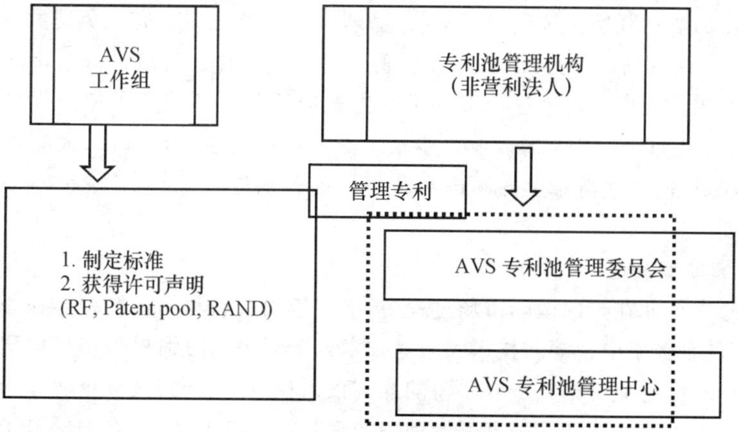


**图 4　AVS 工作组及专利池管理机构运作模式**

⑥ 刘介明、游训策、柳建容：“基于生命周期理论的专利联盟运作机理研究”，载《科学学与科学技术管理》2010 年第 4 期。

⑦ 赵天武、巫晓倩：“从国内专利池组建看我国的探索与实践”，载《电子知识产权》2010 年第 5 期。

AVS工作组出台了关于专利池许可的建议性规定,其中明确了AVS专利池的收费对象,并提出可以采用打包许可或菜单式许可的模式进行许可。专利池管理机构应考虑根据市场情况就许可费设立相应的封顶上限。用户可以通过专利池管理机构获得授权,用户也可以通过与专利持有人直接协商获得与AVS相关的个别授权。

2. 闪联专利池

2003年7月,由联想、TCL、康佳、海信、长城等几家大企业发起,成立了信息设备资源共享协同服务标准工作组(简称"闪联标准工作组"),负责制定信息设备资源共享协同服务标准(Intelligent Grouping and Resource Sharing,简称IGRS),并于2005年6月29日正式获批成为国家推荐性行业标准,成为中国第一个"3C协同产业技术标准",2008年7月,中国闪联标准在ISO/IEC顺利通过,正式成为国际标准。

闪联"专利池"由闪联工作组内部审定,并授权闪联成员企业共同使用。对于进入专利池的专利资格审定,闪联工作组成立了闪联知识产权小组专门负责,其成员均为来自闪联成员企业的专业人士。2005年12月,在闪联工作组的基础上,由联想、TEL、长城、长虹、创维、海信、康佳、中和威八家企业联合出资成立了"闪联信息技术工程中心有限公司",负责闪联标准的相关工作,其中就包括专利池的建设、维护和许可事宜。

3. TD-SCDMA产业联盟

TD-SCDMA在2000年成为全球3G三种国际标准之一,2002年10月份,国内八家知名企业发起成立TD-SCDMA产业联盟。TD-SCDMA标准中涉及的专利在联盟内部许可使用,联盟其他成员则注入必要资源,保证TD-SCDMA标准及产品的研发、生产、制造等方面的顺利开展。按联盟章程约定,理事会成员之间将完全免费共享TD-SCDMA的知识产权,而联盟的其他非理事会成员则由理事会成员以最低的市场价格向其转让知识产权。大唐公司通过交叉许可的方式向这些厂商授予了相当优惠的知识产权许可,加快了TD-SCDMA的产业化步伐。随着标准的进一步推广,大唐作为产业联盟的核心成员,向产业链条上的国内和跨国厂商分别进行了知识产权许可,推动了产业化的发展。

4. 中彩联专利池

中国彩电行业在走向国际市场过程中,屡屡遭到专利和知识产权等核心技术问题的困扰,尤其是数字电视等新技术领域。技术处于弱势并习惯单兵作战的国内彩电企业与以美国彩电行业等国外产业联盟的谈判话语权越来越弱,很多企业终于意识到单凭一己之力根本无法改变交纳高额专利费的现状。2007年4月,在中国电子视像协会的倡导下"中国彩电行业合建专利池"成立,由TCL、长虹、康佳、创维、海信、厦华、海尔、上广电、新科、夏新等十家中国彩电骨干企业,以每家出资100万元的形式合资组建,名为深圳中彩联科技有限公司(下称"中彩联"),各股东企业已拿出500多项彩电专利加入其中。中彩联公司开展了两项基础性的工作:一是建设中国彩电专利信息平台，方便检索分析全球主要电视标准的彩电专利，为我国彩电业在知识产权领域争得主动地位。二是借鉴欧美日韩彩电专利的发展经验，建设中国彩电“专利池”，其目标主要在于防备国外专利的威胁。

5. 数字电视地面传输国标知识产权联盟

《数字电视地面广播传输系统帧结构、信道编码和调制》标准是由国家标准化管理委员会于 2006 年 8 月 18 日正式发布的我国具有自主知识产权的国家强制性标准，于 2007 年 8 月 1 日正式实施。在标准工作组领导下，由四十多个单位于 2008 年 1 月 31 日组建了数字电视地面传输国标知识产权联盟。数字电视标准涉及专利共计 36 项，含有我国自主创新的同步技术、编码技术和载波调制技术。数字电视地面传输国标知识产权联盟主要负责开展数字电视地面传输国标中知识产权处置工作。目前，联盟共有正式会员单位 46 家，观察会员单位 1 家。到目前为止，联盟完成了对重点彩电企业与主要科研院校的工作调研，调查检索了国标相关的专利，并完成必要专利的评估工作，研究并发布了知识产权处置方案。其知识产权处置原则包括：鼓励自主创新与国家及产业利益最大化原则；公开公正与资源共享原则；鼓励参与协调统一原则；诚实信用与权责并举原则；合理公平非歧视许可原则。

6. 小结

我国国内的专利池实践表明，我国政府和企业已经对专利战略有了比较明确的认知和了解，对专利池这种通过合作和许可来实现战略目的的重要工具，也已经慢慢熟悉，并开始进行实践。这种实践遍布各个技术领域，在信息技术领域尤为突出，以 AVS、闪联等为代表的专利池已经有了比较成熟的运作经验。与国外专利池相比，我国专利池实践具有自己的特点。

（1）专利池的构建与技术标准紧密结合。国外的专利池实践是发展到一定程度之后，才与技术标准相结合的，因此还包括与技术标准无关的专利池类型。而我国的专利池实践一开始就是与技术标准的制定实践紧密结合在一起的，作为国家标准战略的一部分受到重视，得以研究和实践。技术标准的制定对组建专利池提出要求，而专利池的运作又为技术标准的推广提供支持。由于不少技术标准的推广和应用具有比较强的公共利益色彩，因此其专利池组建和运作也体现了相应的限制私权的特征，比如通过 RAND 许可承诺、制定合理许可费率乃至政府干预等方式，使得专利池更多地承担起推广技术标准的功能。

（2）专利池构建与运作中，政府承担了主导或者推动的作用。由于政府在社会经济和产业战略的制定中处于主导地位，在我国的标准制定体制中也居于指导性和推动性的地位，因此，标准化下的专利池实践中，政府也起到了主导的作用。无论是 TD-SCDMA、AVS、闪联这些高新技术领域的专利池，还是彩电、电压力锅等传统产业的专利池，都能看到政府在标准规划、制定、筹建专利池等步骤中的重要作用。政府的支持和指导,对于专利池启动阶段具有很重要的价值,能够帮助专利池获取必需的资源,排除各种阻力,实现比较高的效率。不过,政府的运作机制也决定了,专利池组建以后的有效运作不能靠政府的力量,而是应当主要依靠市场和企业的力量。

(3) 专利池的构建总体上还处于起步和摸索阶段。尽管有 AVS、闪联等运作模式比较成型、运作经验比较成熟的专利池,但是,大部分领域的专利池还是处于起步和摸索阶段,有的是与标准制定主体合在一起工作,有的是相关产业联盟的一部分工作内容,大部分只是提出了若干工作原则、思路和设想,处于筹建过程,还没有正式开始运作和发挥专利池的具体职能。从笔者考察的情况来看,有的专利池,由于该行业缺乏核心技术,没有具有竞争力的技术标准,当前构建专利池的主要目的是应对国内外的专利侵权纠纷,典型专利池的功能还未完全展现,如中彩联专利池、半导体照明工程研发及产业联盟专利池等。有的专利池已经形成技术标准下专利池的雏形,如数字电视地面传输国标知识产权联盟。当前在国内专利池机制比较齐全的是 AVS 专利池,它在借鉴国外经验基础上,结合我国国情,设立了独立的法人实体,具有完整的组织架构,并且已经开始良好运作。

总体上来看,我国的专利池实践与国外专利池相比,还没有形成典型的模式,处于起步和摸索的阶段,在一些领域,政府承担了主导推动的角色。以 AVS 专利池为代表的个别专利池,已经先行一步,有了比较成功运作的经验。

## 四、我国专利池运作机制建议方案

专利池作为专利权运用的一种重要途径,它在我国的实践是与标准化活动紧密结合在一起的,因此专利池的组建和运作,是实施国家标准战略和知识产权战略的重要组成部分,承担着推动运用自主知识产权、促进企业创新能力的重要任务,这也是专利池在我国现阶段的特殊使命。从这一大背景出发,本文对于我国专利池运作机制提出一系列建议方案,方案分为三部分,分别介绍专利池运作主体的法律地位、专利池运作模式及其运用以及专利池运作中的具体步骤和环节。

### (一) 专利池管理机构的法律地位

按照专利池的不同组织和运作模式,专利池可能是委托某一成员进行管理(如 DVD-6C 和 GSM-Motorola 专利池),其管理者也可能是专门的专利池管理公司(如 MPEG-2 专利池),也可能是以非公司或法人的实体形式。因此,专利池管理机构的法律地位具有多种可能性。在中国法下,它可能是专利池某一成员通过与其他成员形成委托代理关系而进行运作,也可以由专门的专利池管理机构来运作。而专利池管理机构还可以分为法人实体和非法人机构两种情况。作为法人的专利池管理机构可以是具有法人资格的企业法人,也可以经过登记而成为具有法人资格的事业单位或社会团体法人。另一方面,不具有法人资格的专利池管理机构也具有多种表现形式,可能是以成员企业之间的联营形式出现，或称为企业联盟，在法律上以合伙型或合同型联营形式出现；也可能以协会、工作组乃至标准制定工作组等非法人实体形式存在。专利池管理机构的不同法律地位，关系到专利池不同的法律责任承担能力。最主要的区分就是专利池是否是一个能够对外独立承担法律责任的主体，并且在多大范围内承担法律责任。实践中可以根据具体情况，结合不同模式中专利池管理机构法律地位的不同特征，选择最为适合的类型。

1．独任管理模式中的委托代理关系

在独任管理模式中，对专利池进行管理和运作的，是某一个特定的专利池成员，它与其他成员之间通过合同形成委托代理关系，在对外许可关系中，该成员除了处理自己的专利事务之外，还代理其他成员进行专利事务的处理。在代理关系中，典型的特征就是法律关系的主体依然是专利池各个成员，一旦出现法律责任承担，也是由各成员直接承担责任。负责管理的核心成员与其他成员之间的关系通过委托合同来进行调整。在这种模式中，不存在独立于专利池成员的任何组织形式，也不存在独立于成员的财产，相应的法律责任由成员直接承担。

2．不具有法人资格的专利池管理机构

不具有法人资格的专利池管理机构，在我国目前的专利池实践中比较多见。常见的企业联盟、协会、工作组，大多属于这种形式。在这种形式下，专利池的筹备、管理和运作已经独立于具体的专利池成员，由这些非法人机构来展开。但是，业务的独立并不意味着法律地位上的完全独立。由于这些机构在法律上不能取得独立的财产，因而也不能独立对外承担法律责任。专利池运营过程中涉及的权利义务都是通过专利池成员之间的协议安排，由各成员分别承担，在专利池经营过程中产生的法律责任，也是由各成员在各自所有的财产范围内进行承担；依照法律的规定或者协议的约定负连带责任的，承担连带责任。例如，对外专利许可行为，从法律上应当理解为多个专利权人的共同专利许可行为，而在提起诉讼的时候，也应当界定为多个主体的共同诉讼。

3．具有法人资格的专利池管理机构

当专利池管理机构是一个独立的法人组织时，它就具备法人的法律地位，或者是以盈利为目的的公司、企业法人，或者是不以盈利为目的的社会团体法人。例如，我国AVS的专利池管理中心，就是经登记成为具有非营利性质的社会团体法人，可以独立对外承担法律责任。专利池管理机构作为法人，可以取得自己独立的财产，对外以自己的名义签订合同、提起诉讼等，对外承担责任的范围以其自身所有的财产范围为限。具有法人资格的专利池管理机构，在财产和责任的承担上都与专利池成员进行了很好的隔离，在权利义务关系上能够界定得比较明晰，在对外关系的处理上也可以节省成本，提高效率。

（二）专利池运作模式及其运用

根据前文对于国内外典型专利池实践的考察，可以总结出三种专利池的典型运作模式,分别适合在不同的情形下进行运用。

1. 封闭型专利池

封闭型专利池以前文提到的 GSM-Motorola 专利池为典型代表。其主要职能是在专利池成员之间进行交叉许可,克服因阻碍性专利导致的生产成本,使得专利池成员对于特定产品的制造成为可能。由于其职能比较简单,不涉及对外的专利许可以及推广技术标准等功能,因此通常不需要成立专门的专利池管理机构,只要以核心企业为主、通过相互之间的协议实现合作和利益平衡即可。但是,技术标准框架下的专利池,如果采取封闭型的结构,有可能会产生阻碍竞争的问题,招到反垄断审查机关的关注。

封闭型的专利池,比较适合相对比较成熟的传统技术领域,不需要通过专利池的运作来推广某一项新兴的技术标准,专利池成员之间主要目的在于克服生产的阻碍,或者共同对抗池外的竞争对手,尤其是国外的竞争对手。在不发生反垄断质疑的前提下,封闭型的专利池由于其运作相对较为简单,专利池规模不大,目标比较单纯,可以成为某些中国企业建立防守同盟、减少行业内耗的较好选择。比如,前文提到的彩电行业、电压力锅行业等传统行业,可以将此种模式作为备选方案。

2. 独任管理模式的开放型专利池

为实施技术标准而组建的专利池,由于通常还肩负着推广技术标准的任务,一般都应当是开放型的,即应当对外发放许可,通过发放许可来促进技术标准的应用和相关产业链的建立。开放型专利池中结构相对比较简单的模式,是独任管理模式,由专利池的一个核心成员通过接受其他成员的委托,来统一管理和运作专利池。前文 DVD-6C 专利池即为此种模式。

适合独任管理模式专利池的情况中,一般而言专利权人数量不多,必要专利相对比较集中,存在为数不多或者唯一的核心企业,有意愿并且有能力承担独任管理的职能。在专利权人数量较多且专利权比较分散的情况下,各方可能很难就谁来进行管理达成共识。负责独任管理的企业需要对专利池进行实质的投入,当然,它对于专利池相关的事务会拥有最大的话语权和决定权,这一点也是其他专利权人应当能够接受的。由于存在"一家独大"或者"几家独大"的格局,许可条件、收益分配等关键性决策也比较容易达成一致。例如,TD-SCDMA 专利池中,大唐电信作为主要的专利权持有人,拥有相对集中的专利和其他资源,这样的格局是比较适合考虑采用独任管理模式。

3. 成立专门管理机构的开放型专利池

对于涉及专利权人数量较多、专利分布较为分散、专利评估与许可事务相对复杂的情况,由于存在众多主体共同议事的需要,独任管理模式就不再适合,需要成立专门的专利池管理机构。

如前所述,这种专利池管理机构也可能存在不同形式,有可能如同 MPEG-2 专利池和 AVS 专利池那样,成立具有法人资格的独立主体,也有可能依然以企业联盟、协会乃至工作组这样松散的非法人性质组织形式存在。这两种类型都有其可以适用的情形。在专利池筹备、组建初期,松散的组织形式能够鼓励相关企业参与进来,并取得一定的话语权和控制权,也为日后专利池的正式运作保持足够开放的可能性。而规范化、法人化乃至公司化运作的专利池管理机构,能够摆脱单个或者少数核心企业的影响,其内部完整、规范的组织结构有能力完成专利池运作中的全面职能,专业、规范、高效地处理高度复杂的事务。在信息技术等高新技术领域,具有组件产业的特征,产品生产和组装的过程中都需要涉及大量的分散在各个专利权人手中的专利,而专利池的运作也需要为技术标准的推广提供支持,在这些需要复杂、精细运作的领域,公司化运作的专利池管理机构能够更好的胜任,是最值得推荐的模式。

(三)专利池运作的关键环节

专利池的管理无论采用何种模式,专利池管理主体无论处于何种法律地位,由于专利池存在一些共同的职能,因此,专利池运作中也存在着一些共同的关键环节。尽管在不同模式中,由不同的主体进行运作,具体表现形式也各有差异,但是,其实质职能和具体要素是存在共同点的。

1. 专利池筹备

这一阶段主要涉及专利池初始成员和入池专利的确定,主要步骤包括:发布召集公告、组织专利评估以及筹备成立专利池的具体事宜。

根据不同的专利池模式,发布公告的主体可能是作为发起人的部分专利权人,也可能是相应的产业联盟、协会和工作组等。公告的内容包括专利池组建和许可的一般性原则,具体包括构建原则、专利许可原则及收费标准原则等。这些原则的确立需要依据标准制定组织确定的指导性、建议性意见,有时也需要依据政府主管部门的指导意见,由发起人或者发起机构拟定。不过这些原则只有在事后成为专利池成员协议的内容后,才会对成员发生正式的约束效力。

专利池初始成员的确定有赖于初始入池专利的确定。入池专利的确定是筹备阶段的关键性工作。专利池需要聘请独立的评估专家对于入池专利作出评估,在标准化的框架下,入池专利应当是必要专利,并且不具有效力上的瑕疵可能。发起人应当就专利评估的标准、评估专家的资格、评估决策方式等都确立具体的规则。

2. 专利池成立

专利池初始成员与入池专利确定之后,就为专利池的正式成立确立的条件。专利池初始成员通过深入的讨论和协商,形成基础会员协议,成员签署该协议的行为,就成为专利池成立的标志。根据专利池管理模式的不同,协议形式也各不相同,可能是与独任管理成员之间的委托代理协议,也可能是设立专利池管理机构的章程和会员协议,这些都属于专利池的基础协议,对于专利池成员存在约束效力。

专利池成立协议一般应当包括以下内容:(1)专利池构建的目的;(2)专利池构

建与运作应遵循的原则;(3)专利池管理方式、机构的设置及职能;(4)专利池管理费用的收取;(5)专利池专利许可原则、收费标准及计价;(6)专利池成员的收益分配方式;(7)专利池纠纷的解决方式。

专利池成立协议确定了专利池成立之后运作的最基本的方面,因此是专利池整个运作步骤中最为关键的一环。其中专利池许可原则、收费标准以及成员间的收益分配方式,是涉及各方利益的最关键条款。在确定许可原则和收费标准时,需要考虑标准推广的需要、潜在被许可人情况以及市场前景等因素,还要考虑反垄断规则的遵守。在讨论成员间收益分配方式时,一般按照专利数量比例原则,此外还可以根据其他活动的分配情况分配权重,比如,愿意日后代表其他专利权人提起侵权诉讼的成员,在利益分配上给予更多的照顾。

对于专利池成立协议的具体条款拥有决定权的,一般而言是初始确定的拥有必要专利的专利权人,但是在政府处于主导地位的专利池中,还可能存在政府代表以及其他利益各方的代表,例如,在AVS专利池中,还为专家、采用标准的企业、标准制定组织代表等留出了席位。

3. 专利池决策机构

专利池成立之后,虽然成立协议中已经就重要的决策内容都进行了规定,但是随着专利池的动态发展,还可能出现需要重新商议和决策的可能性。例如,需要组织对于新的入池专利和新成员的确定,需要对于池中部分专利进行淘汰和变更,需要根据市场条件对于许可条件和标准作出调整,需要对于成员间的收益分配方案作出调整等等。这些重大的决策一般可以由全体成员组成的会议来作出,相当于公司的股东大会,但是在专利池成立协议中,也可以约定由专利权人代表或者其他特定的方式作出决策。

4. 专利池执行机构

专利池执行具体事务的机构,主要职能就在于将专利池的基本决策落到实处,它所执行的事务主要包括以下方面:管理和协调内部成员资格和关系;池内专利明细和状态的统计和维持;对外发放专利许可,包括通过市场推广找到潜在的被许可人;收取许可费用,包括对被许可人生产状况的持续了解;在成员间分配收益;对于不缴纳许可费用的被许可人或者其他侵权人采取相应的措施,包括提起诉讼或者组织、代表成员提起诉讼。

5. 合规审查和争议解决机制

专利池的组建和运作可能与标准制定组织和政府机关产生密切的关系,标准组织和政府都可能给出指导性的建议和意见,其中有相当一部分是具有约束力的,如专利权人在标准制定过程中作出的许可承诺,以及标准组织的知识产权政策等。因此,一个有效运作的专利池,需要在设立一个内部审查机制,将可能违规的操作都防患于未然。合规审查的第二个层面是专利池可能面临的反垄断审查,专利池可以通过外聘法律专家,如律师,来预防其行为遭到反垄断法上的质疑。此外,对于运作过程中可能出现的内部和外部争议,建立一个便捷、快速的争议解决机制,有助于争议的快速解决,从而避免外部仲裁或诉讼带来的不确定的风险。

# 专利侵权判定元对比理论[*]

刘永沛[**]

## 一、前言

所有知识产权侵权判定都涉及对比。如在商标权侵权纠纷中,注册商标专用权的保护范围,由"核准注册的商标和核定使用的商品"来进行限定。① 而根据中国商标法的规定,"未经商标注册人的许可,在同一种商品或者类似商品上使用与其注册商标相同或者近似的商标的",就属于侵犯注册商标专用权的行为。② 在此,就涉及如何把被控侵权的商品与核定使用的商品进行对比,看它们是相同还是类似;此外,还要把被控侵权的商标与核准注册的商标进行对比,看它们是相同还是相似。只有这两个条件都满足,才能断定商标侵权成立。在著作权侵权纠纷中,也同样涉及对比。根据自动保护原则,作品自创作完成之日起,即享有著作权。③ 在侵权判定中,仍然要对被控侵权作品与原作进行对比,看是否相同或者相似。这是一个必要条件。在有"接触"的前提下,一旦满足"相同或者相似"的条件,则侵权成立。在专利侵权判定中,同样涉及对比。中国的专利分发明、实用新型和外观设计三种。④ 如"外观设计专利权的保护范围以表示在图片或者照片中的该产品的外观设计为准"。⑤ 在侵权判定中,就要把被控侵权物与专利文献中的外观设计进行对比,看是否相同或者相似,从而得出结论。由于发明和实用新型以权利要求为中心,强调的是技术性,外观设计着眼于产品的美

---

* 本文发表于《北大法律评论》第 12 卷第 2 辑,北京大学出版社 2011 年版。

** 刘永沛,上海交通大学凯原法学院教师,北京大学法学博士。

① 《商标法》(2001)第 51 条。

② 《商标法》(2001)第 52 条第 1 款第 1 项。

③ 《著作权法》(2010)第 2 条第 1 款。

④ 《专利法》(2008)第 2 条。如无特别指明,本文中的中国专利法都指 2008 年修订的新专利法。

⑤ 《专利法》(2008)第 59 条第 2 款。

感,不涉及技术判断,没有权利要求,故本文仅讨论发明专利和实用新型专利的侵权判定。如无特别指明,本文中的专利仅指发明和实用新型专利,不包括外观设计专利。

(一)问题

本文要解决的是专利侵权判定的可预期性和确定性问题。专利权作为财产权,当受到侵害时,司法救济是最重要的纠纷解决方式。在纠纷解决中,关键在于专利侵权与否的判定。围绕专利侵权判定,原告、被告和法官都要进行论证和说理,都要遵循相同的原则。由于专利常常涉及新兴和复杂的技术,专利法的侵权判定规则也日益演化,变得更加复杂和精巧。这就常常使专利侵权的判定显得非常困难,结果也不容易预测。

专利权是一种排他权(the right to exclude),即未经专利权人许可,他人不得实施其专利。对专利权的这种排他性,Giles S. Rich 有精彩的论述。⑥《专利法》第 59 条第 1 款规定,专利的保护范围由权利要求界定。但是,专利法并没有规定如何判定侵权。一些基本的专利侵权判定原则和规则,是由法院在司法审判中发展出来的。在司法实践中,各个法院都有其各自的判定方法和理由。也就是说,司法实践中发展出来的侵权判定规则并不统一。往往基于相同的事实和理由,一个地方的法院会判定侵权成立,而另一个地方的法院却判定侵权不成立。有时,即使是对同一个案件,一审和二审的判决理由和结果也大相径庭。⑦ 这就损害了专利法的稳定性、可预期性和统一性,也影响了专利权人和公众的利益,达不到专利法促进创新的目的。2001 年,《最高人民法院关于审理专利纠纷案件适用法律问题的若干规定》(以下简称《规定》)第 17 条提出了相同侵权和等同侵权的判定规则。2009 年,《最高人民法院关于审理侵犯专利权纠纷案件应用法律若干问题的解释》(以下简称《解释》)颁布。该《解释》是最高人民法院出台的,专门针对审理专利侵权纠纷案件的司法解释。《解释》强化了权利要求的中心地位,使权利要求的解析、权利要求的解释等规则更加明确。在侵权判定方面,确

⑥ Giles S. Rich, "Foreword", in F. Scott Kieef et al., *Principles of Patent Law*, New York: Foundation Press, 2008, p. 1.

⑦ 例如北京市高级人民法院民事判决书(2008)高民再终字第 1270 号"北京万特福科技有限责任公司与北京科霖众医学技术研究所等专利侵权纠纷再审案"。

立了全面覆盖原则[⑧]、禁止反悔原则[⑨]、捐献原则(dedicated rule)[⑩],修正了等同原则,废除了多余指定原则。[⑪] 在侵权抗辩方面,细化了现有技术抗辩原则等。[⑫] 这些原则和规则的全面确立,相对于以前没有明文规则,是一个很大的进步,但等同原则仍然非常模糊,"基本相同"的定性和定量仍然不清。当在进行具体案件的审理时,这些原则就显得过于抽象,飘忽不定,随意性很大,很难把握,甚至无所适从。所以在理论上,需要进行梳理,作深入的研究,化繁为简,用一种更加清晰的方法来进行指导,以期得到一种相对比较容易理解、把握和操作的解决方案,得到相对合理的判定结果。本文试图建构一般性的专利侵权判定的"元对比理论",使之可以在司法实务中,提供一套统一的专利侵权判定方法,达到统一专利法适用的目的,增强专利侵权判定的论证和说理,从而提高其可预期性和确定性。

(二)研究方法

国内对专利侵权判定已经作了大量研究。但从内容来看,主题通常都很宏大,对专利侵权判定进行全面探讨,但也许是囿于论题过宽的缘故,对侵权判定的论述会相

---

⑧ 《解释》第7条。关于全面覆盖原则,请参见后文第三部分。

⑨ 《解释》第6条。所谓"禁止反悔原则",是指专利权人在专利授权程序中通过对权利要求、说明书的修改或者意见陈述而放弃的技术方案,无论该修改或者意见陈述是否与专利的新颖性或者创造性有关,在侵犯专利权纠纷案件中均不能通过等同侵权将其纳入专利权的保护范围。参见最高人民法院民事判决书(2009)民提字第20号"湖北午时药业股份有限公司与澳诺(中国)制药有限公司、王军社侵犯发明专利权纠纷案"。

该条规定的禁止反悔原则是对等同原则的限制。等同原则对专利权的扩张和禁止反悔原则对专利权的限制是一对矛盾,目的是为了平衡专利权人和社会公众的利益。禁止反悔原则适用于两种情况:(1)在专利申请审查过程中,专利申请人为了获得专利授权,不得不对权利要求、说明书进行修改而放弃的技术方案,或者通过意见陈述而放弃的技术方案,就明确排除在专利权的保护范围之外,在后来发生的侵权诉讼中,不得通过等同原则纳入专利保护范围。否则,会不当地扩大专利的保护范围,相应地损害到公众的利益。(2)同理,在专利无效宣告程序中,专利权人为了维持其一部分专利的有效,不得不对权利要求、说明书进行修改或者通过意见陈述而放弃的技术方案,在后来发生的侵权诉讼中,也不得通过等同原则把其重新纳入专利保护范围。该原则的优点是,可以通过专利的授权和无效程序,缩小并优化专利的保护范围,使专利权与其对社会的贡献相匹配。该原则对专利申请人或专利权人的风险在于,在他们作出对某技术方案的修改时,必须要考虑到将来可能出现的不利后果。

⑩ 《解释》第5条。所谓"捐献原则",是指如果一个技术方案在说明书或者附图中有描述,而在权利要求中未记载,则推定权利人把该技术方案"捐献"给了公众,将来权利人在侵犯专利权纠纷案件中,不能再将其纳入到专利权保护范围之中。

⑪ 《解释》第7条。所谓"多余指定原则",是指在侵权诉讼中,法院如果认为某一技术特征不属于构成独立权利要求的必要技术特征,即不是构成发明的技术方案必不可少的特征,则在侵权判定中可以不考虑这些技术特征,即使被控侵权物缺少该特征,也构成侵权。

⑫ 《解释》第14条。现有技术抗辩原则,是在不对专利权的有效性进行判断的情况下,把被诉落入专利权保护范围的全部技术特征,与一项现有技术方案中的相应技术特征进行对比,如果二者相同或者无实质性差异的,则人民法院就可以认定侵权指控不成立。

当简略，一般不会深入到元要素的程度，也没有探讨如何进行对比。⑬ 在对专利侵权的判定中，几乎都不可能回避等同原则，但对等同原则的讨论经常都令读者感到过于"原则"，而且大都不涉及到对比。⑭ 国外对专利侵权，尤其是对等同原则的研究也是乐此不疲，但同样宽度有余，而深度不足。⑮ 而且，前述专利侵权判定方法都属于定性的研究方法，缺少量的评价。

在遵循基本相同的原则的前提下，本文除了采用法学研究方法之外，主要采用数学研究方法，包括数学中的集合论、线性代数、空间解析几何、概率论等基本的数学工具。任何一个数字，皆有其"质量"。"质"的一面，可用于定性的研究，"量"的一面，可用于程度的研究。"社会科学研究现实的模式，数学研究逻辑可能的模式"。⑯ 法律所研究的是行为的现实模式，是数学可能模式的一部分。在法律思维中，也许法官的思考、裁量、判断等思维过程并不直接表现为数字，但思维过程的质和量却是客观存在的。运用法律的数学研究方法，可以揭示、显现法官思维过程的质和量，使法官的思维变得更经济、更准确。贝卡利亚甚至主张"应当用几何学的精确度来解释"定罪量刑问题。⑰

法律和数学都是高度理性的，都有非常强的形式，因为抽象而高度简洁。在这方面，法律和数学有很多相通的地方。法律的数学研究方法，可以在通过定量研究定性问题，以及通过定量研究定量问题方面取得更佳的效果。根据现有的文献，有学者在数学对法律文化的影响、数学对西方法律的形式合理性的决定性作用、理性的数学化与法律的理性化等方面作过一系列深入的探讨⑱，如有关于模糊数学在法学中的应用⑲，有关于数学思维在法律解释中的修辞功能及其有限性等⑳。作为数学应用的有

⑬ 参见邰中林："专利侵权判定的几个基本法律适用问题"，载中国国家知识产权局条法司编：《专利法研究》(2007)，知识产权出版社 2008 年版，页 356—358。

⑭ 参见张晓都："适应建设创新型国家需要的专利侵权等同原则与禁止反悔原则"，载中国国家知识产权局条法司编：《专利法研究》(2009)，知识产权出版社 2010 年版，页 296—313。

⑮ Nicholas Pumfrey et al., *The Doctrine of Equivalents in Various Patent Regimes—Does Anybody Have it Right?*, 11 *Yale J. L. & Tech.* 261 (2008—2009).

⑯ 汪丁丁："数学和社会科学方法的关系"，载《社会科学战线》2004 年第 5 期，页 40。

⑰ 〔意〕贝卡利亚：《论犯罪与刑罚》，黄风译，中国大百科全书出版社 1993 年版，页 7。

⑱ 参见何柏生的以下作品："数学对法律文化的影响"，载《法律科学》2000 年第 6 期；"法律与作为西方理性精神核心的数学理性"，载《法制与社会发展》2003 年第 4 期；何柏生："理性的数学化与法律的理性化"，载《中外法学》2005 年第 4 期；"西方法律形式合理性形成中的数学因素"，载《法制与社会发展》2007 年第 6 期；《数学精神与法律文化》，上海人民出版社 2005 年版。

⑲ 参见邓建煦等："模糊数学在法学中的应用初探"，载《自然杂志》1984 年第 4 期。

⑳ 参见陈林林："法律解释中的数学思维"，载《求是学刊》2008 年第 1 期。

力拓展,博弈论已悄然进入法学研究领域。[21]

专利法与数学的关系比较密切。近年来,数学在专利法研究中的应用逐渐兴起,如用集合论和统计学中的 $t$-检验研究专利权利要求的技术特征以及等同原则[22],增加了特征划分的合理性和侵权判定的确定性;用博弈论来作为提高专利品质工具的研究[23];用数学方法研究 TRIPs 协议下药品专利强制许可制度[24],以便能够在成本收益分析框架的理性基础上作出强制许可。

本文就是在上述研究的基础上,用数学方法来研究专利侵权判定的一个新尝试。

(三) 分析框架

有文献曾提出过专利侵权判定的程序框图模型,将各种侵权判定原则用流程图予以表示。[25] 但由于专利侵权判定原则已发生了重大的变化,其模型已不再适用。本文提出如图 1 所示的专利侵权判定分析框架。侵权判定的过程开始时,要把专利的权利要求分解为元特征,并利用权利要求的解释方法确定元特征的元要素的内涵和外延。然后,把专利的元特征与被控侵权物的对比特征,在元要素层面进行元对比。在元对比中,引入了专利侵权判定空间的概念。被控侵权物只要有一个以上对比特征落入完全不同特征空间(空间 I)或者基本不同特征空间(空间 II),则该对比特征与专利元特征完全不同或者基本不同,不构成侵权。[26] 否则,如果有一个以上对比特征落入基本相同特征空间(空间 III),则对比特征与元特征基本相同,构成等同侵权;如果全部对比特征落入完全相同特征空间(空间 IV),则对比特征与元特征完全相同,构成相同侵权。其中,在构成侵权时,通过对等同特征等同度的计算,可以得到被控侵权物对某一个权利要求的侵权度。把该侵权度作为一个重要因素,供法院在作出侵权救济时使用,让侵权者承受禁令和/或金钱赔偿等与侵权度相适应的法律责任。本文下面就遵循这个分析框架进行叙述。

---

[21] 参见〔美〕拜尔等:《法律的博弈分析》,严旭阳译,法律出版社 1999 年版;柯华庆:《合同法基本原则的博弈分析》,中国法制出版社 2006 年版。

[22] Raj S. Davé, *A Mathematical Approach to Claim Elements and the Doctrine of Equivalents*, 16 Harv. J. L. & Tech. 507 (2003).

[23] Chris J. Katopis, *Perfect Happiness?: Game Theory as A Tool for Enhancing Patent Quality*, 10 Yale J. L & Tech. 360 (2008).

[24] Vishal Gupta, *A Mathematical Approach to Benefit-Detriment Analysis as a Solution to Compulsory Licensing of Pharmaceuticals under the TRIPs Agreement*, 13 Cardozo J. Int'l & Comp. L. 631 (2005).

[25] 参见张利:“发明和实用新型专利侵权判定原则适用模型研究”,载中国国家知识产权局条法司编:《专利法研究》(2005),知识产权出版社 2006 年版,页 306—328。

[26] 由于发明专利既包括产品发明专利,也包括方法发明专利,所以相应地“被控侵权物”也是既包括产品,也包括方法。

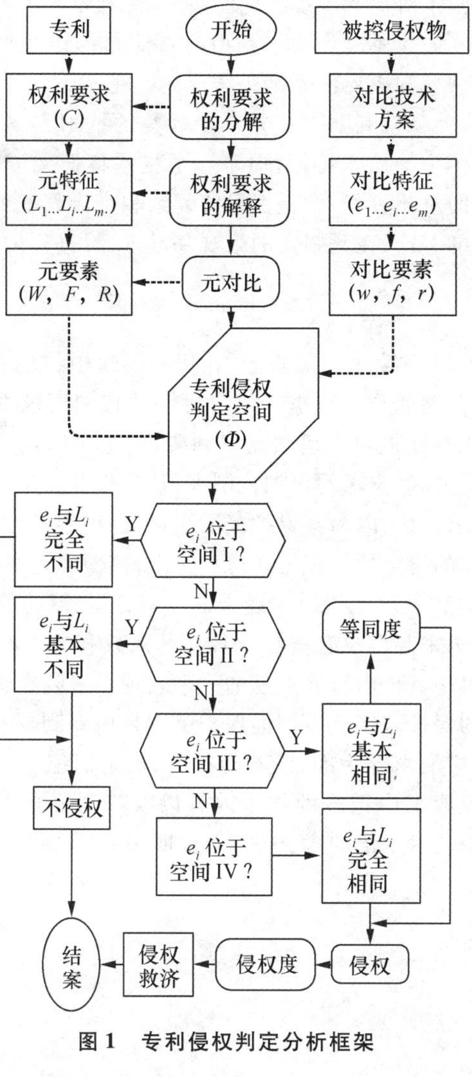


**图 1　专利侵权判定分析框架**

## 二、专利的法律结构

专利侵权判定涉及对比，对比是在专利界定的技术方案与被控侵权物之间进行的。对比的目的，就是要发现二者之间是否相同、基本相同还是不同，然后得出侵权与否的结论。对比必然涉及一系列原则、规则和技术。被控侵权物是实际存在的产品或方法，比较具体，容易理解和分析。涉案专利技术的分析，则通常比较困难。这是因为，这种对比是在涉案专利技术特征与被控侵权物的相应技术特征之间进行的，技术的复杂性和多样性加剧了对比的难度。同时,涉案专利技术的权利边界是由专利权利要求(claim)来界定的,而专利权利要求是由非常简洁的语言构成的,语言的歧义、多义和模糊也会导致专利权利边界的不确定和混沌。在界定专利的保护范围时,首先要理解技术方案,因为每一项权利要求都是一个完整的技术方案。要理解技术方案,就要把权利要求分解为单个的技术特征,而每一个技术特征又可分成手段、功能和效果三个要素。步步深入的对比过程,就是把非常复杂和难以驾驭的复杂性对比化简为可以操作的最基本单元的对比,在此坚实的微观基础上,再进行问题还原,得出侵权与否的结论。

(一)权利要求

根据《专利法》第59条第1款的规定,在侵权诉讼中,权利要求处于中心的地位,是用来划定专利保护范围的唯一依据。由于每一项权利要求都是一个完整的技术方案,所以《解释》第1条规定既可以用独立权利要求,也可以用从属权利要求来确定专利权的保护范围。独立权利要求的保护范围大,从属权利要求的保护范围小。从属权利要求与独立权利要求相比,因为其保护范围小,所以很容易被避开,但它维持有效的可能性大,所以有很强的稳定性。正是在这意义上,美国联邦巡回上诉法院(CAFC)法官瑞契(Giles S. Rich)曾精辟地指出:“越强的专利越弱,越弱的专利越强”。[27] 当权利人觉得用独立权利要求来起诉没有信心,[28]而用从属权利要求来起诉比较有胜算时,允许权利人作出选择,也是其自由行使诉权的一个表现。法院在进行专利侵权判定的时候,首先要界定专利的保护范围。专利的保护范围是由专利权利要求限定的。法院必须严格地以权利要求中的内容为准,既不能扩大,也不能缩小其范围。在解释权利要求时,可以结合专利说明书中记载的技术内容以及权利要求书中记载的其他权利要求,确定该权利要求中技术术语的含义。[29] 但说明书和附图也只能在解释权利要求时

---

[27] Giles S. Rich, *The Proposed Patent Legislation: Some Comments*, 35 Geo. Wash. L. Rev. 641, 644 (1967).

[28] 如果权利人检索到一篇可以破坏其独立权利要求的新颖性的对比文件,担心对方进行现有技术抗辩,或已经进入到专利无效程序中,专利复审委员会可能会因为该对比文献作出对其独立权利要求不利的决定,从而迫使专利权人选择从属权利要求作为权利基础进行起诉。

[29] 例如最高人民法院民事判决书(2009)民提字第20号“湖北午时药业股份有限公司与澳诺(中国)制药有限公司、王军社侵犯发明专利权纠纷案”。

作为内部证据[30]使用,而不能据此改变权利要求的范围。[31]

(二)元特征

所有的技术方案都由技术特征组成,所有的技术特征都是对专利的技术限定(limitation)。"技术特征可以是构成发明或者实用新型技术方案的组成要素,也可以是要素之间的相互关系。"[32]技术特征是"具有独立功能且能够对整体技术方案产生独立技术影响的技术单元或者技术单元的集合"。[33] 要成为技术特征,必须具备独立性和价值性两个条件。"独立性是指它不需要再与其他技术特征组合就能够体现其自身的功能;价值性是指不仅具有独立的功能,而且事实上已经在整体技术方案中发挥了作用或者产生了技术影响"。[34] 这里所指的独立性其实就是指具有独立的技术功能,价值性其实就是指具有独立的技术效果,但应该还有一个最重要的要素即具有独立的技术

[30] 参见《解释》第3条。根据该条规定,可以通过内部证据和外部证据来解释权利要求。所谓内部证据(intrinsic evidence),是指专利文献本身,包括专利说明书及附图、权利要求书中的相关权利要求、专利审查档案。这些证据是在专利申请过程中形成的,与专利的授权最为相关,可以用来"发现"专利的真正涵义,以界定专利的保护范围。由于专利技术往往是最为前沿的技术领域,在专利申请时如果没有合适的术语来表达其技术方案,或者有必要用一个现有的词来赋予新的特别涵义,则"发明人是其术语的词典编纂者"的原则,说明书对术语的特别界定,可以获得不同于其普通涵义的特别涵义,这既是消除各方争议的一个手段,但同时也是对专利保护范围的一个有力限制,专利权人也要受到其自己所定义的意思的约束。只有当内部证据不足以解释权利要求时,才可以把眼光投向外,寻求外部证据的支持。所谓外部证据(extrinsic evidence),是指工具书、教科书等公知文献以及本领域普通技术人员的通常理解。相对于内部证据,这些证据离专利技术更远,更为间接,只是一种对内部证据的补充,是对内部证据不足以解释权利要求时的弥补,如果内部证据足够清晰界定权利要求的涵义,就不允许使用外部证据。

[31] 按照专利的契约理论,专利文献类似于合同文本,在专利申请和授权过程中,专利申请人作为一方,国家专利局的审查员代表国家和公众作为另一方进行博弈。双方之间的交易或者谈判,类似于合同的缔结过程:专利申请人力图扩大专利的保护范围,而审查员则要力图缩小其范围,最终双方讨价还价的博弈结果就是专利文献,核心是权利要求。申请人把其发明公开给公众,换取国家授予的一定时间的排他权,如果把专利文献视为一份合同文本,则权利要求就相当于合同条款,说明书及附图相当于说明,可以解释合同条款,但不具备条款的强制效力。F. Scott Kieef et al., *Principles of Patent Law*, New York: Foundation Press, 2008, p. 3. 美国第三巡回法院认为,"美国专利是发明人与政府之间订立的合同"。Fried, Krupp Akt. v. Midvale Steel Co., 191 Fed. 588, 594 (3d Cir. 1911). 美国权利请求法院认为,"美国专利是发明人与公众之间订立的合同,合同条款由美国专利局拟定。在该合同中,发明人向公众提供新颖且有用的工艺、机器或者物质组合;反过来,公众授予发明人垄断权,该垄断权由专利权利要求界定……"。Davis Airfoils v. United States, 124 F. Supp. 350, 352 (Ct. Cl. 1954). 美国第九巡回法院也认为,"专利在本质上是公众与发明人之间的合同"。Pickering v. Holman, 459 F.2d 403, 173 U.S.P.Q. 583 (9th Cir. 1972).

[32] 中华人民共和国国家知识产权局:《专利审查指南》,知识产权出版社2010年版,页141。

[33] 闻秀元:"如何对技术方案进行特征区划",载程永顺主编:《专利侵权判定实务》,法律出版社2002年版,页70—71。

[34] 同上。

手段。[35]

如果把"元"定位为"最小"的话,则在进行侵权判定的对比以前,必须对专利权利要求的技术方案分解到适于侵权判定的最小技术单元即"元特征"。我们可以把元特征定义为具有独立的手段、功能和效果的最小技术单元。对于专利技术方案,元特征就是专利权利要求记载的最小技术特征,即独立权利要求以及从属权利要求中的技术特征。元特征是必不可少的特征。如果缺少了元特征,就不可能构成一个完整的技术方案,或者会构成一个完全不同的技术方案。它们所界定的是发明或者实用新型必须具有的组成部分,或者这些组成部分之间不可缺少的相互关系。在独立权利要求和从属权利要求中的元特征,除了保护范围不同以外,都应该具有同等的法律地位。

专利权利要求的分解过程,就是把权利要求分解成为元特征的过程。一项权利要求的保护范围是与它所含有的元特征数量多少成反比的。假定专利的保护范围为 s,专利权利要求的元特征有 n 个,则 $s = 1/n$。因为每增加一个特征,就会使专利的保护范围缩小一些。由于专利权利要求是一种语言描述,所以要确定其保护范围,要结合专利权利要求、专利说明书、附图和专利审查档案,分解出每一个具体的元特征。只有通过这种阐明性的分解过程,与诉讼相关的技术细节才会重新浮现出来,才能针对具体特征进行对比。一旦一项专利申请被授权,它就独立地存在着。《解释》第 2 条规定,在侵权诉讼中分解权利要求时,是以本领域普通技术人员的理解为准的。这既不是专利权人和被控侵权人的视角,也不是法官的视角,而是一个法律拟制的理想人视角。[36] 采用这样的标准,是把专利授权与专利侵权中对专利的理解统一起来,目的是还原发明创造的本质,尽可能减少裁判者判断的恣意。每一个专利侵权诉讼都要涉及权利要求的分解问题。

(三)元要素

权利要求所体现的技术方案,可分解为元特征。但元特征本身的内涵和外延,则有赖于在更微观的结构中予以揭示。

《规定》第 17 条在对等同原则的表述中,只规定了等同特征的手段、功能和效果三个要素。相关的司法实践,也是从此着手进行比较的。[37] 中国的等同原则是借鉴美国

---

[35] 有文献提出,在划分技术特征时,要以功能为主优先考虑,其后再考虑手段和效果。如某方法发明专利权利要求为,"步骤 1:加热后过滤;步骤 2:浓缩……",如果其目的是为了使中药材中的有效成分析出和纯化,就可以把加热作为一个特征,而把过滤和浓缩作为一个特征。参见李中奎:"专利侵权诉讼中技术特征的划分与范围确认",载《中国发明与专利》2008 年第 11 期。

[36] 参见中华人民共和国国家知识产权局:《专利审查指南》,知识产权出版社 2010 年版,页 170。

[37] 例如最高人民法院民事判决书(2005)民三提字第 1 号"大连新益建材有限公司与大连仁达新型墙体建材厂侵犯专利权纠纷提审案"。

的判例而来。在美国的法院判决中,也只考虑上述三个要素。[38] 虽然在理论上并不排除非上述三个要素不可的可能性,但这三个要素却是一种历史发展过程中的自然选择。这三个要素不限于等同特征的对比,而且还可以推广到适用于任何对应特征的对比。因此,每个元特征都可由手段、功能和效果三个要素来分析界定。这三个要素,可以被定义为“元要素”。手段(way),指元特征为达到某种技术目的而采取的方法、措施;功能(function),指元特征所起的有效作用、用途;效果(result),指元特征最后达到的结果、功效、成效等。

元要素的三个维度丰富了元特征的内涵,揭示了一个元特征与另一个元特征之间的差别。图2是专利的法律结构,从中可以看出专利的权利要求(技术方案)、元特征(技术特征)、元要素(手段、功能和效果)之间的金字塔结构关系,就如同物质是由分子、原子、电子、质子等组成的一样。一件专利至少有一项权利要求,一项权利要求至少有一个元特征,每个元特征都有手段、功能和效果三种不可缺少的元要素。

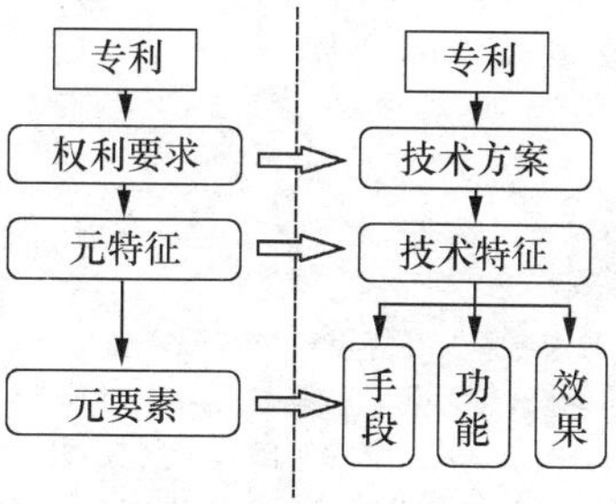


**图2　专利的法律结构**

对权利要求的解释过程,其实就是把其元特征再分解成为手段、功能和效果三个元要素,进一步清晰地揭示元特征的内涵和外延的过程。如果仅凭权利要求本身就能清晰地界定技术方案,那是最理想的情况。可实际上,这常常是不可能的。这是由语言本身的多义性和模糊性所造成的。即使一个最简单的词,也会有多种含义。语言的丰富性有利于人类对事物和情感的表达,但用在专利的权利要求上,却从一开始就注定会充满争议。在专利诉讼中,原被告双方针对权利要求中的概念、术语会有很多争议。为了拨开这层迷雾,使“真正”的专利技术方案,亦即专利的保护范围得以确定,法院就必须对权利要求中的争点进行阐述,作出判断,即对权利要求进行解释。几乎在绝大部分专利诉讼中,都会经历这个解释程序。权利要求的解释对双方的利益影响极大。一旦权利要求的解释完毕,诉讼的胜负已初见端倪。所以,双方都会力图穷尽各种材料、方法和技术,来说服法官,以便作出对其有利的决定。

---

[38] Warner-Jenkinson Co. v. Hilton Davis Chemical Co., 520 U.S. 17, 117 S.Ct. 1040, 137 L.Ed.2d 146 (1997).

如在“颅内血肿粉碎穿刺针”专利侵权纠纷案中(以下简称“穿刺针”案)[39],系争的第93244252.8号实用新型专利(简称第252号专利)属于医疗器械,该专利技术方案的结构如图3所示[40],其独立权利要求如下:

> 一种颅内血肿粉碎穿刺针,其特征在于:针体(1)为中空管状,后端与一带顶孔螺帽(4)相配合;血肿粉碎器(3)为针管状,前端封闭,靠近端部沿内壁切线方向有一个以上微孔(7),尾部有一固定片(8)。

该独立权利要求可以分解为如下四个元特征:$L_1$,中空管状针体(1);$L_2$,装在针体后端的带顶孔螺帽(4);$L_3$,血肿粉碎器(3)为针管状,前端封闭,血肿粉碎器靠近端部沿内壁切线方向有一个以上的微孔(7)[41];$L_4$,血肿粉碎器尾部有一固定片(8)。二审判决的错误在于没有对权利要求进行分解,而直接对技术方案进行整体对比。针对这一错误,再审判决认为:“判断是否构成等同应当以被控侵权产品中的具体技术特征与专利独立权利要求中相应的必要技术特征相对比,所谓‘等同’是指具体技术特征之间的等同,而不是完整技术方案整体等同。”[42]

---

[39] 这是一场漫长的诉讼。2002年,原告万特福科技有限责任公司(简称万特福公司)向北京市第二中级人民法院(简称北京二中院)提起诉讼,起诉北京科霖众医学技术研究所、徐屹、谢湘桂(简称科霖众研究所等)侵犯其专利权。2002年11月5日,北京二中院作出一审判决,判定科霖众研究所等侵权不成立。万特福公司不服,上诉到北京市高级人民法院(简称北京高院),2003年4月16日,北京高院作出二审判决,撤销北京二中院的一审判决。科霖众研究所等不服终审判决,向检察机关申诉。2008年5月27日,最高人民检察院向最高人民法院提出抗诉,要求再审。2008年8月20日,最高人民法院作出裁定,指令北京高院再审。2009年6月11日,北京高院撤销本院的二审判决,维持北京二中院的一审判决。参见北京市高级人民法院民事判决书(2003)高民终字第108号“北京万特福科技有限责任公司与北京科霖众医学技术研究所等专利侵权纠纷上诉案”;北京市高级人民法院民事判决书(2008)高民再终字第1270号“北京万特福科技有限责任公司与北京科霖众医学技术研究所等专利侵权纠纷再审案”。

[40] 其中图3-1是结构示意图,图3—2是针芯插入针体时的情况,图3-3是血肿粉碎器插入针体时的情况,图3-4是血肿粉碎器示意图(放大),图3-5是图3-4的A-A剖面图(放大)。在图3中,*l*表示针体,2表示针芯,3表示血肿粉碎器,4表示带顶孔螺帽,5表示侧管,6表示橡皮垫圈,7表示微孔,8表示固定片。针体(1)为中空管状,后端有一侧管(5),端部外有螺纹。针芯(2)前端呈钝圆形。血肿粉碎器(3)为针形,中空,前端封闭,靠近顶端处均匀分布四个微孔(7);微孔方向与内壁切线方向一致,后端有一固定片(8)。针芯(2)与血肿粉碎器(3)均长于针体(1),使它们在插入针体(1)后前端部分露出在针体(1)之外。

[41] 北京二中院把特征$L_3$分解为“血肿粉碎器为针管状,前端封闭”和“血肿粉碎器靠近端部沿内壁切线方向有一个以上的微孔”两个特征,似有不妥。任何一个特征都要能完成独立的功能。特征$L_3$中的两个部分,是不可分割的,其前端封闭与有一个以上微孔才能组成一个独立的技术单元。参见北京市高级人民法院民事判决书(2003)高民终字第108号“北京万特福科技有限责任公司与北京科霖众医学技术研究所等专利侵权纠纷上诉案”。

[42] 北京市高级人民法院民事判决书(2008)高民再终字第1270号“北京万特福科技有限责任公司与北京科霖众医学技术研究所等专利侵权纠纷再审案”。

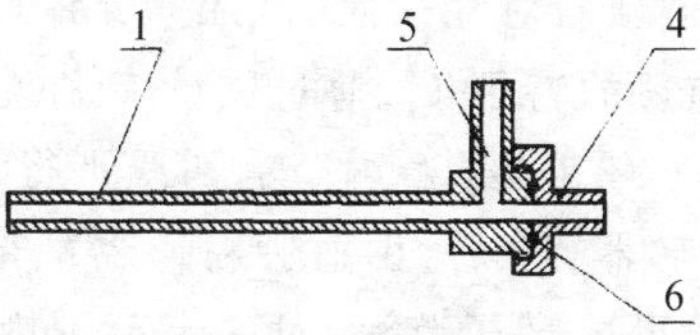


图 3-1

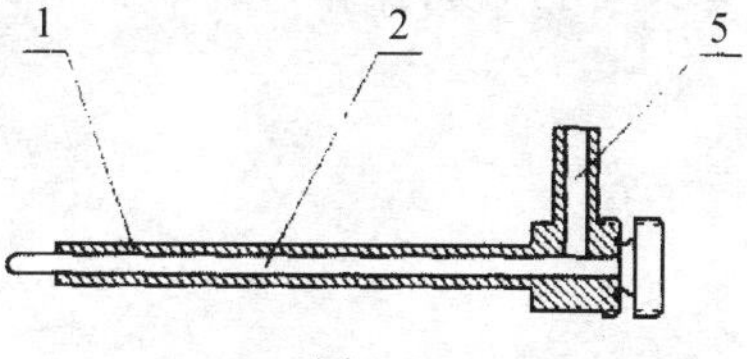


图 3-2

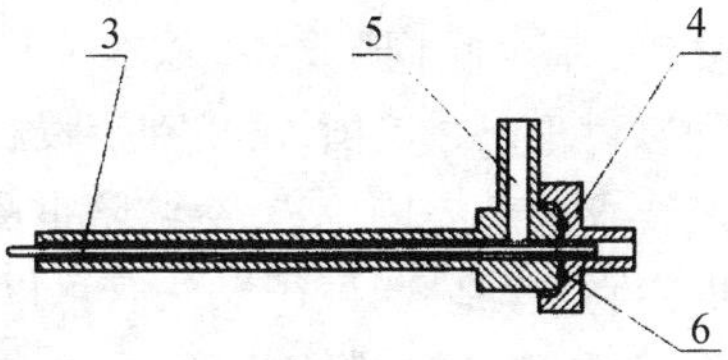


图 3-3

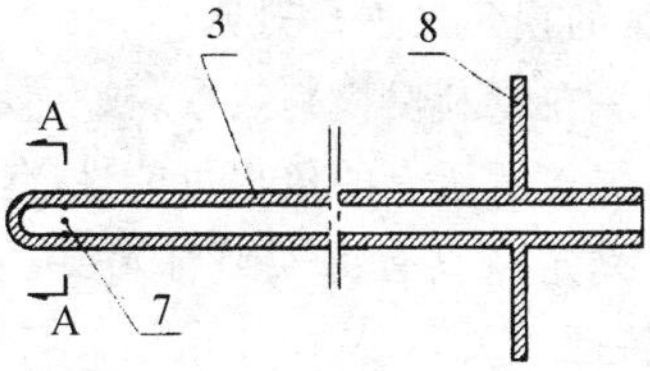


图 3- 4

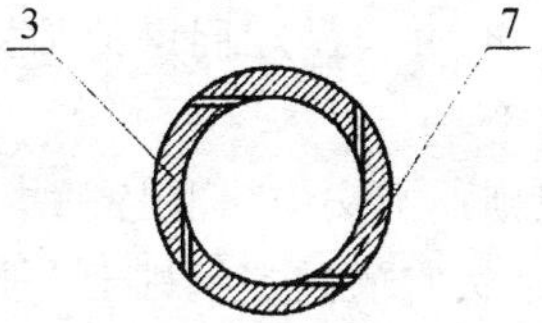


图 3-5

**图 3　第 93244252. 8 号专利结构图**

所以,比较的最基本单元是元特征。对权利要求的分解是比较的基础,既不能把几个元特征的组合进行对比,也不能把两个整体的技术方案进行对比。整体是宏观的,在宏观上相同的很多东西,在微观上其实是不一样的,甚至千差万别的。从发明创新的过程来看,发明往往是一种累积创新过程,往往要经过很多微小的创新才能形成一个巨大的飞跃性创新。如果不从元特征这一最小的单元出发来进行对比,就有可能把很多小的渐进性创新都划入到专利侵权的范围,结果是给在先专利过多过强的垄断权,抑制了技术创新。对元特征的划定,要看其能否具有独立的手段、功能和效果而定。比如对于前述的特征 $L_3$,通过阅读专利说明书和附图,可知其独立的手段是使微孔(7)的方向与粉碎器(3)内壁的切线平行,并均匀分布;冲洗液通过带顶孔螺帽(4)注入血肿粉碎器(3)后,由血肿粉碎器端部的微孔(7)喷出;其独立的功能是经微孔喷出的液流形成高压漩涡,对一定范围内的血肿进行冲洗粉碎;其独立的效果是通过冲洗粉碎,不用开颅,操作时间非常短,效率高,可以大大减轻病人的痛苦。

## 三、元对比

### (一) 对比基准

首先,应该确定对比的判定主体。由上面的讨论可以看出,存在一个至关重要的问题:应由谁来确定两个元要素"基本相同"或者"基本不相同"? 因为这直接涉及对侵权与否的定性,所以必须加以讨论。在美国,由于判定侵权是一个事实问题,是由陪审团作出的,故法官在对权利要求解释完以后,就交给陪审团去做对比,然后作出侵权与否的裁决。由于陪审团的裁决过程是"黑匣子",法官可以对其提出充分的指导意见(instruction)。[43] 我国的侵权判定则是由法官作出的,故对比也由法官来进行,但法官被要求以本领域普通技术人员的视角来进行对比。[44]

其次,要确定对比的对象。在专利侵权判定中,权利要求是第一个层次,元特征是第二个层次,元要素是第三个层次。所有的侵权可能性,包括相同侵权、等同侵权和不侵权,都要在微观的层面上来判定。只有深入到对元要素的对比,才能判定被控侵权物中的对比特征与专利中元特征的关系,从而作出侵权与否的判定。由于所有对比都从元要素开始,故可取专利某一个权利要求的某一个元特征,再取被控侵权物的对比特征,然后对元要素分别进行对比,并对其相同度的临界点和涉诉个案中的相同度进行判断,作出特征相同与否的结论。

第三,要确定对比的民主规则。本文中除非特别指明,所指的判定都是指单个法官的判定。法院的判定要在单个法官的判定基础上,利用如下规则得出:(1) 总体原

---

[43] 关于美国专利法对侵权的判定,尤其是对等同侵权判定的详细介绍,参见尹新天:《专利权的保护》(第2版),知识产权出版社2005年版,页376—419。

[44] 由于"本领域的普通技术人员"是一个法律拟制的理想人,故它是一个动态的概念。在审查阶段,有申请人、审查员;在侵权诉讼中,有双方当事人,而法官则居中裁判,看谁的分析更符合虚拟主体的眼光,就采信谁的观点。如果技术的复杂程度超出了法官可以理解的范围,可以进行技术鉴定,鉴定人的成员选择标准应是"本领域的普通技术人员"标准。法官可以给鉴定机构进行指导,规定必须参加鉴定的最低人员数,必须要进行评价的参数等,鉴定人的输出结果作为强有力的证据,是法官判断侵权的重要依据,除非鉴定过程违法,不得废弃。这样带来的好处,是可以把技术问题交给技术人员解决,而把法律问题留给法官解决,双方的角色根据专业知识得到合理的分工。

则，即把全部参审法官作为一个整体，对其赋值进行加总，求其平均值，在总体水平上与临界值对比进行判定。(2) 个体原则，即要先把每名法官的赋值分别与临界值进行对比，得出法官个体的判定，然后再按照少数服从多数的原则进行判定。只有在上面两个条件都满足的情况下，才可以作出被控侵权特征与专利元特征相同与否的判定。比如有三个法官参审，其总体的赋值平均值要高于临界值，而且有两个以上法官的赋值要高于临界值，才可以判定被控侵权特征与专利元特征相同或者等同，否则就是不同。

在侵权判定中，审判庭的人数是奇数。人员的构成，可以是专业法官，可以是具有技术专长的陪审员。根据总体原则，对所有参审法官的赋值进行加总，求其平均值；根据个体原则，对参审法官按多数决原则进行判定；只有两个条件都满足，才可以判定 $e$ 是不是等同或者不同特征。所以，对比的民主规则可以防止下面两种矛盾出现：总体取值侵权；而根据个体多数决则不侵权；或者总体取值不侵权，而根据个体多数决则侵权。这样既尊重了个体的选择，也考虑到了总体的评价，使侵权判定严格而且科学。下面就对上述判定方法进行具体展开。

(二) 对比函数

如果用 $L$(limitation)表示专利权利要求中的一个元特征，把该元特征定义为手段、功能和效果三个元要素的函数，并分别用 $W$(way)，$F$(function)，$R$(result)表示手段、功能和效果三个变量，则可以把 $L$ 表示为：$L=L(W, F, R)$。如果用 $e$(element)表示被控侵权物中与 $L$ 相对应的对比特征，也把特征 $e$ 定义为手段、功能和效果三个元要素的函数，并分别用 $w$、$f$、$r$ 表示手段、功能和效果三个变量，则可以把 $e$ 表示为：$e=e(w, f, r)$。㊺

定义 $x$ 为 $W$ 和 $w$ 的函数，$x=x(W, w)$，用来表示特征 $L$ 和 $e$ 的手段元要素之间的相同程度，称为手段元要素相同度，$0 \leqslant x \leqslant 1$。令 $x_0$ 为特征 $L$ 和 $e$ 的手段元要素相同程度的临界值，则当 $W$ 和 $w$ 完全不同时，$x=0$；$W$ 和 $w$ 基本不同时，$0<x \leqslant x_0$；$W$ 和 $w$ 基本相同时，$x_0<x<1$；$W$ 和 $w$ 完全相同时，$x=1$。同理，定义 $y$ 为 $F$ 和 $f$ 的函数，$y=y(F, f)$，用来表示特征 $L$ 和 $e$ 的功能元要素之间的相同程度，称为功能元要素相同度，$0 \leqslant y \leqslant 1$；定义 $z$ 为 $R$ 和 $r$ 的函数，$z=z(R, r)$，用来表示特征 $L$ 和 $e$ 的效果元要素之间的相同程度，称为效果元要素相同度，$0 \leqslant z \leqslant 1$。

定义 $S$ 为 $L$ 和 $e$ 的函数，$S=S(L, e)$，用来表示特征 $L$ 和 $e$ 之间的相同程度，称为

㊺ 用 $L$(limitation)表示专利元特征，用 $e$(element)表示被控侵权物的对比特征，是美国专利法逐渐发展出来的表达，它还表示了对全面覆盖原则和等同原则的重新解释。Festo Corp. v. Shoketsu Kinzoku Kogyo Kabushiki Co., Inc., 234 F.3d 558, 563 n.1 (Fed. Cir. 2000) (en banc). 这两个词代表了不同的含义，limitation 要表示的是最小的独立技术限定单元，用于权利要求中；而 element 既可表示一个限定，也可以表示一系列限定构成的部件，用于被控侵权物中。Corning Glass Works v. Sumitomo Electric U.S.A., 868 F.2d 1251, 1259 (Fed. Cir. 1989).

特征相同度,它最终可以化为 $x$, $y$, $z$ 三个变量的函数:

$$S = S(L, e) = S(x, y, z)$$

经过对比,可以把特征 $L$ 和 $e$ 分为不同和相同两种情况:(1) 当 $0 \leqslant x \leqslant x_0$,或者 $0 \leqslant y \leqslant y_0$,或者 $0 \leqslant z \leqslant z_0$ 时,特征 $L$ 和 $e$ 的三个元要素中,有一个元要素不同,$L$ 和 $e$ 是不同特征。其中,当 $x = y = z = 0$ 时,特征 $L$ 和 $e$ 的三个元要素都不同,$L$ 和 $e$ 是完全不同特征。特别是当被控侵权物中不存在与专利元特征相应的对比特征时,可以假设存在一个"虚拟"的对比特征 $e$,但可以直接认定 $e$ 是 $L$ 的完全不同特征。除了完全不同特征之外的特征都是基本不同特征。(2) 当 $x_0 < x \leqslant 1$,且 $y_0 < y \leqslant 1$,且 $z_0 < z \leqslant 1$ 时,特征 $L$ 和 $e$ 的三个元要素都相同,$L$ 和 $e$ 是相同特征。其中,当 $x = 1$,且 $y = 1$,且 $z = 1$ 时,特征 $L$ 和 $e$ 的三个元要素都相同,$L$ 和 $e$ 是完全相同特征。特别是如果 $L$ 是 $e$ 的上位概念,比如 $L$ 是"用金属制成的",而 $e$ 是"用铜制成的",则可以直接认定 $e$ 是 $L$ 的完全相同特征。[46] 这是因为,从概念上看 $e$ 是 $L$ 的一个子集,具有 $L$ 的全部属性。除了完全相同特征之外的特征都是等同特征。

(三) 专利侵权判定空间

为了便于探讨,本部分引入一个专利侵权判定空间的概念,然后对其进行解释,并应用于专利侵权判定之中,以进一步完善专利侵权判定元对比理论。如图 4 所示,以三个要素相同度为轴构成一个三维空间。其中,$x$ 轴代表"手段"相同的程度,$y$ 轴代表"功能"相同的程度,$z$ 轴代表"效果"相同的程度。由 OWBF-CTAR 八个顶点构成一个封闭的三维空间,定义其为"专利侵权判定空间",记为"空间 $\Phi$"。其中,点 $O(0,0,0)$ 是空间的原点,点 $T(1,1,1)$ 是空间中离点 $O$ 最远的顶点。点 $o(x_0, y_0, z_0)$ 是涉诉技术领域中特征相同度的临界点,点 $t(x,y,z)$ 是被控侵权特征 $e$ 在空间中位置。专利侵权判定空间中的全部点组成集合 $R$,$R = \{x,y,z \mid 0 \leqslant x \leqslant 1, 0 \leqslant y \leqslant 1, 0 \leqslant z \leqslant 1\}$。

之所以要把"手段、功能、效果"三者间的关系构建成为三维空间的关系,而不是别的关系,是为了解释的直观,目的是为了揭示组成特征相似程度与其构成元素 $x,y,z$ 之间的关系。空间的概念,是有维度的,三维空间是特例,三维空间的退化可以变成平面,超过三维的空间只能通过函数来表达。根据专利法原理,手段、功能和效果是三个

---

[46] 如在"用于粉条加工的揉面机"专利侵权案中,最高人民法院认为:

> 对于第 1 项对应技术特征,涉案薛胜国专利独立权利要求中采用的是机架这一上位概念,并未对机架的具体结构进行限定,因此,不能直接以说明书附图中所显示的长方体机架用于限定权利要求记载的机架这一技术特征;被控侵权产品采用下部为长方体、上部一侧为梯形体的机架,系采用了一种特定结构的机架,而该特定结构的机架与权利要求记载的机架相比,前者属于下位概念,后者属于上位概念。因此,二者的该项对应技术特征应属相同。

最高人民法院民事裁定书(2009)民申字第 1562 号"薛胜国与赵相民、赵章仁实用新型专利侵权纠纷再审案"。

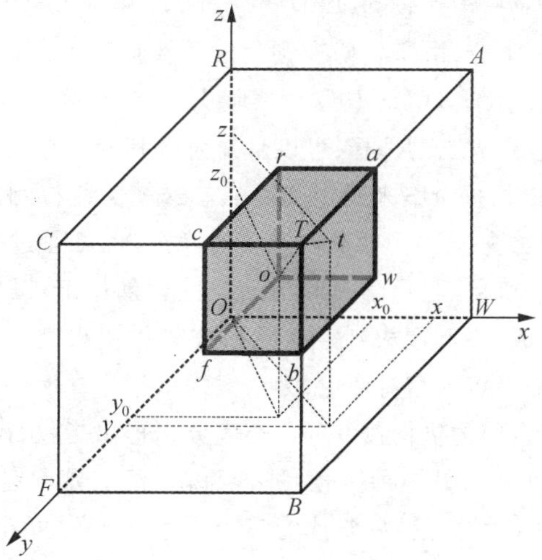


**图 4　专利侵权判定空间**

独立同等存在的要素维度，故 $x,y,z$ 也是独立的三个维度。[47] 对于任何两个对比特征，只要考虑其临界相似点 $o$ 和实际相似点 $t$ 即可。有了 $o$ 点和 $t$ 点，就可得出定性和定量两个判断，完成一个特征的元对比。由于这是一个开放的理论，如果将来专利法的理论发生变化，也仍然可以推广到要素多于三个的情况，并通过空间中点的位置和空间中的距离作出侵权判定。比如，如果将来的判定要素为两个，也可以通过平面上的点及距离来解决；如果要素为五个，可以通过五维空间中的点及其距离来解决，这在数学上都是容易做到的。

在 $x$ 轴上，如果特征 $L$ 和 $e$ 所使用的手段不同，则取值 $x=0$，该点位于原点 $O$；如果特征 $L$ 和 $e$ 所使用的手段相同，则取值 $x=1$，该点位于 $x$ 轴上的点 $W$；如果特征 $L$ 和 $e$ 所使用的手段"基本相同"的临界点是 $x_0$，则当 $0<x\leqslant x_0$ 时，两种手段"基本不同"，当 $x_0<x<1$ 时，两种手段"基本相同"。在 $y$、$z$ 轴上特征 $L$ 和 $e$ 的功能和效果元要素之间的关系，与 $x$ 轴上特征 $L$ 和 $e$ 的手段元要素的关系同理。

关于临界点的取值，由于不同领域的技术差别很大，需要区别对待。基于不同技术领域技术创新的广度和深度不同，有必要通过选择适当的临界点加以区别。对于创新密度较高，改进发明较多的领域，如电子技术领域，临界点应离 $T$ 点较近，比如为 $o(0.6,0.7,0.8)$，使专利的保护范围较小；对于创新成本巨大，多为基础专利的领域，如

[47] 在每一个专利元特征中，三个要素的独立性体现在，每一个要素都可以单独进行评价，而不用考虑其他要素的影响。为了简化起见，可以假设三个要素的权重是相同的。这种假设不会对侵权判定的定性和定量研究造成影响。因为在对每一个元要素进行评价时，考虑的都只是其相对比值。

医药发明领域,临界点应离 $T$ 点较远,离 $O$ 点较近,如为 $o(0.3,0.2,0.4)$,使专利的保护范围较大。从发明种类分,由于发明专利经过了实质审查,其临界点 $o$ 离 $T$ 点应较远,给予较大保护范围;由于实用新型只经过形式审查,其临界点 $o$ 应离 $T$ 点较近,给予较小保护范围。通过临界点的选择,可以平衡公众和专利权人的利益。每一个特征(或每一个领域)都可以根据个案来确定临界点。这就为侵权判定提供了最大的灵活性,相比硬性的一刀切更为公平。对于临界点的确定,也可通过各个技术领域进行类型化研究,如分电子类、机械类、化学类和药品类等分别作出,以便揭示出某一领域与其他领域的异同,汇编成"专利侵权判定临界指数",供侵权判定使用。这种方法可以保持某一个技术领域临界点的相对稳定,为个案提供指导。但在前期临界点参数的建立上,这一方法有赖于专门的机构按专利分类表分别得出指数,需要一定的社会成本。所以,在实务上,也可以采用另一种路径,进行简化:把临界点定为50%的可能性,即 $o(0.5,0.5,0.5)$。其法律意义是,只要认为三个要素相似的可能性都超过一半,就构成等同或者相同。然后,再考虑每一个技术领域中,侵权损害的程度。比如,对于医药类,离原点 $o$ 很近,就可能有相当大的损害;而对于电子类,则要离开原点 $o$ 相同人的距离,才能认为构成较大的损害。

根据空间 $\Phi$ 中各点的性质,可以把其划分为如下四个子空间:

完全不同特征空间。在原点 $O(0,0,0)$ 处,特征 $e$ 与特征 $L$ 的三个要素都完全不同,两个特征是完全不同的特征。称点 $O$ 所组成的空间为完全不同特征空间("空间 *I*"),记为 $R_1$。作为一种特殊情况,当被控侵权物中没有相应的特征可比时,可以在理论上认为存在一个对比特征,但两个特征完全不同。

基本不同特征空间。在元对比中,只要某一个坐标 $x$、$y$ 和 $z$ 的值小于或等于其临界值,而大于0,则在空间 $\Phi$ 中,$e$ 与 $L$ 至少有一个要素不同或者基本不同,该点所代表的特征 $e$ 与专利元特征 $L$ 就是基本不同的特征,简称不同特征,并称这样的点集合所组成的空间为"基本不同特征空间"("空 *II*"),记为 $R_2$,$R_2=\{x,y,z \mid 0<x\leq x_0$,或 $0<y\leq y_0$,或 $0<z\leq z_0\}$。在 $OW$ 线段、$OF$ 线段、$OR$ 线段上的点,对比特征的两个元要素不同,一个元要素基本不同;在 $OWBF$ 平面、$OFCR$ 平面、$OWAR$ 平面上的点,对比特征的一个元要素不同,两个元要素基本不同。

基本相同特征空间。如果 $x$、$y$ 和 $z$ 的值全部大于其相应临界值,而小于1,则特征 $e$ 与特征 $L$ 基本相同,二者是基本相同特征,简称等同特征。这样的点集合所组成的空间为"基本相同特征空间"("空间 *III*"),记为 $R_3$,$R_3=\{x,y,z \mid x_0<x<1$,且 $y_0<y<1$,且 $z_0<z<1\}$。$R_3$ 由 *owbf-cTar* 八个顶点封闭而成,$R_3$ 中除 *owbf*、*owar*、*ofcr* 三个平面上的点外,所有的点上,特征 $e$ 和特征 $L$ 在手段、功能和效果上基本相同。由上述讨论及图示可知,在 $R_3$ 中,有一些特殊的点:在 *wbTa* 平面、*fbTc* 平面和 *raTc* 平面上构成等同的

点，对比特征的一种元要素完全相同，另外两种元要素基本相同。在 $wbTa$ 平面上，因为 $x=1$，两个特征的手段元要素完全相同，功能和效果元要素基本相同，所以，在 $wbTa$ 平面上的点都满足等同，属于手段元要素相同情况下的等同。同理可知，$fbTc$ 平面上的点属于功能元要素相同情况下的等同；在 $raTc$ 平面的点属于效果元要素相同情况下的等同。在 $R_3$ 中上述的三个平面上，其中的三条边也有特殊的含义，在 $cT$ 线段、$aT$ 线段和 $bT$ 线段上构成等同的点，对比特征的两种元要素完全相同，另外一种元要素基本相同。在 $cT$ 边上，由于 $x_0<x<1, y=1, z=1$，属于手段元要素基本相同，而功能和效果元要素完全相同的等同；在 $aT$ 边上，由于 $x=1, y_0<y<1, z=1$，属于功能元要素基本相同，而手段和效果元要素完全相同的等同；在 $bT$ 边上，由于 $x=1, y=1, z_0<z<1$，属于效果元要素基本相同，而手段和功能元要素完全相同的等同。在 $R_3$ 中其他构成等同的点，对比特征的三种元要素都基本相同。根据《规定》第十七条，通过元对比，特征 $e$ 落入 $R_3$ 中，如果它是本领域的普通技术人员要经过创造性劳动才能够联想到的特征，也不能认为它是等同特征，要把它排除在 $R_3$ 之外。因为这样的特征，提供了另一个基本相同的新解决方案，也是专利法要鼓励的。

完全相同特征空间。在点 $T(1,1,1)$ 处，特征 $e$ 和特征 $L$ 在手段、功能和效果上完全相同，称为完全相同特征，并称点 $T$ 所组成的空间为完全相同特征空间（“空间 $IV$”），记为 $R_4$。在理论上，$e$ 是 $L$ 完全相同是很罕见的。当 $e$ 是 $L$ 的下位概念时，可以认为 $e$ 是 $L$ 的完全相同特征。在现实中，绝大多数的完全相同都是上位概念对下位概念的覆盖所造成的。

对于四个子空间，如果计算其体积，可知 $R_1$ 的体积 $V_I=0$，$R_4$ 的体积 $V_{VI}=0$，其法律意义是，在理论上，两个特征完全不同或者完全相同都是不可能的，世间万物总有差别，无论差别有多小。$R_3$ 的体积 $V_{III}=(1-x_0)(1-y_0)(1-z_0)$，$R_2$ 的体积 $V_{II}=1-V_I$。假设，认定“基本相同”是要在相同程度大于一半的情况下才会发生，则可取 $x_0=y_0=y_0=0.5$，有 $V_{III}=0.125$，该值的法律意义可以解释为，在元对比中，成为等同特征的可能性在理论上应该有 12.5%。同理，可得 $R_2$ 的体积 $V_{II}=1-V_{III}=0.875$，其法律意义可以解释为，成为基本不同特征的可能性在理论上应该有 87.5%。但这仅仅是一个理论假设，即假设“基本相同”的程度为一半时的“应然”状态，具体到真实发生的案件中，有多少比例的案件被判定为等同侵权或不侵权的“实然”状态，还要待实证研究以后才能得出结论。

对任何特征 $L$ 和 $e$，都可以作出一个如表 1 所示的专利侵权判定对比表，其中 $C$（claim）代表权利要求。$j$ 表示法官的序号：

**表1　专利侵权判定对比表**

法官：$i$

| 专利 | | | 被控侵权物 | | 本技术领域基本相同临界值 | 本案相同程度值 |
|---|---|---|---|---|---|---|
| 权利要求 | 元特征 | 元要素 | 对比特征 | 对比要素 | | |
| $C_1$ | $L_{1,1}$ | $W_{1,1}$ | $e_{1,1}$ | $w_{1,1}$ | $x'_{1,1,i}$ | $x_{1,1,i}$ |
| | | $F_{1,1}$ | | $f_{1,1}$ | $y'_{1,1,i}$ | $y_{1,1,i}$ |
| | | $R_{1,1}$ | | $r_{1,1}$ | $z'_{1,1,i}$ | $z_{1,1,i}$ |
| | … | … | … | …… | … | … |
| | $L_{1,p}$ | $W_{1,p}$ | $e_{1,p}$ | $w_{1,p}$ | $x'_{1,p,i}$ | $x_{1,p,i}$ |
| | | $F_{1,p}$ | | $f_{1,p}$ | $y'_{1,p,i}$ | $y_{1,p,i}$ |
| | | $R_{1,p}$ | | $r_{1,p}$ | $z'_{1,p,i}$ | $z_{1,p,i}$ |
| | … | | … | … | … | … |
| $C_m$ | $L_{m,1}$ | $W_{m,1}$ | $e_{m,1}$ | $w_{m,1}$ | $x'_{m,1,i}$ | $x_{m,1,i}$ |
| | | $F_{m,1}$ | | $f_{m,1}$ | $y'_{m,1,i}$ | $y_{m,1,i}$ |
| | | $R_{m,1}$ | | $r_{m,1}$ | $z'_{m,1,i}$ | $z_{m,1,i}$ |
| | … | … | … | … | … | … |
| | $L_{m,q}$ | $W_{m,q}$ | $e_{m,q}$ | $w_{m,q}$ | $x'_{m,q,i}$ | $x_{m,q,i}$ |
| | | $F_{m,q}$ | | $f_{m,q}$ | $y'_{m,q,i}$ | $y_{m,q,i}$ |
| | | $R_{m,q}$ | | $r_{m,q}$ | $z'_{m,q,i}$ | $z_{m,q,i}$ |

对于某项权利要求的某一个元特征，比如权利要求1的第1个元特征，可以根据上表所得数据进行计算，分别取“本领域基本相同临界值”和“本案相同程度”的算术平均值，得到各个元要素的两个相同程度值。设有 $k$ 个法官，$x'_{1,1}$，$y'_{1,1}$，$z'_{1,1}$，和 $x_{1,1}$，$y_{1,1}$，$z_{1,1}$ 为权利要求1的第1个元特征中，手段、功能和效果三个元要素与被控侵权物相同的临界值和实际相同值，则有：

$$\begin{cases} x'_{1,1} = \dfrac{1}{k}(x'_{1,1,1} + x'_{1,1,2} + \cdots + x'_{1,1,k}) = \dfrac{1}{k}\sum\limits_{i=1}^{k} x'_{1,1,i} \\ y'_{1,1} = \dfrac{1}{k}(y'_{1,1,1} + y'_{1,1,2} + \cdots + y'_{1,1,k}) = \dfrac{1}{k}\sum\limits_{i=1}^{k} y'_{1,1,i} \\ z'_{1,1} = \dfrac{1}{k}(z'_{1,1,1} + z'_{1,1,2} + \cdots + z'_{1,1,k}) = \dfrac{1}{k}\sum\limits_{i=1}^{k} z'_{1,1,i} \end{cases}$$

$$\begin{cases} x_{1,1} = \dfrac{1}{k}(x_{1,1,1} + x_{1,1,2} + \cdots + x_{1,1,k}) = \dfrac{1}{k}\sum\limits_{i=1}^{k} x_{1,1,i} \\ y_{1,1} = \dfrac{1}{k}(y_{1,1,1} + y_{1,1,2} + \cdots + y_{1,1,k}) = \dfrac{1}{k}\sum\limits_{i=1}^{k} y_{1,1,i} \\ z_{1,1} = \dfrac{1}{k}(z_{1,1,1} + z_{1,1,2} + \cdots + z_{1,1,k}) = \dfrac{1}{k}\sum\limits_{i=1}^{k} z_{1,1,i} \end{cases}$$

比较上面的结果，只要发现 $x_{1,1} \leqslant x'_{1,1}$，或者 $y_{1,1} \leqslant y'_{1,1}$，或者 $z_{1,1} \leqslant z'_{1,1}$，则 $e_{1,1}$ 与 $L_{1,1}$ 就是完全不同或者基本不同特征。如果同时满足 $x_{1,1} > x'_{1,1}$，且 $y_{1,1} > y'_{1,1}$，且 $z_{1,1} > z'_{1,1}$，则 $e_{1,1}$ 与 $L_{1,1}$ 就是等同或者完全相同特征。同理，继续对比权利要求 1 的其余元特征，直到全部元特征对比完毕为止。

如在"穿刺针"案中，对于第 252 号专利独立权利要求的第三个元特征（$L_3$），一审判决认为被控侵权产品"微创硬通道颅内穿刺针"中不存在对应的特征，无从对比。二审判决考虑了被控侵权产品的使用状态，把配套使用的普通注射器看成是涉案专利血肿粉碎器的替代品，其针头类似于专利元特征（$L_3$），故被控侵权物与专利技术方案整体等同。[48] 再审判决认为，"普通注射针前端是一个微孔，射出的液体呈直线状，普通注射针针尖注入洗液起到对血肿进行浸泡溶化的目的，需要时间比较长，没有粉碎的功能。两者在构造、手段、功能、效果各方面均不相同"。根据以上理由，可以还原出如表 2 所示的三个判决中每个法院某个占主导地位的法官在元对比中的取值：

根据上面的理论，可知一审法官认为无从对比，二审法官认为血肿粉碎器针头和普通注射器针头是等同特征，而再审法官认为二者是不同特征。对于表一所作出的判定，一审法官判定不存在可比特征，故其点位于 $R_1$；二审法官判定，相对于元特征 $L_3$，被控侵权特征 $e$ 的各个元要素的相同度都高于临界点，故 $e$ 位于 $R_3$ 中，是等同特征；再审法官判定，$e$ 的各个元要素的相同度都低于临界点，故 $e$ 位于空间 $R_2$ 中，是不同特征。在法官个人作出判定后，要在审判庭的基础上，根据总体原则和个体原则作出判定。专利侵权判定空间可以用来还原判决的理由，在微观的基础上揭示判决的合理性或者矛盾之处，在司法的反思过程中提高判决的质量。

---

[48] 二审判决认为：

> 在判断是否存在侵权行为时，不仅要考虑制造、销售时产品的状态，有时还要考虑该产品使用时的状态。本案中……被控侵权物在使用中，冲洗液经注射器针尖注入起到对血肿进行浸泡溶化的目的，需要时间比较长。由此可以认定，被控侵权产品相对于本案专利技术而言，在技术效果上，基本上能够实现本案专利所提出的通过微创穿刺术来清除颅内固态血肿这一发明目的，但属于变劣技术方案。

北京市高级人民法院民事判决书(2003)高民终字第 108 号"北京万特福科技有限责任公司与北京科霖众医学技术研究所等专利侵权纠纷上诉案"。整体等同的思想，在早期甚至现在的专利侵权判定中，都随处可见。例如中华人民共和国北京市高级人民法院民事判决书(1998)高知初字第 36 号"深圳创格科技实业有限公司、马希光诉美国康柏电脑公司侵犯专利纠纷案"。

**表2 “穿刺针”案专利侵权判定对比表**

| 血肿粉碎器针头（专利权利要求的元特征 $L_3$） | | 普通注射器针头（被控侵权物的对比特征 $e$） | | 本领域临界相同度[49] | | 本案相同度 | | | |
|---|---|---|---|---|---|---|---|---|---|
| | | | | | | | 一审法官 | 二审法官 | 再审法官 |
| 手段（$W$） | 靠近前端部沿内壁切线方向有一个以上的微孔 | 手段（$w$） | 前端是一个微孔，与内壁平行 | $x_0$ | 0.5 | $x$ | 0 | 0.6 | 0.2 |
| 功能（$F$） | 洗液经微孔喷出形成高压漩涡液流，对血肿进行粉碎冲洗 | 功能（$f$） | 没有粉碎的功能。射出的液体呈直线状，注入洗液起到对血肿进行浸泡溶化的目的 | $y_0$ | 0.5 | $y$ | 0 | 0.7 | 0.4 |
| 效果（$R$） | 需要时间很短 | 效果（$r$） | 需要时间比较长 | $z_0$ | 0.5 | $z$ | 0 | 0.6 | 0.4 |

## 四、侵权判定

专利侵权判定的对比，就是要在专利技术方案的元特征和被控侵权产品或者方法技术方案的相应特征之间进行对比。这是因为，一项权利要求往往具有多个元特征，在进行元对比时，要根据诉讼请求的不同对相应的元特征集合逐一分别进行对比。其中，专利的独立权利求包含了组成专利的最重要、最基本的元特征，正是这些元特征构成了一技术方案与他技术方案的基本不同，构成发明人的创新点，构成了专利的最大权利范围。

要特别注意的一点是，除非原告、被告和法院都认可，专利权人的“专利产品”不是对比的对象。这是因为，被控侵权产品或者方法比较具体，是已经成形的事实。专利权利要求则是比较抽象的技术方案，是“纸面”上的产品或者方法。它是否已经形成产品，与这里的侵权对比没有关系。专利权利要求一旦经过审查和授权，就成为事实。专利的一个重要功能，是向社会公告发明人的发明内容。如果以专利产品来约束被控侵权人，就违反了该原则。只能要求公众知晓专利，而不能要求公众知晓专利产品。在很多情况下，专利的技术方案与最终的专利产品并不完全相同，前者是固定的，后者经过

---

[49] 关于临界值，为了简化，如果认为只要手段这个元要素有一半以上的可能性相同，就认为是“基本相同”的，则可以取 $x_0=0.5$，同理，可以取 $y_0=0.5$，$z_0=0.5$。当然，在实际情况中，基本相同的点因专利的特性而异，可以视具体个案而定。为了统一论述，对于一审判决，由于没有可比对象，可以认为相同的程度都为0。

不断的改进会有变化。用一个变动不居的客体来作为对比的基础,对公众是不公平的。

在专利诉讼中,专利权人往往会指控侵权人侵犯了其专利中的某项或者多项权利要求。这就需要在侵权判定中,对每项权利要求是否被侵犯分别作出判断。然后,再把对一项权利要求的侵权判定方法,推广到其他涉诉权利要求的侵权判定中,把涉诉专利中全部有争议的权利要求逐一对比,从而作出侵权与否、侵权范围大小的判断。

如果用函数 $P(L)$ 表示某项专利(patent)权利要求所表征的技术方案,用 $L$(limitation)表示权利要求所包含的元特征,并假设该权利要求共有 $m$ 个元特征,用集合表示,则该专利技术方案是该权利要求中记载的元特征的总和:$P(L) = \{L_1, L_2, \cdots, L_i \cdots, L_m\}$。同理,如果以函数 $I(e)$ 表示被控侵权物(Infringement)的相应技术方案,用 $e$(element)表示被控侵权物相应技术方案中的技术特征,可以找出相应于元特征的对比特征;如果不存在对应的可比特征,也可以假设存在一个完全不同的对比特征,则用集合表示,被控侵权物的相应技术方案是其技术特征的总和:$\mathrm{I}(e) = \{e_1, e_2, \cdots, e_i \cdots, e_{m,} \cdots\}$。

下面结合专利侵权判定空间分别进行讨论:

(一)不侵权

根据《解释》第7条第2款的规定,全面覆盖原则(all limitations rule)是专利侵权判定的最基本原则之一。根据全面覆盖原则,要把被控侵权物的特征与权利要求中的全部元特征进行比较,不能遗漏;在比较后,如果二者相同或者等同则构成侵权,只要两者有一个以上的特征不相同或者不等同就不能认定构成侵权。这是非常严格的对比方法。如果被控侵权物缺少一个以上与专利权利要求元特征相应的特征,就会因为不满足全面覆盖原则,不构成侵权。困难之处在于,要比对的双方在表现形态上往往差异很大。被控侵权技术方案体现为实际制造出来的产品或者实际使用的方法,而专利技术方案却是存在于纸面上的描述,有点类似于“纸上谈兵”。所以,为了保护公众的利益,应该考虑权利人主张的权利要求中的全部技术特征。如果经过对比,这些技术特征在被诉侵权技术方案中都有相应的技术特征与之相同或者等同,则侵权成立。相反,只要这些技术特征中的一个以上在被诉侵权技术方案中没有相对应的技术特征,或者即使有相对应的技术特征但它们并不相同或者等同,则侵权不成立。

经过元对比,如果发现对于某一个 $L_i$,不存在与之对应的 $e_i$,则 $e_i$ 位于 $R_1$,对于涉案专利中某一权利要求的元特征,被控侵权物中没有与之相对应的特征,根据全面覆盖原则,就不构成侵权。因为被控侵权物的元特征不可能完全覆盖专利权利要求的元特征,无从对比,不存在侵权的基础。只要发现存在这种情况,就没有必要再对该项权利要求中的其他特征进行对比,可以直接得出对该项权利要求的侵权指控不成立的结论。比如,在“穿刺针”案中,一审判决认为,“三被告销售的产品中不包括血肿粉碎器这一部件,因此与原告的上述权利保护范围相比,缺少了三个与血肿粉碎器相关的技术特征。根据全面覆盖原则,三被告销售的‘微创硬通道颅内穿刺针’产品不构成侵犯原告专利权。”[50]

如果发现对于某一个 $L_i$,存在与之对应的 $e_i$,但 $e_i$ 位于 $R_2$ 中,说明 $e_i$ 对于 $L_i$ 基本不同,不构成侵权。根据全面覆盖原则,只要发现存在一个这样的特征 $e_i$,就没有必要再对该项权利要求中的其他特征进行对比,可以直接得出对该项权利要求的侵权指控不成立的结论。如在上述案件中,再审法院认为,即便被告“承认在使用时会以普通注射针来替代血肿粉碎器,但普通注射针在结构上与血肿粉碎器有着明显的不同……两者在构造、手段、功能、效果各方面均不相同,普通注射针不是血肿粉碎器的等同物”,故对被告的侵权指控不成立。[51] 对于药品专利,如果以组分作为元特征者,如果对比特征的范围在元特征明确规定的范围之外,就不侵权。如“双唑泰泡腾片剂及其制备方法”专利[52]确认不侵犯专利权纠纷案中,涉案专利权利要求中的一个元特征为每片含泡腾剂辅料 0.32—0.38 g,而对比特征的泡腾剂辅料含量为 0.522 g。法院判定,对比特征不是元特征的等同特征,故不构成侵权。[53]

全面覆盖原则是对多余指定原则的否定(《解释》第 7 条第 1 款)。多余指定原则在中国专利法实践的早期,是有积极作用的,因为当时中国专利从业人员的水平还不是很高,在撰写专利文献时会产生各种各样的问题,法院同情权利人,为了追求实质正义而适用多余指定原则,从而弥补了权利人在申请专利过程中产生的瑕疵。多余指定原则的危害是,违背了专利权的保护范围以权利要求的内容为准的原则,法院通过去掉“多余”的特征,扩大了专利权的保护范围,是过于“同情”专利权人的表现,与法治的理念是相悖的。这是法院在替专利权人思考,在替专利权人修改权利要求,破坏了法院的中立性。因为,一个技术特征,到底是不是多余,权利人、被控侵权人、法院的理解可能是不同的。法官是中立的裁判者,应该尊重权利要求这一法律文献,而不是去主动修改它。法院如果不以权利要求为界,就可能把自己的主观判断加入司法意见中,这虽然在个案中可能追求了“公正”,但却同样破坏了专利权的稳定性以及可预期性,把风险转移给了公众,破坏了专利的“公示”(notice)功能,使权利的边界不稳定,公众无所适从。所以,无论在实体方面,还是在程序方面,多余指定原则都是有问题的。按照现代“责任自负”的原则,如果是因为权利要求撰写的问题造成了“多余”从而使专利权的保护范围缩小,这种不利的后果应该由专利权人来承受,而不应该由公众来承受。在中国专利制度走过二十多年后,《解释》对多余指定原则的废除,是有积极作用的。一方面,这可以把专利限定在权利要求的范围内,回归到专利权利要求的中心地位。另一方面,这可以促使专利申请人提高专利文献撰写质量,平衡专利权人和公众的利益。

全面覆盖原则也是对“变劣发明”构成侵权的否定。根据专利法的精神,所谓技术

[50] 北京市第二中级人民法院(2002)二中民初字第 4399 号民事判决书。

[51] 北京市高级人民法院(2008)高民再终字第 1270 号民事判决书。

[52] 专利号 ZL94113652.3,专利权人赵存梅,1998 年 6 月 3 日国家知识产权局授权。

[53] 湖南省高级人民法院(2009)湘高法民三终字第 50 号民事裁定书。

方案的“优劣”是相对的,好与坏应该由市场来进行判断并作出选择。在专利法中,只有“不同”的技术方案,并不存在“优劣”的技术方案。表面上看,这样对专利权人不公平,但是专利局在授权时,只能对技术方案相同与否作出判断,而不对其优劣进行判断。因为变劣分为两种情况,一种是“省略”或者说缺少相应特征的变劣,另一种是具有相应特征的变劣。前一种情况根本不可能构成侵权,因为缺少可比的特征,就不可能进行对比,侵权就无从说起。第二种情况要作具体分析,如果经过元对比,发现“变劣”特征与元特征等同,会构成等同侵权;如果不同,就不侵权。

下面,将以案例来诠释前述理论。在《最高人民法院知识产权案件年度报告(2009)》中,其第一部分是关于专利案件审判的,第四个案件示例了专利案件的审理思路和技术对比分析方法。[54] 该案是最高人民法院的再审案件[55],涉案专利为“用于粉条加工的揉面机”[56],该专利技术方案结构图如图5所示。该专利只有一项权利要求,即独立权利要求1:

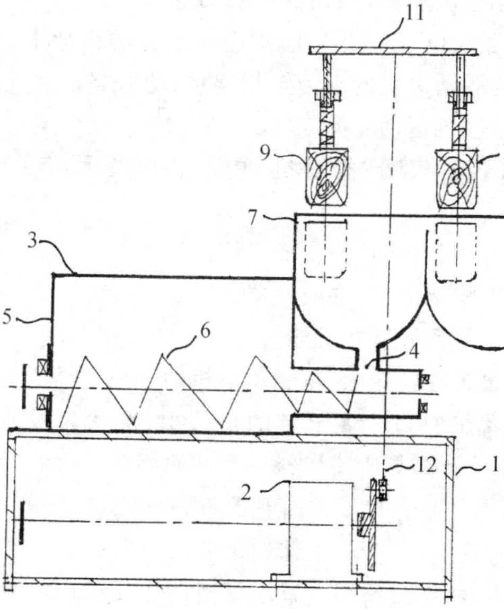


**图5　第200520031671.0号专利结构图**

一种用于粉条加工的揉面机,它包括机架(1),设置在所述机架(1)上的驱动电机(2),其特征在于:在机架(1)上部设置有带有进、出料口(3、4)的 料斗(5),和水平设

[54] 奚晓明主编:《最高人民法院知识产权审判案例指导》(第二辑),中国法制出版社2010年版,页9—11。

[55] 最高人民法院(2009)民申字第1562号民事裁定书。

[56] 专利权人薛胜国,专利号200520031671.0。

置在该料斗(5)内的由所述驱动电机(2)驱动的输送搅龙(6);在位于所述出料口(4)上方的机架(1)上并排设置有两个相通的U形揉面斗(7、8),其中一个U形揉面斗(7)的底部与所述出料口(4)相连通;在位于每个U揉面斗(7、8)上方的机架(1)上分别设置有一揉面锤(9、10),所述两揉面锤(9、10)的支撑架(11)通过曲柄连杆机构(12)与驱动电机(2)的动力轴相连接。[57]

首先,为了进行对比,最高人民法院首先将涉案专利权利要求分解为如下六个元特征:

$L_1$:机架。

$L_2$:驱动电机。设置在所述机架上。

$L_3$:料斗。带有进、出料口,设置在机架上部。

$L_4$:输送搅龙。水平设置在料斗内,由驱动电机驱动。

$L_5$:揉面斗。并排设置在位于所述出料口上方的机架上,形状为U形,数量为两个且相通,其中一个U形揉面斗的底部与所述出料口相连通;

$L_6$:揉面锤。分别设置在位于每个U形揉面斗上方的机架上,所述两揉面锤的支撑架通过曲柄连杆机构与驱动电机的动力轴相连接,动力驱动装置通过曲柄连杆机构带动两个揉面锤同向上下往复运动。

其次,最高法院把被控侵权物"推盆机"中的相应技术特征也分解为如下六个特征:

$e_1$:机架。下部为长方体、上部一侧为梯形体。

$e_2$:驱动电机。设置在机架上,带有减速器。

$e_3$:料斗。带有进、出料口,设置在机架上部。

$e_4$:输送搅龙。水平设置在料斗内,由驱动电机通过减速器驱动。

$e_5$:揉面斗。并排设置出料口一侧下方的机架上,形状为U形,数量为两个且相通,其中一个U形揉面斗的上部与所述出料口相连通。

$e_6$:揉面锤。分别设置在每个U形揉面斗上方,每一揉面锤具有一支撑架,每一揉面锤的支撑架之间由杠杆连接,其中一个揉面锤的支撑架通过曲柄连杆机构与驱动电机上减速器的动力轴相连接,动力驱动装置通过曲柄连杆机构带动一个揉面锤的支撑架,该揉面锤支撑架通过杠杆运动使两个揉面锤反向上下往复运动。

然后,最高法院分别对专利元特征和被控侵权物的相应特征进行对比:

对于 $L_1$ 和 $e_1$。由于 $L_1$ 是 $e_1$ 的上位概念,所以 $e_1$ 和 $L_1$ 相同。

---

[57] 见前注[56]。

对于 $L_2$ 和 $e_2$。由于 $e_2$ 只比 $L_2$“增加了一个具体技术特征”，所以 $e_2$ 和 $L_2$ 相同。[58]

对于 $L_3$ 和 $e_3$。都为料斗，都带有进、出料口，都设置在机架上部。故 $e_3$ 和 $L_3$ 相同。

对于 $L_4$ 和 $e_4$。都是输送搅龙，故 $e_4$ 和 $L_4$ 相同。

对于 $L_5$ 和 $e_5$。被控侵权物和涉案专利的两个 U 形揉面斗与料斗的相对位置不同，二者不构成相同技术特征。但是，二者都是用输送搅龙这一技术手段，实现将面团通过出料口挤压输送到揉面斗的功能，实现的效果也基本相同。而且，将料斗相对于揉面斗上移，物体由于自身的重力能够自上而下滑落是一种普通生活常识，对于所属技术领域普通技术人员来讲，无需经过创造性劳动即可联想到。故 $e_5$ 和 $L_5$ 等同。

对于 $L_6$ 和 $e_6$。二者在功能基本相同，都是通过支撑架支撑揉面锤，动力驱动装置通过曲柄连杆机构带动揉面锤的支撑架上下运动，进行揉面；但二者的手段不同，专利的两个揉面锤同时同向上下往复运动，而被控侵权物的两个揉面锤则是反向上下往复运动；二者的效果也不同，被控侵权物只驱动一个揉面锤的支撑架，而专利要驱动两个揉面锤的支撑架，故被控侵权物的设计更节省动能，可使用相对较小功率的驱动电机，而且，被控侵权物“利用杠杆原理使两个揉面锤反向上下往复运动也避免了专利的两个揉面锤共用一个支撑架时同向向上运动时所作的无用功”。另外，被控侵权物的变换手段，对于本领域的普通技术人员而言，也并非无需经过创造性劳动就能够联想到的特征。[59] 故 $e_5$ 和 $L_5$ 不同，即既相同，也不等同。[60]

最后，最高法院得出结论，侵权不成立。因为在 6 对进行对比的特征中，有一对特征不同，根据全要素原则，不构成侵权。

---

[58] 最高法院的这个论证，并非没有问题。一个不带减速器和带有减速器的驱动电机当然不同，认为二者相同，非常勉强。其实，在对比时，只要发现被控侵权物中有驱动电机就足够了，至于有没有减速器，都没有关系。可以把减速器独立出来作为一个相应的技术特征，这个特征是被控侵权物中多出来的，不会影响侵权判定。这样对比，就会简单易行，而不会出现把专利中的一个特征与被控侵权物中的两个特征对比的情况。

[59] 最高法院用被控侵权人赵章仁在后申请并并获得授权的 ZL200620175922.7 号“用于粉条加工的揉面机”实用新型专利与现有技术（即涉案薛胜国专利）相比，来认证该变换手段对于本领域的普通技术人员而言并非显而易见。这种论证，有待检验，因为实用新型专利在授权时并没有经过实质审查，所以不能由此断定授权专利与现有技术的区别特征对于本领域的普通技术人员而言并非显而易见。

[60] 在 2011 年 4 月 13 日发布的《最高人民法院知识产权案件年度报告（2010）》中，第一部分有关专利民事案件审判，其第 4 个指导案例是关于专利侵权纠纷中技术特征等同的认定的。最高人民法院重申：

> 在判断被诉侵权产品的技术特征与专利技术特征是否等同时，不仅要考虑被诉侵权产品的技术特征是否属于本领域的普通技术人员无需经过创造性劳动就能够联想到的技术特征，还要考虑被诉侵权产品的技术特征与专利技术特征相比，是否属于基本相同的技术手段，实现基本相同的功能，达到基本相同的效果，只有以上两个方面的条件同时具备，才能够认定二者属于等同的技术特征。

最高人民法院民事裁定书（2010）民申字第 181 号“陕西竞业玻璃钢有限公司与永昌积水复合材料有限公司侵犯实用新型专利权纠纷再审案”。

实用新型专利,由于只涉及“产品的形状、构造或者其结合”[61],虽然也会有分歧,但相对较简单,判定较容易。但对于涉及化学、生物电子等相对比较复杂的技术领域,就可能会仁者见仁,智者见智。这时,就要引入专家,而专家对事实的判断,仍然可以用前面的方法进行。如果法官判定侵权,则可以同时把侵权度计算出来,为侵权救济打下基础。

(二)侵权

经过元对比,如果发现对于每一个 $L_i$,都存在与之对应的 $e_i$,且全部 $e_i$ 都位于空间 $R_4$ 中,则构成相同侵权。在现实中,绝大多数的相同侵权都是由上位概念对下位概念的覆盖形成的。[62]

在侵权判定中,几乎在每一个案子中都要涉及等同侵权的判定,所以有必要予以重点讨论。经过元对比,如果发现对于每一个 $L_i$,都存在与之对应的 $e_i$,且至少存在一个 $e_i$ 位于空间 $R_3$ 中,其他 $e_i$ 位于空间 $R_4$ 中,则根据等同原则,构成等同侵权。例如,在最高人民法院判决的一起专利侵权纠纷案中,涉案专利是叫“机芯奏鸣装置音板的成键方法及其设备”的发明专利。[63] 在对被控侵权物与涉案专利进行对比时,对于“导向板”这一个争议特征,最高法院先认定“无须经过创造性劳动就能联想到”,然后依次比较手段、功能和效果三个要素,认为被告“将专利中固定盲板和导向为一体的导向板分解成分别起固定盲板和导向作用的工件拖板和防震限位板两个部件,如果将工件拖板和防震限位板作为一个整体看,其功能与专利中的导向板并无不同”。[64] 这样,该对比特征是等同特征,位于专利侵权判定空间的 $R_3$ 中。基于被控侵权物的对比特征除了与导向板这一个特征等同之外,其他特征都相同,等同侵权成立。[65]

对于等同原则,《解释》虽然没有直接规定,但《解释》第 6 条规定的禁止反悔原则对等同原则进行了限制。另外,《解释》第 7 条也对等同原则进行了修正。等同原则第一次在中国的确立,是 2001 年的司法解释,即本文前面提到的《规定》第 17 条。但该条的规定是与《专利法》不吻合的。当时的专利法第 56 条第 1 款规定:“发明或者实用新型专利权的保护范围以其权利要求的内容为准。”对这一规定,应该理解为既包括独立权利要求,也包括从属权利要求。《规定》第 17 条的内容却是:“专利权的保护范围应当以权利要求书中明确记载的必要技术特征所确定的范围为准,也包括与该必要技术特征相等同的特征所确定的范围。”把专利的保护范围仅仅限于“必要技术特征”,

---

[61] 《专利法》(2008)第 2 条。

[62] 参见尹新天:《专利权的保护》(第二版),知识产权出版社 2005 年版,页 372。

[63] 专利号是 92102458.4,专利权人是机芯总厂(原宁波市江东东方机芯厂),1995 年 7 月 1 日由中国专利局授权,并于 1995 年 8 月 9 日公告。

[64] 最高人民法院(2001)民三提字第 1 号民事判决书。

[65] 参见闫文军:《专利权的保护范围——权利要求解释和等同原则适用》,法律出版社 2007 年版,页 345—347。

排除了“附加技术特征”。必要技术特征是在独立权利要求中记载的,附加技术特征是在从属权利要求中记载的。《规定》把从属权利要求排除在专利的保护范围之外,既与专利法不符,也与司法实践不符。此次《解释》第7条第1款规定:“人民法院判定被诉侵权技术方案是否落入专利权的保护范围,应当审查权利人主张的权利要求所记载的全部技术特征。”这一规定是把所有相关的权利要求的技术特征都包括在考虑范围之内,而不仅仅限于必要技术特征。但本次《解释》没有对什么是“等同特征”进行定义,可以理解为沿用《规定》第17条第2款中的定义:“等同特征是指与所记载的技术特征以基本相同的手段,实现基本相同的功能,达到基本相同的效果,并且本领域的普通技术人员无需经过创造性劳动就能够联想到的特征。”根据《解释》第7条的规定,则必要技术特征和附加技术特征都可能存在等同特征,从而可能构成等同侵权,这就更全面而完整地保护了专利权。

用元理论来进行侵权判定,是演绎的方法,也可以反过来,把元理论用于对案例的研究中,通过归纳的方法对案例进行深入解剖。例如在“混凝土薄壁构件”专利侵权纠纷案中,涉案专利结构如图6所示,它只有一个独立权利要求:

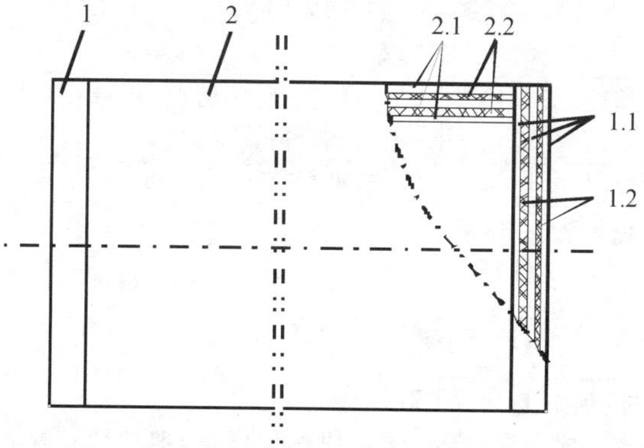


**图6　第98231113.3号专利结构图**

一种混凝土薄壁筒体构件,它由筒管(2)和封闭筒管(2)两端管口的筒底(1)组成,其特征在于所述筒底(1)以至少二层以上的玻璃纤维布(1.2)叠合而成,各层玻璃纤维布(1.2)之间由一层硫铝酸盐水泥无机胶凝材料或铁铝酸盐水泥无机胶凝材料(1.1)相粘接,筒底两侧板面亦分别覆盖有一层硫铝酸盐水泥无机胶凝材料或铁铝酸盐水泥无机胶凝材料(1.1)。同样,所述筒管(2)以至少二层以上的玻璃纤维布筒(2.2)叠套而成,各层玻璃纤维布筒之间由一层硫铝酸盐水泥无机胶凝材料或铁铝酸盐水泥无机胶凝材料(2.1)相粘接,筒管内腔表面与外柱面亦分别覆盖有一层硫铝酸盐水泥无机胶凝材料或铁铝酸盐水泥无机胶凝材料(2.1)。[66]

根据权利要求书,可以把其分解为如下四个元特征:筒底、筒体、筒底构造、筒体构造。由于筒底和筒体两个元特征在权利要求的前序部分,在本案中也没有争议,故不作讨论。结合权利要求、说明书和附图,可对元要素进行解释。然后找出被控侵权物中的对比特征和对比要素,以及三个法院对侵权的判定,可以知道对比特征的性质。由于从判决书中只能得出法院的整体意见,对于法官个人的意见不得而知,所以,判定结果代表的是法院,而非个人。设所有要素相同的临界值都为0.5,可以把一审、二审和再审的判决还原如如表3:

**表3 "混凝土薄壁构件"案专利侵权判定对比表**

| 专利权利要求 | | 被控侵权物技术方案 | | 相同度 | | | |
|---|---|---|---|---|---|---|---|
| 元特征 | 元要素 | 对比特征 | 对比要素 | | 一审法院 | 二审法院 | 提审法院 |
| 筒底构造($L_1$) | 至少二层玻璃纤维布叠合,各层由水泥无机胶凝材料粘接,两侧各有一层无机胶凝材料($W_{11}$) | 筒底构造($e_1$) | 以水泥无机胶凝材料构成($w_{11}$) | $x_1$ | 0.7 | 0.7 | 0.3 |
| | 抗压;封闭管筒,形成构件内腔($F_{12}$) | | 抗压;封闭管筒,形成构件内腔($f_{12}$) | $y_1$ | 0.8 | 0.8 | 0.2 |
| | 减轻重量,隔音($R_{13}$) | | 减轻重量,隔音($r_{13}$) | $z_1$ | 0.9 | 0.9 | 0.2 |
| 筒管构造($L_2$) | 至少二层玻璃纤维布筒叠套,各层由无机胶凝材料粘接,内外面各有一层无机胶凝材料($W_{21}$) | 筒管构造($e_2$) | 以一层玻璃纤布夹在两层无机胶凝材料中($w_{21}$) | $x_2$ | 0.8 | 0.8 | 0.4 |
| | 增加薄壁强度,尤其是增加薄壁受力变形拉伸强度,成倍增加构件内腔空间容积($F_{22}$) | | 使管壁变薄,增加构件内腔空间容积($f_{22}$) | $y_2$ | 0.8 | 0.8 | 0.4 |
| | 减轻重量($R_{23}$) | | 减轻重量($r_{23}$) | $z_2$ | 0.7 | 0.7 | 0.3 |

由上表可以看出,与涉案专利相比,被控侵权物的对比特征筒底($e_1$)没有玻璃纤维布,对比特征筒管($e_2$)少一层玻璃纤维布。大连市中级人民法院的一审判决认为,专利的元特征筒底($L_1$)只起次要作用,不是专利的必要技术特征,可以忽略;起主要作用的是元特征筒管($L_2$),只要比较该特征即可;虽然筒管($e_2$)缺少一层玻璃纤维布,但

[66] 专利号ZL98231113.3号中国专利(以下简称第113号专利),专利权人为王本淼,1999年10月13日授权。

"一层与两层只是数量的差别,这种差别不会引起质的变化",并利用整体技术方案的等同而非元特征的等同判定,"被控侵权产品在手段、功能和效果上,与涉案专利基本相同,构成等同侵权"。根据最高人民法院的判决书可知,辽宁省高级人民法院在二审判决中沿袭了一审的思路,认为"虽然被控侵权产品与专利权利要求书载明的必要技术特征存在玻璃纤维布层数的差别,但这种差别与化合物和组合物等数值范围的限定不同,它只是数量的替换,并没有引起产品本质的变化,一审法院判定等同侵权成立,并无不当",维持了一审判决。[67] 所以在上表中,对两级法院的判定赋以一样的相同度值,而且都高于临界值。

最高人民法院在提审判决书中的判定则大相径庭。关于筒底壁层结构是否是专利的必要技术特征,最高院认为,"凡是专利权人写入独立权利要求的技术特征,都是必要技术特征,都不应当被忽略,而均应纳入技术特征对比之列。本院不赞成轻率地借鉴适用所谓的'多余指定原则'"。既然涉案专利独立权利要求对筒底的壁层结构给予了明确记载,就不能忽略,而应作为必要技术特征对待,进行对比。筒底($e_1$)的水泥无机胶凝材料中不夹玻璃纤维布,而筒底($L_1$)的水泥无机胶凝材料中夹有至少二层以上的玻璃纤维布,两者不属于基本相同的手段,不是等同特征。所以,在对比表中,把最高院对筒底($e_1$)对比后的相同度赋予了比临界值低的值,以反映其评价。关于筒管($e_2$)是不是筒管($L_2$)的等同特征,最高院也有完全不同意见:

由于本案专利权利要求书在叙述玻璃纤维布层数时,明确使用了"至少二层以上"这种界线非常清楚的限定词,说明书亦明确记载玻璃纤维布筒的套叠层"可以少到仅两层",故在解释权利要求时,不应突破这一明确的限定条件。……其次,本案专利中玻璃纤维布层数的不同,不能简单地认为只是数量的差别,而是对于筒体构件的抗压能力、内腔容积以及楼层重量具有不同的物理力学意义上的作用。……仅含"一层"玻璃纤维布不能达到含有"至少二层以上"玻璃纤维布基本相同的效果,故被控侵权产品筒管部分在水泥无机胶凝材料中夹有一层玻璃纤维布不属于与专利相应技术特征的等同特征,更不是相同特征。[68]

由于被控侵权物的对比特征筒底($e_1$)和筒管($e_2$)都不是专利元特征筒底($L_1$)和筒管($L_2$)的相同或等同特征,全部落入专利侵权判定空间的$R_2$中,侵权不成立,根据判决书对最高院的判定值赋予比临界值低的值。最高院在对筒底($e_1$)的对比中实际上已经宣布了"多余指定原则"的终结,而在对筒管($e_2$)的对比中,实际上是用禁止反悔原则来否定专利权人的主张,并坚持以权利要求为中心的核心观念,以使权利要求有稳定的划界和公示(notice)功能。这些观念后来都体现在了《解释》中。

---

[67] 最高人民法院(2005)民三提字第1号民事判决书。

[68] 同上。

## 五、侵权程度

专利侵权判定元对比理论,除了用于定性的研究外,还可用于定量的研究。

(一)等同度

如果一个对比特征 $e$ 位于 $R_3$ 中的点 $t(x,y,z)$,设点 $t$ 到临界点 $o$ 的距离为 $d$,$d=|ot|$。$d$ 越小,$t$ 离 $o$ 点越近,离 $T$ 点越远,等同的程度越低;$d$ 越大,$t$ 离 $o$ 点越远,离 $T$ 点越近,等同的程度越高。设 $d_0$ 为 $o$ 点到 $T$ 点的距离,$d_0=|oT|$。设 $\theta=d/d_0$,称为特征 $e$ 与元特征 $L$ 的等同度。等同度刻画了 $t$ 与 $o$ 的偏离程度。$\theta$ 可表示如下:

$$\theta=\left|\frac{\sqrt{(x-x_o)^2+(y-y_o)^2+(z-z_o)^2}}{(1-x_o)^2+(1-y_o)^2+(1-z_o)^2}\right|$$

对于某一个特征 $e$ 的等同度 $\theta$,有 $0\leqslant\theta\leqslant1$。比如,设临界点是 $o(0.5,0.5,0.5)$,法院判定某一对比特征 $e$ 位于 $t(0.7,0.9,0.8)$,则可计算得 $e$ 的等同度 $\theta=0.622$。

(二)侵权度

当某权利要求有 $m$ 个元特征时,可以分别求出全部特征的等同度,再其求算术平均值,就可以知道被控侵权物对某一权利要求的侵权程度。由于在专利技术中,某些特征较其他特征更为重要,设 a 为表征重要程度的常数,可以把最重要的元特征的值设为 1,其他的依次递减,令 $b_i$ 为各个元特征的权重值,全部权重值的和是 1。[69] 则:

$$b_i=\frac{a_i}{a_i+a_2+\cdots+a_i+\cdots a_m}=\frac{a_i}{\sum_{i=1}^{m}a_i}$$

对于权利要求中的现有技术特征,因为对新的技术没有贡献,所以可设其权重为 0,这实际上只考虑权利要求中的区别技术特征。对于某一权利要求而言,被控侵权物的侵权度 $\Theta$ 可定义为:

$$\Theta=b_1\theta_1+b_2\theta_2+\cdots+b_i\theta_i+\cdots b_m\theta_m=\sum_{i=1}^{m}b_i\theta_i$$

特别地,如果认为全部元特征的重要性都一样,则

$$\Theta=\frac{1}{m}(\theta_1+\theta_2+\cdots+\theta_i+\cdots\theta_m)=\frac{1}{m}\sum_{i=1}^{m}\theta_i$$

在实务中,可以据此把侵权程度分为三级:$\Theta\leqslant0.65$ 为轻度侵权,$0.65<\Theta\leqslant0.85$ 为一般侵权,$\Theta>0.85$ 为严重侵权。[70] 然后,再根据侵权损害赔偿的原则和方法判定赔偿数额。

---

[69] 对于 $a_i$ 的值,可以根据层次分析法来求出。关于层次分析法(Analytic Hierarchy Process,AHP),参见郝海、踪家峰:《系统分析与评价方法》,经济科学出版社 2007 年版。

[70] 假设临界值为 0.5。

根据专利法第六十五条的规定,专利侵权赔偿采用四步法:(1) 按权利人因侵权行为受到的实际损失计算;(2) 如果实际损失没法确定,就按侵权人因侵权所获利益计算;(3) 如果前两项都行不通,可以参照该专利的许可费,按其一定的倍数计算;(4) 法定赔偿。一般而言,如果通过上述方法得到一个数额,再加上权利人为了制止侵权行为而支出的合理开支,就构成专利侵权赔偿额度。但问题是,在很多情况下,用前述三种方法都难以确实赔偿额,法院就只能采用"法定赔偿"。在实际的司法审判中,采用法定赔偿的案件不在少数。这个额度的范围是1—100万元,跨度非常之大,实际上是法官行使自由裁量权的"酌定赔偿"。法定赔偿要考虑的因素有"专利权的类型"、"侵权行为的性质"、"侵权行为的情节"等。专利权的类型有发明、实用新型和外观设计,比较容易确定,从权重上来看,应该是依次递减的。侵权行为的情节,应该可以包括侵权行为人的主观故意状态、造成损失的严重程度等。那么,"侵权行为的性质"指的是什么呢?假设等同侵权的程度属于侵权行为的性质,则可以在赔偿函数中加入侵权度,把它作为一个因子,来计算侵权损害赔偿金。这样做的有利之处是,一方面,可使专利权人和侵权人的利益得到很好的平衡;另一方面,因为考虑到了技术相近的量的因素,可以鼓励公众尽量进行回避设计,促进技术创新。

另外,法院在判决中,也可以把侵权度的三个等级作为法律论证的方式,增强判决的说服力。例如,在专利侵权纠纷案中,如果某专利权利要求有5个元特征,被控侵权物对比特征的等同度分别为0.3,0.8,0.6,0.5,0.4,这5个元特征的重要程度分别为0.6,1,0.5,0.9,0.7,则根据侵权度的计算公式,得到对于该权利要求的侵权度为0.54,属于轻度侵权。表4是计算的示例:

**表4　被控侵权物对专利权利要求的侵权度**

| 元特征 | 1 | 2 | 3 | 4 | 5 | 合计 |
|---|---|---|---|---|---|---|
| 侵权度 | 0.30 | 0.80 | 0.60 | 0.50 | 0.40 | |
| 重要程度 | 0.60 | 1.00 | 0.50 | 0.90 | 0.70 | |
| 权重 | 0.16 | 0.27 | 0.14 | 0.24 | 0.19 | 1.00 |
| 加权侵权度 | 0.05 | 0.22 | 0.08 | 0.12 | 0.08 | 0.54 |

## 六、余论

### (一) 概念

本文要面对的第一个质疑,是概念方面的。本文提出了许多新概念,比如元对比、元特征、元要素、对比函数、专利侵权判定空间、等同度、侵权度等。本领域所熟知的概念是"技术方案(由权利要求限定)—技术特征—技术要素",为什么本文要用"权利要求—元特征—元要素"的概念体系?本来逻辑清晰的判定过程,由于这些新概念的引入,是否会使论证过程复杂化?用“元特征”、“元要素”分别替代“技术特征”和“技术要素”是否有技术上或法律上的先进性或简洁性?

这些新概念的提出并非多余,而是为了用一种新的方法系统研究专利侵权判定所必需。元特征的概念相对于惯用的“技术特征”,区别在于“技术特征”是一个模糊的概念,而“元特征”强调在进行专利侵权判定时,该特征是一个具备完整的手段、功能和效果的最小对比特征单元。它不是一个残缺不全的特征,也不是特征的组合。元要素的概念,相对于元特征的手段、功能和效果,强调元对比中一个最小对比元素。因为学界对于元特征和元要素的研究极其薄弱,而它们是专利侵权判定的基石。元特征的划分不当,结果可能大相径庭,对元要素没有彻底的理解,则亦不可能进行对比。这些概念的提出,以及相关理论的表述,可以促使学界从最基本的微观结构出发,来思考专利侵权判定这个充满混沌和不确定性的领域,推动知识产权基本理论的研究。

除了元对比、元特征、元要素概念,本文还提出了其他的新概念,比如对比函数、专利侵权判定空间、等同度、侵权度等。对比函数是元对比的代数表达,可以揭示元对比中各种变量的数量关系。专利侵权判定空间是元对比的几何表达,可以揭示对比中各种变量的空间关系,有利于侵权判定。等同度和侵权度是侵权程度的代数和几何表达,可以从技术层面揭示专利侵害的程度,为侵权救济提供最基本的判断依据。

另外,本文对等同原则的概念进行了全面的扩展,并用数学方法进行了清晰的表述,使之具有一般性。

至于逻辑上的“清晰”,并不能代表经验上的清晰。专利侵权判定,逻辑的推理固然重要,但更重要的,是实践。在实践中,出问题的,往往就是这些“清晰”的概念。在专利侵权判定中,“技术特征”就是这样一个飘忽不定的概念。中华人民共和国专利法、实施条例、审查指南都语焉不详。司法实践中,更是莫衷一是。对技术特征的划分不当,往往成为裁判不当的主要原因。学界对于如何分解权利要求的技术特征,亦罕有声音。本文提出“元特征”这一核心概念,并辅之以“元要素”这一概念为其支撑,目的有二:一、化简复杂性。从最小完整单位(元)的角度把技术特征从权利要求中分离出来,成为“元特征”,作为对比的基础。二、把实务界和学术界的关注重心从权利要求下沉到技术特征(元特征)。因为没有对元特征的深入研究和实践,则“以权利要求为中心”的专利法诉求,就是空的,将成为无果之树。本文提出的问题比解决的问题还要多,比如提出了元特征的概念,但是对于如何划分元特征,则是另外一个重要的问题,无法在本文中详述,有必要另撰专文彻底讨论之。

(二)数学方法

在注定是主观的、充满争议的专利侵权判定过程中,引入对比函数、侵权判定空间、侵权度等概念有何意义?一个主观的过程,经历一定的算法演算之后,会演变成一个客观过程吗?显然不能,它仍是主观的。那么又为什么要人为地使之复杂化呢?

首先,复杂的事情需要复杂的理论。专利侵权判定非常复杂,即使本文给出的侵权判定框架,也只是框架而已,是基本的初阶,并非"复杂无比"。实际的判定比本文中所述还要复杂得多。其次,关于主观与客观。主客观无所谓好坏,都是解决问题的两个面向。只要有人的参与,绝对客观就是不可能的,世界是"测不准"的。有人的地方,必然就有主观的判断,但这并不意味着排斥数量的计算。算法的引入,并非要把主观转化为客观,而是为了减少裁判的恣意。试图把一个模糊的判断变得清晰起来,易于操作。[71] 第三,关于数字和数学。现实世界中,数字无处不在,数学规则也无处不在。法律人对数字和数学有种本能的反感,问题不在数字和数学本身,而在法律人本身。实际上,一切革命的缘起,往往来自外部。学术研究和学科的发展,亦不能外。

对于侵权的判断,仍旧是一门仰仗法官经验的"艺术",而没有因为表现形式的改变抑或新概念的引入而变成"科学"。针对相同案情,不同法院,其中包括上下级法院,有不同的理解或判决,在很多情形下,是正常且容易理解的事情,即使在美国联邦地区法院、CAFC 和最高法院之间,也经常存在这种情况。这种不一致,并不能够用定量分析或者函数推演加以消除。也不可能出现能够保证"定量、客观、科学判决"的案件审判软件被开发出来,用以帮助处置专利侵权案件、一般知识产权案件、甚至一般民事或刑事案件。所以,大可不必担心法官会被程序所替代。相反,法官仍然是审判的核心。

但是,为了防止裁量自由的滥用,将赋值程序公布,根据案件类型设置不同的赋值区间、系数,等等,或许都是因应之道。我们也不必死死抱住法官的"内心确信"不放,把它作为唯一的救命稻草,而根本无视可能给予法官通达"内心确信"的种种新的路径。侵权案件是法官造法的主战场,侵权法是案例法的主要源泉,而这些技艺的精湛,则主要取决于法官的个体经验。但这并不意味着,个人经验必然不可以言说、无法传递,成为隐秘的"黑匣子"。数字化、公式化的处理路径,至少提供了这样的传递、交流、解惑的机会。另外,法官对侵权与否、侵权程度等的个人经验,也不必然因为贴上自由裁量的标签而能够获得检验的豁免,数字化、公式化的处理路径同样提供了检验、对比的机会和路径。数学方法的引入,并非一定要给它贴上"定量、客观、科学判决"的标签而加以排斥。在文学、历史、哲学、社会学、经济学、生物学等领域都已引入数学方法,相信把数学方法引入法学研究不仅不会侵蚀法学的光芒,反而可能会使法学大放异彩。

另外,理想与现实之间永远存在距离。理论与实践之间亦必然。贝卡利亚的"几

---

[71] 比如,现在的电视,由"模拟信号"转化为"数字信号",再由"数字信号"转化为"模拟信号",其中有大量的数量计算,但表现出的,仍然是为了对视频和声频的呈现。如果没有数字的介入,则是不可能实现该功能的。如本文把法官的判断变为数字,相当于模数转换,最后计算出侵权度,再根据侵权度把侵权划分为轻微侵权、一般侵权和严重侵权三档,相当于数模转换。如本文前面所言,如果临界值是 0.5,侵权度为 0.54 则构成侵权。三个侵权程度的划分,只是一种建议而已,并非绝对。这个标准的采用,仍然是由法官作出。相比没有任何数量度量的情况下,法官显然获得了一个非常有价值的信息维度。

何学精确度”虽然难以在现实中达到,但这并不会妨碍我们在现实中的探索。如同现实中不可能存在无摩擦的世界,但这并不妨碍牛顿的伟大力学理论的研究和应用。无摩擦的世界,是一种纯粹的想象,正是这种绚丽的想象力,擦亮了我们灰暗而混沌的现实世界。

(三)应用及其限度

在专利的侵权判定中,由于专利权利要求是语言的描述,导致侵权判定难度大增。应用专利侵权判定元对比理论,把专利与被控侵权物分别分解成最小的技术特征即元特征,再把元特征分解成手段、功能和效果三个元要素,通过对元要素的充分解释,把专利的技术方案“显现”出来,以此基础分别逐级逐一与被控侵权物进行元对比,并用专利侵权判定空间表示,可以很大程度上克服语言本身带来的问题,提供一种专利侵权判定的方法论和统一分析框架。这种视角可以揭示专利侵权判定中的微观机理,对专利法律、法规和司法解释进行规范性分析,也可以用于判例研究中。

在元对比理论的应用中,涉及一系列重要的技术问题。其中,对临界点的选取,需要因技术领域的不同而区别对待。必要时,也可通过各个技术领域进行类型化研究,以便揭示出某一领域与其他领域的异同,汇编成“专利侵权判定临界指数”,供侵权判定使用。这样,可以通过临界点的选取,由侵权判定,间接地提供某些领域的“创新指数”,反映出该领域的创新活跃程度。其次,在实务中,可以根据侵权度的值,把侵权程度划分为轻度侵权、一般侵权和为严重侵权三组,再根据侵权损害赔偿的原则和方法判定赔偿数额,简化判定方法。

该理论的完善有可能形成一个统一的专利侵权判定规则体系。该理论可用于对所有发明和实用新型专利侵权案件中;在范围上,可用于法院的司法审判,也可用于专利行政机关的侵权认定;对于专利权人,可用来论证侵权成立,增加说服力;对于被告,可用来作为抗辩的工具;对于专利代理人,可用来改善专利文献的撰写,比如要在权利要求中记载元特征,在权利要求书、说明书和附图中描述每一个元特征的手段、功能和效果,尽可能清晰地划定所申请专利的权利边界,避免不必要的模糊产生、或者避免披露不够充分,导致专利在后来被无效掉;对于研究开发人员,还可以用来进行专利侵权分析,或者进行回避设计等,避免侵犯专利权。

该元对比理论的应用关键取决于法官对临界值、实际值、权重等各种变量的赋值,然后再经由精确的计算,得出是否侵权以及侵权程度为何的判定。[72] 由于把侵权判定中的民主机制技术化,使之易于操作和判断,故可以从微观入手,把法官的权力奠基于坚实的底层基础上,为法官提供正当化依据,最大限度地保证判断的合理性。但是,本理论也有其限度。它并不能完全避免法官歪曲使用这种判断方法,利用“科学”作为装

---

[72] 临界值、实际值的选取以及权重的赋予等,涉及许多因素和标准,因篇幅所限,需要另外撰写专门的文章详细讨论。

饰的工具,“先判后审”、“先有判决结果,后作判决论证”。以“对比的民主原则”为例,其限度在于,它预防腐败行为或机会主义行为的能力比较弱。完全可能存在这种情形:二个未受贿的法官认定构成侵权,一个腐败法官以极低的赋值认定不构成侵权,最后的结果可能是不构成侵权。另外,本文的方法也不能完全避免上下级法院、不同地方的同级法院因赋值的微小差异而导致的“同案不同判”现象。本文是基于一个基本的法治原则,即所有的法官都是凭自己的专业知识,凭内心的确信来作出判断的,更多是技术层面的问题;预防腐败和机会主义等方面的缺陷已超出了本文的研究范围,需要在更深和更广的范围内来展开讨论。

“完美是美的敌人”,完美的理论难寻,美却无处不在。思想的冒险,固然可以使作者个人在智识上得到一点小小的满足,却也常使周遭无所适从,甚至反感。还好,人的实践,并不会因此而止步。在选择性的遗忘过程中,一点异样的声音所产生的小小不快,马上就会随风而逝。多元的学术的意义,在于唤醒人心中沉睡的惊奇感。平庸是无法拒绝的,但偶尔的偏离,兴许是一个新世界的起点。

# 商业方法专利保护的发展与现状

吕　磊*

在传统的专利制度下，商业方法一直被各国排除在可专利性主题之外。然而，随着计算机和互联网等技术的出现，以技术手段实施的商业方法逐渐被一些国家承认为可专利的主题。

1998年，美国联邦巡回上诉法院对“州街银行案”的判决开创了对商业方法予以专利保护的先河。商业方法专利成为了备受关注的专利热点，日本、欧洲等发达国家也都根据自己的产业发展利益陆续修改各自的专利法规和审查指南。

当今，软件技术、网络技术在经济活动中起到越来越重要的作用，商业方法与其相结合已经开始显现出巨大的影响力。面对新兴的商业方法专利，需要深入研究各国针对商业方法予以专利保护的政策发展过程，分析各国不同的产业结构和利益诉求及其政策变化的深层次原因。

## 一、商业方法专利保护的范围和条件

### （一）可授予专利的商业方法

以计算机与互联网技术为标志的信息革命，使知识产权在社会进步与经济发展中的作用不断增大，知识产权保护也获得了新的发展。

随着技术的不断发展，20世纪90年代后，商业方法被一些国家列入了专利保护的范围之内，但一项新的商业方法若要获得专利，需要满足法定条件的要求。由于商业方法是否可以得到专利保护具有很大的争议，各国专利部门对商业方法专利的认识也并不一致。

在最早对商业方法授予专利的美国，2000年10月3日，美国众议院共和党议员提

* 吕磊，北京大学法学院2010级博士生。

出的《2000年商业方法专利促进法》的议案中指出，可授予专利的商业方法包括下列方法之一：

(1) 一种经营、管理或其他操作某一企业或组织，包括适用于财经信息处理过程的技术方法；

(2) 任何适用于竞技、训练或个人技巧的技术方法；

(3) 上述(1)和(2)中所描述的由计算机辅助实施的技术或方法。①

另一重要的专利局，欧洲专利局对商业方法专利也没有定义，而是分为以下三类：

(1) 抽象的商业方法。若所主张的发明属于此类，基本上，因其仅为商业方法"本身"，而予以驳回。

(2) 主张一种商业方法，其中至少某些步骤是由计算机、计算机网络或其他传统的程序、电子装置来执行。

(3) 主张一种商业方法，其中至少某些步骤是由其他计算机以外的特定装置，如移动电话等来执行。②

日本特许厅第四审查部部长井上正的观点是："技术随着时代的改变而变化，专利权也会授予那些使用现代技术产生的发明"，"这使得'创意'可以通过计算机系统以一个有形的方式加以解决，这就是那些极具有吸引力的所谓的商业方法专利。可以说，商业方法专利是一项通过计算机系统完成创造的发明。"③

世界知识产权组织的观点比较具有代表性。世界知识产权组织认为：商业方法专利涉及的是那些借助数字化网络经营商业的、有创造性的商业方法。④

通过以上几种对商业方法专利比较有代表性的定义不难看出，各国一般认为只有通过技术手段实施的商业方法才能作为专利保护的对象，而不借助任何技术手段实施的商业方法，也就是纯粹的商业方法，由于过于抽象，一般被认为不受专利保护。

因此商业方法专利是指应用于商业活动中，以通过技术手段实施的商业方法为客体的专利，是商业方法与相关技术创新的成果。

商业方法只有通过技术手段实施才有可能受到专利保护。目前实施的技术手段，可以分为以计算机实施的商业方法专利和以其他技术装置实施的商业方法专利。而以计算机实施的商业方法专利，则以软件为主。

### (二) 构成商业方法专利的条件

以技术手段实施的商业方法具有被授予专利权的可能性，一项商业方法发明若要

---

① 张平："回顾与分析—美、日、欧在商业方法软件上的专利保护之争"，载陶鑫良主编：《上海知识产权论坛文集》，上海大学出版社2002年版，页34。

② 卢海鹰："从拒绝保护到大门洞开—纵论计算机保护的可专利性"，载《中外法学》2000年第1期。

③ 张平，见前注①，页36。

④ http://ecommerce.wipo.int/primer/index.html，2012年7月20日最后访问。

取得专利权还需满足实用性、新颖性和创造性等条件。

由于商业方法是专利领域新出现的对象,美、日等已经对商业方法有审查实践的国家关于商业方法专利的判断标准,就具有重要的参考价值。

1. 实用性

实用性主要是指能够在产业上应用并具有实际的效果。

这就意味着商业方法发明的实用性审查要从两方面进行,一方面商业方法发明必须具有操作性和可重复性,能够被重复实施;另一方面,能够在商业领域产生积极效果或者商业收益。

《美国专利法》第101条对专利实用性进行了规定,以保证那些"有用的"发明才能获得专利权,受到法律保护。⑤《美国专利法》第101条规定:"凡发明或发现任何新颖和实用的方法、装置、制造品、合成物,或其上述各项新颖和实用的改进,可以按照本法所规定的条件和要求取得专利权。"

在美国State Street Bank案中,联邦巡回上诉法院裁定,"发明若产生了有用的、具体的及有形的结果,则可获得专利"。美国公布的《与计算机有关发明的审查指南》规定:审查员主要考虑的因素是该发明在所属科技领域内的普通技术人员看来是可行的或其实用性是显而易见的,就算满足了实用性要求。

2. 新颖性

新颖性是指申请专利的发明或实用新型不属于现有技术,是前所未有的。

在美国,一项商业方法类专利申请是否具有新颖性主要取决于两个标准:一是时间标准,如果一项专利申请在申请时间的一年以前就已被公众所知,或在出版物中发表,该项申请就不具有新颖性;二是属性标准,即申请专利的发明创造至少要在某个方面与以前的方法有所不同。⑥

日本将新颖性判断称为同一性判断,在审查中,选用对比文件和公知技术来判断。因此日本采用同一性标准为由驳回的商业方法专利申请要比其他国家多。日本与欧洲一样,采用的是"绝对新颖性"标准,即在申请日或优先日之前,没有以任何方式为公众所知晓,或者被利用的发明才可具有新颖性。

由于商业方法是专利保护的新对象,不像其他领域的发明有系统的在先技术,因此在先技术不足是影响商业方法专利新颖性判断的主要障碍。美日欧三方专利局已经认识到这个问题的重要性,三局在多次技术会议上把在先技术检索列入解决议程。目前,三方专利局已经在商业方法领域的在先技术检索方面进行合作,并正在寻求一种可以执行的审查指南,以适应三国的专利制度同时也兼顾其他国家。

---

⑤ 张晓都:《专利实质条件》,法律出版社2002年版,页4。

⑥ 黄毅、尹龙:《商业方法专利》,中国金融出版社2004年版,页60—61。

3. 创造性

创造性是一项发明能够获得专利的必备条件。发明要具有创造性是指申请专利的发明与现有技术之间的差别必须是创造性构思的结果。如果一项发明与现有技术相比是显而易见的或是只具备非实质性的、简单的区别,就不应当获得专利这种独占权。

美国专利局关于创造性即非显而易见性(non-obviousness)原则的规定是《美国专利法》第 103 条,其规定为:如果要寻求专利保护的发明主题作为一个整体在发明作出时与在先技术的差别,对于所属领域的普通技术人员来说是显而易见的,则不能获得专利权。⑦

1998 年,依据 State Street Bank 一案的判决,"技术上的实现手段"这一点在美国专利局已经不重要了,这个判决宣告了专利审查的重点从技术性(useful arts)转向了实用性(practical utility)。目前在美国专利局,对非显而易见性的判断更主要的落在了确定在先技术的范围和同领域技术人员的水平的判断上。⑧ 随后出台的《与计算机有关的发明的审查指南》和另一份关于创造性审查的文件(Formulating and Communicating Rejections Under 35U. S. C 103 for Applications Directed to Computer-Implemented Business Method Inventions)对专利审查和司法实践中已经确立的要求和做法进行了总结。而在审查实践中,由于商业方法与传统的技术领域有很大不同,对比文件严重不足,美国专利局更偏重对商业模式本身的考察。

《欧洲专利公约》第 56 条规定:"如果考虑到现有技术,一项发明对于本专业技术人员不是显而易见的,应认为是具有创造性的发明。"

按照欧洲专利局于 2001 年 11 月 2 日发布的审查指南,计算机软件和商业方法的可专利性已不存在能否属于专利保护对象的问题,而更多的是对创造性的判断。⑨ 可以说,欧洲专利局在一项商业方法软件专利的申请中,更注重的是对其中技术特征的审查,而不是对商业方法本身的审查。

在日本,日本特许厅陆续发布了关于商业方法专利审查的指导性文件。

日本特许厅发布的《与商业有关的发明的审查》认为商业方法专利可以作为与软件有关的专利而获得批准。日本特许厅在 2001 年 4 月 1 日还发布了一份《商业方法发明不具有专利性的范例》,其中非常详尽地给出了不构成专利法下"发明"的情况。⑩ 目前,这份文件是特许厅判断创造性的指导性文件。

美国,日本,欧洲对于创造性审查评判标准的不同,根源在于对于创造性要求的审

⑦ 张平:"论商业方法软件专利保护的创造性标准",载《知识产权》2003 年第 1 期。

⑧ 同上注,页 25。

⑨ 赵连芳:"商业方法专利的法律探析",对外经济贸易大学 2005 年硕士论文,页 16。

⑩ 张平,见前注⑦,页 26。

查角度不同:美国主要从商业方法专利申请中的商业模式因素或实用性因素进行审查;欧洲则主要从商业方法专利申请中的技术因素进行审查;日本则主要从商业方法专利申请整体方案的角度予以审查。

## 二、商业方法专利保护的发展

### (一) 商业方法专利出现的背景

1. 专利保护中的商业方法除外原则

在专利制度建立后,商业方法一直被认为不属于发明或者技术方案而没有被纳入到专利法的保护范围之内。随着商业方法在商业活动中发挥越来越重要的作用,人们开始通过合同法、商业秘密法或者反不正当竞争法等法律对商业方法进行保护。但通过其他法律来保护商业方法,都不能使其拥有者享有如专利权这样强的独占权,因此商业方法能否获得专利保护,一直是人们关心的问题。

目前,通常认为1908年Hotel Security Checking Co. v. Lorraine Co.一案是商业方法专利保护的历史中具有重大影响的案件。[11] 该案的判决虽然没有作出诸如“商业方法不具有可专利性或不属于可专利主题”等的明确的判断,却用判例确立了一个“商业方法除外原则”(Business Methods Exception)。[12] 法官创设的这一理论是基于《美国专利法》第101条规定得出的。该条规定:凡发明或发现任何新颖而适用的工序、机器、制造品和合成物质,或上述各项新颖而适用的改进,可以按照本法所规定的条件和要求取得专利权。法官认为商业方法不能落在“工序、机器、制造品和合成物质”的范围内,从而不属于一种技术。从此,“商业方法除外原则”被以后很多案例所引用,商业方法专利的申请基本上按照这样的原则被排除在专利保护之外。

2. 计算机软件技术对商业方法专利的影响

计算机软件和网络技术的快速发展,逐渐改变了专利保护中商业方法除外原则的社会背景。

20世纪60年代,随着计算机软件的发展,在美国国内开始讨论究竟给予计算机软件何种形式法律保护的问题。1979年由美国政府组织的专家特别委员会提出的报告《计算机程序的专利性质》指出:计算机软件不应得到专利保护,理由是计算机程序包含有数学算法,而算法近似于自然法则,因而软件不属于专利法规定的法定客体,从而将其纳入版权法的保护之下。[13] 对计算机软件采取版权保护,是受当时计算机软件产业界的影响。当时,计算机软件业普遍认为,对于计算机程序的侵权主要是通过复制,也即盗版实现的,如果把计算机程序纳入版权法保护,可以有效地打击通过复制计算

---

⑪ 余翔、邱洪华:“基于判例和立法的美国商业方法专利研究”,《载科技进步与对策》2007年第3期。

⑫ 同上。

⑬ 张平:“商业方法软件专利保护:美国的实践及其启示”,载《法商研究》2005年第4期。

机软件而构成的侵权行为;而且版权诉讼比专利权诉讼更易判定,时间更短,便于保护。把计算机软件纳入专利法保护,会出现各种问题,经过大量的讨论与比较之后,美国最终把计算机软件归入版权法进行保护。受到美国的干预,其他国家也陆续采纳了版权法保护计算机软件的做法,国际公约也支持了这一做法。

然而随着计算机技术的发展,网络技术等的出现,对于计算机软件归入版权保护已经逐渐显出它的不足。版权法独创性要求的本质特点是版权只保护作品的表现形式,无法保护软件所包含的构思、技巧和算法本身。版权保护虽然在一定程度上能对软件的创作进行保护,但是软件最有价值也是最需要保护之处不是它的独创性表达,而是它能够解决用户的特定问题的工具性内容,而这却难以包容在版权保护范围之内。对于计算机软件来说,产业界所希望获得的知识产权保护是限制软件的应用,而不仅仅是其出版、发行和复制。[14] 因此,产业界迫切希望对计算机软件提供有效的专利保护。

哪些与计算机软件有关的主题能够获得专利保护,要获得专利保护,应当满足何种条件,人们对这一问题的讨论从 20 世纪 80 年代开始了。随着计算机技术的发展,其在商业经营、金融管理、社会服务方面的作用和影响已经远远超过了在传统生产领域中的作用和影响,因此商业方法是否能获得专利保护的问题,逐渐凸现出来。正是在这一背景下,20 世纪 90 年代随着 State Street Bank & Trust Co. v. Signature Financial Group, Inc. 等案例的出现,商业方法也开始进入了专利法保护的范围。

（二）商业方法专利的出现

1998 年的 State Street Bank & Trust Co. v. Signature Financial Group, Inc. 一案是商业方法专利发展历程中一个具有里程碑意义的案件,这一案例最终使商业方法成为了专利保护的对象。笔者简要对这一重要案例进行描述:原告 State Street Bank 起诉被告 Signature Financial Group,要求判决被告一个共同基金管理系统的专利无效。Signature 金融集团拥有美国第 51923056 号专利,即“轮轴式金融服务配置数据处理系统”(Data Processing System for Hub & Spoke Financial Services Configuration)该系统实际上是一个多种共同基金的集合管理系统。Signature 金融集团所主张的权利要求主要是三种方法:第一种是对整个投资组合计算和将有关数据分解到每一个共同基金的方法;第二种是根据分解数据计算每个基金收益、费用与投资效果的方法;第三种是对相关数据自动汇总处理的方法。[15] 单就方法而言,该专利对共同基金组合的管理和处理方法在本质上与传统方法并没有多大差别。也正是因为如此,美国马萨诸塞州地方法院认为:该专利申请实质上是包含商业方法的专利,不具有可专利性,“明显不属于《美国专利法》第 101 条列举的可专利主题”,因此认定该专利无效。但 Signature 金融集团认

[14] 尹新天:《专利权的保护》,知识产权出版社 2005 年版,页 350。

[15] 黄毅、尹龙,见前注⑥,页 81。

为通过将传统方法与计算机软件相结合,该专利已经使相关的处理方法有了明显的改进:提高了交易处理的综合性,提高了交易处理的自动化程度和效率,这些改进最终被美国联邦巡回上诉法院(CAFC)所认定。1998 年 7 月 23 日,美国联邦巡回上诉法院(CAFC)对 State Street Bank & Trust Co. v. Signature Financial Group, Inc. 作出判决。在判决中,CAFC 认为金融服务业所使用的软件虽属商业方法,仍应与其他方法采用相同标准进行审查:只要其能产生“有用的、具体的及有形的结果(useful, concrete and tangible result)”均可受到专利法保护,从而明确了对商业方法的专利保护。

1999 年初,在 AT&T Corp. v. Excel Communication, Inc. 一案的判决中,CAFC 进一步说明,只要标的所产生的结果是实质有用的,即可成为专利的标的,而不一定需要产生物理转换的效果,并再次肯定了商业方法专利审查的“实用的、具体的及有形的结果”原则。至此,商业方法专利已经取得了稳固的法律地位,并迅速引发了商业方法专利的申请浪潮。

以上两个判决宣告了专利审查的重点从技术性转向了实用性,从而意味着公司的经营策略、管理方针、投资模式等原本属于“抽象的概念”或“智力活动的规则”,但若以“与机器结合”的方式表现出来,就可以受到专利保护。[16] 因此,一项普通的商业方法,如果通过计算机软件或其他技术手段,使用到金融活动或者商务活动中,也可以被申请专利。

## 三、对待商业方法专利的不同政策

商业方法本身固有的属性使商业方法专利自产生之时就备受争议,随着美国法院的判例打破了长期存在的“商业方法除外原则”后,欧洲国家和日本针对商业方法专利的政策也在不断变化。

### (一)美国

在经历了一系列针对商业方法专利的诉讼之后,商业方法专利在美国受到了越来越多的重视。

美国专利与商标局在 2000 年 3 月提出了一项商业方法专利行动计划。该计划的主要内容是确保商业方法领域的专利审查质量,并要求对涉及商业方法专利的审查员进行技术培训,以及在审查中执行扩大现有技术范围的检索。[17] 同时,美国专利与商标局创建了“技术中心 2100”,专门审理美国专利分类 705 类目中的专利申请,即由计算机实施的商业方法申请。

2000 年 7 月 19 日,美国专利与商标局公布了商业方法专利白皮书(White Paper on Automated Financial or Management Data Processing Methods),该白皮书回顾了商业数据

⑯ 张平,见前注⑬,页 140。

⑰ 黄毅、尹龙,见前注⑥,页 45。

处理方法专利保护的历史和商业数据处理技术的变迁,以及 USPTO 为了赶上上述技术变迁所做的努力和对上述技术审查质量的提高。[18]

2003 年,在经历了积极促进商业方法专利保护的一段实践后,美国联邦贸易委员会推出了题为"促进创新:竞争与专利法律政策的适当平衡"的报告,报告中对软件和商业方法专利进行了反思。

美国由于其在计算机、互联网等领域的技术优势,使其大力推进商业方法的专利保护,以确保自己在这一新兴领域的领先地位。随着商业方法专利的申请量持续增加,美国在积极推动并采取各种措施完善对商业方法的专利保护的同时,也提出了对专利制度的合理限制和提高商业方法专利质量的具体建议。

(二)欧洲

欧洲专利局对于商业方法专利的处理是以《欧洲专利公约》以及审查指南为主要依据的。

《欧洲专利公约》第 52 条,对商业方法发明作出规定,依据第 52 条第(2)项:"以下特例不能被视为第(1)项所称的发明即发现、科学理论和数学方法:美学创造;从事精神活动的方案、规则和方法,游戏或商业经营和计算机程序;信息的展现。"依据第 52 条的条文来看,商业方法本身不受专利保护。美国放弃了商业方法除外的保护原则后,经过几年的论战和实践后,尽管在理论上还存在争论和分歧,但在专利审查政策上,欧洲专利局逐渐改变了其立场。

2000 年,在"改进的养老金收益系统"(Pension Benefit System Partnership)一案的判决中,欧洲专利局上诉委员会认为:"只要商业方法具有技术性质,就可以获得专利,或者说,权利要求如果是与设备和产品有关即可自动具有技术性。"[19]该案对《欧洲专利公约》第 52 条中关于商业方法除外的规定作了进一步解释,使具有技术性质的商业方法可以受到专利保护,也表明了欧洲专利局开始向美国专利局的实践靠近。

2001 年 11 月 2 日欧洲专利局公布了修改后的审查指南,确认了对计算机软件和商业方法的扩大保护政策。[20] 根据新的指南,对于商业方法专利的审查欧洲专利局强调的是技术构思而且考虑更多的是创造性标准。

欧盟委员会于 2002 年 2 月向欧洲议会和欧盟理事会提出建议,拟颁布《欧盟计算机软件相关发明的可专利性指令》,用法律条文的形式明确计算机软件相关发明具有可专利性。[21] 其间经过激烈讨论,直到 2005 年 3 月 7 日才被欧盟理事会正式表决认定为其共同立场。理事会为欧洲地区更加宽松的软件专利申请条件铺平了道路,根据此

---

⑱ 郎贵梅:《专利客体的确定与商业方法的专利保护》,知识产权出版社 2008 年版,页 16。

⑲ 同上注,页 20。

⑳ 黄毅、尹龙,见前注⑥,页 47。

㉑ 余翔、刘珊:"欧盟对计算机软件相关发明的专利保护",载《电子知识产权》2005 年第 6 期。

文本,计算机执行的算法、商业方法、数据格式等均有可能被授予专利。

由于美国在计算机技术和互联网技术上的优势,欧洲对美国积极推进的商业方法专利一开始持非常谨慎的态度。欧洲从自身产业利益的角度出发,对于计算机软件相关发明是否给予专利保护经历了激烈的讨论,欧洲国家内部的分歧也很严重。但欧洲国家也逐渐认识到,欧洲对商业方法专利的限制并不能阻止商业方法专利的发展趋势,反而会使欧洲国家在国际知识产权的竞争中处于不利地位。因此欧洲一方面逐步推进商业方法专利的保护,一方面又提出较高的标准,不轻易授权。

(三) 日本

继美国承认了商业方法的专利保护之后,日本在专利制度和技术创新政策的追随最为积极,对商业方法的可专利性表现得较为包容,可以反映出日本善于利用专利制度来保护本国产业利益和国家利益的一贯策略。㉒

按照日本的法律规定要求可授予专利的发明应该是"一种利用自然规律,源于技术构思的高度创造性工作"。㉓ 日本特许厅(JPO)于 1999 年颁布的《商业方法审查指南》中进一步强调了这一点,指南规定:对单纯商业方法不应授予专利,而应该将专利授予有"技术构思"的商业方法。

2000 年日本特许厅再次修订《专利审查指南》,并于当年 12 月 28 日公布了"与计算机软件有关的发明审查指南"的最后版本。指南强调了发明具有创造性的重要性,并解释道:如果一项发明结合了为商业领域公众所熟知的方法,那这项发明不能得到专利保护。㉔

2001 年,日本对《发明专利法》、《商标法》又进行了修改,以适应 IT 产业迅猛发展、电子商务等经济活动的日益增多。日本企业采取了一如既往的务实政策,在美国、日本申请了大量商业方法专利。

与欧洲的前期对抗形成鲜明对比,日本在商业方法专利的保护上从始至终反应非常积极,日本特许厅不断调整关于商业方法专利的政策。尽管在日本专利保护的历史上,对商业方法和与计算机软件有关的发明曾持有否定态度,但是纵观日本在专利保护上的"实用主义"策略,日本不会放过在全球电子商务领域中占据有利地位的发展机会。

## 四、商业方法专利保护的现状

随着商业方法专利的不断授权,商业方法的专利保护政策出现了变化。在美国由

---

㉒ 邱洪华、金泳锋、余翔:"基于专利地图理论的日本银行业商业方法专利研究",载《电子知识产权》2008 年第 4 期。

㉓ 朱玲娣、邢锦晖:"中外商业方法专利保护之比较研究",载《世界科技研究与发展》2006 年第 5 期。

㉔ 张平,见前注①,页 34。

于大量商业方法被授予专利对市场竞争产生了不利影响,因此对于商业方法专利的批评意见逐渐增多。商业方法专利的出现并未给商业经营和金融管理等产业带来更多的商业利益和技术进步,随之而来的是不断的专利诉讼。

对商业方法予以专利保护可以满足金融管理业和电子商务行业对于技术保护的需求,但如果没有建立起合理的判断原则,大量商业方法专利的出现反而会对技术革新产生阻碍。这也导致近期美国对于商业方法专利保护政策上的摇摆和不确定。在这一背景下,欧盟对于商业方法的专利保护更加趋于谨慎,日本的商业方法专利申请热潮也逐渐减退。

(一) Bilski 案

2008 年,美国联邦巡回上诉法院(CAFC)在“Bilski 案”中放弃 State Street Bank 案的判定标准,提出较为严格的“机器或转换”标准。根据该标准,一项方法权利要求只有在符合如下条件的情形下,才能够满足《美国专利法》第 101 条所设立的要求,从而成为适格的专利客体:

(1) 其与特定机器或设备相连接,或者

(2) 其将特定物质转换为不同的状态或东西。

然而,美国联邦最高法院通过审理本案,虽然判决支持 CAFC 的结论,但却使用了不同理由,并对机器或转换标准给予限制,从而使商业方法专利判定重新回到不确定状态。[25]

在 Bilski 案中,联邦上诉巡回法院的 12 名法官最后以 9 比 3 作出了判决,确认 Machine-or-Transformation Test 原则是判断“方法”是否符合《美国专利法》第 101 条列举的可专利主题的唯一标准,由于 Bilski 的发明不满足这个标准,因此维持了美国专利商标局复审委员会的决定。

2010 年 6 月 28 日,美国联邦最高法院对 Bilski 一案作出判决。最高法院判决维持联邦巡回上诉法院的判决,认定相关发明并不构成《美国专利法》第 101 条所规定的法定专利对象。9 位大法官以 5 票支持 4 票反对的比例作出最终判决意见。最高法院肯定了法律原理、物理现象和抽象概念属于不可专利的主题,认定 Machine-or-Transformation Test 判断标准对于评判一种方法是否符合《美国专利法》第 101 条规定的可专利性要求是有用且重要的根据,但不是唯一的判断标准;《美国专利法》第 101 条并未将商业方法完全排除于法定“方法”之外。

少数派法官对最终判决结果的上述判决理由不予赞同,认为商业方法是不可专利的主题。斯蒂文大法官希望恢复专利法的历史和宪法本意。斯蒂文大法官认为:上述 5 位法官根据“普通的、当代的、共同的含义”来解释《美国专利法》第 101 条是有缺陷

---

[25] 刘银良:“美国商业方法专利的十年扩张与轮回:从道富案到 Bilski 案的历史考察”,载《知识产权》2010 年第 6 期。

的;商业方法不属于第101条规定的"方法";早期美国专利法律法规中的"实用技术"并未包括商业方法;《美国专利法》立法历史中出现的"太阳下的一切新东西"这个短语在本案中被引用得超出了立法原意;针对《美国专利法》第273条的争论是有缺陷的;商业方法专利可能阻碍合法的竞争和创新。[26]

关于如何认定一种方法是否具有可专利性,或者是否属于抽象概念,最高法院并没有规定新的判断标准或原则。最高法院实际上又走回到先前判例,认为专利对象是除自然规律、物理现象和抽象概念之外,人类所制造的任何东西。对于这一判决的评价各方褒贬不一,一方面有人认为联邦巡回上诉法院将"机器与转换"作为可专利主题的唯一判断标准过于严格,而最高法院的判决意见将更有利于创新;而另一方面有人认为该案件的判决仍然没有给出"抽象概念"的清晰定义和关于商业方法专利的判断标准。

(二) Mayo v. Prometheus 案

美国联邦巡回上诉法院于2010年12月17日公布了对于Prometheus Laboratories, Inc. 诉 Mayo Collaborative Services一案的判决。该法院此前曾作出判决,认定Prometheus公司发明的准确计量硫代嘌呤(一种治疗自身免疫性疾病的药物)服用剂量的方法符合美国专利法第101条中规定的专利授予条件。美国联邦最高法院鉴于其在Bilski一案中作出的决定,认定本案判决无效,发回联邦巡回上述法院重审。美国联邦巡回上诉法院在重审过程中该法院重申了Prometheus公司的专利符合"机器或转化"测试法中的"转化方面"的要求。

2012年3月20日,美国联邦最高法院对该案进行判决,驳回了联邦巡回上诉法院关于Prometheus Laboratories, Inc. 的方法专利拥有美国专利法第一百零一条规定的判决。最高法院认为该专利所描述的代谢物与用药剂量之间的关系属于自然法则,因此不属于专利的范围。判决指出即使该方法属于自然法则的应用,但该方法属于该技术领域众所周知的基本知识,同时最高法院重申了在Bilski案等案件中的判决。

该案件的判决也直接影响到其他案件的结果,美国最高法院26日要求美国联邦巡回上诉法院根据Mayo案的最新判决对某些案件重新作出审视,以考量Mayo案对已分离DNA分子可专利性认定的影响。

## 五、结语

商业方法专利的出现和发展是专利范围不断扩大的产物,在专利保护范围扩大与限制的过程中,对商业方法专利的定义、判断标准等问题会一直处于不断的调整中。商业方法专利涉及商业经营、金融管理、电子商务与生物医药等产业的利益,对其的授

---

[26] "Bilski案尘埃落定美发布专利审查备忘录",http://ip.people.com.cn/GB/12249599.html,2012年9月4日最后访问。

权和规范既要保障创新,又要防止一旦放开授权大门,随之而来的大量专利反而会限制这些领域的技术发展和市场竞争。美国联邦最高法院就是在这些顾虑中不断调整自己的判决,但时至今日也未能很好地利用判决作出明确的界定。其他国家也都根据各自的法律规定及产业利益对商业方法专利的授权条件进行规范,我国应该在深入研究各国针对商业方法专利保护政策的基础上,分析我国与商业方法有关的专利申请现状,界定商业方法专利的授权条件和审查标准。

# 美国版权法避风港制度考察

## ——以知道标准为切入点

孟兆平*

### 引言

由于技术的发展,互联网已经成为版权作品传播的重要渠道。在互联网环境中,ISP所提供的服务主要包括以下几类:第一,根据用户的指令,将信息在点与点之间进行传输;第二,为用户获取信息提供信息定位工具(information location tools);第三,在ISP提供的服务器上存储相关的信息。ISP提供的上述服务便利了版权作品的上传、传输及存储。在ISP成为作品在互联网环境中传播过程重要参与者的情况下,ISP应当为最终用户的直接侵权行为承担一定的责任这一观点已经被完全接受,但是由于ISP对信息的处理行为是基于用户发出的指令,并没有主动地对存储或传输的内容进行任何的编辑、修改或选择,在这种情况下要求ISP完全承受技术发展而带来的法律风险,由ISP完全替代用户承担所有因用户发起的信息传输行为而引致的版权侵权责任,这种处置结果将客观上有违公平的法律理念并有害于互联网产业的发展。在这种理念的指引下,围绕ISP的版权侵权责任限制,各国版权法形成了一系列的法律制度,其中以美国的规制模式为代表,即避风港制度(safe harbor)。

* 孟兆平,北京理工大学法学院讲师,北京大学法学博士。

在美国版权法的理论和实践中,ISP 避风港制度[①]是经历了若干阶段逐步成为正式制度的。在 DMCA 颁布实施之前,美国政府公布的文件中主张在 ISP 的版权侵权责任认定中采严格责任原则,不主张限制 ISP 的侵权责任;而法院的判决就相关问题也未取得明确的意见,法律规则仍处于模糊状态。为了在版权人和 ISP 的权益之间取得平衡,美国国会通过了 DMCA,DMCA 的目的是在在线版权侵权责任方面为版权权利人及 ISP 进行明确的指引。[②] DMCA 首次在版权法领域明确了 ISP 的避风港制度,即 ISP 从事某些类型的服务[③]时,必须在符合法律规定的条件下方可免除其版权侵权的损害赔偿责任。美国避风港制度中还包含有另外一个有关避风港规则适用限制的条款——知道标准,如 ISP 知道侵权行为存在,则不能免除对权利人应承担的赔偿责任。但 DMCA 中并未对如何判定 ISP 知道侵权行为的存在作出明晰的规定,而是由法院在具体案例中加以阐释。中国的 ISP 避风港制度是在借鉴美国 DMCA 的基础上制定,在其中也设置了知道标准,以此对避风港制度的适用进行限制,但基于立法固有的"宜粗不宜细"原则,《信息网络传播权保护条例》中没有对知道标准的规则适用作出明晰的规定。在一定时期内,司法实践中不同地域法院对规则的理解存在不同,未能形成一致的观点。[④] 在此背景下对美国相类似规则的形成历史及司法适用进行研究有助于还原制度的本来意义,以及在具体规则的适用中适当平衡权利人、网络服务提供者和社会公众的利益。

## 一、美国版权法避风港制度确立前对 ISP 责任的讨论

法谚有云:版权法是技术之子。技术的发展是版权法演进的根本动力,人类进入 20 世纪之后在信息传播领域最伟大的技术发明是互联网技术。美国作为互联网技术产业化发生发展的起源地,其也是互联网时代版权法问题的最初讨论者。互联网技术引发的版权法问题众多,ISP 责任界定是其中的核心。白皮书是美国试图解决 ISP 应否为用户实施侵权行为承担责任的第一步。1995 年 9 月,美国政府发布了一份题为

① 在美国的法律体系中,最初有关避风港制度的立法是 1996 年的《通信内容端正法案》(The Communication Decency Act, CDA)。在 CDA 通过之前,美国主要根据传统侵权法理论要求 ISP 承担规制网络言论的责任,在这种体制下,ISP 将对他人发布的毁谤言论负一定的审查义务。立法者担心对 ISP 课以严苛的侵权责任将导致网络领域的寒蝉效应,从而使 ISP 客观上成为网络言论的审查者,损害公民享有的言论自由。基于保护公民言论自由及促进互联网产业发展的考量,美国国会在 1996 年通过了 CDA,其中规定:如他人通过网络散布毁谤他人的言论,ISP 不须对受侵害人承担责任。由此可见,在网络言论规制领域,基于传统上对言论自由的强保护,美国对 ISP 采取的是完全责任免除。

② S. Rep. No. 105—190, at 2; H. R. Rep. No. 105—551, pt. 2, at 49—50.

③ DMCA 中具体规定四种类型的互联网服务,包括暂时性存储、系统缓存、信息存储空间和信息定位。

④ 这种情况在 2012 年最高人民法院制定《关于审理侵害信息网络传播权民事纠纷案件适用法律若干问题的规定》后有所缓解,司法解释对知道标准中"明知"以及"应知"的判定进行了规定,但相关条款是对过往司法实践经验的总结,而非规则的创设。

“知识产权与国家信息基础设施:工作组关于知识产权的报告”,学界一般称之为“白皮书”。[⑤] 白皮书中讨论了技术发展对美国版权法的影响并提出了相应的修改建议。在背景介绍部分,工作组指出技术发展对版权法提出的挑战:“以数字技术为代表的计算机技术以及以光缆技术为代表的通信技术对于版权作品的创造、复制和传播产生了深刻的影响。计算机技术与通信技术的整合并由此而产生的国家信息基础设施将对版权市场产生前所未有的挑战和机遇。”[⑥]白皮书认为要求法律对于技术发展亦步亦趋相当困难,但是版权法可以考虑采取不同的方式应对技术发展所带来的挑战,“工作组仔细考量了版权法是否适合于现阶段技术的发展。在将相关法律适用于新的使用行为、媒体及技术之时,并没有一致的答案。一些事项仅需对现行法的适用进行解释或对法律的条文进行准确的阐释即可解决。但是一些事项需要新的立法”。[⑦]

ISP 法律责任虽是当时的新生事物[⑧],但是白皮书认为无需对于版权法进行修改。在 ISP 法律责任的讨论中,白皮书对 ISP 提出的应对其责任进行限制的观点进行了概述,指出:“以 BBS 为代表的 ISP 提出新的法律制度中必须给予 ISP 免责或者为其设定一个更高的归责标准,例如 ISP 承担责任的情形限于故意且重复侵权或者服务提供者知道侵权行为存在且有能力和责任对相关行为进行控制。”[⑨]ISP 提供了若干理由支持以上的观点,例如“ISP 系统内所存在的海量信息使得控制或屏蔽不可能”以及“不为 ISP 提供保护将损害通信及信息的自由流通。”[⑩]虽然 ISP 提供了责任限制的相关理由,但是白皮书仍然将 ISP 类比为书商、录音制品商及计算机软件销售者,以上主体的版权侵权责任认定是基于严格责任原则[⑪],在线服务产业(on-line service industry)的迅速发展并不足以改变当时的版权侵权判断规则。[⑫] 白皮书同时认为每天有大量的信息在网络中传输,ISP 不可能对于每条在互联网环境中传输的信息或由他人上载的文件进行即时审查。[⑬] 但是,美国白皮书仍然认定 ISP 在监控互联网环境中的侵权行为方面

⑤ Information Infrastructure Task Force, Intellectual Property and the National Information Infrastructure: The Report of the Working Group on Intellectual Property Rights (1995). [hereinafter "*White Paper*"]

⑥ *Id.* at 7.

⑦ *Id.* at 211.

⑧ 在白皮书颁布之前,已有不少案例对 ISP 法律责任进行过讨论,典型如 Playboy Enterprises, Inc. v. Frena 案(839 F. Supp. 1552 (M. D. Fla. 1993))、Sega Enterprises Ltd. v. MAPHLA 案(857 F. Supp. 679 (N. D. Cal. 1994))及后文详述之 Netcom 案。在前述 Playboy 案和 Sega 案中,法院均认定:虽然复制行为是由用户实施的,但无论复制行为是否为故意,BBS 服务的提供者均需承担版权侵权责任。

⑨ *White Paper*, at 114.

⑩ *Id.* at 115—116.

⑪ *Id.* at 116.

⑫ *Id.* at 118.

⑬ *Id.* at 116.

处于一个较为有利的地位。[14] 基于以上,白皮书否定了 ISP 提出的责任限制观点,认为:"如果允许一类别的作品传播者在拒绝承担义务的前提下自行决定自己的侵权责任,那么这将是不公平的,同时将设定一个危险的先例。采取责任限制的方法将鼓励 ISP 对相关侵权行为采取故意无视的态度。"[15]

在白皮书颁布的同时,美国法院对互联网环境中 ISP 侵权责任的认定与限制也尝试提出自己的立场,具有代表性的典型案例是 Religious Technology Center v. Netcom On-Line Communication Services("Netcom 案")。[16] 原告 Religious Technology Center 将 BBS 运营者及为 BBS 经营者提供网络连接服务的服务者 Netcom 以版权侵权为由诉诸法院。[17] 在 Netcom 案,法院逐一分析了传统的版权侵权责任的构成要件,包括直接侵权、帮助侵权和代位侵权,并分析了相关侵权责任规则在互联网环境中的适用。法院在 Netcom 案中所分析的主要问题是为 BBS 经营者提供网络连接服务的 Netcom 是否需要为 BBS 用户所实施的版权侵权行为承担责任。法院将其分析分为以下几个部分:

(1) 直接侵权。在版权直接侵权责任的认定一节,法院认为"版权侵权是指在未经授权的情况下,他人实施版权法第 106 条所规定的版权人专有权利的行为。"[18]因此,在判定行为人是否需要承担版权直接侵权责任时是不需要考虑"行为人的意图或者任何特定的心理状态"。[19] 行为人的心理状态仅关涉法定赔偿的确定。[20] 在 Netcom 案中,法院认为用户在未经授权的情况下将版权作品上传至 BBS 运营者服务器上的行为侵犯了版权人的复制权。[21] 但是 Netcom 案的事实根本上区别于 MAI 案。在 MAI 案中,被告是积极地将相关信息从存储设备中读取至只读存储器,但是在 Netcom 案中,Netcom 作为接入服务提供者"并未采取积极的行为而只通过安装、维护相关的系统并

---

[14] *Id.* at 117.

[15] *Id.* at 122.

[16] Religious Tech. Ctr. v. Netcom On-Line Commun. Servs., 908 F. Supp. 1361 (N. D. Cal. 1995). [hereinafter "*Netcom*"] 该案的共同原告宗教科技中心和 Bridge Publications, Inc. 共同对 L. Ron Hubbard 未出版或已出版的作品享有版权。被告之一的 Erlich 在网址为 alt. religion. scientology 的 BBS 发布了原告享有版权的作品。原告在未能阻止 Erlich 停止发布作品的行为后,转而要求 BBS 的经营者 Kemesrud 和为 BBS 提供网络接入服务的 Netcom 协助阻止 Erlich 继续实施相关行为。在相关交涉未果后,原告对 Erlich 诉诸法院,并将 Kemesrud 和 Netcom 列为共同被告。

[17] *Id.* at 1365.

[18] *Id.* at 1367.

[19] *Id.*

[20] *Id.* See, e.g., Olan Mills v. Linn Photo Co., 795 F. Supp. 1423, 1437 (N. D. Iowa 1991)在后案中,法院认为行为人的主观意图仅与是否提高赔偿额相关。

[21] *Netcom*, 908 F. Supp., at 1368 (citing MAI Systems Corp. v. Peak Computer, Inc., 991 F. 2d 511 (9th Cir. 1993)). 在 MAI 案中,法院探讨了将电子信息存储在电脑的只读存储(random access memory)中是否构成侵权。Netcom 案的法院应用了 MAI 案形成的相关法律规则。

利用软件自动地发送从 *USENET* 用户处收到的信息并将相关复制件存储在系统内。”[22] 基于以上的区别,Netcom 案的法院改变了传统的版权直接侵权规则在互联网环境内的适用。根据 Netcom 案所确立的规则,ISP 通过一定的技术自动处理由用户提交的信息则不须承担直接侵权责任。

(2)帮助侵权。Netcom 案重申了帮助侵权的构成要件,即原告必须证明被告在知道侵权行为存在的情况下仍实施引诱、促成或实质性帮助行为。[23] 对于帮助侵权中的“知道”标准,Netcom 案中的原告认为 Netcom 至少在收到原告法律顾问发出的 BBS 用户实施侵权行为的通知之后应知道用户侵权行为的存在。[24] 针对原告提出的观点,法院认为在 Netcom 收到原告发出的通知之前不知晓 BBS 用户实施的侵权行为。[25] 之后法院对 Netcom 在收到原告发出的通知之后是否知道或者应当知道(knew or should have known)BBS 用户侵权行为的存在进行了分析。[26] 法院认为如果原告能够证明 Netcom 知道或者应当知道 BBS 用户的侵权行为,Netcom 将承担帮助侵权责任,原因在于其未能删除 BBS 用户实施的侵权行为而使作品的复制件通过互联网在世界范围内传播,从而实质性地参与 BBS 用户实施的侵权行为。[27] 法院拒绝了 Netcom 关于原告发出的通知必须是明确(unequivocal)的主张,但同时认为相关情势的存在将使 Netcom 不知道侵权行为存在的抗辩是合理的:作品复制件上缺少版权通知、存在合理使用抗辩或者权利人无法提供证实侵权行为可能存在的书面文件。[28] 基于以上的分析,法院采取了一个中间的(intermediate)判断标准:原告必须提供相关的证据以证明被告知道或者有理由知道侵权行为的存在是合理的。除了证明被告知道直接侵权行为存在之外,原告需要证明被告实施了引诱、促成或实质性帮助的行为[29];被告所实施的行为对于原告侵权行为的帮助必须是实质性的。[30]

(3)代位侵权。法院认为欲使 Netcom 为他人的侵权行为承担代位侵权责任,原告必须证明 Netcom 有权责控制侵权人的行为并且从侵权行为中直接获取利益。[31]

---

[22] *Id*.

[23] *Id*. at 1375. See also Gershwin Publishing Corp. v. Columbia Artists Management, Inc, 443 F.2d 1159, 1162 (2d Cir. 1971).

[24] *Netcom*, 908 F. Supp., at 1373.

[25] *Id*. at 1374.

[26] *Id*.

[27] *Id*.

[28] *Id*.

[29] *Id*. at 1375.

[30] *Id*. See also, Apple Computer, Inc. v. Microsoft Corp., 821 F. Supp. 616 625 (N.D. Cal 1993), aff'd, 35 F.3d 1435 (9th Cir. 1994); Demetriades v. Kaufmann, 690 F. Supp. 289, 294 (S.D.N.Y. 1988).

[31] *Netcom*, 908 F. Supp., at 1375. See also, Shapiro, Bernstein & Co. v. H. L. Green Co., 316 F.2d 304, 306 (2d Cir. 1963).

Netcom 案的法院并未对 Netcom 是否有权责监控 BBS 用户行为作出判定,但是明确了 Netcom 并未从第三方的侵权行为中直接获利。[32]

综上,Netcom 案体现了前 DMCA 时代美国法院在 ISP 版权侵权责任认定方面的基本观点,具体可概括为:① 法院采取与白皮书相反的立场,主张 ISP 仅仅是提供中立技术服务的情况下应承担的是间接侵权责任,而非直接侵权责任;② 法院在帮助侵权和代位侵权的判定上明确了认定 ISP 间接侵权责任认定的若干关键问题,如帮助侵权情况下知道应如何判定以及代位侵权中的"直接获益",但是由于当时的法律并未提出 ISP 的责任限制,因此法院并没有对责任限制作出认定,客观不能满足 ISP 在责任限制上的利益诉求。

## 二、DMCA 避风港制度的最终确立

白皮书发布三年后,美国国会通过了 DMCA。在 DMCA 中,美国国会摒弃了白皮书中不赞成对 ISP 责任进行限制的观点,而在第二章中创造了一系列用于限制 ISP 版权侵权责任的条款,理论上概括为避风港制度。[33] 美国众议院关于 DMCA 的报告中言明 DMCA 第二章的目的在于为 ISP 在提供服务过程中可能承担的侵权责任提供更大的确定性[34];参议院报告则认为,"目前已经有几个与 ISP 版权侵权责任相关的案例……与其对于相关规则进行批发式的澄清,参议院司法委员会决定搁置现有的法律规则而创设一系列避风港条款"。[35] DMCA 最初的草案深受美国白皮书的影响,其中并没有包含任何明晰及限制 ISP 版权侵权责任的条款。相关遗漏激起了 ISP 的反对[36],他们请求国会扩大立法的范围并且促成了多个利益团体之间的系列协商。[37] 协商的最终结果促成了 DMCA 第二章——在线版权侵权责任限制法的制定。[38] 有美国学者亦指出,避风港制度在 DMCA 中得以确立的原因是"ISP 运用其强大的实力迫使版权人和政策制定者认识到如果缺少 ISP 的支持,相关规制互联网版权责任的法律将不会产生具体的效果"。[39]

除 ISP 利益团体的游说外,ISP 责任认定与限制方面法律规则的模糊和不确定也

---

[32] *Netcom*, 908 F. Supp., at 1377.

[33] 1—5 Law of the Internet §5.03.

[34] H. R. Rep. No. 105—551, pt. 2, at 49—50 (1998).

[35] S. Rep. No. 105—190, at 19 (1998).

[36] Mike Scott, *Symposium: the Unintended Consequences of Legislating Technology: The Digital Millennium Copyright Act: Note: Safe Harbors Under the Digital Millennium Copyright Act*, 9 N. Y. U. J. Legis. & Pub. Pol'y 99, 115—116 (2005/2006).

[37] *Id.* at 116.

[38] *Id.*

[39] Mike Scott, *Safe Harbors Under the Digital Millennium Copyright Act*, 9 N. Y. U. J. Legis. & Pub. Pol'y 99, 100—101 (2005/2006).

是美国国会制定DMCA中相关避风港条款的主要动因。国会在制定DMCA第二章(在线版权侵权责任限制法)中遵循了Netcom案中法院运用的推理过程[40],并有所创新。在Netcom案的判决中,法院认为在Netcom收到原告发出的表示侵权行为存在的通知之前,Netcom应没有理由知晓侵权行为的存在。[41] 但是在Netcom收到原告发出的侵权行为存在的通知后,法院认为案件的相关事实提出了一个关键性的问题:在Netcom收到相关通知后Netcom是否知道了相关侵权行为的存在。[42] 对于这个问题,法院并未对互联网环境中的ISP课以主动监控侵权行为的责任,而是采用通知机制确立ISP对于特定侵权行为存在的知道标准。因此DMCA所采用的"通知—删除"(notice-take down)机制部分受到了法院判决的影响。Netcom法院的判决对于DMCA中避风港规则的影响还体现在知道标准的确立,即在ISP知道或者有事实或情况足以使其知道侵权行为存在的情况下,其将不能享受避风港的保护。

## 三、DMCA中避风港制度中的知道标准

在DMCA第二章中,美国国会主要立法规制了四类ISP的责任限制制度,具体是指:第一,临时性数字网络传输服务;第二,系统缓存服务;第三,信息存储服务;第四,信息定位工具服务。[43] 这些责任限制制度主要规定在DMCA第512条,该条中的四款规定均相互独立,并分别规定了ISP免责的条件。ISP符合其中任何一款规定的条件,即可以免除其需要承担的损害赔偿责任。在四类ISP的避风港制度规定中,提供信息存储服务的ISP与提供信息定位工具服务的ISP能否进入避风港,存在一个ISP是否知道侵权行为存在的判断问题,而另外两类ISP的避风港制度中则没有类似的判断要求。理论上将判断ISP是否知道侵权行为存在的标准概括为"知道标准"。

知道标准规定在DMCA的第512(c)条和第512(d)条的责任限制条款中。DMCA第512(c)条作如下规定:

(c) 根据用户的指示将信息存储在信息或网络中

(1) 通则。ISP不须为下述他人实施的行为承担侵权责任:根据用户的指示将信息存储在由相关ISP控制或运营的系统或网络中的行为。只要ISP的行为满足如下要件:

(A) (i) 实际上不知道材料或利用相关材料的行为是侵权行为;

(ii) 在实际不知道的情况下,没有意识到能够从中明显推知侵权行为的事实或情况;

---

[40] Michael L. Rustad, INTERNET LAW 316 (Thomson Reuters, 2009).

[41] *Netcom*, 908 F. Supp. at 1374.

[42] *Id.* at 1375.

[43] *Id.*

(iii) 在知道或意识到相关侵权行为存在时,及时删除相关材料或断开相关材料的链接。[44]

第512(d)条基本用相同的语言对提供信息定位工具服务的ISP能够得到避风港规则保护的知道标准进行了规定。[45] 因此,在根据DMCA第512条(c)、(d)的规定,当ISP提供信息存储或信息定位服务时,ISP需要享受安全港(safe harbor)保护必须符合法律中明确规定的知道标准。根据以上,DMCA中规定了三种不同类别的知道标准,在ISP的行为符合知道标准的情况下,其将不受避风港制度的保护,可能须为他人实施的版权侵权行为承担法律责任。这三类知道标准分别是:(1) ISP实际上知道侵权行为的存在[46];(2) ISP意识到能够从中明显推知侵权行为存在的事实或情况,这在国会两院关于DMCA的报告中被界定为所谓的"红旗标准"(red flag)[47];(3) 第三类"知道"则产生与版权权利人及其代理人所发出的合法通知。[48]

但是在DMCA中,相关条款并未明确"实际上知道"和"红旗标准"在具体案例中应如何适用,引发了版权权利人与ISP关于条款的不同解读。基于维护自身合法权益和利益最大化的根本追求,版权权利人认为ISP对于互联网环境中存在大量的未经授权作品使用行为应有一般的认知(general knowledge),而这种认知足以使ISP不能受避风港制度的保护。而ISP则通常以其提供的服务是中立的进行抗辩,认为DMCA中有关知道标准的适用应建立在其对具体侵权行为的认知上。

## 四、知道标准适用的理论和实践分析

众所周知,互联网采取的是去中心化的技术架构,这种架构使得版权人无法有效地控制作品的传播,因此,在互联网环境中无授权使用版权作品成为普遍的现象。那么是否可以将ISP对于互联网环境中版权侵权行为的一般认知认定为"知道",进而使ISP无法受到避风港规则的保护?在美国DMCA下,如果将一般认知作为认定ISP是否受避风港规则保护的标准,那么势必使ISP采取更为积极的政策监控用户的在线行为。这种结果在根本上违反了DMCA第512(m)条的规定,即ISP并不负有直接监管

[44] 17 U.S.C. §512(c)(1)(A).

[45] 17 U.S.C. §512(d).

[46] 17 U.S.C. §512(c)(1)(A)(i); 17 U.S.C. §512(d)(1)(A).

[47] 17 U.S.C. §512(c)(1)(A)(ii); 17 U.S.C. §512(d)(1)(B).

[48] 17 U.S.C. §512(c)(1)(C); 17 U.S.C. §512(d)(3).

用户在线行为义务。[49] 因此,从逻辑分析的角度出发,在美国 DMCA 下,如果要使 ISP 的行为构成“知道”,版权人需要承担较重的举证责任。

由于法律条文中并未给出明确的指引,可以推论国会将给出明确指引的任务交给了法院。DMCA 颁布已有十多年,但是美国法院仅有少数的案子与避风港规则中知道标准的适用相关。在这些案子中,没有一个案子认为“对侵权行为的一般认知”将构成“知道”,主审法院均要求原告证明被告对于侵权行为的“特定认知”(particularized knowledge of infringing activities)。[50] 在美国法上,知道标准的适用条件非常严格,以至于有学者指出:“除非在线服务提供者收到了符合法定要求的通知,版权人几乎难以证明在线服务提供者存在知道之情形”。[51] 在相关案例中,有以下四个与知道标准适用相关的重要案例:

1. Perfect10 案[52]

本案主要涉及知道标准中“红旗标准”的适用。在该案中,原告 Perfect 10 是一家成人娱乐杂志的出版商,同时是订阅网站 perfect10. com 的所有者。其主张被告 CCBill 和 CWIE 向张贴原告享有版权的图片的网站提供服务的行为构成侵权行为。[53] 原告认为两被告的以下行为使其已经满足了“红旗标准”的要求:(1) 其为“illegal. net”和

---

[49] 17 U.S.C. §512 (m). “Nothing in this section shall be construed to condition the applicability of subscetion (a) through (d) on- (1) a service provider monitoring its service or affirmatively seeking facts indicating infringing activity, …; (2) a service gain access to, removing, or disabling access to material in cases in which such conduct is prohibited by law.”根据以上,该款明确规定避风港规则的适用不受以下情况的影响:第一,网络服务提供者采取积极的行为寻找能够证实有侵权行为存在的实施;第二,网络服务提供商对于法律明文禁止的材料进行删除或断开链接的行为。随着互联网环境中版权侵权行为的多发,美国在关于 ISP 不承担主动监管义务有所改变,美国版权利益群体积极推动国会立法,试图要求加重 ISP 在主动监管其所运营网络中发生侵权行为的责任。美国 2008 年之后相关法律案均较多地涉及了 ISP 对用户在线行为负审查义务的规定。例如,2011 年 10 月 26 日,美国国会两党代表向美国众议院提交了《停止在线盗版法案》(the Stop Online Piracy Act, SOPA)。法案以 2008 年《优化知识产权资源和组织法案》(the Prioritizing Resource and Organization for Intellectual Property Act of 2008, PRO-IP Act of 2008)及 2011 年《制止对经济创新力的在线威胁以及对知识产权的侵犯法案》(the Preventing Real Online Threats to Economic Creativity and Theft of Intellectual Property Act of 2011, PROTECT IP Act)为基础,进一步增强了美国执法部门及版权权利人打击在线版权侵权行为的能力。SOPA 一旦获得通过,法院将有权基于美国司法部及版权权利人的请求对版权侵权网站颁发禁令,同时亦有权根据案情颁发如下禁令:要求在线广告或支付提供者与侵权网站停止交易;要求搜索引擎断开与侵权网站链接;要求 ISP 屏蔽与侵权网站的链接。SOPA 将未经授权以流媒体的方式提供版权内容作为重罪并对主动对侵权网站采取行动的 ISP 提供豁免保护。法案一经公布,即引起了以谷歌、雅虎、Facebook、Twitter 为代表的互联网巨头的反对。

[50] Edward Lee, *Decoding the DMCA Safe Harbors*, 32 Colum. J. L. & Arts 233, 256 (2009).

[51] Liliana Chang, *The Red Flag Test for Apparent Knowledge under the DMCA 512(C) Safe Harbor*, 28 Cardozo Arts & Ent. L. J. 195, 203 (2010). 转引自梁志文:“我国法上的避风港原则:利益失衡与立法完善”,载《电子知识产权》2011 年第 9 期,页 38。

[52] Perfect 10, Inc. v. CCBill LLC, 488 F.3d 1102 (9th Cir. Cal. 2007). [hereinafter “*Perfect 10*”]

[53] *Id.* at 1108.

“*stolencelebritypics. com*”提供服务;(2)为一些专门从事窃取密码的网站提供主机服务。[54] 主审法院逐一对原告的主张进行了分析,其认为:(1)相关网站将网站中张贴的图片标示为“非法的”或者“窃取的”可能是一种增加猥亵(salacious)感觉的尝试,并不是一种对于相关图片系非法取得的自认,且对于相关图片是否为违法的判定应由服务提供者承担[55];(2)ISP不负有主动调查密码窃取网站的义务,而且一个网站要满足“红旗标准”,必须是该网站知道或积极促成用户侵犯他人的版权,且判断相关网站上存储的密码是否促成侵权行为必须由网站的运营者负责。[56]

2. Corbis案[57]

在本案中,作为原告的Corbis将美国电子商务巨头Amazon及在Amazon上从事图片销售业务的商户诉诸法院,其主张由Amazon张贴在IMDb. com上的两张图片以及相关商户销售的图片侵犯了其对图片享有的版权。[58] Corbis主张Amazon构成直接侵权和替代侵权,Amazon以DMCA中的避风港条款进行抗辩。Corbis对于Amazon的抗辩予以反驳,其认为Amazon因其知道或者应当知道商户侵权行为的存在而不应受避风港条款的保护。[59] 在Corbis案中,有一个细节需要注意,Corbis并没有利用DMCA中的通知机制通知Amazon在其运营的网络中存在侵权行为[60],但是Corbis案的主审法院认定Corbis仍然可以证明Amazon“实际上知道或者应知侵权行为的存在”。[61] 在对于Amazon实际上知道侵权行为存在的判定过程中,法院认为Corbis并未提供足够的证据证明“Amazon公司实际上知道特定(specific)的商户正在销售侵犯Corbis享有版权的商品”。[62] 而在对于Amazon是否应知侵权行为存在的判断上,法院要求Corbis提供证据证明Amazon对“显而易见的侵权行为视而不见”(turn a blind eye to red flag of obvious infringement)。[63] 法院在引用众议院关于DMCA的报告后,认为“国会对于显而易见侵权行为的认定标准是比较高的”。[64]

3. eBay案[65]

虽然Tiffany v. eBay一案是在线商标侵权案例,但是在2010年,主审Viacom案的

---

[54] *Id.* at 1114.

[55] *Id.*

[56] *Id.*

[57] Corbis Corp. v. Amazon. com, Inc., 351 F. Supp. 2d 1090 (2004). [hereinafter “*Corbis*”]

[58] *Id.* at 1093.

[59] *Id.* at 1107.

[60] *Id.*

[61] *Id.*

[62] *Id.* at 1108.

[63] *Id.*

[64] Edward Lee, *Decoding the DMCA Safe Harbors*, 32 Colum. J. L. & Arts 233, 257 (2009).

[65] Tiffany Inc. v. eBay, Inc., 576 F. Supp. 2d, 463 (2008). [hereinafter “*eBay*”]

法院将其作为主要先例加以引用,并利用 eBay 一案判决的法理构建了美国版权法下知道标准的判断规则。在 eBay 案中,主审法院认定:eBay 作为在线市场的运营者不能仅因其对网站中发生的商标侵权行为的一般认知而被认定为侵犯商标权。与美国版权法中的间接侵权理论类似,商标帮助侵权理论没有在美国商标法(或称兰哈姆法)中规定,而主要通过法院的判例加以发展。在 eBay 案中,Tiffany 以 eBay 运营的网站中存在出售假冒 Tiffany 银制珠宝。[66] 在商标权间接侵权的判定中,主审法院主要引用了美国联邦最高法院在 Inwood Laboratories, Inc. v. Ives Laboratories, Inc. 一案中所采用的判断规则[67],即"当制造商或销售商诱使他人侵犯商标,或当制造商或销售商知道或有理由知道(knows or has reason to know)其所提供商品的对象正在从事侵犯商标权的行为,制造商或销售商将为因侵犯商标权行为导致的损害承担间接侵权责任"。[68] 主审法院利用 Inwood 确立的标准判定"Tiffany 所主张的 eBay 对其所运营的网络中存在的商标侵权行为的一般认知不足以认定 eBay 知道或者有理由知道涉案侵权行为的存在"。[69]

4. Viacom 案[70]

Viacom v. YouTube 一案是美国法院近年来首个在判决中直接阐明法院在司法实践中如何适用 DMCA 中的知道标准确定 ISP 的间接侵权责任。YouTube 为谷歌公司所控制,其主营业务是为用户提供可上传、浏览视频的网站。Viacom 作为权利人,其主张 YouTube 网站上存在大量未经权利人许可的视频。YouTube 在接到 Viacom 发出的有关网站中存在的特定侵权视频的通知后立即将相关内容予以删除。Viacom 认为 YouTube 对于网站内广泛存在的侵权行为的一般认知构成"知道",因此 YouTube 不受避风港规则的保护。在 Viacom 案中,主审法院所需要解决的关键性问题是:"DMCA 第 512(c)(1)(A)(i)—(ii)条中'实际上知道系统或网络中的材料或利用材料的行为是侵权的'以及'意识到能够从中明显推知侵权行为存在的事实或情况'的具体含义究竟是指对于侵权行为的一般认知,抑或是指对于特定的且可识别的侵权行为的明知或应知(actual or constructive knowledge of specific and identifiable infringement of individual items)"。[71] 主审法院认为当 ISP 知道特定侵权行为存在之时,其必须迅速的删除侵权的材料;如果 ISP 并不知道特定侵权行为的存在,版权人应当承担确定相关侵权行为存在的责任。对于侵权行为普遍存在的一般认知不足以使 ISP 有义务监控或搜寻其

---

[66] *Id.* at 469.

[67] *Id.* at 501—502.

[68] *Id.* at 502.

[69] *Id.*

[70] Viacom Int'l, Inc. v. YouTube, Inc., 718 F. Supp. 2d 514 (2010). [hereinafter "*Viacom*"]

[71] *Id.* at 519.

所提供服务中存在的侵权行为。[72] 从以上可以看出,Viacom 的一审主审法院采取了前述 eBay 案所确定的基本规则,不支持版权人提出的所谓"对于普遍存在侵权行为的一般认知将导致 ISP 丧失 DMCA 避风港规则的保护"的主张。Viacom 案判决后,Viacom 向美国联邦第二巡回上诉法院提起上诉,上诉法院经审理后,虽然判决部分撤销了一审法院作出的即席判决,但在有关知道标准的论述中明确支持了一审法院作出的判定。上诉法院在判决中认定:"基于对于版权法第 512(c)(1)(A)条文本的解读以及在这个问题上有限的判例法,我们肯认地区法院的判决,即如果 ISP 实际上知道或者客观的事实和情况使其知道特定的且可识别的侵权行为(actual knowledge or awareness of facts or circumstances that indicate specific and identifiable instances of infringement),这样足以使 ISP 不受避风港制度的保护。"[73]

**代结语:中国避风港制度的实际运行**

中国在 2001 年修订《著作权法》时为适应传播技术的发展增设了"信息网络传播权",并授权国务院就具体适用制定条例。2006 年国务院制定的《信息网络传播权保护条例》在吸收借鉴美国 DMCA 相关制度的基础上为 ISP 设立了避风港制度。[74]

| ISP 类型 | 免责条件 | 备注 |
| --- | --- | --- |
| 提供网络自动接入服务或提供自动传输服务(《条例》第 20 条) | 1. 未选择并且未改变所传输的作品、表演、录音录像制品<br>2. 向指定的服务对象提供该作品、表演、录音录像制品,并防止指定的服务对象以外的其他人获得 | |
| 提供自动存储服务(《条例》第 21 条) | 1. 未改变自动存储的作品、表演、录音录像制品<br>2. 不影响提供作品、表演、录音录像制品的原网络服务提供者掌握服务对象获取该作品、表演、录音录像制品的情况…… | |

[72] *Id.* at 525.

[73] Viacom Int'l, Inc. v. Youtube, Inc., 676 F.3d 19, 32 (2d Cir. N.Y. 2012).

[74] 避风港制度规定在《信息网络传播权保护条例》第 20 条至第 23 条,规定了四类网络服务提供者可受避风港规则保护的条件,这些网络服务提供者提供的服务包括网络自动接入服务、系统缓存服务、信息存储空间服务、搜索或者链接服务。

(续表)

| ISP类型 | 免责条件 | 备注 |
|---|---|---|
| 提供信息存储空间(《条例》第22条) | 1. 明确标示该信息存储空间是为服务对象所提供,并公开网络服务提供者的名称、联系人、网络地址<br>2. ……<br>3. 不知道也没有合理理由应当知道服务对象提供的作品、表演、录音录像制品侵权<br>4. 未从服务对象提供作品、表演、录音录像制品中直接获得经济利益<br>5. 在接到权利人的通知书后,根据本条例规定删除权利人认为侵权的作品、表演、录音录像制品 | 1. 中国法下的知道标准:第一,知道侵权行为存在;第二,有合理理由应当知道侵权行为存在(红旗标准);第三,通知后产生的知道<br>2. 通知—删除制度[75] |
| 提供搜索或链接服务(《条例》第23条) | 在接到权利人的通知书后,根据本条例规定断开与侵权的作品、表演、录音录像制品的链接的,不承担赔偿责任 | 1.《条例》第23条规定中知道标准,但与第22条所使用的语词不同:第一,明知侵权行为存在;第二,应知侵权行为存在(红旗标准);第三,通知后产生的知道<br>2. 通知—删除制度 |

同时为了平衡权利人、网络服务提供者之间的利益,条例亦规定了相关的知道标准对避风港制度的适用进行限制。条例中的知道标准与美国DMCA基本相同,共分为三类[76]:

| DMCA中的知道标准 | 中国《信息网络传播权保护条例》 |
|---|---|
| ISP实际上知道侵权行为的存在 | 1.《条例》第22条,不知道服务对象提供的作品、表演、录音录像制品侵权<br>2.《条例》第23条,明知所链接的作品、表演、录音录像制品侵权 |

[75] "通知—删除"制度最初规定在2005年由国家版权局和信息产业部颁布的《互联网著作权行政保护办法》第5条、第7—9条中。

[76] 在美国法中,并没有发现与中国法律中"知道"的相同用词,但是从美国法律的本义及相关判例进行分析,我们可以把"实际上知道"等同于"明知"或"知道"。

（续表）

| DMCA 中的知道标准 | 中国《信息网络传播权保护条例》 |
| --- | --- |
| ISP 意识到能够从中明显推知侵权行为存在的事实或情况（红旗标准） | 1.《条例》第 22 条，没有合理的理由应当知道服务对象提供的作品、表演、录音录像制品侵权<br>2.《条例》第 23 条，应知所链接的作品、表演、录音录像制品侵权 |
| 版权权利人及其代理人所发出的合法通知 | 《条例》第 22 条、第 23 条，在接到权利人的通知书后，根据本条例规定删除权利人认为侵权的作品、表演、录音录像制品 |

在司法实践中引发较多争议的是《条例》的第 22 条至第 23 条中规定的知道标准应如何判定的问题，如第 22 条中规定的"不知道也没有合理的理由应当知道服务对象提供的作品、表演、录音录像制品侵权"，以及第 23 条中规定的"明知或者应知所链接的作品、表演、录音录像制品侵权的，应当承担共同侵权责任"。在诉讼过程中，权利人与 ISP 之间的关键冲突点表现为：ISP 对于权利人有关侵权的起诉以避风港规则进行抗辩；而权利人则以 ISP 的行为已符合避风港条款中的知道标准，避风港规则不能适用。由于有关知道标准的规范性法律文件中并没有对判断的标准作出界定，因此法院在具体案件的裁判中主要依据 ISP 所采取的商业模式而对知道标准作出个案的解读。北京和上海作为互联网产业发达的地区，集中了大部分的 ISP，因此受案件管辖权规则的影响[77]，权利人一般选择在北京和上海两个地区的法院提起告诉：对于提供信息存储空间的 ISP 的告诉主要集中在上海法院，对于提供搜索或链接服务的 ISP 的告诉则主要集中在北京法院。案件的集中使得两个地区的法院分别主导了避风港规则在具体

[77] 根据最高人民法院《关于审理涉及计算机网络著作权纠纷案件适用法律若干问题的解释》第 1 条的规定，网络著作权侵权案件由侵权行为地或被告住所地人民法院管辖。侵权行为地包括实施被诉侵权行为的网络服务器、计算机终端等设备所在地。对难以确定侵权行为地和被告住所地的，原告发现侵权内容的计算机终端等设备所在地可以视为侵权行为地。由此可见，中国在互联网环境中著作权案件的管辖仍然依据传统的原告就被告原则，但在侵权行为地的判断上引入了服务器、计算机终端所在地。只有在极为有限的情况下，原告才可能在发现侵权内容的所在地提起告诉，这种情况下一般就是原告的所在地。人民法院采取的这种管辖权原则与美国采取的管辖权不同。美国在面对因互联网发展而产生的法院管辖权问题时，通过法院判例的方式确定了若干判定的法律规则。在互联网发生发展的初期，美国法院通过 Zippo Manufacturing v. Zippo Dot Com 一案确立了 ZIPPO 标准，此案例主要针对互联网行为人的经营模式确定法院是否可对外法域的行为人行使管辖权：如行为人通过互联网积极主动地为特定法域的受众提供信息，那么该法域中的法院对行为人行使管辖权是适当的；如行为人仅是被动地通过互联网张贴信息，位于外法域的受众自行获取信息，那么外法域的法院不可对行为人行使管辖权；除以上两种情形外，如行为人通过交互式的方式为外法域的受众提供服务，法院的管辖权则须根据交互的程度以及相关信息交换的商业性质进行确定。随着互联网技术的发展，现阶段的互联网服务绝大部分以交互式为主，法院因此逐步改变对 ZIPPO 标准的遵循，转而根据美国最高法院在 Calder v. Jones 一案中确立的法律效果分析标准，即法院转而分析相关行为对特定法域所产生的影响。

案例中的适用并形成了一系列规则,这些规则客观上对 ISP 商业模式产生了客观影响。ISP 根据法院的判决不断调整商业模式,以规避著作权侵权风险。

由于互联网环境中存在海量的信息传播行为,网站存在大量的侵权行为是一个客观事实,而上海法院则倾向于将 ISP 对于侵权行为的一般认知等同于 ISP 存在过错,因此红旗标准的门槛是非常低的。这种关于红旗标准的司法适用标准实质上要求 ISP 承担较重的审查义务,其需要负责监控网站中所发生的侵权行为。在上海法院形成的司法规则作用下,权利人举证证明 ISP 存在过错较为容易。[78] 北京地区法院在有关《条例》第 23 条的适用中对于提供搜索或链接服务的 ISP 并没有要求其承担对于信息的一般审查义务,而是要求权利人以发出通知的方式使 ISP 对侵权行为处于知道的状态,ISP 须根据权利人的通知及时实施删除或断链行为。如果 ISP 未能实施相关的行为,ISP 就不能免除赔偿责任。同时,北京法院在相关案件中提出了对侵权行为的一般认知不应构成"明知或应知"的判断依据,权利人发出的通知应使 ISP 知悉特定作品、表演或录音录像制品是否侵权。[79]

上述不同地区法院的观点分歧并未在最高人民法院于 2012 年发布的《关于审理侵害信息网络传播权民事纠纷案件适用法律若干问题的规定》得以解决,相信美国法院在具体案例中所持的观点可以成为中国将来类似案件处理的参照。

---

[78] 参见上海市第一中级人民法院(2007)沪一中民五(知)初字第 129 号民事判决书;上海市第一中级人民法院(2009)沪一中民五(知)终字第 19 号民事判决书;上海市浦东新区人民法院(2010)浦民三(知)初字第 232 号民事判决书等。

[79] 参见北京市第一中级人民法院(2008)一中民初字第 5026 号民事判决书。

# 时差对现有技术的影响

李　燕　孙方涛　李晓利*

## 一、问题的引出:"手机背盖"专利无效案

### (一) 案情介绍

涉案专利是一件名称为"手机背盖"的外观设计专利(专利号:200530004713),专利权人为"诺基亚有限公司",申请日为2005年2月15日,优先权日为2004年8月17日,优先权文件是美国申请,该专利于2005年12月14日由中国专利局公告授权。

2006年7月17日,深圳天时达移动通讯工业发展有限公司(以下称"无效宣告请求人")针对该专利向专利复审委员会提出无效宣告请求,无效理由为该专利存在在先设计,不符合《中华人民共和国专利法》第23条的规定。无效宣告请求人提交了一份网页公证书(被称为"附件4"),该证据证明标题为《诺基亚7610兄弟机器7260真机现身》的文章及图片已于北京时间2004年8月17日9时45分27秒在互联网(中关村在线重庆站,网站使用东八区的时间)上公开。无效宣告请求人主张:北京时间2004年8月17日9时45分对应美国时间2004年8月16日,早于该专利的优先权日2004年8月17日,因此上述互联网公开破坏了该专利的新颖性。

### (二) 无效决定

专利复审委员会作出的第10616号无效决定认可无效宣告请求人的主张,认为:基于时差的判断,北京时间2004年8月17日9时45分在理论上对应于美国东部时间(也是美国最早的时间)2004年8月16日20时45分,对应于美国法定时间2004年8

* 李燕,国家知识产权局专利局专利审查协作北京中心审查员,工学硕士,助理研究员;孙方涛,国家知识产权局专利局专利审查协作北京中心审查员,法律硕士、工学硕士,副研究员,工程师;李晓利,国家知识产权局专利局专利审查协作北京中心审查员,工学硕士,助理研究员。三位作者对本文的贡献相同,虽排名有先后,但同为第一作者。

月16日21时45分。[①] 因此,北京时间2004年8月17日9时45分应是美国官方时间2004年8月16日,在本专利优先权日之前。

(三) 一审

北京市第一中级人民法院判决书认为,鉴于本案系依据《中华人民共和国专利法》判断在我国申请专利的专利性,故互联网信息公布时间的确定应以北京时间为基准。现有证据表明附件4中所记载的外观设计(即诺基亚7260手机图片)在我国网站上载,根据上载时间确定其公开日期为2004年8月17日,与本专利的优先权日为同一日。专利复审委员会将北京时间转换为美国官方时间再与本专利优先权日进行比较,进而认定附件4中所记载外观设计的公开日期早于本专利优先权日的做法没有法律依据,其认定是错误的。

(四) 二审

北京市高级人民法院(2009)高行终字第232号判决书同样也认为,无效宣告请求人向专利复审委员会提交的证据中,作为在先设计的诺基亚7260手机图片公开日期与涉案专利优先权日为同一日,均为2004年8月17日,因此不能作为涉案专利的在先设计。

(五) 争议的焦点

该案例争议的焦点在于:对于享受了外国优先权的申请,当首次申请所在地的时区与对比文件公开所在地的时区不同时:(1) 是否进行时差转换?(2) 如果进行时差转换,如何转换?这两个问题的解答直接影响现有技术的确定,进而对判断在国内外为公众所知的技术(以下用对比文件举例说明)是否构成现有技术产生影响。

## 二、美国、日本以及欧洲对时差的考虑

### (一) 美国专利商标局的规定

美国专利商标局规定:一件申请的申请日是美国专利商标局接收到该申请的日期,美国专利商标局位于美国东部标准时区,通过EFS-Web(类似于中国的电子申请系统)向美国专利商标局提交申请的申请日将是美国专利商标局接收到该提交时的东部标准时区的日期。例如,身处加利福尼亚的申请人于加利福尼亚所使用的太平洋时间5月1号晚上10点通过EFS-Web系统向美国专利商标局提交一份专利申请,美国专利商标局于东部标准时间5月2日早晨1点接收到该申请文件,从而确定该专利申请的申请日为5月2日。然而,如果申请人通过美国邮政管理局(USPS)使用特快专递邮寄该专利申请,那么直到在申请人所处本地时区的5月1号午夜之前,例如加利福尼亚

① 由于美国具有多个时区,还存在夏时制,时差的计算较复杂。本文将美国的时区的时间统一称为美国法定时间,假定中国和美国之间的时差为12个小时。

所使用的太平洋时间5月1号晚上10点,提交该申请,该申请的申请日仍然为5月1日。②

由上述规定可知,对于电子专利申请,申请日的确定是以美国专利商标局收到申请文件时美国专利商标局所在的时区的日期为标准,对于通过官方机构如邮局寄出的专利申请,以邮局所在地时区确定申请日。通过上述例子可知,如果申请提交地所在时区与美国专利商标局所在时区存在时差,使用EFS-Web系统与使用特快专递提交申请可能获得不同的申请日(相差一天)。

(二)日本专利局的规定

对于2000年1月1日之后向日本专利局提交的申请,《日本专利局审查指南》中"关于互联网等电子技术信息公开日期的确定"规定:互联网上的电子技术信息的公开日期如果在申请日之前,则公开的电子技术信息会构成现有技术。在确定所引用的电子技术信息的公开时间时,将公开该信息的互联网所处的国家或地区的本地时间转换为日本标准时间。

由上述规定可知,日本专利局在确定互联网等电子技术信息的公开日期时,将技术信息公开所在地的本地时间转换为日本标准时间,即在确定对比文件的公开日期时考虑了时区和时差因素。

(三)欧洲专利局的规定

《欧洲专利局审查指南》关于公开日期的解释(interpret a publication date)与时区的关系的规定:如果公开日期接近相关优先权日期,则公开所在时区对于解释公开日期是至关重要的。当引用互联网上公开的文件时,审查员应当对如何以及在何处获取公开日期进行解释。

由上述规定可知,欧洲专利局认为在文件的公开日期与优先权日非常接近时,公开所在地所处时区对公开日期的解释具有显著的影响。在这种情况下,是否考虑时差可能直接影响公开文件是否构成现有技术的判断,最终影响一件专利申请的命运。

## 三、考虑时差因素的必要性

在贝尔和格雷之间的电话发明权之争中,当时的美国联邦最高法院根据贝尔比格雷早几个小时提交了专利申请等因素裁定贝尔为电话的发明者。可见,有时候几个小时也非常重要,而时差可能导致相差一天。

从实然的角度而言,美国专利商标局、欧洲专利局和日本专利局都注意到了时差的问题,并给出了一些解决方案。

从应然的角度而言,如果不考虑时差因素会出现以下两个问题:

② 相关规定和案例参见 http://www.uspto.gov/patents/process/file/efs/guidance/New_legal_framework.jsp,2012年9月14日最后访问。

(1) 在后的公开成为现有技术。例如,申请人在中国于北京时间2008年8月8日8时00分向中国专利局提交了一件专利申请A,中国专利申请A的申请日是2008年8月8日;一个小时之后向采用美国本地时间的网络服务器上传了包括申请A的技术方案的会议提案B,提案B在网络上即时公开。由于时差的存在,提案B的公开时间是美国当地时间2008年8月7日21时00分。在不考虑时差的情况下,提案B构成中国专利申请A的现有技术;但事实上,提案B的公开时间晚于申请A的提交时间,不应该构成现有技术。

(2) 同时申请构成抵触申请。例如,申请人a和b同时于北京时间2008年8月8日8时00分以电子申请的方式分别向中国专利局和美国专利商标局提交申请A和B,a的中国申请A的申请日将是2008年8月8日,b的美国申请B的申请日将是2008年8月7日。[③] 如果b以其美国申请B作为优先权在中国申请专利B,在不考虑时差的情况下,B在时间上构成A的抵触申请。

因此本文认为考虑时差因素有其必要性。

但是,出于成本、效率和目前现状的考虑,对每一件专利申请都考虑时差是难以实现的。在不考虑时差会损害申请人或社会公众的利益的情况下,为了实现专利制度的目的之一,即平衡申请人和社会公众的利益,如果主张考虑时差的一方能够提供精确的提交时间或对比文件公开时间,则有必要根据时差对相关日期进行转换。即在实际操作中,我们以不考虑时差因素为原则,以考虑时差因素为例外,通常情况下不考虑时差因素的影响,特殊情况下考虑时差因素的影响。在举证责任分配上,由主张考虑时差因素的一方承担举证责任,在举证不能的情况下,不考虑时差因素。

## 四、时差转换方法不同,现有技术不同

### (一) 三种时差转换方法

在现有技术的确定中,可能涉及三个时间,即首次申请的时间、在后申请的时间和对比文件公开的时间。因此可能涉及三个时区,即首次申请所在地的时区、在后申请所在地的时区和对比文件公开所在地的时区。本文提及的三种时差转换方法分别为以首次申请所在地的时区、在后申请所在地的时区和对比文件公开所在地的时区为基准,将另外两个时间转换到基准时间所在的时区。

为便于理解,我们以举例的方式讨论首次申请所在地、在后申请所在地以及对比文件公开所在地均处于不同时区的情况下,不同的时差转换方法对优先权是否成立以及对比文件是否构成现有技术所产生的影响。

假设申请人甲于东京时间2007年7月16日向日本专利局提交首次申请A,并于

③ 通过EFS-Web向美国专利商标局提交申请的申请日将是美国专利商标局接收到该提交时的东部标准时区的日期。

北京时间 2008 年 7 月 16 日向中国专利局提交相同主题的在后申请 B,其要求首次申请 A 的优先权,A 和 B 均为发明专利申请,中国审查员检索到与申请 B 内容相同的学术论文 C 于美国官方时间 2007 年 7 月 15 日在位于美国的互联网服务器上公开。

在不考虑时差的情况下,由于优先权期限在规定的 12 个月内,申请 B 要求的优先权成立,并且由于学术论文 C 的公开日期 2007 年 7 月 15 日早于申请 B 的优先权日 2007 年 7 月 16 日,因此 C 构成申请 B 的现有技术,影响申请 B 的新颖性。

下面探讨在考虑时差的情况下,三种时差转换方法带来的影响。

1. 以在后申请所在地的时区为基准,将首次申请所在地的时间及对比文件公开所在地的时间转换为在后申请所在地的时间

如果首次申请 A 的提交时间在日本东京时间 2007 年 7 月 16 日 1 时之前,如 2007 年 7 月 16 日 0 时 30 分,日本东京时间 2007 年 7 月 16 日 0 时 30 分对应北京时间 2007 年 7 月 15 日 23 时 30 分,由此确定申请 B 要求的优先权日为北京时间 2007 年 7 月 15 日,而申请 B 的提交日为北京时间 2008 年 7 月 16 日,优先权期限超出了规定的 12 个月,申请 B 要求的优先权不成立,从而确定申请 B 的申请日为 2008 年 7 月 16 日。此时,无论是否考虑美国官方时间与北京时间之间的时差,学术论文 C 的公开日期均早于申请 B 的申请日 2008 年 7 月 16 日,因而 C 构成申请 B 的现有技术。

如果首次申请 A 的提交时间在日本东京时间 2007 年 7 月 16 日 1 时之后,如 2007 年 7 月 16 日 16 时 30 分,日本东京时间 2007 年 7 月 16 日 16 时 30 分对应北京时间 2007 年 7 月 16 日 15 时 30 分,由此确定申请 B 要求的优先权日为北京时间 2007 年 7 月 16 日,同时申请 B 的提交日为北京时间 2008 年 7 月 16 日,优先权期限在规定的 12 个月内,申请 B 要求的优先权成立,从而确定申请 B 的申请日为 2007 年 7 月 16 日。这种情况下,是否考虑美国官方时间与北京时间之间的时差将可能对确定学术论文 C 是否构成申请 B 的现有技术产生影响,具体分析如下:① 如果学术论文 C 于美国官方时间 2007 年 7 月 15 日 12 时之后公开,如 2007 年 7 月 15 日 17 时 30 分,美国官方时间 2007 年 7 月 15 日 17 时 30 分对应于北京时间 2007 年 7 月 16 日 5 时 30 分,由此确定学术论文 C 的公开日期为北京时间 2007 年 7 月 16 日,由于学术论文 C 的公开日与申请 B 的申请日为同一天,因此不能构成申请 B 的现有技术。② 如果学术论文 C 于美国官方时间 2007 年 7 月 15 日 12 时之前公开,如 2007 年 7 月 15 日 5 时 30 分,美国官方时间 2007 年 7 月 15 日 5 时 30 分对应于北京时间 2007 年 7 月 15 日 17 时 30 分,由此确定学术论文 C 的公开日期为北京时间 2007 年 7 月 15 日,早于申请 B 的申请日 2007 年 7 月 16 日,从而构成申请 B 的现有技术。

上述分析采用了将首次申请所在地时间及对比文件公开所在地时间转换为在后申请所在地时间的时差转换方法。当首次申请所在地的时间早于在后申请所在地的时间时,根据首次申请所在地、在后申请所在地和对比文件公开所在地这三者之间的

时差,以及首次申请提交的具体时刻和对比文件公开的具体时刻,利用上述时差转换方法会对判断优先权是否成立以及对比文件能否构成现有技术带来影响。

2. 以首次申请所在地的时区为基准,将在后申请所在地的时间及对比文件公开所在地的时间转换为首次申请所在地的时间

下面继续根据前述假设案例进行分析。

如果在后申请 B 于北京时间 2008 年 7 月 16 日 23 点之后提交,如 2008 年 7 月 16 日 23 点 20 分,北京时间 2008 年 7 月 16 日 23 点 20 分对应于日本东京时间 2008 年 7 月 17 日 0 点 20 分,由此确定在后申请 B 的提交日为日本东京时间 2008 年 7 月 17 日,而首次申请 A 的提交日为东京时间 2007 年 7 月 16 日,优先权期限超出了规定的 12 个月,因此申请 B 要求的优先权不成立,从而确定申请 B 的申请日为东京时间 2008 年 7 月 17 日。这种情况下,无论是否考虑美国官方时间与日本东京时间之间的时差,学术论文 C 的公开日期均早于申请 B 的申请日 2008 年 7 月 17 日,因而 C 构成申请 B 的现有技术。

如果在后申请 B 于北京时间 2008 年 7 月 16 日 23 点之前提交,如 2008 年 7 月 16 日 11 点 30 分,北京时间 2008 年 7 月 16 日 11 点 30 分对应于日本东京时间 2008 年 7 月 16 日 10 点 30 分,由此确定申请 B 的提交日为东京时间 2008 年 7 月 16 日,同时首次申请 A 的提交日为东京时间 2007 年 7 月 16 日,优先权期限在规定的 12 个月内,因此申请 B 要求的优先权成立,从而确定申请 B 的申请日为东京时间 2007 年 7 月 16 日。这种情况下,是否考虑美国官方时间与日本东京时间之间的时差将可能对确定学术论文 C 是否构成申请 B 的现有技术产生影响,具体分析如下:① 如果学术论文 C 于美国官方时间 2007 年 7 月 15 日 11 时之后公开,如 2007 年 7 月 15 日 18 时 30 分,美国官方时间 2007 年 7 月 15 日 18 时 30 分对应于日本东京时间 2007 年 7 月 16 日 7 时 30 分,由此确定学术论文 C 的公开日期为日本东京时间 2007 年 7 月 16 日,由于学术论文 C 的公开日与申请 B 的申请日为同一天,因此不能构成申请 B 的现有技术。② 如果学术论文 C 于美国官方时间 2007 年 7 月 15 日 11 时之前公开,如 2007 年 7 月 15 日 6 时 30 分,美国官方时间 2007 年 7 月 15 日 6 时 30 分对应于日本东京时间 2007 年 7 月 15 日 19 时 30 分,由此确定学术论文 C 的公开日期为日本东京时间 2007 年 7 月 15 日,早于申请 B 的申请日 2007 年 7 月 16 日,从而构成申请 B 的现有技术。

上述分析采用将在后申请所在地时间及对比文件公开所在地时间转换为首次申请所在地时间的时差转换方法;当首次申请所在地的时间早于在后申请所在地的时间时,根据首次申请所在地、在后申请所在地和对比文件公开所在地这三者之间的时差,以及在后申请提交的具体时刻和对比文件公开的具体时刻,利用上述时差转换方法会对判断优先权是否成立以及对比文件能否构成现有技术带来影响。

3. 以对比文件公开所在地的时区为基准，将首次申请所在地的时间以及在后申请所在地的时间转换为对比文件公开所在地的时间

下面仍然根据前述假设案例进行分析。

如果首次申请A的提交时间在日本东京时间2007年7月16日13时之前，如2007年7月16日7时30分，东京时间2007年7月16日7时30分对应美国官方时间2007年7月15日18时30分，由此确定申请B要求的优先权日为美国官方时间2007年7月15日，此时在后申请B在北京向中国专利局提交的具体时刻将会对优先权是否成立产生影响，具体分析如下：(1) 如果在后申请B在北京时间2008年7月16日12时之前提交，如2008年7月16日7时40分，北京时间2008年7月16日7时40分对应美国官方时间2008年7月15日19时40分，由此确定在后申请B的提交日为美国官方时间2008年7月15日，同时首次申请A的提交日为美国官方时间2007年7月15日，优先权期限在规定的12个月内，因此申请B要求的优先权成立，从而确定申请B的申请日为美国官方时间2007年7月15日。这种情况下，由于学术论文C的公开日与申请B的申请日为同一天，均为美国官方时间2007年7月15日，因此不能构成申请B的现有技术。(2) 如果在后申请B在北京时间2008年7月16日12时之后提交，如2008年7月16日18时40分，北京时间2008年7月16日18时40分对应美国官方时间2008年7月16日6时40分，由此确定在后申请B的提交日为美国官方时间2008年7月16日，而首次申请A的提交日为美国官方时间2007年7月15日，优先权期限超出了规定的12个月，因此申请B要求的优先权不能成立，从而确定申请B的申请日为美国官方时间2008年7月16日。这种情况下，由于学术论文C的公开日早于申请B的申请日，因此构成申请B的现有技术。

如果首次申请A的提交时间在日本东京时间2007年7月16日13时之后，如2007年7月16日18时30分，日本东京时间2007年7月16日18时30分对应美国官方时间2007年7月16日5时30分，由此确定申请B要求的优先权日为美国官方时间2007年7月16日。这种情况下，无需考虑申请B于北京时间2007年7月16日提交的具体时刻，而且无论是否考虑北京时间与美国官方时间之间的时差，申请B要求的优先权均成立，同时学位论文C构成申请B的现有技术。

上述分析采用将首次申请所在地时间以及在后申请所在地时间均转换为对比文件公开所在地时间的时差转换方法；当首次申请所在地的时间早于在后申请所在地的时间时，根据首次申请所在地、在后申请所在地和对比文件公开所在地这三者之间的时差，以及在先申请提交的具体时刻和在后申请提交的具体时刻，利用上述时差转换方法会对判断优先权是否成立以及对比文件能否构成现有技术带来影响。

（二）时差转换方法用于“手机背盖”案

前述诺基亚“手机背盖”专利无效案件中，由于在后申请和对比文件公开所在地都

是中国,因此只涉及北京时间和美国法定时间两个时区。采用上述三种时差转换方法出现如下两种情况:

情形一:将在先设计公开所在地的北京时间转换为首次申请所在地的美国法定时间。"手机背盖"专利无效案采用这种时差转换方法后得出专利权无效的结论。

情形二:将首次申请所在地的美国法定时间转换为在后申请(或在先设计公开)所在地的北京时间。"手机背盖"专利无效案的优先权日为2004年8月17日,如果在先申请提交的时间为美国法定时间2004年8月17日12时之前,例如2004年8月17日9时45分,根据时差转换,美国法定时间2004年8月17日9时45分对应于北京时间2004年8月17日21时45分,由此确定优先权日为2004年8月17日,而在先设计于北京时间2004年8月17日9时45分27秒在互联网上公开,即在先设计的公开时间为2004年8月17日,在先设计的公开日期与涉案专利的优先权日为同一天,不构成涉案专利的现有技术,不会影响涉案专利的有效性。然而,如果首次申请提交的时间为美国法定时间2004年8月17日12时之后,例如2004年8月17日16时45分,根据时差转换,美国法定时间2004年8月17日16时45分对应于北京时间2004年8月18日4时45分,由此确定优先权日为2004年8月18日,而在先设计的公开时间为2004年8月17日,在先设计的公开日期早于涉案专利的优先权日,构成涉案专利的现有技术,从而导致涉案专利无效。但是实务中,往往无法获得美国申请提交的具体时间。

**五、以首次申请所在时区为基准**

从正面论证选择何种时差转换方法更为合理是一件困难的事情,在考虑时差因素的前提下,我们不妨采用排除法。

1."将首次申请所在地时间(以及在后申请)所在地时间转换为对比文件公开所在地时间"这种转换方法是最不可取的。这是因为:(1)从法理上看,即使扩大解释,《专利法》第22条中提到的"申请日"也难以解释为对比文件公开所在地的某一天。(2)这种转换方法需要在先申请(和在后申请)提交的具体时间,而具体时间往往难以得到。(3)如果涉及不同时区的多个对比文件,如何进行转换也是一个问题,例如是采用某一对比文件公开所在地时间为基准还是采用对于每个对比文件单独判断的方式。

2."将首次申请所在地时间及对比文件公开所在地时间转换为在后申请所在地的时间"这种转换方法从法理上看与《专利法》第22条中提到的"申请日"最为适应,但是这种转换方式存在两个问题:(1)即使在后申请享受在先申请的优先权,首次申请的现有技术也不同于在后申请的现有技术。例如"手机背盖"专利无效案中,对于优先权文件的美国申请而言,《诺基亚7610兄弟机器7260真机现身》的文章及图片已于北京时间2004年8月17日9时45分27秒在互联网上公开,北京时间2004年8月17

日9时45分对应美国时间2004年8月16日,早于优先权日(美国专利申请的申请日)2004年8月17日,构成在先申请的现有技术;如果美国申请提交的时间为美国法定时间2004年8月17日12时之前,则对应于北京时间2004年8月17日24时之前,不构成在后申请的现有技术。(2)这种转换方法需要在先申请提交的具体时间,而这个具体时间往往难以得到。

3."将对比文件公开所在地时间转换为首次申请所在地的时间"这种转换方法是相对而言合理的方式。这是因为:

(1)专利优先权制度起源于《保护工业产权巴黎公约》,系指针对同一主题,申请人在某一个缔约国第一次提出专利申请后,在一定期间内又向其他缔约国提出申请时,申请人有权要求以其第一次提出申请的日期作为在后申请的申请日④。《专利法实施细则》第102条规定:"按照专利合作条约已确定国际申请日并指定中国的国际申请,视为向国务院专利行政部门提出的专利申请,该国际申请日视为专利法第28条所称的申请日。"因此,从法理上看,《专利法》第22条中提到的"申请日"可以扩大解释为首次申请的日期(该日期根据首次申请所在地的时区确定)。

(2)如果在后申请享受在先申请的优先权,则首次申请的现有技术与在后申请的现有技术相同。这更符合优先权制度设立的初衷。

(3)这种转换方法不需要在先申请提交的具体时间,而这个具体时间往往难以得到。

基于上述分析,本文认为"以首次申请所在时区为基准,将对比文件公开所在地的时间转换为首次申请所在地的时间"最为合理。

## 六、优先权期限不考虑时差

优先权期限与专利法律体系中的其他理论、法条之间的关系不大。一些国际条约和一些国家的国内法变相地延长了优先权的期限。2007年4月1日生效的《专利合作条约实施细则》规定:如果国际申请是在自优先权期限届满后2个月内提出,允许申请人在优先权期限(即超过了自在先申请的申请日起12个月这个期限)之后恢复优先权。再考虑到在先申请和在后申请提交的具体时间往往难以得到或记录,即在后申请和在先申请提交的具体时间差是否在规定的期限内难以判断,因此本文认为优先权期限的计算中可以不考虑时差的因素。

## 七、小结

本文由一件专利无效行政案件出发,结合美国、日本及欧洲对时差的规定,兼顾可

④ 《保护工业产权巴黎公约》第4条。其中"一定期限"称为优先权期限,上述"第一次提出申请的日期"称为优先权日。

操作性,认为实务中以不考虑时差因素为原则,以考虑时差因素为例外。在举证责任分配上,由主张考虑时差因素的一方承担举证责任,在举证不能的情况下,不考虑时差因素。在三种时差转换方法的选择上,认为“以首次申请所在地的时区为基准,将对比文件公开所在地的时间转换为首次申请所在地的时间”更为合理。在优先权期限的计算中,可以不考虑时差的因素。

# 论美国对著作权误用抗辩的法制发展

孙远钊[*]

## 一、引言

著作权的保护与运用在政策上一向是需要相当细致的分析和规范,希望能达到微妙的平衡:一方面能充分保护权利人的权利,而另一方面则能够维护社会的公益,从而让科技的进步、文化的发扬与传承能够真正得到落实。无论是已开发或开发中的国家,在传统上的立法与执法主要是着重在如何具体落实对于权利人的权益保护,尤其是如何对应新兴科技对著作权所引发的各项挑战,然而对于如何维护社会公益较少着墨。近年来,在实务上已发生愈来愈多权利人冀图超越其既有的权利保护范围,从而能对市场行使更大的控制、赚取更多利润的情形。这自然与使用人或消费者的期待产生了冲突,相关的案件也不断发生。从 1990 年代起,所谓的"著作权误用(copyright misuse)"或"滥用(abuse)"问题,因计算机科技的普遍化所衍生的软件、音乐和电影侵权而正式浮上台面,成为国际间许多司法或行政争讼时经常需要处理的问题。

中国也不例外。随着著作权法制日趋完善,甚至在若干地方还对于权利人提供了超越国际标准的保护(例如对于汇编权的保护及于信息数据库),加上日新月异的科技发展与商业模式,权利人在面对强大的国际竞争压力和日益猖獗的盗版侵权问题时,不可避免的总会希望一方面能从法规或政策上获得更多的保护,他方面则在实务上也自然会设法争取到最大的空间和更多的时间,以便对市场可以握有更多的掌控,并将竞争者尽量排除。鉴于著作权在本质上便已经是相当强势的排他权益,其中的拿捏和运用是否构成违反公平交易?如是,又应如何妥善处理以维护此一复杂而微妙的平衡?

* 孙远钊,美国亚太法学研究院执行长,同济大学法学院教授。

在现有规范著作权的主要国际公约之中,如世界贸易组织(World Trade Organization, WTO)的《与贸易有关的知识产权协议》(Agreement on Trade-Related Aspects on Intellectual Property Rights, TRIPs Agreement)、世界知识产权组织(World Intellectual Property Organization, WIPO)在1996年所通过,并已生效的两个所谓《互联网条约》(Internet treaties),即《世界知识产权组织版权条约》(WIPO Copyright Treaty, WCT)与《世界知识产权组织表演和录音制品条约》(WIPO Performances and Phonograms Treaty, WPPT)等,都未对于著作权的误用或滥用予以明确规定。而美国著作权的立法,包括在1998年所订立的《千禧年数位著作权法》(Digital Millennium Copyright Act, DMCA),也未对著作权的滥用作出任何规定,而是完全依赖司法判例来处理。

鉴于近来经常有文献和论说提到著作权的"滥用",但却似乎并未对其中的内涵有更为详细的论述,甚至对于"滥用"一词形成了另一种"滥用",本文拟从首倡此一观点或理论的美国司法发展为起点,探讨此一问题,希望可作为未来法制改革以及与美国进行协商谈判的参考。

## 二、基本法则

在美国的现行法制下,"著作权误用"(copyright misuse)仅仅只得作为对应侵权指控的抗辩手段,而并不构成一个独立的侵权行为或诉因(cause of action)。在名词的使用上,既有的案例和法学界经常是把"误用"(misuse)与"滥用"(abuse)交替使用。然而在美国的法制下,前者是指特定的司法抗辩手段,是关于权利人对其既有权利的行使是否逾越了既有的法定范围;而允许这样的抗辩是肇始于美国联邦上诉法院的司法判例,也就是一般公认的 Lasercomb America, Inc. v. Reynolds 案(简称 Lasercomb 案)。[①] 至于其背后的理论基础或概念则是源自并借用美国联邦最高法院在 Morton Salt[②] 一案对于专利权误用的认可和诠释,后来并经国会予以成文化(但将其中的范围作了相当的限缩),成为美国现行专利法第271条第(d)项第(4)与(5)款。[③] 也就是唯有当原告在诉讼中先指摘被告有侵权行为,然后被告才可被动地以此作为防御,而不得由被告主动、径行做此主张。因此,无论著作权的被许可人是企图化被动为主动,率先起诉请求法院给予未构成侵权的确认判决(declaratory judgment),或是另行提出反诉(counterclaim),都不得以此主张作为主诉的依据,也不得在不涉及侵权的诉讼中(如

① Lasercomb America, Inc. v. Reynolds, 911 F.2d 970 (4th Cir. 1990)。在此之前固然也有若干案件触及到了这个问题,例如,M. Witmark & Sons v. Jensen, 80 F. Supp. 843 (D. Minn. 1948)(迄今最原始触及到此一问题的联邦法院案例)、Vogue Ring Creations, Inc. v. Hardman, 410 F. Supp. 609 (Dist. RI 1976),但促使法院必须直接对此问题作出阐释者,则为本案。不过联邦最高法院迄今还尚未对于此一抗辩的存在与内涵等作出任何直接的评论。详见后述。

② Morton Salt Co. v. G. S. Suppiger, 314 U.S. 488 (1942).

③ Patent Misuse Reform Act of 1988, Pub. L. No. 100—703, 102 Stat. 4676 (1988).

违约或损害赔偿之诉)提出此一主张。[4] 至于"滥用",则是泛指任何涉及侵害他人权益的行为,范围较"误用"为大。从狭义的角度以观,是指超越法律所容许的权利行使范围,甚至已经产生反竞争的效果;而从广义的角度而言,甚至可以包括侵权人对权利人的侵权行为。因此,对于权利的"误用",也是属于"滥用"的一种样态,在美国法制下会产生特殊、不完全一样的意义与效果。

必须特别指出的是,这种抗辩纯粹是诉讼上的一种防御手段,是属于所谓的"肯认"或"积极抗辩"(affirmative defense)。也就是被告在提出抗辩时,必须是以首先肯定或确认原告所主张的为真实做前提,然后再提出并加上所要抗辩的部分,从而纵使在技术上仍然构成侵权行为,但在法律上却可获得免责的对待。[5] 而在另一方面,如果被告能成功地行使此种抗辩,原告的著作权并不会因此消灭,只是原告在此一误用的存在期间内或停止其误用行为前,无法执行其著作权(unenforceable)。[6] 此外,当被告想以权利误用来抗辩时,并不以其本身是直接或已经受到原告误用行为的损害为前提,也就是只要权利人的误用行为仍然客观存在便已足够。[7] 既然此一抗辩是由被告所提出,则被告也自然应负相应的举证责任,以显示原告(权利人)的许可或其他行为已经逾越其著作权所允许的范围,并已对相关市场产生了不当竞争的效应。

因此,"著作权误用"是法院在诉讼过程中得以视个别案件的实际状况依其自由裁量所从事的一种衡平处置(discretionary equitable disposition),类似于英美衡平法上所谓的"不洁之手(unclean hands)",亦即凡是对于公权力或主管机关(即美国版权局 U.S. Copyright Office)所赋予的权利范围之外以及违反公共政策的部分,权利人均不得主张

---

④ Altera Corporation v. Clear Logic, Inc., 424 F.3d 1079 (9th Cir. 2005)。在反诉的情形,虽然在表面上仍然是在同一诉讼程序中与主诉同时进行,但在技术上则是被视为单独的诉讼。关于本案的中文引介与评析,参见孙远钊等:《美国著作权法令暨判决之研究(2009 年)最终期末报告》,台湾"经济部智慧财产局"委托研究案(计划编号:09718308030),页 36—43。另参见 Lava Records LLC v. Amurao, 354 Fed. Appx. 461 (2^d Cir. 2009)(第二巡回上诉法院拒绝让此一法则成为独立的诉因)。

⑤ 参见 J. Thomas McCarthy, Roger E. Schechter, and David J. Franklyn, McCarthy's Desk Encyclopedia of Intellectual Property (3rd ed.) 380, at 383(2004);另参见 Michael J. Meurer, *Vertical Restraints and Intellectual Property Law: Beyond Antitrust*, 87 Minnesota Law Review 1871 (2003)。

⑥ 著作权只能因法定事由的发生而消灭,诸如保护期间届满、因诈欺而不当取得其权利等。又如主审 Lasercomb 案的法院便明确表示,本案的判决并非判决原告的著作权无效;一旦原告将其权利滥用的部分予以清除后,即可再行提出侵权之诉(其原文为:"This holding, of course, is not an invalidation of Lasercomb's copyright. Lasercomb is free to bring a suit for infringement once it has purged itself of the misuse")。不过法院在本案并未明确交代,如果原告果真再行起诉,其所可主张的侵权与损害赔偿,是否仍可涵盖到发生权利滥用的期间,亦即是否会发生回溯性的执行力。但如参考专利法的司法判例,有学者认为应不具回溯效果。参见 Ralph Jonas, *et. al.*, *Copyright and Trademark Misuse*, in Aba Section Of Antitrust Law, Intellectual Property Misuse: Licensing And Litigation 165, at 189 (2000)。

⑦ 911 F. zd at 979.

或行使其排他或垄断性的权利。[⑧] 既然是属于衡平处置,在传统上也就表示法院享有极大的自由裁量权限,完全是"因案制宜",加上这是一个在最近20年来才衍生的诉讼抗辩法则,因而其中的准则、范畴究竟应当如何来具体界定迄今尚未完全明确。[⑨]

虽然"著作权误用"的具体范畴还不是十分清晰,不过联邦第四巡回法院在 *Lasercomb* 案首度诠释此一抗辩法则时就已经表示,"其中的问题并不在于是否以不符合反垄断法的方式来行使其著作权,而是在于是否以违反了著作权许可内所蕴含的公共政策的方式来行使其著作权"。[⑩] 虽然过去曾有案例要求被告必须举证著作权人已经触犯反垄断法方可提出误用抗辩,但是最近的案例则显然都已经不再采取这样的要求。[⑪] 因此,只要著作权利人试图透过许可来限制著作权法所容许的竞争行为,或是变相扩张著作权法所允许其得行使的权利时,便会触发是否构成"著作权误用"的问题,而并不仅止于非得达到抵触反不正当竞争法或反垄断法的门槛或位阶者为限,这与专利权误用的抗辩原则上必须达到反垄断法的门槛在程度要求上刚好相反。[⑫] 换句话说,虽然"著作权法误用"的抗辩法则与专利权的误用同出一源,在著作权的部分,其背后的基础乃是"不洁之手"等衡平考虑,而非竞争法则的分析。

既然"著作权误用"必须是以著作权法而不是以反不当竞争或反垄断法的公共政策作为依归,则接下来一个无可避免的问题便是:著作权法背后的公共政策究竟是什么?这正如同联邦第七巡回上诉法院的 Richard A. Posner 法官在 USM Corporation v. SPS Technologies, Inc. 一案关于如何处理"专利权误用"抗辩时所提出的"大哉问"一般。可以看出的是,Posner 法官当时便颇为无奈地表示,"如果不能以传统反垄断的原则来测试误用的主张,那么要依据如何的原则来让此一主张受到测试?我们的法律在

---

⑧ Alcatel USA, Inc. v. DGI Technologies, Inc., 166 F. 3d 772 (5th Cir. 1999);另参见 Raymond J. Dowd, Copyright Litigation Handbook §13:27 (2nd ed. 2009)。

⑨ 参见 Melville B. Nimmer and David Nimmer, 4 NIMMER ON COPYRIGHT §13.09[A][2][b], at 13—299 (2008)。

⑩ 其原文为:"The question is not whether the copyright is being used in a manner violative of antitrust law … but whether the copyright is being used in a manner violative of the public policy embodied in the grant of a copyright"。参见 911 F. 2d at 978。

⑪ 例如,在 BellSouth Advertising v. Donnelley Information Publishing 案,联邦第十一巡回上诉法院原先是以原告未曾触犯反垄断法为由拒绝让被告的抗辩成立,但后来基于其他原因而自行将此一判决废弃(vacate)并改以全院审(en banc)方式重新审理本案。由于上诉法院在这个阶段维持了地方法院的径行判决(summary judgment),因此便未再对于滥用抗辩的立论基础予以重新讨论。参见 933 F. 2d 952 (11th Cir. 1991), vacated and en banc rehearing granted, 977 F. 2d 1435 (11th Cir. 1992), 999 F. 2d 1436 (11th Cir. 1993)(en banc), cert. denied, 510 U.S. 1101 (1994). 至于最近的案例可参见 Practice Management Information Corporation v. American Medical Association, 121 F. 3d 516 (9th Cir. 1997)和 Video Pipeline, Inc. v. Buena Vista Home Entertainment, Inc., 342 F. 3d 191 (3rd Cir. 2003)等。

⑫ 参见 Video Pipelines 案,同上注。另参见 Herbert Hovenkamp, Mark D. Janis, And Mark A. Lemley, 1 IP And Antitrust: An Analysis Of Antitrust Principles Applied To Intellectual Property Law §3.4, at 3—45 (2009)。

处理垄断性误用的替代概念方面并不丰沛；而如果到了此刻才打算开发新的理论却不至于把专利权人的权利予以削弱并造成不确定，恐怕为时已晚。”⑬由此可见，这种回归到以著作权法的公共政策来作为检验是否构成误用的标准事实上已经形成了一种抽象性的循环论述，也从而引发了许多的争议与讨论（详见后述）。

也正因为如此，截至目前，即使是在美国，“著作权误用”的抗辩法则也还没有被十三个联邦巡回上诉法院所完全接受。目前已明确接受此一法则的有第二、三、四、五、七、九以及联邦巡回上诉法院（CAFC）七个上诉法院，而联邦最高法院则只是在1962年的一个判例中曾经约略、间接地提到过类似于现今所使用的法则，但迄今还从未有机会像“专利权误用”一般直接、明确地对于“著作权误用”抗辩予以评断。⑭ 而诸如第一、八和十一等巡回上诉法院则只表示还未正式认可此一法则，但也并不排斥未来可能会正式接受。⑮ 然而无论如何，“著作权误用”抗辩法则目前已经愈加广泛地为法院所接受，并成为多数的见解，则是不争的事实。

## 三、发展沿革与分析

如前所述，“著作权误用”在美国正式获得认可是以1990年联邦第四巡回上诉法院（U.S. Court of Appeals for the Fourth Circuit）所判决的Lasercomb案为滥觞。在此之前，仅有一些散见于不同联邦地方法院的案件牵涉到此一问题，而主审的地方法院在当时还是意见不一，有的则是抱持怀疑甚至反对的态度。⑯ 如果追本溯源，则是有两个

---

⑬ 其原文为：“If misuse claims are not tested by conventional antitrust principles, by what principles shall they be tested? Our law is not rich in alternative concepts of monopolistic abuse; and it is rather late in the day to try to develop one without in the process subjecting the rights of patent holders to debilitating uncertainty”。参见694 F. 2d 505, at 512 (7th Cir. 1982)。

⑭ 参见 United States v. Lowe's, Inc., 371 U.S. 38, at 50 (1962); Lasercomb, supra note 1, 911 F.2d at 976 (“[N]o United States Supreme Court decision has firmly established a copyright misuse defense in a manner analogous to the establishment of the patent misuse defense.”)。

⑮ 例如，联邦第一巡回上诉法院在 Data General Corp. v. Grumman Systems Support Corp., 36 F.3d 1147 (1st Cir. 1994)案虽然讨论到了 *Lasercomb* 案和《著作权误用》法则，但却明白表示在本案不必决定著作权法是否允许像这样的抗辩。不过有趣的是，法院在此一方面认知在 *Lasercomb* 案，“著作权误用”的成立是不须要证明抵触反垄断法，但在本案却以被告 Grumman Systems 未能证明原告的反垄断行为而判决被告的抗辩不成立。而联邦第八巡回法院则是在 United Telephone Co. of Missouri v. Johnson Publishing Co., Inc., 855 F. 2d 604 (8th Cir. 1988)案基于该案的事实拒绝容许被告行使著作权滥用的抗辩。不过法院在讨论此一法则时则是采取了类似第七巡回上诉法院的做法，将滥用与反垄断行为从事平行分析。另参见 Tom W. Bell, *Codifying Copyright's Misuse Defense*, 2007 Utah Law Review 573 (2007)。

⑯ 参见 Paul Goldstein, Goldstein On Copyright §9.6.1, at 9:35—36 (2005)。例如，联邦宾夕法尼亚州中区地方法院（U.S. District Court for the Central District of Pennsylvania）就曾经明白表示，如果因为抵触了反垄断法就会产生对于著作的侵权抗辩是令人质疑的。参见 Foreign Car Parts v. Auto World, Inc., 366 F. Supp. 977 (M.D. Pa. 1973)。由于这是比较陈旧的案件，随着时代的变迁，加上多数的上诉法院已经对于“著作权误用”的抗辩法则先后表态，其重要性自然已经不再存在。

由上诉法院在二十世纪初所判决,涉及原告本身的"不洁之手"(即对于法院和著作权局的误导行为)从而导致无法获得著作侵权求偿的案例,为现今的"著作权误用"法则奠下了初基。⑰

由于著作权与专利权的法源基础是来自于美国联邦宪法的同一条款,"著作权误用"法则背后的概念主要便是来自并借用对于专利权的误用。⑱ 法院对于专利权误用的论述也自然对于"著作权误用"的理论建构形成了相当大的影响,至今依然如此。例如,专利权误用的考虑依据是专利制度本身的公共政策、专利权人足以构成误用的行为不必达到触犯反垄断法的程度、权利人的相关反竞争或不公平交易行为不需直接与被指控的侵权行为有关,而是要从权利人的整体市场表现来观察等,这些原则也都反映到了如何检视是否构成对于"著作权误用"的考虑之上。⑲

然而一个有趣的现象是,虽然"专利权误用"已经获得了普遍性的认可,甚至业经国会予以立法成文化,但在实际上的适用却日益限缩,在实务上至多成为侵权诉讼中被告会提出的点缀性抗辩而已。在目前法院对于特定的专利许可行为是否构成反竞争已几乎完全转向到必须从"合理原则"或"论理分析"(rule of reason)的角度来从事精致、专业的经济分析,而鲜少以"当然违法"(*per se* illegal)径行作出认定的时代,通常只要权利人能够举证在其许可行为具有一定的合理市场考虑,在"合同自由"与"合同自治"的基本原则下,几乎都可通过法院的检验。⑳ 相对而言,"著作权误用"的抗辩虽然还未获得立法而成文化,成为"普世性"的法则,但却似乎日益受到青睐,获得来自司法和学术界愈来愈多的支持。㉑

(一) Lasercomb America, Inc. v. Reynolds

这个经典案件的原告(被上诉人)Lasercomb 是制造规尺钢模(steel rule dies)的厂

⑰ Edward Thompson Co. v. American Law Book Co., 122 F. 922 (2nd Cir. 1903); Stone & McCarrick, Inc. v. Dugan Piano Co., 220 F. 837 (5th Cir. 1915)。

⑱ U.S. Const, art. I, §8, cl. 8 (亦即所谓的"专利著作权条款(Patent and Copyright Clause)")。

⑲ 参见 Morton Salt,见前注②。

⑳ Illinois Tools Works, Inc. v. Independent Ink, Inc., 547 U.S. 28 (2006)。另参见 U.S. Philips Corporation v. International Trade Commission, 424 F.3d 1179 (Fed. Cir. 2005) ("[A] license to the essential patent is, by definition, a prerequisite to practice the technology in question, the patentee can charge whatever maximum amount a willing licensee is able to pay to practice the technology in question"); *Cf.*, Princo Corporation v. International Trade Commission, 563 F.3d 1301 (Fed. Cir. 2009), *affirmed en banc*, 616 F.3d 1318 (Fed. Cir. 2010)——这就是荷兰飞利浦公司与台湾地区的巨擘公司等关于 CD-RW 的"专利联盟"(或专利池,patent pool)与联合许可在美国的专利侵权诉讼。美国联邦巡回上诉法院在最近发布的全院审判决表示,纵使当数个专利权人之间另行以"平行整合"的方式订立合同,限制了被许可人对于涉及关键技术专利联盟中所能作出的选择或使用,则仅仅因为权利人从事了某些不当的商业活动,甚至这些活动可能产生了一些反竞争的效果,仍然不足以直接、径行构成对该特定专利权的滥用。被告必须明确举证显示原告所从事的反竞争行为是直接涉及对于该特定专利权的使用而且是立法或司法判例上所明订的行为样态之一方可。

㉑ 参见前注⑮。

商。被告则是与其竞争的另一家厂商 Holiday Steel Rule Die、其负责人 Larry Holliday 以及该公司所聘雇的计算机软件程序设计师 Job Reynolds。双方当事人是业务上的竞争对手,都是使用规尺钢模来对于纸板从事切割或预留切痕,从而纸板的购买者可以自行将其组合为纸箱或纸盒等不同的载具。原告开发出了一套就称为"互动"(Interact)的软件来从事对于规尺钢模更为有效的设计与生产上的机械式控制,并将其中的四套许可给被告使用。结果被告不但没有遵守许可合同中要求被许可人必须使用特定的技术保护措施而在其计算机上从事了未经许可的复制,更开始向其客户营销打着自己旗号的软件,但内容却与原告的产品几乎完全雷同。当原告发现此事后,便提起了著作侵权之诉。被告并不否认对于原告的软件从事了未经许可的复制等使用,但却是完全依赖许可使用合同中的一个条款,也就是限制所有的被许可人在 99 年内不得从事关于以计算机作为制造规尺钢模辅助工具的软件撰写、开发、制造或是销售,来抗辩原告误用其著作权。不过被告从来没有在此一合同上签字,而原告可能是由于行政上的疏失也并未追究此一问题,要求被告补签。因此原告以被告根本不会受到此一条款的限制为由,主张被告的抗辩无效。不过地方法院还是判决原告胜诉,于是被告提出了上诉。

联邦第四巡回法院在审视著作权的公共政策时,表示"著作权误用的抗辩乃是著作权法里与生俱来的"(a misuse of copyright defense is inherent in the law of copyright)。[22] 鉴于著作权和专利权都是基于联邦宪法的同一法源而来,因此法院认为其背后的公共政策也是一致的,也就是透过给予发明人与作者对其作品享有在有限期间内的排他权利来作为奖励,从而人类的知识与技能得以不断累积,社会公众也得以蒙受其利。[23] 然而当权利人试图将其权利的行使延伸到著作权的范围之外时,此一公共政策便会遭到破坏。法院认为,原告许可使用合同中的这条限制性条款基本上就是企图压抑任何被许可人去独立开发与"互动"这套软件相关的其他计算机程序,也就是不仅想要控制其软件程序内所寓含的表达(这是符合著作权的行使),更想控制与该软件背后思维的所有竞争性使用,从而违反了著作权的公共政策。

法院进而依循联邦最高法院在 *Morton Salt* 案所列示的基准,试图进一步阐释"著作权误用"的内涵。法院特别表示,如同检视专利权的误用一般,此种抗辩并不需要达到抵触反垄断法的程度,也就是说,究竟此一争议条款是否能够通过反垄断法上某种"合理原则"或其他经济模型的检验其实是完全无关紧要的。真正需要探讨的关键是,究竟原告的行为是否构成了企图控制在著作权范围以外某个领域中的竞争。也因此究竟被许可人本身是否此种因权利人的反竞争或误用行为而直接受到了损失也在所不问。法院将此原则适用到本案,认为虽然被告是明目张胆地复制抄袭了原告的软件

---

㉒ See Lasercomb America, Inc. v. Reynolds, 911 F.3d at 973 (4th Cir. 1990).

㉓ *Id.* at 976.

程序,而且完全没有受到此一限制性条款的影响,一旦确认权利人(原告)超越了其著作权的公共政策范畴而构成误用,只要此一状况仍然存在,便不再得以行使该著作权。不过法院在此特别强调,裁判构成误用并不等同于判决著作权无效。所以一旦构成误用的原因去除,权利人仍然可以对被告提出侵权之诉。

(二) DSC Communications Corporation v. DGI Technologies, Inc.[24]

在联邦第四巡回上诉法院于 *Lasercomb* 案树立了"著作权误用"的抗辩法则后,其他的巡回上诉法院也相继作出了判决,进一步建构并厘清了此一法则的内涵。其中的一个重要发展便是牵涉到法院在处理是否要制颁暂时禁制令(preliminary injunction)的问题时,如何在诉讼的初步阶段来考虑"著作权误用"是否在实体上有获得胜诉可能的 DSC 案。

本案的原告 DSC 通讯公司是从事电话交换器(phone switch)的制造商。它的经营模式是在出售交换器的组件(硬件)时附带让其客户以许可方式使用相应的操作系统软件程序,并在许可使用合同中只允许客户将此一软件搭配到本厂的硬件之上。被告 DGI 科技公司是原告的竞争者,试图制造与原告产品可以兼容的微处理器(亦即所谓的"芯片卡")。为了能够让此一芯片卡能够顺利操作,被告的芯片势必要与原告的操作系统程序完全兼容,包括在开机的过程中将原告的部分软件程序复制或下载到被告微处理器或芯片内的"随机读取内存"(random access memories, RAM)中。为了能获得原告的软件程序,被告说服了原告的一个客户让其使用原告的器材来测试其芯片的兼容性等问题,但却在该客户不知情的情况下,复制了原告的软件程序并将原告的器材带回到被告的实验室从事进一步的研究。当原告得悉此事之后,便提起了著作侵权之诉并获联邦地方法院制颁临时禁制令。不过此一禁制令仅限制被告不得从事可以带离原告客户所在地的软件复制行为,对于在客户处所进行开机时将原告软件部分程序复制到被告替代芯片内的 RAM 等行为则未予禁止。原告因此提出上诉,请求法院将禁制令的范围扩大,因为针对此种将其软件复制到被告未经许可的芯片从事开机未来一旦进入到实质审理阶段,应有相当可能会被判认为构成侵权行为,从而原告应有相当机会获得胜诉。

基于禁制令在性质上是一种法院依职权和适度裁量所行使的衡平措施,要改变或是推翻地方法院的禁制令就必须由提出主张的一方举证,显示法院在给予裁定时滥用了职权。而联邦第五巡回上诉法院在此则是认为,至少就讼争的问题来看,地方法院并未滥用其职权,从而维持了原判。上诉法院认为原告在此所欲达到的目的,是企图以著作权来获得如同专利一般的垄断,从而将其权利保护扩张到原来就没有专利的微处理器或芯片之上。鉴于任何与原告从事竞争的产品都必须在操作上能与原告的软

[24] See DSC Communications Corporation v. DGI Technologies, Inc., 81 F.3d 597 (5th 1996).

件程序兼容,因此也就意味着被告必须要对其产品从事测试,而此种测试也必然会涉及将部分程序下载到RAM之中来从事开机。如果容许原告的请求,虽然原告并未对其芯片卡申请或获得专利,但在效果上却无异于让原告得以防止任何其他的竞争者来开发可以与其兼容的芯片卡。[25] 上诉法院在此援引了联邦第四巡回法院对于*Lasercomb*案的见解,认为原告想以著作权来对于著作权局所未授予的部分也行使其排他权,事实上已经多少认可了"著作权误用"的抗辩。

在此之后,本案回到了地方法院并经历了冗长的庭审程序。陪审团的评定是认为被告构成侵权行为而原告则是构成对著作权的误用。不过主审本案的地方法院法官对于著作权误用的部分则是未予相信,并制颁了对于被告的永久禁制令,禁止被告继续生产能与原告电话交换器兼容的芯片卡。于是被告提出了上诉。[26] 联邦第五巡回上诉法院在这一次则是正式接受了"著作权误用"的抗辩法则,认为地方法院滥用了职权并推翻了给予永久禁制令的裁定。

虽然本案的被告本身手脚并不干净,以欺骗的手法获取到了原告的软件程序,但是法院却表示这并非本案的关键所在。既然在本案是原告请求法院给予衡平考虑并制颁禁制令,那么所要考虑的重点就是原告自己的手必须通过"卫生检验",至于被告的行为究竟如何则是全然无关。当权利人企图行使超越其权利范围的保护时,通常即会适用到权利误用的法则;纵使被告本身的行为已构成侵权,而且其严重性甚至远远超过著作权人的行为瑕疵,都在所不问。[27]

(三)Practice Management Information Corp. v. American Medical Association[28]

在"著作权误用"的抗辩法则所受到的所有支持中,迄今最重要的恐怕就是来自联邦第九巡回上诉法院在本案的判决。本案是所谓的确认判决(declaratory judgment)之诉,也就是潜在的侵权者试图反客为主、先发制人,抢先成为原告,请求法院判决其行为不构成侵权或是权利人的权利无效。本案的被告是美国医疗协会(American Medical Association, AMA)。美国医疗协会开发出了一套能明确辨识不同医疗程序的代码系统,并刊录在该组织所出版,名为《当代医师疗程词汇》(Physician's Current Procedural Terminology, CPT)的出版物之中,其中编列了六千多个名目。因此美国医疗协会享有对该出版物的著作权。美国国会在1977年立法要求联邦健康照护融资局(Health Care Financing Administration, HCFA)设计一套在《联邦医疗保险》(Medicare)与支付给各州的《联邦医疗补助》(Medicaid)等两个项目下关于补还给付请求(reimbursement claims)

---

[25] *Id.* at 601.

[26] Alcatel USA, Inc. v. DGI Technologies, Inc., 166 F.3d 772 (5th Cir. 1999)。

[27] 不过有的法院则会将被告的行为一并纳入考虑并以被告的"不洁之手"作为阻却适用滥用抗辩的依据。参见4 NIMMER ON COPYRIGHTS §13.09[B], at 13—314 (2008)。

[28] Practice Management Information Corp. v. American Medical Association, 121 F. 3d 516 (9th Cir. 1997), cert. denied, 522 U.S. 933 (1997), op. amended, 133 F.3d 1140 (9th Cir. 1998).

所需使用的统一编码。[29] 之后 HCFA 决定与其平地起高楼,制订新法全部重新来过,不如直接采用既有、现成的系统。于是 HCFA 便与美国医疗协会协商签订了一个由前者以非专属(non-exclusive)和无偿(royalty-free)方式使用 CPT 编码的许可使用合同。合同中另行规定,HCFA 同意"在申报由医师所提供的服务中关于医疗程序的命名方面不再使用任何其他的系统",而且"在凡是由 HCFA 所执行的计划项目中只要可能,便应尽量使用 CPT 辨识代码系统。"[30]

原告 Practice Management 信息公司是一家医疗书籍的出版和营销商。原告向被告购买书籍然后予以转售获利。当原告无法从美国医疗协会获得承销的总量折扣(volume discount)后,便向法院对后者提出了确认之诉,请求法院基于下述的两个原因判决被告对于 CPT 的著作权应属无效:(1) 当联邦政府主管机关接受了民间所开发出的编码辨识系统并转化为强制性的法规时,该系统即已成为不受著作权保护的法律规章;(2) 当美国医疗协会在许可使用合同中要求排除使用其他的编码系统时,即已构成了对其著作权的误用。结果联邦地方法院以部分径行判决判认被告美国医疗协会胜诉并对原告制颁了临时禁制令,禁止原告继续出版、发行 CPT,于是原告提出了上诉。

联邦第九巡回上诉法院则是采取了与地方法院完全不同的见解。法院首先确认了被告 CPT 系统的著作权仍然持续有效,并未因获得政府机关的接纳成为联邦法规的一部分就进入了公共领域(public domain)。[31] 法院继而首次正式承认了"著作权误用"的抗辩法则,并表示处理本案必须从审视当事人所订立的许可使用合同文字入手。法院认为,当合同文字设下了必须完全专属使用 CPT 系统并禁止 HCFA 采用任何其他系统的要求时,便已构成了著作权的误用。固然在没有这段文字的情形下,HCFA 或许依然会做成同样的决定,完全使用美国医疗协会的 CPT 系统,但这并不是重点所在。触发"著作权误用"的关键并非 HCFA 是否做成完全使用 CPT 系统的决定,而是许可使用合同中对于被许可方所能做的选择是否设下了不当的限制——以要求被许可人同意或承诺不使用其他竞争者的产品作为订立许可的基础就构成了著作权的误用。[32] 法院因此废弃了地方法院的禁制令并将全案发回重审。

---

[29] 42 U.S.C. § 1395w-4(c)(5)(2006)。

[30] 据此,由 HCFA 所建立的《一般程序代码系统(Common Procedure Coding System, CPCS)》,其实便是完全依据 CPT 而建构。参见 48 Fed. Reg. 16,750, 16,753 (1983); 50 Fed. Reg. 40,895, 40,897 (1985); 42 C.F.R. § 433.112(b)(2)(2009)。

[31] 作为对比,参见 Veeck v. Southern Building Code Congress International, Inc., 293 F.3d 791 (5th Cir. 2002)(en banc), *cert. denied*, 539 U.S. 969 (2003)(法院在本案适用了著作权法的"合并法则(Merger Doctrine)",判决一旦当事人所编撰的《标准建筑规范》获得地方政府的采用成为正式的法规,便进入了公共领域,并丧失了著作权。不过在全院的十七名法官中,有六位对此提出了反对意见)。

[32] 121 F.3d at 521。虽然法院在本案认为许可使用合同对于市场竞争所带来的负面效果已经相当明显,并让美国医疗协会取得了超过其竞争者的相当不公平的优势地位,但法院同意 *Lasercomb* 案的见解,认为对于滥用的抗辩并不需要达到抵触反垄断法的程度。

(四) Assessment Technologies of Wisconsin, LLC v. WIREData, Inc.[33]

本案被告 WIREdata 试图向位于威斯康星州东南地区几个城镇索取关于当地房地产,如地址、所有人姓名、产权年份、评估价值以及地上物(住屋)的房间数等等各项具体的资料,以汇编成一套可供房地产中介业者检索的数据库,但却遭到了其中三个郡政府(county government)的拒绝。这些资料是由地方政府的行政人员为评估房地财产税所搜集而来,通常只要申请人支付了一笔合理的手续费,相关的政府部门通常便会将所有的数据复制到光盘上提供给申请人。此外,威斯康星州的"信息公开法"(open records law)也要求政府部门只要在当事人支付了费用后就必须提供包括电子文件格式在内的政府信息。[34] 证据显示,这三个机关拒绝提供信息的理由是因为这些信息是储存在由原告 Assessment Technologies 所提供的计算机系统之中,而它们以及受聘雇得以使用这套系统的承揽人都是原告的被许可人。此外,鉴于信息公开法也对于受著作权保护的目标设有例外规定,它们就不便直接提供被告所要求的信息。被告于是向威斯康星州的州法院起诉,请求释放信息。当案件仍在进行中时,原告作为对应,则是向位于威斯康星州东区的联邦地方法院(U. S. District Court for the Eastern District of Wisconsin)起诉,要求被告停止其行为并宣判被告行为已侵害了原告的著作权。联邦地方法院应允了原告的禁制令声请,禁止被告进一步要求使用原想取得的信息。被告不服,提起了上诉。

联邦第七巡回上诉法院废弃了地方法院的判决和禁制令,并指示地方法院应驳回原告关于本案的著作权侵害请求。上诉法院首先表示,被告所想要的信息并非由原告所搜集,而是当地的郡政官员或其承揽人经过相当的调查统计后方才取得的。郡政机关只是使用了原告享有著作权的一套计算机软件(称为"Market Drive")来汇整这些信息。这套系统搭配微软公司的 Access 数据库软件,在郡政人员将房地调查的基本信息输入到计算机后,便会自动填妥并分配到 456 个不同的数据字段之中并归并为 34 个类属。如果被告所要求提供的信息是上述的整个字段和类属中的所有讯息,而郡政机关也提供了这些经过汇整后的信息,则郡政机关便构成了对原告的直接侵权,被告也构成了辅助侵权(contributory infringement)。然而本案的情形并非如此。被告向保管机关所请求提供的,是未经原告软件编排过的原始信息。在这些原始信息未经原告的软件编排汇整过之前,原告对这些信息并未享有任何的著作权。因此被告向该郡政机关的请求,并不会造成侵害著作权之事实,因无直接之侵害著作权,也自然就没有构成

---

[33] Assessment Technologies of Wisconsin, LLC v. WIREData, Inc., 350 F.3d 640 (7th Cir. 2003)。关于本案的中文引介与评析,亦可参见孙远钊等,见前注④,页 59—62。

[34] Wis. Stat. § § 19.31—39.

辅助侵权的可能。法院在此援引了 Matthew Bender v. West Publishing Co. 案。[35] 在该案中 Westlaw®数据库系统内所编排的司法判决内容,Westlaw®只对该编排过的内容享有著作权,但就未经编排的原始判决内容本身却并不享有任何的著作权。同理,原告对未经编排的原始资料,也不应享有任何的著作权。

上诉法院的判决原本到此便可结束,然而由于原告试图依据其与地方政府间所订立的许可使用合同来主张,法院便更进一步对于此一部分提出参考意见(dicta)和说明,认为原告其实是试图运用其著作权(如果有的话)来禁止被许可人释出相关的信息素材,从而已多少构成了著作权的误用。虽然法院在本案并不需要对于"著作权误用"的抗辩法则作出裁判,但主审的 Posner 法官还是对 Lasercomb 案给予了高度的评价,指出著作权的误用是超越了反垄断的范围,"只要著作权人运用侵权诉讼来获取著作权法显然未曾赋予的权益保护,即构成对该[诉讼]程序的滥用";并表示如果未来有直接涉及此一问题的案例,第七巡回上诉法院也将欣然接受此一法则。[36]

附带一提,本案判决后,威斯康星州的最高法院也对于全案作出了处置:(1) 三个郡的行政机关拒绝提供信息违反了信息公开法;(2) 为符合法律的要求,仅提供 portable file format (PDF)电子文件格式尚且不足;(3) 信息公开法应容许申请人对于计算机化的信息数据库予以取用等。[37] WIREData 公司至此可说是获得了全面性的胜利。

(五) Video Pipeline, Inc. v. Buena Vista Home Entertainment, Inc. [38]

本案原告(即上诉人)Video Pipeline 编辑了多件录像带,而其中每一件又包含了多节电影预告短片(trailer),从而可以让电影出租业者得以在其商店中播放以吸引顾客,为了取得散布电影预告片的权利,原告与所涉及的著作权人分别签署了多件许可使用合同,其中一份合同是与迪斯尼公司(Walt Disney Company)在 1988 年所签署。在该合同中,迪斯尼公司给予原告超过 500 件的电影预告片作为编辑之用。

从 1997 年开始,原告的业务拓展到了网络之上,并经营 VideoPiple-line. net 以及 Videodetective. com 两个网站,其中有原告多年以来取得的电影预告片。在网站中,使用者可以搜寻某一特定电影,且当使用者点击网站中某一部电影时,该电影的预告片就会以串流(streaming)的方式播放,如果使用者想要购买其中一部电影,该网站中还

---

[35] Matthew Bender & Co. v. West Publishing Co., 158 F.3d 693 (2nd Cir. 1998); Matthew Bender & Co. v. West Publishing Co., 158 F.3d 674(2nd Cir. 1998).

[36] 参见 350 F.3d at 647。其原文为:"[A]pplying the misuse doctrine goes beyond the bounds of antitrust … [F]or a copyright owner to use an infringement suit to obtain property protection, here in data, that copyright law clearly does not confer … is an abuse of process"。

[37] 参见 WIREdata, Inc. v. Village of Sussex, 310 Wis. 2d 397, 751 N. W. 2d 736 (2008). 本案其实是整合了三个案件而成,仅仅是威斯康星州最高法院的判决书就达 1,143 页。

[38] Video Pipeline, Inc. v. Buena Vista Home Entertainment, Inc., 342 F.3d 191 (3rd Cir. 2003)。关于本案的中文引介与评析,亦可参见孙远钊等,见前注④,页 404—408。

有一个购买的按钮，将用户导引至贩卖该电影的网站，但迪斯尼认为，当年的许可合同并没有允许原告用这种方式使用其著作，于是要求原告将迪斯尼所拥有的电影预告片自网站数据库中移除，原告也遵守了迪斯尼的指示。然而原告还是决定自行制作了迪斯尼公司所拥有的62部电影的预告片，在这些预告片中首先播送 Miramax 或迪斯尼的商标以及该电影的名称，其后播送该电影前半部中的几个画面，最后再播放一次电影的名称。相对地，在迪斯尼本身所提供的预告片中，则是加入了更多的音乐与旁白以吸引特定族群的观众，而且迪斯尼也在自己的网站中播送这些预告片以吸引购买者。

原告向位于新泽西州(New Jersey)的联邦地方法院提起了确认判决之诉，要求法院确认其在网络上使用的预告片并没有侵害迪斯尼公司的著作权。迪斯尼公司随即终止了先前的许可使用合同，并要求法院就原告的行为制颁暂时禁制令。法院同意了迪斯尼的请求，原告于是提出上诉。

原告上诉所主张的理由之一便是被告对其著作权的行使构成了误用。被告迪斯尼公司在其与三家公司所签订，关于预告短片的许可使用合同中加入了如下的文句："使用预告短片之网站不得对于娱乐事业、[迪斯尼公司](以及其主管、董事、代表、职员、相关人士、分机构与附属机构)或由[迪斯尼公司]所制作或发行之电影、[或]预告短片的取材来源或是任何牵涉母片制作之个人从事贬抑毁损或批判性之使用。违反本段规定者，本合同即失其效力，且被许可人应对所有相关当事人负毁谤、著作侵权以及违约之责……"[39]原告便据此主张被告试图超越其权利范围行使不当的控制，从而构成误用。

联邦第三巡回上诉法院一方面确认了"著作权误用"的抗辩法则，但另一方面则表示，著作权利人的确可以使用不涉及到反竞争的行为、合理使用或是"思想—表达"等法则，以其著作权为杠杆来限制他人的创意表达。法院并援引了 Rosemont Enterprises, Inc. v. Random House, Inc. 案来做进一步的诠释。[40] 在这个案件，著名的亿万富翁霍华·休斯(Howard Hughes)特别成立了一家公司来收购关于报导其生平的一篇文章的著作权，并转而以此向另一家出版商起诉，试图阻止后者出版一本未经其许可的传记。结果主审该案的联邦第二巡回上诉法院以"不洁之手"为由，废弃了地方法院制颁的禁制令，并做成了有利于被告的判决。联邦第三巡回上诉法院认为该案与本案都牵涉到了著作权法的基本宗旨和焦点，就是为了公共公益来增加创意表达的蓄存。然而这两个案件所不同的是，固然上述有争议的限制性许可条款是有可能被说成是在压抑著作权法的宗旨，从而构成误用，但实际上却不太可能达到足以显著影响创意表达从而限制了储存创意表达的公共利益。法院举出了若干例示来说明：例如被许可人仍有机会在其他的网站上提出批判，社会大众也能从其他的网站检索到对于迪斯尼公司的批

---

[39] 342 F.3d at 203.

[40] See Rosemont Enterprises, Inc. v. Random House, Inc., 366 F.2d 303 (2nd Cir. 1966).

评。尤有甚者,如果迪斯尼公司的此一限制性条款遭受到了不利的判决,迪斯尼公司也有可能就干脆放弃所有对其短片的在线或网络许可,结果反而导致社会大众无法再行对其取用。法院因此判决迪斯尼公司并未构成“著作权误用”。

本案所凸显的重要性是,法院已经脱离了传统上只是纯粹从经济权或市场竞争的角度来论证当事人的行为是否构成误用,而是首次从社会公益、公共政策的角度,也就是何谓著作权以及其基本宗旨、被许可人有无其他回避的途径等来看待如何才构成“著作权误用”,乃属首见。但这也不可避免的开启了一个新的门扇,让今后关于“著作权误用”的探讨与辩论范围势将更行扩大,从纯粹的市场竞争分析进入到整体的社会经济政策分析阶段。

(六)其他案例型态

在美国,与“著作权误用”的问题经常产生牵连的一种案例型态是,当某个知名人物过世之后,其遗产管理人(通常是律师)或基金会为了维持运作,便往往会以非常积极和严格的态度来执行该知名人物的著作权,但这也往往引发了究竟这样的严峻执法事实上是否已经构成了对于著作权的误用的问题。例如,在 Estate of Martin Luther King, Jr., Inc. v. Columbia Broadcasting Service, Inc. 案[41],就是牵涉到美国民权运动领袖马丁·路得·金博士的遗产管理组织对于哥伦比亚电视公司的一个节目纪录片播放了一段金博士的著名演说“我有一个梦想(I Have A Dream)”试图向后者收取权利金。联邦第十一巡回上诉法院在此确立了一个法则,即向不特定的公众所公开发表的演说并透过媒体转播,就如同画廊内向不特定的多数人所公开展示的美术著作一般,并不必然会因此而失去对于该演讲内容与表达方式的著作权。因此双方当事人最终在和解时还是由被告支付了一笔未经揭露的费用给原告。[42] 或许也正是因为从本案所获得的启发,金博士的遗产管理人又试图对于使用到金生前演讲、影片等原本应属于合理使用的新闻媒体和历史学者展开新一波的诉讼攻势,包括准备对于未经许可,将美国总统奥巴马(Barack H. Obama)和金的图像共同摆列在标示为“梦想成真(The Dream Is Reality)”T 恤上的服装制造商起诉,但也引起了社会上的争议,认为他们唯钱是问。[43]

除了金外,其他的一些名人之后也不遑多让。诸如美国的作曲家乔治·盖西文(George Gershwin, 1898—1937)、诗人及文学家托马斯·艾略特(T. S. Eliot, 1888—

[41] Estate of Martin Luther King, Jr., Inc. v. Columbia Broadcasting Service, Inc., 194 F.3d 1211 (11th Cir. 1999)。关于本案的中文介绍与评析,参见孙远钊等,见前注④,页 101—105。

[42] 参见 *King Estate Settles Lawsuit Against CBS Over Rights to “I Have A Dream” Speech*, JET, July 31, 2000, *available at* http://findarticles.com/p/articles/mi_m1355/is_8_98/ai_63974332/? tag= content;coll。

[43] Bobbie Brown, *King Estate Considering Suit Over Unlicensed Obama Items*, N.Y. TIMES, November 15, 2008, at A9. 金博士的侄儿,也是目前位于亚特兰大市(Altanta)《金恩中心》的负责人 Isaac Newton Farris, Jr.,便如此表示:“这不是关于金钱…不过我们是觉得,如果有人在外[用这样的方式]赚到了一块钱,我们就应该[跟着]赚一毛。”

1965)、以及法国的戏剧、文学与诗歌作家塞缪尔·贝克特(Samuel Beckett, 1906—1989)等的遗产管理者,都是对于他们先人的著作权采取了极度保护的态度和做法,包括禁止对于著作权人作出任何不利或批判性的言论,也从而引发了如此的维权保护是否已构成误用并限制了宪法所保障的言论自由权的争议。[44] 而最近一个引起了著作权界高度兴趣和关注的是 Schloss v. Sweeney 案。[45] 本案原告 Carol Schloss 女士是斯坦福大学(Stanford University)英语学系的教授。她试图出版一本关于研究著名的爱尔兰诗人和文学家詹姆士·乔依斯(James A. A. Joyce, 1882—1941)的著作,尤其是乔依斯的女儿对于其父亲灵感的真正影响等,但却遭到了来自乔依斯遗产管理人方面将近十年的威胁与诉讼。本案最终是以和解收场,Schloss 教授仍然出版了她的著作,但其中的内容则是经过了大幅的删减。因此法院最终还是没有机会对于此一问题作出任何的判例。[46]

(七)最新发展

1. Apple, Inc. v. Psystar Corporation

一个在最近受到著作权界相当关注的案件是 Apple, Inc. v. Psystar Corporation。[47] 原告苹果公司指控被告未经其许可将原告的计算机操作系统软件 Mac OS X 予以复制并自行修改,以供被告所制造的兼容性产品使用。而被告则以原告的“软件许可使用合同(software licensing agreement, SLA)”将其软件程序限用于苹果公司所生产的硬件器材已构成著作权的误用为由提出了反诉。比较特别的是,联邦地方法院在程序上容许了被告以反诉(counterclaim)的方式主张著作权误用,不过却没有接受被告的理由。法院认为,苹果公司的许可使用合同并未限制他人得以独立、自行开发并使用操作系统程序,因此并未构成如 Lasercomb 案一般对于著作权的不当扩张或是对于使用者或被许可人的不当限制。[48] 虽然当时人间之后达成了部分的和解,但对于“著作权误用”的部分则仍然有相当的歧见,也成为上诉的主要争点。[49]

---

[44] 参见 David S. Olson, *First Amendment Based Copyright Misuse*, Boston College Law School Legal Studies Research Paper Series No. 191 (March 18, 2010), *available at* http://papers.ssrn.com/sol3/papers.cfm?abstract_id=1574385。

[45] 参见 C06-03718JW (N.D. Cal. 2006).

[46] 参见 *James Joyce Copyright Case Settled in California*, REUTERS, March 24, 2007, *available at* http://www.reuters.com/article/idUSN2427943720070324。

[47] Apple, Inc. v. Psystar Corporation, 673 F. Supp. 2d 931 (N.D. Cal. 2009). 这是联邦地方法院对于本案所作出的两个判决之一,其中牵涉到了法院对于“著作权误用”抗辩法则的诠释。

[48] *Id.* at 939.

[49] 据新闻媒体的报导,本案的被告 Psystar 公司已经在 2009 年 12 月与苹果公司达成部分的和解。关于相关的评论,参见 Peter Burrows, *Lessons from the Apple-Psystar Battle*, Bloomberg Businessweek, December 2, 2009, *available at* http://www.businessweek.com/technology/content/dec2009/tc2009121_009697.htm。关于本案的上诉判决书,参见 658 F.3d 1150 (9th Cir. 2011)。

联邦第九巡回上诉法院并未对于当事人可否以在提出反诉时径行提出“著作权误用”作为主诉(而不是等到对方主张侵权后才得提出抗辩)一点提出任何评论,而是直接对于“著作权误用”是要在如何的情形下才可成立明确表示:“著作权误用”法则从未禁止权利人透过许可合同的条件来管控和限制被授权人对于著作物的使用,但却是禁止权利人以特定的条件来遏制竞争或是限制他人独立开发具有竞争性的产品。[50] 由于苹果公司的软件许可使用合同既未限制其竞争者开发本身软件的能力,也未排除其使用者在苹果所制造的电脑上使用非苹果的组件或组件,而只是对于由苹果自行开发出的软件限制使用到苹果的电脑之上,自然也不构成对其著作权的“误用”。

2. Omega, S. A. v. Costco Wholesale Corporation

另一个最近的发展是被告可否以“著作权误用”作为对应权利人企图实施进口权来控制“平行进口(parallel importation)”的抗辩手段。在 Omega, S. A. v. Costco Wholesale Corporation 案[51],原告奥米茄钟表公司为了能控制对其在瑞士制造的手表未经同意以平行进口方式进入美国市场,在若干手表的表壳后方刻上了一个 3 厘米的具有著作权的印记,称为“奥米茄全球设计(Omega Global Design)”。奥米茄公司希望能透过这样的方式限制第三者对其手表从事未经许可的进口。

被告 Costco 公司是美国极具知名度的卖场。他们在美国境外购得了原告在瑞士制造的手表后再进口到美国,然后以较为低廉的价格在卖场内出售,结果在 2004 年遭到起诉。被告当时便以“首次销售法则”(first sale doctrine)或“权利穷竭”(exhaustion)以及“著作权误用”作为主要的抗辩。结果联邦地方法院法官支持被告“首次销售法则”的抗辩,并给予径行判决。因此,关于“著作权误用”的部分便不需再议(moot)而未作处置。

之后联邦第九巡回上诉法院推翻了地方法院的观点,认为“首次销售法则”并不适用于在美国境外所生产和完成首次销售的情形,因此权利人仍可行使进口权来禁止被告从事平行进口。等到联邦最高法院同意受理此案后,却因为 Elena Kagan 大法官在就任大法官之前曾经代表行政部门(奥巴马政府)对于这个案件提出正式的立场,因此必须回避。结果联邦最高法院以 4 票对 4 票形成了僵局,也从而在技术上维持了上诉法院的判决。

由于这样的判决结果,等到全案发回地方法院更审时,“著作权误用”就成为了被告的主要抗辩。结果主审法官接受了被告的主张,再次以径行判决方式阻止原告行使

---

[50] 658 F. 3d at 1159。其原文为:The copyright misuse doctrine does not prohibit using conditions to control use of copyrighted material, but it does prevent copyright holders from using the conditions to stifle competition.

[51] Omega v. Costco Wholesale Corporation, 941, F. 3d 982 (9th Cir. 2008), *aff'd*, 562 U. S. __, 131 S. Ct. 565 (2010) (per curium).

进口排他权。[52] 主审的Hatter法官认为,由于原告的手表本身无法获得著作权的保护,因此在表壳背面所刻制具有著作权的“奥米茄全球设计”印记,其实真正、唯一的目的就是想借此作为杠杆,将对于该设计进口的有限垄断扩大成为对整个手表的进口控制,从而构成了对于著作权的误用。

法院也认为,在此之前所有关于“著作权误用”的案件都是局限于当事人间订有与反垄断有关的搭售合同或是限制性的许可合同条款,而本案则全然没有像这样的情形。对于此点,地方法院则表示,“著作权误用”的发展路径还没有明确定义完成,而它并不认为要适用此一例外必须是以当事人间订有合同为前提。它也没有接受原告具有多功能的细小刻印设计可以用来作为对应“著作权误用”的主张。原告奥米茄钟表公司已在2011年12月9日再度向第九巡回上诉法院提出了上诉。这显然使这个法院有机会第三度对于“著作权误用”究应如何界定提供见解。

(八)与反垄断法的竞合

虽然“著作权误用”在传统上与是否抵触反垄断法并无直接的关系,但对于著作权的行使或使用仍然有可能与反垄断法产生竞合。而最近的发展也似乎有可能会给此种传统的见解带来挑战。在美国的现行法制体系下,这其中可归类为两种类型:

1. 拒绝许可与搭售合同(tying agreement)

依据美国联邦最高法院过去的判例,原则上如果著作权利人将其所属的不同著作物或产品从事搭售,通常是将较受市场欢迎者与尚未受到市场青睐者予以联结,要求被许可人必须同时接受其中的两个或是多个著作物的共同许可,否则即将拒绝给予许可,此种行为即会被判认为抵触反垄断法,尤其是当被许可人根本无意取得被搭售之物或是可从其他途径取得时为然。[53] 不过此一原则不能以“当然违法”的方式来径行予以适用,还是需要先透过“合理原则”或“论理分析”的方式来界定权利人的市场范围与市场占有力量(market power)后方可。这是因为联邦最高法院在Illinois Tool Works, Inc. Independent Ink, Inc.一案中已经明确指出,法院不得就权利人拥有专利权的本身径行推定其已经具备市场力量。因此主张抵触反垄断法的当事人(原告)需负举证责任,以经济数据和数据显示被告的确已经具有此一市场力量后方可。[54] 虽然这是针对专利许可所判决的案件,但本案的法则对于著作权也一体适用。[55] 值得注意的是,由于本案判决是在前述各个巡回上诉法院一系列关于著作权误用的案例之后才出现,其结果究竟会对既有的著作权误用法则产生如何的冲击,尤其是否意味今后凡是

[52] Omega v. Costco Wholesale Corporation, CV 04-05443 TJH (C. D. Cal. 2011).

[53] Jefferson Parish Hospital District No. 2 v. Hyde, 466 U. S. 2 (1984). 另参见 4 Nimmer On Copyright § 13. 09[A][1][b], at 13—291, 13—292 (2008)。

[54] 547 U. S. 26 (2006).

[55] 4 Nimmer On Copyright § 13. 09[A][1][b], at 13—292 (2008).

主张著作误用抗辩的被告都需要担负更高的举证责任,回归到类似于涉及反垄断法的经济市场分析,则仍未可知。[56]

2. Noerr-Pennington 豁免法则

所谓的 Noerr-Pennington 豁免法则是源自美国联邦最高法院在 20 世纪 60 年代的两个判例,对于权利人试图影响美国国会(立法)或行政部门的行动,原则上可免受反垄断的责任。[57] 由于联邦宪法第一修正案明文对于人民的言论自由,包括对于受到不平或冤屈待遇向政府行使或是请愿的权利给予保障,法院为了权衡并调和此一重要的法益和反垄断政策所欲推广的促进公平竞争与保障消费者福祉等其他法益,于是限制了在特定情形下对于反垄断政策的执行,从而人民得以向行政部门提出陈情、请愿、调整法规政策或是请求立法部门修改法律而无后顾之忧,纵使此种私人行为可能会产生反竞争的效果甚至其背后的动机或企图乃是为了去除竞争时亦然。[58] 而后续的判例则更进一步将此法则扩展到司法诉讼。[59] 因此,著作权利人以"维权"之名向法院提出侵权之诉的本身,无论是在联邦或是州法的体系下,都不会产生抵触反垄断法或是构成权利误用的问题。

不过联邦最高法院在一开始便认识到,在某些情形下,一个表面上试图影响政府政策的请愿或要求等行为如果事实上纯粹只是一个为了掩饰其背后**直接**对于竞争对手业务从事干预的伪装或假象(sham),则反垄断法仍然有适用的余地。[60] 至于如何断定这其中只是纯粹的假象,所应适用的准则究竟应当如何,则还需等待近三十年才在后续的 Columbia Pictures Industries, Inc. v. Professional Real Estate Investors, Inc. 案[61]获得厘清。

---

[56] 同上注。Nimmer 教授对此采取了肯定的立场,认为主张滥用的一方未来势将面临更高的举证责任。

[57] Eastern Railroad Presidents Conference v. Noerr Motor Freight, Inc., 365 U.S. 127 (1961). 在本案中,数家卡车货运公司向一群铁路公司和它们所聘雇的公共关系公司起诉,主张被告共谋展开一场有规模的公共关系活动,试图影响国会修改法律,从而会对汽车货运业造成严重的伤害。但是联邦最高法院则是认为原告未能提出适当的诉因(cause of action),因为反垄断法并未阻却当事人得以从事影响法规通过或是执行的行为,而且原告所宣称将对消费者或社会大众的利益造成损害的部分乃是与向政府陈情所产生的附带效应,因而此种游说行为仍然是受到保护。法院也特别强调,原告背后的动机究竟为何,是否意图对于竞争者造成伤害在此乃是全然无关,否则政府部门将会失去一个极为重要的信息来源,而且剥夺了人民在当下最为重要的请愿权利。Mine Workers v. Pennington, 381 U.S. 657 (1965). 在本案中,联邦最高法院则将此一法则进一步从对于国会立法政策的游说扩展到了对于向行政机关的请愿或陈情。

[58] 参见 Pennington 案, 381 U.S. at 670;另参见 Federal Trade Commission, *Enforcement Perspectives on the* Noerr-Pennington *Doctrine: An FTC Staff Report*, at 7 (2006), *available at* http://www.ftc.gov/reports/P013518enfperspectNoerr-Penningtondoctrine.pdf.

[59] California Motor Transport Co. v. Trucking Unlimited, 404 U.S. 508 (1972).

[60] 参见 Noerr 案, 365 U.S. at 144。

[61] Professional Real Estate Investors, Inc. v. Columbia Pictures Industries, Inc., 508 U.S. 49 (1993).

本案的原告是哥伦比亚电影公司等几个主要的好莱坞电影企业,被告则是旅馆业者。被告将电影光盘出租给住宿于其设施的宾客,让后者使用已经设置于房间内的器材来观赏。原告拥有对于这些录制在光盘上的电影著作权,并已许可旅馆得将这些电影的讯号传输并播送到被告的旅馆房间。但是原告仍然起诉,认为被告将其著作复制到光盘构成侵权。而被告则提出反诉,主张原告的诉讼事实上只是为了掩护其限制贸易和竞争的障眼法(以合法掩护非法),从而违反了谢尔曼法(Sherman Act)第1条和第2条。在主诉的部分,上诉法院判决原告败诉,不认为被告的行为构成侵权;而在反诉的部分则是认为原告试图透过诉讼将其著作物的公开表演权范围予以扩张也并非仅仅是个伪装或假象,从而得以受到 *Noerr-Pennington* 豁免法则的保护。然而当联邦最高法院决定受理本案的反诉部分时,此一决定在著作权界,尤其是权利人的部分,引起了相当的争议和不安,忧虑如果法院改变判决,势将产生所谓的"寒蝉效应"(chilling effect),让原本用意正当的著作权人只要起诉维权,便可能必须对应被告关于不正当竞争的指控,从而大幅增加诉讼成本并导致权益的不确定。不过联邦最高法院最终是维持了原判,也消弭了这些不安。

在决定一个侵权诉讼是否其实只是伪装或假象时,联邦最高法院采取了两步骤分析法,表示必须审视该诉讼是否(1) 在客观上没有根据(objectively baseless),也就是任何合理的诉讼当事人都不会实际的期待其诉讼在实体上有获致成功的可能;以及(2) 其实是为了掩饰企图直接干预(interfere directly)其竞争者的业务关系才提起。只要提出反竞争主张的当事人(通常为提出反诉的原告)能证明这两点,即可剥夺著作权人主张适用 Noerr-Pennington 豁免法则。不过如想获得因违反垄断法规所造成的损害赔偿,自然还需负其他与反垄断相关的举证责任。但是法院也特别强调,仅仅举证显示权利人具有反垄断的企图或目的无论如何都还不足以将原本属于合法的行为(基于维权而起诉)转化为只是伪装或假象。[62] 另外必须注意的是,依据法院的判例,美国法制只是容许著作侵权本诉的被告得以适用 Noerr-Pennington 豁免法则来免除损害赔偿,但不得以此作为"肯认"或"积极抗辩"的基础,从而用以对抗权利人的侵权主张。[63]

## 四、结论

综合美国在各个不同联邦上诉法院既有的司法判例,得以适用"权利误用"的抗辩可大致归纳为下列六种类型:

(1) 对于已经进入公共领域的著作物(通常是音像制品)收取属于仍受著作权保护的费用;

(2) 要求被许可人不得使用竞争者的著作或产品,纵使无法证明其市场力量或反

---

[62] *Id.* at 59—61.

[63] 参见前注[53],页 13—295。

竞争的效果,或是能证明许可人从未执行此一“禁止竞争”条款时亦然;

(3)在许可使用合同中设定范围广泛的竞业禁止条款,尤其是在诸如软件许可中限制开发具有竞争性的著作物或产品等;

(4)在版权的登记上做了重大不实之陈述;

(5)对于著作权利人究竟所拥有的权利范围为何误导法院;

(6)就他人在竞争产品上(如印刷电路板)对于著作权(通常为应用软件)从事暂时性的测试或使用行为主张构成侵权,从而将类似于著作权或专利权的控制延伸到原本就不具知识产权益的该产品之上。

在合同自由的前提下,“著作权误用”其实是一个范围相当狭小的例外,容许权利人的相对人得据以提出抗辩,即使本身并非直接是“受害人”或误用的对象亦然;一旦抗辩成功,则只是产生让著作权在误用事由还未消灭前暂时无法获得执行的效果,而不是使权利人的著作权失效。此外,这种抗辩也从来不是用来禁止权利人透过使用许可合同来设定条件,限制对于著作物的使用。只要合同的内容不涉及到限制他人自行独立开发具有竞争性的产品,基本上就不会产生“误用”的问题。

至于权利人本于其权利实施严格的执法并不当然构成所谓的“滥诉”。事实上除非被告能够举证权利人的诉讼只是一个法律上所定义的伪装、“幌子”或假象,以诉讼作为扼制手段的本身乃是权利的正当行使,并无任何问题。

要构成“著作权误用”,传统上是以双方当事人间订有许可或搭售合同以及权利人已经先行对被许可人提出了侵权的主张为前提,然后由于被许可人的抗辩,再客观地从合同的条款或权利人的实际行为来检视是否产生了“误用”。然而最近的案例发展却显示,至少已有联邦地方法院的法官愿意进一步扩充此一例外抗辩手段的范畴,打破这两个传统上的限制。至于上诉乃至最高法院是否接受这样的见解,则还有待观察。

相对而言,有学者归纳出了下列四种已经构成“著作权滥用”(范围已超过“误用”)的类型[64]:

(1)以著作权作为手段来迫使被许可人让步;

(2)限制被许可人得与权利人的竞争者从事交易的能力;

(3)透过许可限制他人与其得以从事竞争的能力;

(4)运用司法诉讼制度以产生反竞争的效果。

由于这些的行为必须达到反竞争的效果才会抵触反垄断法规,因此当事人在举证上必须提出更精细的经济实证分析方可。这也意味着诉讼费用将会大幅增加。不过在程序上则不须受限于抗辩的形式,而可以由当事人主动提出。

---

[64] John T. Cross and Peter K. Yu, *Competition Law and Copyright Misuse*, 56 Drake L. R. 427 (2008).

近来如世界知识产权组织、反仿冒抄袭贸易协定(Anti-counterfeiting Trade Agreement, ACTA)与环太平洋伙伴贸易协定(Trans-Pacific Partnership Agreement, TPPA)的协商还有许多不同的国家和地区对于著作权法制所展开的新一轮调研、检讨和修改,基本上还是集中在如何扩充权利人的保护范围,而对于权利误用或滥用的问题却毫未触及。[65] 为了正本清源,在采纳这个法则之前固然有必要先考虑是否须要确立一套完整的诉讼抗辩制度,从而使"权利滥用"的本身不至于被滥用,让例外因不当的扩张却反而成为了通行原则,而在另一方面也必须由此让未来的著作权法制更能兼顾权利人与社会公益之间的平衡,也从而让整个著作权的保护体系更为完善。

[65] 例如,世界知识产权组织在2012年6月24日通过的北京音像表演条约(Beijing Treaty on Audiovisual Performances),AVP/DC/20,http://www.wipo.int/edocs/mdocs/copyright/en/avp_dc/avp_dc_20.pdf;反仿冒贸易协定,http://www.mofa.go.jp/policy/economy/i_property/pdfs/acta1105_en.pdf。

# 论版权法保护技术措施的正当性

王　迁*

## 引言

“技术措施”是版权人在数字时代保护自己利益的技术性手段。例如，在音乐光盘中采用防止复制的技术措施后，用户只能播放光盘中的音乐，而不能将音乐光盘进行翻刻。再如，软件中的“序列号”可以确保只有付费购买了正版的用户才能正常运行软件。然而，从技术措施诞生之时起，各种规避技术措施的工具和行为就相伴而生。例如，网络中充斥着各种用于破解软件“序列号”的程序，那些并不精通专业技术的“外行”也可以利用这种工具破解“序列号”并运行盗版软件。这使得版权人采用的技术措施形同虚设。

为了抑制规避技术措施的行为，1996 年世界知识产权组织主持缔结的两个新条约——《世界知识产权组织版权条约》(WCT)要求缔约国对特定技术措施提供保护。WCT 第 11 条规定：“缔约各方应规定适当的法律保护和有效的法律补救办法，制止规避由作者为行使本条约或《伯尔尼公约》所规定的权利而使用的、对就其作品进行未经该有关作者许可或未由法律准许的行为加以约束的有效技术措施”。同时通过的《世界知识产权组织表演和录音制品条约》(WPPT)第 18 条以相似的措辞，要求缔约国对表演者和录音制品制作者所使用的技术措施加以保护。

此后，包括我国在内的许多国家纷纷修改版权法，以实施世界知识产权组织两个新条约中保护技术措施的规定。在许多此类版权立法中，受保护的技术措施被划分为两类——“接触控制措施”(access control measure)和“版权保护措施”(copyright protection measure)。“接触控制措施”是指防止他人未经许可阅读、欣赏文学艺术作品或运

* 王迁，华东政法大学教授。本文是国家社科基金第 10CFX057 号项目《版权保护技术规制研究》的初期成果，原载于《法学研究》2011 年第 4 期。

行计算机软件等“接触”作品内容的技术措施。[①] “版权保护措施”则是指防止他人未经许可以复制、传播等方式利用作品,侵犯“复制权”等版权专有权利的技术措施。[②] 我国于2006年颁布的《信息网络传播权保护条例》第26条将技术措施定义为“用于防止、限制未经权利人许可浏览、欣赏作品、表演、录音录像制品的或者通过信息网络向公众提供作品、表演、录音录像制品的有效技术、装置或者部件”。其中,“用于防止、限制未经权利人许可……通过信息网络向公众提供作品、表演、录音录像制品的有效技术、装置或者部件”即为保护“信息网络传播权”的“版权保护措施”。[③] 而“限制未经权利人许可浏览、欣赏作品、表演、录音录像制品的……有效技术、装置或者部件”即为“接触控制措施”。

但是,版权法保护的对象长期以来就是作品和与作品相关的其他法定客体(表演、录音录像制品和广播信号等,为了叙述上的方便,下文将“作品与相关客体”简为“作品”)。保护的方法是赋予作者及相关主体以“复制权”、“发行权”和“信息网络传播权”等一系列专有权利,通过专有权利控制人们利用作品的行为,并规定未经许可实施受专有权利控制的行为即构成版权侵权。将技术措施纳入版权法的保护对象,对绝大

---

① 例如,美国1998年通过的版权法修正案——《千禧年数字版权法》规定:如果一种技术措施在正常运行过程中,要求经版权人许可应用某种信息、程序或处理过程后,才能接触作品,则这种技术措施能够“有效控制对作品的接触”(即“接触控制措施”),见17 USC 1201(a)(3)(B)。澳大利亚版权法和第10条定义的第一种技术措施就是“一种控制接触的技术保护措施”。欧盟《信息社会版权与相关权指令》(以下简称欧盟《版权指令》)第6(3)条一方面将技术措施定义为:能够防止或限制未经许可对作品实施特定使用行为的技术、装置或组件,另一方面又规定:当权利人通过应用“接触控制”措施来对作品的使用进行控制,并达到保护目的时,该技术措施为“有效”技术措施。这实际上是承认了“接触控制措施”为受保护的一类技术措施。

② 美国《千禧年数字版权法》规定:如果一种技术措施在正常运行过程中,能防止、制约或者以其他方式限制(他人未经许可)行使版权人依本法所享有的权利,则该技术措施能够“有效保护版权人依本法所享有的权利”(即“版权保护措施”),见17 USC 1201(b)(3)(B)。澳大利亚版权法第10条定义的第二种技术措施是“一种设备、产品、技术或部件(包括计算机程序),其在正常运行过程中,能阻止、抑制或限制版权侵权行为。……”,也即“版权保护措施”。欧盟《版权指令》第6(3)条规定:当权利人通过应用“复制控制机制”来对作品的使用进行控制,并达到保护目的时,该技术措施为“有效”技术措施。即将“版权保护措施”作为受保护的一类技术措施。

③ 该条仅将“版权保护措施”限定为“防止、限制未经权利人许可……通过信息网络向公众提供作品、表演、录音录像制品的”的技术措施,也即仅将受技术措施保护的专有权利限定为“信息网络传播权”,是因为信息网络传播权保护条例作为授权立法,仅能规定对“信息网络传播权”的保护,而不能设定对其他专有权利,如“复制权”的保护。

多数国家而言只是近几年的事情。[④] 因此,对于版权法保护技术措施的正当性,从一开始就引起了关注。

在两类技术措施中,版权法保护"版权保护措施"的正当性并未引起太大争议。这是因为"版权保护措施"保护的对象本身就是版权法所明确赋予权利人的专有权利。在作品中加入"版权保护措施"属于权利人自力保护专有权利的一种有效手段。版权法对"版权保护措施"的保护实际上是对这一自力保护手段的认可。《信息网络传播权保护条例》的起草者在解释保护技术措施的条款时指出:"在网络环境下,作为预防侵权行为发生的事前措施,技术措施能够……有效地保护权利人的经济权利。"[⑤]这正如房屋的主人既可以对擅自闯入屋中并偷走财产的窃贼追究法律责任,也可以事先在房门上加锁,以防止窃贼的进入,法律此时当然要禁止擅自撬锁的行为。法律对门锁的保护并不仅仅因为门锁本身也是房主的财产,而是门锁起到了保护室内财产的作用,是房屋主人自力保护的手段。正是由于版权人采用"版权保护措施"是保护专有权利的正当手段,因此版权法对"版权保护措施"的保护也具有正当性。

但是,版权法对"接触控制措施"的保护却导致了理论上的极大困惑和争论——"接触控制措施"与"版权保护措施"相并列,本身就说明"接触控制措施"并不是直接用于"保护版权"的。而在未经许可接触作品的行为中,阅读、欣赏盗版文学艺术作品在任何国家都不是版权侵权行为,而运行盗版软件,也只在特定情况下构成版权侵权行为。[⑥] 那么,版权法保护那些不能直接用于保护版权,防止版权侵权的"接触控制措施"的正当性何在?对此,本文试提出一种解决版权法保护技术措施之正当性问题的

---

④ 在1996年世界知识产权组织两个条约缔结之前,只有少数国家的版权法中有保护技术措施的零星规定。例如,英国在其1988年版权、外观设计和专利法(以下简称"英国版权法")中规定:对于以电子形式存在的作品,版权人有权对那些制造、进口、出售、出租、推销专门用于避开"防复制系统"的人,以及那些公布信息、使他人得以避开"防复制系统"的人提起诉讼,并规定可以没收相关工具或设备。"防复制系统"就是一种典型的"版权保护措施",见英国版权法第296(2)条。1991年欧共体《计算机软件保护指令》也要求成员国禁止"为商业目的持有、散发唯一作用在于协助他人未经许可地移除或避开用于保护计算机软件的技术设施"的行为,见欧盟《计算机软件保护指令》第7(3)条。但该条只能用于保护计算机软件中的技术措施,而非其他类别作品中的技术措施。美国1992年《家庭录音法》在规定数字录音设备提供者必须采用用于防止数字录音带被连续复制的"系列复制管理系统"之后,紧接着规定"任何人不得进口、制造、散发任何主要功能在于避开、跳过、移去或以其他方式规避该系统的设备或提供具有相同效果的服务",见17 U.S.C. § 1002。同样,该条的适用范围是极为有限的,只针对录音制品中"系列复制管理系统"这一"版权保护措施"。

⑤ 张建华主编:《信息网络传播权保护条例释义》,中国法制出版社2006年版,页13。

⑥ 《最高人民法院关于审理著作权民事纠纷案件适用法律若干问题的解释》第21条规定:"计算机软件用户未经许可或者超过许可范围商业使用计算机软件的,依据著作权法第47条第(一)项、《计算机软件保护条例》第24条第(一)项的规定承担民事责任"。这就意味着"非商业使用"盗版软件在我国并非侵权行为。同时,在欧美国家,由于运行软件导致的计算机内存中对软件的临时存储被版权法认定为"复制",运行盗版软件构成侵犯复制权的行为。因此防止计算机软件被未经许可运行的技术措施就成了"版权保护措施"而不是"接触控制措施"了,对此下文还有讨论。

理论,并应用该理论划定版权法保护技术措施的界限。

## 二、保护“接触控制措施”正当性的三种学说之辨

与“版权保护措施”不同,“接触控制措施”的直接作用是防止未经许可接触作品内容,也即防止用户在未经许可或超出许可范围的情况下阅读、欣赏文学艺术作品或运行计算机软件。“接触控制措施”并不直接防止用户未经许可复制或传播作品,也即并不直接防止版权侵权。因此,版权法保护这类技术措施的正当性,就不能从保护版权专有权利角度来解释了。在越来越多的国家将“接触控制措施”纳入版权法保护范围的情况下,各国立法者、学者和法院力图从各种角度论证版权法保护“接触控制措施”的正当性。其中代表性的学说有三种:(1)“接触控制措施”可保护“复制权”(防止“临时复制”),笔者称之为“保护复制权说”;(2)“接触控制措施”可保护“接触权”,笔者称之为“保护接触权说”;(3)“接触控制措施”可间接保护版权,笔者称之为“间接保护版权说”。笔者认为:这三种学说均是不能成立的。

### (一)“保护复制权说”之辨

技术措施主要应用于数字化作品和计算机软件,而对以数字化形式出现的文学艺术作品进行阅读、欣赏,以及对计算机软件的运行,需要通过计算机加以实现。在这一过程中,数字化作品和计算机软件的片断会不可避免地进入计算机内存,以供计算机的中央处理器及其他部件调用。这些片断在计算机内存(即“随机存储器”,简称RAM)中仅能被“临时”存储:计算机一旦去执行其他指令,内存中先前存储的内容就会被“刷新”;而计算机如果被关闭,内存就会被“清空”。正是因为在计算机内存中的存储有别于在传统纸质媒介或光盘、硬盘中对作品的稳定存储,具有临时性质,故被称为“临时复制”。而对“临时复制”的定性,对于版权法保护“接触控制措施”的正当性极为重要:如果认为“临时复制”与复印、打印、刻录光盘或下载一样,属于版权法意义上的复制行为,则通过计算机在线阅读盗版小说,欣赏盗版音乐或电影,以及运行盗版软件,都将是未经许可复制作品的行为,有可能构成对“复制权”的侵犯。用于防止此类行为的“接触控制措施”实际上就是专门用于保护“复制权”这一专有权利的“版权保护措施”。反之,如果不承认“临时复制”是版权法意义上的复制行为,则上述未经许可阅读、欣赏数字化作品和运行计算机软件的行为,都不可能构成对任何专有权利的侵犯。单纯用于防止此类行为的“接触控制措施”与保护专有权利,防止版权侵权就毫无关系。

目前,美国和欧盟通过判例或立法,将“临时复制”定性为版权法意义上的复制行为。在具有代表性的“MAI 诉 Peak 案”中,美国联邦第九巡回上诉法院认为:软件在运

行中在内存中形成的“临时复制”完全符合美国版权法对复制的定义。[⑦] 欧盟则在2001年通过的《关于协调信息社会版权和相关权的指令》(以下简称《版权指令》)第2条规定:“成员国应规定(权利人享有)授权或禁止直接地或间接地、临时地或永久地通过任何方法和以任何形式全部或部分复制的专有权”。这意味着“临时复制”作为一种“复制行为”被纳入了“复制权”的控制范围。

由于“临时复制”被在这些国家被认定为版权法意义上的复制行为,而利用计算机阅读、欣赏数字化文学艺术作品和运行计算机软件,又不可避免地会导致“临时复制”。因此防止“接触”本身就是在防止“复制”,保护“接触控制措施”就成为直接保护“复制权”的手段。正因为如此,欧盟委员会才极有自信地认为:《版权指令》建立了技术措施与版权行使之间的联系;只有当技术措施限制那些“在专有权利控制范围内的行为”时,该技术措施才能受到《版权指令》的保护。不能将《版权指令》对技术措施的定义理解为,技术措施可以用于限制不受专有权利控制的行为。[⑧]

同样,作为欧盟成员国的英国早已承认“临时复制”为复制行为。[⑨] 因此英国在实施《版权指令》有关保护技术措施的规定时,明确将保护范围限定于“在正常运行过程中,用于保护版权作品的任何技术、设备或部件”。[⑩] 而“保护作品”又被定义为“阻止或限制未经作品版权人授权和受版权限制的行为”。[⑪] 据此,如果一项行为并不受到任何专有权利的限制,则即使权利人不愿许可这项行为并使用技术措施加以限制,该项技术措施也不受保护。

在英国发生的著名的“索尼诉欧文案”和“索尼诉保尔案”印证了“接触控制措施”与复制权之间的关系。两案的事实背景基本相同:索尼公司在英国生产和销售PlayStation游戏机和与之相配套的游戏软件。为了防止用户使用盗版并对游戏光盘的销售施加区域控制,索尼公司在游戏机和游戏软件光盘中均设有相互匹配的“控制码”,且在不同国家销售的游戏机和光盘所使用的“控制码”是不同的。例如,如果有人企图将盗版游戏光盘或在澳大利亚购买的正版游戏光盘插入在英国购买的游戏机,都会因为游戏机无法从光盘中读出与之相匹配的“控制码”而无法运行游戏。两案被告则向

---

⑦ MAI Systems Co., v. Peak Computer Inc., 991 F. 2d 511, 513 (9th Cir 1993)。有美国学者根据该案认为:“复制”一词已不仅限于有形复制这一最初含义了,而是发展到适用于计算机内存中对信息的临时存储,而这是“法律自然的进步”,see Trotter Hardy, *Computer RAM "Copies": A Hit or a Myth? Historical Perspectives on Caching as a Microcosm of Current Copyright Concerns*, 22 U. Dayton L. Rev. 423, 455 (1997).

⑧ Commission of the European Communities, Commission Staff Working Document, Report to the Council, the European Parliament and the Economic and Social Committee on the application of Directive 2001/29/EC on the harmonisation of certain aspects of copyright and related rights in the information society, 30. 11. 2007, SEC(2007) 1556, p. 7.

⑨ 英国版权法第17(2)条。

⑩ 英国版权法第296ZF(1)条。

⑪ 英国版权法第296ZF(3)(a)条。

用户提供一种用于破解"控制码"的特定芯片,用户将该芯片安装到索尼公司的游戏机上之后,无论放入的游戏光盘是否含有正确的"控制码",游戏都可以正常运行。

在用户使用被告提供的芯片运行盗版游戏软件光盘的全过程中,唯一可能涉及版权侵权的行为,就是光盘中的游戏软件会被临时调入游戏机的内存中,形成持续时间极为短暂的"临时复制"。审理两案的英国法院均认为内存中发生的"临时复制"就是版权法意义上的复制行为。在"索尼诉欧文案"中,法院指出:"将游戏软件调入游戏机(内存)中当然是复制行为"。⑫ 在"索尼诉保尔案"中,法院同样认为:"当游戏光盘被插入游戏机中时,其中的计算机程序将会从光盘中被读取且被复制到游戏机的内存中,该行为是一个复制行为"。⑬ 正因为如此,用户在游戏机中运行盗版游戏光盘就构成了对"复制权"的侵犯,而用于阻止用户运行盗版光盘的"接触控制措施"——"控制码"也就能够起到防止版权侵权的作用。这样一来,此类"接触控制措施"受到英国版权法的保护也就顺理成章了。

然而,这种将"临时复制"认定为版权法意义上的复制行为,从而以保护"复制权"为由,为保护"接触控制措施"寻求正当性的理论,在包括中国在内的许多国家是不适用的。且不论将"临时复制"定为复制行为存在理论上的根本缺陷⑭,该观点也根本未被普遍接受。

1996年,世界知识产权组织为缔结互联网时代的两个新版权条约——WCT和WPPT,在日内瓦召开外交会议。各国代表团讨论的基础是专家委员会起草的《基础提案》(Basic Proposal),其中WCT草案第7条为"复制权的范围",其以美国和欧盟主张的观点为基础,规定:复制权"应包括许可以任何手段或形式,直接和间接复制其作品,而无论是永久还是临时复制"。⑮《基础提案》对该条的解释是:

> 该提案意图澄清被广为接受的理解,即永久和临时性复制都构成《伯尔尼公约》第9(1)条意义上的复制。复制的结果可以是像书本、录音制品或光盘那样的有形的、永久的复制件,也可以是在计算机硬盘中的复制件,或在计算机内存中的复制件。⑯

由此可见,WCT草案第7条的目的,就是要确保内存中的"临时复制"受到复制权

---

⑫ Sony v Owen, [2002] EWHC45, para. 8; Sony v Ball, [2004] All ER (D) 334 (Jul) para. 7.

⑬ Sony v Ball, [2004] All ER (D) 334 (Jul) para. 13.

⑭ 对此,请参见拙著:《网络环境中的著作权保护研究》,法律出版社2011年版,页45—64。

⑮ WIPO, Doc. CRNR/DC/4, Basic Proposal for the Substantive Provisions of the Treaty on Certain Questios Cencerning the Protection of Literary and Artistic Works to be considered by the Diplomatic Conference (1996), Article 7.

⑯ 同上, papa 7.05.

的控制。由于包括中国在内的许多国家的反对[17],《基础提案》中关于复制权范围的第7条提案最终没有被纳入新条约。外交会议只通过了用于解释复制权范围的“议定声明”(Agreed Statement)。其内容为:

《伯尔尼公约》第9条规定的复制权以及经允许的例外,在数字环境下完全适用,特别是适用于数字形式作品的使用。受保护作品以数字形式在电子介质中存储构成《伯尔尼公约》第9条意义上的复制。

但该议定声明中的“存储”并没有明确将计算机内存中的“临时复制”包括进去,各缔约国完全可以对“存储”一词的含义作出自己的解释。[18] 同时,本条“议定声明”是以多数票,而非全体代表团一致同意的方式通过的。[19]《维也纳条约法公约》第31条“解释之通则”第2款规定:就解释条约而言,上下文除指连同弁言及附件在内之约文外,并应包括:全体当事国间因缔结条约所订与条约有关之任何协定(agreement)。在两条约附带的“议定声明”之中,除了上述关于复制权范围的“议定声明”之外,其他均获得了全体代表团的一致同意,因此可以作为“全体当事国间因缔结条约所订与条约有关之协定”而具有解释条约的效力。但是,关于复制权范围的“议定声明”并没有得到全体代表团的同意,这就使它的解释效力成为问题。在外交会议上,许多国家的代

---

⑰ 笔者查阅了外交会议中各代表团提交的关于《基础提案》第7条的书面建议,以及各代表团的发言记录,发现许多代表团并不赞同《基础提案》第7条,只是角度与理由各异。如日本代表团认为《基础提案》第7条涉及的问题(主要指临时复制)应当由各国国内法解决。新加坡、澳大利亚等代表团赞成原则上将所有“临时复制”作为复制行为纳入复制权的控制范围,但要求清楚地规定限制与例外,以使特定情形下的“临时复制”(主要指浏览与传输过程中的“临时复制”)享受免责。中国、挪威、丹麦、瑞典、泰国代表团和非洲集团则从根本上反对将特定“临时复制”作为复制行为纳入复制权的控制范围。见外交会议第一主委员会的会议记录,WIPO Doc. CRNR/DC/102, Summary Minutes, Main Committee I, para. 275, 274, 257, 263, 295,以及非洲集团的书面建议,WIPO Doc. CRNR/DC/56, Amendment to Articles 7, 10, 13 and 14 of Draft Treay No. 1, pp. 1—2, para 1.

⑱ 澳大利亚司法部及通讯与艺术部颁布的《版权改革和数字议程报告》对此指出:“应当注意的是:该声明对于一国确定复制权的范围并无帮助。因为其没有明确临时复制是否受复制权控制这一关键问题”, Attorney-General's Department and the Department of Communications and the Arts of Australia: Copyright Reform and the Digital Agenda, note 3.41 (1997).

⑲ 当时在外交会议第一主委员会上对该“议定声明”第二句(即“受保护作品以数字形式在电子介质中存储构成《伯尔尼公约》第9条意义上的复制”)投票的情形是:有63个代表团根本不在场,49个代表团投票赞成,13个代表团反对,28个代表团弃权,实在是难有“共识”可言。见外交会议第一主委员会的会议记录,Summary Minutes, Main Committee I, para. 1151。在随后进行的全体会议中,又对第一主委员会以全体同意通过的该“议定声明”第一句和以多数票通过的第二句合并后进行了投票。其结果也只有51个代表团投票赞成,5个代表团反对,30个代表团弃权。见外交会议全体会议记录,WIPO Doc. CRNR/DC/101, Summary Minutes, Plenary, para. 497。

表团也对非经全体一致同意的“议定声明”是否具有解释条约的效力提出了质疑。[20]这说明国际上对“临时复制”的定性远未达成共识。[21]

中国代表团在日内瓦外交会议上反对将“临时复制”定义为复制行为。中国代表团不仅建议将《基础提案》第7条中复制权的定义改为“对其作品直接和间接的永久复制”(着重号为笔者所加)[22],而且对于上述关于复制权范围的“议定声明”第二句投了反对票。[23] 这一立场在《信息网络传播权保护条例》的制订过程中被再次重申。起草《条例》时,对“临时复制”的定性曾是焦点问题之一。《条例》草案曾经将复制权的范围界定为“适用于以任何方法或者形式对作品、表演或者录音录像制品进行的永久或者暂时的、全部或者部分的复制”[24],实际上承认了“临时复制”为“复制行为”,但最终未被采纳。《条例》通过之后,国务院法制办公室负责人在答记者问题时指出:

> 有人提出,《条例》应当对临时复制作出规定。我们会同国务院有关部门反复研究后认为,禁止临时复制的症结是制止终端用户在线使用作品,而禁止终端用户非营业性使用作品不具有可行性;国际上对禁止临时复制有很大争议,在互联网条约制定过程中,包括我国在内的发展中国家明确反对禁止临时复制,由于各方争执不下,互联网条约没有规定禁止临时复制;而且,作为授权立法,《条例》也不宜对著作权法未授权的临时复制作出规定。因此,条例对临时复制未作规定。[25]

由此可见,那种将“临时复制”定为复制行为,从而将“接触控制措施”定为保护“复制权”手段的观点,在我国现行版权立法和政策中是找不到依据的。

同时需要指出的是:即使在欧美国家,从保护版权专有权利角度去论证版权法保护“接触控制措施”正当性的做法,也存在不小的问题。如果认为“接触控制措施”的

---

[20] 例如,巴基斯坦代表在讨论该“议定声明”时指出:没有被全体接受的声明不能被给予与得到外交会议所有代表团一致接受的声明同样的地位。巴西代表同意巴基斯坦代表的上述观点,并指出该“议定声明”不可能在全体同意的基础上获得通过,因为巴西代表团不同意其中的第二句。菲律宾代表也提出,如果该“议定声明”是通过投票表决的方式通过的,则其不能被理解为《维也纳条约法公约》意义上的“协议”,对于解释条约而言价值甚微。见外交会议第一主委员会的会议记录,WIPO Doc. CRNR/DC/102, Summary Minutes, Main Committee I, para. 1066, 1101, 1097。

[21] Attorney-General's Department and the Department of Communications and the Arts of Australia: Copyright Reform and the Digital Agenda, note 3.42(1997),参见薛虹:《互联网上的版权及有关权保护》,载郑成思主编《知识产权文丛》(第一卷),中国政法大学出版社1999年版,页85。

[22] 见中国代表团的提案,WIPO Doc. CRNR/DC/64, Amendments to Partly Consolidatd Text of Draft Treaty No.1 (CRNR/DC/55), P.2, para. 4.

[23] 见外交会议第一主委员会的会议记录,WIPO Doc. CRNR/DC/102, Summary Minutes, Main Committee I, para. 1149。

[24] 《信息网络传播权保护条例》(草案),2005年7月15日版。

[25] 张建华,见前注⑤,页107。

作用在于直接保护“复制权”,防止以“临时复制”的方式侵犯“复制权”,那么欧美版权立法中区分“版权保护措施”与“接触控制措施”不就丧失意义了么?实际上,欧美国家法院从未认定过未经许可在计算机上阅读、欣赏数字化作品是版权侵权行为,只认定过未经许可运行计算机软件是版权侵权行为。因此,“接触控制措施”在承认“临时复制”为复制行为的国家,至多只能被用于解释版权法保护计算机软件中“接触控制措施”的正当性,而完全无法解释保护文学艺术作品中“接触控制措施”的正当性。

(二)“保护接触权说”之辨

以美国著名版权法学者、哥伦比亚大学教授简·金森伯格为代表的一些学者虽然也认为“接触控制措施”可以直接保护版权,但并不认可其保护的是“复制权”,而是认为其直接保护的是一项版权法尚未明确规定的新专有权利。金森伯格提出:在数字化时代,公众对作品的利用发生了从“获取作品有形复制件”到“直接欣赏作品内容”的转变。[26] 换言之,公众可以不用像以前那样购买书本、音像制品和光盘等作品的“有形复制件”,而是可以直接在网络上欣赏作品本身。而美国《千禧年数字版权法》对“接触控制措施”的保护,实际上创设了所谓“控制接触作品权”(the right to control access to works)或“接触权”(access right),也即版权人控制公众对数字化作品以阅读、欣赏等方式进行“接触”的权利。[27] 她认为:虽然版权法并未像规定“复制权”和“发行权”等传统专有权利那样明确规定“接触权”,但“接触权”本身就是“版权”必要且内在的组成部分。[28]

美国国会参议院司法委员会在对《千禧年数字版权法》的报告中,专门提及了对“接触控制措施”的保护,其措辞似乎印证了这一观点:

> 为了向版权人控制接触其版权作品的权利提供有效的保护和救济,本法第1201条(a)款第(2)项禁止制造和提供用于破解接触控制措施的特定技术、产品或服务(着重号为笔者所加)。[29]

国会报告使用了“版权人控制接触其版权作品的权利”的用语,使不少人相信《千

---

[26] Jane C. Ginsburg, *From Having Copies to Experiencing Works: the Development of an Access Right in U. S. Copyright Law*, 50 Journal of the Copyright Society of the USA 113, 114—5 (2003).

[27] *Id.* at 113, 118.

[28] *Id.* at 116, 131. 类似的观点, see Kamiel J. Koelman, *A Hard Nut to Crack: The Protection of Technological Measures*, European Intellectual Property Review, Vol. 22, p. 272, at p. 274—245 (2000), 以及 Laura N. Gasaway, *The New Right of Access and Its Impact on Libraries and Library Users*, 10 J. Inteu Prop. L. 269 (2003).

[29] Senate Judiciary Committee Report on the DMCA, 105th Congress 2d Session Senate Report 105—190, p. 28.

禧年数字版权法》通过对“接触控制措施”的保护,专门创设了“接触权”这项新权利。[30]我国也有学者认为:“技术措施与反规避条款的结合,在实质上已经产生了(接触权)这样一个权利”。[31] 显然,如果版权人本身享有“接触权”,则“接触控制措施”保护的将是一项版权人的专有权利,以版权法来保护“接触控制措施”也就顺理成章了。

将保护“接触控制措施”的正当性建立在“接触权”的基础上,表面上是合乎逻辑的。但问题在于,持这种观点的人无法解释,为什么包括美国在内的世界各国都没有在保护“接触控制措施”的同时,明确将“接触权”列为一项专有权利。如果认为“接触权”在过去是“蕴含”在版权概念之中的,那么为什么在数字时代不用明确的法律条款对其予以承认呢?澳大利亚著名版权法学者菲茨杰拉德教授在反对用版权法保护不能防止版权侵权的“接触控制措施”时认为:如果澳大利亚版权法保护单纯用于防止“接触”作品的技术措施,就等同于在版权法中规定了“接触权”。[32] 但当澳大利亚2006年修改版权法、开始保护“接触控制措施”时,也仍然没有在专有权利的清单中增加一项“接触权”。

美国国会参议院司法委员会在对《千禧年数字版权法》的报告中,虽然提及了“版权人控制接触其版权作品的权利”,但在解释对“接触控制措施”的保护机制时,却实际上又否定了“接触权”是一项隐含在版权法中的专有权利。《千禧年数字版权法》虽然同时保护“接触控制措施”和“版权保护措施”,但在保护机制上有很大差异。对于“版权保护措施”,该法第1201条(b)款仅禁止提供主要用于规避这种技术措施的装置与服务,而不禁止规避行为本身。[33] 但对于“接触控制措施”,该法不仅在第1201条(a)款(2)项禁止提供主要用于规避这种技术措施的装置与服务[34],还在第1201条(a)款(1)项禁止规避行为本身。[35] 以一个正版音乐网站为例,用户需要付费取得用户名和密码才能进入该网站并在线试听其中的音乐,但无法下载。网站中的用户名和密码就是“接触控制措施”,而阻止下载的技术措施则属于“版权保护措施”。如果一名用

[30] Institute for Information Law of Faculty of Law, University of Amsterdam, Protection of Technological Measures, 1st ed., University of Amsterdam, p. 14 (1998)。这种观点也使那些不希望保护“接触控制措施”的国家有了新的反对理由。如前文所述,日本著作权法不保护“接触控制措施”。日本文化审议会著作权分科会在讨论不予保护的原因时指出:由于“单纯的视听行为”(也即阅读、欣赏作品的行为)并不是著作权法中专有权利控制的行为,如果著作权法禁止破解控制视听行为的技术措施(也即“接触控制措施”),实质上就创设了一种控制视听行为的新权利。见日本《文化审议会著作权委员会报告》(2006年),页76、页256,http://www.bunka.go.jp/1tyosaku/pdf/singi_houkokusho_1801.pdf,2011年2月20日最后访问。

[31] 熊琦:“论‘接触权’——著作财产权类型化的不足与克服”,载《法律科学》2008年第5期。

[32] Brian Fitzgerald, Submission to House of Representatives Standing Committee on Legal and Constitutional Affairs, No. 29.1, p. 5.

[33] 17 USC 1201(b)(1).

[34] 17 USC 1201(a)(2).

[35] 17 USC 1201(a)(1)(A).

户既破解了用户名和密码并进入了网站,又用破解了禁止下载的技术措施,从而下载了其中的音乐,则其破解"接触控制措施"(用户名和密码)的行为违反了《千禧年数字版权法》,而破解"版权保护措施"的行为并没有违反该法。美国国会参议院司法委员会在对《千禧年数字版权法》的报告中对这种差异化保护的原因进行了解释:

> 第1201条(a)款(1)项禁止规避"接触控制措施"的规定是必要的,这是因为在本法之前,规避("接触控制措施")行为从未被定为非法。……而版权法早已禁止版权侵权行为,所以不需要禁止规避"版权保护措施"的新规定。[36]

从上述解释看,之所以不需要禁止规避"版权保护措施",是因为"版权保护措施"防止的是未经许可复制作品等版权法"早已禁止"的侵权行为。规避"版权保护措施"的必然后果就是实施未经许可的复制等行为,从而极易构成版权侵权。这样,对于规避"版权保护措施"的人,可以直接起诉其侵犯复制权等版权专有权利。从这一解释得到的必然推论就是:之所以需要在版权法中加入禁止规避"接触控制措施"的规定,是因为版权法从未禁止过由规避"接触控制措施"导致的未经许可"接触"作品的行为。换言之,版权人从来都不享有一项能够控制公众未经许可"接触"作品的专有权利——"接触权"。

同时,如果"接触权"真的如金森伯格教授所述,本身就是版权的内在组成部分,是一种应当受版权法保护的专有权利,那么未经许可"接触"作品就会构成版权侵权行为,"接触控制措施"的作用也成了防止"未经许可'接触'作品"这一版权侵权行为。这样一来,"接触控制措施"不也成了一种"版权保护措施"吗?《千禧年数字版权法》将技术措施区分为"接触控制措施"和"版权保护措施",并采用不同的保护机制还有什么意义呢?

由此可见,在没有任何立法规定"接触权"的情况下,所谓的"接触权"只是学者们从版权法对"接触控制措施"的保护出发,在逻辑上反推出的一项专有权利。以这种立法没有明确规定的,仅作为逻辑推导结果的"接触权"去反证保护"接触控制措施"的正当性,无疑会陷入逻辑循环的境地。也即,从版权法保护"接触控制措施"推出版权法中有一项"接触权",并进而认为对用于保护"接触权"的"接触控制措施"加以保护具有正当性。

笔者认为,各国版权法均没有规定所谓的"接触权",绝非各国立法者们共同的疏漏,而是因为版权法不可能承认这项权利。版权法中任何一项财产性专有权利的作用都不是赋予权利人自己为某种行为的自由,而是控制他人的特定行为。他人如在未经

---

[36] Senate Judiciary Committee Report on the DMCA, 105th Congress 2d Session Senate Report 105—190, p. 12.

权利人许可,又缺乏法定抗辩理由(如合理使用、法定许可)的情况下擅自实施受专有权利控制的行为,就会构成版权侵权。[37] 如未经许可复制作品、发行作品和公开表演作品,会分别构成对复制权、发行权和表演权的侵犯。如果版权法规定了"接触权",权利人将可以控制他人"接触"作品的行为。这意味着只要未经权利人许可而"接触"作品就可能构成版权侵权。从立法价值取向上看,"接触权"将与传统专有权利存在本质区别——它将主要用于控制消费者单纯"消费"作品的行为,而不是控制向他人提供作品的行为。

纵观版权法中的专有权利,可以发现其共同特点是:通过限制以特定方式利用作品的行为,防止未经许可向公众提供作品。版权法中的专有权利可分为四类,以我国著作权法中的专有权利为例:一是"复制权",用于控制制作作品复制件的行为;二是"发行权"和"出租权",用于控制以转移作品有形载体所有权或占有的方式向公众提供作品原件或复制件的行为;三是"公开传播权",包括"表演权"、"广播权"、"放映权"、"信息网络传播权"和"展览权",用于控制以不转移作品有形载体所有权或占有的方式向公众提供作品内容的行为;四是"演绎权",包括"摄制权"、"改编权"、"翻译权"和"汇编权",用于控制利用原作品的基本表达创作新作品的行为。从这四类权利的定义来看,第二、三类权利显然只控制向公众提供作品的行为。如果一种行为没有导致公众获得作品,则不可能构成对第二、三类权利的侵犯。例如,将电影 DVD 以每天 10 元的价格租给同班同学,并不属于向"公众"出租作品复制件,因为同班同学属于互相之间有密切联系的朋友圈子,不在版权法定义的"公众"范围之内[38],因此该行为不受"出租权"控制。第四类权利"演绎权"表面上看与向公众提供作品的行为无关,但实际上它控制的恰恰是将演绎作品向公众提供的行为。一个人如果在家中对他人作品进行未经许可的拍摄、翻译、改编或汇编,均属于合理使用,不可能构成对拍摄权、翻译权、改编权或汇编权的侵犯。因此德国著作权法干脆直接规定演绎权控制的是对演绎后的作品予以发表或利用的行为,而不是单纯的演绎行为。[39] 换言之,演绎权控制的是将演绎后的作品提供给公众的行为,如对演绎作品进行发行、公开表演和广播。对于第一类权利"复制权",其传统上控制的是为向他人提供作品复制件而复制作品的行为。许多国家版权法原先并没有"发行权",其原因也在于发行作品复制件的前提是

---

[37] 有些国家的版权法对此作出了非常清楚的规定,如"任何人未经版权人许可即实施了根据本法规定只有版权人才有权从事的行为,构成版权侵权",see (Canada) Copyright Ac, Sec 27(1).

[38] 我国《著作权法》并未规定构成"公众"的标准。从其他国家和地区的立法与司法实践来看,只有家庭成员和经常交往的朋友圈子之外的不特定人才能构成"公众"。如我国台湾地区"著作权法"第 3 条规定:"公众:指不特定人或特定之多数人。但家庭及其正常社交之多数人,不在此限。"

[39] 德国《著作权法》第 23 条。

复制作品,有了复制权就可以阻断未经许可发行的源头。[40] 复制权在传统上并不控制消费者个人复制作品,供自己或家庭成员使用的行为,因为个人复制属于合理使用。只是近年来,随着私人复制对权利人利益造成的越来越大的影响,如大量从网上下载盗版电影和音乐等,部分发达国家才将某些私人复制列为受复制权控制的行为。[41] 但无论如何,这只是传统复制权在数字时代延伸的结果,且其也并非专门针对消费者进行私人复制的行为。由此可见,版权法规定各项专有权利的主要目的,在于控制向公众提供作品的行为。版权法中并不存在一项专门限制消费者私人利用作品的权利。

显然,用于控制消费者单纯在私人空间利用作品行为的"接触权",与传统专有权利的立法价值取向是格格不入的。"接触权"针对的群体是作品的最终使用者,而不是作品的发行者和传播者。正如金森伯格在解释"接触权"时所称:"'接触权'意为控制公众欣赏作品方式的权利。它有别于复制或向公众传播作品……而是指使用者不能'打开'作品欣赏作品的内容(如收听或观看),除非其获得了利用作品的'钥匙'。"[42]

如果版权法规定了"接触权",则一旦消费者未经许可"接触"作品,就会构成对"接触权"的直接侵犯。例如,一个人溜进电影院看电影就不仅仅是民法上的一般侵权行为(擅自闯入他人不动产),而是版权侵权行为了,因为他未经许可"接触"了电影。同样道理,人们购买盗版电影 DVD 光盘在家中放映,或购买了收费频道的"解码器"而在未向电视台付费的情况下收看收费频道播放的电影,也会因为未经许可"接触"电影而构成侵权行为。权利人甚至可以将"接触权"解读为:凡是没有付费的"接触",都是"未经许可"的接触,构成对"接触权"的直接侵犯。这样一来,人们在书店中随意拿起一本书翻阅,不就成未经许可"接触"作品了吗?

如果版权人有了"接触权",则这类长期以来人们习以为常的行为今后都要获得版权人的许可,否则便是侵权了。版权侵权的阴影将时刻笼罩在最终消费者身上。权利人可以在有形盗版市场监控前来购买盗版的消费者,同时在网络中对消费者的上网行为加以监控,看有谁访问过提供盗版音乐、电影和书籍在线欣赏的网站。这种方式将构成对消费者私人生活的严重干涉,其后果令人不寒而栗,也没有哪个国家的立法者乐于看到。正因为如此,当有学者批评欧盟《版权指令》对于"接触控制措施"的保护会导致《版权指令》将专有权利拓展到"接触权"时,欧盟委员会坚决否认《版权指令》

---

[40] 《伯尔尼公约》中并没有规定一项针对所有作品类型的"发行权"。直至 1996 年,世界知识产权组织才在两个新条约 WCT 和 WPPT 中统一规定了"发行权"。

[41] 例如,个人用户从网上下载侵权作品在美国早已被公认为构成对"复制权"的直接侵权,而不是"合理使用"。在"A&M 诉 Napster 案"、"Aimster 案" 和"BMG 诉 Cecilia 案" 等一系列诉讼中,法院均确认了这一点。See A&M Records, Inc v. Napster, 239 F.3d 1004, 1014—1017 (9th Cir. 2001); In Re: Aimster Copyright Litigation, 252 F. Supp. 2d 634, 648 (Fed Cir. 1998); BMG Music v. Cecilia Gonzalez, 430 F.3d 888 (7th Cir 2005).

[42] 前注㉖, Jane C. Ginsburg 文, 页 120。

对此类技术措施的保护是以“接触权”为基础的。[43]

由此可见,版权法不可能去创设一项专门用于限制公众阅读、欣赏数字化作品的专有权利——“接触权”。一些学者所主张的“接触权”纯属子虚乌有。正如德国学者托马斯·霍伦指出的那样:“版权法中不存在接触权这样的东西。就这一点而言,无需进一步的讨论。”[44]美国也有法院在分析“接触控制措施”的性质时指出:“国会并没有选择创造出新的财产权。”[45]这里被否定的“财产权”无疑是指“接触权”。

同时,从版权法对“接触控制措施”的保护反推出版权法中有“接触权”也会遇到无法解释的现实问题——如果版权法中真的有“接触权”,则播放盗版 DVD 电影光盘或盗版 CD 音乐光盘,就属于未经许可“接触”电影或音乐作品的行为。那么为什么没有一个国家敢于宣称该行为构成对“接触权”的侵权呢?可能有人会认为:即使版权法中有“接触权”,未经许可“接触”作品也并不一定是侵权行为,因为版权法还有对专有权利的限制与例外。但这一观点也是无法成立的,因为一旦将“接触权”作为一项专有权利归入版权法的体系,对其规定的限制与例外就必须符合《与贸易有关的知识产权协定》(TRIPs 协定)等国际条约规定的“三步检验标准”,即对专有权利的限制与例外只能在特殊情况下作出,与作品的正常利用不相冲突,以及没有无理损害权利人合法利益。[46] 在“欧共体诉美国案”中,WTO 争端解决机制专家组明确指出:“三步检验标准”中第一个标准的含义是“应将对专有权利的限制或例外局限于‘特定的特殊情况’”。其中“特殊”则是指“适用范围或目的是有限的、是个别性的”,“在质上和量上的界限都是狭窄的”。换言之,限制或例外不能变成“常态或通常情况”。[47] 如果版权法一方面将“接触权”作为一项版权专有权利加以保护,一方面又将所有未经许可“接触”作品的行为规定为“合理使用”,就会使得对“接触权”的限制或例外变成“常态或通常情况”,从而明显违背“三步检验标准”。

从上述分析也可以看出:主张版权法中包含“接触权”的学者,实际上无意去追究消费者未经许可“接触”作品的侵权责任,而只是要为版权法对“接触控制措施”的保护寻求正当性基础。这一论证方法纯属逻辑循环,显然是不足取的。

---

[43] Commission of the European Communities, Commission Staff Working Document, Report to the Council, the European Parliament and the Economic and Social Committee on the application of Directive 2001/29/EC on the harmonisation of certain aspects of copyright and related rights in the information society, 30.11.2007, SEC(2007) 1556, p.7.

[44] Thomas Hoeren, *Copyright Dilema: Access Right as a Postmodern Symbol of Copyright Deconstruction?* in Edberhard Becker, Willms Buhse, Dirk Gunnewig, NielsRump (eds), Digital Rights Management: Technological, Legal and Political Aspects, Springer-Verlag Berlin Heidelberg 2003, p.580

[45] The Chamberlain Group v. Skylink Technologies, 381 F.3d 1178, 1203 (Fed. Cir. 2004).

[46] 见《伯尔尼公约》第 9 条、TRIPs 协定第 13 条和 WCT 第 10 条。

[47] WTO, Report of the Panel, United States-Section 110(5) of the US Copyright Act, WT/DS160/R(15 June 2000), Para 6.109.

(三)"间接保护版权说"之辨

有一种观点认为:版权法之所以保护"接触控制措施",是因为其本身就可以成为保护版权的重要手段,甚至将"接触控制"与"版权保护"视为同义语。[48] 这实际上是认为,"接触控制措施"能够通过防止未经许可接触作品而间接保护版权,版权法保护"接触控制措施"的正当性也就在于间接保护版权。

2000年,澳大利亚通过了《数字议程法案》(即《版权法修正案》),以对版权法加以修改。新法增加了对"技术保护措施"(即前文所称"技术措施")的定义以及对其进行保护的规定。在立法过程中,如何界定技术措施成为焦点问题。作品使用者群体认为:如果将单纯控制"接触"的技术措施纳入受保护对象,就不再是保护版权了,而是在拓展版权法的范围。[49] 这一观点得到了立法者的支持。[50] 澳大利亚国会法律与宪法事务常设委员会认为:"技术保护措施"应当仅指"版权保护措施"。[51] 在《版权法修正案》的第一稿中,"技术保护措施"也被定义为"用于制止或抑制对作品版权进行侵害的一种设施或产品",其中根本没有提及"接触控制措施"。[52] 这样一来,任何"接触控制措施"都不能受到保护了。[53] 尽管《版权法修正案》最终将"接触控制措施"纳入了保护范围,但却施加了一个严格的前提,即它必须能够用于防止版权侵权。该定义为:

> 一种设备或产品,或某一方法中的组成部分,其被设计用于在通常运行过程中通过以下方法制止或抑制版权侵权行为:(1) 使用接触密码或方法(包括解密、还原被扰乱的内容或其他转换作品或其他客体的方式)确保只有经过版权人或其被许可人的授权才能接触作品;(2) 控制复制的机制。[54]

该定义清楚地表明:只有那些在直接控制"接触"作品的同时,还能间接保护专有权利,防止版权侵权的"接触控制措施"才能受到版权法的保护。而那些完全无法制止或抑制"版权侵权行为"的"接触控制措施"则不能受到保护。

---

[48] Australian Federation Against Copyright Theft, Submission to House of Representatives Standing Committee on Legal and Constitutional Affairs, No. 39, p. 6.

[49] 参见澳大利亚国会法律与宪法事务常设委员会对《1999版权法修订(数字议程)法案》的咨询报告:House of Representatives Standing Committee on Legal and Constitutional Affairs, Advisory Report on Copyright Amendment (Digital Agenda) Bill 1999, p. 60, para 4. 13.

[50] 同上,p. 60, para 4. 14.

[51] 原文的用语是"copy control measure",但委员会专门指出,这个术语有些令人误解,它实际上是指可以控制任何专有权利针对的行为的技术措施,而不仅是用于保护复制权的技术措施。同上,p. 62, para 4. 19, p. 59, footnote 6.

[52] The Parliament of the Commonwealth of Australia, Copyright Amendment (Digital Agenda) Bill 1999 (Exposure Draft of the Bill), Schedule 1, item 14.

[53] David J Brennan, Technological Measures in the New Copyright Law, Australian Intellectual Property Journal, Vol 11, May 2000, at p. 87.

[54] Australia Copyright Act (2001), 10 (1), "technological protection measure".

对此，在澳大利亚发生的“索尼诉史蒂文斯案”作了最好的阐释。该案的事实背景与上文提及的英国“索尼诉欧文案”和“索尼诉保尔案”几乎完全相同：被告史蒂文斯向索尼 PlayStation 游戏机用户提供了用于破解“控制码”的“直读芯片”，使用户可以在游戏机上玩盗版游戏光盘。

澳大利亚2000年修订的版权法第116A(1)规定：如果作品或其他客体是受“技术保护措施”保护的，未经许可制造和出售能够用于规避“技术保护措施”的“规避设备”构成违法行为。[55] 索尼公司即以史蒂文斯出售的“直读芯片”是用于规避其“技术保护措施”的“规避设备”为由对其提起诉讼。在庭审中，原、被告双方争议的焦点在于索尼公司在其游戏机和游戏光盘中设置的“控制码”是否构成法律意义上的“技术保护措施”。

根据澳大利亚版权法对“技术保护措施”的上述定义，只有能够制止或抑制“版权侵权行为”的“接触控制措施”才能受到版权法的保护。而用户在使用史蒂文斯提供的“直读芯片”运行盗版游戏软件的全过程中，唯一可能涉及版权侵权的行为，就是光盘中的游戏软件会被临时调入游戏机的内存中，形成持续时间极为短暂的“临时复制”。当时澳大利亚版权法并不像英国版权法那样承认“临时复制”是版权法上的复制行为。[56] 澳大利亚高等法院也认为：内存中的“临时复制”在澳大利亚并不是受“复制权”控制的复制行为。[57] 因此，用户在运行盗版游戏软件过程中，游戏软件的片断进入游戏机内存所形成的“临时复制”并不会构成和侵犯复制权的行为。

这样一来，索尼公司在游戏机和游戏光盘中加入的“控制码”虽然能够起到防止用户运行盗版游戏软件或进口正版软件的作用，但却不能“制止或抑制版权侵权行为”，因此并不能被认定为版权法意义上的“技术保护措施”。用于绕开“控制码”，使得用户可以在索尼游戏机上玩盗版软件的“直读芯片”也不能构成针对“技术保护措施”的“规避设备”，史蒂文斯提供“直读芯片”的行为就自然不是违法行为了。索尼公司最终败诉。

该案的判决结果一方面是因为澳大利亚当时的版权法不承认“临时复制”是版权法意义上的复制行为，另一方面则是由于澳大利亚版权法要求“接触控制措施”必须起

---

[55] Australia Copyright Act (2001), Sec 116(A).

[56] 当时澳大利亚版权法对“复制权”的规定是：版权人有“在物质形式”(material form)上复制作品的专有权利，见 Australia Copyright Act (revised in 2001), Sec 31(1)(a)(i)。同时，对于“物质形式”，版权法的解释是：对于作品而言，物质形式包括作品或其实质性部分能够从中被复制的任何存储形式。见 Australia Copyright Act (revised in 2001), 10(1)。这种定义实际上是把内存中的“临时复制”排除出了“复制权”的保护范围，因为不存在一种将内存中临时存储的内容复制出来的技术。该案中，索尼公司的技术人员也承认，除非开发出新的硬件，否则根本无法从游戏机内存中提取并复制内容，见 Kabushiki Kaisha Sony Computer Entertainment and Others v Stevens, (2002) 200 ALR 55 at 90.

[57] Stevens v. Kabushiki Kaisha Sony Computer Entertainment and Others, [2005] HCA 58, para 71, 76.

到间接防止版权侵权的作用。这导致一切单纯防止他人接触作品,而完全不能防止未经许可复制、传播作品等版权侵权行为的"接触控制措施"不能受到澳大利亚版权法的保护。

美国部分法院也支持这一观点。在"Chamberlain 诉 Skylink 案"中,法院认为:《千禧年数字版权法》保护"接触控制措施"的规定,只不过是在未经许可接触作品导致对复制权、发行权等专有权利的侵犯时,为权利人创设了一种新的诉因。因此,只有在规避"接触控制措施"的行为与版权侵权之间存在"合理的联系",也即会协助版权侵权时,才能导致法律责任。[58] 同样,在"存储科技公司诉客户硬件工程公司案"中,法院也强调:"只有在接触行为与版权法保护的专有权利之间发生关系时",法院才可能保护相应的"接触控制措施"。为此,"法院必须在每一个案中审查未经许可规避(接触控制措施)的行为所带来的威胁,以判断其与版权法保护的专有权利是否有联系"。[59] 这显然是将保护"接触控制措施"的前提设定为其可以间接保护版权,也即规避这种技术措施将导致版权侵权。

我国《信息网络传播权保护条例》的起草者在解释《条例》中保护技术措施的条款时也指出:"技术措施能够通过防止、限制使用者非法访问、使用权利人的作品、录音录像制品,有效地保护权利人的经济权利。"[60]

可见,《条例》的起草者认为:"接触控制措施"之所以应由版权法加以保护,是因为其可以通过"防止、限制使用者非法访问"("访问"是"接触"的另一种译法,均来自英文 access),以及"在客观上截断侵权人接触作品的途径",起到保护权利人经济权利和精神权利的作用。

显然,立法者认为:规避这类"接触控制措施"的后果,不仅使人可以未经许可阅读、欣赏文学艺术作品和运行计算机软件,而且还可以使人对作品进行未经许可的复制、传播等行为,从而构成版权侵权。因此,保护这类"接触控制措施"的客观效果之一,就是保护版权专有权利,防止版权侵权。版权法对其进行保护,与对"版权保护措施"进行保护一样,是具有正当性的。

然而,这种观点无法全面解释版权法保护"接触控制措施"的正当性。在"接触控制措施"中,确有一类能够在直接防止未经许可接触作品的同时,间接地保护版权专有权利,防止版权侵权的措施。"中国期刊网"等网络数据库设置的"用户名 + 密码"的技术措施就非常典型。它的首要作用是确保只有付费用户才能"进入"网络数据库以

---

[58] The Chamberlain Group v. Skylink Technologies, 381 F.3d 1178 (Fed. Cir. 2004), at 1202—1203, 1195.

[59] Storage Technology Corporation v Custom Hardware Engineering & Consulting, 421 F.3d 1307 (Fed. Cir. 2005), at 1319.

[60] 张建华,见前注⑤,页 13。

"阅读"其中的作品(也即"接触"作品)。付费用户进入数据库后既可以选择在线阅读,也可以选择下载(复制)作品。但该技术措施通过防止未付费用户进入数据库,同时防止了未付费用户下载作品和随后传播作品。因此它在防止用户"接触"作品的同时,也起到了间接保护"复制权"和"信息网络传播权"的作用。

但问题在于,大量的"接触控制措施"都不具有间接保护版权专有权利,防止版权侵权的作用。上文中索尼公司在游戏中的设置的"控制码"就是典型实例。再如,有些"电子书"的发行商设置了"接触控制措施"。用户可以免费下载电子书,但在付费之前,技术措施会限制用户可以阅读的页数,只有付费用户才能阅读全部内容。这种技术措施仅具有防止未付费用户阅读作品(也即"接触"作品)的功能,它并不限制用户复制该电子书或将其在网络中传播。同样,许多计算机软件的版权人为了推广其软件,往往会推出软件的免费试用版本。用户可以在有限的时间内免费使用软件,但在超过时限后,必须向版权人付费购买"序列号"才能正常地使用软件。这种"序列号"只能控制用户对软件的运行(也即"接触"软件内容),但无法控制用户对软件的复制和传播。最为常见的情况是:影视作品的权利人对于付费观赏的电影同时设置"接触控制措施"和"版权保护措施",前者表现为用户名和密码,以确保只有付费用户才能在线欣赏;后者则禁止用户下载电影。显然,该"接触控制措施"的唯一作用在于防止用户未经许可在线欣赏电影。即使有人破解了该"接触控制措施",也只能导致未经许可在线欣赏电影,而不会引发未经许可下载及随后传播电影的侵权行为。显然,对于这类"接触控制措施",版权法对其进行保护的正当性,无法从间接保护版权专有权利,防止版权侵权的角度进行解释。

日本对修改著作权法的政策讨论也印证了这一点。日本1999年修改后的著作权法将"技术措施"定义为:用电磁方式来防止或抑止侵害著作权行为的手段。[61] 也即只有能够"防止或抑制"著作权侵权的技术措施才受保护,这一点与上述澳大利亚《数字议程法案》相同。但与《数字议程法案》不同的是,"接触控制措施"在日本著作权法中完全不受保护,因为它甚至没有被列为"防止或抑制"著作权侵权的手段。[62] 此后,日本文部科学省下设的"文化审议会著作权委员会"便一直在讨论是否要将"接触控制措施"也纳入保护范围。其专门设立的"技术措施保护工作组"在2010年底发布的报告中,认为有的"接触控制措施"可以发挥复制控制的功能,而有的仅仅具有"接触控制"功能。对于前者,报告认为可以受到著作权法的保护。但对于后者,报告则提出:是否用著作权法加以保护,核心问题在于是否应当扩张著作权的权利,使之可以控制

---

[61] Japan Copyright Law, Article 2(xx).

[62] Takao Koshida, On the Law to Partially Amend the Copyright Law, http://www.cric.or.jp/cric_e/cuj/cuj99/cuj99_5.html,2010年11月1日访问。

原本不受专有权利控制的行为,而这涉及对整体著作权制度的影响,不能急于作出结论。[63] 这实际上是提出:用著作权法保护无法防止侵权的"接触控制措施",在正当性上是成问题的。

即使"接触控制措施"能够间接保护版权专有权利,其首要目的和直接效果,也仍然是防止未经许可"接触"作品。同时,在版权法将规避"接触控制措施"单独定为违法行为的情况下,对规避者的法律制裁是仅仅以规避行为本身为基础的,而并不考虑规避之后对作品的侵权行为。我国《信息网络传播权保护条例》一方面将"限制未经权利人许可浏览、欣赏作品、表演、录音录像制品的……有效技术、装置或者部件"这种"接触控制措施"纳入"技术措施"的范围[64],另一方面又规定"任何组织或者个人不得故意避开或者破坏技术措施,不得故意制造、进口或者向公众提供主要用于避开或者破坏技术措施的装置或者部件,不得故意为他人避开或者破坏技术措施提供技术服务"。[65] 从条文的逻辑关系上,无法看出"接触控制措施"受保护的法理基础在于其可以间接防止侵权行为。

美国《千禧年数字版权法》则更是对"接触控制措施"和"版权保护措施"分别规定了保护机制。在美国所有涉及"接触控制措施"的案例中,除了上文提及的"Chamberlain 诉 Skylink 案"和"存储科技公司诉客户硬件工程公司案"之外,其他案例均没有将"接触技术措施"能间接防止版权侵权作为对其进行保护的前提。例如,美国第九巡回上诉法院在 2010 年年底判决的"MDY 诉暴雪案"中,明确反对"Chamberlain 诉 Skylink 案"提出的上述观点,并拒绝将"规避接触控制措施与侵权之间有联系"作为保护"接触控制措施"的前提。[66] 该法院清楚地指出:对已加密作品进行解密(即破解"接触控制措施")仅能使用户未经许可地观赏或收听作品,而这种行为并不构成对版权专有权利的侵权。换言之,解密并不一定导致他人复制、发行、公开表演、公开展示或演绎原作品。[67]

从另一个角度看,如果将版权法保护"接触控制措施"的正当性建立在"接触控制措施"具有间接保护版权的基础之上,就必然意味着:对于无法实现间接保护版权功能的"接触控制措施",版权法加以保护是缺乏正当性的。

在澳大利亚于 2004 年为实施《美澳自由贸易协定》而修改版权法的过程中,一些澳大利亚立法者和学者强烈反对将版权法对技术措施的保护范围延及那些完全不能

[63] 参见《文化审议会著作权委员会法制问题小委员会技术保护措施工作组报告书》第 9—10 页,http://www.bunka.go.jp/chosakuken/singikai/housei/h22_shiho_11/pdf/shiryo_1_2_ver2.pdf,2011 年 2 月 20 日访问。

[64] 《信息网络传播权保护条例》第 26 条。

[65] 《信息网络传播权保护条例》第 4 条。

[66] MDY Industries v Blizzard Entertainment, 2010 U.S. App. LEXIS 25424, at 15—17.

[67] *Id.* at 32.

防止版权侵权的技术措施。澳大利亚法律委员会提出:"如果被'接触控制措施'所阻止的使用行为与版权法中的专有权利无关,则这种'接触控制措施'将不被该(技术措施保护)机制所承认或保护。"[68]澳大利亚版权法学者菲茨杰拉德教授则指出:

当澳大利亚的消费者合法地购买了版权产品时,就有权对其进行使用,只应受到用于限制或阻止版权侵权(的机制)的控制。是否用于防止版权侵权,应当是判断技术措施是否受版权法保护的标准。如果要以其他理由去保护技术措施,则应当在其他立法中加以保护,无论这种立法是有关消费者的立法还是关于内容管理的立法,但不是在版权法中去保护。[69]

这实际上是认为:完全不能起到保护版权专有权利,制止版权侵权作用的"接触控制措施"不应受到版权法的保护。对此,笔者认为:澳大利亚原版权法只保护用于间接防止版权侵权的技术措施,在逻辑上当然是合理的,但会导致对"接触控制措施"的保护范围过于狭窄。它相当于宣告:在不承认内存中的"临时复制"为复制行为的国家,所有试用版软件中的"序列号"都是不受版权法保护的"接触控制措施"。因为"序列号"只能防止用户在试用期过后继续运行软件。而这种"运行"仅会导致在计算机内存中对软件的"临时复制",不能构成复制行为和对"复制权"的侵权。"序列号"就会因为不能防止版权侵权,而无法成为受保护的技术措施。这样,破解"序列号"或出售破解工具的行为也无法根据版权法受到禁止,这对版权人而言当然是极不公平的。

菲茨杰拉德教授在反对用版权法保护不能直接防止版权侵权的"接触控制措施"时,实际上是以"消费者已经合法购买版权产品"为前提的。但现实中让版权人利益受损的,却正是大量消费者在未付费的情况下接触作品(如在线欣赏、欣赏作品或运行计算机软件)的行为,也即这些消费者并未"合法购买版权产品"。此类技术措施恰恰可以起到防止消费者未经许可接触作品,从而保障版权人利益的作用,不保护这类技术措施是有失公允的。

## 三、保护"接触控制措施"的正当性在于维护权利人在版权法中的正当利益

既然版权法中没有"接触权","接触控制措施"也无法直接保护"复制权"或仅能起到间接保护版权的作用,那么版权法保护"接触控制措施"的正当性何在呢?笔者认为:"接触控制措施"是版权人除行使版权专有权利之外,维护自己在版权法中正当利益的手段,版权法保护"接触控制措施"的正当性,源于"接触控制措施"所保护利益的正当性。

---

[68] Intellectual Property Committee, Business Law Section, Law Council of Australia Submission to House of Representatives Standing Committee on Legal and Constitutional Affairs, No. 15, p. 6.

[69] The Senate Standing Committee on Legal and Constitutional Affairs, Copyright Amendment Bill 2006 [Provisions], November 2006, p. 36.

版权法的立法目的之一在于通过使版权人从对作品的利用中获得收益,以刺激和鼓励更多的人投身于创作活动。[70] 这种收益就是版权人在版权法中的正当利益。而版权法实现这一立法目的的传统手段就是赋予版权人以专有权利,用于控制他人以特定方式利用作品的行为。他人如果希望实施受专有权利控制的特定行为,就必须获得版权人的许可并支付报酬,由此使版权人从对作品的利用中获得收益。

在版权人享有某种专有权利,能够控制某种行为的情况下,版权人当然可以通过设置技术措施,防止他人未经许可实施这种行为,以保护自己在版权法上的正当利益。如以特殊的技术手段将软件刻录在光盘中,导致他人用常规方法无法复制软件,从而直接防止他人未经许可对软件实施复制行为。但是,即使版权法没有赋予版权人一种控制他人以特定方式利用作品的专有权利,这也只意味着他人未经许可实施这种行为不构成对版权的直接侵权,但并不意味着他人就有权实施这种行为,以及版权人不能通过自力救济手段去阻止这种行为,以实现自己在版权法中的正当利益。

显然,由于版权法没有赋予版权人以接触作品的专有权利,版权法中不会存在针对电影作品的"观看权",针对音乐作品的"收听权"或针对文字作品的"阅读权"等"接触权"。因此消费者未经许可观看盗版电影、收听盗版音乐或阅读盗版小说书并不构成对版权的直接侵权。但这并不意味着消费者就"有权"实施这种行为,因为一方的"权利"对应着另一方的"义务"。例如,消费者观看盗版 DVD 电影不构成版权侵权,但并不能由此推出消费者"有权"观看盗版 DVD 电影,否则将会得出"电影权利人有容忍消费者观看盗版电影的'义务'"这一奇怪的结论。因此,电影权利人对于那些购买盗版 DVD 电影并通过 DVD 播放机观赏的消费者,不能基于版权法起诉其侵犯版权,但却可以采取不为法律所禁止的其他方法降低消费者观看盗版 DVD 电影的可能性,以从消费者为正版 DVD 电影支付的对价中获得收益。这种收益正是版权法所承认的正当利益。

有澳大利亚学者将设置"接触控制措施"与在公共道路上设置路障相比拟,他指出:所有权人对房屋可以行使完整的权利,但房屋之外是公共通道。如果在通道上设置了无法穿越的路障,妨碍了其他居民使用通道的权利,则必须将路障移除。这是因为房屋所有权人用其所有权不当地干涉了他人的权利。[71]

笔者认为:这个比拟是无法成立的。使用公共通道当然是每一个人的"权利",任何人都不能依靠设置路障等私力方式加以阻止。但对作品的阅读、欣赏和对计算机软

---

[70] 例如,欧盟《版权指令》序言部分指出:如果作者或表演者要继续其创造性活动和文艺活动,就必须从使用其作品和成果的行为中获得适当的报酬。SeeDirective on the Harmonisation of Certain Aspects of Copyright and Related Rights in the Information Society, Recitals (10).

[71] Evan Arthur, Transcript of Evidence, 5 December 2005, p. 13. In House of Representatives Standing Committee on Legal and Constitutional Affairs, Review of technological protection measures exceptions (2006) p. 13.

件的运行(即对作品的“接触”)却并非一项可无条件行使的“权利”。作品权利人以他人支付报酬作为他人阅读、欣赏文学艺术作品和运行计算机软件的条件,与在公共通道上设置路障性质完全不同。例如,美术作品权利人在办画展时,向意欲欣赏者收取费用,只允许缴费者欣赏其画作(也即“接触”美术作品)。而不愿意付费的观众却绝不能主张:美术作品权利人的收费行为就如同在公共通道上设置路障,干涉了自己“接触美术作品的权利”。虽然美术作品权利人并不享有一项用于阻止他人未经许可欣赏其作品的专有权利“欣赏权”,但却可以向欣赏者收取报酬。同样,虽然未经许可欣赏美术作品(如趁人不注意溜进展馆欣赏)并不构成对美术作品著作权的侵犯,但此人却不能主张自己“有权”这么做。

例如,在没有家用摄像机的时代,版权人与电影院达成协议,电影院以一定价格出售电影票,并在放映厅的入口处派人验票。“验票”机制在某种意义上也可以被视为一种单纯的“接触控制措施”——只能防止未经许可对电影内容的“接触”,而不能防止版权侵权。既然版权法中并不存在一项名为“观看权”的专有权利,那么公众观赏电影(接触电影内容)也就不属于版权法意义上对作品的“使用”。电影版权人不能基于版权法中的任何专有权利,阻止公众对电影的观赏。如果版权人发现某一名观众“逃票”——在没有买票的情况下溜进放映厅观看电影,他不能依据版权法起诉该名观众侵权。但这并不意味着电影版权人不能要求电影院在入口处对观众进行验票,以防止没有买票的人入场观赏电影。同理,公众购买加密卫星节目的解密装置之后,在未向版权人付费的情况下收看卫星节目中的电影不可能构成版权侵权,原因同样是版权法中并不存在“观看权”。但电影权利人却可以对在收费的卫星频道播放的电影加密,以防止没有订购卫星频道的公众观赏电影。

由此可见,权利人行使版权法赋予的专有权利,是从对作品的利用中获得收益,实现自己在版权法上正当利益的主要途径,但并非唯一途径。虽然权利人不享有所谓“接触权”,不能对未经许可“接触”作品的人提起版权侵权之诉,以保护自己在版权法上的正当利益,但并不意味着消费者就享有“接触”作品的积极权利,更不意味着权利人不能采用自力保护手段来维护这一正当利益。只要不与版权法和其他法律的禁止性规定相抵触,权利人就可以采用行使专有权利之外的其他手段使自己从作品中获得收益,以确保只有付费用户才能欣赏文学艺术作品或运行计算机软件,“接触控制措施”即属于这种手段。如在我国,用户非商业使用盗版软件并非侵权行为,软件版权人无法追究未经许可非商业使用软件者的责任。但这并不意味着版权人不能在软件中设置“序列号”这一“接触控制措施”,以确保只有付费用户才能运行软件。由于“接触控制措施”保护的是权利人在版权法中的正当利益,因此版权法对其进行保护也具有正当性。仍然以软件的“序列号”为例,破解“序列号”并将其出售的行为将导致版权人无法通过“序列号”达到让用户付费使用软件,从而获得合理收益的目的。版权法对“序列号”这一

“接触控制措施”的保护,确保了版权人可以实现自己在版权法上的正当利益。[72]

美国第九巡回上诉法院2010年底判决的“MDY诉暴雪案”中,在反驳保护“接触控制措施”是为了防止版权侵权的观点时提出:

如果要求以防止版权侵权作为保护“接触控制措施”的前提,我们就会剥夺国会赋予版权人的一种重要工具,其确保版权人能从有价值的,对作品的非侵权性接触中获得补偿。例如,版权人可在通过网络提供电影或音乐时使用“接触控制措施”,以换取(欣赏电影或音乐的用户)直接或间接支付的报酬。[73]

这实际上也是承认:版权法保护“接触控制措施”的目的在于保障版权人能够从公众对作品的欣赏中获得收益。版权法保护“接触控制措施”的正当性也正在于此。

对版权法保护“接触控制措施”正当性的这一解释,不仅可为现行版权法保护“接触控制措施”的规定提供正当性依据,更为重要的是,它可以为防止版权人滥用“接触控制措施”提供法理依据。既然版权法保护“接触控制措施”的正当性在于维护版权人在版权法中的正当利益,那么如果版权人使用特定“接触控制措施”是为了实现对作品和其他产品或服务的捆绑销售,对产品销售加以区域控制和价格歧视等与版权法上正当利益无关的目的,则版权法保护该特定“接触控制措施”就缺乏正当性了。这一点对于我国而言尤其具有现实意义。因为《信息网络传播权保护条例》在保护“接触控制措施”的同时,仅规定了四种例外情形,远不能适应现实的需要。[74] 如果引入上述版权法保护“接触控制措施”的正当性理论,就可以合理地限制版权法对“接触控制措施”的保护范围,以维护版权人与公众之间的利益平衡。

例如,中国联通在中国大陆独家引入了苹果iPhone 4手机。为了防止用户从联通购入附有资费套餐的iPhone 4手机之后,插入中国移动或电信的SIM卡(也即通常所说的“机卡分离”),于是联通利用技术措施对iPhone 4手机与联通服务加以绑定。一旦用户在iPhone 4手机中插入了中国移动或电信的SIM卡,iPhone 4手机将自动被锁定。[75] 联通采用的这种技术措施属于“接触控制措施”,因为手机是通过内置的操作系

---

[72] 美国法院和我国法院均认定破解软件“序列号”的行为违反了版权法。美国的案例见Microsoft Corp. v. Silver Star Micro, Inc., 2008 U.S. Dist. LEXIS 1526,我国的案例见“上海地创网络技术有限公司诉北京万户名媒科技有限公司上海分公司案”,上海市浦东新区人民法院民事判决书(2008)浦民三(知)初字第453号。

[73] MDY Industries v Blizzard Entertainment, 2010 U.S. App. LEXIS 25424, at 48.

[74] 《信息网络传播权保护条例》第12条规定的可以避开技术措施的四种例外情形是:(一)为学校课堂教学或者科学研究,通过信息网络向少数教学、科研人员提供已经发表的作品、表演、录音录像制品,而该作品、表演、录音录像制品只能通过信息网络获取;(二)不以营利为目的,通过信息网络以盲人能够感知的独特方式向盲人提供已经发表的文字作品,而该作品只能通过信息网络获取;(三)国家机关依照行政、司法程序执行公务;(四)在信息网络上对计算机及其系统或者网络的安全性能进行测试。

[75] 参见“联通关于限制iPhone机卡分离公告”,http://news.xinhuanet.com/digi/2010—11/29/c_12826656.htm,2010年12月1日最后访问。

统(软件)进行操作的,该技术措施起到了防止用户未经许可运行手机中的操作系统的作用,也即防止非联通用户"接触"手机中的软件作品。如果有用户破解了该技术措施,并在 iPhone 4 手机中插入中国移动的 SIM 卡,使用中国移动的服务,联通则有可能以其破解技术措施为由对其提起诉讼。这种情况下,就可以根据上述版权法保护"接触控制措施"的正当性理论,判断联通的这种技术措施是否应当受到版权法的保护。

显然,联通采用"接触控制措施"的意图,并不在于防止用户在不付费的情况下运行 iPhone 4 手机中的操作系统,从而正常地使用 iPhone 4 手机。事实上,凡是需要破解该技术措施的用户都已向联通付费购买了 iPhone 4 手机,从而取得了为正常使用手机而调用其中操作系统的权利。该技术措施的作用,在于迫使购买了 iPhone4 手机的用户只使用联通的通信服务。由于这种"接触控制措施"并非用于联通对操作系统(软件作品)在版权法中的正当利益,版权法不应对其进行保护。[76]

特别需要指出的是:之所以强调"版权人在版权法中的正当利益",是因为版权人在版权法之外的法律领域也可能存在正当利益。但这种正当利益既然与版权法无关,用于保护这种利益的"接触控制措施"就不应成为版权法的保护对象,而可留给其他法律机制保护。如联通采用技术措施限制用户"机卡分离"的做法,可能存在合同法上的正当依据。因为签约用户之所以能够享受联通针对 iPhone 4 手机提供的优惠套餐,是以其承诺使用联通的服务为前提的。但是,联通要求用户使用联通服务而获得的正当利益,并非版权法中的正当利益。因此,对于用户破解技术措施并使用其他无线通讯公司服务的行为,联通可以要求用户承担违约责任,但却不能寻求版权法的保护。

再如,还有一些"接触控制措施"的作用是实现产品销售上的区域控制和价格歧视。上文中"索尼诉史蒂文斯案"涉及的"控制码"另一个作用即在于此。由于世界各国经济发展水平不同,消费水平不一,索尼公司将全球的销售区域进行了划分。如相

---

[76] 类似的"接触控制措施"在美国同样存在。根据苹果公司与美国 AT&T 公司的协议,在两年的协议期内 iPhone 手机只能使用 AT&T 的手机网络。为此 iPhone 手机中设置了技术措施,导致用户在合法购买的 iPhone 手机中插入其他无线通讯公司的 SIM 卡后,无法使用 iPhone 手机。对此,美国国会图书馆于 2006 年颁布了允许规避技术措施的情形。规定如果"单纯为了合法地联接到无线通讯网络",可以对固化在手机中的,使手机联接到无线通讯网络的计算机程序(即用于绑定 iPhone 手机和 AT&T 网络的"接触控制措施")进行规避。实际上就是允许破解 iPhone 手机中的技术措施(对这一破解行为,国内俗称"刷机"),使用户能够在 iPhone 手机上使用其他通讯网络。见 Library of Congress, Exemption to Prohibition on Circumvention of Copyright Protection Systems for Access Control Technologies, 71 FR 68472—01, at 68476 (2006)。需要说明的是,美国国会图书馆之所以可以颁布这一例外情形,是因为《千禧年数字版权法》在保护"接触控制措施"的同时,还规定在该法颁布后的两年,以及此后每三年,应由美国国会图书馆(美国国会图书馆和我国"国家图书馆"的法律地位完全不同,前者是一个行政机关,美国版权局即隶属于美国国会图书馆)通过行政规则制定程序,颁布例外情形,也即允许规避"接触控制措施"的情形。见 17 USC 1201(a) (1) (C)。据此,美国国会图书馆已经分别于 2000 年、2003 年、2006 年和 2010 年四次颁布了例外情形。在我国缺乏这种机制的情况下,根据版权法保护"接触控制措施"的正当性理论合理地限制版权法保护"接触控制措施"的范围,就显得特别重要。

同的索尼 PS2 游戏机在日本与美国的售价就不同。为了防止消费者从低价区购买游戏机使用,索尼公司在不同区域销售的 PS2 游戏机和游戏光盘中设置的"控制码"是不同的。导致消费者无法在日本销售的索尼 PS2 游戏机上运行美国销售的正版游戏光盘。当然,区域划分和价格歧视是跨国公司常见的营销策略,本身并不一定违法。[77] 但借助"接触控制措施"实现产品销售的区域划分和价格歧视与权利人在版权法上的正当利益并无关系,版权法对其进行保护就无正当性可言。[78]

---

[77] Dale Clapperton, Stephen Corones, Locking in Customers, Locking Out Competitors: Anti-Circumvention Laws in Australia and Their Potential Effect on Competition in High Technology Markets, Melbourne University Law Review, Vol. 30, 657, at 690 (2006).

[78] 2006 年澳大利亚修改版权法时,明确限定了保护"接触控制措施"的条件,其中规定:如果"接触控制措施"用于电影或计算机软件(包括计算机游戏)时,能够阻止在澳大利亚播放(运行)从澳大利亚之外获得的非侵权复制件,借此实现对区域划分的控制,则该"接触控制措施"不受保护。Australia Copyright Act (revised in 2007), 10(1), Access control technological protection measure (c)。同样,我国立法中尚不存在这样的明确限制,这就凸显了承认上述版权法保护"接触控制措施"正当性理论的重要性。

# 二手软件交易与著作权穷竭
## ——欧洲、美国与中国的比较研究

颜晶晶*

### 一、二手软件交易

二手软件①(second-hand software)交易在日常生活中并不罕见。例如,德国著名的二手软件公司 UsedSoft 在全球范围内拥有4000 余家客户,其中包括德国第二大零售商 Rewe 集团、慕尼黑市政府、奥地利萨尔茨堡机场等。② 国内各个城市的二手电子市场上,除了二手手机、二手笔记本等常见的二手电子商品以外,不乏二手软件的影子。淘宝网的"搜二手"栏目、赶集网的"二手物品"栏目、58 同城网"跳蚤市场"下的"图书/音像/软件"栏目中,亦可见大量二手软件转让信息。被转让的二手软件种类繁多、价格不等,既有动辄上千,乃至数万的管理软件、财务软件、办公软件等企业软件,亦有几十元、上百元的游戏软件、学习软件等个人软件。这些二手软件的转让方式各异,转让

---

* 颜晶晶,北京大学法学院博士研究生。

① 计算机软件(本文简称"软件")、计算机程序、计算机软件的原件和复制件、计算机程序的原件和复制件是需加以甄别的几个概念。根据世界知识产权组织《保护计算机软件示范法条》对"计算机软件"的定义,计算机软件是程序以及解释和指导使用程序的文档的总和。我国《计算机软件保护条例》第 2 条、第 3 条第 1 项分别界定了二者的含义:"计算机软件,是指计算机程序及其有关文档。""计算机程序,是指为了得到某种结果而可以由计算机等具有信息处理能力的装置执行的代码化指令序列,或者可以被自动转换成代码化指令序列的符号化指令序列或者符号化语句序列。"我国现行《著作权法》采用的是"软件"一词,有欠严谨。《著作权法》第三次修订草案已将"计算机软件"改为"计算机程序。"《关于〈中华人民共和国著作权法〉(修改草案)的简要说明》就此解释如下:"将计算机软件改为计算机程序,主要理由是文档可以直接以文字作品保护,无需专门规定。"参见国家新闻出版总署网页:http://www.gapp.gov.cn/cms/html/21/508/201203/740605.html,2012 年 10 月 28 日最后访问。本文"二手软件交易"中的"软件"指计算机软件的复制件,文中涉及"软件"的复制、修改、安装、存储之处,指"计算机程序的复制件"。行文中未作细分。

② 参见 UsedSoft 公司官方网站:http://www.usedsoft.com/,2012 年 10 月 28 日最后访问。

光盘版者有之,转让软件注册码[③]者亦有之。

从转让手续复杂、价格高昂的二手房、二手车,到跳蚤市场上“一手交钱一手交货”、价格低廉的二手书、二手家电,二手商品的交易一般并不为法律所禁止,甚至由于其可以促进物品循环使用、避免物品闲置浪费而得到鼓励和提倡。在二手市场上,二手软件是否应当被“特殊对待”?二手软件交易中的法律问题有何特殊之处?本文将加以探讨。

(一)二手软件的概念

“二手软件”是指已被使用过的,且其附带的许可已经实施过的软件。[④] 平时常见的软件注册码本质上即为许可证。“二手软件”并非软件行业的通用概念,这一名词只是学术领域为了区别许可证未被使用的软件而采用的说法。如果一个软件在购得后未拆封安装,注册码也未被使用过,再行销售时,虽从市场视角看已是“二手”商品,但其实质上仍是“新”软件,并非本文讨论的对象。

(二)二手软件的特征

二手软件具有不同于普通商品的特征:

一是易复制、复制成本低、流通迅速。这些特性其实是软件的基本特征。普通的二手商品——例如一本书、一幅美术作品,其复制通常需付出一定的时间和劳动。而软件作为数字化产品,其复制一般只需点击鼠标即可在数秒之内完成。

二是经一次乃至多次使用后并不会产生物理上的损耗。书籍、家电等普通商品,在多次、甚至仅是一次使用后,其外观、功能会产生物理上的损耗。而从物理特性上看,软件在使用后与新软件并无区别。

三是可能因软件升级等原因变得更“新”。软件的产品周期短、更新快。软件发行后,软件制造商一般会以修改程序或增加新功能的方式完善软件性能,发布软件“补丁”。用户安装“补丁”后,即可实现软件的更新和升级。被转售给他人的软件,可能已经不是最初版本的软件,而是升级到最新版本的软件。从这一角度看,二手软件可能比原软件更“新”。

四是不以有形载体的转移为必须。普通商品的转让以占有转移为常态。而软件的转让形式多样,可以通过 CD、DVD 光盘等有形载体的形式转让,也可以通过软件包等无形载体的形式在线转让,有的情况下通过转让注册码即可完成转让。

五是制造商可能对软件采取技术措施限制转让。对于普通商品,制造商在首次销售时通常不会对转售予以限制。商品的买受人只要与第三人达成合意,即可将商品转售,无需取得制造商的同意。而软件有所不同。软件制造商可能采取技术措施,将使

③ 注册码,是指为了不受限制地实现计算机软件的功能,而在软件安装或使用过程中,按照指定要求输入的,由字母、数字或其他符号所组成的序列。注册码有时又称序列号。

④ 参见 http://de.wikipedia.org/wiki/Gebraucht-Software,2012 年 10 月 28 日最后访问。

用软件与用户账号绑定，在格式条款中禁止用户转让账号，或是规定软件转售需征得制造商的同意方可进行，从而限制软件转售。

（三）二手软件的交易形式

二手软件的交易形式不同，所涉及的法律问题可能大相径庭。其形式可以分为如下几种：

1. 第一位受让人将以有形载体受让的单个计算机软件转售他人；

2. 第一位受让人将以下载方式受让并存储在自己所有的载体上的单个计算机软件转售他人；

3. 第一位受让人将以下载方式受让的批量许可（volume licensing）软件的部分或全部使用权转售他人；

4. 第一位受让人将以原版拷贝（master copy）形式受让的批量许可软件的部分或全部使用权转售他人。该情形与上一情形的区别在于：第一位受让人受让的是带原版拷贝的有形载体，且为了使用软件经著作权人同意制作了一定数量的复制件；

5. 第一位受让人仅转让一份或几份许可使用权证书，第二位受让人通过其他法律行为获得固定在有形载体上的软件复制件后，根据许可证的数量制作复制件并转售他人；

6. 第一位受让人仅转让软件的使用权证书，第二位受让人从软件制造商的服务器上下载软件并安装。在这种情形下，第二位受让人下载的版本是软件的最新版本，而不是最初版本。⑤

上述分类虽然看似复杂，其实整体上可分为以有形载体和无形载体转让两种方式。随着软件行业的发展，以光盘等有形载体进行销售的方式愈发鲜见，以无形载体形式的网络销售成为主流。网络销售方式的虚拟化，使二手软件交易问题趋向复杂。

（四）经济学视角下的二手软件交易

从经济学的视角出发，不同市场主体对二手软件交易的立场不同。

对于制造商而言，二手软件交易意味着其产品在市场上不仅需面对来自其他软件生产商的竞争，还需应对流入二手市场的自家软件对市场空间的挤压。对于实行市场细分和价格差异化的软件，例如发行了企业版、家庭版、学生版等不同版本的软件，以及由于批量许可而获得价格优惠的软件，如果软件通过转售再度流入市场，软件制造商首次销售时针对不同目标客户群制定的价格差异化策略的实施效果自会大打折扣。

二手软件的转售方可能是企业，也可能是个人。软件转售的原因是多种多样的。以企业为例，因计算机操作系统更换、生产经营调整退出某一商业领域、破产清算、企业裁员等原因均可能使企业产生转售软件的需求。通过转售二手软件，企业可以收回

⑤ Marly, Der Handel mit so genannter, Gebrauchtsoftware, EuZW 2012, S. 654.

部分成本,增加流动资金,有利于实现企业的利益最大化。以个人为例,个人兴趣发生转移导致软件闲置、更换计算机系统造成软件不兼容等原因也会促使软件转售需求的产生。

二手软件的买受方同样不局限于个人,企业、乃至政府等主体也可能成为二手软件的买方。本文篇首提及的德国慕尼黑市政府即是一例。客户购买二手软件最主要的原因是二手软件较原版软件价格便宜。其次,软件经一段时间的开发逐渐成熟后,后期推出的版本往往对基础功能的改进有限,但附加了各种其他功能,价格也随之抬高。但消费者购买软件通常只是为了使用其基本功能。这种情况下,消费者也可能偏向选择旧版本。再者,为了与版本较低计算机硬件或软件系统兼容,也会使消费者产生购买低版本的二手软件的需求。此外,为了富余的软件能够物尽其用、避免重复生产造成资源浪费、避免闲置软件被抛弃造成环境污染等也是二手软件交易合法化的支持者们经常提及的理由。

## 二、著作权穷竭⑥

### (一)"著作权穷竭"的概念

著作权穷竭(exhaustion of copyright),是指以销售方式⑦将作品原件或复制件投放市场后,任何人不经著作权人许可,且不必向著作权人支付报酬,继续发行销售该作品原件或复制件不构成侵权。⑧ 该原则又称"发行权穷竭"或"首次销售原则(first sale doctrine)"。"著作权穷竭"是欧洲大陆法系国家的提法,"首次销售原则"是美国等英美法系国家的提法。著作权穷竭属于与自由和免费使用、法定许可使用、强制许可使用、权利保护期、公有领域等并列的广义上的著作权的限制。⑨

著作权穷竭是针对发行权的,且主要是针对发行权中的销售权。著作权穷竭不是指著作权本身的终止,而是指著作权人对作品原件或者复制件的再销售权的丧失。著作权穷竭的要点有三:一、作品原件或复制件是合法制作的;二、作品原件或复制件第一次被合法地投入市场;三、著作权人因此丧失对作品复制件的再销售控制权(即发

⑥ 本文采"著作权穷竭",而未采用"首次销售原则"、"发行权穷竭"等表述,是出于如下几点考虑:一、我国是大陆法系国家,大陆法系国家多采"权利穷竭"(exhaustion of rights)的表述;二、《与贸易有关的知识产权协议》第一部分第6条亦采"权利穷竭"一语;三、"权利穷竭"是知识产权法的基本原则之一,著作权穷竭、专利权穷竭、商标权穷竭是其下位概念;四、我国学者的著述采"权利穷竭"、"著作权穷竭"者为多。例如:郑成思:《版权法》,中国人民大学出版社1990年版,页272;吴汉东:《知识产权法》(第三版),北京大学出版社2011年版,页90;冯晓青:《著作权法》,法律出版社2010年版,页178。采"首次销售原则"的学者主要有:王迁:《知识产权法教程》(第三版),中国人民大学出版社2011年版,页135。但本文在述及不同国家和地区的法律时,使用其各自通用的表述,例如:美国为"首次销售原则",欧盟为"发行权穷竭"。

⑦ 除了销售方式,还包括赠与方式。

⑧ 吴汉东:《知识产权法》(第三版),北京大学出版社2011年版,页90。

⑨ 张玉敏、张今、张平:《知识产权法》,中国人民大学出版社2009年版,页147。

行权),其他权利并不受影响。[10]

（二）外国法中的“著作权穷竭”原则

《与贸易有关的知识产权协议》(Agreement on Trade-Related Aspects of Intellectual Property Rights,缩写为TRIPs)第一部分“总条款与基本原则”下的第6条“权利穷竭”[11]和《世界知识产权组织版权条约》(World Intellectual Property Organization Copyright Treaty,缩写为WCT)第6条第2款均将规定著作权穷竭的条件的权力授予各国国内立法。[12] 我国现行《著作权法》仅规定了对著作权的两类限制:合理使用与法定许可,并没有规定著作权穷竭原则。但多个国家和地区的著作权法(版权法)中都明确规定了著作权穷竭原则(首次销售原则)。例如,《美国版权法》第109条(a)款规定:“依据本法合法制成的特定的复制件或录音制品的所有者,或者经该所有者授权的任何人,无需经版权所有者的许可,仍然有权出售或以其他方式处置该复制件或录音制品的占有权。”又如,《德国著作权法》第17条第2款规定:“如果作品原件或复制件经有发行权的权利人同意,在欧盟或者欧洲经济区[13]条约成员国通过转让进入流通领域,则其除了出租以外的再次发行为法律所准许。”台湾地区《著作权法》第41条亦规定:“著作财产权人投稿于新闻纸、杂志或授权公开播送著作者,除另有约定外,推定仅授予刊载或公开播送一次之权利,对著作财产权人之其他权利不生影响。”此外,《俄罗斯联邦著作权与邻接权法》第16条第3款、《英国版权法》第18条第2款中均有类似规定。[14]

（三）二手软件交易的法律焦点:“著作权穷竭”的适用性

在数字时代到来之前,著作权穷竭并不难以理解。例如,一本书、一张光盘在首次销售之后,根据著作权穷竭原则,著作权人丧失对其再次销售的权利。[15] 已售出的书或光盘以二手商品的形式可以再次进入商品流通。然而,随着数字时代的到来,计算机软件作为作品的形式之一被纳入著作权保护范围。与传统的作品不同,软件具有易复制、复制成本低、流通迅速等特点。对于二手软件交易是否适用著作权穷竭,目前在各

---

⑩ 吴汉东,见前注⑧,页90—91。

⑪ 该条规定如下:“在符合上述第三条至第四条的前提下,在依照本协议而进行的争端解决中,不得借本协议的任何条款,去涉及知识产权权利穷竭问题。”

⑫ 《世界知识产权组织版权条约》第6条第2款的规定为:“对于在作品的原件或复制品经作者授权被首次销售或其他所有权转让之后适用本条第(1)款中权利的用尽所依据的条件(如有此种条件),本条约的任何内容均不得影响缔约各方确定该条件的自由。”

⑬ 欧洲经济区(European Economic Area,简称EEA),在欧洲自由贸易联盟(EFTA)与欧盟(EU)达成协议后,于1994年1月1日成立。旨在让欧洲自由贸易联盟的成员国无需加入欧盟也能参与欧洲单一市场。现时欧洲经济区成员为四个欧洲自由贸易联盟成员中的三国:冰岛、列支顿士登和挪威(瑞士除外),以及27个欧盟成员国。

⑭ 吴汉东,见前注⑧,页84。

⑮ 并非所有的作品类型都当然适用著作权穷竭。美术、摄影作品的追续权属于著作权穷竭的例外,下文将论及。

国立法和司法实践中存在着争议。近年,欧洲和美国都出现了社会反响较大的有关二手软件交易的判决。

主张适用著作权穷竭的观点主要是基于这样的考虑:如果软件的线下、线上发行模式被区别对待,软件制造商通过网络销售的方式即可轻松规避著作权穷竭,而这非立法者的本意,也背离了著作权法的立法目的。

反对适用著作权穷竭者则认为:著作权穷竭是针对作品的有形载体而言的,软件的网络下载是以无形载体方式进行的受让,不应类推适用这一原则。软件的网络下载应作为著作权穷竭的例外。

## 三、欧洲、美国关于二手软件交易的新近案例

由于立法上的模糊,亦因为理论上尚未形成统一观点,所以著作权穷竭对于二手软件交易的适用问题更多是在司法实践中得以逐步明确的。近几年,在欧洲和美国均出现了在法学界和软件产业引起较大反响的二手软件交易案例。

### (一)欧洲法院:Oracle诉UsedSoft案[16]

2012年7月3日,欧洲法院就广受关注的Oracle诉UsedSoft转售二手软件案作出了判决。根据判决,二手软件允许交易。判决一出即在欧洲引起一片哗然。

1. 案情

此案的案情并不复杂:2006年,美国软件制造商Oracle在德国慕尼黑第一地方法院起诉UsedSoft公司。[17] UsedSoft是慕尼黑一家专门从事二手软件交易的企业。Oracle开发计算机软件,网络发行是其发行渠道之一,其85%的软件是通过网络售出的。Oracle提供的软件许可协议中规定:Oracle向在网上购买其软件的客户授予的是"不附期限",但"不允许转让的使用权"。Usedsoft从原被许可人处购买了已使用过的许可证后,通过自家官网出售。其客户不是直接获得Oracle原客户下载的软件复制件,而是凭借从UsedSoft处取得的已使用过的许可证电子钥匙从Oracle的官方网页上重新下载软件。Oracle认为,UsedSoft此举侵犯了其著作权。

德国联邦最高法院审判委员会认为,该案涉及对于《欧盟计算机软件保护指令》(Directive 2009/24/EC)[18]的解释,且解释对于案件的判决具有至关重要的意义。如果

---

⑯ EuGH, 3.7.2012-C-128/11.

⑰ LG München I, Urt. v. 15.3.2007, Az.7 O 7061/06, ZUM 2007, 409.

⑱ 全称为:《欧洲议会和理事会2009年4月23日关于计算机程序的法律保护的第2009/24/EC号指令》(Directive 2009/24/EC of the European Parliament and of the Council of 23 April 2009 on the legal protection of computer programs, OJ L 111, 5.5.2009, pp.16—22)。该指令是在《理事会1991年5月14日关于对计算机程序的法律保护的第91/250/EEC号指令》(Council Directive of 14 May 1991 on the legal protection of computer programs, 91/250/EEC)的基础上修订的,其中第4条第2款新增了"发行权穷竭"原则。

欧洲法院不就此案先决裁决[19],德国联邦最高法院无法作出判决。德国联邦最高法院遂于2011年2月3日作出将该案提交欧洲法院的“移送裁决”(Vorlagebeschluss)[20],并在其中向欧洲法院提出了如下三个问题:(1) 可以援引计算机程序复制件发行权穷竭者,是否是《指令》第5条第1款[21]意义上的“合法受让人”?(2) 在第一个问题得到肯定回答的情况下:如果受让人经权利人同意从互联网上下载程序到数据载体上制成复制件,根据《2009/24/EC号指令》第4条第2款前半句[22],计算机程序的发行权是否穷竭?(3) 在第二个问题得到肯定回答的情况下:如果第一位受让人已经删除或者不再使用其计算机程序复制件,取得“已经使用过的”软件许可证者为了安装软件复制件能否作为《2009/24/EC号指令》第5条第1款和第4条第2款前半句意义上的“合法受让人”,援引第一位受让人经权利人同意从互联网上下载计算机程序到数据载体上所制成的计算机程序复制件的发行权穷竭?

2. 欧洲法院的判决理由

欧洲法院的结论如下:(1)《欧洲议会和理事会2009年4月23日关于计算机程序的法律保护的第2009/24/EC号指令》第4条第2款的解释为:如果著作权人——其也可能同意他人无偿从互联网上下载复制件至数据载体上——有偿让与了不受时间限制的使用复制件的权利,获得与其所有的作品的复制件的经济价值相应的报酬,计算机程序复制件的发行权穷竭。(2)《2009/24/EC号指令》第4条第2款和第5条第1款的解释为:一份使用权许可的第二位及此后各位受让人可以根据《指令》第4条第2款援引发行权穷竭,且以此被视为《指令》第5条第1款意义上的程序复制件的合法受让人,如果许可证的转售与从著作权人网页下载的程序复制件的转售相关联,且许可证最初是由著作权人以无时间限制及有偿的条件——即使之获得与其所有的作品的复制件的经济价值相应的报酬——转让的话,其据此规定允许行使复制权。

欧洲法院在判决中指出:“软件制造商不能反对其‘已经使用过的’,用于从互联网上下载软件的许可证的转售。”判决认为,软件复制件的排他性发行权因首次销售而穷竭。如果一家公司将其软件复制件提供给客户并通过许可协议授予客户对复制件

---

⑲ 《欧共体条约》第234条第3款规定,凡是依照国内法当事人对其判决不再有司法救济的成员国法院或法庭,如果遇到欧共体法问题,负有义务将有关事项提交欧洲法院先予裁决。欧洲法院的先予裁决对于所有成员国法院具有约束力。参见曾令良:《欧洲联盟法总论——以〈欧洲宪法条约〉为新视角》,武汉大学出版社2007年版,页312、314。

⑳ BGH, Beschluss v. 3.2.2011—I ZR 129/08, CR 2011, 223 = MMR 2011, 305 (Oracle v. UsedSoft) Vorlagebeschluss.

㉑ 《2009/24/EC号指令》第5条为“需经同意的行为的例外”,第1款为:“在缺乏合同上的特别规定时,如果它们对于包括纠正合法受让人错误在内的符合规定的计算机程序使用为必要,第4条第1款第a、b项所指的行为不需经权利人同意。”

㉒ 《2009/24/EC号指令》第4条第2款前半句为:“随着由权利人进行或经其同意进行的计算机程序复制件在欧盟的首次销售,复制件的发行权在欧盟穷竭”。

不附期限的使用权,排他性发行权消灭。首次销售者不能反对复制件的转售。这同样适用于软件完善及更新后的版本——因为它们是软件复制件的组成部分。判决还指出,转售软件者应先行删除软件,不允许复制软件用于转售。根据判决,软件与书籍一样,适用著作权穷竭原则,且这一原则不仅适用于以 CD、DVD 等有形载体形式存在的复制件,亦适用于从软件制造商的网站上购买及下载的软件许可证。合法受让人不仅是与著作权人直接签署计算机程序使用协议的第一位受让人,后续使用人也被视为享有复制权的合法受让人。

3. 判决的影响

至欧洲法院作出判决,这场诉讼进行了六年之久。UsedSoft 官方网站上的广告词是:"在软件采购中可节省高达 30% 的费用"。[23] 这对于一些需要购买价格高昂的企业版软件和批量许可软件的企业客户尤具吸引力。但 UsedSoft 的做法多年来备受包括微软在内的一些美国软件公司的诟病和质疑。这些软件公司担忧,二手软件交易的盛行会导致他们的客户流失和收入减少。

欧洲法院的判决一出,各方反应激烈。Oracle 方面表示对判决结果感到意外,称:"欧洲法院错过了一个重要机会,就创新和知识产权的价值向欧洲的经济和企业发出一个明确的信息",并称"相信这并非法律发展的终结"。[24] 但 Oracle 已无其他法律救济手段,因为欧洲法院已经是该案最高审级的法院。

这一判决被认为限制了软件著作权人的权利,并向出版和音乐市场释放出了信号,可能为电子书和 MP3 音频文件在欧洲进入合法的二级市场并进行二手交易铺平道路。[25] 不过亦有观点认为,这仅是一个开始。苹果、亚马逊、谷歌和微软目前均计划在自家网上商店中销售软件、电子书、视频文件(Video)、音频文件等电子产品,买方的下载需与其账户信息乃至电脑硬件相绑定方可进行。此举有望避免电子产品的转售。但这一行为以及对于转售的技术规避是否合法,尚待法院进一步明确。[26]

(二) 美国第九巡回上诉法院:Vernor 诉 Autodesk 案[27]

Vernor 诉 Autodesk 案是美国关于二手软件交易的一起颇具争议的案件。该案于 2011 年 10 月尘埃落定,主要涉及软件许可协议与软件销售合同的界限,核心问题是《美国版权法》第 109 条(a)款规定的"首次销售原则"的适用范围。

---

[23] 参见 UsedSoft 公司官方网站:http://www.usedsoft.com/,2012 年 10 月 28 日最后访问。

[24] http://www.n-tv.de/technik/Verkauf-ist-generell-erlaubt-article6639046.html,2012 年 10 月 28 日最后访问。

[25] http://www.zeit.de/digital/2012—07/eugh-software-lizens,2012 年 10 月 28 日最后访问。

[26] http://blog.zdf.de/hyperland/2012/07/verkauf-gebrauchter-software-bleibt-schwierig/,2012 年 10 月 28 日最后访问。

[27] Case No. 09—35969.

1. 案情

该案案情如下:Timothy Vernor 先生于 2005 年在一次旧货出售(garage sale)中以折扣价购买了四套已被安装使用过的 Autodesk 公司的绘图软件 AutoCAD,并放到 eBay 网上去拍卖。安装 Autodesk 绘图软件时,用户必须点击接受软件许可协议,协议中规定了软件转让及使用限制。Vernor 先生所购的软件是之前的用户已安装使用过的。Autodesk 发现 Vernor 先生在 eBay 网上拍卖自家软件的事实后,认为此举侵权,遂通知 eBay。Vernor 的拍卖因而被 eBay 从网上删除,账号亦被封锁。此后,Vernor 先生在西雅图地区法院提起诉讼,要求确认其转售软件的行为根据首次销售原则合法。地区法院判决 Vernor 先生胜诉。[28] Autodesk 公司不服,向美国第九巡回上诉法院上诉。2010 年 9 月 13 日,该院推翻了地区法院的判决,改判 Autodesk 公司胜诉。

第九巡回上诉法院的判决发布后,美国电子前沿基金会(EFF)联合图书馆协会、公共知识组织(Public Knowledge)、美国消费者协会、美国公共利益集团(U.S. PIRG)等组织要求美国最高法院审理此案,希望最高法院能更多地考虑广大消费者的利益和期望,而不是软件商的利益。[29] 但美国最高法院于 2011 年 10 月驳回了 Vernor 的复审请求。

2. 判决理由

对于该案,第九巡回上诉法院认为,涉诉软件并非以"销售"(sold),而是以"许可"(licensed)方式授权第一位受让人使用的,因此并不适用首次销售原则。判决提到:"软件用户是被许可方(licensee),而非软件复制件的所有人(owner)。"法院认定,该案中,(1) Vernor 与软件第一位受让人之间缔结的软件许可协议明确授予一项许可;(2) 所签署的软件许可协议在相当程度上对转让进行了限制,比如保留了软件的所有权,授予的是不可再转让的许可;(3) 软件许可协议对软件的使用施加了诸多限制,比如将软件限于在西半球使用,如发现未经授权的复制则终止许可。基于此,法院认定购买了软件的第一位用户并非软件的所有权人,因此,从此人处受让软件的 Vernor 自然也就不是所有权人。所以首次销售原则并不适用。[30]

3. 判决的影响

在这一判决之前,软件使用权的转让在美国分为两种情形:

第一种情形是软件作者/制造商仅许可使用软件,不构成买卖关系。这种情况下,作者/制造商保留了软件的所有权及版权,软件的所有权没有转移。这一情形的法律后果是明确的:《美国版权法》第 109 条(a)款的首次销售原则并不适用,作者/制造商

---

[28] Case No. 2:07-cv-01189-RAJ.

[29] 参见美国电子前沿基金会官方网站:http://www.eff.org/deeplinks/2011/06/eff-asks-supreme-court-protect-first-sale-rights,2012 年 10 月 28 日最后访问。

[30] 唐艳:"数字化作品与首次销售原则",载《知识产权》2012 年第 1 期。

可以对被许可人的使用权作出限制。

第二种情形是外观上构成软件买卖关系,但附有额外的使用权限制。这种情况下,使用权限制是否有效,首次销售原则是否适用,法律后果并不确定。

随着 Vernor 诉 Autodesk 案判决生效,上述第二种情况的法律后果得以明确:在美国,即使软件使用人被授予了无期限的使用权且完成了一次性支付——即构成买卖关系,也可以对使用权予以限制。使用权限制有效且不适用首次销售原则。这尤其体现在广泛使用的拆封许可(shrinkwrap licenses)[31]和部分最终用户许可协议(end-user license agreements, EULAs)[32]中。[33]

(三)两案比较分析

欧洲法院对 Oracle 诉 UsedSoft 案的判决以及美国第九巡回上诉法院对 Vernor 诉 Autodesk 案的判决虽然都涉及著作权穷竭原则(首次销售原则)对于二手软件交易的适用,但两案的关键点其实并不相同。具体而言,两案有如下几点区别:

一是争议焦点不同。Oracle 诉 UsedSoft 案的争议焦点在于:从网络下载获得的软件复制件的发行权是否因首次销售而穷竭。这一问题在美国并不存在争议。美国司法实践中的做法是将传统的"发行权"的适用范围扩大到网络传输行为。[34] Vernor 诉 Autodesk 案的争议焦点则在于:当软件交易具有买卖的外观,但有额外的使用权限制时,使用权限制的有效性及首次销售原则的适用问题。

二是转售方式不同。Oracle 诉 UsedSoft 案中,转售方 UsedSoft 并没有向受让人直接提供软件复制件,软件复制件是由受让人通过互联网从制造商的服务器上下载的。Vernor 诉 Autodesk 案中,被告 Vernor 先是通过买卖合同上的合意以受让有形载体的传统方式从直接购买软件的用户手中购得软件后,才通过互联网向第三人转售。

三是转售方身份不同。Oracle 诉 UsedSoft 案中,转售方 UsedSoft 是一家专门从事二手软件回购及销售的公司。Vernor 诉 Autodesk 案中,转售方 Vernor 是普通的个人。

四是涉及软件批量许可的情况不同。Oracle 诉 UsedSoft 案的涉案软件包括 UsedSoft 公司所购买的批量许可软件中的软件。Vernor 诉 Autodesk 案的涉案软件是单个软件,不涉及批量许可,案情较为简单。

五是判决结果对于软件行业的影响不同。根据 Oracle 诉 UsedSoft 案的判决,消费者通过网络低价购买二手软件并不违法,这将可能影响一手软件的销量,降低软件公

---

[31] "拆封许可"又称"拆封合同"、"拆封许可证",是指用户一旦打开软件封装,即可获得对相应软件的有条件使用权。

[32] "最终用户许可协议"是软件开发者或发行者授权用户使用特定软件产品时与用户签署的协议,大多私有软件附带此协议,如不接受则无法安装。

[33] Lejeune, US-District Court Western District of Washington: Timothy S. Vernor v. Autodesk Inc., MMR 2009, XXII.

[34] 王迁:"论网络环境中的'首次销售原则'",载《法学杂志》2006 年第 3 期。

司的收入。Vernor 诉 Autodesk 案的判决结果与之相反，对于软件商以“许可”之名销售的软件，消费者不允许再行转售，有利于保护软件行业的利益。

## 四、我国立法、理论研究与司法实践中的著作权穷竭和二手软件交易

### (一) 著作权穷竭：立法上的空白 v. 理论研究中的认可

“权利穷竭”(exhaustion of rights)原则是知识产权法的基本原则之一。[35] 目前，我国仅在《专利法》第 69 条第 1 项中将权利穷竭规定为侵犯专利权的例外[36]，《著作权法》和《商标法》均尚未明文规定权利穷竭。

但在我国知识产权法领域的专著、教科书、学术论文中，不乏对于著作权穷竭原则(首次销售原则)的论述。我国法学理论界对这一原则持认可态度，认为我国著作权法对此虽然没有明文规定，但应作如此解释。[37]

我国主流法学观点认为，著作权穷竭是对著作权的限制。著作权限制是为了协调著作权人、作品使用者和社会公众三者之间的利益关系。但是，著作权人如果因此而全面丧失对其作品原件或复制件的使用控制权，就是不公平、不合理的；如果构建的制度过分造成著作权人利益的减损，而增加作品使用者或者社会公众的利益，这样的制度就是有瑕疵的，应当予以矫正。著作权穷竭的限制就是对这种瑕疵的矫正制度。在理论上，对著作权穷竭大体有三种限制：(1) 追续权，即作家或艺术家的文学艺术作品原件或原稿，在第一次转让后，作者或作者的合法继承人享有的分享该原作或原稿转售利益的权利。(2) 出租权，即有偿许可他人临时使用电影作品和以类似摄制电影的方法创作的作品、计算机软件、录音录像制品的权利。(3) 公共借阅权，即图书馆等公共部门向不特定的读者出借作品原件或者复制件，著作权人获得适当版税的权利。[38]

### (二) 二手软件交易：普遍的现象 v. 鲜见的案例

二手软件交易现象在我国普遍存在。尽管我国目前法律规定尚不明确，但现实中也鲜见软件制造商的“维权”之举。原因何在？

对国外具有影响力的二手软件交易案例加以研究，可以发现起诉的一方多为全球知名的软件制造商，其中以美国软件企业为主。被告则无特定性，或为专业化、规模化的二手软件商，或为普通的个人。软件制造商起诉的内在动因，或为打击专业二手软件商，以期挽回市场利益；或欲借具有代表性的个案堵住既已存在的二手软件市场的口子，维护自身商业利益。

---

[35] 郑成思：《版权法》，中国人民大学出版社 1990 年版，页 272。

[36] 具体条文为：“有下列情形之一的，不视为侵犯专利权：(一) 专利产品或者依照专利方法直接获得的产品，由专利权人或者经其许可的单位、个人售出后，使用、许诺销售、销售、进口该产品的……”

[37] 张玉敏：《知识产权法学》(第二版)，法律出版社 2011 年版，页 108。

[38] 吴汉东，见前注⑧，页 98。

在美国和欧洲的软件市场上,软件盗版现象已得到较好的整治,二手软件交易成为影响软件制造商收入的主要因素。我国的情况不同于欧美。现阶段影响我国软件产业生存与发展的,主要是盗版软件的泛滥。我国的二手软件产业链呈现个体化、分散化的特点,尚未达到规模化、集团化的程度,未出现足以撼动主要软件商市场地位的类似于 UsedSoft 的大型二手软件商。软件市场是讲究创新和效率的市场,而诉讼的特点是拖沓、投入大。由于网络的虚拟性,侵权人不易确定,网络侵权的责任追究难度大,维权成本高,诉讼耗时长,侵权主体多为个人,个案标的额不高,即使软件制造商最终在诉讼中获胜,涉案软件有可能早已被市场所淘汰,维权付出与维权成功所获赔偿的"性价比"失衡。所以,在软件制造商看来,与其投入人力物力财力启动前景并不明朗的指控二手软件交易违法之诉,不如集中"火力"打击软件盗版,并积极研发新软件领跑市场。不过可以预见的是,待盗版软件现象在我国得到遏制,二手软件交易问题将会走向前台,成为软件产业面临的又一现实问题。

(三)司法实践中的探索:上海山钧实业有限公司等与上海吉量软件科技有限公司著作权侵权纠纷案

虽然立法上尚不明晰,司法中的案例并不多见,但著作权穷竭原则已在我国司法实践中得到运用。2008 年 5 月 14 日,上海市高级人民法院对上海山钧实业有限公司等与上海吉量软件科技有限公司著作权侵权纠纷上诉案作出终审判决,判决中明确适用了著作权穷竭原则。

该案案情如下:案外人淮北正华生物仪器设备有限公司于 2004 年 12 月从"吉量动物行为视频分析软件 V1.0"的著作权人吉量公司处购买了一套"Morris 水迷宫视频分析系统软件",后将该软件转售给山钧公司。山钧公司又于 2005 年与另一案外人沈阳药科大学签订《买卖合同》,将软件再次转售。吉量公司遂起诉山均公司的软件转售行为侵犯了其著作权。

一审法院上海市第二中级人民法院认为:"软件的'买卖'实质是软件的'许可使用',许可他人行使软件著作权的,应当订立许可使用合同。许可使用合同中软件著作权人未明确许可的权利,被许可人不得行使。"基于此,一审法院认定被告山钧公司的转售行为构成著作权侵权。判决作出后,被告不服,向上海市高级人民法院提出上诉。二审法院尽管由于上诉人证据不足等原因驳回上诉,维持原判,但在判决中明确指出:"著作权人享有以所有权转移方式向公众提供作品原件或复制件的发行权,但作品原件和经授权合法制作的作品复制件经著作权人许可,首次向公众销售和赠与后,著作权人就无权控制该特定原件或复制件的再次流转。也就是说,合法获得作品原件或复制件所有权的人可以不经著作权人许可将其再次出售或赠与。一审法院认为合法软件首次销售后,未经软件著作权人同意不得再行转售的观点不妥,应予纠正。"

此案一审法官的判决思路与美国第九巡回上诉法院对于 Vernor 诉 Autodesk 案的

判决思路类似,即先就合同性质是"买卖"或是"许可"进行认定。但二审法院的终审判决跳出了这一思维定势,另辟蹊径,从著作权穷竭的角度切入,以"所有权转移"作为发行权穷竭的标准,将著作权穷竭原则运用到具体的案件判决之中。

(四) 我国法律背景下的二手软件交易

1. 有形载体形式的转售

对于二手软件交易是否应当适用著作权穷竭原则这一问题,目前我国学术界的观点较为统一的是以有形载体形式进行的交易。上海市高级人民法院对上海山钧实业有限公司等与上海吉量软件科技有限公司著作权侵权纠纷上诉案的终审判决即为这一观点在司法实践中的运用。

根据该观点,固定在有形载体上的软件的转售如果符合下列两个条件:(1) 面向"公众"提供作品的原件或复制件;(2) 以转移作品有形物质载体所有权的方式提供作品的原件或复制件,则构成我国著作权法上意义上的"发行"行为。[39] 在这一情形下,适用著作权穷竭原则,著作权人无权控制作品原件或复制件的再次流转,合法获得作品原件或复制件所有权的人可以不经著作权人同意将其再次出售或赠与。

2. 无形载体形式的转售

至于著作权穷竭原则对于以无形载体形式进行的二手软件交易——即主要通过网络下载进行的转售——的适用性,学术界的观点尚不统一。但学者们之间有所共识的一点是:数字技术和互联网技术的迅猛发展深刻地改变了模拟环境下作品的创作、使用和传播方式,并对著作权法中传统的著作权人的利益和公共利益的平衡产生了深远影响。网络环境下的著作权保护需要作出新的调整。[40] 但在此共识下,采用何种方式对于网络环境下以二手软件交易为代表的电子产品的流通进行规范,存在着不同观点。

(1) 发行权 v. 信息网络传播权:基于我国著作财产权权利体系的解决方式。

对此,目前学术界具有代表性的观点之一是:网络环境中"首次销售原则"缺乏适用的基础。其理由是:在网络环境中,尽管作品在被传输之前和传输之后都依附于特定的物质载体——硬盘、软磁盘等存储设备,但作品在网络中被传输时,却脱离了原来的物质载体。网络传输只是一个数字信息的流动过程,并不涉及有形物的转移。[41]

我国著作财产权的权利体系中,"发行权"与"信息网络传播权"两者是并列的。"发行权"是"向公众提供作品原件或者复制件的权利","信息网络传播权"是"向公众提供作品,使公众可以在其个人选定的时间和地点获得作品的权利"。这一观点认为,

---

[39] 王迁:《知识产权法教程》(第三版),中国人民大学出版社 2011 年版,页 131。

[40] 参见冯晓青:《知识产权法利益平衡理论》,中国政法大学出版社 2006 年版,页 632;李祖明:《互联网上的版权保护与限制》,经济日报出版社 2003 年版,页 10。

[41] 王迁:《网络环境中的著作权保护研究》,法律出版社 2011 年版,页 107。

“提供作品的原件和复制件”意味着转移作品的有形物质载体,而“提供作品”并不涉及有形物质载体的转移。“通过网络向公众传播作品”与“发行”之间在法理上存在着一条不可逾越的界限:凡是通过网络向公众传播作品的行为就绝不可能是我国著作权法意义上的“发行”行为。[42] 延续这一思路,由于著作权人可以通过“信息网络传播权”控制通过网络向公众提供作品的行为,作品的接受者不能未经许可向公众进行传播或向公众发行作品,所以以无形载体形式进行的二手软件交易只有在著作权人同意的情况下才合法。

这一思路不局限于“著作权穷竭”这一概念,将问题的解决置于我国著作权权利体系的广阔视角下,从“信息网络传播权”的角度切入,避开了对于是否适用“著作权穷竭”的判断,有其理论合理性。

(2) 通过网络传输的数字化作品:著作权穷竭的例外。

另一种观点认为,虽然我国立法并未明确规定首次销售原则(著作权穷竭原则),但对我国著作权法规定的发行权进行目的限缩解释,可以认为发行权是受“首次销售原则”限制的。但这一观点亦认为,通过网络传输的数字化作品原则上不应适用首次销售原则,因为在传输过程中一般会导致新的复制件产生,侵犯版权人的复制权。如果传输过程中没有导致新的复制件产生则可能适用。只有数字化作品复制件的合法所有权人才能受到首次销售原则的保护。[43]

这一观点采用“原则——例外”的思路,以著作权穷竭的普遍适用性为原则,结合网络传输和数字化产品的特殊性,将“通过网络传输的数字化作品”作为作品的特殊形式予以例外处理,既保持了著作权穷竭理论的普适性,又体现了这一传统理论在数字化时代的与时俱进。

## 五、二手软件交易相关法律问题研究——中外法律的不同视角

二手软件交易不仅与著作权法相关,亦涉及合同法、侵权法、反垄断法等领域的法律问题。在不同国家和地区,由于法律传统、法律制度、软件产业政策导向不同,对于相同法律问题的处理方式可能不同甚至相反。下文将结合上文提及的代表性案例,就二手软件交易中的相关法律问题进行梳理。

### (一)“销售”v.“许可”

由于著作权穷竭是针对发行权的,且主要针对发行权中的销售权,所以,在具体个案中判断是否构成“销售”,是决定著作权穷竭原则适用与否的前提。软件行业中,“软件销售合同”和“软件许可协议”均为常见的合同样式。“销售”与“许可”的判断是以“名”抑或以“实”为准,是司法中的难点。

---

[42] 王迁,同前注[39],页135。

[43] 唐艳,见前注[30],页47、52。

对此问题,美国法官在 Vernor 诉 Autodesk 一案判决中的答案是:当软件交易构成了软件使用权的转让,但又有额外的使用权限制时,使用权限制有效,不适用首次销售原则。这意味着:在美国,软件制造商与第一位受让人之间签署的合同是“销售合同”还是“许可协议”,对于之后软件能否顺利转售具有重要意义。只要许可协议中有排除转售的条款,第一位受让人就无权转售软件。即在这一问题上,美国法遵循的是“外观主义”,根据软件合同的外观来认定合同的性质。

大陆法系的代表国家——德国的观点与之相反。德国联邦最高法院在十余年前就曾对类似问题作出判决,其立场是:通过买卖合同以一次性支付方式转让的使用权是永久性的、无时间限制的使用权,适用著作权穷竭原则。[44] 根据该院观点,软件买卖合同中的格式条款的规定对于合同类型的确定并无影响。[45] 德国总检察长在将 Oracle 诉 UsedSoft 案提交欧洲法院的裁决申请(Schlussantrag)中也提到:“否则,著作权人只要简单地将合同称为‘许可’即可避免被归入‘销售’的概念之下。”[46]

欧洲法院在 Oracle 诉 UsedSoft 案的判决中延续并扩展了德国法院的思路。欧洲法院认为:从互联网上下载计算机程序复制件与签署许可使用协议这两个行为是不可分割的整体,因为若复制件的占有人不允许使用复制件的话,下载计算机程序复制件并无意义。[47] 欧洲法院将这两个行为的整体视为《欧盟计算机软件指令》上的“(首次)销售”,即当软件复制件的使用权以一次性支付的典型方式转让时,意味着其全部所有权永久性地转让给了受让人。由此可见,欧洲法院对“销售”的概念作了宽泛解释。不论合同被软件制造商命名为“许可”与否,只要合同双方就不附期限的、付费的使用权让与达成协议,即构成“销售”,适用著作权穷竭原则,不管合同被称为“许可协议”或“销售合同”,对于合同性质的判断并不重要;而对以下载方式获得的软件的附期限转让不适用著作权穷竭原则。但是,若软件制造商将软件转让设计成租赁合同或融资租赁合同,则不属于《欧盟计算机软件保护指令》意义上的“(首次)销售”。[48] 所以,与美国法不同,德国法和欧盟法是根据“内在主义”,即通过合同的内容实质来判断合同性质。

在上海山钧实业有限公司等与上海吉量软件科技有限公司著作权侵权纠纷案中,

---

[44] BGH, Urt. v. 22. 12. 1999-VIII ZR 299/98, NJW 2000/1415. 转引自:Lejeune, US-District Court Western District of Washington: Timothy S. Vernor v. Autodesk Inc., MMR 2009, XXII。

[45] BGH, NJW 1997, 2043 (2044) = CR 1997, 470 (471 ff.). 转引自:Lejeune, US-District Court Western District of Washington: Timothy S. Vernor v. Autodesk Inc., MMR 2009, XXII。

[46] Schlussanträge des Generalanwalts Yves Bot v. 24. 4. 2012, Rdnr. 59 ff.

[47] 同前注⑯,边码 44。

[48] Loewenheim, in: Schricker/Loewenheim, UrhR, 4. Aufl., § 69c UrhG Rdnr. 31. 转引自:Hoeren, Försterling, Onlinevertrieb, gebrauchter “Software-Hintergründe und Konsequenzen der EuGH-Entscheidung, UsedSoft”, MMR 2012, S. 645。

一审法官采取的即为“内在主义”的判断方法,不过二审法院在终审判决中并未延续这一判案思路。根据著作权法理论,“销售”和“许可”的区别在于:“销售”的本质是著作权的转让,即作者或其他著作权人将著作财产权中的一项或几项永久性地转移给他人所有,著作权人失去部分或全部著作财产权,受让人成为新的著作权人;“许可”只是使用权暂时与作者分离。[49] 但在具体个案中,如果仅凭合同的名称或内容来区分二者,易引起争议。而物权变动是另一可行的视角。在我国的民法理论中,动产的物权变动需要具备两个要件:(1) 双方当事人就物权变动达成债权合意,也即债权合同;(2) 交付。在“销售”和“许可”两种模式下,交付要件都能够满足。问题的关键在于双方当事人是否就所有权变动达成意思表示一致。[50] 这种情况下,需就双方的意思表示进行“真意探求”并进行解释,具体需视个案案情而定。

(二) 著作权穷竭的适用:有形载体 v. 无形载体

软件在以无形载体转让的情形下能否构成“首次销售”,著作权穷竭原则的适用是否有必要就有形载体和无形载体作区分,是理论研究和司法实践中的又一难点。

对此,美国和我国香港地区立法、司法的立场是:通过网络向公众传播作品的行为也构成“发行”,受发行权的控制。即“有形载体的所有权或占有的转移”并非发行的必要条件,通过网络向公众传播作品的行为也能成为受发行权控制的“发行行为”。[51] 美国对于这一立场的确立始于1995年。当年,美国“信息基础设施专门工作组”下属的知识产权工作组公布了名为《知识产权和国家信息基础设施》的报告(又称白皮书)[52],建议扩大“发行权”的控制范围,将通过网络向公众传播作品也视为版权法意义上的“发行”行为。[53]

德国法院的观点与之不同。对于以有形载体形式转让的软件,德国联邦最高法院通过2000年7月6日著名的“OEM判决”[54]明确了其适用著作权穷竭。在判决中,德国联邦法院驳回了被告微软的诉讼请求,确认OEM软件(Original Equipment Manufacturer,即随机版软件)在与硬件绑定首次销售时已经发生了发行权穷竭,其转售合法。对于通过网络发行的软件,德国迄今为止的理论和司法实践认为,其不适用著作权穷竭原则。[55]

在Oracle诉UsedSoft案的判决中,欧洲法院所持的是与美国法院类似的观点。欧

[49] 张玉敏、张今、张平,见前注⑨,页168—169。

[50] 唐艳,见前注㉚,页51。

[51] 王迁,同前注㊶,页87、98。

[52] Information Infrastructure Task Force, Intellectual Property and the National Information Infrastructure (the Report of The Working Group on Intellectual Property Rights).

[53] 王迁,同前注㊶,页15、71。

[54] BGH, Urt. v. 6.7.2000 Az. I ZR 244/97, GRUR 2001, 153.

[55] Dreier/Schulze, Urheberrechtsgesetz, 3. Aufl., 2008, § 17 Rdnr. 30.

洲法院认为,"销售"是指根据合意有偿转让有形载体或无形载体上的标的物的所有权。[56] 软件是以光盘等有形载体形式抑或以网络下载形式转让并无区别。其理由是:《欧盟计算机软件保护指令》第4条第2款并未规定,"发行权穷竭"仅限定于固定在CD-ROM或DVD等有形载体上的计算机程序的复制件,即这一规定并未区别复制件是有形载体或无形载体形式。[57] 欧洲法院认为,转让存储在CD-ROM或DVD中的计算机程序,与转让互联网上下载的计算机程序,在经济上具有可比性。从功能上看,网上转让相当于物化的数据载体的交付。所以,基于同等对待原则,两种情况均构成发行权穷竭。[58] 欧洲法院还指出,如果将发行权穷竭仅局限于有形载体,则著作权人可以控制从互联网上下载的复制件的转售,且可以在每次转售时再次要求受让方支付价款——尽管其在软件首次销售时已获得了相应报酬。所以,限制从互联网上下载的软件复制件的转售超过了保护知识产权特殊客体的必要性。[59] 欧洲法院还指出,通过著作权人网页提供软件供他人使用的情况不是《2001/29号指令》[60]第3条第1款意义上的"公共传播权",因为这种情况下,《欧盟计算机软件保护指令》是特别法(leges speciales),其规定优先于《2001/29号指令》。[61]

如上文所述,我国法学界对此问题目前较为统一的意见是:以有形载体形式进行的二手软件交易适用著作权穷竭。对此司法实践中也有相关案例。但对于以无形载体形式进行的交易,司法实践中尚未出现具有影响力的典型案例,学术界仍存理论争鸣。理论探讨的焦点在于:网络环境下,对于以无形载体形式进行的二手软件交易如果也适用著作权穷竭原则,恐产生著作权人与社会公众之间的利益失衡,需借助法律进行相应规制。

(三)下载软件的复制行为是否构成侵权?

著作权穷竭所针对的是著作权人的发行权,而非复制权。通过网络转售而得的,通常是软件的许可证,受让人需要从制造商的网页上重新下载软件。理论上认为,将作品从网络服务器下载到本地计算机中(不包括没有在本地计算机硬盘中产生永久性复制件的在线阅读、浏览或欣赏作品的行为)的行为是复制行为。[62] 复制权属于著作

---

[56] 同前注⑯,边码42。

[57] 同前注⑯,边码55。

[58] 同前注⑯,边码61。

[59] 同前注⑯,边码63。

[60] 即《欧盟信息社会版权指令》,全称为:《欧洲议会和理事会2001年5月22日关于信息化社会中的版权及相关权利若干方面协调化的第2001/29/EC号指令》(Directive 2001/29/EC of the European Parliament and of the Council of 22 May 2001 on the harmonisation of certain aspects of copyright and related rights in the information society)。

[61] 同前注⑯,边码50、51。

[62] 王迁,同前注㊴,页126。

权人的专有权利,进行复制需取得著作权人的同意,否则将构成侵权。那么,在数字化时代,通过网络下载软件的复制行为是否构成侵权?

《美国版权法》第106条规定,版权人有制作复制件的专有权利。美国软件出版者联盟(Software Publishers Association,SPA)认为:"当任何享有版权的数字化内容被存入计算机的随机存储器时,版权法意义上的复制就会发生。"美国和英国的一些司法判例也确认作品进入计算机内存即构成著作权法意义上的复制。[63] 将作为作品的软件下载至计算机,将导致软件被固定在计算机硬盘中,这一行为根据美国法构成复制,侵犯了版权人制作复制件的专有权利,需以获得版权人的同意为前提。

《德国著作权法》第69c条第1项第1句规定,使用权取得者对每一种受著作权保护的计算机程序进行复制的行为都需要征得作者的许可——这种许可与复制的手段以及复制的类型无关。根据第69c条第1项第2句的规定,应当取得作者本人许可的行为不仅包括对计算机程序进行上载、展示、运行、传输的行为,还包括对他们进行存储的行为——只要其需要人们的复制行为来完成。[64] 即根据德国法,通过互联网下载计算机程序的行为构成复制,需获得作者的许可,否则构成侵权。

在Oracle诉UsedSoft一案中,欧洲法院的视角不同于美国法和德国法。如前文所述,欧洲法院认为从互联网上下载计算机程序复制件与签署许可使用协议这两个行为是不可分割的整体。理由是:若复制件的占有人不允许使用复制件的话,下载计算机程序复制件并无意义。[65] 所以,欧洲法院是将这一情况下下载计算机程序复制件的行为作为"销售"行为的一部分,并不视为侵权。但欧洲法院指出,为了维护著作权人的复制权,最初的被许可人应当在转售之时删除或不再使用自己的复制件。因为著作权穷竭原则和以此为基础的《欧盟计算机软件保护指令》第5条第1款应当不是导致数据存量的倍增,而是促进计算机软件和与之相关的许可证的流通。但是,如果软件制造商对软件采取了防止复制的技术保护措施,且这些技术保护措施在复制软件时需予以规避的话,后续受让人的复制权将丧失。[66]

我国著作权法理论认为,数字化复制属于复制行为的一种。因此,权利人对数字化传播过程中的复制行为享有控制的权利。[67] 将作品从网络服务器或他人计算机中下载到本地计算机中,导致作品被永久地保存在本地计算机硬盘,即符合复制行为的构成要件。[68] 因此,在我国法的背景下,从制造商的网页上重新下载软件的行为构成复

[63] 王迁,同前注㊶,页12—13。

[64] 〔德〕M.雷炳德:《著作权法》,张恩民译,法律出版社2005年版,页304。

[65] 同前注⑯,边码44。

[66] Hoeren, Försterling, Onlinevertrieb, gebrauchter "Software—Hintergründe und Konsequenzen der EuGH-Entscheidung, UsedSoft", MMR 2012, S. 644.

[67] 吴汉东:《中国知识产权制度评价与立法建议》,知识产权出版社2008年版,第97页。

[68] 王迁,同前注㊴,第126页。

制。我国《著作权法》第26条规定:“许可使用合同和转让合同中著作权人未明确许可、转让的权利,未经著作权人同意,另一方当事人不得行使。”《计算机软件保护条例》第18条亦规定:“许可他人行使软件著作权的,应当订立许可使用合同。许可使用合同中软件著作权人未明确许可的权利,被许可人不得行使。”根据上述规定,凡是合同中未明确许可、转让的权利,被推定为被许可人未予授权、未合法受让。这种情况下,第二位受让人的复制行为未经著作权人许可,且缺乏法律上的抗辩理由,构成侵权。可见,在这一问题上,我国与美国法和德国法的规定相似。

(四)对软件维护合同是否有影响?

软件行业是个竞争激烈、产品更新迅速的行业。软件制造商在售出软件时,通常会与受让人签署软件维护合同,约定由其对软件进行漏洞修复及更新,受让人有权使用修复及更新后的软件。二手软件转售时,受让人之前签署的软件维护合同对于著作权穷竭原则的适用是否有影响?

欧洲法院对Oracle诉UsedSoft案的判决涉及了这一问题。对此,欧洲法院的观点是,客户在软件首次售出时一并签署的软件维护合同并不妨碍著作权穷竭原则的适用。欧洲法院认为,《欧盟计算机软件保护指令》第4条第2款所规定的“发行权穷竭”只涉及由著作权人在欧盟范围内首次销售或经其同意而首次销售的复制件,不包括维护合同等服务合同。通过维护合同,最初被售出的软件复制件得到修复和更新。即使维护合同有期限,基于维护合同得以完善、更改或补充的功能仍是最初被下载的复制件的组成部分,受让人可以无期限限制地使用,即使受让人随后决定不再续签维护合同亦如此。[69] 欧洲法院的这一思路是把软件维护合同区别于一般服务合同,将其视为在一个统一的债务关系——即一般服务合同的基础上完成的大量单项服务。一般服务合同是一种作为长期债权债务关系的劳务合同,它仅体现了企业对于满足使用者需求的一般性的准备。从这点看,一般服务合同包含着企业对于签署单个合同的要约。这些提供单独服务的单个合同的内容各不相同,可能是提供软件个别维护或维修的承揽合同,也可能是更新或升级后的软件的买卖合同。如果软件制造商在一般服务合同的基础上以更新或升级方式提供了单项服务,著作权穷竭则扩展至更新或升级后的版本上。只要第一位受让人在软件维护合同的框架内更新软件,其将软件转让他人的行为并不与制造商的发行权相冲突。但第二位受让人在著作权穷竭的原则下只能使用第一位受让人在彼时维护合同的框架内合法完成的更新。[70]

Oracle诉UsedSoft判决出来后,学术界中有观点认为,欧洲法院其实回避了这样一

[69] 同前注⑯,边码66、67。

[70] Hoeren, Försterling (o. Fußn. 64), S. 646.

个问题,即在著作权穷竭的范围内,合同关系的自由转让在一般服务合同的层面上也是可能的。根据意思自治原则,软件制造商可以自愿地与受让人签署维护合同,转售软件的受让人也可以自愿地提出与软件提供商签署维护合同——但是后者有权拒绝签署。不过,由于只有制造商才有权维护自己的软件,所以根据反垄断法的规定,拒绝签署通常是不允许的,除非其能提出拒绝提供软件维护服务的正当化理由才能通过反垄断审查。[71]

在我国法律实务中,对于软件维护合同可以从合同法和竞争法两个层面考察。软件维护合同在我国主要有“性能优化”和“故障排除”两类,属于技术合同的一种。技术合同主要表现为通过电话、电子邮件、网络等形式为用户提供技术咨询、故障排除等技术指导。从合同法层面来看,软件维护合同的标的是软件供应商在一定期限内的软件升级/补丁程序以及技术服务。软件供应商一旦提供了技术服务,技术服务是无法回溯的。如果软件用户交足服务费用,但未能获得作为对价的服务,属于显失公平。从反不正当竞争法的角度看,如果软件用户并不需要购买软件供应商的技术服务,但软件供应商在售出软件时要求客户必须签署技术合同,这一行径就属于“捆绑销售”。这可能违反我国反不正当竞争法第12条所规定的“经营者销售商品,不得违背购买者的意愿搭售商品或者附加其他不合理的条件”,构成不正当竞争行为。[72]

(五)批量许可能否分割转让?

批量许可能否分割软让,是二手软件交易中常遇见的又一个问题。

在德国的法学理论和司法实践中,将带原版拷贝的批量许可作为一个统一整体进行转让是合法的。德国的法学学者和法官认为,这种情况在法律上与软件单独许可的转让无异。存有疑问的是:能否不转让原版拷贝,或仅以出租的形式交付原版拷贝,只单独转让批量许可中的一个或部分软件?对此,德国的司法实践是认可的。[73] 汉堡地方法院曾于2006年6月29日就微软提起的反对其批量许可被分割转售一案作出判决[74],判决确认:著作权穷竭原则适用于批量许可协议中的单项许可,单项许可允许转售,转售不需经著作权人(本案中为微软)同意,批量许可协议中限制批量许可中单个软件转售的条款无效。此后,慕尼黑第一地方法院于2008年4月4日对微软提起的又

[71] Hoeren, Försterling (o. Fußn. 64), S. 646.

[72] 仲奕:《软件开发、许可与服务合同若干问题探析(一)》,http://www.giprs.org/node/783,2012年10月28日最后访问。

[73] Hoeren, Försterling (o. Fußn. 64), S. 645.

[74] LG Hamburg, Urt. v. 29. 6. 2006, Az. 315 O 343/06, ZUM 2007, 159.

一起类似诉讼作出的判决[75]再次确认了这一观点:批量许可协议中已使用过的单项软件许可允许转售,转售不需经著作权人同意即为有效。

欧洲法院在 Oracle 诉 UsedSoft 案的判决中提出了不同观点,禁止对批量许可进行分割转售。欧洲法院在判决中指出:“如果许可是用于超过需求人数的使用者的话,根据《2009/24 号指令》第 4 条第 2 款的发行权穷竭并无权使第一位受让人对其所获得的许可进行分割并将所涉及的计算机程序的使用权只向由其确定的一定数量的使用者进行转售。”对此,欧洲法院的解释是:因为受让人为了不侵犯著作权人的排他性的复制权,在转售时必须使自己的复制件不可用,但在前述情况下,著作权人的客户可以继续使用已安装在其服务器上的计算机程序的复制件。[76]

法律实务中,软件批量许可协议的合同相对方一般为企业,而非个人。在协议签署之前,软件制造商与被许可方就批量许可协议的细节通常会进行磋商。目前,我国实务中的批量许可协议主要有两种形式:一是由软件制造商提供的包含格式条款的合同,二是由软件制造商与被许可方达成的书面协议。如果批量许可协议是由软件制造商提供的,合同中的格式条款对于批量许可的转让、许可的重新分配、技术限制等一般都有细化规定。在不违反法律禁止性规定的情况下,合同条款是确定合同双方权利义务的主要依据。除非根据《合同法》第 39、40、41 条,提供包含格式条款的批量许可协议的软件制造商违反格式条款提供方的义务,或包含格式条款的批量许可协议具有《合同法》第 52、53 条规定的情形,或提供格式条款的软件制造商有免除自身责任、加重对方责任、排除对方主要权利的情形,或者软件制造商有违反《消费者权益保护法》第 24 条的情形,即以格式合同等方式作出对消费者不公平、不合理的规定,或者减轻、免除其损害消费者合法权益应当承担的民事责任的,才会导致相关条款无效。倘若批量许可协议是由软件制造商与被许可方经协商后书面达成的,且双方的意思表示真实有效,如果两者之间的书面协议就批量许可的分割转让有所约定,以约定为准;如果无约定,根据《著作权法》第 26 条的规定,批量许可使用合同中著作权人未明确许可的权利,未经著作权人同意,被许可人不得行使。

## 六、我国《著作权法》第三次修订背景下的思考

### (一)建议明确规定“著作权穷竭”原则:体系上的完整性

上文提及的著作权穷竭的三种限制——追续权、出租权和公共借阅权中,追续权虽然尚未规定在我国现行《著作权法》中,但目前正在进行的《著作权法》第三次修订

[75] LG München I, Urt. v. 4. 4. 2008, Az. 30 O 8684/07, MMR 2008, 563.

[76] 同前注[16],边码 70。

所公开的草案中,新增规定了美术、摄影作品的作者或者其继承人、受遗赠人的追续权。[77] 追续权纳入《著作权法》已是指日可待。

出租权则于2001年《著作权法》首次修订时设立,并规定在现行《著作权法》第10条第7项中。[78] 目前,我国出租权的权利主体为电影作品的作者、以类似摄制电影方法创作的作品的作者、计算机软件的作者和邻接权人中的录音录像制品制作人。此次《著作权法》第三次修订草案中对出租权的定义进行了修订[79],并新增了表演者的出租权,明确规定出租音像制品时,出租人应当经过表演者许可并支付报酬。这一规定扩大了表演者的权益范围,将表演者也纳入了出租权主体。[80]

公共借阅权制度目前在我国尚未建立。这主要是出于经济上的考虑,认为我国目前建立该项制度的时机尚不成熟,担心该项制度实施后,使原本经费紧张的一些偏远地区的图书馆更加不堪重负。未来这项制度是否纳入我国《著作权法》,取决于立法机关的进一步考量。

在《著作权法》第三次修订的过程中,就有学者发出这样的声音,呼吁修订应注重体系观,因为"法律规范是一种陈述系统,立法技术不仅体现于实质权利义务分配的合理性,也体现于规范陈述的布局与设计。"[81]在世界各国普遍在本国著作权法中规定"著作权穷竭"原则的背景下,在理论上普遍认可的作为"著作权穷竭之例外"的两种情形皆纳入我国《著作权法》之即,修订中的《著作权法》未对作为基本情形的"著作权穷竭"原则加以明确规定,有体系上的缺憾之感。

(二) 建议区别有形载体和无形载体形式的软件转让

《著作权法》第三次修订稿草案对篇章结构和体例进行了调整,将现行法第二章中

---

[77] 修改草案第一稿规定于第二章第一节"著作权人及其权利"下第11条"人身权利和财产权利"中的"财产权利"之下的第13项,具体条文为:"追续权,即美术作品、摄影作品的原件或者作家、作曲家的手稿首次转让后,作者或者其继承人、受遗赠人对该原件或者手稿的每一次转售享有分享收益的权利,追续权不得转让或者放弃"。参见国家新闻出版总署网页:http://www.gapp.gov.cn/cms/html/21/508/201203/740605.html。修改草案第二稿规定于第二章第一节"著作权人及其权利"下第12条中,具体条文为:"美术、摄影作品的原件或者文字、音乐作品的手稿首次转让后,作者或者其继承人、受遗赠人对原件或者手稿的所有人通过拍卖方式转售该原件或者手稿享有分享收益的权利,该权利不得转让或者放弃,其保护办法由国务院另行规定。"参见国家新闻出版总署网页:http://www.gapp.gov.cn/cms/html/21/508/201207/759718.html,2012年10月28日最后访问。本文所涉及的修改草案第一、二稿网址及最后访问日期均同本脚注。

[78] 具体条文为:"出租权,即有偿许可他人临时使用电影作品和以类似摄制电影的方法创作的作品、计算机软件的权利,计算机软件不是出租的主要标的的除外"。

[79] 草案第一、二稿均规定于第11条第3项:"出租权,即有偿许可他人临时使用视听作品、计算机程序或者包含作品的录音制品的原件或者复制件的权利,计算机程序不是出租的主要标的的除外"。

[80] 先后规定于草案第一稿第32条和第二稿第33条,两稿的表述相同,均为:"表演者对其表演享有下列权利……(五)许可他人复制、发行、出租其表演的录制品或者该录制品的复制品……"

[81] 李琛:"著作权法第三次修订应注重体系观",载国家知识产权局网页:http://www.sipo.gov.cn/mtjj/2012/201202/t20120228_647357.html,2012年10月28日最后访问。

的“权利的限制”一节单列为第四章[82],章节设置上遵循了先“权利内容”后“权利限制”,结构上实现了“权利内容”与“权利限制”分章设计。[83]

在权利内容方面,草案将复制权修改为包括数字化在内的任何形式。修订后的“复制权”[84]的定义为:“以印刷、复印、录制、翻拍以及数字化等方式将作品固定在有形载体上的权利”。发行权则增加了其他转让所有权的方式。[85]“发行权”[86]的概念被扩展为“以出售、赠与或者其他转让所有权的方式向公众提供作品的原件或者复制件的权利”。通过网络下载软件并保存在硬盘或软磁盘等有形载体上的行为即为“以数字化形式将作品固定在有形载体上”的方式。修订后的“复制权”的定义为认定数字化的复制行为提供了明确的法律依据。

修订后的“发行权”概念明确了发行以“转让所有权”为要件。这为判断以有形载体形式进行的二手软件交易是否适用著作权穷竭原则提供了标准:若软件复制件的所有权已转让,则构成发行,适用著作权穷竭;如所有权未转让则反之。

上文述及目前我国学者对于以无形载体形式进行的二手软件交易的两种不同观点。一种观点认为,以无形载体形式进行的二手软件交易受“信息网络传播权”调整,而非“发行权”;另一种观点则认为,通过网络传输的数字化作品应作为著作权穷竭原则的例外予以规制。两种观点的思路不同,但“殊途同归”,均指向同一个结果:由于网络环境的特殊性,无形载体形式的二手软件交易应区别于软件有形载体的交易。

在权利限制方面,草案第二稿第四章“权利的限制”下第 42 条“合理使用”的规定之后,于第 43—45 条新增了计算机程序合法授权者的权利内容及限制。具体而言,是将目前《计算机软件保护条例》第 16 条、第 17 条中的规定上升至法律中,分别规定于第 43 条、第 44 条,具体涉及计算机程序的安装(第 43 条第 1 项)、复制(第 43 条第 2 项)、修改(第 43 条第 3 项)和合理使用(第 44 条)。另新增第 45 条规定计算机程序反向工程。新增的这部分内容值得赞许的是,针对计算机程序的特殊性,对其权利内容和权利限制做了精细化的规定。但遗憾的是,新增内容并未就以网络下载形式进行的计算机程序的转让作出有别于有形载体的特殊规定,两种转让形式在法律后果上的区

---

[82] 《关于〈中华人民共和国著作权法〉(修改草案)的简要说明》(国家版权局 2012 年 3 月),参见国家新闻出版总署网页:http://www.gapp.gov.cn/cms/html/21/508/201203/740605.html,2012 年 10 月 28 日最后访问。

[83] 王自强:“国家版权局‘著作权法’第三次修订工作回顾”,http://news.hexun.com/2012—11—06/147661253.html,2012 年 11 月 6 日最后访问。

[84] 现行《著作权法》“复制权”的定义见第 10 条第 5 项:“复制权,即以印刷、复印、拓印、录音、录像、翻录、翻拍等方式将作品制作一份或者多份的权利”。

[85] 修改草案第二稿第 11 条第 2 款第 3 项。

[86] 现行《著作权法》“发行权”的定义见第 10 条第 6 项:“发行权,即以出售或者赠与方式向公众提供作品的原件或者复制件的权利”。

别未能予以明确。

笔者认为,若修订后的《著作权法》纳入"著作权穷竭"原则,结合发行以"转让所有权"为要件这一规定,即可在法律上明确:以有形载体形式进行的软件转售适用著作权穷竭原则。这将使软件产品的流通得到更好的保障。对于以无形载体形式进行的软件转售,尽管理论上对于其应纳入"信息网络传播权"抑或"发行权"的调整范围存在分歧,但鉴于规制的必要性,在理论之争尘埃落定之前,宜先以"计算机程序转让之特殊规定"的形式,在法律中明文规定:以网络下载等无形载体形式进行的计算机程序的转售以著作权人同意为前提。

(三)互联网时代电子产品的知识产权保护:基于利益平衡理论的选择

二手软件是互联网时代电子产品的代表与缩影。与网络环境下二手软件交易有关的理论研究和司法实践,折射出的是数字时代电子产品知识产权保护的发展与探索。

知识产权法的日的以保护知识产权创造者为直接目标,以保障知识产品的传播和利用、保障知识和信息的扩散,从而促进经济发展和科学文化繁荣为社会公共利益日标。这种二元价值目标是以激励机制为基础,以利益平衡的调节机制为手段加以实现的。[87]

反观上文美国第九巡回上诉法院对于 Vernor 诉 Autodesk 案、欧洲法院对于 Oracle 诉 UsedSoft 案的判决,可以发现:Vernor 诉 Autodesk 案的判决结果侧重于维护软件制造商的利益,保护软件行业的发展;Oracle 诉 UsedSoft 案的判决则有利于促进软件产品在欧洲市场的流通。这与美国实用主义的商业激励机制、欧盟推进内部市场统一和商品流通自由的背景不无关系。就我国而言,著作权立法的基本出发点仍是著作权法的精神——著作权人、传播者与社会公众利益之间的平衡。在二手软件交易的问题上,一方面,软件制造商的著作权需得到充分尊重;另一方面,软件使用者对所购软件的合理处分权也不应漠视;此外,软件作为商品,其市场流通性同样应当予以考虑。目前,我国软件产业面临的最大障碍仍是软件盗版问题。随着盗版市场得到肃清,二手软件市场很可能成为软件产业下一阶段的整治重点。

要完善计算机软件保护制度、制定符合我国现阶段软件产业发展水平的著作权法律,首先需要确定我国的计算机软件保护水平。尽管我国软件产业起步晚,目前发展水平也不高,尚比不上发达国家,与同属发展中国家的印度等国相比也有相当差距,但我国软件产业发展迅速,在某些领域有较强的竞争力。从软件产业发展水平来看,我国计算机软件产业属于发展中国家的水平。鉴于我国政府有意大力发展软件产业并力争使其达到世界水平,因此我国的计算机软件保护水平可以定位为中等偏上,既可

[87] 冯晓青:《知识产权法利益平衡理论》,中国政法大学出版社 2006 年版,页 84。

以与我国软件产业和社会经济发展水平相适应,又可以略微超过。这样既有利于我国软件产业的发展,又不至于对社会经济带来过重的负担。[88] 在二手软件的流通问题上,如果一味禁止,尽管可以为著作权人提供完全的著作权保护,但并不利于软件产品的流通;如果全部放开,虽然软件在市场上获得了极大的流通性,但软件产业的发展必然受到影响。所以,在我国软件市场尚未发展成熟之前,对于软件的流通,宜区分有形载体和无形载体两种形式进行区别化规制:对于以有形载体形式转售的软件适用"著作权穷竭"原则,以保障其流通;对于以网络下载等无形载体形式进行的软件转售予以合理限制,以避免二手软件通过转售潮水般地涌入流通领域而扰乱软件市场的正常秩序。如是,将区别规制与整体协调相结合,以期推进现阶段我国软件产业的稳步发展。

---

[88] 吴汉东,见前注[67],页63—64。

# 文字作品 v. 美术作品
## ——对几个基本理论问题的反思

杨 明*

## 引言

著作权制度的产生晚于一般财产所有权制度，在人类进入阶级社会之初，统治者制定法律侧重于维护私有的土地、房屋等有形财产，对于人们创作的精神成果则排斥在法律的保护范围之外。但早在古罗马时代，已有保护自己之智力成果的意识，只不过仅仅停留在道德谴责的层面。① 而在我国，著作权的令状保护制度也在宋朝时期就已出现了。② 一般说来，印刷术的发明及广泛运用，是著作权法产生的技术背景。该技术的工业化应用，使得一部作品能够被大量地复制并出售，这样一方面使得作者的思想得以传播，另一方面也使作品逐渐具有了商品属性，由此各种冒名盗版谋取私利的行为也开始出现。由于大量的翻版和盗印已开始影响到统治阶级的利益，于是，著作权法也就应运而生了。

---

* 杨明，北京大学法学院副教授，法学博士。

① 罗马诗人马尔蒂·阿利斯(约公元41—103年)在给他人的信中这样写道："据说你在背诵我的诗句时总说它是你自己创作的。如果你愿承认它为我所作，我将无偿地把它奉献给你；但如果你想把它称为你的诗作，你最好把它买下来，这样它就不再属于我了。"参见张玉敏、李雨峰："中国版权史纲"，载《科技与法律》2004年第1期。

② 从宋代开始，出版印刷图书的特权开始被授予一些非官方的机构或个人，清末藏书家叶德辉在其《书林清话》一书中作了详细的记载，详细列举了一些"翻板有禁例始于宋人"的例子。例如：其中引述了南宋时期刻印的《东都事略》一书的牌记，云："眉山程舍人宅刊行，已审上司，不许覆板。"对违反禁令者，制裁措施为"追板劈毁，断罪施行"。另外，《书林清话》还引述了《丛桂毛诗集解》上记载的"禁止翻版"的公据，申明禁止翻版的理由包括"平生精力，毕于此书"、"嗜好翻版，则必窜易首尾，增损意义"，这与现代著作权法的立法思想也是相通的。相关内容请参见郑成思：《知识产权论》，法律出版社2003年版，页15—17。

但是,一个最容易被忽视的问题是(实际上学者们通常都忽视了它),近代著作权法制度是以文字作品为对象而建立起来的[③],即使在当今时代,虽然作品的范围已扩展了很多,但在"作品的实质要件"[④]、"复制的内涵"、"著作权的内容"、"合理使用的判定"等著作权基本理论方面,我们更多地看到的仍然是文字作品的影子。于是,我们实际上处于一种非常别扭的境地,无论著作权客体的范畴扩展至何处,学者们都总是用既有之著作权法基本概念和理论去解释它们,结果要么是顾此失彼,要么是任意扩张概念的内涵,以至于人们在相互争论时往往都不在同一平台上。如前所述的这些基础理论上的不顺畅之处,笔者认为,在美术作品著作权之上体现得甚为明显,例如,关于"思想与表达二分法"、"独创性的理解"、"是否存在原件与复制件之分"等理论问题的解释,美术作品都与文字作品存在较大差异。基于此,我们确有必要在理论上重新审视著作权客体制度,将不同类型的著作权客体进行对比分析,厘清相关概念,从而解决如前所述的理论问题。这其中,美术作品与文字作品的对比分析尤其具有重要的理论和实践意义。

## 一、两则案例引起的思考

2007年发生了两起引起广泛关注的案件,恰好也说明了对美术作品与文字作品进行对比分析的重要意义。这两起案件分别是漫画作者何平和中央电视台记者胡某起

③ 许多学者在其著述中也有相同之表述,如李明德教授在其《著作权法》一书中即谈到:"著作权最早是对文字作品予以保护"(法律出版社2003年版,页12);相似之论断不再一一列举。我们从立法文件的名称上也能看出端倪:被奉为近代著作权法之始的《安娜女王法令》,其全称为"为鼓励知识创作而授予作者及购买者就其已印刷成册的图书在一定时期内之权利的法"(See Brad Sherman、Lionel Bently:"The Making of Modern Intellectual Property Law: The British Experience, 1760—1911", Cambridge University Press, 1999, p. xi-ii),显然该权利的客体为文字作品;美国1790年颁布的第一部版权法亦仅仅保护书籍、地图和图表,而其于1831年才开始保护音乐作品、1865年开始保护摄影作品、1879年开始保护美术作品、1900年开始保护建筑作品(参见李明德前揭书,页12)。

④ 各国著作权法理论通常认为,一件作品是否受到著作权法的保护,取决于该作品是否满足"独创性"和"可固定性"之要件。这显然是(或主要是)针对文字作品的,若以之来审视其他类型的作品,诸如美术作品,则难谓恰当——著作权法上已承认临摹不是复制,而是一个独立的创作行为,因此其产物亦是独立的作品,与被临摹作品区别开来,所以,对美术作品独创性的解释不应等同于文字作品的独创性,前者所体现的应为作者的灵感、个性以及技艺(布图的考量、手法的运用、对色彩的把握,等等);另外,美术作品的固定与文字作品也不同,按照所谓的"思想与表达二分法"之理念,相同的文字作品内容,无论固定多少次都是一个作品的表现形式,而同样的美术作品构思则每固定一次即产生一件"作品"(这里所说的"作品",实际上已不是著作权法所说的作为权利客体的作品,而是指人们通常挂在嘴上说的有形的"作品")。

诉教育部国家考试中心侵犯著作权[5],两案的事实和理由基本类似:原告认为,自己的作品被无署名地使用在了高考试卷之中,这是对其著作权的侵犯。而法院最后的判决也基本一致,认为被告的行为属于合理使用,并且特别说明了,被告采取不署名的操作方式,有其合理性,并不构成侵权。由于被告承认使用了原告的作品,双方争议的焦点也仅仅围绕“合理使用”而展开,因此法院的判决不能说在现行著作权法上是站不住脚的。

然而,令笔者生疑的是,法院在“何平案”的判案过程中并没有对漫画的性质进行认定,而两案的区别正是前者涉及的是漫画作品,后者涉及的则是文字作品,笔者想问的是,这两类作品能够被同等对待吗？对于“胡某案”,虽然在形式上稍加变动,但被告使用了原告的作品是没有异议的,因为被告照搬了原告作品的内容,这是文字作品著作权所保护的对象。而“何平案”却没这么简单,从艺术的角度讲,漫画当然是美术作品[6],可问题也就随之而来——如果在“何平案”中被告辩称自己使用的不是原告的作品,而是自己临摹所产生的新作品,由于临摹在著作权法上并不构成侵权[7],那么,对临摹作品的再行利用自然也不构成侵权了。按照这一思路,被告恐怕就无需在“虽然构成合理使用,但未署作者姓名是否合理”的问题上大费脑筋了。

既然遵循“美术作品”的思路时原告可能会遇到麻烦,那我们不妨换一个思路,走“文字作品”的路子。乍看起来,这一思路有些无稽,其实,仔细思索,则是有一定道理的。漫画、连环画虽然在艺术上属于美术作品,但从著作权的保护方法来看,它们应更接近于文字作品而与其他类型的美术作品有所区别。这是因为,按照我国《著作权法实施条例》第4条第8项的规定:“美术作品是指绘画、书法、雕塑等以线条、色彩或者其他方式构成的有审美意义的平面或者立体的造型艺术作品”,其中很重要的一点,就是强调美术作品的审美意义。因此,美术作品不过是作者技艺的外在表现,只要是作者单独完成的创作(哪怕是临摹),其也应获得著作权的保护。于是我们就不难理解,同样是画相同的主题,即使图案、色彩看起来一样,每一幅画都仍然产生各自的著作权。而文字作品则不同,其著作权保护的实际上是作品的内容,“依葫芦画瓢”不能视为是新作品而是复制(虽然,不同的人各自独立完成的文字作品也有可能基本相同,但

---

⑤ 这两起案件的具体内容可参见相关报道,如“高考题引用文章不署名不算侵权”,载“e法网”http://www.efaw.cn/html/fzwz/20071130/4BCD9090.html(2007年11月30日报道),“漫画作者状告教育部考试中心侵权”,载“新浪网”http://news.sina.com.cn/c/2007—11—16/115014321770.shtml(2007年11月16日报道)。实际上,恢复高考30年来,几乎每年都会出现类似的现象(如1983年的高考作文题目之一《挖井》就基本上原封不动地使用了黑龙江漫画作者张新华的漫画作品《挖井》,漫画家庄锡龙的漫画《截错了》被无署名地用于1996年的高考试卷之中,等等),因而这两起案件引起了广泛关注。

⑥ 绘画是美术作品最重要的一种类型,从功用上可将之分为宣传画、广告画、壁画、年画、漫画、连环画、书籍插图等。就此问题,笔者曾请教于北京大学艺术学院朱青生教授,特此致谢。

⑦ 2001年我国《著作权法》修订时,将临摹从复制的概念中剔除,鲜明地表明了如文所述的这一态度。

那也只是观点和表述的大致相同,内容完全一模一样是不可能的,而美术作品却允许不同的人画出一样的画而各自享有著作权)。漫画、连环画也是如此,它们之所以受到保护,并不在于其线条、色彩,也不管其是否具有审美意义,它们的价值在于作品所表达的寓意,所以著作权要保护的是它们的内容,而这一点恰恰与文字作品是相同的。

回到“何平案”,如果认定漫画为文字作品,那么也就不存在临摹的问题了,法官只需考察被告的行为中所表现出来的作品内容,即可认定被告是否使用了原告的作品;如果回答是肯定的,法官则进而针对被告是否构成合理使用进行认定。倘若坚持认定漫画为美术作品,一如前文所述,其中可能涉及的问题恐怕比本案法官、以及原被告双方在实际审理过程中所认为的要复杂得多,原告也并非就稳操胜券。笔者对“何平案”所感到的遗憾,并非是认为法官的判决结果有误,而是该案中的当事人(包括各自的代理律师)、法官都忽视了从作品的基本属性出发来分析问题,使人感觉到文字作品与美术作品在基本原理上没有什么不同、著作权法对这两类作品的保护方法也无差异。实际上,如前所述,我们稍加推理即可发现情况并非如此,所以,对文字作品与美术作品在基本理论方面进行对比分析有其重要意义。

综上,这两个案件提醒了我们,著作权客体的类型化分析具有重要意义,对作品本身进行定性分析、明确其类型,对于解决司法实践中的具体问题是何等重要,它甚至可以说是一切著作权具体制度——包括权利的产生、内容、行使、限制等诸多方面——的始点。本文所展开的美术作品与文字作品的对比分析,就是在著作权客体的类型化分析方面进行的尝试,通过对几个基本理论问题的反思,旨在探寻“美术作品能和文字作品能否等同对待”[⑧]、“能否对著作权诸客体进行整齐划一地认识”等问题的恰当答案。

## 二、“思想—表达”二分法究竟在解释什么:文字作品v.美术作品

在著作权法产生之初,并无所谓的“思想—表达”二分法,不过司法判例中却很早就有了这一思想的体现,例如美国1785年的“Sayre v. Moore”案,法院即确认了“确保了作者对其最初的表达的权利,但也鼓励其他的人自由地利用衍生于作品的思想和信息”。[⑨] 只不过一直以来法官并没有明确阐释“思想”与“表达”之间的区别,司法判例上也没有将这两个范畴对立起来、并作为著作权保护领域的分界线。[⑩] 明确确定“思想—表达”二分法并将之对应于著作权保护范围的是英国1894年的一个判例,在该案

⑧ 按照创作方法的不同,美术作品通常以两种方式表现出来,一是人力亲为(即传统意义上的创作),另一为借助特定的设备进行创作(如用电脑创作美术作品)。笔者认为,后者在作品的特性上与文字作品无异,故本文所讨论之文字作品与美术作品的对比,显然专指传统形式的美术作品。明确了这一前提,本文之研究才不至于自相矛盾。(若不做特殊说明,本文均在传统意义上使用“美术作品”这一概念。)

⑨ 参见冯晓青:“著作权法中思想与表达‘二分法’的法律与经济学分析”,载《云南法学》2004年第1期。

⑩ 李雨峰:“思想表达二分法的检讨”,载《北大法律评论》第8卷第2辑(2007)。

中,法庭直截了当地指出:"……版权不延及思想、方案、原则、方法,它只限于表达,如果没有复制表达,就没有侵害版权。"[11]而在现代著作权法体系中,"思想—表达"二分法这一基本原理,更是得到了广泛的承认与适用,并且亦被作为划定著作权边界的重要元素。

作品是具有独创性的表达,著作权对作品的保护以之为界,尚未表达出来的思想,无论多么与众不同,概不予保护,此即所谓"思想—表达"二分法。著作权的保护不得延伸到作品的思想、程序、操作方法、原理或数学概念等因素,这也是著作权的客体范畴与其他知识产权的客体范畴(如专利、商业秘密等)以及公共领域区别开来的标尺。"思想—表达"二分法是对"思想"与"表达形式"之间关系的考察,思想作为作品创作的素材,其本身是否应受到著作权法的保护并不取决于它的自然属性,而应当从未来他人创作作品、社会公众利用作品等公共政策考量的角度来认定。不少学者也确实是从"思想不受保护是基于防止对传播构成不适当的限制"这一观点来论证该基本原理的,例如,Nimmer 教授就主张,"为了促进传播、促进自由表达,如果仅仅是思想专有于那些最初产生的人,思想的市场将会完全丧失,民主对话也将受到极大的冲击"[12]。

虽然我们已明确了"思想—表达"二分法的基本含义,但要在司法实践中具体适用这一基本原理,首先就要界定何谓思想、何谓表达,其次是要明确"思想"和"表达"之间的关系。如何给"思想"下定义,其与作者"独创性的表达(original writings)"之间是何关系,恐怕是"思想—表达"二分法所要面对的最为困难的问题,尤其是针对文字作品,美国著名的 Hand 法官曾在"Nichols v. Universal Pictures Corp."案中描述了这种困难:"思想与文字作品表现的内容是不同的,思想能够以不同的方式表达出来,区分它们的困难在于,如果著作权的保护仅仅及于作者落在纸面上的文字,那么联邦宪法(第1条第8款)的预想则不免被缩小了;但如果著作权的保护延及作品内容可能演绎的全部范畴,则作者等于是对某一类型的作品均能主张权利了。"[13]不同作品可以抽象出相同的思想,这是其普遍性的体现,而这一特性也正是思想不受(著作权法)保护的重要原因;但是,如果将之完全抛开,将著作权的视野仅仅停留在文字上,则作品"独创性"的实质要件也就名存实亡了。

笔者认为,造成"思想—表达"二分法适用于文字作品时的困难的原因在于,"独创性内容"是文字作品能够获得著作权保护的根本原因,而"独创性内容"与"思想"这两个范畴不是对立的,二者难以清楚地界分。其实,我们对比一下司法实践中"思想—

---

[11] 同注[10]。

[12] Melvile B. Nimmer & David Nimmer, Nimmer on Copyright, Matthew Bender & Company Inc., 1978, §1.10[B][2], p.349.

[13] Michael D. Murray, *Copyright*, *Originality*, *and the End of the Scenes a Faire and Merger Doctrines for Visual Works*, 58 Baylor Law Review 779, 2006.

表达”二分法确立前后的判例，不难发现法官们对“思想”的理解和阐释实际上并不处在同一层面之上，甚至可以说是南辕北辙，若借此就认为“思想—表达”二分法具有了司法上的可操作性是难以令人信服的：

著作权法早期——1769 年英国的“Millar v. Taylor”案，主审法官 Mansfield 把版权描述为“印刷一些思想或者思维方式的无体权利，这些思想或者思维方式以语词、句子和各种表达方式来传达”⑭。按此理解，“思想”与“表达”并无实质差异，著作权既是保护表达，也是保护思想。

在 1845 年的一则判例中，Story 法官认为：“每个作者都对书中材料的计划、组织、安排以及阐述主题的方式享有版权，只要这本书的内容是新的、原创性的。”⑮

较早阐释“思想—表达”二分法的判例——1879 年的“Baker v. Selden”案，该案法官 Bradley 指出，“无疑地，一部有关簿记主题的作品，即使只是说明已知的制度，仍可成为著作权的客体，但是它只能被当做一本书来主张权利。但是书籍和书籍所描述的技术之间存在着明显的区别。这项命题的纯粹说明很明显，因此几乎不需要任何论点来支持它。其他技术和簿记之间可以断定也存在着相同的区别。书籍所描述技术乃专利特许权的领域，而非著作权的领域。”⑯

“思想—表达”二分法的明确及其随后的判例——前文提到的英国 1894 年的一个判例，被认为是对二分法的明确，“思想”与“表达”由此被对立起来，并且它们之间的区分被视为是版权保护领域的分界线。随后，这样的观点在 1899 年的“Holmes v. Hurst”案中亦得到体现，审理该案的法官指出：“版权法授予的权利并不是对某些词使用的权利，因为它们属于人类的共同财产，就像空气和阳光一样，不能归为私人所有。版权也不是对思想本身的权利，因为缺乏交流手段，除作者之外，没有人知道它的价值。相反，版权是对词汇组织安排的权利，借此作者表达了他的思想。……这种财产权的对象是作者著述中词汇的顺序，不是词汇本身。这些词汇是文章的元素，在它们被结合起来以前不能被专有。这种财产权的对象也不是词汇所表达的思想，它们只存在于心中，不能被专有。”⑰

比较上述不同阶段的判例中法官的观点，我们不难发现，司法上明确“思想—表达”二分法之前，多认为“思想”与“表达”之间存在直接的对应关系，作者表达出来的具有独创性的内容，即是能为人所感知的思想，换言之，著作权是保护以一定形式表达

⑭ 李雨峰，见前注⑩。

⑮ 同上。

⑯ Baker v. Selden, 101 U.S. 99, 25 L.Ed. 841, (1879).

⑰ 李雨峰，见前注⑩。

出来的思想。而在二分法确立之后,不知出于何种原因[18],法官们对“思想”的认识已于之前大相径庭了,且认识的角度各不相同:有的将“思想”这一概念朝着“创作素材”(比如“科学技术”、“基本原理”或“抽象概念”,等等)的方向进行解释,如前述“Baker v. Selden”案中,法官认为“记账方法”是“思想”——书籍中所描述的技术,而“以记账方法为主题的完整内容”则是“表达”——书籍本身[19];而有的则并未直接给“思想”下定义,只是提出“思想”尚未表达出来、只存在于心中,故不能被专有;更有甚者,法官直接表态,著作权保护不延及思想,但却又对“何谓思想”不做任何说明。

由上可知,即使是在司法上明确了“思想—表达”二分法之后,人们关于“思想”的理解仍然是“自说自话”,似乎只在乎得到“保护表达而不保护思想”这一结论,而不在乎“思想”的内涵究竟为何。的确,思想可以从多维度来解读,在一般人的观念中,“思想”是思维活动的结果,小到一个成形的构思,或者一个群体的观念,大到一种理论体系;在科学家那里,“思想”是经过人类的大脑反映在客观事物上的影像(也可称之为“认识”);在文学艺术家那里,“思想”又会被称之为“灵性”,是通过笔尖、语言或动作表达出来的东西;而在哲学家那里,关于“思想”的解释更加难以把握,如康德认为“思想”的基本特征乃是表象,他认为思想的基本行为(即判断)“是把许多被知觉的对象集合到一个自我意识(知觉的统一)中的行动”[20];海德格尔亦认为,“思想”基于表象,而表象基于再现,“思想乃是现时出场者的那种呈现……只要表象着在其对象性中的对象,那么我们就已经在思想了。”[21]虽然面对这么多关于“思想”的解说,我们可能对其内涵更加迷糊了,但至少能够明确一点,不加任何说明而简单地下结论说“著作权保护表达而不保护思想”,恐怕不能作为坚实的著作权法基本原理。(若像前述英国1894年的那个判例那样,不明确“思想”的含义而单纯地直截了当地说“著作权不延及思想”,实际上我们还是弄不清“思想”与“表达”的关系,这样是无助于“思想—表达”二分法的司法适用的。)这是因为,不同的人所理解的“思想”内涵可能不一致,故而对著作权法到底是保护“思想”还是“表达”也会存在着不同的看法,由此导致分歧是因为大家并没有处在同一层面上。笔者认为,不搞清楚不同观点的各自立场,争论也就毫无意义。

基于以上分析,“思想—表达”二分法适用于文字作品时有三点是可以肯定的:

其一,如果我们将“思想”和“表达”以“是否客观存在”为标准作截然的区分,那么,“思想”不受保护的原因是其并未处于传播领域,即思想只存在于某个人的个体之

---

⑱ 虽然不敢妄下结论,但笔者总是有着一种深刻的感受,即法官们就是为了让“思想”与“表达”对立起来而将前者朝着后者对立面的方向去解释,好比“以果导因”一般,否则,法官们对“思想”的认识不会出现如此之大的差别。

⑲ 同前注⑯。

⑳ 〔美〕梯利:《西方哲学史》,伍德增补,葛力译,商务印书馆1995年版,页415。

㉑ 参见孙周兴选编:《海德格尔选集》(下),生活·读书·新知 上海三联书店1996年版,页1220。

中,他人无从获知,而著作权法遵循"无传播即无权利"之理念,故不能赋予"思想"以专有权;如果思想已经客观化、外在化了,则就变成了"表达",理应受到著作权的保护。但是,照此理解,"思想—表达"二分法就不免有些"无聊",试想,若"思想"还在主体的脑子里,那么他人如何知晓?著作权法又如何给予保护?"保护表达而不保护思想"岂不是一句废话?因为此时著作权法面对"思想"的确"不能"啊!

其二,如果将"思想"理解为"抽象概念"、"创作素材",实际上是对"思想"作限缩性的解释,因为此时的"思想"不过是公理性或常识性的知识、科学技术等,其不受著作权法保护是出于对"表达自由"、"信息自由"等方面的社会公共利益的考量,因为这些"思想"理应属于整个人类社会的共同财产,就像空气和阳光一样,不能归为私人所有。那么,按照这一思路,"思想—表达"二分法同样是没有多大意义的,因为前者属"公"的领域而后者属"私"的领域,"是否纳入著作权法保护"的答案非常明确。

其三,如果在最普遍意义上使用"思想"这一概念,思想不仅是构思的行为,也包括思维活动的结果,那么它的外在表现形式就是"表达",换言之,"表达"就是"思想"的镜像,以"内容"这一概念为媒介,"思想"与"表达"紧密联系、并非是对立的(如前所述,康德和海德格尔的观点实际上也是类似的意思)。著作权法保护"表达",也即是保护以一定外在表现形式存在的思想,我们通常称之为"内容",内容相同或相似,即使表达形式有异,在后之表达仍构成侵权。如此一来,仅从字面上看,"保护表达而不保护思想"的"思想—表达"二分法并不能适用于文字作品。

尚需关注的是,我们应如何理解上述第三点之内容与"思想—表达"二分法中的合并原则(merger doctrine)之间的关系。合并原则是指,"当'思想'与'表达'无法区分开来时,即使是'表达'也得不到著作权的保护,理由在于,这会赋予作者表达垄断权利"[22];换言之,"如果某一思想只存在一种表达方式,那么任何人都不得对该表达主张著作权,否则这会排除其他人以某种方式表达这一思想观念的权利。"[23]这是因为,"在这种情况下,他人为了表述同样的思想观念,只能使用第一个人使用过的表述,或者只能使用与第一个人使用过的表述基本相似的表述。这样,保护该思想观念的唯一的或者有限的表达,等于在事实上保护了该思想观念。"[24]在1971年的"Herbert Rosenthal Jewelry Corp. v. Kalpakian"案中,法院在最后的结论中就适用了"合并原则"——"当'思想观念'与它的'表述'不可分离时,不能就该'表述'获得版权。因为在这类情况下保护'表述',将使得版权人在逃避专利法所要求的条件和限制的情况下,获得对

---

㉒ Educ. Testing Servs. v. Katzman, 793 F.2d 533, 539 (3d Cir. 1986).

㉓ Paul Goldstein, Goldstein on Copyright, 2nd edition, Aspen Publishers Inc., 2005, §3.2, pp. 235—236.

㉔ 李明德:《美国知识产权法》,法律出版社2003年版,页139。

'思想观念'的垄断。"[25]但是,我们应当明确,"合并原则"的核心在于"思想"与"表达"无法分离,就文字作品来看,只有当"思想"作为"科学技术"、"基本原理"或"抽象概念"时才能满足适用该原则的这一前提条件[26],所以,"合并原则"的核心思想本质上与"公共领域的财产不被专有"、"信息自由"的观念是相通的;而如前所述,"思想"还有更广泛的含义——思维活动的结果(比如学术观点、小说情节等),它们可以用不同的方式表达出来,但都被视为同一内容,当思想外在化为一定的表达而获得著作权时,该思想实际上也就获得了保护(也就是我们通常所说的"内容")。

有意思的是,在美术作品上,"思想—表达"二分法的适用却并不存在前述所说的困难,"思想"与"表达"能够很清楚地区分开来。举例而言,我们都很熟悉达芬奇的名画《蒙娜丽莎》,但如果存在另一幅画,画的也是一位坐在窗边俯瞰曲折的道路和蜿蜒的河流之风景的暗色长发妇人,假设《蒙娜丽莎》还处于著作权保护期内,那么这后一幅画是否构成对《蒙娜丽莎》的侵权呢?笔者持否定的观点,美术作品的"思想"即人们通常所说的"构思",无论是"蒙娜丽莎"抑或"西斯廷圣母",均只是一个抽象概念,只有落实在画板上,才是真真切切的美术作品("表达"),二者之间的区别甚为明显,而只有后者才能获得著作权的保护,"思想—表达"二分法的适用体现得非常明显。很显然,著作权所保护的是创作完成的美术作品,至于构思则应当属于公共领域、允许他人利用。如果在达芬奇、拉斐尔之前或之后有人创作了相同主题的美术作品,那么我们也不过是会看到不同版本的《蒙娜丽莎》、《西斯廷圣母》,每一幅画都是作者创作行为的结晶,即使内容一样,也应各自产生著作权,不能认为在后的创作侵犯了在先的著作权。这是因为,著作权法对美术作品的保护并不是为了排斥后来者创作相同内容的美术作品,这一点与文字作品显然有别——美术作品的价值在于外部表现形态(美学价值)而非内容,文字作品的价值则在于内容而非表现形式。在这里,美术作品的"表达"与"内容"仍然是联系在一起的概念,而"思想"则与它们相去甚远了。

当下,越来越多的人提出"创意"版权的概念,依其设想,不仅诸如美术作品、摄影作品这样的表达形式受到著作权的保护,其创意(构思)同样也应产生著作权。但笔者认为,从纯艺术的角度来看,这样做是不利于艺术的繁荣的,艺术追求的是"百花齐放",即使是相同的主题,也应当允许他人进行创作、表达,否则只要任何人完成一项创意,别人就不能再碰这一选题了,这样的垄断于艺术而言绝无益处。从著作权法的角度来说,也不应当把模仿作侵权对待,毕竟模仿者实施的仍是由其亲自完成的创作行

---

[25] Herbert Rosenthal Jewelry Corp. v. Kalpakian, 446 F.2d 738.742 (9th Cir. 1971).

[26] 例如,"Herbert Rosenthal Jewelry Corp. v. Kalpakian"案中,原告主张其蜜蜂型的珠宝别针享有版权,但是,蜜蜂型珠宝别针只是一个抽象概念,它的表达形式有很多,且彼此可能大相径庭,所以,只有结合原告的产品,我们才能了解原告生产的到底是个什么东西,而就蜜蜂型珠宝别针这个创意来说,它还不能与某个外部定在对应起来,因此当然不能给予著作权的保护。

为,所产生的艺术作品也是作者自己(而非被模仿者)的技艺的体现。至于创意被“窃”不构成艺术作品著作权侵权于原创者不公平的问题,笔者认为,知识产权法上已设置了两种解决途径:其一,如果具有可操作性的话,原创者可将其创意转化为文字作品,使其内容获得保护,从而排斥模仿者;其二,既然专利权就是对创意的保护,如果前一方案行不通,原创者可通过申请专利的方法来排斥模仿者。概言之,没有必要把对美术作品的著作权保护延伸至其内容(构思)上,这实际上等于是将美术作品完全等同于功能性作品,而忽视了其真正的价值(审美意义)之所在[27];而且,依照上文对“思想—表达”二分法的论述,美术作品的“创意”与“表达”之间的关系并不像文字作品那样紧密,著作权法上施以同等对待也是不太站得住脚的。

### 三、文字作品与美术作品的“独创性”应如何解读?

著作权制度的构建基础、以及著作权保护的对象就在于作者的独创性成果(作品),因此,作为作品的关键词,“独创性”应成为著作权制度构建和具体运用的始点范畴。在笔者看来,所谓独创性,是指作品系独立构思而成的属性,作品不是或基本不是与他人已发表的作品相同,即作品不是抄袭、剽窃或篡改他人的作品。关于独创性的内涵,WIPO 也曾作出解释:“独创性是指作品属于作者自己的创作,完全不是或基本不是从另一作品抄袭来的。”[28]照此理解,只要作品是作者独立创作的,即可视为独创性,至于其价值、用途和社会评价则无关紧要。此举在于鼓励作者创作,促进科学文化事业的发展。

综观世界各国著作权立法,几乎无一例外地均将“独创性”作为作品受法律保护的前提条件,但实际上,关于“如何认识、界定作品”、“作品受著作权法保护的实质要件”,在著作权制度产生之初是不甚明了的,“独创性”的要求直到 1909 年才在成文法上反映出来(美国 1909 年修订后的《版权法》)。[29] 按照独创性的要求,著作权法意义上的作品通常被界定为,“在任何有体媒介之上体现作者独创性的表达形式,它能够被

---

[27] 不少人认为,保护艺术作品之创意的必要性在于,如果他人窃取该创意而抢先发表了自己的作品,将会给原创者带来重大的损害。对此笔者不敢苟同。上文已述,“思想—表达”二分法能够很好地适用于美术作品,(其他艺术作品如雕塑也是如此),即使窃取创意者抢先发表了作品,原创者仍然可以创作完成自己的作品、并予以发表。反观文字作品,此时原创者甚至都不能再进行创作了,——因为一旦内容相同或相似,就会被认定为抄袭,且原创者一旦发表自己的作品,反而构成侵权。既然在文字作品方面,著作权法都无法规制“他人窃取创意而抢先发表作品”的行为,那么为何针对美术作品就非要考虑保护创意的问题呢?当然,笔者也承认,原创者可能在参加美术作品比赛、及其他类似活动中遭受损害,但这已不属于著作权法的范畴了。

[28] 吴汉东、王毅:“著作权客体论”,载《中南政法学院学报》1990 年第 4 期。

[29] Melvile B. Nimmer, Paul Marcus, David A. Myers & David Nimmer: Cases and Materials on Copyright, West Publishing Co., 1991, p.2. 美国 1909 年版权法即在第 102 条“版权的客体、种类”a 款中率先明确了“独创性”作为作品的实质要件,但很有意思的是,该法第 101 条虽然对版权法所涉及的很多重要概念都进行了解释,却唯独没有对“独创性”的内涵进行界定。

感知、复制或者以任何直接或借助机器设备的方式进行传播”㉚,于是,“独创性”与“可固定性(即与表达相对应)”成为构成著作权法意义上的作品的实质要件。

虽然“独创性的要求”在两大法系均已得到明确,但是,各国著作权立法上都没有对“独创性”的内涵进行明确界定。按照美国众议院关于1976年版权法的报告的解释,版权法是有意不对“独创性”进行界定,而是打算不加变化地将法院依据该法在判例中确立的关于“独创性”的标准纳入法律。㉛ 显然,美国版权法的思路是,“独创性”的具体含义和判断标准应交由判例去个案判定,不同案件面对的作品千差万别,想要建立抽象的、普适性的“独创性”标准不是最好的选择。

在美国版权法明确“独创性”的要求之前,美国联邦最高法院在一些判例中通过运用联邦宪法第1条第8款(为了促进科学和艺术的进步,保障作者和发明者在有限的期间内,就他们各自的作品和发明而享有专有权利)就已经提出并贯彻了“原创性是宪法性要求”的命题,即合宪性的作品体现为作者创作完成的作品,其中,独创性是必要的。1879年的“Trade-Mark”案、1884年的“Burrow-Giles Lithographic Co. v. Sarony”案就是代表性的案件。在这两个案件中,最高法院就是从“作者”和“作品”这两个更具一般性的概念入手,从而对“独创性”进行界定。在前一个案件中法官指出:“要被划入创造性作品的行列,原创性是必要的。虽然,‘writing’这个词可以按照字面含义解释为包含独创性雕刻和印刷字体的设计(就像它曾经被解释成的那样),但它的确只是指那些具有独创性的、建立在思想创造力之基础上的作品。那些受保护的作品是智力劳动的成果,体现为书、印刷品、雕刻等类似形式。”㉜而在“Burrow”案中,最高法院提炼出来的“独创性”的含义也基本类似,法官指出:“在宪法意义上,‘作者’意味着他是制作人,独立完成创作……独创性的要求还强调一点,创作行为中须具有创造性的成分(哪怕很少)。”㉝

可以看出,在这一阶段,美国司法上对独创性的要求体现为独立完成,是原创而非抄袭的,并从宪法的角度阐释了独创性的来源——作者和作品。这一思想在后来的案例中也得到了体现,例如,著名的Hand法官在1936年“Sheldon v. Metro-Goldwyn Pcictures Corp.”案中就表述过“非窃取即可获得版权”的观点,他论述到:“虽然被告使用了原告的剧本,但他所使用的是法律允许的那一部分,即那些不享有版权的主题、动机或观念。……确实,作品必须不是‘借’来的,剽窃者不会使其成为作者。……在作者

㉚ Michael K. Erickson, *Emphasizing the Copy in Copyright: Why Noncopying Alterations Do Not Prepare Infringing Derivative Works*, 2005 Brigham Young University Law Review 1261.

㉛ 李明德,见前注㉔,页143。

㉜ Ralph S. Brown & Robert C. Denicola, Cases on Copyright: Unfair Competition and Other Topics, Westbury, New York, the Foundation Press, Inc. ,1995, p.83.

㉝ Burrow-Giles Lithographic Co. v. Sarony, 111 U.S. 53, 4 S. Ct. 279 (1884).

之后的人，只要不是窃取者，就不构成侵权。”[34]

而到了1991年的“Feist Publications, Inc. v. Rural Telephone Services Co.”案，美国联邦最高法院似乎要改变“独创性”标准的规定性，对其提出了质和量两方面的要求——质的规定性是指作品中所反映出来的个性，而量的规定性则是指某种最低限度的创造性，即“某些不可减约的东西”。O'Connor 法官在判决中论述到：“独创性不仅意味着这件作品是由作者独立创作的（以区别于从其他作品复制而来），而且意味着它至少具有某种最低程度的创造性。当然，必要的创造性的量是相当低的，因为它们闪烁着某种创造性的火花，而不在于它们是多么不成熟、层次低或显而易见。”[35]该案成为了司法上里程碑似的判例，它终结了“独创性”与“新颖性”之间的争议——只要创作作品的行为符合“有创作意图、有创作行为、有创作结果”这三个特征即可认定其具有独创性，而如果某一作品只是对公有素材的应用和以非独创方式吸收别人作品中的独创性成果，则不具有独创性。

但是，从“质”和“量”两方面来解释作品的独创性，在适用于美术作品时却不一定恰当，因为如前所述，美术作品是作者技艺的结晶，著作权保护的对象不在于（事实上也不可能）作者所表达出来的内容：如果强调“质”的方面，可能会导致美术作品独创性的标准定得过高，使许多作品得不到著作权的保护；而若强调“量”的方面，则可能反过来降低了美术作品独创性的判断标准，使一些复制件甚至都会被纳入保护范围。另外，从“内容”的角度来保护美术作品，容易导致艺术的垄断，即在先的人创作了某个主题的美术作品，在后的人就不能创作同一主题的美术作品了。

由此，我们面临的问题即是，究竟应依照著作权法上的标准抑或艺术上的标准来判断美术作品的独创性。对于这个问题，美国司法界认为应尽量避免使用艺术的标准，例如，早在1903年的“Bleistein v. Donaldson Lithographing Co.”案中，Holmes 法官在判决中就谈到：“如果美术作品能够博得任何公众的兴趣，那么它们就是具有商业价值的。任何一种公众的喜好都不应被鄙视，这是目前的基本事实，而无论我们所希望的变化是什么。”[36]很显然，在 Holmes 法官看来，若采用艺术的标准，可能会使那些被认为没有美学价值的作品失去著作权的保护。本来，Holmes 的观点已经很清楚了，不过，他在判决中的另一句话却又反而将人弄糊涂了——“让仅仅受过法律专业训练的人，在其最狭窄、最明显的专业槽之外，充当美术作品价值的最终裁判者，那将是一件危险的事情。”[37]显然，这句话非常容易让人产生误解，而且与前面那段话确实有些矛盾：一方面认为应尽量避免使用艺术的标准，另一方面又强调以法律专业者作为美术作品的价

[34] Sheldon v. Metro-Goldwyn Pcictures Corp., 81 F.2d 49 (2nd Cir. 1936).

[35] Feist Publications, Inc. v. Rural Telephone Services Co., 499 U.S. 340, 111 S.Ct. 1282 (1991).

[36] 同前注[32]，p.54.

[37] 同上。

值判断者是不恰当的。那么,又或者像 Holmes 法官提到的以普通公众的观念作为标准呢?恐怕也并没有使问题变得简单,因为对于某一美术作品来说,一部分观众会认为其极具价值,而另外一些观众则可能认为其根本算不上艺术,按照"任何一种公众的喜好都不应被鄙视"的观念,我们最后究竟又能得出什么结论呢?

笔者认为,要预先设定美术作品独创性之判断标准的专业槽并非是切合实际的做法,正如我们看到的 Holmes 法官那有些混乱的论述,无论"法律专业人士的判断"、"艺术的标准",抑或"公众的态度",恐怕都难以说服所有的人。在笔者看来,恰当的做法应该是回到问题的本质——即我们首先要搞清楚"著作权到底保护什么",继而才能对美术作品的独创性作出合理的解释(也即为判断标准)。而关于设定著作权的宗旨——权利的保护对象,与笔者在上文中所讨论的文字作品与美术作品之上"思想—表达"二分法的不同解说有着直接关联。

文字作品是对独创性的精神内涵以文字的形式进行表述而产生的作品,这种表述的核心价值体现在内容上,由此可以推知,如果内容基本一致,即使表达形式上存有差异,我们仍然可以认定在后作品利用了在先作品。因此,文字作品的著作权实际上保护的是作者有独创性的见解、想法、构思等。如此,我们在判断文字作品是否具有独创性时,强调是否体现了作者的个性("质"的方面)、以及是否有最低限度的创造性("量"的方面),才是较为恰当的标准。但是,美术作品并不强调要体现作者的某种思想[38],它是一种给人以美感、具有美学意义或价值的作品,如果说美术作品表现出了一定的内容,它也不过是"在平面上或者空间上通过线条与构图表达某种可视的(美学上的)内容"[39],这样的内容是构图、色彩、作者技艺的结合,所以,美术作品是以其自然的外观而带给人们美学上的感受,这种感受绝不是依赖作者独特的观点而产生的。

概言之,无论作者创作美术作品的目的为何,也不论人们是否能从该作品中解读出作者所追求的目的,只要它能给人们哪怕是那么一点点的美感,作者从事艺术活动的劳动成果就能成为著作权法所保护的美术作品,也即是说,美术作品的著作权实际上是为作者"独立进行艺术创作活动"提供保障。因此,美术作品的独创性应当从"行为"(艺术创作)本身出发进行解释——此时,"独创性"表现为独立完成的特性。美术作品的创作,是作者借助艺术手段对个人观念、感悟、理想、自然景观等进行展现的行为,这种平面或立体的造型活动中融入并体现了作者的技艺(驾驭艺术手段的水平)、灵感、独特的设计等元素,并由此具有了某种美学上的内涵。如此之创作行为的产物只要称得上是艺术方面的劳动成果,我们就不能否认该作品是具有独创性的。

---

[38] 也许有人会反驳,美术作品也体现着作者的某种思想,但笔者认为,此处所谓的思想,应该是观看者在欣赏了美术作品之后的个人感悟,具有很强的主观色彩,而文字是对思想最直接的表达,虽然文字本身有时也很晦涩、存有歧义,但相较于图案、色彩,文字作品还是对思想更为客观的表现。

[39] 〔德〕M. 雷炳德:《著作权法》,张恩民译,法律出版社 2005 年版,页 139。

于是，关于美术作品“独创性”的判断，演变成了对“行为人是否完成了一项能够被称得上是艺术创作的活动”的判定。表面看起来，这一标准似乎又会陷入前面提及的“艺术标准”、“法律标准”抑或“公众标准”之争，因为不同专业领域对何谓艺术创作肯定存在着不同的认识。但笔者认为实际并非如此，我们不能根据某种艺术观点来评判作者的创作行为是否属于艺术作品的创作，从而避免去考虑此种艺术观点是否已经时过境迁，而更加具有决定意义的是，行为人在美学领域中完成了一项智力创作成果，这项成果是作者辛勤劳动的产物、是作者个性的展现，其或是对现实世界的自然性描述、或是对抽象世界的理想性描述，无论人们从该项艺术成果上面解读出什么样的独特观点以及创造力，它都因作者技艺、情感的付出而具有独创性。也正因为如此解释美术作品的独创性，我们才能更好地理解，对于同样的景色、同样的人物或其他任何同样的主题，允许不同的人凭借各自的技艺分别完成艺术创作。

基于上述观点，我们再回过头来看看上文提到的“何平案”，就不难理解为何著作权法上对漫画、连环画等类似作品的保护，其方法更接近于文字作品。漫画虽然也是通过线条与构图而进行的表达，但其并非是为了表达美学上的内容，相反，它与文字作品一样，是表现一定的文学内容，而这些内容则是作者的某种思想的表达。打个比方，若某作者想要通过一部作品来表达自己批判官僚主义的观点，他既可以写一篇文章，也可以画一幅漫画，但无论何种表达形式，著作权法所要保护的是作者表达出来的内容——批判官僚主义的观点（以一定形式表达的思想）；假设该作者创作的是一幅漫画，如果其后有人依其立意、稍作改动也画了一幅类似的漫画，就很有可能构成对前作的侵权。而在这一点上，美术作品与之存在显著差别，某位名美术家画了一幅“长江三峡”，并不影响其他人也去画“长江三峡”。上文提及，作品独创性的判断与“著作权到底在保护什么”有关，实际上，遵循这一思路我们可以发现，作品独创性的内涵也与著作权法对不同类型之作品的保护方法密切关联，漫画作品的独创性与文字作品类似，即看其是否表达了作者独特的观点（内容），而与美术作品的独创性“独立完成艺术创作活动（作者个性的展现）”区别开来，所以，在保护方法上漫画作品更接近于文字作品。[40]

## 四、貌合神离——文字作品与美术作品的复制问题

复制权是著作权的一项核心内容，也是著作权实现的基础——无传播即无权利，而传播是依赖于复制而实现的。应该说，作品的著作财产权体系是围绕复制而构建起来的，所以，著作权法对作品的保护，其根本原因就在于作品的可复制性。所谓复制

---

[40] 实际上，除了漫画、连环画之外，任何利用机器设备而非人力亲为所创作出的美术作品，在保护方法上均与文字作品相同，这是由此类美术作品的创作行为本身的特性所决定的，实际上，这样的创作行为已不完全取决于作者的技艺，作品亦无区分原件、复制件之必要，其与传统创作形式的美术作品已相去甚远了。

(Reproduction),是将作品固定在有形的物质媒介上,使得作品可以为他人直接或间接的接触(包括感知、传播、再次复制)。[41] 与之相对应,我国《著作权法》第10条第1款第5项的规定:"复制权,即以印刷、复印、拓印、录音、录像、翻录、翻拍等方式将作品制作一份或者多份的权利。"虽然立法上复制权的概念很明确,但在司法实践中要判断"何者构成复制"却并非显而易见,因为"判断是否构成复制"同样与"著作权到底保护什么"是联系在一起的,也即是说,独创性的内涵决定了构成复制的判断标准;就文字作品与美术作品而言,一如上文之分析,其独创性是不同的,因而二者在复制的问题上——构成复制的判定、是否有区分原件与复制件的必要,也存在着较大的差异。以下分述之:

(一)文字作品与美术作品的"复制"能同等解释吗?

如前所述,著作权最早只是针对文字作品的,这从世界上第一部著作权法《安娜女王法令》的完整名称即可看出,而更早时期(古希腊、古罗马时代)所表现出来的著作权保护意识,也明显蕴涵着文字产权的理念。[42] 围绕文字作品,近代私法意义上的著作权制度得以建立起来。著作权人所享有的基本权利,最早是由英美法系国家所使用的"copyright"一词来予以描述的,"copy"和"right"的复合,表达了著作权人享有的是一种"印刷版权"的含义,我们不难从中看到文字作品的影子。

《安娜女王法令》之后,人们对于知识产权法的探讨,也就围绕文学财产的争论而发展、延伸开去。出版商的大力推动在这场争论中起到了不可忽视的作用,他们认为,如果没有版权的有力保障,那么其在出版图书方面的控制力大为削弱,因此,他们积极主张,作者及其受让人对文学作品应当享有永久的权利——版权。"尽管现代知识产权法直到19世纪中叶才成为一个独特的法律领域显现出来,但是,有关文学财产的争论,或者至少是其中的某些方面,可以被看做是对前现代和现代知识产权法的冲突性需求的法律之争。"[43]

《安娜女王法令》承认的、赋予作者和出版商的最重要的垄断权利即是印刷和重印图书的权利,其核心就是复制的问题,所以,在前述那场争论中,所有讨论都围绕一个

---

[41] 美国版权法和德国著作权法上对"复制"概念的界定,基本类似,一如文中之表述。参见前注[24],第180页,以及前注[39],页226。

[42] 在古代希腊和罗马,智力劳动已同经济利益产生了某种关系,毕达哥拉斯、西塞罗等人都曾从自己的演讲或写作中获取过报酬。在这一历史时期,随着出版业的出现及扩大,作者与作品的销售联系变得十分紧密,一种不太成熟的文字产权理念开始出现(参见联合国教科文组织编:《版权基本知识》,中国对外翻译出版公司1984年版,页2)。作者通过与出版商签订合同,允许后者发行和出版其作品,未经作者的同意而出版其作品的将会受到舆论的谴责(See Christopher May and Susan K. Sell, Intellectual Property Rights: A Critical History, Lynne Rienner Publishers Inc., 2005, p.49)。

[43] Brad Sherman、Lionel Bently, The Making of Modern Intellectual Property Law: The British Experience, 1760—1911, Cambridge University Press, 1999, pp.10—11.

中心问题而展开，即作者以及购买其作品的出版商是否享有一种在作品之上的永久性普通法复制权。这也是版权被称之为“copyright”的原因和体现。即使在当代，人们仍然不会否认，著作权法律制度是以复制权为核心而构建起来的。

那么，何谓复制呢？通常认为，复制是利用一定的方法再现作品的行为，复制的结果是得到一份或多份复制件。德国学者更是把复制理解为“所有把作品固定在有形物体上的行为，而这些固定行为使人类能够通过某种形式直接或者间接地接触到作品”。[44] 按照这一理解，著作权法上的复制，不仅包括利用已有的作品载体再行制作新的复制件（例如用复印机复制已有的作品载体），也包括作品的每一次固定（例如将作品一次次抄写下来），这些复制行为是等质的，所得到的“物”，既是作品载体、同时也是作品复制件。因此，既然作品固定在有体物上的行为都是复制，故也就无所谓原件与复制件之差别。[45]

很显然，上述“复制”这一概念的内涵，是针对文字作品而言的，这与我们对文字作品的“独创性”的解读也是一致的。文字作品的著作权，保护的是作者所表达出来的独创性内容，与作品固定的方式无关，所以，只要是利用了作者的独创性内容，即是在表达形式上做了改动，仍然构成复制。[46] 基于此，我们将文字作品的复制解释为“以某种表达形式对作品之独创性内容所进行的固定”更加恰当，这样，“独创性”与“复制”之间就能够协调一致了。需注意的是，通常所说的“复制是对作品的再现”在适用于文字作品时其实是很容易让人产生误解的，这里的“再现”，其对象不是指文字本身、而是指向独创性的内容。既然复制是为了让人们接触到作品，所以，只要人们所接触到的作品内容在本质上是相同的，即可构成“再现”，我们在判断时不必拘泥于表面上所看到的文字。

但是，将“作品的每一次固定都是复制”的标准适用于美术作品时，就难谓恰当了，这当然也是与“判定美术作品的独创性”这一问题联系在一起的。文字作品与美术作

[44] 〔德〕M. 雷炳德，见前注[39]，页226。

[45] 实践中，人们往往在不同的意义上使用“原件”、“复制件”这一对概念，比如：人们通常把作品第一次固定下来的产物称为“原件”，而利用一定的复制技术对该原件进行复制，所得之产物被称之为“复制件”。两个概念的存在，给人以两种作品载体彼此相区别之感，而根据前述之“复制”的含义，它们均为复制行为的产物，在著作权法意义上是等质的。实际上，原件、复制件只有在美术作品上才有区别之意义，此时二者不可能等同，在著作权法上也是区别对待的（例如著作权法上关于美术作品原件展览权的规定），而文字作品等其他类型的作品是无所谓原件、复制件的。之所以会产生如此之差异，是美术作品与文字作品产生著作权的基本原理之间的差别所致。下文笔者还将专门讨论此问题。

[46] “抄袭”即为典型，行为人通常不会原封不动地照搬作者的文字，但只要其利用了作品中的独创性部分，如小说情节、学术观点等，即使表面看起来已有了较大的不同，行为人仍然构成复制。再比如翻译，如果未经作者同意而将作品翻译成另一种文字，应该说表达形式上差别甚大，但为何还是构成著作权侵权呢？笔者认为，背后的理论基础在于翻译者仍然构成了对该作品的复制（正像文中提及的，著作财产权是以复制权为核心而构建起来的，翻译权当然不例外）。

品最本质的区别在于,前者存在"思想"与"表达"的对应关系,它们之间的联系是客观的,二者相连接的中介即是"内容";而后者不存在"思想"与"表达"的对应关系,作品的内容表现为图案、色彩、造型(立体美术作品)等元素的综合,美学思想则是非常主观的,不可能有客观的认定标准,因而是被著作权排除在外的。[47] 所以,在独创性的判断这一问题上,美术作品与文字作品是不同的,由此也就决定了二者在"是否构成复制"的问题上存在差别。

美术作品的著作权保护的是某种形式的艺术表达,而不是美学思想,实际上也就是对作者实施的艺术创作行为给予保护。因此,美术作品的独创性体现在作者独立进行的艺术创作活动之中,换言之,对美术作品的独创性的判断,可以演变成对作者是否在完成一项创作的判断,而作品的图案、色彩、造型是否与其他作品相同或相似则与独创性无关。基于此,我们在分析"美术作品的每一次固定"这一行为的性质时,应区分不同的情况:若是借助复制设备对作品进行固定,例如翻拍、扫描等,那么该行为即为复制;而如果是行为人就相同主题再次进行的创作(由人亲自完成的行为),则不能认为该行为构成复制,应该说,行为人创作完成的是一幅新作品,享有相应的著作权。[48]

对于美术作品来说,如果适用"作品的每一次固定都是复制"之标准,就会令人无法清晰地区分何为创作、何为复制,如前所述,美术作品的固定是通过人的行为、还是借助复制设备来完成,其性质大不一样,如果仍按照文字作品的复制概念来理解,恐怕艺术创作活动将受到严重的影响。实际上,对于复制的理解,"复制权是制作复制件的权利,复制的结果是得到一份或多份复制件"这一表述是非常到位的,其关键词"制作",对复制的内涵表达的十分传神——如果是"创作"而非"制作",则产生新的作品;反之,则是"复制"。而且,前文所论述的关于文字作品、美术作品的"复制"的认定,也与之十分契合:就文字作品而言,只要是相同内容的再现,就应认为是在制作复制件,无论人为抑或借助机器;而美术作品则不同,只有通过机器设备才称得上是制作复制件,由人亲自完成的应为创作行为。

理解了何谓美术作品的复制,我们也就能更好地回答学理上一直存在很大争议的问题,即复制是否包含平面到立体、立体到平面、立体到立体这三种情形。这也是美术作品才会有的问题。按照上文之论述,我们不能事先设定复制仅限于平面到平面,抑或把前述三种情形均包含在内,问题的核心在于判断行为人是在"制作"还是"创作"。

---

[47] See Elizabeth A. Brainard, *Innovation and Imitation: Artistic Advance and the Legal Protection of Architectural Works*, 70 Cornell Law Review 81 (1984).

[48] 在"什么是创作"的问题上,也体现着文字作品与美术作品的区别:文字作品的创作与内容有关,而与作者的行为无关,特定内容的形成即是创作的完成,即使同一内容将来以不同的形式再现(无论是通过人的行为抑或复制设备),也不认为有新的创作行为存在;而美术作品的创作与内容无关,而与创作行为本身有关,只要有创作行为存在(即由人来完成的行为),即使内容并无新意,也产生新的美术作品。至于利用机器设备进行美术作品创作的问题(如数字化作品),参见前注㊵。

如果行为属于单纯性质的再现，不改变原作品的形态，直接以立体方式（平面到立体、立体到立体）或平面方式（立体到平面）呈现，使人一望即知前后两部作品之间的直接渊源，那么该行为应认定为是制作复制件、构成复制；否则，该行为属于创作，在后的作品也产生著作权。的确，涉及平面与立体之间的转换，在判断是“制作”还是“创作”时要比平面之间的转换复杂得多，它们之间的区分有时是十分模糊的，笔者不敢奢望自己的观点能彻底地解决这一理论难题，只是希望能对司法实践有所裨益。

另外，需要特别说明的是，由“平面转立体”的这种制作构成复制，是针对美术作品而言的，如果是图形作品（如工程设计图、电路图等），则不构成复制，而是专利法意义上的实施行为。图形作品主要在于以制图技巧表现技术或学术，解读平面设计图而将作品所表现之概念制作成立体实物，如非一般专业人员，难以判断立体之实物系从平面而来（这是一种生产行为，“再现”无从谈起），所以，不宜认定其构成著作权法意义上的复制。

（二）美术作品与文字作品在“原件与复制件之间的关系”上的差异

通过上文对文字作品与美术作品的“独创性”和“复制”之内涵的解读，我们可以发现，理论和实践中常常使用的“原件”、“复制件”的概念有待进一步厘清内涵，而关于“原件与复制件之间的关系”问题，更是存在着错误的认识，尤其是在文字作品之上使用“原件”的概念。对这一问题的讨论，也有助于我们理解文字作品与美术作品在著作权行使上的不同。

根据前述我国《著作权法实施条例》第4条第8项的条文内容可推知，传统形式的美术创作都是由作者亲力亲为才能完成的，因此，该创作行为具有一次性、不可回复性，即“作者的灵感、作者的个性于彼时彼地通过作者的笔触一次性地凝结于其画稿之上，由此完成美术作品的创作并形成美术作品的原始载体——美术作品原件”[49]。故此，美术作品原件与美术作品密切联系在一起，它有着复制件无可取代的价值和意义。从这个意义上来说，美术作品具有唯一性。[50]

美术作品原件因融入和体现了作者的技巧（技艺）、承载着作品的全部视觉信息和欣赏价值，因而其具有特殊意义，对作者本人抑或任何其他人，均是如此。由此导致的结果就是，它不能为任何复制品甚或其他相同主题的再创作所替代。按照我国《著作权法》第10条第1款第5项所规定的复制权的概念，对于传统形式的美术作品而言，如果对其原件实施如该法条所述之诸行为中的任何一种，所得之结果（复制件）无论如

[49] 唐昭红：“论壁画应有的法律地位”，载《中国版权》2004年第2期。

[50] 虽然作者使用作品原件或复制件均能实现其著作权，但对于美术作品来说，出售原件与发行时出售复制件显然不可同日而语。在此方面，其与文字作品区别明显，这也正是笔者所谓美术作品的特殊性之所指。

何也无法等同于原件。[51] 当然,对于本身就是利用计算机所创作出来的美术作品,其复制一如文字作品那样简便,所得之结果也与被复制者毫无二致。这也正是本文将之剔除出讨论范围的原因,其不具有前述之唯一性的特点。笔者进而认为,“原件”这一概念仅于传统创作形式的美术作品之上才有意义,才能体现出原件与复制件之差异。

基于美术作品与作品原件之间的紧密关系,笔者认为,美术作品的创作完成即体现为作品原件的产生,作者因而得以行使相应的著作权。如果作品原件毁损、灭失,且该作品没有复制件留存,那么将导致作者无法行使其著作权,因为此时作者丧失了行使著作权的必要前提——对美术作品原件的支配(这也是前述美术作品的唯一性最好的体现)。按照前文所讨论之美术作品的“独创性”以及“复制”的内涵,即使作者再次创作出相同主题和内容的美术作品,我们应当注意到,这也是一个新的创作行为,所产生的应是另外一幅作品(美术作品的创作是技艺的体现,因而作者每画一次就是一次创作,故每次都产生一项著作权),而不再是原来那幅美术作品的复制件或者说载体了。

而对于文字作品来说,它们其实是无所谓原件、复制件的,因为这些表达形式都是作品的载体,并在著作权意义上是等质的。[52] 一如前文所述(有关文字作品的“独创性”和“复制”的内涵),文字作品的每一次固定都是复制,该载体都是复制件。著作权法对文字作品的保护是针对作者独创性的表达(内容),其著作权的行使与实现,也是这些内容的复制与传播,因此,无论是第一次固定,抑或其后的任何一次固定,都是相同内容的再现,每一次固定作品的产物——作品载体(复制件)——在著作权法上都是等质的。

文字作品与美术作品在“原件与复制件之间的关系”上的差异,也反映在了著作权的行使方面。相较于美术作品著作权的行使与原件之间存在密切关联,文字作品则与作品载体或者说复制件没有太大关系,即使没有作品载体留存,作者只需再次将作品内容表达一次即可行使著作权了。与美术作品不同,此时文字作品的再次表达不是一个创作行为,而是如前所述之“制作”,它不过是原作品的再次固定,所产生的新的作品载体与原来的载体在著作权法意义上是等质的,它们所体现的是同一项著作权。换言之,只需了解文字作品的内容即可行使其著作权,而不必占有或支配任何作品载体;而

---

[51] 美术作品的收藏者肯定都愿意持有原件,正是因为原件与复制件在价值上差别甚大,而对于文字作品来说,持有打印稿和买本书是一样的(如果不考虑阅读方便性和保存的长久性)。

[52] 需注意的是,有人可能会提出来,即使是文字作品,“原件”这一概念也是有意义的,如手稿十分珍贵而不能与其他复制件等同视之。笔者认为,该观点没有弄清手稿的价值是来源于著作权还是物权,手稿的珍贵性主要源自稿件(指呈现在人们眼前的有体物)的稀缺性,应该说与作者本人的关联不大。举例而言,鲁迅的手稿很珍贵,可是同样的书稿如果鲁迅曾经抄写了很多遍(仅仅是假设),那么这些手稿的价值肯定比仅存孤本的情形要小得多。另一方面,鲁迅的手稿出版发行之后,虽然作者、内容均相同,但手稿的价值显然比出版发行的书要高得多,所以笔者才认为手稿的价值与作者本人并无太大关联。

美术作品著作权的行使,必须以占有、支配作品原件或复制件为前提。

针对美术作品原件的特殊性和重要性,有学者甚至提出,“著作权人就美术作品所享有的利益便不单纯依赖于作品的表达方式(线条、色彩),它还维系于作品原件与视觉感受间的关系。”[53]笔者对此倒不敢苟同。人们通常所说的美术作品的价值,其实包含了两种不同的价值,一为著作权的价值、另一为物权的价值;两者都决定于市场,但前者更多的是依赖于作者的技艺(在美术作品上,不同的人对创作者的功力会有不同的看法,比如抽象派美术作品可能在大多数人眼里难言有“美感”,但这并不影响该作品著作权的价值的形成),而后者则与作品载体的稀缺程度、作者的知名度、作品的艺术价值、作品载体的保存状况、以及是否年代久远等因素有关。至于“作品原件与视觉感受间的关系”,在科学技术不断发展的背景下,似乎难以说明原件与复制件的差别(现代科技完全有能力以假乱真)。

(三)与美术作品复制有关的一个理论问题——对我国《著作权法》第22条第1款第10项的质疑

我国《著作权法》第22条是关于著作权合理使用的规定,其第1款为:“在下列情况下使用作品,可以不经著作权人许可,不向其支付报酬,但应当指明作者姓名、作品名称,并且不得侵犯著作权人依照本法享有的其他权利……(十)对设置或者陈列在室外公共场所的艺术作品进行临摹、绘画、摄影、录像……”为了在司法过程中正确适用该条,《最高人民法院关于审理著作权民事纠纷案件适用法律若干问题的解释》第18条对其予以进一步的解释:“著作权法第22条第10项规定的室外公共场所的艺术作品,是指设置或者陈列在室外社会公众活动处所的雕塑、绘画、书法等艺术作品。对前款规定艺术作品的临摹、绘画、摄影、录像人,可以对其成果以合理的方式和范围再行使用,不构成侵权。”再后来,《最高人民法院(2004)民三他字第5号的请示答复函》又对制定前述司法解释的本意作了肯定的答复:“‘合理的方式和范围’,应包括以营利为目的的‘再行使用’。”

综合来看,上述规定旨在明确一个问题,即“如何对设置或者陈列在室外公共场所的艺术作品的著作权进行合理使用”。归纳这三项层层递进之规范,我们可将此合理使用问题概括为以下架构:

使用对象——设置或者陈列在室外公共场所的艺术作品;

使用行为——临摹、绘画、摄影、录像;

行为定性——合理使用(免费、无需著作权人同意);

行为后果——对合理使用的产物(成果)能以包括营利在内的任何合理方式再行利用。

[53] 唐昭红:“美术作品著作权保护的比较研究”,载《武汉科技大学学报(社会科学版)》2004年第1期。

从合理使用的法律属性上看,该行为在本质上与行使著作权的行为是相同的,它们都是以复制为基础的作品传播行为[54];二者之间的界限在于,著作权法上基于公共利益的考量而需要将作品传播所生之利益分成两块,一部分归入著作权的权利范畴,而另一块则由社会公众享有、形成所谓的著作权限制制度,合理使用即是后者之中最为重要的一种制度形态。既然合理使用行为的本质仍是作品的复制与传播,那么,某一行为须够得上“复制”才有可能成立“合理使用”。如果某行为根本算不得是复制,其当然不会构成著作权侵权,但是,该行为也并不因此而构成合理使用。理论和实践中存在一种误解,将“合理使用”视为“著作权侵权”的充分必要条件,错将“不构成侵权的行为”都视为是“合理使用”,而实际上,前者只是后者的充分条件,不构成著作权侵权的行为中不属于合理使用的情形很多。

明确了这一点,“合理使用”就可以被解析为——无须著作权人同意、亦无须付费的作品复制或传播的行为。根据这一结论,我们再回过头来考察我国《著作权法》第22条第1款第10项的规定时,不免会产生疑问,对设置或者陈列在室外公共场所的艺术作品进行临摹、绘画、摄影、录像,这些行为都构成复制吗?摄影、录像属于复制行为自无疑异,但依据上文关于美术作品的复制问题的分析,将临摹、绘画与摄影、录像等同视之,均视为复制却并非妥当。毫无疑问,“绘画”是一种典型的创作行为,无论其所表达的主题是否与他人的作品相同或相似,该作品的作者当然对其创作成果享有著作权。应该说,“绘画”与“复制”区别明显,自然不可能成立合理使用,所以,前述法条之规定在这一问题上显属失当。存在分歧的是关于“临摹”的性质认定,这也是笔者想要重点分析的问题。

我国1991年的《著作权法》第52条曾把“临摹”作为复制之一种而明确规定,那么,前述之疑问也就不存在了。但是,现行《著作权法》删除了“临摹”,也就使我们讨论这个问题变得有意义了。其实,著作权法的这一修改,源于理论界和实务界对“临摹”性质的争议,主要呈现为两种对立的观点:一种观点认为“临摹”系人工复制,无论临摹需要多么高超的技艺与艰辛的劳动,都得不到著作权法的保护,因为著作权的目标是鼓励表达之“独”,而临摹的目的是追求表达之“同”;相反的意见则认为,临摹品中可能具有独创性,因此临摹可能构成创作。[55] 概言之,“临摹”究竟是何性质,取决于其与“创作”这一概念之间的关系,即“临摹”究竟是创作的一种形态,抑或是在制作复

---

[54] 正因为如此,学理才有关于合理使用性质的争论,即所谓“权利限制说”、“侵权免责事由说”、“使用者权利说”,请分别参见 John S. Lawrence & B. Timberg, Fair Use and Free Inquiry: Copyright and the New Media, Ablex Publishing Co., 1980, p. 271. 张静:《著作权法评析》,台湾水牛图书出版事业有限公司1983年版,第241页; L. Ray Patterson & Stanley W. Lingberg, The Nature of Copyright: A Law of User's Right, The University of Georgia Press, 1991, p. 207. 无论这三种观点孰优孰劣,它们的共同之处在于,均认为合理使用的行为本质是对作品的复制或传播。

[55] 此处所引用的这两种观点,参见李琛:《知识产权法关键词》,法律出版社2006年版,页124。

制件。

持"'临摹'是复制"观点的学者,拿出了权威辞书对"临摹"的解释作为重要依据,例如《汉语大词典》对"临摹"的解释为"照着书画原样摹写"、《中国大百科全书·美术卷》的解释则为"按照原作仿制书法和绘画作品"[56],并由此得出结论,作为艺术界术语是"临摹"第一性的含义,其是一种复制行为,而作为第二性的法律术语须遵循这一本义。但在笔者看来,即使尊重权威辞书对"临摹"的解释(无论是"照着原样摹写"、抑或"按照原作仿制"),难道我们就能肯定地说这两种行为即是"复制"?"临摹"是艺术领域里常见的行为,"照着原样摹写"、"按照原作仿制"是对其更进一步的细致描述,但笔者认为,不能认为它就是在制作复制件。虽然"临摹"是以已有的主题、图案(包括布图、线条、色彩等)为样板,但其仍然是由行为人独立的、依赖自己的技艺而"一笔一画"地完成的,由此产生的美术作品中凝结了行为人的智慧、技艺和劳动,怎能简单地将之划进"复制"的范畴?[57] 如果"临摹"构成复制,那么艺术领域中这一重要的、旨在学习或研究的行为将会被与侵权联系起来,那将是一个非常可怕的结果;一如该学者所倡导的,法律解释要尊重艺术术语之本义,既然艺术领域也并未明确肯定"临摹"就是"制作复制件",那为何司法上对"临摹"的判断要给艺术领域制造障碍呢?

其实,要厘清"临摹"的概念内涵,我们必须回到美术作品的"独创性"、"复制"这些基本理论之中。美术作品的著作权是为艺术创作行为提供保护,因此美术作品具有"独创性"是创作行为的基本特征,复制行为是没有独创性的。所以,问题的关键仍然是上文所论述的"何谓美术作品的独创性",即怎么理解美术作品的表达之"独"。这里的"独"是"与其他作品不同"之义吗?笔者认为,即使强调哪怕是那么一点点的区别,也会导致"独"的含义滑向"新颖",这是很危险的,因为对于两幅看起来很相似的美术作品,外行人是很难区分它们的,那么在司法过程中要法官去作出判断,难免会提高美术作品的保护标准。如果是这样,那将是艺术领域的大灾难。

所以,笔者认为,美术作品的表达之"独",应解读为"人力亲为、独立完成",即只要是作者亲力亲为地、独立地在美学领域中完成了一项智力成果,就是一个创作行为。换言之,艺术创作行为是一种与自然人密切相关的活动,只有具备一定的技艺,行为人才能完成一项可以称得上是美学智力成果的作品;"临摹"也是以技艺为基础的,它并

---

[56] 参见《汉语大词典》第7卷(罗竹风主编,中国汉语大词典编辑委员会、汉语大词典编纂处编纂,汉语大词典出版社1991年版)。《中国大百科全书·美术卷》(中国大百科全书出版社1990年版)关于词条"临摹"的解释。

[57] 正因为临摹是由自然人亲力所为,因而无论临摹者在主观上多么想"原封不动"的照搬原作,我们都无可否认,临摹者在该过程中会加入自己对原作的理解(不论水平如何),而这些不同之处完全可以构成著作权法所要求的"独创性"。在前文提到的美国1903年"Bleistein案"中,Holmes法官就曾指出:"对艺术作品的临摹无论怎样与原艺术品相像,它总多少反映出临摹者自己才有的特点,即可享有版权的东西。"参见前注㉜,pp. 54—55。

不是任何人都可以完成的,所以,我们不应当否定“临摹”之中所蕴含的艺术创作成分。[58] 与之相对应的,美术作品的复制件是借助复制设备(拍摄、扫描、拓印等)来制作的,它不含艺术创作的因素。既然“临摹”符合前述之独创性的要求,故其应构成“创作”而非复制。

有学者认为,“临摹的目的就是要获得与被临摹品完全相同的表达”[59],因而认为“临摹”是在制作复制件。但正如上文所述,美术作品的“表达”并非仅仅是呈献给人们的外观,而应当是融入了作者技艺的艺术创作行为;况且,“何谓完全相同”呢?恐怕这又是一个需要解释的概念。从艺术的角度来说,临摹是不可能与被临摹品完全相同的,因为这毕竟是两个人在画,那种认为“‘临摹’不过是得到了完全相同的表达”的观点,其实是在提高美术作品独创性的标准。[60]

另外,持“‘临摹’是复制”之观点的学者还指出,“临摹可能构成创作”之论断有偷换概念之嫌,因为“如果一个人意欲临摹,结果形成了具有独创性的新表达,则行为已不是临摹,而是创作。……因此,逻辑上不可能存在‘创作性临摹’,只要结果有独创性,产生该结果的行为就不是临摹”[61]。笔者倒认为这一观点有循环论证之嫌,它首先预设了“‘临摹’与‘创作’是不同概念”这一前提,认为临摹是没有独创性的、而创作是有独创性的(因而二者是不同的),然后,其在此基础上得出结论——“临摹不构成创作”。从“临摹”与“创作”是不同的概念出发,最后又回到“临摹”不构成“创作”,很典型的循环论证,等于什么也没说。实际上,这一推理存在的根本问题在于,“临摹是没有独创性的”不能直接拿来作为前提,它本身是需要论证的——“临摹”有无独创性?然后,我们才能再来推断“临摹”是否为创作行为之一种。关于这一问题,前文已经论述得很充分了,此处不赘。

综上所述,临摹、绘画均为创作行为而非复制,因此,其作者并不构成对在先之艺

---

[58] 相当多的知名书画家都以临摹前人作品闻名,例如,张大千早期以临摹石涛等人的作品闻名、齐白石临摹徐渭的作品,由此可见,临摹实际上是由作者通过对原作的观察和思考,根据自己的感受,凭借自身技艺而人工地再现原作的外在形态及内在精神。这种人工的摹仿与通过机器设备而进行的复制(如印刷、复印、拓印)有着本质的不同,前者需要作者熟练的经验与技能的融入;而且,由于临摹者在艺术修养、思想感情等方面与前人不同,所以临摹品不可能与原作完全一致,甚至可能在某些方面还会有所突破、超越,即使是同一个人进行的两次临摹,所得之成果也不可能完全一致。

[59] 同前注[55]。

[60] 有时候,临摹所表现的“独创性”甚至是极高的,连通常的创作行为都无法与之相提并论。例如敦煌研究院第一任院长、著名画家常书鸿先生,自20世纪40年代起,穷数十年之力,在艰苦的条件下临摹了大量敦煌壁画;20世纪40年代,张大千率领门生子侄在敦煌历时两年多,临摹276件敦煌壁画,在成都举办了敦煌壁画临摹展,引起轰动,被陈寅恪先生称为“敦煌学领域中不朽之盛事”。这两位画家对敦煌壁画的临摹,不仅为文物和艺术研究留下重要资料,其本身也是极其珍贵的艺术作品,它们的艺术价值从来无人置疑。参见兰晓星:《论书画临摹作品的著作权》,来源于 http://blog. sina. com. cn/s/reader_49a777130100045f. html,2008年8月5日最后访问。

[61] 同前注[55]。

术作品的合理使用，借此笔者认为，我国《著作权法》第 22 条第 1 款第 10 项的规定应将“临摹、绘画”予以删除，以免让人产生错误的认识。当然，从结果上看，将此处的“临摹、绘画”作为合理使用来对待，与将之视为单独的创作行为并没有什么本质的不同（因为这两种情况下，“临摹、绘画”的行为人均不受在先之艺术作品的著作权人的约束——无须其同意、无须付费，而且他们也能以任意合理的方式使用自己所完成的作品），但本文旨在揭示概念的确切内涵，使美术作品的基本理论（独创性、复制等基础性问题）与具体制度在逻辑体系上保持统一，如果某一概念在基本原理和具体制度中的解释不一致，则难免造成司法上的混乱。

## 结语

整个著作权法律制度的构建，实际上是从回答“著作权究竟要保护什么”出发的，在解决这一问题的过程中，理论上逐渐抽象出了关于“思想—表达”二分法、独创性、复制等的著作权基本原理。然而，长时间以来，人们习惯于在分析前述基本原理时，对著作权客体作大一统地认识，即试图使不同类型的作品均能适用这些基本原理的统一解释。然而，著作权制度的历史告诉我们，它是以文字作品为对象而发展起来的，对前述基本原理的解析也是针对文字作品的，因此，当新的作品类型不断被纳入制度范畴时，原有的解释难免漏洞百出，美术作品与文字作品的对比即为典型。有鉴于此，对著作权客体进行类型化分析的意义逐渐凸显出来，紧紧围绕“著作权究竟要保护什么”来区分不同类型的作品，继而对前述基本原理分别进行阐释，以图在司法过程中正确适用之。本文所展开的探讨，即是著作权客体类型化分析的一种尝试，在前述诸著作权基本原理方面对文字作品与美术作品进行比较分析，以期在司法判案中正确适用法律，避免得出有违著作权制度之宗旨的结论。

# 侵权损害酌定赔偿之法律检讨

张晓霞*

## 一、我国酌定赔偿的立法以及适用

无论是司法实务界还是理论界,酌定赔偿常常被提及。但是,它却尚不是一个有明确内涵和外延的法律概念,这一点通过所使用的称谓尚不统一就可窥见一斑:法定赔偿①、定额赔偿②以及推定赔偿③各种各样。但是,通过阐述的内容可以看出,其基本含义都是指借助于法官的内心确认,通过酌定的方式实现对赔偿额的确定。因此,本文统一称为酌定赔偿。

在我国,酌定赔偿的提出是出现在知识产权领域。1998 年 7 月最高人民法院下发的《关于全国部分法院知识产权审判工作座谈会纪要》中提出法官可以对赔偿额进行酌定,要求:"对于已查明被告构成侵权并造成原告损害,但原告损失额与被告获利额

---

* 张晓霞,北京市第一中级人民法院民二庭副庭长,民商法学博士。

① 马骁:"关于法定赔偿问题",载于《著作权》1999 年第 2 期。"所谓法定赔偿是指法律在一定情况下具体规定损害赔偿的数额或幅度的一种损害赔偿法律制度。这就是说,法庭可以在某种条件下依据法律所规定的数额或幅度确定赔偿额,而不是根据权利人的实际损失,或侵权人的非法所得确定。"

② 周晖国:"知识产权法定赔偿的司法适用",载《知识产权》2007 年第 1 期。"知识产权侵权损害的法定赔偿,也叫定额赔偿。是指在权利人的实际损失或侵权人的违法所得难以确定,且不能通过其他方法确定侵权人的赔偿数额时,由人民法院根据当事人的请求或依职权在法定数额幅度或基数额度内确定具体赔偿额的一种赔偿制度。"

③ 张泽吾:"知识产权侵权案件推定赔偿的正当性探析",载《河北法学》2009 年第 7 期。"我国知识产权司法界在最近几年的实践中创设了一种新的侵权赔偿方式。这种赔偿方式的法律依据是《最高人民法院关于民事诉讼证据的若干规定》第 75 条规定的举证妨碍规则,即有证据证明一方当事人持有证据无正当理由拒不提供,如果对方当事人主张该证据的内容不利于证据持有人,可以推定该主张成立。按照该条规定,如果被告未按照原告或者法院的要求提供有关侵权获利的证据,则法院推定原告关于侵权获利的主张成立,并直接按照原告的诉讼请求确定赔偿数额。由于这种赔偿方式的基本逻辑在于推定,为行文方便,笔者称之为推定赔偿。"

均不能确认的案件,可以采用定额赔偿的办法来确定损害赔偿额,定额赔偿的幅度,可掌握在5000元至30万元之间。”2001年10月27日公布施行的《著作权法》第一次修正案以及2001年12月1日施行的《商标法》第二次修正案分别规定了在权利人的实际损失或者侵权人因侵权所得利益不能确定的,由人民法院根据侵权行为的情节,判决给予五十万元以下的赔偿。于2009年10月1日开始施行《专利法》第三次修订案第六十五条规定“人民法院可以根据专利权的类型、侵权行为的性质和情节等因素,确定给予一万元以上一百万元以下的赔偿。”至此,知识产权领域三大法律全面确定了酌定赔偿作为损失赔偿额计算方法的实体法之地位。

审判实务方面对酌定赔偿的适用也表现出格外的偏爱,几乎以酌定的方式解决了知识产权领域的所有侵权损害赔偿问题。④ 但是,法官的偏爱并未与适用的效果形成正比的关系。由于酌定不可避免地掺杂主观因素,难以形成统一的执法标准。一方面,“权利人普遍反映法官使用法定赔偿的方式所酌定的损害赔偿数额较低,难以对权利人形成有利保护”成为共识⑤;另一方面,由于酌定赔偿的随意性,催生了“营利性诉讼”⑥的产生,创设了新型的利益失衡状态。酌定赔偿导致了权利人的损失无法得到补偿和权利人利用诉讼进行盈利的两个极端。

我国《侵权责任法》借鉴了知识产权的法律条文,第二十条规定:“被侵权人和侵权人就赔偿数额协商不一致,向人民法院提起诉讼的,由人民法院根据实际情况确定赔偿数额。”将与知识产权单行法中相近似的规定延及至人身权益损害赔偿领域。

而在传统民事司法实务中,在法律明确规定前,不仅仅在人身权益受到侵害领域,财产遭受损害的情况下同样采取酌定的运用;不仅仅精神损害的确定,对财产损失,法官同样运用酌定。

那么,司法中大量运用的酌定赔偿的法律根据是什么?知识产权领域中立法与适用之间存在的偏差缘于什么?传统民事司法领域中的直接损失赔偿与知识产权领域中可得利益损失赔偿的酌定有无区别?财产损失与精神损害的酌定有无差异?关于

---

④ 北京市第一中级人民法院:《知识产权侵权损害赔偿责任》,最高人民法院知识产权侵权责任调研课题成果论证会,2008年9月。记载“在2007年审结的所有认定侵权并判决被告承担损害赔偿的案件中,法院全部使用了法定赔偿的方式,即在50万元的高限内综合考虑案件的具体情况酌定了被告的具体赔偿数额。与此相似,在2008年前三个月全部审结的侵权案件中,只有两起案件在原告选择了‘侵权人获利’的计算方式并申请对被告的财务账册进行保全和审计的情况下,法院才根据审计的结果以侵权人获利的数额确定了被告最终需要承担的经济赔偿额,而其他案件法院毫无例外地使用了法定赔偿的方式对赔偿数额予以酌定”。

⑤ 北京市第一中级人民法院:《知识产权侵权损害赔偿责任》,最高人民法院知识产权侵权责任调研课题成果论证会,2008年9月。

⑥ 黑龙江省高级人民法院:《知识产权侵权损害赔偿责任》,最高人民法院知识产权侵权责任调研课题成果论证会,2008年9月。“专利权人于某,在2005年至2008年期间先后提起16个诉讼,获得赔偿数额百万元以上。”

侵权损害酌定赔偿的法律性质的研讨,在我国尚属一片未开发的处女地。

## 二、酌定赔偿之比较法启示

没有损害就没有赔偿是损害赔偿理论的基础。但是,"自罗马法以来,迄至19世纪的德国普通法,并无统一的损害概念,而是区别直接、间接、通常、特别、约定等损害为适用,并以行为者的有责程度及损害预见性认定应予赔偿的损害。"⑦可以说,损害的内涵从罗马法时代的交付赎金到十九世纪"差额说"确立,经历了漫长的过程。德国作为近代损害赔偿理论的鼻祖,其损害之概念是建筑在差额说的基础上,而差额说不仅确立了损害的内涵,同时也确定了损害的计算方法,即损害发生前应有的财产状态和损害发生后的财产之间的差额。但是,在不当得利领域,将侵权获利解释为是权利人的可得利益的同时,《德国民法典》颁布之初的以差额说为基础建立的损害概念内涵也发生了实质性的变化。⑧ 与此同时,损害与损害赔偿额的确定出现了渐渐分离的趋势。

探讨损害,意义在于填补损害。损害赔偿额的确定是实现损害赔偿制度设计日的的终极体现,救济功能之实现通过损害赔偿额的确定反映出来。根据谁主张谁举证之一般民事诉讼原则,针对损害赔偿之请求,权利人负有举证的义务。但是,正是因为损害确定之初的差额说内涵发生的变化导致损害和赔偿额的分离,现实的情形往往是损害的存在可以确认,但是,数量却难以确定。对此,如果因损害数量难以证明而诉讼请求不能实现,整个社会将被投机的阴影所覆盖。因此,"为了避免此项损害数额不能证明或证明困难所可能造成之不公平现象,在诉讼上就损害数额之算定应采取对应之措施,以求当事人间公平。"⑨各国从立法司法积极探讨解决举证困难之实际问题,进而确保损害赔偿救济功能的实现。如前阐述,德国的损害赔偿理论建筑在差额说基础之上,伴随着知识产权受到侵害,使赔偿额的确定遇到很大的障碍。为此,1895年6月8日德国大审院(Reichsgericht)以一起侵犯著作权的判决作为开端⑩,使实施许可费及被告侵权获利与侵权损害赔偿联系在一起,并首先在知识产权领域创建了损害赔偿特有的计算方法⑪,意在解决举证难的现实。

而酌定赔偿作为更为直接的手段,却是出现在民事诉讼法中。德国《民事诉讼法》第287条规定:"关于损害是否存在以及损害额难以确定的时候,法院应当考虑所有的情况进行自由心证。根据证据保全申请或者职权是否委托鉴定人以及在什么程度上

---

⑦ 王泽鉴:"损害概念及损害分类",载台湾《月旦法学杂志》2005年第9期。

⑧ 张晓霞:《知识产权侵权损害赔偿研究》,北京大学2010届博士论文中详细阐述。

⑨ 许士宦:"损害赔偿之酌定",载新民事诉讼法之理论与实务第四卷《集中审理与审理原则》,新学林出版股份有限公司2009年版,页377—378。

⑩ RG 8. 6. 1895 = RGZ 35,63(66).

⑪ 〔日〕田村善之:《知的財産権と損害賠償》,弘文堂,页90—91。

判断,属于法官裁量权范围”。在其立法理由中表明:损害赔偿诉讼,如严格要求被害人就损害及其额度为主张即举证,不仅容易造成诉讼迟延,而且于损害之性质上正确之额度难以或不能算定情形,将使损害赔偿请求权实际陷于无从实现之状态。该规定仅系降低证明度,缓和法官心证形成之必要条件,并非赋予法官以公平裁决损害赔偿之权力。⑫

日本《民事诉讼法》第248条规定:“在认定确实有损害发生的前提下,由于损害性质致使难以举证证明其数额时,裁判所可以根据口头辩论以及调取证据的结果,酌定与损害额相当的赔偿额”。日本的学术界,围绕着上述规定,针对酌定赔偿形成了三种学说:一是证明度减轻说,认为损害额之认定同损害发生之认定,都属于事实证明之问题,该规定是将损害额之证明度从一般事实认定所必要的证明度降至盖然性的要求⑬;二是裁量评价说,认为损害额之确定并非依证据认定事实之问题,而具有法院进行法律上评价的实体法规范之性质,该条赋予了法官进行规范性裁判评价的权力,但同时受到相当性等理论的限制⑭;三是折中说,认为该规定具有既承认证明度减轻也赋予法院裁量评价之权限双重作用。⑮

我国台湾地区在2000年修订“民事诉讼法”时,在第222条规定基础上增加第二项:“当事人已证明受有损害而不能证明其数额或证明显有重大困难者,法院应审酌一切情况,依所得心证定其数额”。在立法理由中声明:“损害赔偿之诉,原告已证明受有损害,而有客观上不能证明其数额或证明显有重大困难之情事时,如仍强令原告举证证明损害数额,非惟过苛,亦不符诉讼经济之原则,爰增订第二项,规定此种情形,法院应审酌一切情况,依所得心证定其数额,以求公平”。⑯ 以此为判例要旨的台湾二一年上字第九七二号判决中阐述“当事人已证明受有损害,而不能证明损害之数额时,法院应斟酌损害之原因及其他一切情事。依自由心证定其数额,不得以其数额未能证明,即驳回其请求。”⑰

由此可知,德国、日本以及我国台湾地区,关于酌定赔偿规定都是在程序法中,并非实体法。酌定赔偿一方面降低了当事人的举证负担,避免因举证障碍驳回损害赔偿

---

⑫ 许士宦,见前注⑨,页370。

⑬ 在日本该学说体现在中野贞一郎等《新民事诉讼法讲义》、山本克己《自由心证主义 损害额 认定》。

⑭ 该说体现在高桥宏志《重点讲义民事诉讼法》(下);山本浩一:“民事诉讼法二四八条意义机能”,载《民事纷争手续理论》。

⑮ 伊藤真:“损害额之认定——民事诉讼法二四八条意义”,原井龙一郎古稀《改革期 民事手续法》。

⑯ 台湾司法院编《民事诉讼法部分条文对照表暨总说明》(2000年),转引自许士宦“损害赔偿之酌定”,载新民事诉讼法之理论与实务第四卷《集中审理与审理原则》,新学林出版股份有限公司2009年版,页374—375。

⑰ 杨建华:《民事诉讼法问题研析(五)》,转引自许士宦“损害数额之酌定”,载中国人民大学民商事法律科学研究中心、台湾大学民事法研究中心、北京法学会《2008年海峡两岸民商法高端论坛论文集》。

请求权而导致的不公平,另一方面也避免了法官不能裁判而带来的尴尬,借助于法官对自由裁量权的行使以及内心确认,实现救济之目的。但是,酌定的范围有所不同。德国民诉法酌定的范围不仅仅包括损害额,损害是否存在也同样是酌定的范围。而日本和台湾地区的民诉法规定酌定的对象仅限于已证明受有损害的前提下对赔偿数额的确定;德国和日本法强调了酌定借助于鉴定、辩论等手段,而台湾法规定的更为抽象,即审酌一切情况。

## 三、精神损害酌定赔偿之检讨

精神损害作为非财产损害,是指生理上或心理上所受之痛苦。其本质与金钱毫不相干,自然不能以金钱的多少衡量。所以,"以金钱为赔偿之方法,逻辑上并不妥当"⑱。但是,"金钱对人类之魅力现实折服了大多数学者与立法者,接受与非财产上之损害无本质上关联性之金钱赔偿,为其赔偿之方法。"⑲因为金钱损害赔偿确实能够抚慰受害人的心灵,降低痛苦的感受,而且,随着侵权法社会功能的发展,赔偿起到了对致害者惩戒的作用。所以,精神损害的金钱赔偿早已经通过大量的司法判决确定,不再具有争议。可是,精神损害的性质却决定了其无法像财产损害一样,可以通过举证确定。即"精神损害无法准确度量,不能适用财产损失那样的全部赔偿原则,无论社会进化到什么程度,判断针对精神的非财产损害的抚慰金,依然主要得靠社会通常得观念和法官基于心证得裁量"⑳。

尽管日本《民事诉讼法》第248条强调酌定的前提是损害性质难以举证证明其数额,但是,围绕该规定而形成的证明度减轻说,强调精神损害的数额不具有可证明性,进而否认精神损害赔偿额的酌定属于该条的适用范围。㉑ 按照这样的逻辑分析,德国民诉法酌定的范围所包括对损害事实的认定,而不仅仅局限于财产损失额的确定,也为精神损害额的确定预留了适用的余地,进而避免了日本学说上的争议。说明精神损害存在与否以及数量多少都是需要借助于法官的酌定。

精神损害作为一种痛苦的感受,其主观的属性决定了其是否存在依赖于主观的判断。而赔偿额的确定,无论如何举证都无法证明其量。正是鉴于精神损害赔偿的性质,所以,无论是精神损害存在与否,还是数额的多少,具有法官评价的性质。确实"对于何种情形属于未造成严重后果,何种情形才构成后果严重,属于具体个案中的事实判断问题,应由合议庭或者审理案件的法官结合案件具体情节认定"㉒。精神损害是

⑱ 曾世雄:《损害赔偿法原理》,中国政法大学出版社2001年版,第390页。

⑲ 同上注。

⑳ 姚辉:"动情,以法的名义",载《判解研究》2008(一),人民法院出版社,页127。

㉑ 许士宦,见前注⑨,页379。

㉒ 陈现杰:《关于确定民事侵权精神损害赔偿责任若干问题的解释》的理解与适用,载《人民司法》2001年第4期。

否存在以及程度,是一个法官根据证据得出内心确认的结果,属于法官自由心证的范畴。而精神损害数量多少的决定,是没有证据可以遵循的,更无客观标准可言。必须基于法官酌情考虑各种因素的基础上进行裁量,属于法官自由裁量权的范畴。

我国最高人民法院《关于确定民事侵权精神损害赔偿责任若干问题的解释》第10条规定:“精神损害的赔偿数额根据以下因素确定:(一)侵权人的过错程度;(二)侵害的手段、场合和行为方式等具体情节;(三)侵权行为所造成的后果;(四)侵权人的获利情况;(五)侵权人承担责任的经济能力;(六)受诉法院所在地平均生活水平。”分析上述规定,只有第(六)项属于损害额确定的根据,而第(一)、(二)、(三)项属于判断是否存在精神损害需要考虑的事实。而第(四)项侵权人的获利情况和第(五)项侵权人承担责任的经济能力,无论是作为确定精神损害存在的根据,还是损害赔偿额参考的依据,都存在很大的疑问。也就说,既不能因为侵权人获利多,也不能因为侵权人承担责任的经济能力强而作为增加精神损害赔偿额的理由。

因此,精神损害的酌定既不同于知识产权单行法中规定的酌定赔偿,也不适用于《侵权责任法》第20条的规定。精神损害赔偿额的确定应当根据自由心证确认损害是否存在以及损害的程度,然后进行自由裁量;精神损害赔偿额的改判应该建立在评价一审法官进行自由心证是否得当的基础上,即审查一审法官据以作出内心判断的事实是否有证据支持。如果个案对精神损害赔偿数额的确定,能够引起普遍的认同㉓,往往是因为判决中对侵权人的过错、侵害的手段、场合和行为方式等具体情节以及侵权行为所造成的后果进行了翔实的描述,进而得出精神损害存在并且严重之结论。至于具体数额,只能根据当时的生活水平,在上线还是下线中进行多或者少的选择。所以,精神损害赔偿数额既是二审法官容易改判的项目,实际也是难以触动的领域。此外,如果对个案精神损害赔偿引起普遍的不认同㉔,可能也绝不仅仅是数额多少的问题,也与是精神损害酌定适用的前提有关,即精神损害赔偿究竟是在过错原则下适用还是毫无限制。㉕ 这些因素都会影响精神损害赔偿酌定适用的社会效果的发挥。

## 四、知识产权损害酌定赔偿之检讨

由于我国知识产权立法往往是在相互借鉴、相互参照,进而在一种叠加的方式下,

---

㉓ 详见北京市海淀区人民法院(2007)海民初字第5766号民事判决书、北京市第一中级人民法院(2007)一中民终第9064号民事判决书“清华大学教授晏思贤、郑美霞诉北京巴士股份有限公司纠纷案”。姚辉“动情,以法的名义”(载《判解研究》(第一辑),人民法院出版社2008年版,页127)一文中对二审判决给予高度评价。

㉔ 2004年9月,吴某在地铁一号线南礼士路站,由于奔跑速度快,掉下站台,被地铁列车轧断左腿和右脚,并被鉴定为伤残三级。请求法院判决地铁公司赔偿残疾赔偿金等物质损失180余万元以及精神损害抚慰金30万元。北京市西城区人民法院(2007)西民初字第2675号民事判决以及北京市第一中级人民法院(2008)一中民终字第5386号民事判决支持了精神损害赔偿30万元,招致社会热议,甚至是不满。

㉕ 参见拙文“无过错责任适用相关问题探讨”,载《法律适用》2010年第2—3期。

逐渐趋于完善的。所以，在实施知识产权战略之后最先修订的《专利法》，也能从某种方面代表着我国知识产权损害赔偿规定的趋势。该《专利法》格外强调了不同损失赔偿额确定根据之适用的序位关系，明确了酌定赔偿的适用以权利人的损失、侵权人的侵权获利等计算根据不能确定为前提。序位关系的界定清楚地表明，我国立法以权利人的损失为基础，每一种损失计算的方法最终以权利人的损失为依据，体现了我国在赔偿理论上采取全面赔偿的立法原则。

可是，司法实务界却忽略法定的序位关系，往往根据当事人的选择作为法院适用的顺序根据[26]，认为当事人选择顺序，既使权利人尽快得到保护，也使法院对侵权人的侵权行为及时作出判决，甚至还有学者认为“完全没有必要按照现有的适用法定赔偿的顺序。——按此确定赔偿额的顺序进行，实质上限制了设立法定赔偿制度应有的警示作用和处理案件的便捷作用。”[27]还有认为，“如果权利人没有提出，法院经征求被侵权人的意见后可以适用法定赔偿。……权利人提出的赔偿实际损失的证据未被法院采纳的，应视为权利人同意适用法定赔偿。”[28]等等。

当立法遭遇适用相违的尴尬，一方面应该检讨立法，另一方面应该检讨适用。

我们知道，财产性损失分为积极的损失和消极的损失。积极的财产损失是指现有财产的减少，而消极的财产损失是指应该增加的财产而没有增加。在知识产权领域，由于权利客体无体性，导致对其权利的侵犯不会像侵犯有体物那样带来交换价值的降低。所以，知识产权受到侵害导致的损失特点在于仅仅体现为所失利益的丧失。知识产权的价值是通过利用才产生的，所以，知识产权的损害是利用知识产权而产生收益的减损或丧失，即消极的财产损失。具体就是如果没有侵权行为，权利人可以通过对知识产权的行使而本可以获得的利益，应该增加而没有增加的财产。这一特征导致知识产权受到侵害的损失数量更加难以证明。为此，大陆法国家都在试图通过立法降低举证的难度，规定诸如在权利人的销售数量难以确定的情况下，可以将被告销售的数量视为权利人的销售量或者在侵害人因此而受有利益者，其侵害行为所受之利益额，可以推定为权利人所受之损害额等。[29] 但是，大陆法国家实体法领域尚无直接规定酌定赔偿的前例。我国立法强调了各种损失计算根据之间的序位关系，可见，这里的酌定也不同于比较法中规定在诉讼法中的酌定，自然也就不同于精神损害赔偿酌定。

---

[26] 北京市第一中级人民法院知识产权庭:《知识产权审判分类案件综述》，知识产权出版社 2008 年版，页 40。记载“北京市各级人民法院的做法是:第一，根据当事人的选择，即如果原告特别明确提出适用哪种方法则法院就应当适用该方法;第二，法院应当首先适用权利人损失或者侵权人违法所得这两种方法，不应直接适用法定赔偿，如原告直接提出适用法定赔偿一般不予支持。”

[27] 陈舟:“对知识产权侵权案法定赔偿的几点建议”，载《电子知识产权》2003 年第 10 期。

[28] 周晖国:“知识产权法定赔偿的司法适用”，载《知识产权》2007 年第 1 期。

[29] 诸如日本《专利法》第 102 条的规定。其第四项虽然也使用了酌定之概念，但是，酌定的是当事人的故意或者重大过失，在此基础上可以不受前款的限制。

在传统民事诉讼中,诸如火灾必然造成损害之事实容易认定,但是损失的数量难以举证证明一样,确定侵害知识产权造成的财产性损失同样具有难度。但是,基于两者都是财产性损失,故两者具有一定的可比性。既然财产性损失具有可证明性,那么就需要法官在对权利人的损失相关证据进行自由裁量的基础上作出结果的确认,而不是随意酌定。知识产权中个案酌定遭受质疑[30],整体形成权利人的损失无法得到补偿和权利人利用诉讼进行盈利的两个极端,说明酌定的适用有待于回归立法本意。权利人加强举证,法院借助于职权调取证据的运用,使损失的确定避免随意、主观性,在证据的认定方面规范自由裁量权的行使。在对权利人的损失证据审查过程中,同时涉及自由裁量权的运用。如果对权利人的损失不进行任何的审查,在权利人不提交任何证据的前提下,不进行任何的释明,径直采取酌定的方式确定赔偿数额,必将导致酌定的滥用。

## 五、侵权责任法中酌定赔偿之检讨

我国《侵权责任法》第20条以侵害名誉权、荣誉权、姓名权、肖像权以及隐私权等人身权益遭受侵害为适用对象,完全借鉴了知识产权法的规定。但是,对酌定的适用未进行充分的解释。立法机关针对法院根据实际情况进行酌定只是如下说明:"这项规定表达了三层含义:一是侵权人损人没有获利或者获利难以计算的情况下,当事人可以就赔偿数额进行协商;二是赋予被侵权人获得赔偿的请求权,侵权人不能因为没有获利或者获利难以计算就不负赔偿责任;三是如何确定赔偿数额由法院根据侵权人的过错程度、具体侵权行为和方式、造成的后果和影响等确定。"[31]而在司法实务中,在《侵权责任法》明确规定人身权益损害导致财产损失可以酌定之前,从来就没有停止过对酌定的运用。但是,同样招致质疑,正如明星的肖像权被侵权后,而产生的"侵权的巨额所得和区区10万元赔付不成比例,侵权者求之不得。现在,又有5个不法企业已经效仿起来"[32]之困惑所反映出的,针对人身权益遭受损害赔偿额的确定同样面临着挑战。

随着权益内容的发展,侵权获利延伸到更大的领域。使学者认识到:"在所有权之外还有其他与物无关的权利,如姓名权、商号权、一般人格权、专利或者标记。此外,还

---

[30] 白秀娥诉国家邮政局、国家邮政局邮票印制局侵犯著作权纠纷,历经北京市第一中级人民法院(2001)一中知初字第185号民事判决,北京市高级人民法院(2002)年高民终字第00252号民事判决,北京市高级人民法院(2003)年高民再终字第00823号民事判决,赔偿数额由4,685元到24万元,最终改为7万元。对此案,有学者感慨"不禁要问,赔偿是否有客观根据?原告所受的损害是什么?"详见范晓波"知识产权侵权损害赔偿问题研究",中国人民大学2005届博士论文,页2。

[31] 参见《中华人民共和国侵权责任法条文说明、立法理由及相关规定》,页76。

[32] 中央电视台节目主持人崔永元面对因自己的肖像权受到侵犯而获得的10万元的赔付,所表现出的困惑。见王成:《侵权损害赔偿的经济分析》,中国人民大学出版社2002年版,页184注释。

有类似权利的,如占有。侵害这些权利或者准权利,是否或者在何种前提条件下会引发权益侵害不当得利请求权,尚存在诸多疑问。”[33]

德国学者海克(Philipp Heck)自1929年开始展开了对利益归属学说的探讨,并认为:“不当得利返还请求权是基于债务人保有利益的脆弱性(Interessenschwche)而产生的,在这种情况下,考虑的不是债权人而是债务人的状况,债权人对财产的保有性与损害赔偿请求权相比而言,只能具有单一的意义”[34]。奥地利学者瓦尔特·威尔伯格(Walter Wilburg)于1934年摒弃了不当得利一元理论[35],将不当得利进行类型划分,分为因给付而产生的不当得利和利益归属型不当得利,从解释论的角度,利益归属型不当得利返还请求权的实现无须损害的发生成为当时的通说。自此,侵权型不当得利之独立性得到了确立。相应地在侵权法领域,根据学者的阐述:“如果法律特别地规定了某种损害的存在可以直接推定,无须受害人证明,则受害人可以免除此种损害存在的举证责任。例如,在侵害人格权尤其是侵害名誉权、姓名权、肖像权、人身自由和隐私等人格利益的案件中,只要存在这些人格权客体的侵害事实就认为存在损害。”[36]权利侵害必然带来损失被更广泛地接受。

但是,在人格权领域,损害额的确定仍然是一个大的困惑。因为名誉权、姓名权、肖像权、人身自由和隐私等人格利益,从理论上就难以说明可以像财产损失那样进行举证证明。对侵犯名誉权、隐私权而造成损失难以量化,对其量化,容易触及人格平等之根本根基。而在证据法领域,只有具有可证明性的,方涉及举证负担减轻的问题。如果根本不具有可证性,无从谈及减轻的问题。甚至,“有的人认为,侵害他人非物质性人身权益没有财产损害,只能通过精神损害赔偿。”[37]

但是,侵犯人身权利造成的损失,从权利属性上讲,与侵犯知识产权一样,属于财产性的损失;而在数额的确定上,更为接近精神损害数额的确定,需要对围绕着人身权益损失的程度进行内心的确认。至于将侵权获得作为侵权赔偿额的根据,应当对相关证据进行审查和裁量。将其作为损害赔偿额的根据属于推定,而不是酌定。[38] 在侵犯人格权纠纷中,财产性损失和精神损失都是难以用证据进行证明的,为此,也常常导致

---

[33] 〔德〕迪特尔·梅迪库斯:《德国债法分论》,杜景林、卢谌译,法律出版社2007年版,页578、579。转引自杨彪:“受益型侵权行为研究——兼论损害赔偿法的晚近发展”,载《法商研究》2009年第5期。

[34] 村田大樹:“侵害利得論における‘割当内容を持つ権利’の判断構造”,载《同志社法学》六〇卷七号。

[35] 同上。

[36] 程啸:《侵权行为法总论》,中国人民大学出版社2008年版,页246。

[37] 《中华人民共和国侵权责任法条文说明、立法理由及相关规定》,页75。

[38] 拙文:“侵权获利返还之请求权基础分析”,载《知识产权》2010年第2期。

法官把酌定与推定混为一谈。[39]

综上,损害赔偿额的酌定是依赖于法官自由心证和自由裁量权行使而确定的结果。精神损害赔偿额的酌定不同于财产损害赔偿的酌定。而财产性损害赔偿的酌定又因受侵犯的权利类型不同而有所区分。针对侵犯知识产权造成的损害额的酌定,其不是与权利人损失或者侵权获利等具有序位关系的确定损失赔偿额的根据,而是法官在对权利人的损失相关证据进行自由裁量的基础上形成心证的结果。财产性损害数量具有可证性,虽然事实存在难以证明的情形,但是,不能因酌定而免除权利人的举证义务。

人身权益损害赔偿的酌定,从权利属性上讲,与侵犯知识产权一样,属于财产性的损失;而在数额的确定上,更为接近精神损害数额的确定。不同的是不需要对损害本身进行证据上的裁量,因为权利受到侵害即有损失,而是对围绕着人身权益损失的程度进行内心的确认,或者在查明侵权获利基础上,将该数额作为损害赔偿额予以推定。

通过对酌定赔偿适用对象、范围的划分,应当谨慎适用酌定。对酌定的根据应当通过诉讼程序,赋予当事人陈述、辩论的机会,以确保损害赔偿功能的更好实现,进而使酌定赔偿制度在实现对权利人充分救济与鼓励权利人积极举证之间达到一种平衡。

[39] 金某某诉某报业公司侵犯其肖像权纠纷。原审法院认为,某报业公司使用金某某的肖像发布广告时未取得金某某的同意,并从中获利,侵犯了金某某的肖像权,故判决某报业公司向金某某赔偿经济损失 36 元以及精神损害抚慰金 1 万元。金某某不服,以赔偿数额过低等为由提起上诉。二审法院经过审理认为,原审法院所判赔偿数额,因未考虑侵权人因侵犯他人权利而获取利益的情节而明显偏低,故将赔偿金 36 元改判为 20 万元;精神损害抚慰金 1 万元予以维持。详见北京市海淀区人民法院(2007)海民初字第 13689 号民事判决;北京市第一中级人民法院(2007)一中民终字第 13613 号民事判决书。

# 论对我国反垄断法知识产权条款的质疑

赵启杉*

我国《反垄断法》第55条规定："经营者依照有关知识产权的法律、行政法规规定行使知识产权的行为，不适用本法；但是经营者滥用知识产权，排除、限制竞争的行为，适用本法。"对该规定，多数学者认为"这是一种合理的规定，它正确地把握和处理了反垄断法与知识产权之间的关系"①，并认为"知识产权领域的反垄断立法肩负双重任务：在对知识产权规定适用除外制度的同时，也要对滥用知识产权限制竞争的垄断行为予以有效地监督和制裁"②。但是本文认为：该规定是对反垄断法与知识产权行使行为关系的一种错误解读，其表述容易造成理解和适用上的困惑。目前运用我国现行反垄断法对知识产权行使行为进行规制所面临的最大困难是缺乏一套客观、科学的知识产权行使行为反垄断法判定方法，而这应该成为修订完善我国反垄断法知识产权条款的重点。

## 一、对反垄断法知识产权条款的立法理由的质疑

全国人大常委会法制工作委员会经济法室编撰的《中华人民共和国反垄断法条文说明、立法理由及相关规定》（以下简称《条文说明》）中对《反垄断法》第55条立法理由的阐释是：

行使知识产权对竞争的限制，是法律对各种利益关系进行权衡利弊后所允许的，即为了促进技术创新、提高竞争力而不得不对竞争产生一定的限制。因此，因知识产权而形成的垄断地位以及因知识产权的行使而对竞争的限制，是基于法律的授

* 赵启杉，中国社会科学院法学所研究人员。

① 王先林：《知识产权与反垄断法——知识产权滥用的反垄断问题研究》，法律出版社2008年版，页355。

② 尚明：《中华人民共和国反垄断法理解与适用》，法律出版社2007年版，页381。

权,是合法的。各国一般将依法行使知识产权的行为作为反垄断法的适用除外情形。[③]

可见,在反垄断法中设立知识产权除外条款的立法理由主要有两点:第一,知识产权是一种合法的垄断权,反垄断法设立知识产权除外条款是对这种基于法律授权的合法垄断的让步;第二,在反垄断法中设立知识产权除外条款是各国普遍采用的立法例。但这两点理由都禁不起推敲。

(一)关于"知识产权是合法垄断权"的讨论

反垄断法对"垄断"这个术语的使用有两种情况。第一,指一种市场状态,或称"市场势力",即"企业在相关市场上拥有通过将价格维持在竞争价格之上却不会导致利益损失,从而排除竞争的能力"[④];第二,指为反垄断法所禁止的行为,或称"垄断行为"。[⑤] 在此将分别就这两种垄断含义分析知识产权是否具有垄断性。

首先,知识产权作为财产权的一种,最本质的属性是排他性,即他人未经权利人的同意不得使用相关创造性劳动成果,而这与"拥有市场势力"意义上的"垄断"含义大相径庭。从经济学角度分析,关于知识产权产生市场势力(垄断)的推定存在重大缺陷。第一,该推定忽视了产生市场势力的首要条件——对特定产品的市场需求。如果市场对知识产权所保护的客体没有需求或者需求很小,则知识产权人无论如何也不能形成市场势力。第二,从供给的角度分析,该推定忽视了可替代品的存在。以专利权为例,确定专利权保护范围的是权利要求书而非专利产品,专利技术可能只是支撑相关产品生产的众多技术中的一项,而且市场上还可能存在替代技术,所以才会有所谓的核心专利(essential patent)和非核心专利(non-essential patent)之区分。企业拥有市场势力有可能得力于对核心专利的掌控,但是却不能反向表述为"拥有知识产权往往会使企业拥有市场势力"。[⑥] 同样,基于"思想和表达"二分法,拥有一件作品的著作权并不能阻碍其他作者就相同主题进行独立创作;而商标权赋予商标权人排除他人未经许可使用相同或相似商标,但却不能使其禁止他人使用不相同的商标生产同品质的商品与之竞争。所以,市场势力有无是一个事实问题,在涉及知识产权行使行为的案件中判断相关当事人是否拥有市场势力运用反垄断法分析规则对具体市场情况加以考量。

---

③ 全国人大常委会法制工作委员会经济法室:《中华人民共和国反垄断法条文说明、立法理由及相关规定》,北京大学出版社2007年版,页341。

④ Andrew I. Gavil, William E. Kovacie, Jonathan B. Baker, *Antitrust Law in Perspective: Cases, Concepts and Problems in Competition Policy*, New York: Thomson west, p. 28.

⑤ 参见金朝武:"对垄断法律概念的反思",载《广州大学学报》1998年第4期。

⑥ 王先林:"知识产权行使行为的反垄断法规制——《反垄断法》第55条的理解与适用",载《法学家》2008年第1期。

其次,知识产权行使行为也不必然构成垄断行为。我国《反垄断法》第3条规定:“本法所规定的垄断行为包括:(1) 经营者达成垄断协议;(2) 经营者滥用市场支配地位;(3) 具有或者可能具有排除、限制竞争效果的经营者集中”。从该定义的表述看,其关注点在于行为方式和行为对竞争的影响,而没有涉及行为中所行使的权利的性质,因为“现代反垄断法并不关注某个权利是否具有垄断性,而是只关心某个竞争行为是否对正常的市场竞争造成了危害或威胁,从而降低了市场效率,损害了消费者的福利。”⑦在这个意义上,反垄断法对知识产权行使行为与其他财产权行使行为的关注并没有区别。

所以,正如德国学者约瑟夫·德雷克舍(Josef Drexl)所言:“把知识产权称为‘垄断权’明显是用词不当,因为知识产权作为一种专有权,不能因此将整个市场都视作为权利人所享有。”⑧我们有必要抛弃“垄断权”这个容易引发理论混乱的概念,至少不应该在反垄断法语境下使用“垄断权”这个概念。而既然知识产权与反垄断法所规制的“垄断”没有必然联系,那又何必在反垄断法中设立知识产权除外条款?

(二) 关于各国反垄断法知识产权条款立法例的借鉴

在反垄断法中设立知识产权除外条款的另一个理由是对其他立法例的借鉴。例如在《条文说明》中就认为“本法借鉴了国外的有益经验,本条对知识产权与反垄断法的关系作出了国外普遍作法相一致的规定”⑨,并列举了德国《限制竞争法》第30条、比利时《经济竞争保护法》第7条、克罗地亚《竞争法》第10条和第11条、波兰《反垄断法》第3条、日本《禁止私人垄断及确保公平交易法》第21条、韩国《规制垄断及公平交易法》第5条、印度《竞争法》第3条作为借鉴的立法例。而在商务部条法司编撰的《中华人民共和国反垄断法理解与适用》对第55条的阐释中还另外列举了俄罗斯《垄断法》第2条和墨西哥联邦经济竞争法第5条作为借鉴立法例。然而,在上述立法例借鉴中存在着以下问题。

1. 立法例选取不足

前述立法例借鉴中没有考察未设置知识产权除外条款的立法例。也未对有关知识产权条款做细致分类,结合其前后条款分析其本质含义。为此,本文收集了37个国家和地区的反垄断法(竞争法)立法例,并以下表进行分类概括:

---

⑦ 黄勇:《反垄断法意义上的滥用知识产权》,载《中国知识产权杂志》2008年第2期,页27。

⑧ 〔德〕约瑟夫·德雷克舍:《市场支配地位的滥用与知识产权法——欧洲最新发展》,吴玉岭译,载《环球法律评论》2007年第6期,第120页。

⑨ 见前注③,页346。

**表 1　三十七国(地区)反垄断法(竞争法)关于知识产权行使行为的立法例比较**

| 分类 | 国家或者地区 | 数量 |
|---|---|---|
| 在反垄断法(竞争法)中没有就知识产权问题作出特殊规定 | 美国、欧盟、芬兰、法国、意大利、瑞典、以色列、巴西、肯尼亚、土耳其、爱沙尼亚、捷克、越南、埃及 | 14 |
| 在反垄断法中就特定知识产权行使行为规定特别救济措施 | 加拿大 | 1 |
| 在反垄断法中就知识产权授权作出特殊规定的立法例 | 波兰、墨西哥 | 2 |
| 在反垄断法中就部分知识产权行使行为给予豁免规定 | 德国、比利时、英国、南非 | 4 |
| 在反垄断法中设定"绝对"知识产权除外条款⑩ | 日本、韩国、我国台湾地区、印度尼西亚、毛里求斯、摩尔多瓦、赞比亚、蒙古 | 8 |
| 在反垄断法中设定"相对"知识产权除外条款 | 印度、乌克兰、俄罗斯、津巴布韦、阿塞拜疆、保加利亚、哈萨克斯坦、乌兹别克斯坦 | 8 |
| 合计 | | 37 |

从上表可知:在对知识产权与反垄断法关系的处理上,并没有形成所谓"国外普遍作法",各国(地区)反垄断法(竞争法)关于反垄断法是否适用于知识产权行使行为、适用条件、适用范围等的规定差异很大。忽略各国和地区立法例差异,仅选取部分看似属于"知识产权除外条款"立法例作为借鉴是以偏概全。

2. 对部分国家反垄断法(竞争法)知识产权条款的理解错误

(1) 引用该国已经废止的条款:例如德国《反限制竞争法》(1998)曾经在第 17、18 条规定了知识产权除外条款,但 2005 年为了与欧盟竞争法的规定保持一致,上述法条已经被废止。目前只在第 30 条针对著作权集体管理组织签订的相关许可协议是否构成垄断协议作出特殊规定⑪,而这一规定迥异于反垄断法除外规定,所以选取德国反对限制竞争法作为规定知识产权除外条款的立法例是不正确的。

⑩　所谓"绝对"知识产权除外条款是指从条文本身没有规定何种情况下可以对知识产权行使行为适用反垄断法;所谓"相对"知识产权除外条款是指条文本身表明在一定情况下可以对某类知识产权行使行为适用反垄断法。

⑪　德国《限制竞争法》第 30 条规定:"(1) 第 1 条和第 14 条不适用于设立受《关于行使著作权及邻接权的法律》监督的著作权保护协会,不适用于此类著作权保护协会订立的合同和作出的决议,但以该类合同或决议为行使《关于行使著作权及邻接权的法律》第 1 条意义上的权利所必须,而且已向监督机关申报为限。监督机关将申报转呈联邦卡特尔局。(2) 依《关于行使著作权以邻接权的法律》第 16 条第 4 款订立的合同,如其内容由州高等法院确定,则仅当合同被滥用时,联邦卡特尔局才享有本法规定的权限。"前引尚明书,页 385。

(2) 对该国反垄断法(竞争法)知识产权条款的性质产生误解:例如,在翻译过程对“豁免”、“除外”两个关键概念有混用现象,而在反垄断法中豁免和适用除外是两个不同的概念。豁免指特定的已经违反反垄断法的行为,由于其符合反垄断法本身规定的免责条件,反垄断法不予以禁止。豁免的适用针对的是具体行为。而反垄断法适用除外指对特定主体或领域不适用反垄断法,其目的在于调和竞争政策与其他法律政策之间的关系,其适用是笼统地针对某类主体或者某个特殊领域,并不对具体行为进行分析。[12] 比利时《经济竞争保护法》第7条第1款规定的是获得垄断协议豁免的申请程序,而第2款则认为有关行使知识产权的垄断协议可以不经该申报程序获得豁免[13],所以其规定的是涉及知识产权的垄断协议豁免问题,而非除外问题。

(3) 将知识产权授权行为与知识产权行使行为相混淆:例如,波兰《反垄断法》第3条[14]和墨西哥联邦《经济竞争法》第5条[15]的规定,针对的是知识产权授权问题而非知识产权行使行为,不应该将这两个国家的立法例作为设立知识产权除外条款的立法例。

3. 忽略对借鉴立法例的适用效果的考察

在借鉴立法例时,还应对相关条款适用效果进行考察以确定相关立法例是否值得借鉴。例如日本和我国台湾地区反垄断法中的知识产权除外条款就对其执法、司法实践带来了很大障碍,以至于不得不进行牵强的“反向解释”。如日本公平交易委员会在2007年《知识产权利用的反垄断法指南》第2章对日本《禁止垄断法》第21条的解释是:“这条规定说明反垄断法仅适用于与技术使用有关且在本质上不被认为是权利行使行为的限制行为”。很明显该解释在概念使用上有错误,因为客观上讲,即使是“不正当地权利行使”也是一种“权利行使”,如果说适用禁止垄断法的前提是要认定被诉行为是“权利行使行为”还是“限制行为”,而认定“限制行为”是适用禁止垄断法进行

---

[12] 有关二者的区分参见许光耀:《欧共体竞争法通论》,武汉大学出版社2006年版,第163—164页;另参见谢琳:“竞争法中的豁免制度与适用除外”,载《黑龙江政法管理干部学院学报》2010年第9期,第146页。

[13] 比利时《经济竞争保护法》第7条的规定:“1. 如果相关企业希望本法第2条第1款所指之协议、决议和协同行为能够适用第2条第3款的规定,那么他们必须向竞争委员会申报这些协议、决议和协同行为。在收到这些申报之前,不得作出第2条第3款至宣告,除非有第5条第1款或者第2款规定之情形。2. 本条第1款不适用于下列协议、决议或者协同行为:……(2)(b)限制知识产权,尤其是专利、实用新型、设计或者商标的受让人或者使用人,或者依合同享有权利的人,行使其转让或者授权运用与使用和适用工业过程有关的制造方法或者知识的权利。”前引全国人大常委会法制工作委员会经济法室书,页350。

[14] 波兰《反垄断法》第3条规定:“本法不追究基于专利法、商标法、外观设计法、著作权法所获得的排他性权利;也不追究雇员和工会为保护雇员利益而与雇主达成的协议。”前引尚明书,页385。

[15] 墨西哥联邦《经济竞争法》第5条规定:“为保护作家和艺术家的作品以及发明家和改进独占发明的个人的智力成果,授予他们在一定期限内行使的特权也不构成垄断。”同上引,第385页。但是这一条款有不同的译本,本文采用的是商务部条法司主编《〈中华人民共和国反垄断法〉理解与适用》中的译法,而在时建中主编《三十一国竞争法典》中的翻译是:“作者和艺术家在一定期限内对其作品享有的特权,以及发明者和发明改进者对其发明的排他使用权不构成垄断”。

审查后的结果，岂不出现逻辑上的循环？同样，我国台湾地区的执法机构在面对“CD-R诉讼”、“克流感专利强制许可诉讼”时只好从其“公平交易法”第45条所谓“正当行为”四字硬性推导出“不正当行为”可以适用公平交易法，但是何谓“不正当行为”在执法、司法实践中还有待澄清。这种已然对执法、司法实践带来问题的立法例是否值得借鉴不言而明。

## 二、对我国现行反垄断法知识产权条款适用效果的质疑

### （一）“滥用知识产权”是否是反垄断法适用于知识产权行使行为的前提条件？

我国《反垄断法》第55条后半段规定：“经营者滥用知识产权，排除限制竞争的行为，适用本法”，而学界对应如何理解该规定存在争议。有学者认为“当知识产权的行使违反反垄断法时，必然存在知识产权的滥用，但是反过来并不一定成立”[⑯]。按照这种观点，违反反垄断法是构成滥用知识产权的充分条件，即“排除、限制竞争的行为”已然构成了“滥用知识产权的行为”。但是如果按照该思路理解《反垄断法》第55条，则会出现类似于日本《禁止垄断法》第21条法律适用上的逻辑循环问题：反垄断法是否适用于知识产权行使行为要以认定行为是否排除、限制了竞争为标准，而关于行为对竞争效果的判断必然适用反垄断法规定。

另外一种理解是从字面意义上进行解释，认为“反垄断法适用于知识产权行使行为的条件有两个：其一，该行为构成滥用知识产权；其二，该行为排除、限制了竞争或可能产生排除限制竞争的效果。这也就意味着反垄断执法、司法机构在适用该法规制知识产权行使行为时，必须查清两个事实：一是滥用知识产权的行为；二是该行为造成排除、限制竞争的后果”[⑰]。人大法工委就采纳了这种观点。在其编撰的《条文说明》中的对“滥用知识产权”和“排除、限制竞争”两个条件关系的阐释是：“只要知识产权的获得和行使是合法的，没有超出权利自身的范围，即使因行使知识产权的行为而排除或者限制竞争，也不适用反垄断法。”[⑱]但是如果按照这种思路进行理解，则反垄断执法、司法机构在处理有关知识产权行使行为的反垄断案件时就必须先解决何谓“滥用知识产权”的问题。

### （二）何谓“滥用知识产权”？

目前我国各部门法中都没有对“滥用知识产权”进行定义的条文[⑲]，而学界对这一

⑯ 王先林，见前注⑥，页27。

⑰ 张伟君：《规制知识产权滥用法律制度研究》，知识产权出版社2008年版，页358。

⑱ 见前注⑥，页341—342。

⑲ 2004年12月最高人民法院在《关于审理技术合同纠纷案件使用法律若干问题的解释》第10条中则对《合同法》第329条规定的“非法垄断技术、妨碍技术进步”的行为作出了具体解释，列举了6种属于《合同法》第329条规定的“非法垄断技术、妨碍技术进步”的行为。但是这一解释还不能被认为是对“滥用知识产权”概念的界定。

概念的使用也非常混乱。从内涵上讲,有学者把知识产权滥用作为民法中禁止权利滥用原则的下位法原则⑳;有学者主张知识产权滥用是"知识产权的权利人在行使权利时超出了法律所允许的范围或者正当的界限,导致该权利的不正当利用,损害他人和社会公共利益的情景"㉑;有学者主张:"知识产权人滥用其权利所造成的利益冲突并不是权利人超出权利的法定范围的行为所导致……滥用的产生应是权利行使方式的不当所导致的……知识产权的滥用是以享有知识产权为前提,故而滥用行为是行为方式违法,而非权利内容违法。"㉒就其外延而言,相关阐述更是五花八门。仅就专利权滥用而言,有的研究把限制性条款、恶意申请专利、恶意诉讼等行为一并统称为专利权滥用㉓;有的研究则把专利权滥用分为专利懈怠、恶意闲置专利、专利池滥用、先用权制度滥用四个方面㉔;有的研究把专利授权前的滥用称为"滥用请求权",而把专利授予后的专利权滥用分为"滥用专利保护期、滥用专利合同和滥用专利救济",甚至把商业软件是否应该成为专利权保护客体的问题也归入专利权滥用的研究范畴。㉕ 因此,才会有学者认为:"滥用知识产权不是一个非常严密和科学的概念,只是对超越授权范围使用知识产权和不正当使用知识产权行为的一个笼统称谓。"㉖

在此且不论上述学术研究对"滥用知识产权"概念的阐释在学理上是否禁得起推敲,仅就《反垄断法》第55条适用而言,这些研究并没有明晰究竟哪些"滥用知识产权"行为需要运用反垄断法进行规制。也正是如此,在我国反垄断法起草过程中,一些国外机构对该问题提出了质疑。例如,美国律师工会反托拉斯部、知识产权部和国际法部在《对中国所拟的反垄断法共同建议》中表示:"拟议法律的条款在反垄断法和知识产权法的交界处还有许多问题,尤其是未能定义什么行为构成知识产权滥用而且违反了反垄断法"。㉗ 而欧共体通过TRIPs理事会发给我国的磋商函中也提出了类似的疑问:第55条涉及的"滥用知识产权"概念在实践中是什么含义?㉘

⑳ 参见武长海:《知识产权滥用研究》,知识产权出版社2010年版,页74。

㉑ 王先林,见前注⑥,页92。

㉒ 吴汉东等:《知识产权基本问题研究》,中国人民大学出版社2005年版,页821。

㉓ 参见上海大学知识产权学院课题组报告:《专利权滥用的法律规制》,载《专利法第三次修改专题研究报告(中卷)》,知识产权出版社2006年版。

㉔ 参见中国政法大学课题组报告:《专利权滥用的法律规制》,载《专利法第三次修改专题研究报告(中卷)》,知识产权出版社2006年版。

㉕ 参见张冬:《专利权滥用认定专论》,知识产权出版社2009年版。

㉖ 黄勇,见前注⑦,页27。

㉗ 张伟君,见前注⑰,页359。

㉘ World Trade Organization, IP/C/W/503, 11 October 2007, (07—4372), "Council for Trade-Related Aspects of Intellectual Property Rights", Original: English, Transitional Review Mechanism of China, Communication from the European Communities. 转引张伟君,见前注⑰,页359。

（三）“滥用知识产权”规则是否应被引入反垄断分析？

按照人大法工委的理解，反垄断执法、司法机构应该在就知识产权行使行为适用反垄断法前先行判断是否存在“滥用知识产权”，这就要求有一套判断“滥用知识产权”的独立规则。且不论在我国现行法律中并不存在这样的规则，即使在世界范围内，也只有美国在知识产权侵权抗辩中所形成的滥用专利、滥用版权和滥用商标规则。那么美国的这一套规则是否可以被“借鉴”到我国反垄断法制度中呢？

在美国，与知识产权有关的“滥用原则”（misuse doctrine）是以知识产权政策为基础、在知识产权侵权诉讼中发展起来的抗辩规则。最先形成的是有关专利权滥用的规则（主要针对专利许可协议中搭售条款是否合法的案件），其分析思路是本着“权利本位”的思想，以界定权利行使的合法范围为分析方法。该分析思路后来被借鉴到有关版权和商标侵权的审判中，从而发展出版权滥用原则和商标权滥用原则。但问题在于，权利行使合法与否的边界需要依靠分析权利行使行为对公共利益产生的影响来确定，而这很大程度上与论证行为对竞争的影响相重合。在专利权滥用原则形成之初，反垄断审判规则也还在构建之中，其对有关搭售协议案件的审判还没有引入对市场势力的考察，所以在早期的司法判决中二者不存在明显冲突。但随着反垄断审判规则的完善，特别是通过一系列判例确立了对搭售案件适用合理性原则进行更严密分析之后，专利权滥用原则所坚持的从权利本位出发的分析方法被批判为主观化和武断。由此，在适用专利权滥用原则时，美国法院一直面对一个尴尬的问题：是否要引入反垄断法审判规则使专利权滥用原则更具说服力？1982 年，波斯纳法官在 *USM Corp v. SPS Technologies, Inc.* 案的判决中写道：“在还没有出现一个出色的联邦反托拉斯执法机构前，（权利滥用）原则就出现了；在该法获得目前广泛的适用前，该原则早已经成熟。而对反托拉斯的解释目前已经可以覆盖每一个对竞争具有实质性损害的行为，所以对于一个也是用来阻止竞争行为（滥用专利垄断）的滥用原则，就很难确定其独立的角色。”“如果滥用的请求不用反托拉斯原则来检验，那么应该用什么原则来检验呢？”[29] 1988 年，美国国会对《美国专利法》第 271（d）加以修改，明确了搭售协议只有在证明专利权人在相关市场上拥有市场势力的前提下才被认定构成专利滥用。而 2006 年，美国联邦巡回上诉法院在 *Illinois Tool Works* 案中试图将证明市场势力有无的问题独立于专利侵权案件的审判之外，最终美国最高法院推翻了美国联邦巡回上诉法院的判决，否定了专利权本身赋予专利权人市场势力的假设，明确指出有关搭售合法与否的判断“必须有关于相关市场上市场势力证明的支撑，而不能仅仅是一种假设”。[30] 由此，专利权滥用原则和反垄断审判规则又进一步趋于一致。

---

㉙ USM Corp v. SPS Technologies, Inc., 694 F2d 505, 510-1(7th Cir. 1982), cert denied, 482 U.S. 1107 (1983).

㉚ Illinois Tool Works, Inc. ('ITW') v. Independent Ink, Inc., 126 S. Ct. 1281, 1291 (2006).

到目前为止,美国知识产权法领域的滥用原则和反垄断法的审判规则仍然是两套不同规则[31],而近年来,知识产权领域的"滥用原则"越来越多地借鉴反垄断审判规则。有关如何进行借鉴,乃至是否应该继续坚持两套规则的争论仍在继续,但是探究这种借鉴的根本原因还是以权利本位为出发点的"滥用原则"分析方法不够完善,需要借助于反垄断法的分析方法来支撑对有关权利行使行为对公共利益造成不利影响的论证。而我国《反垄断法》第55条后半段的表述则完全是反方向的,似乎意图将"滥用原则"引入反垄断法的审判之中,难怪谙熟美国"滥用原则"的美国律师公会会对我国《反垄断法》第55条的表述提出质疑了。

## 三、对我国反垄断法知识产权条款修订与完善的建议

### (一)重新解释反垄断法规制知识产权行使行为的原因

在反垄断法下设置知识产权条款必须首先明确反垄断法规制知识产权行使行为的理由,而对该理由的探讨又应该从知识产权制度对经济活动作用方式的分析入手。

知识产权制度的法哲学分析包括多个不同视角。仅就经济学分析层面而言,知识产权制度对经济的作用并不局限于为从事创新的个人提供利益回报,从而促使其继续创新。本文认为,知识产权制度的核心内容在于通过赋予创造性劳动成果(知识产品)财产权,使其成为可以进入市场流通的社会资源,并通过许可或转让行为与其他社会资源结合,从而使得市场机制对创新活动的调整成为可能。而反垄断法调整知识产权行使行为的根本原因是:知识产权行使行为本身也是市场行为的一种,作为市场机制保护者的反垄断法,有必要对所有市场行为进行监督和调整,以确保这些市场行为不会损害到市场机制发挥其增进社会整体经济运行效率的作用。因此知识产权行使行为和其他一般财产权行使行为都应该适用反垄断法的一般规则。考察反垄断制度框架的构建,主要的依据是行为主体的数量、行为主体与相关当事人之间的关系以及行为的方式,其制度设计是围绕对市场行为的分析而展开的,并未针对特定种类的权利。

所以,在修订反垄断法时,我们有必要纠正目前反垄断法对知识产权行使行为的错误定位,彻底废除知识产权除外条款,使得反垄断法的一般规则和基本分析框架都得以适用于对知识产权行使行为的调整。

### (二)明确反垄断法规制知识产权行使行为的范围

在反垄断法中设置知识产权条款还必须明确反垄断法调整知识产权行使行为的范围。

首先,反垄断法的规制作用仅限于经济层面,主要考量知识产权行使行为对经济运行效率的影响,兼顾对消费者福利的保护。因此反垄断法不能解决所有因为知识产

---

[31] 关于二者的区别参见张伟君,见前注⑰,页94—95。

权行使行为而带来的私人利益与公共利益的冲突,也不能规制所有所谓的“滥用知识产权”行为。例如所谓“垃圾专利”问题就不应由反垄断法调整,因为第一,反垄断法调整知识产权行使行为的时间起点应是知识产品获得了财产权并进入市场流通之后,不调整知识产权授权不当问题;第二,这类问题主要源于专利申请和审查程序的不完善,可以也应该主要依靠对知识产权制度本身的完善来解决。又如,所谓滥发警告函的行为应主要通过反不正当竞争法中有关商业诋毁行为的规定加以禁止[32];而所谓“滥用诉权”的行为则应主要通过知识产权法和诉讼法的侵权救济制度加以调整。

其次,反垄断法调整的知识产权行使行为一定与知识产品在市场中的流通有关,具体而言主要指知识产权的许可和转让行为。而拒绝许可行为实际上是“未完成”的知识产权许可:某市场主体请求许可,而权利人或者因为根本无意许可(纯粹的拒绝许可)或者因为双方关于许可的条件不能达成合意(非纯粹的拒绝许可)而最终未能完成许可。所以反垄断法调整拒绝许可知识产权行为的前提是一方当事人已经提出过许可请求。

综上,本文认为反垄断法所调整的知识产权行使行为一定是与反垄断法所规定的垄断行为有关的知识产权行使行为,主要指那些以拒绝许可或者在知识产权许可、转让中设置各种限制性条款以维持权利人的市场优势地位并排除、限制竞争的行为。所以在制定相关执法指南时,无需对何谓“滥用知识产权行为”进行规定,而应该坚持反垄断法对垄断行为的一般分类,将各类知识产权行使行为归入反垄断法一般分析框架下判断其合法与否。

*(三)在执法指南中构建知识产权行使行为之反垄断判定方法*

既然反垄断法的一般原则同样适用于知识产权行使行为,那么为什么还要就知识产权行使行为制定专门的反垄断执法指南呢?主要原因是,较之于一般财产权行使行为,知识产权行使行为与创新之间的关系更为紧密和复杂,从而使得对知识产权行使行为的反垄断判定不得不对资源配置效率、生产效率和创新效率进行权衡。传统意义上,反垄断法所追求的经济效率目标仅指资源配置效率,所以反垄断法的主要作用被解读为通过保护竞争以引导或促使人们最有效地利用现有社会资源。[33] 然而社会经济的发展除了要求对既有社会资源加以充分利用,还要求实现可利用社会资源的持续增长。知识产权制度的整体构架正是着眼于社会资源的增长,而知识产权行使行为也被认为与创新有着千丝万缕的联系。所以在对知识产权行使行为进行反垄断分析时,必须将其与创新效率的关系纳入考察范围之内,而这也将使相关反垄断分析更加复杂。

这种复杂性主要体现在三个层面:首先,创新本身具有复杂性。创新是一个动态

---

[32] 参见李明德:“‘知识产权滥用’是一个模糊的命题”,载《电子知识产权》2007年第10期,页52。

[33] 例如人大法工委在其编撰的反垄断法释义中就将我国反垄断法第一条所规定的“提高经济运行效率”的反垄断法立法宗旨解释为指“实现资源的最有配置”。参见前注③,页3。

的过程,包括发明、企业化、投资、开发和技术扩散等不同阶段[34];创新具有风险性[35],但是创新的风险因具体项目和产业的不同又存在着差异[36];创新种类和模式的多样化也决定了创新所需要的市场环境和外部条件的多元化。所以对创新效率的考察必须与不同阶段、产业和模式中的创新特点相结合。其次,创新与市场结构之间的关系非常复杂,大量经济学研究表明无论是竞争性的还是垄断性的市场结构都有可能在一定条件下促进创新,也有可能在另一些条件下不利于创新,所以不能将对创新效率的追求简单化为对竞争性市场结构的保护。再次,知识产权行使行为与创新之间也不是简单的等同关系,第一,知识产权主体可能不是创新主体,因而具体知识产权行使行为所带来的收益并不一定能作用于对创新的激励[37];第二,不同种类的知识产权对创新的作用方式不同,相关反垄断分析的关注点也会不同[38];第三,不同产业的竞争状况、对知识产权的依赖程度、知识产权权利分布情况以及知识产权行为对竞争的影响范围存在差异,因此关于一项知识产权行使行为是否能够有利于创新的分析还必须与具体的市场和产业状况相结合。

综上,对知识产权行使行为进行反垄断分析必须将对创新效率的考察纳入其中,而难点在于如何构建出一套既符合反垄断法的一般分析框架又能够涵盖对创新效率考察的分析方法,而这也是制定相关反垄断执法指南和司法解释所必须首先研究和解决的问题。

---

㉞ Frederick Scherer & David Ross, Industrial Market Structure and Economic Performace, Boston: Houghton Mifflin Company, 616—17, 1990.

㉟ Kentith J Arrow, Economic Welfare and the Allocation of Resources for Invention, in the Rate and Direction of Invention Activity. Princeton: Princeton University Press. p.619, 1962.

㊱ Edwin Mansfield, *Patents and Innovation: An Empirical Study*, 32 Mgmt. Sci. 56(1986).

㊲ 最为极端的例子是收购发明和专利权的风险投资公司。这些公司的盈利模式是以较低的价格收购发明和专利权,再以较高的价格进行转让或许可,从中赚取差价。所以有可能知识产权转让或许可的主要收益并不为创新主体所获得,也不会或者大部分不会被再投入到创新过程之中。

㊳ 例如专利权对创新的作用直接与具体的产品或技术相关,因此相关技术创新实现方式的不同决定了具体的专利权行使行为对技术创新所发挥的作用不同;相反,版权对创新的作用在于使得有创作潜能的人能够从其创作中获利,从而投入到创作活动之中并吸引更多有创作潜能的人加入创作之列,所以版权对创新的作用呈现一种"整体化"的特点,因此对版权行使行为促进创新效果的考察更多地应着眼于其对创作群体而非创作个体的影响。

# 建筑作品著作权的侵权判定

朱　理*

近年来，涉及建筑作品的著作权侵权案件在司法实践中逐渐出现。建筑既具有实用功能性，又具有艺术性，属于物质产品和艺术产品之间的边缘产品。因之，著作权法中的建筑作品可以说是介于科学作品与美术作品之间的边缘作品①，其保护对象和侵权判定方法必然具有某种特殊性，不宜机械套用著作权侵权判定的一般规则。对建筑作品著作权侵权判定方法的探讨，不仅有助于澄清理论界和实务界对相关问题的误解，还有助于深刻把握著作权侵权判定的一般规则，并对妥当地处理相关纠纷有所裨益。

## 一、建筑作品著作权的保护对象

讨论建筑作品著作权的侵权判定，首先应明确建筑作品著作权的保护对象。根据我国《著作权法实施条例》(2002)的解释，建筑作品是指以建筑物或者构筑物形式表现的有审美意义的作品。从这个定义中可以看出，我国著作权法对建筑作品的保护对象规定了两个条件：在物理意义上，它是以建筑实物形态体现的作品；在美学意义上，它是能使人产生审美体验的作品。该两个条件共同决定了建筑作品著作权的保护对象。

审美体验具有个体性，加之法官不是艺术家，至少不是美学意义上的艺术家，对于作品是否能够使人产生审美体验无从给出客观判断。司法者毋宁将第二个条件理解为建筑作品应该具有美学表达上的独创性，即该建筑作品体现了作者在美学领域的独

---

* 朱理，最高人民法院知识产权审判庭，2000—2006 年就读于北京大学知识产权学院。

① 已故著名法学家郑成思先生较早认识到建筑作品的特殊性并进行了可贵的探索，参见郑成思：《知识产权论》，法律出版社 1998 年版，页 238—246。

特观点和创造力。那些陈腐庸常的建筑设计,那些仅仅是追随某种著名的建筑风格或潮流的建筑设计,由于未能展现设计者独特的美学观点和创造力,不能成为建筑作品著作权的保护对象。尤应注意的是,绝大多数建筑历史风格往往与体现该种建筑历史风格的标准要素密切相关,并以某种方式从标准要素中发展而来。著名的哥特式建筑风格即以建筑上的"锐角三角形"为主要特征,形成飞腾、垂直、宏伟的形象。我国云南中部地区的一颗印风格民居,正房与厢房连结,正房三间,左右厢房各两间,靠近街道设有倒底座,中间是门和过道,形式规整,状如印章。② 上述锐角三角形、一颗印设计等体现建筑历史风格的标准设计要素应属于公共领域。具有此类风格的建筑应适用更高的独创性标准才能获得著作权保护。③ 当然,建筑作品的创造性经常体现在将不受保护的元素进行独创性的选择、搭配或编排,从而形成符合著作权保护条件的整体。在很多的情况下,设计者也可能将独创的受保护的设计元素整合到标准的、不受保护的建筑特征中。这些都是建筑作品独创性的常见形态。此外,由于功能性是著作权和专利权分界的基本决定因素,"如果建筑设计师能够禁止模仿该建筑的任何可视设计要素,他就会获得超出版权法疆域的更彻底的财产权保护。"④因而,对于由实用的、结构的和技术的需要所决定的建筑物内在基本设计,不属于建筑作品著作权的保护对象。⑤ 对此,存在宽松与严格两种理解。一个宽泛的解释是,如果一种设计要素并非服务于纯粹的艺术目的,就应认定其是功能决定的而不受保护。狭义解释则认为,只有那些由实用功能性所决定的唯一的建筑设计,才被排除在建筑作品著作权的保护之外;如果对于一种实用功能而言,存在数种同样有效的可以选择的建筑设计,则该种设计可以获得著作权保护。⑥ 笔者认为,关键的问题在于设计者在创作时是否存在足够的设计自由,进而是否存在展现其个性与创造性的设计空间。⑦ 如果对实现某种功能而言,只存在有限的、为数不多的设计选择,那么这些设计将不能获得著作权保护。反

---

② 参见嘉禾:《中国古典建筑知识问答》,新世界出版社 2009 年版,页 153。

③ Adam T. Mow, Building with Style: *Testing the Boundaries of the Architectural Works Copyright Protection Act*, Utah L. Rev. 853, 873 (2004).

④ William M. Landes & Richard A. *Posner*, *An Economic Analysis of Copyright Law*, 18 J. Legal Stud. 325, 352 (1989).

⑤ 美国国会众议院的立法资料认为,存在两种类型的建筑语言:内在的和诗意的。内在语言是指建筑最基本形式所固有的——决定于实用性、构造和技术要求。诗意语言是指对建筑以外的问题的回应,包括社会仪式和神话传说的三维表达。立法的意图在于只保护"诗意的语言"。See H. R. Rep. No. 101—735, at 18—19 (1990), as reprinted in 1990 U. S. C. C. A. N. 6935, 6949.

⑥ Clark Proffitt, *Poetry or Production: Functionality in the Architectural Works Copyright Protection Act*, 39 Ariz. St. L. J. 1263, 1285(2007).

⑦ 这也是以法德为代表的作者权制度下司法实践的惯常思维方式。The French Pachot decision, Cass. Ass. Plén., March 7, 1986, 129 RIDA 136(1986); Ulrich Loewenheim, Das Werk, in *Urheberrecht: Kommentar* 85, 97(Gerhard Schricker ed., 1987).

之，如果存在足够多的设计选择，那么任何一种都可以成为著作权的保护对象。

至于建筑作品得以体现的建筑实物形态，包括建筑的部分或整体形状、空间和要素的编排和组合。小至建筑物的一部分、室内空间设计及装饰，大至建筑物的平面布局、立面处理、形体组合、组群规划等，只要在美学表达上具有独创性，皆可成为建筑作品著作权的保护对象。有论者从我国著作权法执法实践出发，认为我国著作权法对建筑作品的保护仅限于建筑物外观，并不延及建筑物的内部设计，此言不确。[8] 我国著作权法并未排除对建筑物内部空间设计的保护。构成建筑作品著作权保护对象的关键在于，作品表达出了设计者独创性的美学观点与创造力，至于其属于建筑物外观还是内部设计，在所不问。在比较法上，德国和美国的司法实践也为我们提供了佐证。[9]

尚需讨论的是，建筑物的标准设计元素是否属于建筑作品著作权的保护对象？我国法律对此并未明确。笔者认为，建筑物的标准设计元素不应受到建筑作品著作权的保护。因为标准设计元素例如窗户、门等是用于建造新建筑作品的基本元素，在建筑细节的处理中往往需要大量套用标准图集，赋予其著作权将会阻碍建筑创新的进步。况且，如果建筑标准设计元素具有艺术性而构成美术作品或者实用艺术品，则可以基于美术作品或实用艺术品获得保护，而不是作为建筑作品受到保护。美国版权法即规定，建筑作品的单个标准特征不受保护。[10]

还需指出，由于我国著作权法中的建筑作品仅指以建筑实物形态体现的作品，因而建筑设计图和建筑模型（立体造型）不属于建筑作品的范畴。但是这不意味着建筑设计图和建筑模型不受我国著作权法保护，前者可以归类为工程设计图、产品设计图等图形作品，后者则归类为模型作品，在图形作品和模型作品项下分别受到保护。[11]

## 二、著作权侵权判定的一般思路与方法

在著作权法上，要证明侵权成立，原告必须证明：a. 被告复制了原告享有著作权的作品；b. 该种复制情节严重，构成可诉的侵权行为。两个要件缺一不可。第一个要件涉及事实问题，它关注的核心在于被告是否实际利用了原告的作品作为原型、模板或启发。由于实际复制的证据难以获得，实际复制经常通过“被告接触过原告的作品”以

---

⑧ 许超：“著作权实施条例修订简谈”，载《中国出版》2002 年第 9 期。

⑨ 参见〔德〕M. 雷炳德：《著作权法》，张恩民译，法律出版社 2005 年版，页 144。此外，结合德国著作权法第 59 条的例外规定来看，该法允许对位于公共场所的建筑作品进行绘画、拍摄，但是该例外仅限于建筑物的外观，由此可以推断，对于建筑物的室内设计不能适用该例外规定，因而该法并未排除对室内设计的保护。美国的情况，参见美国版权法第 101 条。

⑩ 17 U.S.C. § 101.

⑪ 这种分别保护的模式虽备受批评，但在国际上并非没有先例，日本著作权法即采取了同样的模式。See Peter Ganea, et al, Japanese Copyright Law: Writings in Honour of Gerhard Schricker, Kluwer Law International, p. 23, 2005.

及“原告作品和被控侵权作品之间存在有据可查的相似性[12]”两个方面的证据来间接获得证明。[13] 如果两个方面的证据都存在,那么事实审理者或法官必须判断这些相似能否证明存在复制行为。如果缺乏接触证据,那么相似点必须非常明显,才能排除原告和被告分别独立取得相同结果的可能性。[14] 相反,如果有充分的证据可以明确否定被告有接触原告作品的可能性,即使两个作品具有实质性相似也不构成侵权,因此不再需要考查第二个要件。第二个要件则属法律问题,它考查的是被控复制行为是否达到了如下程度:被告的作品与原告的作品实质性相似,以至于应承担侵权责任。[15]“即使承认了复制的事实,除非这种复制是实质性的,否则复制的事实不能产生任何法律后果”。[16] 这就要求法官必须确定被控侵权作品是否复制了足够的表达,以至于与原告作品受保护部分实质性相似。实质性相似是著作权法中难度最大的问题之一。它处于从两部作品没有任何相似性到完全字面相同这两个极端之间的某一点上。显然,问题就在于如何确定这一临界点。尽管美国著名法官勒尼德·汉德曾言,“这条界线无论划在哪里都似乎是武断的”,“版权侵权标准必然具有模糊性”。[17] 但是法官总是要努力确定某些规则或方法,尽力保证裁决的一致性和可预见性。司法实践中,法官基于争议作品的性质和复杂程度曾使用过整体观感(total concept and feel)和分解分析(dissection analysis)两种不同的检验方法。

整体观感法通过普通观察者对作品整体的内在感受来确定在后创作者是否利用了在先作品的核心和精华,以此确定是否构成实质性相似。普通观察者对作品的整体观念以及由此引发的感受是判断实质性相似的重要标准。该方法最先由美国联邦第九巡回法院在贺卡设计侵权案中发展出来。[18] 美国联邦第二巡回法院随后在儿童图书一案中采用了这一术语。[19] 之后,整体观感法被应用于儿童电视节目、纺织品设计、装饰脸谱、儿童玩具、拱廊游戏、贺卡、虚构人物等。在建筑作品领域内也不乏适用的先例。[20]

分解分析法通过将原告程序中不受保护的要素与受保护的要素区分开来,然后过

---

[12] 有据可查的相似性(probative similarity)由 Latman 教授最先提出,See Latman, “*Probative Similarity*” *As Proof of Copying: Toward Dispelling Some Myths in Copyright Infringement*, 90 Colum. L. Rev. 1187 (1990).

[13] Melville B. Nimmer & David Nimmer, Nimmer on Copyright § 13.01[B](2007).

[14] Arnstein v. Porter, 154 F. 2d 464 (2d Cir. 1946).

[15] 我国理论界和实务界往往将著作权侵权判定方法笼统归纳为“接触加实质性相似”,似乎混淆了作为事实问题的复制和作为法律问题的复制两个不同的问题。

[16] Newton v. Diamond, 349 F.3d 591, 594 (9th Cir. 2003).

[17] 转引自 Melville B. Nimmer & David Nimmer, Nimmer on Copyright § 13.03[A] (2007).

[18] Roth Greeting Cards v. United Card Co., 429 F.2d 1106, 1110 (9th Cir. 1970).

[19] Reyher v. Children's Television Workshop, 533 F.2d 87, 91 (2d Cir. 1976).

[20] 例如 Sturdza v. United Arab Emirates, 281 F.3d 1287, 1291 (D.C. Cir. 2002); *Shine v. Childs*, 382 F. Supp. 2d 602, 612 (S.D.N.Y. 2005).

滤掉不受保护的因素,最后对受保护的要素进行比较分析,以便确定是否构成实质性相似。在美国,分解分析法从涉及计算机软件的判例中发展出来。美国第二巡回上诉法院在阿尔泰案中,发展出了"抽象——过滤——比较"三步法来确定计算机程序的实质性相似。[21] 抽象法的目的是分离出不受版权保护的思想,在确定抽象层次的时候,法院从最低的抽象层次(例如计算机程序的基础编码)开始,直到最高的抽象层次(例如计算机程序的主要功能)结束。过滤则是要从实质相似性的考察中去除那些不受版权保护的表达,例如来自公有领域的部分。过滤程序之后留下的是"核心的或可能是核心的创造性表达",再进行比较,以评估与原告作品的受保护的表达整体相比,被利用的表达部分的相对重要性。[22] 这种方法还有其变化模式,那就是在第一步中先由原告识别出其被侵权的部分,然后再进行过滤和比较。[23] 我国法院早在1990年代初期就开始使用这一方法,其时间早于美国法院。[24]

整体观感法的优点和局限都非常明显。在整体观感法下,事实审查的任务被简化了,审理者可以从整体上审查作品,无需过多分析在后作者是否利用了在先作品受保护的核心或精华,因而不需要审慎地区分思想(或事实)和表达。由于整体观感法通过整体比较两部作品而不进行任何分解分析,它不能区分受保护的表达和不受保护的因素,因而有扩大保护的危险。例如,尽管两部作品可能看起来在其整体观感上实质性相似,但这些相似可能来源于共同利用了同一思想或公共领域的材料等不受保护的要素。在某种程度上,整体观感法允许审理者根据对不正当行为的内在感受作出反应[25],因而增加了结论的主观随意性。该方法还可能颠覆版权法的核心理念,因为版权法保护的是具有独创性的表达(expression),观念(concept)属于思想,不是版权法保护的对象。[26] 在这个意义上,这个标准所判断的可能是一部作品中体现的抽象思想的相似性而不是其表达的相似性。此外,尽管整体观感法是判断实质性相似的充分条件,但不是必要条件,即被告不能仅仅因为其作品具有不同于原告作品的"观念和感觉"而得以免责。[27] 其理由在于,两部作品的整体观感不同,如果被控侵权作品利用了原告作品中足够数量的细节表达因素,仍然可能因实质性相似而构成侵权。最后,整体观感法的适用范围有限,从已有的司法实践来看,仅限于结构简单但创作自由度较高的视觉

---

[21] Computer Assocs. Int'l, Inc. v. Altai, Inc., 982 F.2d 693, 706 (2d Cir. 1992).

[22] Computer Assocs. Int'l, Inc. v. Altai, Inc., 982 F.2d 693, 710 (2d Cir. 1992).

[23] Apple Computer, Inc v. Microsoft Corp., 35 F.3d 1435 (1994).

[24] 例如李淑贤、王庆祥诉贾英华《末代皇帝的后半生》著作权侵权案。参见郑成思:《版权法》,中国人民大学出版社1997年版,页472—478。

[25] Elliott M. Abramson, *How Much Copying Under Copyright? Contradictions, Paradoxes, and Inconsistencies*, 61 Temple L. Rev. 133, 147 (1988).

[26] Melville B. Nimmer & David Nimmer, Nimmer on Copyright § 13.03[A][1][c](2007).

[27] 同上。

作品。

分解分析法的优点在于,它明确地区分受保护的表达与不受保护的元素,因而使得实质性相似的判断对象更加清晰。同时,它对于各种作品都有广泛的适用性。该方法的局限在于,它在排除不受保护的元素时,容易忽视掉那些由不受保护元素的独创性选择或编排而形成的应受保护的对象。当然,如果在过滤分析时能够对不受保护要素的独创性选择或编排加以留意,前述缺点也可以避免。另外,分解分析法具有一定的不确定性。例如,如何对作品进行分解?如何确定作品的抽象层次?在何种层次上受保护的表达会演变成不受保护的思想?在司法实践中,法院可能根据作品的性质使用不同的分解抽象层次。[28]

## 三、建筑作品著作权侵权判定的方法选择与运用

建筑作品著作权侵权判定应该注意选择适当的分析方法,因为不同的分析方法可能会导致完全不同的结论。美国法院审理的阿联酋使馆建筑设计侵权案突出地展示了不同判定方法适用于建筑作品时的尖锐冲突。[29] 该案中,原告在阿联酋驻美使馆新建筑的设计比赛中胜出,但与阿联酋政府就许可使用问题协商未果。之后,原告发现阿联酋政府选用了另一竞争者的参赛设计并进行了修改。原告认为该修改后的设计复制并不当利用了其参赛作品的设计特征。初审法院采用了分解分析法,认定两个建筑设计之间不构成实质性相似。在上诉审中,美国华盛顿特区联邦巡回上诉法院则使用了整体观感法。该院认为,原告的屋顶"由玻璃制成……使得光线能从窗格中照射进来","三条突出的拱形结构环绕着屋顶,最大部分在屋顶基部,愈向顶端渐趋缩小",这种结构产生了"一种从屋顶基部向顶端发展的向上运动的感觉"。[30] 被告的屋顶是"不透明的","以菱形覆盖……愈向顶端渐趋缩小"[31],这种菱形结构也产生了类似的感觉,可以认定存在实质性相似。据此,该院将案件发回重审。如果像初审法院那样适用分解分析法,原告设计中的透明屋顶与被告的不透明屋顶、原告的拱形环绕结构和被告的菱形结构都是否定实质性相似的证据。而且,"向上运动的感觉"是一种抽象思想,同样的观感本身不受著作权保护,两个建筑设计可以用迥然不同的设计元素传达出相同的效果。上诉审法院似乎在整体观感法的引导下迷失了方向。

该案告诫我们,应当慎用整体观感法,否则就会有不适当地扩大保护的危险。进一步的分析则表明,对于建筑作品可能更适宜运用分解分析法。

---

[28] Sarah Brashears-Macatee, *Total Concept And Feel or Dissection?: Approaches to The Misappropriation Test of Substantial Similarity*, 68 Chi.-Kent L. Rev. 913, 921.

[29] Sturdza v. United Arab Emirates, 281 F.3d 1287, 1291 (D.C. Cir. 2002).

[30] *Id.* at 1298.

[31] *Id.*

尽管建筑作品是介于科学作品与美术作品之间的边缘作品,但是与美术作品相比,建筑作品因其功能要求而极大地限制了建筑设计师的自由创作空间。建筑设计师必须时刻把功能要求、规划限制、环境映衬、施工限制等牢记在心,努力解决地点、方案、结构和设计等具体问题。他们在创作时极少有艺术家在创作美术作品时思接千载,视通万里,挥毫泼墨,尽书心意的畅快淋漓之感。因此,建筑作品与纯粹的美术作品相去甚远,与计算机软件、工程设计图等具有实用功能的科学类作品更为接近。"当作品的功能性要素开始发挥作用,需要更精确的版权分析以便防止不经意地将思想、步骤、工艺、系统以及操作方法从公共领域中割离出来。"[32]只有更精细的分析才能确定具有实用功能的建筑作品之间是否构成实质性相似,因而分解分析法将是更适当的方法。

适用分解分析法判定建筑作品著作权侵权问题时,需要结合建筑作品的特殊性加以适当改善。

首先,需要注意的是,实质性相似的衡量标准是随具体情境而变化的。[33] 有些作品展现出了极大的创造性努力,例如美术和音乐等,应受保护的元素较多;有些作品则可能创造性稀薄,例如电话号码簿、汇编作品、仿真作品、工程设计图等事实性或科学性作品,这类作品中受保护的元素较少。作品中受保护的元素越少,认定实质性相似所需要的相似性程度就越高。对于那些处于独创性最低要求边缘的作品,那些仅仅是对不受保护的因素进行了独创性选择或编排而形成的作品,构成侵权所需要的实质性相似可能要达到或接近完全相同的程度。我们的分析已经指出,建筑作品更接近于科学类作品,判断实质性相似所需要的相似性程度总体上不宜过低。同时,由于建筑领域内存在从比较平庸的建筑设计到具有较高创造性和艺术性的设计这样的连续频谱,法官应个案中具体把握实质性相似所需要的适当尺度。

其次,法官在利用分解分析法确定建筑作品之间是否达到实质性相似的尺度时,可以采取如下步骤:

(1) 要求原告指明其被侵权的设计要素。由原告首先辨别出其被侵权的设计部分,可以明确法庭审理的焦点和对象。如果首先对原告的整个设计进行抽象,分离出不受保护的思想,可能会偏离原告的指控,使法庭的工作徒劳无功。

(2) 从原告所辨识的被侵权要素中抽象出不受保护的思想并过滤掉不受保护的要素。这一步实际是抽象和过滤的结合,其目的是把不受保护的因素从原告的指控中去除。此时需要考虑如下因素:

第一,抽象出不受保护的思想。基于思想/表达两分法的著作权基本理念,在考察

---

[32] John M. Walker, Jr. et al., *Copyright Protection: Has Look & Feel Crashed?*, 11 Cardozo Arts & Ent. L. J. 721, 733 (1993).

[33] Melville B. Nimmer & David Nimmer, Nimmer on Copyright § 13.03[A] (2007).

实质性相似时,构成思想的建筑作品设计元素应该被过滤掉。[34] 但是,确定一种元素是否已经抽象到一定程度并构成不受保护的思想并非易事。美国著名法官勒尼德·汉德在谈及戏剧作品的抽象层次时曾有如下名言:"对于任何作品,尤其是戏剧作品,大量的逐渐增加抽象性的方式同样非常适合,因为越来越多的偶然性细节被排除了。最后剩下的可能只是最抽象的剧情概要,有时仅仅是它的标题;但是在这个逐渐抽象的序列中存在某一点,在那里它们不再受保护,因为若不如此则该剧作家可能禁止利用他的思想,而除了其表达之外,他的财产权是不能延及思想的。"[35]对于建筑作品而言,在最低的抽象层次上,建筑设计是点、线、面和立体空间的组合,它显然属于表达。在最高的抽象层次上,建筑设计是具有特定功能并满足特定需要的建筑,这明显属于思想范畴。在这两者之间,随着抽象程度的增加,必然存在由表达向思想转变的临界点。由于个案的复杂性,不存在确定这个临界点的固定程式,因而需要法官在个案中展现其司法智慧。美国有关法院曾经在个案中认为在塔楼上加入一个球形建筑属于思想,因而只有这种结构形式的表达而不是该结构形式本身受到保护。[36] 此外,还有其他设计要素被美国有关法院认定为思想,例如"圆屋顶、风塔、护栏、拱顶等"[37],"分成房间座位区和凳子座椅区的岛型或半岛型酒吧"等。[38]

在建筑作品中比较常见的是现实造型的转移适用问题,即把常见的自然物造型转用于建筑,例如中国国家体育场鸟巢造型、悉尼歌剧院层叠的风帆或贝壳造型、南宁市会展中心由12个花瓣组成的盛开的朱槿造型等。上述建筑设计的共同点在于,其构思都借用了已有的自然物造型,在此基础上结合所在位置和环境进行创造性设计,造就了著名的建筑作品。尽管如此,由于鸟巢、风帆或贝壳、朱槿花朵都源于自然物,将之转用于建筑作品属于思想范畴,不是著作权保护的对象。上述建筑作品的著作权人不能禁止他人在建筑作品中也使用鸟巢、风帆或贝壳、朱槿花朵造型。否则,上述建筑作品的著作权人就会垄断对该种造型的使用,不利于思想和艺术的传播和利用。以一个假想的案例为例,如果一种烟花在燃放时其展现的动态造型极像鸟巢,那么该种烟花的制造商是否侵犯了国家体育场(鸟巢)建筑作品的著作权?由于鸟巢本是自然界已经存在的现实造型,将其用于建筑作品应属于创意(思想)范畴,对其赋予著作权保护无异于使著作权人获得对鸟巢造型的完全垄断权。因而,鸟巢造型本身不受著作权法保护,国家体育场通过建筑材料和空间结构对鸟巢造型的具体表达才是著作权的保护对象。如果这种烟花仅仅是借用了鸟巢这一创意(思想),它通过光线、色彩及其构

---

[34] 尽管有学者对思想/表达两分法提出了质疑,但它依然是法官面对实际案例时最有力的思维工具之一。

[35] Nichols v. Universal Pictures Corp., 45 F.2d 119, 121 (2d Cir. 1930).

[36] Wickham v. Knoxville, 555 F. Supp. 154, 156 (E.D. Tenn. 1983).

[37] Sturdza v. United Arab Emirates, 281 F.3d 1287, 1297 (D.C. Cir. 2002).

[38] Ale House Mgmt., Inc. v. Raleigh Ale House, Inc., 205 F.3d 137, 143 (4th Cir. 2000).

图动态展现鸟巢造型,其表达与国家体育场对鸟巢的表达差异明显,一般不会构成侵犯国家体育场鸟巢建筑作品的著作权。[39]

第二,过滤掉来自公有领域的设计要素。在建筑设计领域,属于公有领域的要素包括前文所述的体现历史风格的设计要素,例如哥特式建筑中的"锐角三角形"、云南一颗印民居的印章状设计等。另外,那些庸常的、惯用的设计要素以及单个标准特征也应认为属于公有领域,应予排除。

需要说明的是,在表现某种建筑风格或潮流时,某些要素可能被广为接受和使用,使得该要素成为"必要场景"(scenes a faire)。[40] 必要场景涵盖了那些"在处理某种特定思想时,作为不可或缺的实用内容或至少是标准内容的作品要素。"[41]尽管这些必要场景并非完全不受著作权保护,但在确定实质性相似时,有必要将其剔除,因此在涉及两建筑作品之间存在必要场景的相似时,尚需要更多数量的非必要场景因素的相似才能认定构成实质性相似。

第三,过滤掉由该建筑的实用功能所决定的因素。当确定功能决定的设计元素时,法院应该考虑限制建筑设计师的设计选择的那些外部因素,例如,建筑规划要求、地理位置、当地建筑条例、建筑用途等。建筑规划要求在这一分析中可能占有非常重要的地位。例如一所医院的规划要求可能对特定空间和元素进行特别安排;这种安排不应属于建筑设计师的独创性表达。

(3) 对剩余的因素进行比较分析。如果从原告指控被侵权的要素中抽象和过滤掉不受著作权保护的要素后,还有其他剩余的要素,那么这些要素属于著作权保护的对象。接下来的任务是将被告的作品与这些剩余的要素进行比较,找出被告所利用的部分,然后将被告所利用的部分与原告作品进行衡量,看其是否构成原告作品的实质性部分(注意绝非是否构成被告作品的实质性部分)。这里的实质性既包括量上的实质性,也包括质上的实质性。[42] 作为量上的实质性,可以考虑被告所利用的部分的数量以及占原告作品的比例;作为质上的实质性,可以考量被告的利用行为是否使得原告作品的独创性价值受到明显减损。

(4) 对被过滤掉的要素的独创性选择或编排进行整体比较。在步骤(2)中被过滤掉的因素虽然可能属于不受著作权保护的对象,但是对不受保护的元素进行独创性的选择、搭配或编排却可以形成受保护的整体。因此,还应对这种独创性的选择或编排进行步骤(3)的比较分析作业。在经过步骤(2)后剩余的受保护因素几近于无的情况

---

[39] 还应指出,烟花表演在大多数国家都不属于版权保护的范畴。See WilliaM. R · Cornish, Intellectual Property: Omnipresent, Distracting, Irrelevant?, Cambridge University Press, p. 44, 2003.

[40] Satava v. Lowry, 323 F. 3d 805, 810 n. 3 (9th Cir. 2003).

[41] Apple Computer, Inc. v. Microsoft Corp., 35 F. 3d 1435, 1444 (9th Cir. 1994).

[42] See generally, Melville B. Nimmer & David Nimmer, Nimmer on Copyright § 13. 03[A] [2][a] (2007).

下,应当特别注意考察原告作品对过滤掉的不受保护要素的选择或编排是否应受保护。这在建筑领域内尤为重要,因为在大多数建筑作品中,对不受保护要素的独创性选择或编排可能是唯一受保护的表达。在此需要强调的是,将原告作品中独创性的选择或编排与被告作品进行整体比较时,认定构成实质性相似需要更高的相似性尺度——两者应该“近乎相同”。

# 译　著

# 序

高智公司CEO纳森·梅尔沃德(Nathan. Myhrvold) 2010年4月在《哈佛商业评论》上刊载了《大创想:向发明投资》的文章,表明高智公司商业模式的合理性和远大前景,文章中高智公司一再向社会解释他们“被误解了”。社会所谴责的“专利巨魔(patent troll)”被他解读成为一种新型的投资模式——“最大的新发明资本公司”,这类公司的成功,将“加速技术进步,创造更多的新业务,让世界变得更美好”。但是,无论高智CEO怎样赞扬高智的专利经营模式,都不能排除社会对它的质疑。

客观的评价应当是独立于高智公司之外的声音。在此,我们组织翻译了一篇有代表性的文章,2011年由TOM EWING和ROBIN FELDMAN发表在《斯坦福大学科技法评论》上的《我们中的巨人族》。从这篇文章中,可以觅出这类知识产权经营公司的真实面目以及由此引起的法律问题。

高智公司仅是这类公司的代表之一,这类公司在世界上已经成百上千,那些拥有众多专利的跨国公司也是他们的成员,他们囤积的专利尽管不像投资公司“生产发明”的那样产物,但是在专利的应用中也寻求投资公司的经营模式。这些专利巨人的出现不仅使专利申请的目的发生了变化,而且在专利的应用中以及他们所谓的“向发明创造投资”的成本回收过程都对后续创新及竞争秩序构成了威胁,已经完全偏离了专利制度设立的初衷。

我国专利制度的应用刚刚有所成就,对这类经营模式还没有真正认识,对其引起的相关法律问题也没有健全的法律制度,面对这种知识产权应用的国际趋势,我们的任务是了解它、学习它、运用它,并尽快构建防止权利滥用的有效机制。

为了能够详细了解文章观点,北京大学国家知识产权战略实施研究基地将《我们中的巨人族》全文翻译刊登,不再摘译评述,并且附上高智公司CEO纳森.梅尔沃德《大创想:向发明投资》的文章,以使读者独立判断。

张平

2012年5月21日

# 我们中的巨人族*

Tom Ewing & Robin Feldman　著

熊凌霄　侯　翔　宋晓盼　译　宋晓盼　陈　磊　校**

## 前言

专利世界正在悄然经历着一场巨变。在短短几年间，一些法人实体已经积累了空前规模的巨大专利组合。为了说明这场变化的剧烈程度，我们的研究显示，仅仅五年多一点的时间，其中规模最大的实体已经在世界范围内积累了3万到6万个专利，这个数量在美国本土公司中的居于前五名，全世界范围内居于前15名。

理解变化的本质，以规模来衡量很重要，但并不是唯一方法。组织方法和实践对于专利权和创新领域的转变也起到了很大的作用。

这些实体，我们称之为大规模整合者，他们并没有投身制造业或者科研领域，而是要帮创立人和投资人实现另外的目的。非实施实体在专利世界上存在了一段时间，后来分成了两类，一类是大学和研究所，其有学者从事基础研究和发明许可工作而不是亲自制造商品。另一类是个体或者小团体，其购买专利权，而后对现存的成功商品主张权利。第二类被通俗叫做“巨魔”，像童话故事中提到的一样，当三只公山羊想过桥时，必须付给等在桥下的巨魔过路费。那些被敲诈勒索、又陷于创新压力的营业公司强烈谴责此流氓行为。特别是那些认为专利海盗通常榨取了不合理利润的公司，其认为该利润远远超过他们的专利发明转化为商品所带来的价值总和。

---

* 本文翻译由北京大学法学院张平教授指导进行。

本文原载于《斯坦福大学科技法评论》2012年第1期，全文下载地址为：http://stlr. stanford. edu/pdf/feldman-giants-among-us. pdf。

** 译者熊凌霄、侯翔、宋晓盼为北京大学法学院法律硕士研究生。校者陈磊为北京大学法学院博士研究生。

然而，那些新出现的大规模整合者更为另类，令人厌恶至极。首先，其财源包括一些成功的商誉很好的企业，例如制造公司苹果、易趣、谷歌、英特尔、微软、诺基亚和索尼等；学术机构，例如宾夕法尼亚大学和巴黎圣母院等；和其他实体，例如世界银行、威廉与佛洛拉·休利特基金会等。有些国家（或地区），例如中国、法国、韩国、我国台湾地区甚至也有规模不等的大规模整合者。

此外，收购的专利和专利来源都很有意思。大规模整合者的专利组合广泛地涉及各个创新领域，从计算机领域到通讯领域到生物医学领域甚至到纳米技术领域。大规模整合者在一些收购活动中，会购买某经营公司大量甚至绝大部分专利和专利申请。他们通常会预先支付现金，并向除销售方之外的其他人，支付一部分因持有专利而产生的未来利润。大规模整合者还使用其他不寻常的收购方法，据说还包括购买发展中国家高校研究人员未来所有发明。其他收购方法，据说包括针对性地购买大规模整合者的投资人特别感兴趣的专利。

投资人回报类型，参与者的利益类型，以及法人组织和专利维持的一些策略，与普通非执业实体也有所不同。最后，大规模整合者的规模本身令人难以置信，其经营规模和精密复杂程度，在10年前是无法想象的。他们采取前一代非执业实体所开创的标准战略，并转换成一些在知识产权领域至今所见的最机智的策略。

本文的目的是阐明大规模整合者。我们希望提供一些对这些变化本质的理解，分析其经济性和意义，并提供一些规范性的思考。在描述部分中，我们专注于不遗余力地保持神秘的最早最大的大规模整合者——高智公司。根据所能得到的公共信息，并投入数千小时的研究，通过跟踪约1300家皮包公司和数以千计的专利，我们提供了该实体的详细情况。该部分还简要介绍了一些其他的大规模整合者，包括一些上市公司。

在分析部分中，我们研究了大规模整合者对专利制度、对一般创新、以及对整个经济的潜在影响。我们着眼于大规模整合者可能带来的潜在积极影响，包括保证容易被遗忘的发明人得到适当回报，建立发明人与可实现其发明的厂商的市场连接，最重要的是，以保险形式来运作一类似于反专利海盗的防御基金。

另一方面，我们着眼于大规模整合者和其创造的专利货币化市场所带来的潜在经济危险。鉴于专利制度的不完善，以及专利货币化市场所造成产品的畸形特征，大规模整合者提高了当前生产的税收负担，可能会导致未来发明的减少。市场特征也可能潜在激励了反竞争行为。

最后，我们对以各种政府机构形式存在的国家权力，是否以及在多大程度上，应参与这些市场的变化，而提出一些初步的规范性意见。该节还广泛考虑了，如果以这种有意义的和破坏性最小的方式参与，可能发生的变化。

## I 相关事实

在过去的五年中,有关大规模整合者的信息慢慢渗透到专利界。最初信息很大程度上是通过推测,以及那些受保密协议约束或担心激怒那些大规模整合者的人私下的评论获得的。2011 年 7 月研究最近大规模整合者的记者写道:我们曾采访与高智有许可协议的人,我们曾采访(涉及高智公司)专利诉讼的被告,我们还曾采访被 Oasis Research 起诉的每一家公司,但没有人会跟我们谈。

当我们第一次开始尝试了解整合的结构和活动时,我们遇到了同样的僵局。这几年"你找不到他们任何的蛛丝马迹;想都别想了"类似的论调一直在知识产权这个小圈子里流传,它激励我们更努力的工作,最后,信息就像把毛线从毛衣上拆下来一样,一圈一圈慢慢浮现出来。

一篇关于高智公司的研究文献揭示了有关该公司的许多见解,却鲜有独立的事实。我们的目的是,通过追踪该公司拥有的知识产权资产,查明这些资产的来源,并通过描述公司的活动来填补这一空白。我们在这里提供的数据是经过四年潜心研究,从公共资源的零星信息整合得来的。

### A. 高智发明公司

有关高智公司的大部分信息都很神秘。高智公司也承认,它确实有意隐瞒其知识产权资产的真正范围和性质。其许可交易和关联公司都通过严格的保密协议来保护,由于其商业活动结构,很难掌握其全部活动。例如,经过我们的研究发现,高智公司拥有超过 1000 家皮包公司用来进行知识产权收购,所以需要付出相当大的努力来确认这些公司。由于其活动范围十分广泛,很难对高智公司的知识产权资产范围概念化。

高智公司由 Nathan Myhrvold 和 Edward Jung 于 2000 年成立,他们都曾在微软担任过高管。Peter Detkin 也对高智公司的发展起了关键作用,"专利海盗"这一带贬损意味的词,就是他在担任英特尔首席知识产权主管期间所创,这真是专利界的巨大的讽刺。

高智公司虽然从 2000 年就开始运营,但似乎直到 2004 年或 2005 年间才开始了大规模的专利收购,我们可以确定当年的收购交易额从几个增加到了几百个。

根据高智公司的说法,发明本身就是其产品,Myhrvold 和 Detkin 均认为公司的经营模式是"发明资本主义。"他们将"发明资本主义"的概念界定为:应用风险投资和私募股权的理念来创造和商业化应用新发明。

虽然高智公司的目的是从专利权买卖中赚钱,但其创始人却描述他们的活动是为了激励所有技术项目的研发。例如,Myhrvold 曾这么说过:大多数人认为研究是一种慈善,他们不认为它是一个营利性的行业,所以我们的目标是将研究变为可投资的事情。我认为如果你知道你在做什么,这就是一个有价值的投资。因此,如果我们能够把资金和专业知识用在正确的地方，我们就能积累大笔资金，有了资金，净科研预算就会上升。

高智公司的活动范围是非常广泛，很难界定这家公司的经营范围。它投资的新发明和新技术涵盖了很多产业——从计算机硬件到生物医学，从消费电子到纳米技术。据我们计算，在超过 1000 项的交易中，该公司就从个体发明人、各种规模的公司、政府、研究实验室和高校受让过发明和相关知识产权。

披露像高智这样神秘的公司的经营范围和活动并不容易。我们试图通过综合分析各种公开资料的信息，来形成对该公司的大概了解。这些公开资料来源包括：美国专利商标局（USPTO）的专利转让记录；包括专利转让历史信息的专利商标局 PAIR 数据库；专利商标局专利和应用数据库；包括特拉华，内华达州，华盛顿和加利福尼亚在内的州政府记录；非盈利实体的国税局文件；证券和交易委员会从企业提交的 10Q 和 10K 文件获取的数据；联邦登记备案；数十个诉讼文件；和不同实体的新闻稿以及其他出版物。

高智公司的业务网络结构让我们难以检测和跟踪公司的活动。例如，高智公司承认，它利用皮包公司购买并持有专利，虽然它没有公开指出皮包公司的数量、名字。在 2006 年，一本杂志指出 50 家其认为是由高智公司经营的皮包公司。我们的研究汇集了 1276 家与高智公司有关的皮包公司，但我们并不认为已经涵盖了高智公司所有的皮包公司，但截至 2011 年 5 月，仅这 1276 家公司就持有约 8000 项美国专利，以及 3000 项未授权的美国专利申请。

即使对皮包公司有了一些了解，但由于高智公司有时会故意长时间不记录其所有权，因此跟踪高智公司的专利仍然非常复杂。例如，在某些情况下，我们发现当事人表示他们已经向高智公司出售或授权专利了——即使经过仔细研究已经确定了某项知识产权——但我们在 USPTO 数据库中仍无法查到相应的转让记录。

虽然高智公司没有透露其资产库的确切的性质和范围，但公司的报告说，它拥有约 35000 项“发明资产”。虽然公司没有指明该术语的含义，但我们认为，它不仅指专利还包括专利申请、未申请专利的发明、外观设计专利、商标，以及公司拥有或经营的任何商业秘密。至于该公司所谓的“发明资产”是指专利还是专利族，那就更令人不解了。虽然公司未公布这些专利存在于哪里，但我们认为，这个数字代表了该公司的全球专利。如果数字 35000 仅代表该公司在美国的专利，那么高智公司持有的专利数量就超过了 IBM 在美国的专利数量，但一般公认为 IBM 持有美国国内最多的专利。

为了更全面准确地展示高智公司持有的专利，我们从公共资源中尽可能多地收集该公司专利持有信息。汇总以下信息，我们估计在 2011 年 5 月，高智公司在全球拥有 3—6 万专利和专利申请。这就意味着，在短短几年中，高智公司的专利数量在美国公司中至少排名第五，在全世界排名大约第十五位。

B. 高智公司持有的专利和专利申请

经过大量的挖掘,我们找到1276家似乎与高智公司有关的皮包公司和相关实体。这些公司在美国持有大约8000项专利和3000项未授权的专利申请。我们并不认为我们已经找到了所有的皮包公司。然而,我们相信可以通过它计算出高智公司所有专利的合理近似值。根据掌握的信息,我们可以通过几种方式大致估计出高智公司所持专利的总体规模。下面的估算来自于我们对这1276家皮包公司的了解。

我们首先从高智皮包公司的信息入手。首先,我们确定了50家似乎起管理作用的皮包公司,1家处理商标有关事项,十几个处理投资事项。其余的1200家公司中,954家公司以他们的名字登记其拥有的专利,而大概242家公司拥有的专利没有以其名字登记,尽管它们确定拥有专利权。

我们注意到,高智公司的模式是,在资产交易完成之前就建立一个皮包公司来接收资产。因此我们有理由怀疑,那242家不以其名字登记专利的公司中,至少有一部分正准备通过专利交易进行资产配置,而其他公司已经进行了有关的专利交易,但交易没有出现在公开记录中。例如,如果高智公司获得一项专利的独家授权,虽然其效果类似于拥有专利,但当事人不需要在USPTO登记、变更专利所有权,尤其是如果被独家授权的一方认为,专利所有者根本不可能再次将该专利转售给其他人。

那954家有专利记录的皮包公司平均每家有8.5项专利及3.2项专利申请。假设另外242个皮包公司包含未记录的交易,根据这个平均值算出还有另外2057项专利及774项专利申请。加上这些漏掉的专利及申请后,专利总量大约有10000项专利及3700项专利申请。

高智公司也宣称它每年约提起500项专利申请并且现在已经成为美国前50名专利申请人之一。但其没有说明这500个专利申请是否全出自于发明研讨会,还是也包括已经购买的专利后续改进技术再申请。不管怎样,考虑到专利申请提起18个月后才公布,则截至2011年5月未公布的专利申请应该有大约750项。我们估计,加上未公布的专利申请,美国的专利数量维持在10000件,但是专利申请的总量约达到4400项。

实际专利数量可能比这个预估值大或小。比如,如果高智公司的进行登记比看起来的更快速些,则专利数量会小些。相反的,如果高智公司拥有的皮包公司数量远大于我们目前知道的,那实际专利数量大于我们的预估值。

尽管已经发现了1200家以上的皮包公司,我们毫不怀疑还有其他类似公司已经成立。高智公司的独占许可权意味着还有相当数量的未公开的专利,因为专利协议不必然载明专利的内容。比如我们可以知道交易方是美国罗德岛大学及巴西坎平纳斯州立大学,但却并不知道相对方是哪家皮包公司。加利福尼亚大学及圣地亚哥州立大学公布了与5家皮包公司达成的许可协议,却并未透漏所涉及的专利。同样的,美国海军公布了与2家皮包公司的专利许可，该许可没有记录。

从专利组合中的非美国专利来讲，高智公司大约一半专利数量源于非美实体。其中大多数来自欧洲实体，因为欧洲知产与美国知产相比，往往估值过低。这也说明了，高智公司可以利用美国与世界其他地方的知识产权的价值差来套利剥削。最终，在对高智公司国外专利的规模进行思考后，我们得知该公司专利组合中相当数量的专利相对较新，通常，这些专利在国际上被起诉的次数远远大于较早的专利。

事实表明高智公司的专利组合里每一个典型的美国专利都至少有一个同样的外国专利。考虑到世界上有多于150个可授予专利权的国家，所以当某一外国专利被诉时，世界范围内专利都会受到波及。并不是所有的专利都有一个对应的外国专利，其实，大多数专利在不少国家都没有对应的专利。

我们并未去调查外国公司的记录，但如果调查的话，可能会找着更多高智公司的专利—不只是国外的专利还有美国的。比如，我们在进行研究时发现了外国公司公开的文件，里面恰好提到了其与（高智公司的）皮包公司的交易，因此我们得知高智公司从两家外国公司处获得了一些美国专利。

基于以上信息，我们认为高智公司某些典型的美国专利也在2到4个外国申请了专利。单从美国专利推断，而不考虑高智公司仅在外国可能拥有的专利，截止2011年5月，全球专利数量将要达至约20000—40000项专利及9000到18000项专利申请。那么，加上预估的专利及专利申请的数量，高智公司在世界范围的专利量已达约29000到58000项专利及专利申请。这个范围水平，虽然是估计数值，却相当合理保守。然而，即使只是这些数据，也已经将高智公司置于美国专利数量排名前5，及世界专利持有量前15的位置。

C. 专利池来源

已经找到证明表明高智已经参与了超过1000次收购交易。通过这些交易，高智公司获得了来自于发明者个人、各种大小的公司、政府、研究机构及高校的发明及相关知识产权。

高智公司强调其专利组合源自多种多样的交易，可分为战略性收购、针对性收购及进口型市场驱动等。我们认为随着专利供应方对高智公司的投资，大型交易仍会增加。针对性收购是一种有目标的收购，其或是完善高智公司的专利组合，或是针对今后发展的目标领域。

1. 通过与高校交易来收购

与高校之间的专利交易特别有趣，其未必占公司的专利组合的多少比例，但为理解高智公司的发展规划及其对创新的潜在作用提供了视角。高智声称它和400多家大学都有联系，虽然不能确定具体包括哪些学院。这些关系并不一定是公开的，因为可能有些专利的所有权仍在高校名下。例如，高智可能仅得到一个独占许可，以便将涉及的知识产权商业化,这种情况下没有必要进行所有权转移。然而,我们发现近乎50家高校与高智签订了协议,高校名称我们列在附录A中。一些协议涉及专利的买卖或许可,一些涉及高校对高智的投资,另有一些涉及未来发明的批量转让。

我们确实发现一个有趣的例子,某发展中国家的一个学院进行发明批量转让,听说这代表了一种模式。特别是,我们找到了巴西最大的研究机构之一——坎皮纳斯大学的一个协议摘要。在这份摘要中,高智公司对高校的发明享有PCT专利申请权。换句话讲,该大学可以在国内申请专利,而高智则有权在世界范围提起PCT申请。虽然我们不能确定具体的条款,但由于高智公司的商业化,这些协议似乎给高校带来了一些收益分成。

在其他发展中国家的大学,据说也存在类似协议,这确实是一个整合新发明权利的有远见的手段,但也可能对公司产生反效果。比如说,假设学术机构一些个体不满于该协议,在协议期限内创造出较少的成果,低于协议条款中的数量,或者主要致力于非专利的活动,这样的结果对学术机构、高智公司及创新本身都无益处。

2. 通过专利转让获取专利

高智公司另一个专利来源是向中小型企业提供交叉许可。比如,高智公司与Digimarc公司在2010年签订了协议,根据Digimarc在美国证交所的文件显示,该公司授权高智公司专有许可,赋予其几乎所有Digimarc公司的专利权。

Digimarc公司与高智公司的协议的主要条款如下:

a. 专利许可费用为3600万美元,三年内按季度分期付款;

b. 除上述的专利许可费,高智公司许可项目所得收益的20%归Digimarc公司;

c. 被许可专利每年的实施及维系费用由高智公司承担。

d. Digimarc在五年内协助高智公司进行有关专利许可方面的事项,高智公司为此至少支付400万美元。

e. 被许可专利的后续技术,Digimarc公司有权获得无偿回馈许可,以用于与被授权专利有关的现有业务。

因此,高智公司购买了Digimarc公司大多数专利权,承担维持专利组合的成本,获得追诉其他公司的权利。高智公司通过专利诉讼追诉其他公司时,Digimarc公司可获得现金补偿,外加收入一个百分比,Digimarc也保留着继续使用专利的权利,直到专利相关业务结束。

C. 资金来源①

据报道,为了专利收购及自身运作,高智公司已经筹集了至少5000,000,000美

① 英文原文即存在两个Section C,似为原稿编辑错误,译者未作更动,特此说明。原文各部分的排列如下:I. Facts/A. Intellectual Ventures/B. Patents and Applications Held by Intellectual Ventures/C. Origins of the Portfolio/C. Funding Sources/D. Return on Investment——译者注。

元。该公司的初始投入资本来源于诸如微软、因特尔、索尼、诺基亚、苹果、谷歌及易趣等公司投资。随后的资金来源于金融投资,投资人主要是社会捐赠基金及富裕的个人投资者,包括威廉与佛洛拉·休利特基金会,宾夕法尼亚大学,美国圣母大学,格林内尔学院,查尔斯河风险投资公司。比尔和梅林达盖茨基金会委托高智公司做一些关于抗疟装置的合同调查。据我们所知,除了与 Myhrvold 合作开发的核反应器的某些原型之外,该设备是此公司制作的唯一实体产品。

高智公司的投资项目在 5 项以上,投资者并不对每项进行投资,投资额度也各不相同。在 2011 年 5 月与赛灵思公司的诉讼案中,高智公司被迫公布其四项投资项目的投资名录。加上如上所述的初始资本注入团体,投资者有亚马逊公司,美国运通,Adobe 公司,美国思科,威瑞森通讯,及赛灵思公司本身。

据 Myhrvold 所述,高智公司以资本承担形式筹集资金,可供公司用一定时间。高智公司宣称其运作以风险投资及私募基金的形式进行。虽然实际条款随资金及收购的不同而不同,但该公司力求收到大约 2% 管理费用外加 20% 的附带利益。

D. 投资回报

关于大规模集成者,有一个有趣又很难概括出来的问题,即投资者会得到什么回报。投资者们间差别很大,正如他们可能做的这类交易一样。一些投资者看起来既对金融回报感兴趣,也对高智公司广大的专利感兴趣。正如高智公司前任收购部门负责人 Vincent Pluviage 曾经说道,如果投资人是技术公司,高智以获取专利许可的方式为其提供防御。Pluviage 强调,实际上,一些技术投资者指明了某一特定技术领域,要求高智去收购该专利,以便获得许可权。

但是,另外一种的投资者,对获取专利权没多大兴趣。比如,我们就不指望威廉与佛洛拉·休利特基金会或世界银行对专利许可特别感兴趣。实际上,Pluviage 证实了高智有一些纯粹的金融投资者,这些投资者对专利许可没有需要。Pluviage 相信金融投资者们选择高智及知识产权的一般类型作为投资,是因为他们相信这是一种不同于其他投资的方式。

对于想得到专利权的投资者来说,这是一种比取得产品的制造许可权更精细复杂的方式。威瑞森在 2008 年花了 350 万美元买了专利许可及高智投资的一份股权。美国电视录制技术公司控告威瑞讯侵权。威瑞森从高智公司的某一皮包公司购买了一个专利,将其用于美国电视录制技术公司案,即高智公司所说的“IP 防御”项目的反诉讼中。

Vlingo 公司也有类似情形。纽昂斯通讯公司控告 Vlingo 侵权。在法律诉讼阶段,Vlingo 的专利组合中大多是未决申请,这种形式的专利,不能为公司提供用于反诉的有效材料。Vlingo 并未像威瑞森一样仅购买一个专利,它从高智买了 7 个专利,并将 5 个用于控告纽昂斯通讯公司。因此,不管是 Vlingo 还是威瑞森,在需要之时,都能够通过购买专利取得诉讼优势。

如果此类安排,能够允许买方在诉讼结束后将专利再卖给专利整合者,此类交易将会更加有趣。这就像一个租赁计划,或者说一个专利图书馆,那些投资者可以在对的时间获得所需要的专利权,用完后,还可以将其返回原处。考虑到经诉讼验证的专利比未验证专利价值更高,买方可能更容易在此类交易上获利。

有权使用一个巨大的专利池,对于技术公司来说,价值无限,但是一定要当心其来源。2011 年高智与赛灵思公司的诉讼中,可以很有趣地发现赛灵思本身就是高智的投资者之一。

在高智公司控告了赛灵思公司的三个竞争对手之后,赛灵思针对高智公司(专利权归属)提起了确认之诉。人们不禁纳闷,在高智与其投资者之间发生了什么,以至于当事人在这种情况下提起诉讼。虽然没有可靠信息,但人们会想到情况也许是这样的:赛灵思公司与高智公司达成协议,内容包括赛灵思公司(将)购买高智公司投资基金的股份和高智公司部分专利的许可权。假如许可费基于赛灵思提供的销售数据来确定,而高智公司则开始怀疑赛灵思提供的数据是否准确,甚至对这些数据提出异议,人们便可以看出针对赛灵思公司的竞争对手(提起)的侵权诉讼是具有双重目的。通过这些诉讼,(高智公司)既可能拿到赛灵思公司的竞争对手的赔偿金,也向赛灵思公司发出了信号:高智公司对其专利有信心并且它提出的要求是经过深思熟虑的。在此情形下,赛灵思也进行了有力地回击,它要求法庭宣判高智公司的专利或者无效、或者赛灵思并未侵犯其专利权,并提出披露请求,要求公开高智发明投资人名单。

1. 资本回报②

如果高智公司成功运行其选择的风险投资模式,且给其投资者与负责人带来满意的利润,那么它所需的收益将是非常惊人的数字。尤其是,高智公司将自己定位于风险投资公司及私募基金。典型的风险投资公司必须给其投资者提供实质上超过其他投资的红利,这才被认为是成功。风险投资资金基本不流动,其周期大约 7—10 年,在此期间,投资者资本难以挪用。非流动性是这种投资比短期投资获得更高预期回报的理由之一。

高智的公司网络不公开,且没有准确区分其企业网中哪一部分是风险投资公司或基金部分,哪一部分是风险投资资产。典型的风险投资公司投资在彼此无关的业务上,这些业务的根源不能追溯到创立投资基金的合伙人身上。由于缺乏解释,我们可以猜想风险投资基金部分包括(一些)皮包公司,例如风险投资基金 I LP,而风险投资资产部分包括(一些)拥有专利权的皮包公司,例如 Ferrara Ethereal LLC。我们也不确定风险投资资产部分的有限责任合伙人将自己的股份转卖给第三方的权利,是否存在

② 本部分原文仅存在一个小节,为表对作者及原文编者的尊重,译者未作更动,特此说明——译者注。

任何限制条件。由于没有公开的交易记录，即使这些股份能被卖出，其的流动性也小于上市公司的股份，且可能有其他限制条件导致这些股份更加的难以流动。

Myhrvold，Detkin 及其他高智公司的高管一再把其公司描述成知识产权领域里的一个风险投资公司或私募基金公司。考虑到一些投资者可能改变其投资对象，高智公司与其高级投资者一起对自身所作的决策进行权衡，人们会推测，投资人相信高智公司会支付给他们至少与那些成功风险投资公司或私募基金相同的利益。一些投资者也可能有兴趣把知识产权当做各种投资对象中的一种资产类别。

考虑到风险及不流动性，美国的风险投资公司或私募基金的投资者们预期的最低回报大约为 20%，尤其在金融危机之前高智公司资金增加的时候。按照高智公司的情况来看，这是非常保守的数字。投资者通常会在既定的风险下寻找类似（回报为 20%）的投资。Acacia Research Corp. 是一个专利权许可公司，因此其资金流动性比典型的 VC 资产大。在 2002—2007 年期间，高智公司资金如期增长；与此同时，在不考虑 Acacia 的股息支付的情况下（股息支付也是 Acacia 价值增长的一部分），Acacia 的股份价值平均每年增加 30%。在 2002—2011 年期间，Acacia 的股份价值增长了更多。不出意外的话，一个理智的投资者会选择投资流动性较好、风险较小的 Acacia 股票，而不是非流动的、风险更大的高智公司，除非高智公司承诺实质上更多的回报。然而，为了计算高智公司给予投资者的最小预期回报，我们将用 20% 的保守回报数字。高智公司已经宣布对于投资者的资本收益，其打算为自身保留 20% 的利润作为附带收益，另外保留 1%—2% 的管理费（管理费被估算为资本增值的一个百分比）。我们简单地用 1.5% 作为平均管理费用。因此，除了支付管理费外，为达到投资者与高智公司的预期红利，最低收益总额应为每年 25% 以上。

虽然投资时间长短是未知参数，但是 10 年的投资周期对于风险投资领域来说还是罕见的。如果投资 50 亿，结合参数，要达到使用期的预期收益需要资金达到大约 400 亿，这才被最低限度地认为是成功的投资。这个计算结果假定了投资者在资金的使用期限届满时拿到了利润。如果假定资金的使用期长于 10 年，那么预期收益将增长到相当巨大。举个例子，如果高智公司已经将预期收益限制在一个专利的 20 年试用期内，那么使用期资金的预期收益一下子增加到最低 2440 亿美元，才能支付预期红利及管理费和资本花销。

这些计算结果假定高智公司收到了全部 50 亿美元投资。高智公司对 50 亿美元投资实际收到多少总是遮遮掩掩。如果其实际只收到 15 亿美元（仅仅是报道的承诺款的 30%），那么 10 年预期收益依然总计 120 亿美元，这个总数相当于 IBM 在同一时间段内收到的知识产权许可费。

E. 获取回报：私掠行为或其他盘剥行为

根据高智披露的信息及最近许可的交易分析出，到目前为止，高智已经累积了 20

亿美元的专利许可费。现今大部分大范围的知识产权许可只限于非常大的技术公司,这符合高智公司的许可运作模式。然而,Myhrvold 在 2008 年华尔街杂志上说,其公司最终的目标是与上百家甚至上千家公司签订专利协议,使他们成为被许可人。

最近,高智公司开始将其业务美化成弥补“发明缺口”。所以,这个可笑的比喻颠倒黑白,把这个在桥底下的丑陋巨魔描述成帮助山羊们过河的善人(虽然想必山羊们依然要向这个助人的巨魔提供金钱报酬)。

直到最近,高智公司一直利用第三方去进行诉讼活动。这种手法让人想起历史上著名的私掠行为。私掠是一种极端有效和麻烦的交战方式,最后经 1856 年公约彻底禁止。此公约允许政府颁发私掠许可证给私人,允许(1) 他们的船只俘获任何挂有敌人国旗的船只,(2) 他们可以卖掉这些船只及其货物,(3) 他们可以保留由此获得的收益。政府支持私掠这种侵略性行为的目的是保证国家能够发动战争而无需动用国库。

高智公司的私掠手段是,高智公司在为其投资者保留了许可权的前提下,将专利许可权卖给一个更富攻击性的公司。新的权利人可以控告或许可除了前权利人以外的任何人。这种手段使得高智公司直接从诉讼获得利润,同时没有费用支出或者诉讼风险。

私掠行为以下面的方式十分有效地促使(别的公司)被迫成为被授权方。一个(专利)整合者接触一个公司,要求该公司向自己的某一专利申请许可权。当对方拒绝时,整合者便将此专利权卖给富有侵略性的第三方,该第三方将以更高的许可价值起诉。然后整合者再次接触这个公司,这次要求其申请自己的另一个专利的许可权,此时对方会很愿意合作。

这种手段也使权利人的被授权商如走钢丝,如前文提到的赛灵思公司的处境一样。尤其是如果被授权商必须根据其销售额来确定对整合者的付款额,而整合者认为被授权商不够坦白,那么整合者将利用其代理人之一向被授权商的一个竞争对手发起侵略性行为,以此向被授权商表示不服从自己的潜在后果。这种手段让人想到中国的一句谚语:杀鸡儆猴。

虽然不知道交易条款,但我们的确可以找到这样的例子:一个公司有可能成为高智公司专利组合中专利的许可目标,则高智公司将利用第三方代理人向此公司提起诉讼,特别是,许多被高智公司卖掉的专利,它们的归宿就是由受让人用于提起侵权诉讼。曾经属于高智皮包公司的 Viviana 公司,Gisel Asserts KG 公司,Kwon 控股集团公司,SF 知识产权 24 公司(SF IP Properties 24 LLC),Ferrara Ehereal 公司,以及 Mission 抽象数据公司的专利权,已经被用于一些专利侵权诉讼,这些诉讼分别由专利权购买者镜框发明公司, 专利港公司, Oasisi 研究公司, InMotion 影像技术公司, 以及 Mission 抽象数据公司提起的,针对的公司有柯达, 惠普, 三星以及哥伦比亚广播公司电台等。

高智许可部门资深副主席 Merino 先生说销售是公司的合理步骤,必须否认其与私掠有关系。他在 2010 年的一次采访中告诉道琼斯公司说:“我们有足够的资产确保资金周转。”当然是卖掉到期资产确保业务顺利运行。然而,这种手段不仅用来在(高智公司)可控范围内使恶意诉讼的回报最大化,而且给其许可目标发出了更强烈的信号:合作是更好的选择。另外,当专利组合的范围不明确时,这种手段被用于向目标们暗示,被许可专利只是在这个领域中的存在的更大的专利组合的一件。

在另一个利用第三方诉讼的侵权案件中,Avistar 通信公司在 2009 年 12 月以 1100 万美元的价格将其 41 项专利和专利申请卖给了高智公司 61 基金。第二年 6 月,高智公司将这些专利转卖给了 Pragmatus。5 个月之后,Pragmatus 用其中的三个专利权控告 Facebook, YouTube, LinkedIn 以及 Photo Bucket. com 专利侵权。

Pragmatus 已经针对美国主要的电缆公司提起了侵权诉讼,其中包括时代华纳有线电视公司, Cox 有线电视公司, 宪章通讯公司以及康卡斯特公司,因为他们侵犯了诉讼前 Pragmatus 从高智公司处获得的两项附加专利权。2007 年,高智公司的一个皮包公司在 Ocean Tomo 专利拍卖会上以 302.5 万的价格获得这些专利,这些专利也是其庞大专利组合中的一部分。虽然高智公司可能不拥有 Pragmatus,目前并不清楚高智公司是否将这些专利卖了一大笔现金款,或者其是否有权分到(Pragmatus 诉讼)所获得的商业利润的一个百分比,包括专利侵权赔偿金和理赔金。交易条款包括预付的现金款加上一部分收益,这在专利市场很常见。

上述各项活动只是我们发现的,高智公司作为第三方进行诉讼或许可,以便达到其知识产权剥削目的的少许例子,我们怀疑事实上存在着更多的例子。

在主要利用第三方发起侵权诉讼之后,高智公司在 2010 年 12 月开始对侵权公司直接进行起诉。仅一天的时间,高智公司申请了三大专利诉讼:一个针对一系列软件安全公司,一个针对 DRAM(动态随机存储器)和闪存制造商,一个针对 FPGA(现场可编程门阵列)制造商。该公司还在侵权诉讼中追加了其他司法管辖区(包括国际贸易委员会)的当事人。

F. 其他大规模整合者及其相互联系

高智公司在筹集资本方面的成功引发若干小型类似公司的创立。我们简略的探讨下这些组织。关于高智公司是否和那些公司成为了合作伙伴以及到达了何种程度,目前还不清楚,但是在它们中间有大量明显的联系和互动。高智公司有可能依赖那些组织来降低各种交易的曝光率。此外,高智公司利用其拥有支配权的资本来投资是可以理解的。

1. Acacia 研究公司

Acacia 研究公司很可能代表第一个近代的大规模的整合者。Acacia 是最大的公开交易专利许可证的公司,已经在 104 个技术许可项目中签订了超过 1000 个许可协议。该公司的运营子公司(一系列股份有限公司)拥有或管理超过180个专利组合。这些专利涉及的技术领域包括从消费电子到汽车技术,从医疗器械到安保技术。Acacia的被授权商包含诸如3M、微软、三菱、彭博社、诺基亚、以及华特.迪斯尼。Acacia近期为一些营业企业启动了一项交叉许可项目,所涉专利包含世界第三大半导体公司——瑞萨科技拥有的40000多件专利。

Acacia已经是非营业实体中最好提起诉讼的一员。根据一项报告,该公司同其子公司在280个专利法律诉讼中作为原告,还在更多诉讼中作为被告(大概来自确认之诉)。早期Acacia许可认定相关的专利涉及音频视频传输、接收系统——通常被称为音频点播和视频点播。

Acacia成为一个上市公司已经有10年历史了,其稳定的投资者或共同基金管理者有奥本海默基金、富达基金、以及先锋集团。公司的股票通常保持一个稳定上升的趋势。从2002年12月17日在ACTG开始公开发行到2011年9月27日,其股票从每股1.85美元上升到了每股40.28美元,反映了2002—2011期间每年36%的升值速度。

Acacia,1993年开始运营,最初有两个分支机构,一个制造产品,另一个许可专利,最早是V芯片技术的专利许可。随着时间的推移,负责研制DNA快速创建系统和其他可编程半导体芯片的制造部门,在重要性上有所减弱。

2010年8月,Acacia知识产权基金(Acacia IP Fund)成立,Acacia的一个全资子公司成为它的普通合伙人。Acacia知识产权基金被授权募集了2.5亿美元资本。Acacia知识产权基金定位于Acacia一直引领的专利许可工作。

2. 宇东公司

Transpacific IP Ltd.于2004年在台湾开始运营,已经在香港、北京、东京以及新加坡成立了办事处。Transpacific不同于典型的知识产权整合者,其看上去很低调,它的网站没有显著特征、关于公司的新闻也很少。

尽管如此低姿态,该公司已经积累了超过3000项的美国专利和专利申请。该公司从亚洲以及美国的公司购买专利。虽然相关条款和时间并不确定,但Transpacific和高智公司很可能在2007年底或者2008年初进行了一些业务交流。在此期间,Transpacific的一些专利好像转移到了一个新的知识产权律师事务所——该律所好像也代表高智公司处理专利诉讼事宜。

我们起初是在追踪高智公司的皮包公司时发现Transpacific的,但是根据它有自己的企业标示,可以推断Transpacific很可能不是高智的皮包公司。Transpacific的公司结构看上去像高智公司但是规模很小,其还拥有自己的一些皮包公司。

高智公司从Transpacific及其皮包公司处买过专利。比如,在2010年底提起的大量直接侵权诉讼中,高智公司使用的两个专利是从Transpacific购买的。在USPTO保存的文档中,这个交易被描述为以并购为特征。

我们注意到 Transpacific 和高智公司常常共享专利法律顾问。这种共享关系十分紧密,以至于有这样一个案例,在针对高智皮包公司的起诉书中,一个专利律师错误的提出了一份有 Transpacific 代表签署的委托书,任何人都没有料想到,完全不相干的专利还会引发这样的错误。

3. RPX 公司

John Amster 在 2008 年 9 月成立了 RPX,在此之前 Amster 先生是高智公司战略收购部的总经理和许可部的副总裁。RPX 的商业模式是收购有潜在问题的专利海盗的专利,而后将这些专利权授给自己的成员。因此,该公司的成员可以以少许费用来规避知识产权侵权诉讼。该公司发展迅速,现在年收入超过 6.5 千万美元。RPX 拥有自己的 2011 年公开发行的原始股。

高智公司的一些投资者很可能想参与专利寡头公司(整合者),作为公开的专利保护基金,并且这项基金能够与投资者的业务和利益更加直接相关,RPX 就是为了填补这块市场需求成立的。RPX 获得的专利比高智公司的专利具有更高的超付价值,因此可能两家公司不会经常发现它们在特定的专利上竞争。目前为止,RPX 已经签约了大概 65 家技术公司,其中大约一半已经向高智公司销售过专利权或者投资了高智公司。

RPX 已经花费了 3 亿多美元来收购专利并通过几个基金来控制它们,比如 RPX-LV 收购公司,RPX-NW 收购公司。然而,当 RPX 向自己当前的会员授权或者购买专利时,它不总是对那些专利保留权利,而是确保潜在的好讼的所有权人之后会利用这些专利,对专利许可时的非 RPX 成员公司提出诉讼。很明显,RPX 的用户过了三年许可期限后才享有所拥有专利的永久许可权,这可以用来阻止会员脱离 RPX,因为若在三年的窗口期内离开,那些获得的专利权就会失效了。

4. Round Rock 研究公司

Round Rock 研究公司拥有一个超过 3400 项美国的专利组合。所有这些专利是在 2009 年 12 月从美光科技获得的,这大概占了美光科技所有专利资产的 20%。这个公司是在特拉华州成立的,是在它公开宣布杰出的美国专利诉讼律师 John Desmarais 将领导该公司时的前一年,大概也是 3400 项专利被美光科技转让到 Round Rock 时的前一年。

美光科技没有向证券交易委员会提交一个关于向 Roud Rock 出售大量专利的正式申报,也没有发布相关的新闻稿。奇怪的是,美光科技提交证券交易委员会的 2007 至 2010 的年报,披露了同样的关于该公司持有专利数量的图表,没有显示持有专利数目的下降。然而,

在提起诉讼中,Round Rock 声称它没有母公司也没有一家上市公司拥有它股票的 10% 或更多。这就引起一个问题,到底谁拥有 Round Rock,谁资助这项交易。

Desmarais 是 Round Rock 唯一公开的内部人员。任何人都能评估出美光科技 3400

项专利的价值接近或者超过了10亿美元,即使对一个能够集中自己资源的成功的专利诉讼人来讲,这也数目也超出了能力范围。

如果说在Round Rock和高智公司之间存在某种联系只是推测,但是我们注意到在每个公司相关人员之间的频繁互动倒是有趣得很。比如,Desmarais是高智公司对现场可编程逻辑门阵列制造商所提起的诉讼的代理人,也是利用本属高智公司的专利提起诉讼的Pragmatus案件的代理人,同时还是一个可能属于高智公司私下经营公司——Oasis研究公司的代理人。而高智公司的首席诉讼顾问,Melissa Finocchio,原本是美光科技诉讼部门的负责人。此外,据报道三星于2010年同Round Rock,美光科技以及高智公司分别签署了许可合同。

## II 潜在的正面影响

我们从分析专利寡头(整合者)可能带来的潜在的正面影响开始。它们在市场上出现后究竟带来了何种机遇,或者纠正了何种不足?这些影响对创新或者对发明界的个人有何种积极的启示?

### A. 被遗忘的发明者

在一个完美的世界里,或许没有专利寡头(整合者)的角色。一个发明人,受到专利制度有效回报的激励,能够创造一个所有人都可以了解和受益的发明。发明人可以自行制造发明产品,也可以许可他人按照发明方法制造产品。那些想进入特定商业领域的人,要彻底弄清楚专利许可记录,以确定他们是否必须从其他专利持有人处获取授权。如果有需要,当事人会自行商谈许可事宜,之后生产产品。到最后,发明人因其发明而得到回报,且整个社会因新产品和新想法受益。

然而专利体系绝非完美,由发明到专利到产品的道路不太可能很简单、直接、或者完全符合专利法的规定。想法和知识可以渗透在智力交流中,尤其在学术研究充当重要角色的领域,但这想法可能会轻易跳过讨论的论题,游离于知识产权领域之外。生产者可能会不自觉地汲取思想,而没有认识到这灵感或资源是属于别人的。在另一种情况下,生产者通过独立思考,有了某种想法,但常常完全不知道别人在学术上已是“第一个”拥有这想法的人,但可能没有制成产品而已。众多研究者和发明者可能会在同样的时间研究相似的问题,因为他们试图扫清在某个边缘领域的未知。一项伟大的发明作为一个商业化的产品(最初)可能会失败,因为其他不相关的辅助技术还不成熟,难以支持一个成功的商业产品。之后,当辅助技术成熟后,后来的创新者可能完全不知道别人开创了类似的产品,只是未能商业化而已.

理论上,生产者应该能够搜索到相关的专利,并安排必要的许可,但在现实世界中,这种描述只是一个美丽的童话罢了。许多专利律师积极建议他们的客户不要打已授权专利的主意,这很冒险,因为很可能被诉,要求侵权赔偿并因主观恶意要求额外赔偿。很多企业已采取了类似的公司指令。在专利和商标局的资源有限的情况下,有时会阻碍专利审查员排除问题专利和不合理的权利要求。在大约200万个有效的美国专利中,识别所有可能相关的专利是一个巨大的挑战。此外,即使不是不可能的,预先知道一个专利会被怎样宽泛地解释,特定的专利权利要求是否会被支持也是很难的.许多这种不确定性源于这个事实:专利权的范围在强制执行的时候是法院通过解释确定的,众所周知这个过程不可预测。这个问题的典型例子是,两个发生在同一时间的诉讼,同一地区法院对同一权利要求作出了不同的解释.

甚至当一个生产者已经用心获得必要的所有许可,也可能会有新的当事方出现,这种问题被称为专利堆积。生产商发现自己支出了他们收益中越来越多的份额给理论上数量无限的专利持有人。没有法律,法规或指导能够把产品的知识产权许可费限制在收益的固定百分比内,理论上,许可使用费累计数额超过收益的100%是可能的。

总之,专利制度对鼓励新专利来说是很好的,但是在权利许可方面是有问题的。有些生产商会从咄咄逼人的许可人那儿买许可,而许可人的专利可能并没有被侵犯,同时另外一些生产商通过玩手段却避免了从专利权被侵犯的权利人那儿购买许可。对力量薄弱的发明人和诚实的生产商来说生活是如此艰难。

就算双方的许可关系是正确的且相互了解了对方的存在,信息差距,评估的困难和其他交易障碍也会阻止交易的圆满成功。无尽的不确定性困扰着——不充足的信息,高昂的交易费用,真实的专利制度看上去一点儿也不像理想中模样。想象一下,在不动产市场中,几乎不能得到可以比较的信息。隔壁房屋的出售价格不得而知,就像两个街区外相同构造的房屋价格也不可知一样的道理。

在这个充斥着不完美的世界里,大规模整合者为那些发明每天都在被人使用但是却没有得到回报的被遗忘的发明人提供了一个市场机制。通过创造出一个专利货币化的市场,大规模整合者让个人发明人找到其他的有资金和专门知识的人来识别、并起诉那些生产侵权产品的人成为可能。

补偿现有的发明人不会增加现有产品的数量,也不会必然为进一步的创新创造资金。可以说,不管怎样,比起仅仅支付给专利持有人现金,专利货币化市场要有利于创新。如果奖励机制运行地比现在发明人所面对的、如赌博一样的状况更有效的话,发明人总体上会更乐意投入新的发明。

B. 中间人

除了补偿被遗忘的发明人的可能性以外,有人可能会认为大规模整合者提供了一种有效的中间人形式的服务,一个能帮助专利找到能够将它们开发成产品的那些人的市场媒介。发明人可能没有资金\专门知识或者其他必要的能力去制造产品。可以把货币化的市场看成是一个配对系统,这个系统将专利移位到合适的生产能力旁。

中间人系统在这个创新金融的世界中的确有很多优先权。企业资本家都知道要建立起培养箱去帮助那些有想法的人结出成果。专利货币化的市场是另外一个这方面的变异体。然而,一个可能的明显不同是专利整合者仅仅在专利的法律权利上做文章,而不是技术许可。同样地,他们不会试图去推进新的创造方向,而是抢先挖掘出各领域他们感兴趣的创造,这些创造有潜质成为当今热点技术领域而不是对未来有利的技术。简言之,没有哪个技术整合者会努力促进未知信息和技术秘密的传播,而不去扩张那些边界由公开网站和专利组合确定的法律权利。

如上所述,高智发明公司,或者其他大规模整合者,的确有一个类似培养箱的实验室。将大规模整合者作为创新者与生产资金和生产力之间的中间人,这个概念的问题是,在极大程度上,他们并不是那样运作的。大多数的行动都专注于现有专利及现有产品的交易,即大规模整合者并非是点燃未来新产品创新的火花的这种意义上的"技术推进者"。相反,他们的活动遵循这种模式:精挑细选出当今的热点技术领域,然后锁定那些孤立的无结盟的专利,利用它们从已有的产品中获利。

从理论上说,一个专利货币化的市场能够类型化成一种交易,在这里,卖方和买方能够降低交易成本。交易市场的确招致了仲裁和投机,使得不能保持经济稳定性。知识产权市场信息的不对称性放大了投机的副作用,有些市场主体能够接触到大量的市场信息,而另外的市场主体则只能得到些简单的感受而已。因为这样那样的一些原因,交易系统需要相当大程度的调控和监督。

C. 诉讼防御基金

大规模整合者最正面积极的角色应该是作为一个诉讼防御基金。专利世界以广泛存在的讨价还价为特征。大规模整合者特别相关的一个场景是,某公司面对侵权索赔时,可以搜索自己所有的专利包找出足以与那些威胁自身的公司相对抗的专利。换言之,假设你控告我专利侵权,如果我有容量丰富的专利包能够以你方产品同样侵犯我方专利权相威胁,你可能会更愿意撤销你的侵权诉讼,或者我们会制定出交叉许可协定。不论强弱,如果我没有合适的专利去讨价还价,我都会更易受到专利侵权诉讼的侵害。

如果能够在最需要的时刻找到精准的专利岂不是很好吗?大规模整合者恰好能够有组织地提供这种服务。回顾一个例子,上面提到的威瑞森方案,威瑞森从高智公司的专利包中购买专利用以在TiVo针对威瑞森的侵权诉讼中向TiVo主张反诉。这就是适时存货策略,购买材料并且只在消费者确有需求的时候才生产相应的产品。

我们可以把大规模整合者看做是提供适时专利权的对象。当一个公司被诉侵权或必须和另外一家公司谈判以获取对方的权利时,它可以通过购买而获得精准的、能够反过来给对立方构成威胁的专利。当诉讼终结后,可以把专利还回去。这种策略能够保证公司舒服自在地与竞争对手进行面对面的交锋而不用担心现代专利世界中的灾祸——专利诉讼。

除了威瑞森的例子,好几个其他的公司也成功地运用这项战略缓解了针对他们的诉讼。例如,惠普公司于2007年3月提起了一个对宏基的侵权诉讼。宏基,一个台湾公司,随后从一个台湾研究机构购买了几个专利,然后以这些专利对惠普提起反诉。这个案子在2008年中旬和解了。

类似地,三星电子也在一个专利侵权案件中通过购买专利,然后利用它们进行反诉来对抗松下电器。在这个诉讼中,三星电子同样也是仓促地从一个德国政府代理机构那里购得专利来提起反诉的。

对现代专利诉讼作出有效回应,这种作用的价值很难有很高的评价。即使可能,要判别所主张的专利是否有效,是否应用在对手的产品上也是极具挑战的。专利诉讼漫长而成本很高,并且预测任何一个单独的案子的结局都是困难的。当一个公司被诉侵权,理性的选择可能是向那个提起诉讼的人付费,哪怕这个诉讼对方胜算不大。如果解决不了诉讼,公司必须在耗费精力的诉讼上跋涉很多年,这会耗尽公司的资产,让执行主管们分心,并且引发负面的公众形象。在恰当的时刻拿起绝佳的武器,调整自身去应对特定的专利诉讼对现代公司来说具有重要意义。

大规模整合者可以提供辅助功能,同样能够帮助解决诉讼。适时获得专利权并不必然能够击退专利海盗。所谓海盗,从其定义可以知道,它们是不从事营业的公司。因此,它们没有任何可能会侵害别人专利权的产品。或许会有复杂的策略,通过第三方利用专利去干扰一个特定海盗的活动,但是总体来说,适时获得专利权不是一个海盗的解决方案。

然而,大规模整合者能够通过其他方法阻碍不从事营业的公司的活动。拥有大量资源的大型专利池能够通过吸收市面上的有潜力的专利来应对专利海盗。换句话说,代表那些从事经营的成员利益的整合者,可以通过购买开放市场上那些可能用来起诉成员的专利,来对抗专利海盗。这些公司应对海盗仍然要有所花费,但是花钱买专利可能比花钱收买海盗要便宜些,而且这样的确会让公司的高管们少分心,少恼怒。加之,抗击海盗的专利收购活动是外包给第三方的,即大规模整合者,而整合者作为一个专利货币化市场上的重复的玩家能够积累经验,这样可以让公司专注于自己的核心生产。

同样地,整合者会接触那些已经起诉或有可能以起诉它的反海盗俱乐部会员的非营业公司,购买其专利或许可。这种方式或许为实业公司提供了比它们对簿公堂(以及和解)花费要小的一个解决方案,尽管有的人可能会怀疑这样构成了竞争者的横向勾结。

这种方式同样对整合者的生意有好处。当非营业公司者起诉了那些非整合者的成员公司时,整合者也可能会购买额外的专利或者与非营业公司达成其他的安排,而使得“加入俱乐部”在那些非成员营业公司看来变得吸引人。当然,这个方式并没有真正打破非营业者的经营模式,从某种意义上说给最终交易提供了更大的确定性,虽然可能获利降低。

这种特定的反海盗方式可能还有一个好的侧面影响。随着整合者积聚专利,这些专利就能拿来像锤子一样给那些没有加入俱乐部而收入又足以支付专利收购费的竞争对手以猛烈一击。

高智公司就走了一条非常有远见的道路,通过和大学,研究性实验室以及发明人签约,高智公司挑选了还未成型的未来可专利的思想。换句话说,他们不是仅仅用劲拍讨厌的蚊子,他们事实上还排尽湿地的水。当然,这个类比中假定的“湿地”,或“生物多样性分布的潮湿地”是一个坏的事物,所有的参与者都同意将它抽干,填满,铺路,然后忘记。

诉讼防御的价值和抗击海盗的行动可以解释为什么一些市场最大的现任技术公司成为大规模整合者的早期的投资者和参与者。这些公司可能发现了防御基金前景诱人,即使他们更不愿意加入海盗似的活动。此外,随着时间的流逝加入大规模整合者的压力变得更大。当你的同行技术公司签约加入后,就更难抗拒了,即使它不属于企业渴望的政策或目标。商业是一种沟通的形式,市场参与者倾向于复制他人的行为。如果这种模型做得够好的话,它可能就不仅仅只做适时专利授权了。随着时间的推移,一个公司可能不用做更多的工作而只需向竞争对手晃动防御之剑。最大的市场占有者大概有最大的可能得到适时专利。当一个人拥有一个不可战胜的武器,也就没有必要使用这个武器了。在这种情况下,当公司表明,他们能通过加入一个专利池来获得任何类型的专利用来对抗任何类型的公司,这样生产者对生产者的专利诉讼可能被降低,因为准诉讼人预期到一个新的,未知的武器的潜在冲击力,而富有的市场占有者可以通过其所拥有的俱乐部白金卡的功效断言利用这个武器来攻击他们。因此,参加了专利大规模整合成为一种保险形式。你可能永远不会需要它,但如果需要的话它就在那儿。就像杀手锏一样,它需要宣传并具体化,战略性的展示它潜在的能量。

最后,在考虑大规模整合者可能遭遇海盗行为时,必须要注意不能饮鸩止渴。就像专利学者 Meurer 及 Bessen 在他们的书中所指出的,海盗活动只构成了专利体系花费的一小部分,如果从这反海盗途径的潜在危害太大,该解决方案可能比问题本身还要糟。我们将转回头考虑大规模整合活动的潜在危害。

## III 潜在危害

如果专利制度有效地工作,可能是能够预见和估量如上所述的积极效果。然而,专利的世界远远不够完善。事实上,助长专利海盗现象的市场缺陷,有可能阻碍专利货币化市场所设想的积极作用的发挥,相反还会带来危害。专利制度确保高水平的交易成本,鼓励恼人的诉讼,并激励无效率行为,这些缺陷将延续到有整合者加入的新的专利体系中去。

首要问题是,即使不是不可能,要在专利纠纷中得到高效低廉答案也是困难的。鉴于将专利的抽象语言从一个语境到另一个语境的翻译的难度,专利决策缺乏预见性,以及专利法中其他一些不明因素的影响,很难判断特定的专利权利要求是否会被法院支持,特定产品是否会被认为侵犯相关权利要求.不管审判法庭的决定如何,当事人有相当的机会会发现联邦巡回上诉法院会有不同的认定。为找到问题的答案,花费是相当高的,无论是金钱上还是时间上的。专利诉讼是漫长而昂贵的,所以要测试一个特定的侵权威胁是否有价值,成本会很高,事实上,这种花费可以很容易地超过结案费用,当事人可能会理性地选择向原告付费,即使对方的胜算并不大。

在计算侵权赔偿诉讼的潜在成本时,公司还必须评估损失。按照当前专利侵权诉讼所采纳的损失评估标准形成的判决,对公司有毁灭性的影响。假设一家公司生产了一种复杂的,由多种组件构成的产品。如果公司的产品的一个组件被发现侵犯他人的专利权,赔偿可能远远超过该组件对于产品整体的价值。然而,侵权诉讼的最大风险就是该公司的产品将被迫停产。虽然最高法院最近裁定,专利持有人在证明有人侵犯其专利后不能自动授予禁止令,但禁止令颁发的次数仍然很频繁。被迫停止整个生产可能是灾难性的,即使产品最终可能重新配置,以避免侵权。总之,问题不只是诉讼成功的成本高,同时也在于诉讼失败的风险。这些都不是典型的商家想接受的赌注,它们因此会想通过和解来解决问题。

这种高昂的交易成本,会激励所有的商家选择次佳的行为。例如,专利持有人会以边缘专利(marginal patents)提起诉讼以期被告公司和解费用比诉讼费用要低。由于有效性和评估信息的不足,一些受侵犯的有效专利持有人可能主张远远超过专利价值的赔偿数额。相反,经营公司有动力利用它们的实力,在这些复杂的交易中聘请更好的法律顾问,即使这些经营公司怀疑他们是在侵犯一个有效的专利。

即使是完全诚信的公司也被卷入了漩涡。随着数以百万计记录在册的有效专利,其中每个都可能有几十甚至上百条权利要求,加上想搞清楚它们将如何解释的这种困难,因而是不可能确切知道自己的产品会不会侵犯别人的专利权利要求的。在这种环境下,律师可能鼓励公司高管不要去细查之前的专利,以避免故意侵权而带来更大的损失。同样,专利律师也不会指导发明者事先去广泛搜索已有技术,因为专利申请人只需要披露申请人已知的技术。

简言之,专利制度被大量的专利供给所困扰,其中的很多专利可能权利效力很弱。目前授予专利权的系统在授权的时候没有明显地考虑到相关技术领域的全部专利。此外,不管该专利是强还是弱,每个专利的范围在没有时间和精力的大量投入的情况下是不能确定的,以及有关专利的范围内任何诉讼前的预测可能被证明是非常错误的。

这种专利系统内部巨大的专利数量,相关专利的激励措施,就算大规模整合专利,也不会改变确定专利权范围所需的高昂的交易成本。这些特征将一直存在,无论专利持有者是一个原始的发明者,传统的专利海盗,或大规模整合者。

人们可以把大规模整合看做是动态的专利体制。在生产产品的公司,其竞争对手和非经营性专利持有人之间会发生更多的谈判和针锋相对的争论,但这场混战中的有些参与者拥有更先进的技术手段。海盗行为会发生,但它将会更经常发生而且是由更大的海盗公司发起。专利制度的基本激励结构不改变,大规模整合在保护诚信的生产企业、奖励应得褒奖的发明者和推动创新方面就不会比现在的专利体制更有效。有人甚至认为,大规模整合活动会放大目前体制中最坏的方面,资本不足但作出贡献的专利权人将被进一步边缘化,生产企业被迫许可更大数量的边缘专利。

如果大规模整合仅仅只是不比现有体制好,我们或许可以不必去关注它的外在形式。然而不幸的是,大规模整合有可能对整个创新造成危害。

A. 生产负担

在我们的极不完善的专利制度下,交易成本很重要,信息难以取得且不对称分布,专利有效性测试的成本可能相当高,大规模整合将可以通过专利来榨取价值,无论他们所主张的专利强度如何,这种价值最终将通过现有产品的制造商来支付,这个过程将加重现有产品生产的负担。

目前生产上的这种负担,可能减少今后的产品数量和/或使经营成本转嫁到消费者身上。当生产成本增加,潜在的制造商必须将成本纳入决定是否进行生产的考虑因素。随着合理生产的价格上涨,值得生产的产品将变少。

从另一个角度来看,生产税最终可能会减少研发。虽然跟踪单个企业的开支决策是复杂的,简单来说,如果目前的生产成本必须花费更多,公司在研究和开发新产品上就会花费的少了。许多公司历来资助研发和许可费都是使用同一资金源。

从任何角度来看,生产负担都有可能降低真正的产品创新。因此,通过专利货币化市场,生产产品和提供服务可能并不是社会要鼓励的。

B. 诱发反竞争行为

专利货币化市场的某些特点使其成为诱发反竞争行为的一个极好的手段。专利货币化市场本身可能永远不会是真正竞争性的。例如,专利货币化的市场可能有先发优势。正如许多学者所指出的,更大专利集团可能比较小集团或个人专利要有用。在他人进入市场之前,在该领域的早期参与者利用大规模整合可能变得足够强大,以确保成功,不是因为早期的参与者能更好地评估和选择好的专利,而是由于其庞大的规模,结合起来实施恐吓战术。这种现象可以创造进入市场壁垒 ,那些晚进入者永远无法在同一水平上竞争。

反托拉斯法制定前一段时间,把企业做大无论是对市场还是对其本身来说并不是坏事。然而,某些战术如果被那些有实力的人运用将令人不安,他们会在一个特定的市场,通过对产品价格,数量,质量,能够得到的和潜在的商品和服务施加不利影响而损害消费者的福利,换句话说,大并不坏,关键在于利用自己的实力做了些什么。如果确实存在进入壁垒,大规模整合游戏的早期参与者可能达到大的规模,其战术运用则会引起反垄断问题。

作为初始点,我们注意到,在各种大规模整合广泛联系的情况下,应该提出和关注横向共谋问题。企业结构的复杂性和不透明性,使得非常难以跟踪他们的相互交易和连接。

例如,考虑上述建议的方案,由大规模整合者代表其成员与恼人的海盗进行许可谈判。在某些情况下,人们可能会认为这生产企业联合起来迫使专利供应商降价就是一个经营者横向勾结的例子。

在这个早期市场基本上不受管制的环境下,的确有机会进行横向共谋,进而引起有关限制竞争行为的问题。例如,一个大规模整合者的预期投资者报告了另两家整合者之间十分有趣的联络,。根据投资者所说,Acacia 和 RPX 这两家公司保持了一个月的通话往来,Acacia 描述了它们正在瞄准目标以及他们将用来对付生产商的那些专利。Acacia 接着对问题专利明码标价,而 RPX 如果愿意则购买这些专利。

很显然,这种相互交流只不过构成单纯的周期性的关于销售的讨论。然而,在其他情况下,这些交流会构成横向共谋。这种新兴的市场环境让人联想到狂野西部,西部早期移居者创造并执行他们自己的规范,没有来自主权者的仔细审查或法律强制执行。

C. 提高竞争对手成本

目前专利货币化市场提供其他不正当竞争行为的机会。例如,如果你可以加重竞争对手的生产负担,同时保持自己的成本低廉,这难道不是很好吗?对此,专利货币化市场可能是个好工具。进入壁垒能够把新加入者踢出局,无力迅速解决专利有效性问题和申请问题,加上专利系统本身固有的普遍议价这些特性,为利用专利货币化市场去提高竞争对手的成本提供了充足的机会。

想想最近谷歌的首席法律顾问大卫·德拉蒙德的感慨。谷歌购买了名为安卓的智能手机操作系统,与苹果的 iPhone 和使用微软的 Windows 系统的智能手机设备相竞争。随着安卓的销量的增加,苹果和微软加入了一个公司联盟,从最近收购的 Novell 公司购买了一套专利。苹果和微软合作,组成第二个联盟,从最近破产的北电网络的拍卖会上购买了大量电信专利。德拉蒙德抱怨,该组织进入了北电网络拍卖会,竞拍价格远高于预期价值,就为了防止谷歌购买这些专利,并利用这些专利针对谷歌的安卓手机制造商,费尽心机提高手机的成本。德拉蒙德评论得如此精彩,“微软和苹果一直让对方如鲠在喉,所以当他们一起滚上床时,你不得不开始疑惑发生了什么。”

司法部对这个组织购买 Novell 公司专利对竞争的影响表示关切,提出一定的要求,包括:1) 微软回售 Novell 公司的专利并且仅维持一项许可;2) 所有获得的专利必须是开放许可。这些要求是对谷歌来说是无用的安慰,仍然使它受制于对方,他们会利用这些通过各种方法获得的北电专利,对安卓手机制造商进行主张专利权。显然作为对北电网络拍卖的回应,谷歌在 2011 年 8 月花 125 亿美元购买了摩托罗拉移动,这是摩托罗拉的移动电信设备,此次收购,使谷歌获得了约 17,000 件由摩托罗拉移动所有的专利。

鉴于大规模整合者普遍采用的私掠手段,注重提高竞争对手的成本,更令人不安。汤姆·尤因描述了如何通过第三方的私掠来损害竞争对手或通过各种技术提升自己的竞争地位。其中包括这些私掠活动:发起旨在吓跑竞争对手的客户和供应商的专利诉讼,定期诉讼以降低初次公开发行或合并前的股价,使潜在的投资者少买股票,以及新兴领域的私掠活动:有意去分散没有经验的管理人的注意力并且推动风险资本流向特定的公司。如果特定的大规模整合者积累了足够的实力,那么那些内部人士组成一个非常强大的俱乐部,可以用于反竞争活动。

社会应该特别关注那些目标在于下一代技术的私掠行为,这种行为是会威胁到即成垄断者的地位的。如果在大规模整合的参与者是地位稳固的垄断者,可以想到,专利诉讼就会用来加重下一代的技术的负担,或削弱这些技术使之更容易购得。试想一下,如果在谷歌还远没有成为竞争威胁之前,微软就购买了谢尔盖·布林和拉里·佩奇的小搜索引擎的情形。

购买 Novell 公司和北电的专利,主要把精力集中在智能手机领域。然而,在一般情况下,购买专利以对竞争对手主张权利,直接或通过第三方代理去努力提高竞争对手的成本是一种行为类型,这难以被察觉,甚至难以遏止。目标竞争对手可能尝试提出私人反垄断诉讼或专利滥用的诉讼。然而,目前两个方面的规则都让这种诉讼很难进行。联邦巡回上诉法院是敌视滥用专利权索赔而且很少发现这类索赔是有根据的。反垄断诉讼则更难提起。一般地,个人有权向政府申请,即使成功的申请书将有反竞争的影响,政府的定论还要包括向法院提出呈请。有一个例外,就是将反垄断诉讼架构在一个虚假诉讼上。这需要一个无论从主观还是客观的角度认定,这个诉讼都是虚假的。鉴于专利解释的不确定性,要确立针对一个产品的专利权侵权诉讼是虚假的是极其困难的,特别是在有些法院对虚假诉讼所规定的证据负担很重的情况下。总之,私人提起的反垄断诉讼要想胜诉是极其困难的。

竞争当局,比如,联邦贸易委员会,司法部,还有国家反托拉斯机构可能会提出反托拉斯请求。然而,这个程序走得很慢,这些机构要面对和私人反托拉斯原告一样的障碍。等到这些竞争当局发觉垄断行为,法院明白了应该在规则中腾出点空间的时候,先行者可能早就收回了回报,转移到其他战线上去了。一句话,大规模整合者富有专利特性和专利货币化市场结构的战术，增加了对限制竞争影响的担忧。

D. 其他棘手的市场行为

虽然大规模整合者的行为细节很难被抓到或确认，这里却有一个关于 RPX 的有趣故事，给了一个少见的窥探大规模整合者采取的战术的机会。2011 年 1 月，俄罗斯技术公司的所有人联系联邦调查局，建议对 RPX 提起刑事指控，称其涉嫌从事敲诈勒索，或电汇欺诈。检举信由卡巴斯基实验室的首席执行官和首席知识产权顾问签署，2011 年 05 月 31 日，上传到游戏时间知识产权博客上。

信中陈述了下列指控。据卡巴斯基先生所称，一个名叫 IPAT 的非实业经营者对他的公司和其他 23 个公司提起专利侵权的起诉。最终，这些公司中的 22 家签署了秘密的和解协议，从诉讼中脱离，它们中的 11 家成为 RPX 的成员。

据信中所说，RPX 通过一封电子邮件联络卡巴斯基公司，邮件中解释到 RPX 已获得那些诉讼中的专利，它可以将卡巴斯基解救出来，条件是卡巴斯基要加入 RPX 当 3 年的会员，每年交 160,000 美元的费用。有了这样一个会员资格，卡巴斯基实验室将诉讼中解脱，并且将享有不被任何其他 RPX 专利起诉的利益。

卡巴斯基先生说，在初次接触后 3 个月内，他又收到另外的许多来自 RPX 的信件和电子邮件，并指出，诉讼中其他已加入 RPX 的被告已经推出诉讼，加入的最后期限即将截止，如果卡巴斯基曾起诉过其他 RPX 成员，RPX 会从专利池中拿出可用专利给该成员，助其防御卡巴斯基或对卡巴斯基提起反诉。最后，卡巴斯基先生收到 RPX 的邮件，称即使 RPX 已承诺不使用其专利进行进攻，RPX 也可以出售其专利给第三方，由第三方对非 RPX 成员发出攻击。（当然，在这种情况下，少数顽抗到底的公司将成为唯一的目标。）信中还暗示说，那些不签署和解协议的公司会损害他们与同行们的关系。

至于我们已经能够确定的是，联邦调查局（FBI）没有采取任何行动回应卡巴斯基的信件。然而，不难理解一家外国公司为什么会把这种类型的专利交易解释为敲诈勒索。事件还强调需要更好地定义在这个舞台上什么是合法的，什么不是。例如，什么时候类似于卡巴斯基的信中所述的行为，会越过界限进入到反竞争行为的范围呢？这是不是通过组织卡特尔企图垄断市场的行为呢？在问这个问题时，我们应该分析什么样的市场，专利的产品市场，产品的专利市场，还是作为一个整体的专利货币化市场呢？

另外，什么时候法律规则要求披露当事人之间的关系，无论是为了利益规则，公司披露，反垄断间的冲突，还是机构目的冲突？各方存在什么关系，才有权要求披露？例如，如果大规模整合的成员包括所有人，只有一个在特殊领域的例外，大规模整合者转让专利给第三方，要求第三方起诉非成员，那么第三方是大规模整合者的代理人吗？这些是现行法律难以处理问题。

E. 市场投入的怪象

除了日常生产上的负担及反竞争行为因素所带来的危害外,新的专利货币化市场还有其他的特性会增加这个幽灵对创新及创新产业的伤害。首先考虑供应专利货币化市场的投入的古怪特性。

我们可以把大规模整合者看做是另类的市场生产者。整合者有一种产品可以卖,同时他们必须先进口才能生产出这种产品。这样看来,唯一的原始的材料就是专利和专利申请书。

购买专利作为成品之外其他产品的原始投入,这和传统的关于专利在经济中的角色定位很不一样。专利在现代经济发展中最初的角色是允许发明人或发明人的被许可人能够排他性地拥有生产新产品的市场空间,他人不得制造,使用或销售这个发明。然而,就像上面所说的那样,整合者无需努力,便可跨越专利和产品间的鸿沟。

专利也会为防御目的而创造或取得。一旦公司保护一件发明的专利权,公司就会设法取得这个发明的可能的专利变异体,防止竞争对手制造出这个产品的近似替代品。专利并不限于研发活动,学术机构或者商业研发部门进行创新,申请专利,然后把它们放到一边,期望找到一个要进行产品开发的被许可人,或者在公司要购买新产品的时候求助于他们。

一旦发明制造出来并授予专利权,传统上它们的转手渠道比较狭窄,它们中的大多数会与产品开发联系起来。生产产品的公司可能获得专利或许可专利给别人去创造,这被称为"自由操作",这是一种不必担心侵权诉讼而生产产品的能力。这样,专利可能被整合成强健的专利包,以使那些可能提起侵权诉讼的竞争者,受公司拥有的、能够对其提出反诉的专利所威慑,而不敢轻举妄动。公司也可以通过合并和收购来获得不同的专利包,这些专利涉及的范围可能与公司的核心产品相距甚远。

因此,那些作为大规模整合者的投入而取得的专利,传统上只要可以的话早已经因为其他原因制造出来且交换了。不论是为了攻击还是防御而追求专利,发明的典型归宿还是制造或转让,以期制造商业产品或者为与商业产品紧密相关的其他行为。这些投入很少会产生收益,但它们现在脱离产品,独立地被交易和货币化。

在专利系统的话语制度里,我们发现了这些作为大规模整合者产品投入的老产品的新用途。然而,从社会的角度来看,虽然它可能为投资者和早期接收者带来巨大的回报,但新用途并不必然是好用途。

F. 整合者怪异的商业特性

虽然有很多方法把大规模整合者提供的产品概念化,想象一下接下来的情景:大规模整合者增加收入并与他们的投资者分享的机制是什么?有些投资者得到了使用专利包作为庇护而防止因侵权诉讼受损这样的利益,但是并不是所有的投资者都需要这种特定的利益。像威廉与弗洛拉·休利特慈善基金会和世界银行这样的投资者不可能会过多担心专利侵权诉讼。但是,所有的投资者都曾被允诺能够分享大规模整合者的核心业务所得的利润。这业务包含通过专利货币化获得的回报。

为了从货币化的专利中得到直接的回报,这回报必须从现有的制造出的产品收益中搜集而来。某些人在某处须制出些至少看上去像专利发明的东西。没有其他的方法能够从专利中赚钱。换句话说,整合者的收益水平,依赖于他们从现有产品或相关产品中榨取价值的能力。在一个信息完善的世界里(特别是关于评估信息),交易成本低,专利系统完善,大家无需担心这个创新体系有任何负面影响。整合者的角色很简单——保证发明人得到应得的报偿,这种活动将激发未来的创新。

然而,在真实的专利世界里,情况完全不同。如上述所说,这个系统不能有效地过滤,甚至不能排除不合格的或无用的专利,对簿公堂的风险和成本可能大大超过要向原告支付的许可费。因此,专利货币化市场的结果,不只是被遗忘的发明人获得报偿,还包括专利效力无论强弱统统都可货币化。

坦率地说,成功的整合者很可能是那些以最骇人的方式震慑了最多公司的那个。实际上,一种潜在的成功的方法,可能就是用大量低价受让的价值不定的专利和少数价值较高的专利混在一起。当整合者敲开了大门,制造商会因为忌惮整合者强势和狡诈而退让。

这可能并不是社会所希望鼓励的市场类型。最起码,社会即使不是把它们全都禁止,也要限制这类行为。然而,谁能在不对创新体制造成更大的损害的前提下,做到这一点?如何才能做到一箭双雕(How does one water the garden so that only the beneficial plants grow while the weeds wither)?

G. 经济稳定性

虽然可能性更低,但是人们还是会考虑对于更广的经济范围的负面影响。专利总体上与创新相连接,这会影响到所有部分。因此,专利货币化市场的影响会在经济上广泛延伸。

21 世纪初的网络公司崩溃可能是一个参考点,这对整个经济产生了负面冲击。高涨的网络公司崩溃的特征是,大量资金流入处于早期阶段且投机性的科技公司,大多是网络公司。其中的很多公司已经开发了产品或者已经开始盈利,这是一个“蒸汽软件”的时代,公司都能得到资金,上市,然后卖多于自己能够开发出的数量的产品。每个人都会同意:有些公司在互联网的游戏中一夜暴富,而投资者也愿意把那些评估值低的公司的股价炒高,以期望有些公司能证明是金子。“非理性的繁茂”将投资推向了疯狂,最终爆发,导致了科技产业的不景气,并波及整个经济。

并不是所有在技术崩溃事件中倒闭的公司都是弱者。其中的很多公司有着很好的商业模式,以及无数的利用互联网进行经济剥削的方法。在科技泡沫破裂的随后几年倒闭的特定公司,则成功地复活了这种商业模式。不管怎样,这些企业不能不分青红皂白地吸收所有流入的资金,这与其他问题同时作用时,就导致了崩溃。

尽管专利货币化市场的出现与2002年的科技公司急剧崩溃之间确有不同,但是其相似之处是很有意思的。大多数专利在传统意义上是没有多大价值的。这种无形且抽象的专利资产的新的利用前景,已经把专利价值推高而且人们相信已经超过了理性的水平。风险资金如允诺投资者的回报是确确实实的,在当前的经济形势下这种回报是不能在其他经济部门得到的。人可能很想知道在投资行为本身不会导致本地经济变异的情况下,在一段时间内知识产权市场能够吸收多少资金。

特别地,如果价格被推上了非理性的高度,很容易导致外部强制干预,并且这种干预力度将十分强劲。随着部门的崩溃,诚信经营的整合者跟着用专利诉讼圈钱的整合者一起破产了,公开交易的整合者随着私下交易的整合者破产了。

通常地,一些人愚蠢到把价格抬高到非理性的水平,如果投资失败,社会也无能为力。然而,我们会更多地关心是,这个崩溃是否会冲击到整个经济或者损害我们在创新型经济中的创新能力。类比之下,就像政府会允许 Border's Books 破产,但是会很担忧广大银行的破产威胁。

尽管疯狂的专利之路后,紧接着出现大范围的经济崩溃的概率很小,但不管怎样,这样的情节是值得深思的。在一定程度上专利影响到经济的各个部门,我们应该留心潜在的不稳定性事件。

H. 为人类服务

大规模整合活动可能有其他副作用,这些副作用导致减少或延缓创新。特别地,这种价值主张被推销给来自全球400多所大学的发明人以及大概数量相当的独立发明人,令他们深信这一进程将有利于他们的发明的商业发展。但单纯取得一项发明专利,和建立一个技术原型、开发相关技术诀窍、并为发明打通一个市场是完全不同的。为了获得专利申请并不需要有一个可行的产品。事实上,一个真正可行的产品出笼可能要几年的时间。例如,切斯特卡尔森于1936年因干化学影印机的实验被授予了的专利,直到20世纪50年代初他才产生出第一个商业上成功的复印机。他的经历提供了一个警示:专利和可行性产品是不同的。对整合者进行投资顶多能造就1936年的切斯特卡尔森,而不能早就20世纪50年代的哈罗依德施乐公司。切斯特卡尔森开发复印机的工作有可能停止,一旦一个整合者一次购买了他初期的几个专利。整合者可能会等待日后别人利用这个想法,也许是高达26年后,然后要求他进行提成。如果切斯特卡尔森一直单枪匹马奋斗,那么可操作的复印机可能永远都不会被生产出来,至少不会很快出现。

发明衰落的情况在以前就已经发生过。在80年代和90年代风靡一时的传真机是在1881年发明的,但是除了通讯社常用的传输照片方面有提升以外都大量衰落了。即使切斯特卡尔森出卖了自己的第一项专利给整合者然后继续工作,他的进一步工作也不会再遵循现实世界喜好,与早期的复印机原型和早期的商业活动联系起来,而是更可能是与现实世界不符的天马行空的想象实验。总之,在这种情形下,后来的专利将几乎肯定会价值下降,因为他们只是建立的第一项专利的基础上,而不是在真实体验上。

当然,有可能,购买下所有切斯特卡尔森的早期专利将鼓励更多的切斯特卡尔森。然而,要做到这一点,切斯特卡尔森和许多像他一样的人必须要相信,他卖专利给大规模整合者是做了一笔很好的交易。虽然他可能会欣赏出卖他的专利而收获的现金,但是像许多发明家一样切斯特很可能是想看看他的技术被开发出来。社会的利益在这方面与切斯特们一致。延迟或压根儿不生产的创新可以为整个社会创造的好处太少,尽管这种延迟可能有利于现有的生产者,因为他们可以延长过时产品的寿命。专利制度的缺陷表明,许多这些专利不会走向市场。然而,那些占相当比例的一些专利,会留在别人的抽屉里,除了产生出复杂的专利检索外对创新体系根本没多大贡献。随着大规模整合者的产生,产品走进了抽屉而专利被用来对付现有的本可以一路畅通的生产者。

如果那些已出售专利给了现代化的大规模整合者的发明者指望大规模整合帮助他们的发明进行商业性开发,那他们就犯了一个可悲的错误。最大的大规模整合者,高智发明公司,据报道,在其购买的所有发明中,它只建立了一个生产原型,这个原型是由公司的创始人内森麦沃尔德参与联合发明的一种改进的核反应器。

因此,当整合者为他们的活动辩护,理由是他们是推动创新和社会将通过新产品获得巨大的回报时,实际情况可能是很少有发明能变为产品,而更多的发明将被安放在不断扩展的轨道上。对于那些希望大规模整合者能将自己的发明变成真正的产品使这个世界欣赏他的发明的发明人来说,这场景有点让人想到一部很老的电视剧“阴阳魔界”中的一集,名字叫做“为人类服务”。在剧情里,友好的外星人抵达了并给人类提供了一种灵丹妙药解除了所有人们的痛苦。外星人甚至把一些幸运的人带回到他们的星球上去,那些人太高兴,再也没有回来过。只是后来人类发现外星人的书“为人类服务”不是一个仁慈的出于责任的福音,而是一本食谱。

I. 从属含义

除了上文提到的经济问题,积聚的力量在侧面潜在导致不良影响,这也很棘手。例如,在 2011 年 3 月,一家名为 Mission 抽象数据有限责任公司的公司起诉 100 多名来自全国不同地区的无线电公司,高智发明公司之前拥有这方面的基础专利,至于从高智发明到 Mission 抽象数据现在的所有人 Digimedia 控股有限责任公司的专利流转途径就不得而知了。同样,纽约时报公司对 Webvention 有限责任公司提出确认之诉,其中 Webvention 公司于 2009 年 11 月与高智发明的 Ferarra Ethereal 有限责任公司合并后获得了许多专利。在纽约时报收到了来自 Webvention 公司的一份包含秘密条款的要求撤诉的契约后不到一个月的时间里,它就停止了诉讼。还有一些以前由某高智发明皮包公司拥有的专利现在由专利港有限责任公司所有,这些专利已用来针对39家娱乐公司提起侵权之诉,包括梦工厂动画股份有限公司。2011年9月,我们在一个学术工程进展网站上发布了我们论文的初稿,文章中我们很讽刺地提到,梅尔沃德是首席被告梦工厂动画股份有限公司的董事会成员。虽然可能是时间上的巧合,这篇文章发布不久,梦工厂就由一份原被告共同签署的协议而免于被诉。这次除名事件给我们提了个醒儿,交一些在处于高位的朋友是有好处的。

这些诉讼大部分是在较早时候发生的,可得到的资料非常少。然而,起诉大量媒体制作商的行动引发了我们的想象。我们假设以下情景,并注意到没有任何公司有表明这种意图的迹象。

试想大规模整合者对它接收的新闻报道感到不满,或想鼓励媒体支持一个特定的问题。考虑到这一点,大规模整合者以那些自己手上掌握的专利为基础起诉了新闻媒体界的特定部门的许多公司。当双方坐下来谈判,大规模整合者拐弯抹角地说,"真奇怪,我们有这么多共同感兴趣的问题,竟然还要坐在对立的两边。"

接着谈话就轻松地转移新闻报道上来了,将大规模整合者描绘成一个好的或政治上积极的对象,而媒体乐意去调查或支持它。随着双方谈判的时间的增加,和解的成本就慢慢进入到一个对媒体这方来说的非常适宜范围。

在专利世界的玩家都非常善于拐弯抹角的对话。在许多情况下,专利持有人可能希望生产者支付许可费而又不想承担生产者提起确认专利无效之诉的风险。确认之诉只能在有充分证据的情况下才能提起。为了避免麻烦,专利持有人可以发送信函,指出值得追求的共同利益或问题所在。这已被形容为糖梅仙子信件之舞,上面举的新闻媒体的例子仅仅是这种情况的一类。

媒体假想的这类行为非常难以识别或解决。假想是一个提醒,告知我们大规模的力量是令人不安的,不只是其潜在的经济影响,还有对其他维度的潜在的影响。

根据这条线索,我们注意到我们论文的草案公布之后,据说高智公司已经开始宴请学术界的人员。这种做法对这家公司来说很普遍,这从过去那些有利的评论上就能窥见。

## IV 一些观察结果

由专利整合者创建的专利货币化的市场应该被理解成一个庞大的,迅速成长的,实质上不受监管的市场。它静静地成长,在早期进入者的雷达检测下,已经积蓄了一定能量。与任何市场一样,它应该受到监督和管理,由主权机构决定是否市场的某些部分需要被鼓励,容忍,限制或者彻底禁止。

A. 监管

竞争主管部门,如联邦贸易委员会和司法部,是处在能够处理大规模整合和专利货币化的市场活动的最佳的位置上的。然而,建立这个市场的规则,将需要在创新市场的概念化方面进行一定量的重新定位。

联邦贸易委员会/司法部分析大规模整合活动的,最普遍的监管形式是有授权和许可活动的那些。在授权的过程中,主管机关遵循一套适用于一般的知识产权许可的基本原则。这些原则是,知识产权是与任何其他形式的财产相当,同时适用标准反托拉斯分析,假定知识产权不会创造市场势力,以及知识产权许可通常是促进竞争的。这些机构认为,如果授予专利权的安排会损害商业实体间的竞争,导致目前的或潜在的竞争对手缺位的话,那么问题就出现了。

在分析知识产权许可协议时,该机构认为可以通过反竞争的许可限制影响的三个基本市场有:商品市场,技术市场,创新市场。商品市场,当然关系到成品或中间产品以及近似的替代品。当知识产权权利与产品分开而市场化,机构通过技术市场分析竞争性影响。技术市场,包括被授予的知识产权和与相近的替代品。

最后,许可安排可能会对创新有竞争性影响,这不能通过产品或技术市场来充分解决。因此,这些机构确定了第三种类型的市场,创新市场,它被定义为旨在实现特定新的或改进的产品或方法的研发。

这些机构对特定类型的安排的确有特定的指导方针,可能与大规模整合的活动相关,包括交叉许可的指导方针,形成专利池的安排,以及专利回授。回授是指被许可人对专利上任何的改进发明都无偿授权给专利持有人的一种许可。

在专利池的情况下,指南指出,专利池除能满足如下条件,否则便是属于限制竞争的:a）被排除的公司不能有效地参与相关市场的竞争 b）专利池的参与者共同在相关市场造成了市场势力。同样地,回授会被认为是反竞争的,如果他们实质上减少了被许可人投入研发的积极性。然而,我们能注意到,这些关注点是在这些机构的视角的背景下进行分析的,而这些机构认为许可通常是有利于市场竞争的。

联邦贸易委员会在2011年“发展中的知识产权市场”报告中,指出了“专利主张实体”或“PAEs”活动的增加,特别是在信息技术行业。特别的提到以下几点:

> 有些人认为,PAEs通过补偿发明人鼓励了创新,但这种说法忽略了一个事实,发明只是一个漫长创新过程中的第一步。即使PAEs能够证明其鼓励发明,他们也通过提高成本和风险而阻止了创新,对技术没有作出贡献。

然而,报告还指出,要区别损害创新的专利交易和那些促进创新的交易是很难的,与其提起反托拉斯行动,还不如提出各种改进的专利声明和补救方法。

虽然这些都是重要的考虑因素,全面分析大规模整合者的影响,需要识别不同的市场。即使机构单独地考虑市场化的知识产权或创新市场,这些类别都植根于与他们密切联系的特定的产品市场。此外,市场力量的衡量关系到产品市场。

当专利权从大规模地、广泛地从基础产品中游离出来,他们被交易并用来套利,这种活动本身好似开始形成一个市场。这是我们一直描述的专利货币化的市场。从这个角度看,一个商业实体无需在个人产品市场有垄断地位,便可以在专利货币化市场积累相当实力。只考虑产品,技术和创新,市场可能会忽略相当数量令人担忧的行为。

另一种方式来游离的专利权和反竞争的效果,如下:人们可能并不需要在一个特定的产品市场垄断专利,造成这一市场的负面影响,也许只需要包含各种专利的专利组合,再加上强硬的战术甚至一个战术强硬的名声就行了。

此外,该机构可能需要重新考虑,许可是有利于竞争的这个一般看法。在知识产权这样一个发明与生产分离的市场背景下,这种一般看法可能不太适用。许可变的如此昂贵,而且与引进新技术几乎不相关的情况下,应当对许可行为采取更为严厉的监管措施。

监管机构对取得专利权的方法应采用类似的考虑。"克莱顿法"第7条规定,某些特定目的的资产收购需要报告,这被解释为包括专利。联邦贸易委员会和司法部可能要实施一个初步的反垄断评估方法,并决定是否采取强制执行措施。

知识产权的某些转移和独家授权的交易,是通过分析垄断的原则和标准来进行分析的。此类交易可能有排除市场参与者的后果,某种意义上这与传统的合并相同。

在任何合并的强制执法行动中,监管机构通常会在一个或多个相关市场中来考虑合并是否会在实质上限制竞争。这样的市场定义,只集中关注需求替代因素,即消费者用一个产品替代另一个产品的能力和意愿。再次,传统机构调查的重点是能够用购买来的专利制造出来的产品的市场,但没有针对专利货币化本身的市场。这种调查会遗漏很多的潜在的反竞争行为和结果。

总之,竞争机构应该把由游离的知识产权组成的市场,作为独立的市场来考虑,以避免可能不良影响。法院还必须愿意以这种方式了解和接触专利市场。虽然最初的焦点可能在这个市场上的专利,但随着时间的推移,包含着知识产权,商业秘密,技术诀窍以及专利的市场会变得清晰。

法院,监管机构和政府机构也必须转变思想,考虑信息公开的益处。当我们试图跟踪大规模整合者的收购和诉讼活动时,许多市政机构的条条框框和监管机构的法律会允许整合者隐藏他们的身份躲开政府的视线,躲开竞争对手,随后可能会在诉讼中攻其不备。目标本身可能无法确定谁是整合者,有时甚至在当事人诉讼中也无法确定。上述这些不怎么引人注目的行为很容易秘密进行,而不是在公开监管之下。我们考虑些改变,让这些行为暴露出来,使得更容易监督和评估他们的单个和累积效应。

B. 让阳光普照

如果社会要加强对专利货币化市场的监管,监管机构就需要找到监管方法。有人也可能希望,各种活动都对公众公开,公众对潜在问题监督非常有效。尤其是,法律期望社会利益能符合公众要求,立法者可能选择公开信息,或提供机会让社会成员采取有利于自身的行为。

现行法律提供的识别和追踪市场活动的机会有限,而隐藏的机会多。大规模整合有足够的通道获得资金和法律资源来利用各种机会,并为应对很多意外情况作了准备。此外,大规模整合者构建了精密的公司网络,严密地限制那些针对他们的法律诉求,提供了一堵防火墙来保护更大的机构。

考虑斯瑞特有限责任公司,一个相当知名的高智发明皮包公司,例证了被大规模整合者雇佣的复杂的所有权和管理结构。斯瑞特具有复杂的和精心编织的法律架构,使辩护律师平添喜悦。这是特拉华州的有限责任公司,在内华达州有一个分支机构。斯瑞特在内华达州的经理是"内华达州授权经理,有限责任公司",这是一个内华达州的公司.

内华达授权管理自身的经理是"内华达州资产,有限责任公司,"这是一个在特拉华州公司。从这点上说,内华达资产有限责任公司很可能与高智有限责任公司有联系,或者是高智公司的众多投资基金之一。然而,这种联系很可能只比拥有股份略高一点点,有效地致使几乎没有人会需要为它的行动负责。

其他1300或更多的高智集团的皮包公司与"母"公司存在类似模糊的网络连接,这种结构被许多州的法律所允许。总之,大规模整合者的所有权和管理结构往往是煞费苦心的,各州的公司法又使得查出究竟是谁控制着某一有限责任公司的过程变得复杂化。

甚至已经开始诉讼后,所有权和控制画面也不会变得清晰点儿,不仅对公众来说,而且对当事人来说都一样。联邦民事诉讼规则第7条第1款规定,所有民间诉讼人要公开其母公司和任何其他占有其10%以上股份的公司,规则的目的不是为了发现诉讼动机和企业活动,而是要协助法官因利益冲突而实行回避。然而,这个关注于母公司和其他公司的规则限制了披露各方的效力,最终落后于专利货币化的活动,特别是对大规模整合者这种非上市公司。

个别法院施加额外的披露规则,这可能使信息进一步明朗化。有些司法管辖区使用各种变化了的规则。例如,加利福尼亚中区的,被称为"利益相关方认证"要求披露更广泛的相关方。变化的州:

L. R. 7.1-1利益相关方认证。为了使法院评估可能的回避问题,所有非政府当事人的律师应于首次出庭时提交利益相关方通知的原件和和两份复印件,应列出所有的人,协会,企业,合伙企业和公司(包括明确确定的母公司),这些可能和案件的结果有金钱利益关系的各方,包括可能对判决负全部或部分责任(直接或间接)的,可能会进入付费行动的保险公司。律师有持续义务提出修订的认证,如果有关各方的地位有任何重大变动,例如,通过兼并或收购,或可能对判决的任何一部分负责的承保人的变化。

以高智发明的皮包公司、相对比较知名的斯瑞特有限责任公司为例，它可以清楚说明大企业所采取所有制和管理结构有多么缜密复杂。斯瑞特公司法律架构精心策划、层层交叉，几乎毫无法律破绽，使任何一位律师都愿意接受这种辩护。斯瑞特公司在特拉华州注册，并在内华达州注册了一家官方管理机构——内华达许可有限责任公司。内华达许可公司其又有自己的管理机构——内华达资本有限责任公司"，在特拉华州注册。内华达资本在某些业务上与高智发明有联系，或者与高智的投资基金有业务往来，但这种关联可能仅限于股权关系，任何人无需因为这种关联而对公司行为负责。

高智集团另外1300多家皮包公司基本上以伪装的公司网络的形式存在，这种专利公司及其结构，在许多州具备公司法上的合法性。简而言之，专利寡头的所有制结构和管理结构通常很精密，并且州公司法的某些规定，使得辨明某一特定有限公司的实际控制人，变得更为复杂。

对公众和当事人而言，即便诉讼开始后，所有权关系和控股关系仍然让人一头雾水。联邦民事诉讼规则第7.1条要求所有民间诉讼必须披露其母公司、以及拥有其10%以上股权的公开公司，目的并非在于揭示其诉讼动机和辨明企业行为，而在于协助法官进行利益衡量并在必需时裁定取消公司资格。这条规定关注母公司和公开公司，但并不能有效披露这种专利货币化行为背后的最终利益方，尤其是当专利寡头并非公开公司的情况下。

个别法院可以规定其他披露规则，以便进一步揭露相关信息。一些法院确实采纳了不同的披露规则，比如加利福尼亚州中心区法院采纳了一条"利益相关方证明"的规定，要求披露更大范围的相关人。本规定如下：

L. R. 7.1-1 利益相关方证明 1. 为便于法院对公司进行主体资格评估，非政府当事人一方律师第一次出庭前，应当出示"相关利益方公告"原件一份及复印件两份，公告应当列明所有与本案结果有金钱上的利害关系的个人、个人团体、商行、合伙和企业，包括可能全部或部分(直接或间接)为本案判决结果或辩护费用承担保险责任的承保人。如上述材料所载利益相关方因合并、或因更换为本案判决结果承担责任的保险人，而发生法律关系上的变化，一方律师应当签署一份修订证明。

其他法庭规定虽有不同，但措辞大同小异，都要求当事人在首次出庭时，应当签署一份"利益相关法人和自然人证明"：

(1) 证明必须披露当事人已知的其他当事人、自然人、自然人团体、商行、合伙和公司(包括母公司)：i 与争议事项或诉讼一方当事人有金钱上的利益关系；或 ii 受诉讼判决结果影响的其他利益关系。

(2) 本条规定的"诉讼"和"金钱利益关系"，其含义分别参考 U.S.C. 第28编455条(d)款(1)、(3)和(4)【原文：28 U. S. C. 455 (d)(1), (3) and

(4)】项的规定。

(3) 倘若根据(b)款(1)项的规定,一方当事人没有披露对象,该当事人必须签署一份证明,载明除已知的诉讼当事人之外,没有其他利害关系方。

这些补充的披露规定已经证明,其能够更有效地揭示出各种皮包公司专利诉讼背后隐藏的最终利益方,例如,在高智发明卷入的几起案件中,7.1条的规定没有披露出高智,但之后根据地方法规的规定,高智发明终现身,并且其中一案中,主要投资方全部揭露出来。

再比如 Oasis Research, LLC v. Adrive, et al.案中 Oasis 研究公司根据7.1条的披露规定声明说自己没有母公司,也没有持本公司股份10%以上的公开公司,但七个月后,根据与上述规定相近的一则地方规定的要求,它披露了"高智发明 Computing Platforce 资本有限公司"与案件的结果有金钱利益关系,高智的创始人之一 —— Peter Detkin 之后在电视采访中承认"高智发明 Computing Platforce 资本有限公司"是高智的一家皮包公司。

与之相近的,*Xilinx v. Invention Investment Fund I LP* 案中,高智发明关联企业在特拉华州对与之有竞争关系的三家赛灵思子公司提起诉讼,不久后,本案原告赛灵思公司在加利福尼亚州对六家高智关联公司提起确认之诉,本次诉讼之前,赛灵思和高智发明已经就授权许可发生纠纷;显然,赛灵思也是高智发明的投资人之一。

在加利福尼亚诉讼中,高智与赛灵思一直就披露证明应当密封或由律师见证、还是要公开,争议不断,各自向法院提出申请,随着双方的申请超越了法官的管辖范围,法官申请回避,可能因为她已经得知了相关利益方的身份,由新一任法官负责审理此案。新任法官接受了赛灵思的主张,要求高智发明方公开披露包括超过50家法人在内的投资者名单,世界银行、梅约诊所、威廉和弗洛拉休利特基金会以及几所高校赫然在列。

赛灵思案中,法官判定高智一方几家公司与本案无关,不是赛灵思确认之诉中争议专利的合法所有权人,对这几家公司的起诉不予受理。这些争议专利的合法所有权人包括其他七家高智发明的皮包公司,加利福尼亚州法官将这部分转移到特拉华州法院。因此,关联皮包公司构筑的网络看起来帮了高智发明很大的忙,因为这个网络非常庞杂,赛灵思无法识别出这一群极度密切的当事人之中,谁是真正的所有者,只有同意将部分案件转移到特拉华州审理。本案对那些被大规模整合者盯上的公司来说,是个很好的警示。在专利许可谈判中,应当密切关注真正的专利权人,而不是进行许可谈判的人,也不是许可或诉讼中最终的受益人,比如 Chilly Willy Licensing 有限公司代理 Chilly Willy Licensing Partners LP 与目标许可人进行谈判,目标许可人就谈判提起确认之诉时,应当确认在起诉书中载明 Chilly Willy Patent Holding 公司,并确保公司名称中包含其在整个企业中的职责定位——否则,Chilly Willy Patent Holding 有权自由选择管辖法院提起诉讼,而 Chilly Willy Licensing 则会以自己并非专利权人为由试图免于被诉。

虽然为防止规避法律而设计了披露规则,法律实体有相当大的能力伪装所有权。许多州法律规定的公司形式之一,允许公司存在隐名股东,特别是有限责任公司制度中。在一些州,比如说特拉华州,无需向公众披露这些公司的所有人信息。其他州,例如内华达州,允许向公众披露少量有限责任公司管理信息,但这种信息十分有限,很难确定最终的所有权人或主管公司日常运营的自然人。

私人企业与大规模整合者皮包公司双方的专利诉讼中,辨明所有权人或投资人的身份只是难题之一;要求所有权人或投资人为皮包公司的行为负责则更为困难。大多数情况下,公司被看做是独立于股东、高职人员和投资人之外的法律实体,但如果另一法人利用公司为欺诈行为、规避法律或为其他不实行为,法院可能刺破公司面纱,将公司行为视为实际控制者的行为。

揭开公司面纱的拉锯战中,一些专利寡头公司采取的公司结构可能很有利地保护公司。揭开公司面纱一个关键依据在于是否为独立的法人实体,像高智发明和 Transpacific 公司的公司结构中,每一级都是独立的法人实体,这就提供的有效保护。在大多数情况下,法院非常不愿意揭开公司面纱,精心布置的法律架构使得否认公司人格变得异常艰难。

揭开公司面纱并不是私人企业原告与竞争管理局最直接关心的议题。在这些情况中,可以直接起诉大规模整合者与其皮包公司或第三方企业为协同行为进行垄断,违反反托拉斯法。但是,至少这种诉讼要求改变相关市场的概念,并且加强相关行为的监控力度。

C. 虎口拔牙

关于大规模整合者的问题,我们强调了体制问题,但本文不能就这样结束。诚信的巨头公司认为急需设立专利保护基金,事情发展到这种地步,我们必须记住某些特定原因。这些原因使得大规模整合者行为更加棘手。

缺少迅速解决专利有效和侵权争议的行使有效的方法,助长了专利海盗行为,无论这种行为是小范围的个别行为还是联合行动。与调停专利许可纠纷相比,联邦法院应该有更大作为。专利数量很多,不少在授权时仅进行有限审查,也加剧了问题的严重性。只要不完全信息、不确定性和高昂的交易成本仍然存在,海盗行为也不会消失。我们应当限制大规模整合者的行为,但首要做的应当是把海盗行为的利益链切断。

## 结论

专利世界的发展趋势表明,它将经历一场巨大的变革。之前的专利制度下,很大部分专利收益很少甚至没有回报,变革后的制度下,大量的专利将主要由大规模整合者进行交易牟利。毫无疑问,我们之中的专利巨头正在改变着专利世界,但问题是他们是怎么做到的。

有人认为专利寡头潜在地有好的一面,可以保证容易被人忽略的发明人得到应得的报酬,或者可以在发明人与资金和技术之间建立联系,它还可以发挥诉讼保护基金类似的作用,保证及时申请专利,为减少棘手的专利侵权诉讼创造了有利条件。大规模整合者还可以通过吸收盈利性专利,减少专利海盗行为。然而,问题在于是否这种方式无异于饮鸩止渴呢?(The question, however, is whether the cure is worse than the disease.)

特别是,造成海盗行为猖獗的市场因素,很可能同样给大规模整合者的活动造成不良影响。不改变专利制度的基本激励政策,大规模整合行为在奖励发明人、激励创新同时保护诚信的制造企业方面还不如现行的专利制度。此外,这种行为也有其潜在危害。大规模整合者的运营方式是在日常生产中增加税赋,而不是通过技术创新的方式,这样加重了生产负担并潜在限制了创新和生产能力。并且,专利货币化市场的特性加剧了不正当竞争行为,像是横向联合行为,以及增加对手成本的企业单独行为或联合行为。更要紧的是,大规模整合的基本经营模式令人忧心。成功的整合者可能令大量公司担心事情可能往对其最不利的方向发展,这种行为可能并不是社会所要倡导的。

这种种担忧表明,大规模整合者和专利货币化市场不应该不加干涉,任其发展。新兴市场必需适当监督、调控并加以限制,这样这一行为的风险才可预期并降到最低。

附录 A

- 阿拉巴马大学
- 杨百翰大学
- 布里斯托大学
- 英属哥伦比亚大学
- 布鲁内尔大学
- 加州理工学院
- 加州大学董事会
- 坎平纳斯州立大学(巴西)
- 伦敦城市大学
- 康涅狄格大学
- 达姆施塔特技术大学
- 杜克大学
- 佛罗里达理工学院
- 佛罗里达大学

- 赫尔辛基工业大学
- 广岛大学
- 香港大学
- 印度理工学院——孟买
- 九州大学
- 曼尼托巴大学
- 麦克马斯特大学
- 莫纳什大学
- 新泽西理工学院
- 新墨西哥州立大学
- 新南威尔士大学
- 北卡莱罗纳大学
- 俄克拉荷马大学
- 渥太华大学
- 奥卢大学
- 纽约科技大学
- 特拉维夫大学拉莫特技术转移公司
- 罗德岛大学
- 罗彻斯特理工学院
- 罗彻斯特大学
- 罗格斯大学
- 新加坡国立大学
- 南密西西比大学
- 斯蒂文斯理工学院
- 斯特林大学
- 斯凯莱德大学
- 德克萨斯大学理事会
- 加州大学圣地亚哥分校
- 西悉尼大学
- 威斯敏斯特大学

附录 B

*Xilinx v. Intellectual Ventures Investment Fund I, L. P. et al.* 案中高智发明公布的高智发明基金会投资人,2011.5.16

| 编号 | 投资人 | 发明投资基金Ⅰ | 发明投资基金Ⅱ | 高智发明Ⅰ | 高智发明Ⅱ | 备注 |
|---|---|---|---|---|---|---|
| 经营公司 | | | | | | |
| 1 | 奥多比公司 | | 经济利益 | | | |
| 2 | 维迪奇投资控股公司(亚马逊子公司) | 经济利益 | 经济利益 | | | |
| 3 | 美国运通公司 | 经济利益 | | | | |
| 4 | 苹果公司 | 经济利益 | 经济利益 | | 经济利益 | |
| 5 | 思科公司 | | 经济利益 | | 经济利益 | |
| 6 | 易趣 | 经济利益 | 经济利益 | | | |
| 7 | 谷歌公司 | 经济利益 | | | | |
| 8 | 因特尔公司 | 经济利益 | 经济利益 | | | |
| 9 | 微软公司 | 经济利益 | 经济利益 | 经济利益 | 经济利益 | |
| 10 | 诺基亚公司 | 经济利益 | 经济利益 | 经济利益 | 经济利益 | |
| 11 | 恩威迪亚国际控股公司(恩威迪亚子公司) | 经济利益 | 经济利益 | | | |
| 12 | 思爱普美国公司 | 经济利益 | 经济利益 | | | |
| 13 | 索尼公司 | 经济利益 | 经济利益 | 经济利益 | 经济利益 | |
| 14 | 威瑞森企业服务集团公司 | | 经济利益 | | 经济利益 | |
| 15 | 赛灵思公司 | 经济利益 | 经济利益 | | | |
| 16 | 雅虎公司 | 经济利益 | 经济利益 | | | |
| 投资基金 | | | | | | |
| 17 | 艾伦 SBH 投资有限公司 | 经济利益 | | 经济利益 | | 艾伦公司的关联法人 |
| 18 | 查尔斯河风险投资公司 | 经济利益 | 经济利益 | 经济利益 | 经济利益 | |
| 19 | Commonfund Capital Venture Partners VII, L. P. | 经济利益 | | 经济利益 | | Verne Sedlacek 任主席兼 CEO |
| 20 | 国旗资本 | 经济利益 | | 经济利益 | | 由 Diana H. Frazier 和 Peter Lawrence 共同设立 |

（续表）

| 编号 | 投资人 | 发明投资基金Ⅰ | 发明投资基金Ⅱ | 高智发明Ⅰ | 高智发明Ⅱ | 备注 |
|---|---|---|---|---|---|---|
| 经营公司 | | | | | | |
| 21 | 白色广场集团信托公司受托人摩根大通私人银行 | 经济利益 | | 经济利益 | | 白色广场集团信托公司的受益人不明 |
| 22 | 麦肯锡公司旗下某几家基金会 | | 经济利益 | | 经济利益 | |
| 23 | 下一代事务所(Next Generation Partners) | 经济利益 | | 经济利益 | | 与国旗资本有关联 |
| 24 | 红杉控股公司 | 经济利益 | | 经济利益 | | 由David Beisner设立 |
| 25 | 佐恩事务所 | | 经济利益 | | 经济利益 | |
| 基金会/高校/非盈利组织 | | | | | | |
| 26 | 德克萨斯大学董事会 | | 经济利益 | | 经济利益 | |
| 27 | 小利兰·斯坦福大学信托理事会 | | 经济利益 | | 经济利益 | |
| 28 | 布朗大学 | | 经济利益 | | 经济利益 | |
| 29 | 布什总统基金 | | 经济利益 | | 经济利益 | 阿奇博尔德·布什基金会由3M公司前董事长设立 |
| 30 | 康奈尔大学 | 经济利益 | 经济利益 | 经济利益 | 经济利益 | |
| 31 | 多尔资本(附属于范德比尔特大学) | 经济利益 | | 经济利益 | | 多尔可能与Apax Europe VI-A, L. P.有关联 |
| 32 | 佛罗拉家族基金会 | | 经济利益 | | 经济利益 | 由威廉·休利特和佛罗拉·休利特设立 |

（续表）

| 编号 | 投资人 | 发明投资基金Ⅰ | 发明投资基金Ⅱ | 高智发明Ⅰ | 高智发明Ⅱ | 备注 |
|---|---|---|---|---|---|---|
| 33 | 格林内尔学院 | | 经济利益 | | 经济利益 | |
| 34 | 霍华休斯医学研究中心 | 经济利益 | 经济利益 | 经济利益 | 经济利益 | |
| 35 | 国际复兴开发银行,作为受托人 | | 经济利益 | | 经济利益 | 国际复兴开发银行是五家世界银行中的一家 |
| 36 | 遗产风投(Legacy Ventures) | | 经济利益 | | 经济利益 | Russ Hall, Alan Marty 和 Chris Eyre 任总经理 |
| 37 | 梅约诊所和梅约基金退休人员信托 | 经济利益 | 经济利益 | 经济利益 | 经济利益 | |
| 38 | 西北大学 | 经济利益 | 经济利益 | 经济利益 | 经济利益 | |
| 39 | 瑞汀医院 | | 经济利益 | | 经济利益 | 宾夕法尼亚州瑞汀的一家非营利性医院 |
| 40 | 洛克菲勒基金会 | 经济利益 | | 经济利益 | | |
| 41 | 斯格曼基金会 | | 经济利益 | | 经济利益 | 位于底特律的一家慈善团体,董事会包括一名福特家族成员 |
| 42 | TIFF 私人公司律所(TIFF Private Entity Partners) | 经济利益 | 经济利益 | 经济利益 | 经济利益 | TIFF 代表"The Investment Fund of Foundations"是一家合作投资的基金会。 |

(续表)

| 编号 | 投资人 | 发明投资基金Ⅰ | 发明投资基金Ⅱ | 高智发明Ⅰ | 高智发明Ⅱ | 备注 |
|---|---|---|---|---|---|---|
| 43 | 宾夕法尼亚大学理事会 | | 经济利益 | | 经济利益 | |
| 44 | 南加州大学 | | 经济利益 | | 经济利益 | |
| 45 | 明尼苏达大学 | | 经济利益 | | 经济利益 | |
| 46 | 威廉和弗罗拉·休利特基金会 | | 经济利益 | | 经济利益 | |
| 个人 | | | | | | |
| 47 | Dobkin, Eric | 经济利益 | 经济利益 | 经济利益 | 经济利益 | 可能是 Eric Dobkin,高盛投资的顾问董事、全球资本前主席。 |
| 48 | Fields, Richard | 经济利益 | 经济利益 | 经济利益 | 经济利益 | 可能是 Richard Fields,沿海开发有限公司董事长。 |
| 49 | Gould, Paul | 经济利益 | | 经济利益 | | 或许是 Paul Gould, 艾伦公司经理。 |
| 50 | Holiber, Adam | | 经济利益 | | 经济利益 | 或许是 Adam Holiber, Summit Equity 主席。 |
| 51 | Peretsman, Nancy | 经济利益 | 经济利益 | 经济利益 | 经济利益 | 或许是 Nancy Peretsman,价格线公司经理兼艾伦公司总经理。 |

附录 C

A. 简介

本附录总结了披露高智发明专利控股公司关联企业的方法,我们将通过已经确定的 1276 家高智发明的皮包公司的两大共性进行分析。我们称第一类为“公司共性”,第二类称为“专利申请共性”。这两类共性相互独立,这样就提供了某一可疑的皮包公司与高智发明有关联的线索。

首先,我们考察了高智发明的公开文献资料,很多资料已经确定了几家高智的皮包公司,通过其他资料可以识别出有目的地向高智转让或者许可专利的公司。之后,对那些通过公开资料已经确定的高智皮包公司,我们考察了这些公司的登记记录,找出这些皮包公司结构上的共性之后,我们将调查范围扩展到寻找具有相似性的其他公司。

根据这份皮包公司的初步列表,我们在美国专利商标局权利转让信息数据库中寻找申请专利和/或授权专利的受让人或被许可人。如果可能的话,我们试图找到关于相关交易的公开信息,之后将上述寻找过程重复几次,以发现更多皮包公司。这样,我们研究的第一个阶段是在可疑的皮包公司中发现“公司共性”。

研究的第二阶段涉及考察“专利申请共性”。在这个阶段,我们查阅了皮包公司的专利文件,寻找主动提起的申请——未决的申请,连续申请,再颁申请——并假定新的权利人很可能已经签署了一份新的委托书,以此从前权利人手中接管申请权。如果可能,我们也将查阅专利的转让数据,推定这些信息来源中所获信息能够独立地支持第一阶段发现的“公司共性”,并很可能实际包含了高智发明高管,雇员,代理机构的名称。之后,我们会整合上述发现的结果,进一步调查高智发明的法人组织以及其公开的商业规划。

最后,将我们发现的皮包公司的专利和专利申请数据整合成一张表待用。考虑到高智发明的专利不一定有某一特定的技术关注点,这一阶段也涉及到确定这些专利和专利申请的第一份 IPC 分类。如果这个专利包的专利少于 100 件,那么按照号码和题目简单列出这些专利就够了。不过,如果专利和专利申请总量大于 11,000 件,并且涉及各个不同技术领域的话,要弄清这个专利包,则需要按照技术主题对专利进行分类。

本次调查中发现的文件资料提供了丰富的信息资源,进一步强化了明确的皮包公司同高智发明的联系,为将来的研究提供了渠道。以上是有关我们研究方法的概述,接下来,我们将讨论如何使用这种方法发现两家特定的高智皮包公司,即本·富兰克林专利控股公司和北极星收购公司。本·富兰克林专利控股公司是高智皮包公司中较为知名的一家,在关于高智的几篇论文中提到过,它相对容易发现,因为它的专利是在 2003 年 11 月 18 号进行的一次交易中、从高智另一家名为高智发明专利控股 I 公司的皮包公司中转让来的。我们推定北极星收购公司是高智的皮包公司,因为北极星在特定方面与本·富兰克林公司相仿。最后,我们找到了高智发明雇员/代理机构签署的文件,他们也为本·富兰克林签署过文件。就我们所知,我们2007年最初做的那份报告之前,北极星作为高智皮包公司的身份从没有被披露过。

B. 公司共性

首先,我们研究了高智发明的公司表面结构,主要关注其皮包公司。接下来,我们研究了那些公众熟知的皮包公司的公开信息,找到可能披露出其他皮包公司的特征。我们注意到,所有公开的皮包公司都是"有限责任公司(limited liability company)",或以LLC表示。我们进一步注意到公开的皮包公司一般在特拉华州或内华达州注册。

我们也发现,特拉华州这些公司唯一的地址是:

- 特拉华州威明顿市森特维尔路2711号400,19808
- 特拉华州威明顿市橙路1209号,19801;或
- 特拉华州多佛市Greentree Drive路160号101,19904

这些地址与三家最大的注册代理公司的地址一致:森特维尔路的这个地址是企业服务公司(Corporation Service Company)的地址;橙路对应企业信托公司(Corporation Trust Company)的地址;Greentree Drive对应国家注册代理公司(National Registered Agents)的地址。

与之相近的,内华达注册的公司地址与同样的已注册的代理公司在内华达的地址一致。比如说,许多公司在特拉华州的注册地址是企业服务公司(CSC)所在的森特维尔路,在内华达州的注册地址是企业服务公司(CSC)所在的内华达州拉斯维加斯市Renaissance Drive路2215-B号5室。

内华达州注册的公司为我们寻找其他皮包公司创造了条件,例如,三家公开的高智皮包公司——Poulsen Transmitter公司、Smeaton Pump公司和Twain Typesetting公司——他们在内华达所登记的管理人都是Gigaloo公司,带着疑问,我们想了解Gigaloo公司是否是内华达州其他公司的管理人,调查发现,其他七家公司——Ayscough Visuals公司、Fahrenheit Thermoscope公司、Hollerith Statistics公司、Maiman Laser Systems公司、McGill Fastenings公司、Newcomen Engine公司以及Ochoa Optics公司——它们的管理人也是Gigaloo。我们还发现这七家公司与之前披露的三家皮包公司也有共性,而我们就是根据这些特性找到前三家皮包公司的。

我们在后续调查中,对美国专利商标局授权转让数据库做了抽样调查,交易记录显示,除McGill Fastenings之外的其他十家Gigaloo管理的公司,都在2004到2007年进行过专利转让。作为进一步调查,我们抽样调查了这份名单,探寻这些公司在商业网站上是否进行了实际的商业行为,例如,我们能不能找到有关信息,表明Hollerith Statistics 公司作为运营中的法人，有实际的办公地点和实际的雇员？在我们抽查的公司中，没有一家这样的公司。

这一过程引导我们注意到这些公司中的另外的共性。例如，我们发现，高智发明早期的皮包公司的名称由两部分组成，要么取自著名艺术家或科学家的名称（像 Sternbeck Cannery 公司），或者特定的颜色（像 Purple Mountain Server），或某一地理位置（像 Baldwyn Cross Roads）。我们随后发现，一些皮包公司的名称似乎与矿物质或其他化学成分有关。

我们进一步注意到，许多皮包公司是在同一天，或相近的时间内，在特拉华州或内华达州设立。例如，51 家管理公司中，34 家于 2004 年 9 月 7 号在特拉华州成立，Algorythm 公司管理的所有公司都是 2005 年 3 月 17 号这一天成立的。我们还注意到，一些皮包公司似乎只在内华达州设立，在特拉华州没有注册，同样的，其他皮包公司只在特拉华州注册，没有在内华达州注册。

我们最终对内华达公司的公司共性总结如下：(1) 是有限责任公司，(2) 在内华达州注册，或在内华达州和特拉华州都有注册，(3) 在内华达州和特拉华州，同已注册的代理公司地址相同，(4) 公司成立时间相近，(5) 受让的专利在 2000 年到 2007 年被转让或被许可，(6) 2000 年高智成立之前都未成立，(7) 2000 年高智成立之前没有专利记录，(8) 管理公司名称只有一个单词组成，且都是有限责任公司，以及(9) 大约十家公司在有限责任公司管理公司的管理之下，但都没有独立的商业活动。

C. 专利申请共性

专利申请文件记录可以提供有关专利所有人及/或实际提起专利申请的公司。当一件专利或者专利申请权转让后，新的所有人不仅会在美国专利商标局注册确认权利，他还会想要获得未决的专利申请的申请控制权。为了取得控制权，专利权人一定会签署新的委任书并在专利局备案，并且通常必需签署一份声明，这份声明会载明所有权人。这些文件一般由新的所有权人的员工或其授权的人签署。这样的话，就有机会找出与专利权公司有关联的人的名称。

例如，在我们 2007 年做的那份报告之前，Creative Mines 公司没有被披露出是高智的皮包公司。通过上述介绍的“公司共性”这种分析方法，我们从公开的高智发明的皮包公司——Searete 公司——入手，发现了 Creative Mines 公司，接下来，确定 Searete 在内华达的管理人是内华达 Licensing Manager 公司，之后，寻找内华达 Licensing Manager 公司管理的其他公司，这样抽丝剥茧，引导我们找到了 Creative Mines。当我们寻找涉及 Creative Mines 的协议时，我们找到了下面的协议，这不仅确定了 Creative Mines 的身份，而且将这家公司同高智联系起来。

ASSIGNMENT

WHEREAS, Applied Minds, Inc. (hereinafter referred to as ASSIGNOR), having a post office address of 1209 Grand Central Avenue, Glendale, CA 91201, is the assigned owner of an invention entitled "METHOD AND SEQUENCES FOR DETERMINATE NUCLEIC ACID HYBRIDIZATION," as described and claimed in the specification for which an application for United States letters patent was filed on March 28, 2001, and assigned Application No. 09/821,694; and

WHEREAS, Creative Mines LLC (hereinafter referred to as ASSIGNEE), a Delaware limited liability company qualified to do business in Nevada as a foreign limited liability company, having a place of business at 1756 – 114$^{th}$ Ave. S.E., Suite 110, Bellevue, WA 98004, is desirous of acquiring the entire right, title and interest in and to the invention and in and to any letters patent that may be granted therefor in the United States and in any and all foreign countries;

华盛顿贝尔维尤 The 1756—114th Ave. SE, Ste. 110 这个地址是高智发明公司的地址,可以在许多高智的文件中找到,包括共同创立人 Greg Gorder 在华盛顿州律师协会的网站上发的招聘信息中所载的高智发明公司地址,这个地址接下来有说明。这样看来,仅仅用上述分析方法检索到的公司,通过查询皮包公司的专利文件记录,就可以确认它和高智发明的关联。

Creative Mines 进行专利申请,委托书由 Greg Gorder 签署,他在高智的私人秘书的电话,也在这份委托书上载明了。这个号码包含了高智的总机号,只是跟 Gorder 在华盛顿州律师协会提供的号码有些许不同。

PTO/SB/96 (09-04)
Approved for use through 07/31/2006. OMB 0651-0031
U.S. Patent and Trademark Office; U.S. DEPARTMENT OF COMMERCE
Under the Paperwork Reduction Act of 1995, no persons are required to respond to a collection of information unless it displays a valid OMB control number.

**STATEMENT UNDER 37 CFR 3.73(b)**

Applicant/Patent Owner: Creative Mines LLC

Application No./Patent No.: 09/821,694 Filed/Issue Date: March 28, 2001

Entitled:

Creative Mines LLC, a Delaware Limited Liability Company
(Name of Assignee) (Type of Assignee, e.g., corporation, partnership, university, government agency, etc.)

states that it is:

1. ☒ the assignee of the entire right, title, and interest; or
2. ☐ an assignee of less than the entire right, title and interest.
   The extent (by percentage) of its ownership interest is ________%

in the patent application/patent identified above by virtue of either:

A. ☐ An assignment from the inventor(s) of the patent application/patent identified above. The assignment was recorded in the United States Patent and Trademark Office at Reel ________, Frame ________, or for which a copy thereof is attached.

OR

B. ☒ A chain of title from the inventor(s), of the patent application/patent identified above, to the current assignee as shown below:

1. From: William Daniel Hillis To: Applied Minds, Inc.
   The document was recorded in the United States Patent and Trademark Office at Reel 011907, Frame 0227, or for which a copy thereof is attached.
2. From: Applied Minds, Inc. To: Creative Mines LLC
   The document was recorded in the United States Patent and Trademark Office at Reel ________, Frame ________, or for which a copy thereof is attached.
3. From: ________ To: ________
   The document was recorded in the United States Patent and Trademark Office at Reel ________, Frame ________, or for which a copy thereof is attached.

☐ Additional documents in the chain of title are listed on a supplemental sheet.

☒ Copies of assignments or other documents in the chain of title are attached.
[NOTE: A separate copy (*i.e.*, a true copy of the original assignment document(s)) must be submitted to Assignment Division in accordance with 37 CFR Part 3, if the assignment is to be recorded in the records of the USPTO. See MPEP 302.08]

The undersigned (whose title is supplied below) is authorized to act on behalf of the assignee.

________ 6/28/2005
Signature Date

Greg Gorder 425-467-2315
Printed or Typed Name Telephone Number

Managing Director
Title

This collection of information is required by 37 CFR 3.73(b). The information is required to obtain or retain a benefit by the public which is to file (and by the USPTO to process) an application. Confidentiality is governed by 35 U.S.C. 122 and 37 CFR 1.11 and 1.14. This collection is estimated to take 12 minutes to complete, including gathering, preparing, and submitting the completed application form to the USPTO. Time will vary depending upon the individual case. Any comments on the amount of time you require to complete this form and/or suggestions for reducing this burden, should be sent to the Chief Information Officer, U.S. Patent and Trademark Office, U.S. Department of Commerce, P.O. Box 1450, Alexandria, VA 22313-1450. DO NOT SEND FEES OR COMPLETED FORMS TO THIS ADDRESS. **SEND TO: Commissioner for Patents, P.O. Box 1450, Alexandria, VA 22313-1450.**

*If you need assistance in completing the form, call 1-800-PTO-9199 and select option 2.*

Washington State Bar Association

Thursday, June 14, 2007

Public Member Sponsor Help

**WSBA Lawyer Profile**

| Member Name | Gregory Gorder | WSBA Bar # | 15288 |
|---|---|---|---|
| Law Firm | Intellectual Ventures | Admit Date | 11/4/1985 |
| Address | 1756 114th Ave SE Ste 110<br>Bellevue, WA<br>98004-6931 | Status | Active |
| | | Phone | (425) 467-2310 |
| | | Fax | (425) 467-2350 |
| | | Email | |

Only active members of the Washington State Bar Association, and others as authorized by law, may practice law in Washington.

The discipline search function may or may not reveal all disciplinary action relating to a lawyer. The discipline information accessed is a summary and not the official decision in the case. For more complete information, call 206-727-8207 and press 7.

Gorder也曾为Point Reyes National Liquidator公司签署过委托书，在这份文件中，他用的是高智的主机号码。

D. 两家皮包公司——本·富兰克林公司(Ben Franklin)和北极星收购公司(Northstar Acquisitions)

本·富兰克林公司和北极星收购公司都是特拉华州注册的公司，并且都于2004年10月1号在内华达州注册为外国公司。两家公司在特拉华州的注册地址都是特拉华州威明顿市森特维尔路2711号400，邮编19808；在内华达州的注册地址都是内华达州拉斯维加斯Renaissance道5室，邮编89119；在加利福尼亚州洛斯拉图斯的地址也相同，并且这个地址与高智发明共同创立人Peter Derkin在加利福尼亚律师协会、纽约州律师协会及美国专利商标局登记的地址完全一样。

两家公司在专利申请方面也有相似之处。富兰克林公司未决的专利申请，至少根据一份专利文件记录，就披露出了高智的共同创始人、富兰克林公司总经理Peter Detkin。美国专利商标局记录的富兰克林公司的其他文件由Julia Ceffalo律师签署，华盛顿律师协会的记录表明Ceffalo女士是Invention Law Group有限合伙公司的律师，这家律所似乎由高智设立。如下，我们找到了Ceffalo女士为富兰克林公司和北极星公司签署的委托书，这样就把两家公司相关联并进一步表明了它们同高智的关系。我们通过重复上述过程，来寻找上千家高智发明可能的皮包公司。

富兰克林公司在某一交易中，从高智发明专利控股I公司那里获得一个包含24件专利和12件专利申请的专利包，本次交易中，我们发现富兰克林公司是由高智专利控股I公司名称变更而来的。高智专利控股I公司的这些专利是从General Magic公司受让来的，General Magic公司在20世纪90年代初首创了一部掌上电脑式的设备，但在2002年停业，2003年4月22号，自愿申请破产，并与高智专利控股I公司订立了专利转让协议，本协议与2003年7月25号在美国专利商标局备案登记。

富兰克林公司在美国专利商标局的备案显示，代表其签字的是高智的共同创立人Peter Detkin和Greg Gorder。高智早期的一些皮包公司签署的至少70份专利文件表

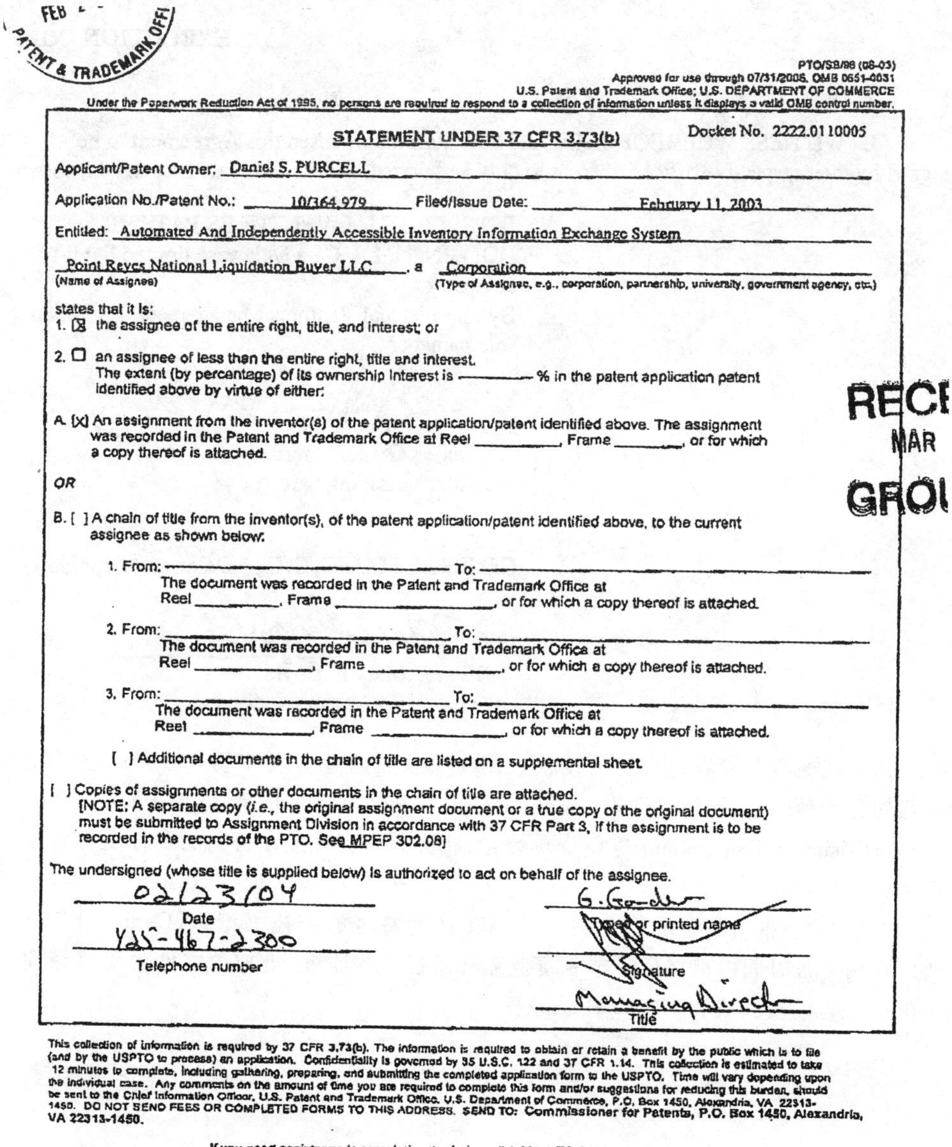

FEB

PATENT & TRADEMARK OFFI

PTO/SB/96 (08-03)
Approved for use through 07/31/2006. OMB 0651-0031
U.S. Patent and Trademark Office; U.S. DEPARTMENT OF COMMERCE
Under the Paperwork Reduction Act of 1995, no persons are required to respond to a collection of information unless it displays a valid OMB control number.

**STATEMENT UNDER 37 CFR 3.73(b)** Docket No. 2222.0110005

Applicant/Patent Owner: Daniel S. PURCELL

Application No./Patent No.: 10/364,979 Filed/Issue Date: February 11, 2003

Entitled: Automated And Independently Accessible Inventory Information Exchange System

Point Reyes National Liquidation Buyer LLC, a Corporation
(Name of Assignee) (Type of Assignee, e.g., corporation, partnership, university, government agency, etc.)

states that it is:

1. [X] the assignee of the entire right, title, and interest; or

2. [ ] an assignee of less then the entire right, title and interest.
The extent (by percentage) of its ownership interest is ______ % in the patent application patent identified above by virtue of either:

A. [x] An assignment from the inventor(s) of the patent application/patent identified above. The assignment was recorded in the Patent and Trademark Office at Reel ________, Frame ________, or for which a copy thereof is attached.

RECE
MAR
GROU

*OR*

B. [ ] A chain of title from the inventor(s), of the patent application/patent identified above, to the current assignee as shown below:

1. From: ________________ To: ________________
The document was recorded in the Patent and Trademark Office at
Reel ________, Frame ________, or for which a copy thereof is attached.

2. From: ________________ To: ________________
The document was recorded in the Patent and Trademark Office at
Reel ________, Frame ________, or for which a copy thereof is attached.

3. From: ________________ To: ________________
The document was recorded in the Patent and Trademark Office at
Reel ________, Frame ________, or for which a copy thereof is attached.

[ ] Additional documents in the chain of title are listed on a supplemental sheet.

[ ] Copies of assignments or other documents in the chain of title are attached.
[NOTE: A separate copy (*i.e.*, the original assignment document or a true copy of the original document) must be submitted to Assignment Division in accordance with 37 CFR Part 3, if the assignment is to be recorded in the records of the PTO. See MPEP 302.08]

The undersigned (whose title is supplied below) is authorized to act on behalf of the assignee.

02/23/04
Date

G. Gorder
Typed or printed name

425-467-2300
Telephone number

Signature

Managing Director
Title

This collection of information is required by 37 CFR 3.73(b). The information is required to obtain or retain a benefit by the public which is to file (and by the USPTO to process) an application. Confidentiality is governed by 35 U.S.C. 122 and 37 CFR 1.14. This collection is estimated to take 12 minutes to complete, including gathering, preparing, and submitting the completed application form to the USPTO. Time will vary depending upon the individual case. Any comments on the amount of time you are required to complete this form and/or suggestions for reducing this burden, should be sent to the Chief Information Officer, U.S. Patent and Trademark Office, U.S. Department of Commerce, P.O. Box 1450, Alexandria, VA 22313-1450. DO NOT SEND FEES OR COMPLETED FORMS TO THIS ADDRESS. SEND TO: Commissioner for Patents, P.O. Box 1450, Alexandria, VA 22313-1450.

*If you need assistance in completing the form, call 1-800-PTO-9199 and select option 2.*

明,高智与洛斯拉图斯的地址有关联。

如下所示,富兰克林公司所拥有的专利,最初是由 Gorder 与 General Magic 签署转让协议获得的:

**EXECUTION COPY**

IN WITNESS WHEREOF, Seller and Purchaser have caused this Agreement to be signed by their respective officers thereunto duly authorized, all as of the date first written above.

INTELLECTUAL VENTURES PATENT HOLDING I, L.L.C.; a Delaware limited liability company
By: Intellectual Ventures Management, L.L.C., its sole manager

By:____________________
Name: Gregory Gorder
Title: Managing Director

GENERAL MAGIC, INC., a Delaware corporation

By: Mary E. Doyle
Name: Mary E. Doyle
Title: Responsible Individual

即便能在美国专利商标局的授权数据库中找到高智专利控股Ⅰ公司向富兰克林公司转让专利的记录,但这两家公司其实是同一家公司。2003年11月,Gorder在Delaware Division of Corporations进行变更登记,将高智专利控股Ⅰ公司的名称变更为本·富兰克林公司。

有趣的是,根据高智进行专利申请和转让所签署的委托书记载,Gorder和Detkin两人在两个月时间内都担任过本·富兰克林总经理的职务,最初的文件表明总经理是Detkin,较近的资料表明Gorder任总经理。

State of Delaware
Secretary of State
Division of Corporations
Delivered 11:23 AM 11/24/2003
FILED 10:41 AM 11/24/2003
SRV 030753952 - 3649814 FILE

**CERTIFICATE OF AMENDMENT**

**OF**

**INTELLECTUAL VENTURES PATENT HOLDING I, L.L.C.**

The undersigned, being duly authorized to execute and file this Certificate of Amendment, does hereby certify as follows:

1. The name of the limited liability company is Intellectual Ventures Patent Holding I, L.L.C.

2. Paragraph 1 of the Certificate of Formation is amended in its entirety to read as follow:

"1. *Name*. The name of the limited liability company is Ben Franklin Patent Holding LLC."

IN WITNESS WHEREOF, the undersigned has duly executed this Certificate of Amendment on the 18th day of November, 2003.

Acquisition Management LLC, Manager

By: ______________________
Gregory Gorder, Managing Director

Registration No. 37,575; Judith U. Kim, Esq., Registration No. 40,679; Timothy J. Shea, Jr., Esq., Registration No. 41,306; Patrick E. Garrett, Esq., Registration No. 39,987; with full power of substitution, association, and revocation, to prosecute said application and to transact all business in the United States Patent and Trademark Office connected therewith.

For the purpose of PAIR, the Customer Number is **26111**.

The undersigned hereby grants said attorneys the power to insert on this Power of Attorney any further identification that may be necessary or desirable in order to comply with the rules of the U.S. Patent and Trademark Office.

Send all correspondence to:

Customer Number 26111
STERNE, KESSLER, GOLDSTEIN & FOX P.L.L.C.
1100 New York Avenue, N.W.
Washington, D.C. 20005-3934.

Direct telephone calls to (202) 371-2600.

FOR: **BEN FRANKLIN PATENT HOLDING LLC**

SIGNATURE: ______________

BY: GREGORY GORDER

TITLE: MANAGING DIRECTOR

DATE: 11 MAY 2004

33,876; Robert C. Millonig, Esq., Registration No. 34,395; Michael V. Messinger, Esq., Registration No. 37,575; Judith U. Kim, Esq., Registration No. 40,679; Timothy J. Shea, Jr., Esq., Registration No. 41,306; Patrick E. Garrett, Esq., Registration No. 39,987; with full power of substitution, association, and revocation, to prosecute said application and to transact all business in the United States Patent and Trademark Office connected therewith.

For the purpose of PAIR, the Customer Number is 26111.

The undersigned hereby grants said attorneys the power to insert on this Power of Attorney any further identification that may be necessary or desirable in order to comply with the rules of the U.S. Patent and Trademark Office.

Send all correspondence to:

Customer Number 26111
STERNE, KESSLER, GOLDSTEIN & FOX P.L.L.C.
1100 New York Avenue, N.W.
Washington, D.C. 20005-3934.

Direct telephone calls to (202) 371-2600.

FOR: Ben Franklin Patent Holding L.L.C.

SIGNATURE: [signature]

BY: PETER DETKIN

TITLE: MANAGING DIRECTOR

DATE: 26 APRIL 2004

更重要的是,高智的律师——Julia Ceffalo 签署的一份日期更近的委托书中,记录的地址——洛斯拉图斯 Main 街 171 号——与本·富兰克林公司有关联,从而进一步与高智公司联系起来。上文中提到过,本报告论及的皮包公司在专利局的备案记录中,至少 70 份记录涉及过这个地址。

PTO/SB/80 (12-03)
Approved for use through 11/30/2005, OMB 0651-0035
U.S. Patent and Trademark Office; U.S. DEPARTMENT OF COMMERCE
Under the Paperwork Reduction Act of 1995, no persons are required to respond to a collection of information unless it displays a valid OMB control number.

**POWER OF ATTORNEY TO PROSECUTE APPLICATIONS BEFORE THE USPTO**

I hereby appoint:

[X] Practitioners associated with the Customer Number: 26111

OR

[ ] Practitioner(s) named below (if more than ten patent practitioners are to be named, then a customer number must be used):

| Name | Registration Number |
| --- | --- |
| | |
| | |
| | |
| | |
| | |
| | |
| | |
| | |
| | |
| | |

as attorney(s) or agent(s) to represent the undersigned before the United States Patent and Trademark Office (USPTO) in connection with any and all patent applications assigned only to the undersigned according to the USPTO assignment records or assignment documents attached to this form in accordance with 37 CFR 3.73(b).

Assignee Name and Address:

Ben Franklin Patent Holding LLC
171 Main Street, #271
Los Altos, CA 94022

**A copy of this form, together with a statement under 37 CFR 3.73(b) (Form PTO/SB/96 or equivalent) is required to be filed in each application in which this form is used. The statement under 37 CFR 3.73(b) may be completed by one of the practitioners appointed in this form if the appointed practitioner is authorized to act on behalf of the assignee, and must identify the application in which this Power of Attorney is to be filed.**

**SIGNATURE of Assignee of Record**
The individual whose signature and title is supplied below is authorized to act on behalf of the assignee

| | | | |
| --- | --- | --- | --- |
| Name | JULIA CEFFALO | | |
| Signature | [signature] | Date | 29 JULY 2004 |
| Title | AUTHORIZED PERSON | Telephone | |

This collection of information is required by 37 CFR 1.31 and 1.33. The information is required to obtain or retain a benefit by the public which is to file (and by the USPTO to process) an application. Confidentiality is governed by 35 U.S.C. 122 and 37 CFR 1.14. This collection is estimated to take 3 minutes to complete, including gathering, preparing, and submitting the completed application form to the USPTO. Time will vary depending upon the individual case. Any comments on the amount of time you require to complete this form and/or suggestions for reducing this burden, should be sent to the Chief Information Officer, U.S. Patent and Trademark Office, U.S. Department of Commerce, P.O. Box 1450, Alexandria, VA 22313-1450. DO NOT SEND FEES OR COMPLETED FORMS TO THIS ADDRESS. SEND TO: **Commissioner for Patents, P.O. Box 1450, Alexandria, VA 22313-1450.**

*If you need assistance in completing the form, call 1-800-PTO-9199 and select option 2.*

我们找到的高智最早的交易记录发生在2001年2月18号，交易方为Purple Techno Solutions有限公司与加利福尼亚坎贝尔的Venturemakers有限公司。有趣的是，Purple Techno Solutions到2003年12月9号注册为公司，本交易在2005年8月18号在美国专利局备案，时间恰好在Purple Techno Solutions正式注册之后。下面的关于Purple Techno Solutions的委托书，同样表明这家公司同在洛斯拉图斯的地址有某种关联：

Pursuant to 37 C.F.R. §3.71, the assignee hereby states that prosecution of the above-referenced patent application is to be conducted to the exclusion of the inventor(s).

Send all future correspondence to: Jeffrey C. Hood
Meyertons, Hood, Kivlin, Kowert & Goetzel, P.C.
P.O. Box 398
Austin, Texas 78767-0398
(512) 853-8800

Assignee of Interest: Purple Techno Solutions LLC
171 Main St #271
Los Altos CA 94022

Dated: 16 MAY 2005

By: Julia Ceffalo
Title: AUTHORIZED PERSON

Washington State Bar Association

Sunday, June 03, 2007

Public Member Sponsor Help

**WSBA Lawyer Profile**

| | | | |
|---|---|---|---|
| Member Name | Julia R Ceffalo | WSBA Bar # | 30460 |
| Law Firm | Invention Law Group PLLC | Admit Date | 11/14/2000 |
| Address | 677 120th Ave NE Ste 2A-248 Bellevue, WA 98005-3045 | Status | Active |
| | | Phone | (425) 467-2270 |
| | | Fax | (425) 679-0570 |
| | | Email | |

Only active members of the Washington State Bar Association, and others as authorized by law, may practice law in Washington.

The discipline search function may or may not reveal all disciplinary action relating to a lawyer. The discipline information accessed is a summary and not the official decision in the case. For more complete information, call 206-727-8207 and press 7.

Disclaimer

Back New Search

Is your address current and correct? Send changes to the WSBA Service Center at questions@wsba.org, or call 800-945-WSBA
Do you have a web page? You can add a web link to your directory listing by clicking here.

Public Member Sponsor Help

前文提到,Julia Ceffalo 签署过与高智专利转让或授权有关的 139 份委托书,包括北极星收购公司未决的专利申请案的授权。就我们所知,我们第一份报告之前,北极星收购公司从未被披露出是高智发明的皮包公司。本·富兰克林公司和北极星收购公司都是特拉华州注册公司,并且在特拉华州和内华达州的注册地址相同。有趣的是,两家公司在加利福尼亚洛斯拉图斯的地址——包括在洛斯拉图斯的地址,与高智共同创办人 Peter Detkin 在加利福尼亚律师协会、纽约州律师协会和美国专利商标局登记的地址都完全一致。

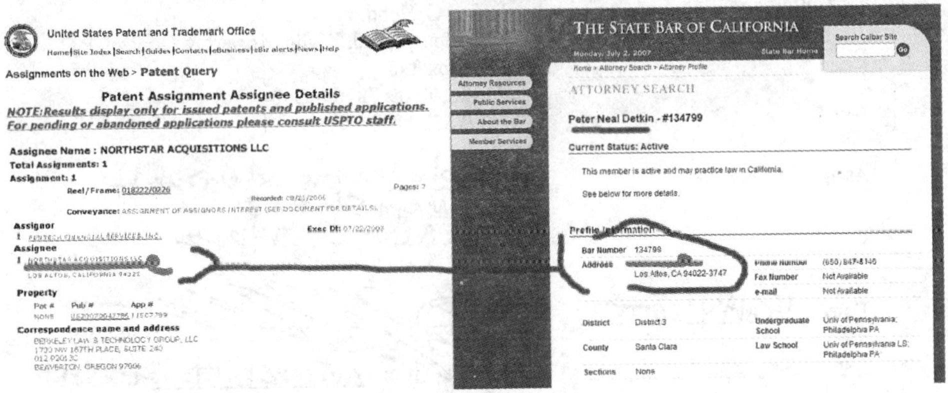


2003 年 7 月 22 号,北极星收购公司从 Pentech 金融服务公司手中受让了包括 17 件专利和 3 项公开申请在内的专利包,本协议于 2003 年 9 月 12 号登记备案。Pentech 在 Mobility 网络系统公司受让了这些专利。这份专利包中,大部分专利是 mDiversity 公司之前的资产,但其中一些专利最初是 SC 无线电股份有限公司、SC 无线电有限责任公司和手机电信有限公司(Cellular Telecom,Ltd.)以及日立金属公司所有。

PTO/SB/82 (09-03)
Approved for use through 11/30/2005. OMB 0651-0035
U.S. Patent and Trademark Office; U.S. DEPARTMENT OF COMMERCE
Under the Paperwork Reduction Act of 1995, no persons are required to respond to a collection of information unless it displays a valid OMB control number.

| REVOCATION OF POWER OF ATTORNEY WITH NEW POWER OF ATTORNEY AND CHANGE OF CORRESPONDENCE ADDRESS | | |
|---|---|---|
| | Application Number | 09/750,592 |
| | Filing Date | December 28, 2000 |
| | First Named Inventor | Bhupal Kanaiyala Dharia |
| | Art Unit | 2631 |
| | Examiner Name | Not yet assigned |
| | Attorney Docket Number | 012.P2012 |

**I hereby revoke all previous powers of attorney given in the above-identified application.**

☐ A Power of Attorney is submitted herewith.

*OR*

☑ I hereby appoint the practitioners associated with the Customer Number: 00043813

☑ Please change the correspondence address for the above-identified application to:

☑ The address associated with Customer Number: 00043813

*OR*

| | | | |
|---|---|---|---|
| ☐ Firm or Individual Name | | | |
| Address | | | |
| Address | | | |
| City | | State | Zip |
| Country | | | |
| Telephone | | Fax | |

I am the:

☐ Applicant/Inventor.

☑ Assignee of record of the entire interest. See 37 CFR 3.71.
*Statement under 37 CFR 3.73(b) is enclosed. (Form PTO/SB/96)*

**SIGNATURE of Applicant or Assignee of Record**

| | | | |
|---|---|---|---|
| Name | Julia Ceffalo, Authorized Person, Northstar Acquisitions LLC | | |
| Signature | [signature] | | |
| Date | 06 Aug 2004 | Telephone | |

NOTE: Signatures of all the inventors or assignees of record of the entire interest or their representative(s) are required. Submit multiple forms if more than one signature is required, see below*.

☑ *Total of 1 forms are submitted.

This collection of information is required by 37 CFR 1.36. The information is required to obtain or retain a benefit by the public which is to file (and by the USPTO to process) an application. Confidentiality is governed by 35 U.S.C. 122 and 37 CFR 1.14. This collection is estimated to take 3 minutes to complete, including gathering, preparing, and submitting the completed application form to the USPTO. Time will vary depending upon the individual case. Any comments on the amount of time you require to complete this form and/or suggestions for reducing this burden, should be sent to the Chief Information Officer, U.S. Patent and Trademark Office, U.S. Department of Commerce, P.O. Box 1450, Alexandria, VA 22313-1450. DO NOT SEND FEES OR COMPLETED FORMS TO THIS ADDRESS. SEND TO: **Commissioner for Patents, P.O. Box 1450, Alexandria, VA 22313-1450.**

*If you need assistance in completing the form, call 1-800-PTO-9199 and select option 2.*